Triathlon: Erfolg auf der Langdistanz

Allgemeiner Hinweis:

Aus Gründen der besseren Lesbarkeit haben wir uns entschlossen, durchgängig die männliche (neutrale) Anredeform zu nutzen, die selbstverständlich die weibliche mit einschließt.

Das vorliegende Buch wurde sorgfältig erarbeitet. Dennoch erfolgen alle Angaben ohne Gewähr. Weder der Autor noch der Verlag können für eventuelle Nachteile oder Schäden, die aus den im Buch vorgestellten Informationen resultieren, Haftung übernehmen.

Sollte diese Publikation Links auf Webseiten Dritter enthalten, so übernehmen wir für deren Inhalte keine Haftung, da wir uns diese nicht zu eigen machen, sondern lediglich auf deren Stand zum Zeitpunkt der Erstveröffentlichung verweisen.

MARIO SCHMIDT-WENDLING

TRI ATH LON

ERFOLG AUF DER LANGDISTANZ

Training für ambitionierte Athleten

MEYER & MEYER VERLAG

Triathlon: Erfolg auf der Langdistanz
Bibliografische Information der Deutschen Bibliothek
Die Deutsche Bibliothek verzeichnet diese Publikation in der Deutschen
Nationalbibliografie; detaillierte bibliografische Details sind im Internet über
<http://dnb.ddb.de> abrufbar.

Alle Rechte, insbesondere das Recht der Vervielfältigung und Verbreitung sowie das Recht der Übersetzung, vorbehalten. Kein Teil des Werkes darf in irgendeiner Form – durch Fotokopie, Mikrofilm oder ein anderes Verfahren – ohne schriftliche Genehmigung des Verlages reproduziert oder unter Verwendung elektronischer Systeme verarbeitet, gespeichert, vervielfältigt oder verbreitet werden.

© 2021 by Meyer & Meyer Verlag, Aachen
Auckland, Beirut, Dubai, Hägendorf, Hongkong, Indianapolis, Kairo, Kapstadt,
Manila, Maidenhead, Neu-Delhi, Singapur, Sydney, Teheran, Wien
Member of the World Sport Publishers' Association (WSPA)

Gesamtherstellung: Print Consult GmbH, München

ISBN 978-3-8403-7757-0
E-Mail: verlag@m-m-sports.com
www.dersportverlag.de

INHALT

Startsprung/Vorwort		16
1	Einleitung	17
2	Quo vadis Triathlon?	20
3	Die Athletentypen	23
3.1	Das Alphatier	24
3.2	Graf Zahl	25
3.3	Der Social-Media-Athlet	26
3.4	Der Ungeduldige	26
3.5	Der Grübler	27
3.6	Frauen	28
3.7	Der Waldmensch	28
3.8	Der Champion	29
4	Die Arbeit des Trainers	32
4.1	Was bietet ein Trainer?	33
4.1.1	Personifizierter Schweinehund	33
4.1.2	Mangelnde Zeit zur eigenständigen Trainingsplanung	33
4.1.3	Gefühl des Abgebens	33
4.2	Technische Veränderungen	34
4.3	Die Aufgaben eines Trainers	35
4.4	Das Zusammenspiel zwischen dem Athleten und dem Trainer	36
4.5	Dinge, die einen Coach verstimmen	38
4.5.1	Mangelnde Kommunikation	38
4.5.2	Pushy E-Mails	38
4.5.3	Social-Media-Wahn	39
4.5.4	Teilen von Trainingsplänen, Texten und Tabellen	39
4.5.5	Vorhaltungen zum Trainingskonzept	39
4.5.6	Großzügige und kreative Interpretation des Trainingplans	40
4.5.7	Ungeduld	40
4.6	Die Handschrift des Trainers	41
4.7	Unterschiedliche Trainertypen	42
4.7.1	Der Vereinstrainer	42
4.7.2	Der Freizeit- oder Social-Media-Trainer	42
4.7.3	Aktive Profisportler	43
4.7.4	Ehemalige Profisportler	43
4.7.5	Wissenschaftler	44
4.7.6	Empiric Scientists	44
4.8	Was macht einen guten Trainer aus?	45

4.9		Empfehlungen an „junge" Trainer	47
	4.9.1	Schaffe, schaffe – Häusle baue	47
	4.9.2	Aus- und Weiterbildung sind elementar	47
	4.9.3	Mentoring	47
	4.9.4	Entwicklung einer eigenen Methodik	47
	4.9.5	Evidenzen zur eigenen Methodik	48
	4.9.6	Respekt gegenüber Traditionen und „älteren" Coaches	48
	4.9.7	Eingestehen von Fehlern	48
	4.9.8	Markieren von Texten und Grafiken mit dem eigenen Namen oder Logo	48
5	**Trainingslehre im Langdistanztriathlon**		**50**
5.1		Was ist denn eigentlich genau dieses Training?	50
5.2		Das Prinzip der Superkompensation: Ist das überhaupt praktikabel anwendbar?	50
5.3		Die Periodisierung	52
	5.3.1	Die Off-Season	53
		5.3.1.1 Empfehlungen zur Gestaltung einer effektiven Off-Season	56
5.4		Leistungsphysiologie trivial	57
	5.4.1	VO_2max oder aerobe Kapazität	59
		5.4.1.1 Trainingsempfehlungen zur Steigerung der VO_2max	60
	5.4.2	Vlamax oder glykolytische Power	60
		5.4.2.1 Trainingsempfehlungen zur Verringerung der Vlamax	61
	5.4.3	Zusammenfassung Stoffwechsel	61
5.5		Trainingsbereiche und Intensitätszonen	62
	5.5.1	Kritik am High Intensity Interval Training (HIIT) oder schneller durch (HIT)-Intervalle	65
		5.5.1.1 Verletzungsgefahr	66
		5.5.1.2 Unspezifisch	66
		5.5.1.3 Mentale Fähigkeiten	66
		5.5.1.4 Verschlechterung der Vlamax	66
5.6		Verteilung der Trainingsbereiche	67
5.7		Das Wechselspiel von Be- und Entlastung	69
	5.7.1	Endokrine Balance	71
	5.7.2	Functional Overreaching, Non-Functional Overreaching und Übertraining	72
		5.7.2.1 Ist das Ganze bewusst provozierte Ermüdung?	72
		5.7.2.2 Welche Form von Müdigkeit erlebe ich aktuell?	72
		5.7.2.3 Symptome eines Non-Functional Overreachings und Übertrainings	73
		5.7.2.4 Wege aus dem Übertraining	74

5.8		Bewertung der Trainingsbelastung oder neudeutsch: Load Management	75
	5.8.1	Subjektive Einschätzung des Athleten	76
	5.8.2	Stressmessung mit der Herzratenvariabilität (HRV)	78
		5.8.2.1 Physiologie	78
		5.8.2.2 Dominanz des sympathischen Zweigs	79
		5.8.2.3 Dominanz des parasympathischen Zweigs	79
		5.8.2.4 Troubleshooting	80
		5.8.2.5 Die Bedeutung der Atmung und ihr Einfluss auf die HRV	80
		5.8.2.6 Messung	80
		5.8.2.7 Bewertung und Transfer in die Sportpraxis	81
5.9		Regenerationsmaßnahmen	81
6	**Schwimmen**		**83**
6.1		Schwimmen vs. Schwimmen im Triathlon	84
	6.1.1	Trainingszeit	84
	6.1.2	Wettkampfanforderung	84
	6.1.3	Körperliche Voraussetzungen	85
	6.1.4	Bewegungsvorstellungsvermögen oder Wassergefühl	86
6.2		Schwimmertypen	86
	6.2.1	Der Denker	87
	6.2.2	Der Kraftmeier	87
	6.2.3	Der Kicker	88
	6.2.4	Der Gleiter	88
	6.2.5	Der Könner	89
6.3		Der Versuch, Schwimmen technisch zu erklären	89
6.4		Technikfehler und ein falsches Technikleitbild	91
	6.4.1	Zu lange Gleitphase	93
	6.4.2	Falscher Atemrhythmus	98
	6.4.3	Die Ellbogenvorhalte	101
	6.4.4	Kopfposition	103
	6.4.5	Handstellung	104
	6.4.6	Beinschlag	105
6.5		Training	107
	6.5.1	Techniktraining	107
		6.5.1.1 Einarmschwimmen	109
		6.5.1.2 Abschlagschwimmen	109
		6.5.1.3 Faustschwimmen	109
		6.5.1.4 Brust Arme/Kraul Beine	110
		6.5.1.5 Streamlinedrill	110
		6.5.1.6 Schwimmen mit Paddles und Pullbuoy	111

	6.5.2	Andere Schwimmlagen	111
	6.5.3	Intensitäten und Pausenlängen	112
	6.5.4	Die Länge der Teilstrecken	114
	6.5.5	Weniger Variationen	115
	6.5.6	Aufbau einer Trainingseinheit	116
6.6	Trainingsmittel		117
	6.6.1	Paddles	118
	6.6.2	Pullbuoy	120
	6.6.3	Band/Ankle Strap	121
	6.6.4	Schnorchel	124
	6.6.5	Metronom	126
	6.6.6	Zugseil	127
		6.6.6.1 Warm-up	127
		6.6.6.2 Techniktraining	127
		6.6.6.3 Verbesserung der Kraftfähigkeiten	128
		6.6.6.4 Herz-Kreislauf-Training	128
		6.6.6.5 Equipment	128
		6.6.6.5.1 Startposition	129
		6.6.6.5.2 Zugbewegung	130
	6.6.7	Flossen	131
	6.6.8	Weitere Hilfsmittel	132
6.7	Diagnostik und Testverfahren		132
	6.7.1	Frequenzrampe	133
	6.7.2	30-Minuten-Test	134
	6.7.3	100er-Abbruch	134
	6.7.4	Standardserien	135
	6.7.5	Laktatdiagnostik	135
6.8	Schwimmen im Freiwasser		136
	6.8.1	Zielsetzung	136
	6.8.2	Umbau von Pooleinheiten ins Freiwassertraining	137
6.9	Allgemeine Tipps		138
	6.9.1	Trinken und Essen während des Schwimmtrainings	138
	6.9.2	Langbahn vs. Kurzbahn	139
	6.9.3	Schwimmen als Fitnessinstrument verstehen	140
	6.9.4	Schwimmbrillen	140
	6.9.5	MP3-Player	140
	6.9.6	Gruppentraining	141
	6.9.7	Warm-up	141
	6.9.8	Expertenrat	141
6.10	Gesundheitliche Risiken		142
	6.10.1	Chlorallergie	142
	6.10.2	Ohrenschmerzen	142
	6.10.3	Schwimmerschulter	142

Inhalt

7	**Radfahren**		**144**
7.1	Equipment		145
	7.1.1	Laufräder	146
	7.1.2	Reifen	147
	7.1.3	Antrieb	148
	7.1.4	Trinkflaschen und Verstauungsoptionen	149
	7.1.5	Aerohelm	149
	7.1.6	Radschuhe	150
7.2	Aero is Everything!		151
7.3	Haltung auf dem Rad		153
	7.3.1	Hände	153
	7.3.2	Ellbogen und Arme	154
	7.3.3	Nacken, Schultern und Gesicht	154
	7.3.4	Oberkörper	154
	7.3.5	Füße und Zehen	155
7.4	Sitzposition		155
	7.4.1	Sitzhöhe	155
	7.4.2	Schuhplattenposition	156
7.5	Radbeherrschung		158
	7.5.1	Kurventechnik	158
	7.5.2	Gangwechsel/Schalten	158
	7.5.3	Wiegetritt	159
	7.5.4	Bergabfahren	159
		7.5.4.1 Reifen	159
		7.5.4.2 Luftdruck	160
		7.5.4.3 Schnellspanner	160
7.6	Die Wahl des richtigen Rades		161
	7.6.1	Radtraining im Winter	162
		7.6.1.1 Equipment	162
		7.6.1.2 Vor Fahrtantritt	163
		7.6.1.3 Während des Trainings	163
		7.6.1.4 Nach dem Training	164
	7.6.2	Indoortraining	165
		7.6.2.1 Spinning Bike	165
		7.6.2.2 Freie Rolle	166
		7.6.2.3 Turbo Trainer	166
		7.6.2.4 Smart Trainer	166
	7.6.3	Vorteile des Indoortrainings	167
	7.6.4	Nachteile des Indoortrainings	168
	7.6.5	Trainingssoftware und Apps	170
		7.6.5.1 Pro	171
		7.6.5.2 Kontra	171

7.7		Allgemeine Tipps	172
	7.7.1	Bekleidung	172
	7.7.2	Werkzeug, Schlauch und Pumpe	173
	7.7.3	Trinkflaschen und Energieversorgung	173
	7.7.4	Radcomputer	174
	7.7.5	Radpflege	174
	7.7.6	Mobiltelefon, Ausweisdokument und Geld	174
	7.7.7	Training in der Gruppe	174
	7.7.8	Radsportveranstaltungen	175
	7.7.9	Radfahr-Knigge	176
7.8		Radtraining	176
	7.8.1	Vorteile des Radtrainings	177
	7.8.2	Nachteile des Radtrainings	177
	7.8.3	Techniktraining	178
	7.8.3.1	Einbeiniges Fahren	183
	7.8.3.2	Einbeindominanz	183
	7.8.3.3	Spin-up	183
	7.8.3.4	Bobbes-Lift (Bobbes ist hessisch für Po)	184
	7.8.3.5	Push-Push-Pull	184
	7.8.3.6	Hundekot-Drill	184
	7.8.3.7	Toe-Touch-Drill	184
	7.8.3.8	Top-only-Drill	185
	7.8.4	Die optimale Trittfrequenz	185
	7.8.4.1	Niedrige Frequenz (60-70 U/min)	186
	7.8.4.2	Höhere Frequenz (85-95 U/min)	186
	7.8.4.3	Optimale Frequenz (80-85 U/min)	187
	7.8.4.4	Training der Trittfrequenz	187
	7.8.4.4.1	Frequenzstaffel	188
	7.8.4.4.2	Frequenzpyramide	188
	7.8.4.4.3	Frequenzsteigerung	189
	7.8.4.4.4	Frequenz, endbeschleunigt	189
	7.8.4.5	Kontrolle des Tretmusters	190
	7.8.5	Training der Aeroposition	190
	7.8.5.1	„Aerointervalle"	190
	7.8.5.2	Normale Intervalle	191
	7.8.5.3	Training der Beweglichkeit	191
	7.8.6	Training des Herz-Kreislauf-Systems und des Stoffwechsels	191
	7.8.6.1	Grundlagenausdauer	191
	7.8.6.2	Kraftausdauer/Ausdauerkraft	193
	7.8.6.3	VO_2max	194
	7.8.6.4	Ironman®-spezifische Intervalle	195
	7.8.7	Trainingsterrain	198

	7.8.8	Leistungsgesteuertes Radtraining mit dem Powermeter	199
		7.8.8.1 Hardware	199
		7.8.8.2 Einfache Benutzung und Handhabung	200
		7.8.8.3 Präzise und verlässliche Leistungsdaten	201
		7.8.8.4 Robustheit	201
		7.8.8.5 Preis-Leistungs-Verhältnis	202
	7.8.9	Vorteile des wattgesteuerten Radtrainings	202
	7.8.10	Powermetermetriken	204
		7.8.10.1 Functional Threshold Power (FTP)	204
		7.8.10.2 Normalized Power (NP)	208
		7.8.10.3 Intensity Factor (IF)	208
		7.8.10.4 Variabilitätsindex (VI)	209

8 Laufen ... 210

8.1	Equipment		210
	8.1.1	Schuhe	210
	8.1.2	Schnellschnürung	213
	8.1.3	Kompressionsstrümpfe	214
8.2	Lauftechnik		215
	8.2.1	Die Schrittfrequenz	217
		8.2.1.1 Messung der Frequenz	220
		8.2.1.2 Bestimmung des Ausgangswerts	221
		8.2.1.3 Training der Schrittfrequenz	221
	8.2.2	Kopfposition und Gesicht	223
	8.2.3	Schultern, Arme, Hände	223
	8.2.4	Haltung	224
8.3	Technikfehler selbst feststellen		226
	8.3.1	„Schlammwade"	226
	8.3.2	Unterschiede im Sohlenabrieb im Seitenvergleich	226
	8.3.3	Hornhaut	227
	8.3.4	Hüpfendes Blickfeld	227
8.4	Training		227
	8.4.1	Gesamtes Laufvolumen	229
		8.4.1.1 Verletzungshistorie	230
		8.4.1.2 Körperbau	231
		8.4.1.3 Alter	231
		8.4.1.4 „Lebenskilometer"	231
	8.4.2	Der lange Lauf	232
	8.4.3	Trainingstempo der Intervalle	233
	8.4.4	Koppelläufe	235
	8.4.5	Die Wahl des Untergrunds	237
	8.4.6	Trainingseinheiten	239
		8.4.6.1 Steigerungsläufe	239
		8.4.6.2 Minderungsläufe	240
		8.4.6.3 Seilspringen oder Ankle Jumps	241

		8.4.6.4	Technikelemente als Intervalle	241
		8.4.6.5	Nasenatmung	241
		8.4.6.6	100- oder 200-m-Intervalle	242
		8.4.6.7	Hügelläufe/Hügelsprints	244
		8.4.6.8	Yasso 800	246
		8.4.6.9	Galloway-Methode	247
		8.4.6.10	Das Lauf-ABC	248
		8.4.6.11	Aquajogging	249
		8.4.6.12	Laufbandtraining	251
	8.4.7	Allgemeine Tipps zum Lauftraining		252
		8.4.7.1	On-/Off-Schema	252
		8.4.7.2	Laufen im frischen vs. im ermüdeten Zustand	252
		8.4.7.3	Umfangssteigerung von Woche zu Woche	253
		8.4.7.4	No Pain, no Gain	253
	8.4.8	Laufwettkämpfe		253
9	**Ernährung**			**255**
9.1	Fueling			256
9.2	Alltagsernährung			256
9.3	Flüssigkeitsversorgung außerhalb des Sports			259
9.4	Flüssigkeitsversorgung im Sport			259
	9.4.1	Hyponatriämie		260
	9.4.2	Bestimmen der Natriumkonzentration im Schweiß		263
	9.4.3	Berechnung der Schweißverlustrate		264
	9.4.4	Transfer in die Sportpraxis		266
9.5	Krämpfe			271
	9.5.1	Hitzekrämpfe		272
	9.5.2	Krämpfe durch Ermüdung		272
9.6	Idealgewicht und Renngewicht			273
	9.6.1	Immunsystem		275
	9.6.2	Trainingsadaptation		275
	9.6.3	Hormonelles Gleichgewicht		275
	9.6.4	Knochengesundheit		276
9.7	Nahrungsergänzungsmittel/Supplemente			277
10	**Verletzungen und Krankheiten**			**278**
10.1	Pflege des Immunsystems			278
	10.1.1	Schwimmen		278
	10.1.2	Radfahren		279
	10.1.3	Laufen		279
10.2	Orthopädische Probleme			281
	10.2.1	Häufige Verletzungsbilder		283

		10.2.1.1	Schwimmen	283
			10.2.1.1.1 Nacken	283
			10.2.1.1.2 Schulter	284
			10.2.1.1.3 Ellbogen	284
		10.2.1.2	Radfahren	284
			10.2.1.2.1 Nacken	284
			10.2.1.2.2 Knie	284
		10.2.1.3	Laufen	285
	10.2.2	Wiederaufnahme des Trainings nach Verletzungen		285
	10.2.3	Einsatz von Schmerzmitteln		286
	10.2.4	Relatives Energiedefizitsyndrom, kurz RED-S		287

11 Training und Wettkämpfe unter Hitzebedingungen — 289

- 11.1 Umgebungsbedingungen — 290
  - 11.1.1 Evaporation — 290
  - 11.1.2 Konduktion — 290
  - 11.1.3 Konvektion — 291
  - 11.1.4 Radiation — 291
- 11.2 Was passiert bei Hitze im Körper? — 291
  - 11.2.1 Strategien zur Reduktion der „Hitzelast" — 294
- 11.3 Hitzeadaptation — 294
- 11.4 Anpassungen durch Hitzetraining — 297
- 11.5 Durchführung und Periodisierung der Hitzeadaptation — 297
- 11.6 Strategien zur Kühlung — 305
  - 11.6.1 Pre-Cooling — 305
  - 11.6.2 Per-Cooling — 306
- 11.7 Anpassen der Pacingstrategie für ein Hitzerennen — 308
  - 11.7.1 Ego — 308
  - 11.7.2 Unwissenheit — 309
  - 11.7.3 Fehlendes Troubleshooting — 309
  - 11.7.4 Anpassung der aufzunehmenden Kohlenhydratmenge — 309
  - 11.7.5 Flüssigkeitsmenge begrenzen — 309

12 Der Wettkampf — 310

- 12.1 Auswahl des Rennens — 310
  - 12.1.1 Jahreszeitpunkt des Rennens — 312
  - 12.1.2 Wettkampfformat — 313
  - 12.1.3 Qualifikation für die Ironman®-Weltmeisterschaften Hawaii — 313
  - 12.1.4 Reiselogistik — 316
    - 12.1.4.1 Vor Reiseantritt — 317
    - 12.1.4.2 Während der Reise — 317
    - 12.1.4.3 Allgemeine Tipps — 318
    - 12.1.4.4 Reisedokumente — 318
    - 12.1.4.5 Weiterführende Autofahrt — 319

	12.1.5	Witterungsbedingungen	319
		12.1.5.1 Schwimmen	319
		12.1.5.2 Radfahren	320
		12.1.5.3 Laufen	320
	12.1.6	Rennen in Asien	320
12.2	Die letzten vier Wochen vor der Langdistanz		321
	12.2.1	Das Tapering	322
	12.2.2	To-do-Liste für die letzten vier Wochen vor der Langdistanz	324
		12.2.2.1 Massage	324
		12.2.2.2 Pediküre	325
		12.2.2.3 Bike-Check-up	325
12.3	Die Rennwoche		326
	12.3.1	Allgemeine Verhaltensregeln	326
12.4	Die letzten 48 Stunden vor dem Startschuss		327
	12.4.1	Zwei Tage vor Check-in bzw. Radabgabe	328
	12.4.2	Beutel Swim-to-Bike	329
	12.4.3	Beutel Bike-to-Run	330
12.5	Vorwettkampftag		332
12.6	Der Rucksack am Wettkampfmorgen		334
12.7	Checkliste am Wettkampfmorgen (noch im Hotel oder zu Hause)		336
	12.7.1	Zeitlicher Ablauf nach Eintreffen in der Wechselzone 1 (T1)	336
12.8	Die Wettkampfstrategie		338
	12.8.1	Body-Inventory-Phase	338
	12.8.2	Stay-in-Here-and-Now-Phase	341
	12.8.3	Zombiephase	342
	12.8.4	Realistisches Powermeterpacing im Ironman®	342
		12.8.4.1 Unterschiedliche Steigungen	343
		12.8.4.2 Gegen- und Rückenwind	343
		12.8.4.3 Rolling Hills	344
		12.8.4.4 Praxisbeispiel zum Powermeterpacing	344
	12.8.5	Pacing im Laufen	345
	12.8.6	Troubleshooting im Wettkampf	346
	12.8.7	Verhalten in der Verpflegungsstelle auf dem Rad	348
12.9	Die Verpflegung auf der Langdistanz		350
	12.9.1	Wettkampfwoche und Carboloading	351
	12.9.2	Ballaststoffe und Natrium	353
	12.9.3	Tipps für die Wettkampfwoche	354
	12.9.4	„Henkersmahlzeit" am Vorabend des Wettkampfs	354
	12.9.5	Wettkampfmorgen	355

	12.9.6	In-Competition-Strategie	355
		12.9.6.1 Planung der Strategie	355
		12.9.6.2 Die Verpflegung per se	356
		12.9.6.2.1 Riegel oder Gel	357
		12.9.6.2.2 Training the Gut	358
		12.9.6.2.3 Magen-Darm-Probleme im Wettkampf	360
	12.9.7	Die Finish Line	362
	12.9.8	The Day after – wie geht es weiter?	363
		12.9.8.1 Wiederaufnahme des Trainings	363
		12.9.8.2 Regenerationsprotokoll nach einer Langdistanz	364
		12.9.8.2.1 Tag 1-4	364
		12.9.8.2.2 Tag 5-7	365
		12.9.8.2.3 Tag 8-12	365
		12.9.8.2.4 Tag 13-18	365
		12.9.8.3 Wann kann das nächste Rennen stattfinden?	366
13	**Schlusswort, Danksagung und Widmung**		**368**

Anhang		**370**
1	Exemplarischer Trainingsplan für 16 Wochen	370
2	Literaturverzeichnis	387
3	Über den Autor	416
4	Bildnachweis	416

STARTSPRUNG/VORWORT

Triathlon ist so viel mehr als Schwimmen plus Radfahren plus Laufen. Mit diesem Credo versuchen wir, in der Trainerausbildung vor allem eins zu vermitteln: Ein einfaches Rezept für das Training kann es nicht geben.

Insbesondere vor dem Hintergrund der Erkenntnisse zur Komplexität des menschlichen Leistens auf physiologischer und psychologischer Ebene zeigt sich, vor welchen Herausforderungen Trainer stehen: Sie sind Experten für Sportbiologie, Trainingslehre, sie müssen das kleine Einmaleins der Sportpsychologie ebenso beherrschen wie methodisch-didaktische Komponenten des Trainierens. Dabei zeichnen sich gute Trainer vor allem durch eins aus: eine eigene Trainerphilosophie, mit der es gelingt, undogmatisch in der Summe der vielen alltäglichen Fragen rund um das Training nach Antworten zu suchen, die zu ihrem jeweiligen Athleten passen.

Durch diese Eigenschaft ist mir Mario Schmidt-Wendling schon früh in seiner Laufbahn als Trainer aufgefallen. Das scharfe Beobachten seiner Athleten und die Gabe, die erreichbaren Ziele abzugrenzen, haben ihm geholfen, seine eigene persönliche Trainingsphilosophie zu entwickeln. Diese hat er auch während der Trainerausbildung bei der Deutschen Triathlon Union in vielen offenen und kritischen Diskussionen stets hinterfragt und weiterentwickelt.

In diesem Sinne wünsche ich den Leserinnen und Lesern mit dem Interessensgebiet Triathlon, dass auch für sie dieses Buch ein Startsprung in die Entwicklung einer eigenen, für sie passenden Trainingsphilosphie sein kann.

Neben den vielen Zahlen rund um das Training darf dabei aber eines nicht auf der Strecke bleiben: der Mensch, das soziale Wesen, ist so viel mehr als die Summe seiner Teile.

Viel Spaß beim Lesen und Trainieren

Dennis Sandig

Wissenschaftskoordinator und Referent für Bildung der Deutschen Triathlon Union

1 EINLEITUNG

Muss das sein? Noch ein Buch über Triathlon?

Diese Frage habe ich mir auch gestellt, als die Anfrage seitens des Verlags zu diesem Buchprojekt an mich herangetragen wurde. Aber eigentlich war es schon immer mein Traum, mein Wissen und meine Erfahrungen aus über 30 Jahren im Ausdauersport und davon über 15 Jahre als Berufscoach in Vollzeit in irgendeiner Form zu Papier bringen.

Träume gehen ja durchaus auch in Erfüllung und so habe ich mich hingesetzt und dieses Wissen niedergeschrieben. Die theoretischen Grundlagen zum Thema Training, Physiologie und Sport per se haben mich bereits im Teenageralter sehr fasziniert und ich habe damals einige Bücher regelrecht verzehrt. In Erinnerung blieb stets *Alles unter Kontrolle* von Neumann, Pfützner und Hottenrott, welches ich lange Zeit in meiner Sporttasche mit mir durch die Gegend getragen habe.

Die Tatsache, dass ich nun im gleichen Verlag, fast 30 Jahre später, meine Ideen, Ansätze und Prinzipien zum Langdistanztriathlon veröffentlichen darf, erfüllt mich mit Stolz und mein persönlicher Kreis scheint sich zu schließen.

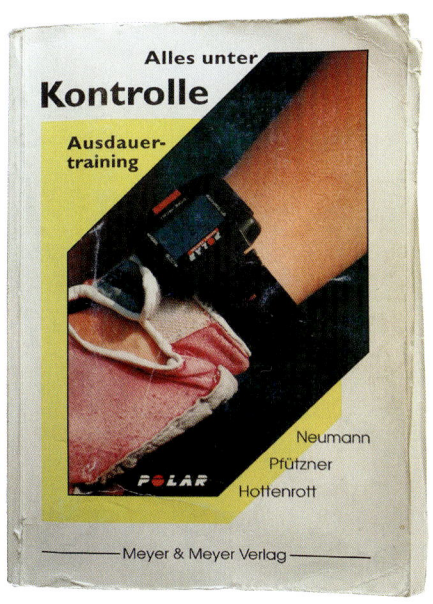

Abb. 1: „Alles unter Kontrolle"

Ich habe bereits vor einigen Jahren kleinere Artikel zu allen Aspekten rund um das Thema Langdistanztriathlon in Form eines Blogs oder für Magazine bzw. für die von mir betreuten Athleten verfasst. Mir war und ist der Wissenstransfer eine Herzensangelegenheit, denn als Sportler und Trainer habe ich, wie viele andere Menschen im Alltag auch, einige Fehler gemacht. In meinen Augen sichern aber genau diese Fehler das Überleben der Menschheit, denn wer über Reflexionsvermögen verfügt, Fehler erkennt und daraus Veränderungen ableiten kann, wird daraus gestärkt und wissender hervorgehen.

Ich möchte möglichst vielen Sportlern mit dem Ziel Langdistanz dabei helfen, die unter anderem von mir gemachten Fehler zu vermeiden, Vermeidungsstrategien zu entwickeln und einen Weg mit weniger Steinen hin zum Erfolg auf der Langdistanz einzuschlagen.

Dabei spiegelt dieses Buch meinen aktuellen Wissensstand und meine über die Jahre immer wieder auf den Prüfstand gestellten Ansätze wider. Den Begriff der Philosophie möchte ich dabei ungerne nutzen, er wird mir zu inflationär in diesem Zusammenhang verwendet. Ich möchte und kann dabei nicht das Attribut für mich vereinnahmen, alles zu wissen und somit der Hüter des heiligen Triathlongrals zu sein.

Mir ist durchaus bewusst, dass es komplett unterschiedliche Ideen, Prinzipien und Ansätze gibt, wie eine Langdistanz vorbereitet und gestaltet werden kann. Ich bin mir jedoch sehr sicher, dass ich einen dieser zum Teil komplett unterschiedlichen Wege gefunden habe, der einer großen Anzahl von Sportlern auf dem Weg zur Erfüllung ihrer Wettkampfträume helfen konnte. Dabei kann ich auf einen Erfahrungsschatz von weit über 1.000 erfolgreichen, individuell gecoachten Langdistanzrennen mit unzähligen WM-, EM- und nationalen Titeln verweisen.

Als Ehemann, Familienvater und Freiberufler sind mir die Tücken des Alltags durchaus bewusst und ich kann sehr gut nachvollziehen, dass neben dem Sport auch noch ein Leben außerhalb des Mikrokosmos Triathlon stattfindet. Ich möchte mit diesem Buch Sportler sensibilisieren, die im Internet postulierten Dinge und Behauptungen nicht unreflektiert für bare Münze zu nehmen. Ich kann seit einigen Jahren beobachten, wie vermeintlich neue Strömungen im Training, in der Ernährung und rund um das eingesetzte Material als Neuheiten vermarktet werden.

Dabei möchte ich keinesfalls den Anspruch einer wissenschaftlichen Arbeit erheben, werde aber eine Vielzahl an Quellen im Appendix anführen, auf die ich meine Trainingsprinzipien aufgebaut habe. Vielleicht findet aber auch mancher Trainer Ideen und Tipps, die ihn in seiner täglichen Arbeit unterstützen können. Mir ist dabei durchaus bewusst, dass ich mit einigen Punkten anecken werde und nicht jedermanns Vorstellungen in Sachen Langdistanztriathlon treffen werde.

Apropos jedermann, ich werde mich in diesem Buch auf die männliche Anrede beschränken, damit der Text nicht zu sperrig wird. Als glücklicher Vater von vier Töchtern möchte ich dem Vorwurf des Chauvinismus, der fehlenden Gleichberechtigung und des fehlenden Respekts dem weiblichen Geschlecht gegenüber gerne entgegentreten und hoffe auf das Verständnis der Leserinnen.

Es kann keine pauschal formulierten Trainingsprogramme in meinen Augen geben, denn ich sehe jeden Athleten weit über das Sportliche hinaus als Individuum. Vielmehr möchte ich die Prinzipien und Grundlagen vermitteln, um eigene und hoffentlich auch richtige Entscheidungen bezüglich der Trainingsplanung zu treffen. Der Vollständigkeit halber habe ich im Appendix dieses Buchs dennoch einen exemplarischen Rahmentrainingsplan für die letzten 16 Wochen vor einem Langdistanzwettkampf für einen fiktiven Athleten erstellt, um einen möglichen Weg dorthin aufzuzeigen.

Eine gewisse Vorbildung in der Sportpraxis, aber auch in der Theorie setze ich beim Leser voraus, denn das Projekt Langdistanztriathlon sollte nicht für Anfänger des Triathlons gedacht sein.

Ich würde mich sehr freuen, wenn ich mit diesem Buch zum Nachdenken und zu Diskussionen anregen könnte, denn dann hätte ich meine Vision und Mission mit diesem Buch erfüllt.

Ich wünsche mir sehr, dass dieses Buch, wie bei mir damals auch, in den Sporttaschen mancher Athleten zum Nachschlagen mitgetragen wird und nach einigen Jahren ein Nachfolgeautor ebenfalls schreibt, dass ich ihn mit diesem Buch inspirieren konnte. Es gibt kein wirkliches Richtig oder Falsch im Sport, man darf und sollte durchaus auch anderer Meinung sein und sich dabei auf jeden Fall reiben.

Reibung ist gut und wichtig, denn durch Reibung entsteht bekanntlich auch Wärme.

Train hard AND smart!

Mario Schmidt-Wendling

2 QUO VADIS TRIATHLON?

Triathlon stellt immer noch eine sehr junge Sportart dar. Die Geschichte dreier amerikanischer Marinesoldaten, die aus einer Bierlaune heraus den Ironman®-Triathlon auf Hawaii ins Leben gerufen haben, ist gerade mal etwas älter als 40 Jahre und sollte den meisten Triathleten bekannt sein. Seit den rauen Anfängen hat die Professionalisierung des Triathlons unglaublich an Fahrt aufgenommen und es gibt wohl kaum eine andere Sportart, die eine derart rasante Entwicklung vollzogen hat.

Als ich Ende der 1980er-Jahre die ersten Bilder vom Triathlon auf Hawaii gesehen habe, waren für mich Triathleten Exoten in viel zu schrillen und knappen Klamotten. Die Ecke der Randsportarten wurde recht schnell verlassen und mit der Aufnahme ins olympische Programm haben weltweit Sportverbände finanzielle Mittel von Staatsseite zur Verfügung gestellt bekommen. Die Deutsche Triathlon Union (DTU) ist fester Bestandteil des Deutschen Olympischen Sport Bunds (DOSB) und stellt die weltweit mitgliederstärkste Dachorganisation dar.

Mich hat die Offenheit neuen Dingen gegenüber und der unbändige Drang nach Innovationen im Triathlon schon immer sehr fasziniert. Doch nicht jede Innovation war und ist von dauerhaftem Erfolg, manches ist nach kurzer Zeit direkt wieder in der Versenkung verschwunden.

Dinge wie beispielsweise der Seat Shifter, mit dem man den Sattel in der Horizontalen verschieben und während der Fahrt die Sitzposition der jeweiligen Topografie anpassen konnte oder der Fahrradrahmen ohne Sitzrohr, dafür aber mit einem federnden Oberrohr, konnten sich, ähnlich wie die 26-Zoll-Laufradgröße, nicht bis heute durchsetzen.

Aber nicht nur in Sachen Equipment waren und sind Triathleten bis in die heutige Zeit sehr innovativ und immer auf der Suche nach Leistungssteigerung. Auch die Trainingswissenschaft im Ausdauersport und speziell im Triathlon hat enorme Erkenntnisse in den letzten Jahren erlangt. Neue und immer günstiger werdende Messgerätschaften und Methoden und deutlich größere Forschungsbudgets sorgen für mehr Power in der Trainingswissenschaft.

Gerade in den letzten 5-8 Jahren wurden diese Erkenntnisse durch die sozialen Medien einem größeren Personenkreis zugänglich und aus diesem Kreis haben manche daraus sogar ein Geschäftsmodell in den Dienstleistungssegmenten Trainingsplanung, Leistungsdiagnostik oder Bike-Fitting gegründet. Einige davon haben eine Art Gurustatus erlangt, allerdings ohne eine solide Ausbildung im Bereich Sport genossen zu haben.

Die Tatsache, selbst aktiver und erfolgreicher Triathlet zu sein oder auf eine solche erfolgreiche Karriere zurückblicken zu können, macht prinzipiell noch nicht einen guten Trainer oder Coach aus. YouTube®-Tutorials und das Lesen mancher Printmagazine können und dürfen nicht eine solide Ausbildung ersetzen. Für mich ist es nach wie vor unverständlich, dass das Berufsbild des Trainers auch heute immer noch nicht geschützt ist. Ein jeder kann sich so nennen, ohne auch nur einen einzigen Nachweis der Qualifikation führen zu müssen.

In anderen Berufsgruppen, die mit Menschen bzw. mit deren Gesundheit umgehen, wird eine Berufsausbildung oder ein Staatsexamen verlangt, im Sport leider immer noch nicht. Oftmals stehen dabei finanzielle Interessen im Vordergrund, die Verantwortung über die Gesundheit der Sportler spielt erschreckenderweise recht schnell eine untergeordnete Rolle. So kommt es immer mehr dazu, dass wissenschaftliche Erkenntnisse teilweise fehlinterpretiert und im Internet beworben werden.

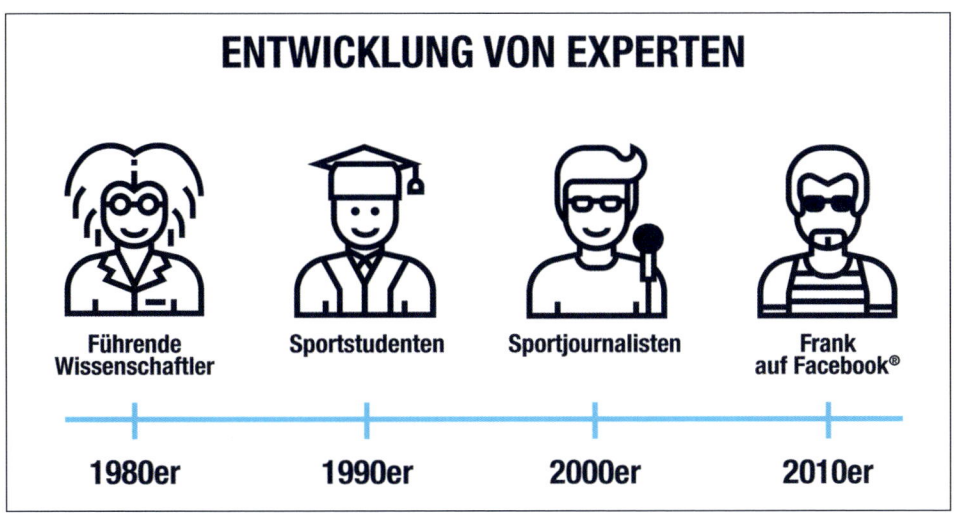

Abb. 2: Frank auf Facebook®

Die Deutsche Triathlon Union (DTU) hat 2020 eine Initiative gestartet, mit der von Verbandsseite lizenzierte Trainer ein digitales Logo erhalten, damit diese auf ihren Webseiten und weiterem Marketingmaterial sofort als qualifizierte Trainer sichtbar sind und sich dadurch von Trainern ohne fundierte Ausbildung abgrenzen können.

Abb. 3: Lizenz-Badge der Deutschen Triathlon Union (DTU)

Darüber hinaus greifen einige Printmagazine, Blogs und YouTube®-Channels vermeintlich neueste Erkenntnisse ebenfalls auf. Dabei wird nicht immer auf Sinnhaftigkeit und Evidenzen geprüft und es werden vorschnell Erkenntnisse publiziert, die dann urplötzlich 1-2 Jahre später wieder verschwinden.

Ich kann durchaus nachvollziehen, dass man als Betreiber oder Herausgeber eines Magazins oder einer Social-Media-Plattform immer wieder entsprechenden Inhalt liefern muss, um die Aufmerksamkeit der Besucher zu erhaschen und die Anzahl der Klicks zu steigern. Doch leider sorgt dies zusehends für Verwirrung unter den Sportlern.

Ich erlebe es immer wieder, dass Sportler sich an mich wenden, weil sie sich im Dschungel dieser Informationen nicht mehr zurechtfinden und nicht mehr selbst für sich erkennen können, welche Informationen richtig, falsch, wichtig, unwichtig oder schlichtweg ungeeignet sind.

Wie bereits in der Einleitung geschrieben, kann und sollte man als Trainer nicht von sich behaupten, dass nur der eigene Weg der allein richtige ist. Es gibt bekanntermaßen viele Wege, die nach Rom führen. Einige davon sind steiniger, also mit vielen Hürden gespickt, andere wiederum führen komplikationsfreier zum Erfolg.

Als Trainer steht man vor der Wahl, ob man „oldschool" arbeitet, oder als innovativ gilt, weil man eben bei allen neueren Strömungen gleich mit auf den Zug aufspringt und unreflektiert und ohne Testphase neue Prinzipien mit Sportlern anwendet. Ich selbst bin da eher zurückhaltend.

Was das bedeutet und warum eine konservative Herangehensweise, die auf das Wesentliche beschränkt ist, nicht nachteilig ist, versuche ich, in den nachfolgenden Kapiteln zu erläutern.

3 DIE ATHLETENTYPEN

Ich kann rückblickend sagen, welch ein großes Privileg und Glück es ist, mit einer sehr großen Zahl von Sportlern seit 2004 zusammenarbeiten zu dürfen. Dieser Athletenpool bestand bzw. besteht aus Anfängern, Übergewichtigen, Diabetikern, Nachwuchssportlern und ü60-Jährigen bis hin zu Para-Triathleten, Ironman®-Hawaii-Teilnehmern, Amateurweltmeistern und Sportlern mit Weltspitzenniveau. Jeder dieser Sportler verfügt über eine höchst individuelle Historie mit eigenen Problemstellungen, Fertigkeiten und Fähigkeiten.

Allein diese große Streuung soll aufzeigen, wie unterschiedlich Athleten in ihrer Ausprägung sein können. Es wird relativ schnell klar, dass allgemein gültige Empfehlungen oder sogar das Befolgen von Rahmenplänen, die eben nicht die individuellen Stärken und Schwächen berücksichtigen, nicht zwingend zum Erfolg führen können. Der Athlet sollte demnach als Individuum gesehen werden. Dabei zählen nicht nur rein physiologische und trainingsrelevante Marker. Die Persönlichkeit und der Charakter des Sportlers spielen eine mindestens ebenbürtige Rolle.

Einige Strukturen und Verhaltensmuster haben sich in den Jahren meiner Tätigkeit als Trainer wiederholt gezeigt, sodass ich irgendwann diese Eigenschaften bündeln und katalogisieren konnte und sich daraus acht verschiedene Athletentypen für mich herausgebildet haben. In diesen Gruppierungen findet man Sportler aus beiden Geschlechtern. Ich habe dennoch Frauen nochmals als gesonderte Gruppe angeführt, da wir, wie wir später noch sehen werden, einige besondere Attribute bei ihnen wiederfinden werden. Die Einteilung in diese unterschiedlichen Gruppen soll dabei nicht als pauschales Schubladendenken verstanden werden. Es sind vielmehr immer wieder sichtbare Verhaltensmuster, die ich nachfolgend zeigen möchte.

Hierbei spielen auch zum Teil Berufsgruppen eine wichtige Rolle. Da ich prinzipiell vorurteilsfrei bin, wünsche ich mir, dass sich kein Leser persönlich auf den Schlips getreten fühlt, wenn er einem bestimmten Berufsstand zugehörig ist oder sich vielleicht sogar in irgendeiner Form ertappt fühlen sollte. Wenn man sich in einer der acht Gruppen wiederfindet, bedeutet das nicht, dass man vorverurteilt oder bei mir in Ungnade fallen wird. Ich habe diese Kategorien bewusst mit in dieses Buch einfließen lassen, um beim Leser für ein Nachdenken und Reflektieren der eigenen Verhaltensmuster im Sport zu sensibilisieren.

Auch hier bedeuten Ausnahmen die Regel, zumal das „Vorurteil die hochnäsige Empfangsdame im Vorzimmer der Vernunft" (Zitat Karl Heinrich Waggerl) für mich darstellt. Es sind lediglich Beobachtungen meinerseits, auf die man im Coaching entsprechend auch Bezug nehmen sollte.

Gerade die Zusammenarbeit mit komplett unterschiedlichen Persönlichkeiten macht den Job als Trainer für mich so interessant. Eine Zugehörigkeit oder Einordnung in eine dieser Gruppen bedeutet nicht, dass ein Athlet erfolgsfern bleiben muss, denn wenn man die Besonderheiten der jeweiligen Gruppe kennt, erkennt und berücksichtigt, lassen sich daraus Topleistungen und Siege entwickeln. Meine Kategorisierung soll die Stärken und Schwächen der jeweiligen Gruppen aufzeigen.

3.1   Das Alphatier

Das Alphatier ist fast ausschließlich männlichen Geschlechts und zwischen 35 und 55 Jahren alt und meistens im Beruf des Bankers, Juristen oder in geschäftsführender Position zu Hause tätig. Für das Alphatier gibt es in der Regel nur ein Tempo, nämlich Vollgas. Ruhezeiten, lockeres Training und Entlastungswochen passen nicht zu seiner Lebensauffassung. Erschreckend oft sind auch Ärzte in dieser Gruppe vertreten. Sie sind dabei oft sehr unreflektiert und haben zum Teil nur rudimentäre Vorstellungen bezüglich Leistungsphysiologie und Training per se.

Das Alphatier neigt dazu, aus jedem Training eine Art Wettkampf oder einen Vergleich der primären männlichen Geschlechtsorgane zu machen, denn wenn ein Training nicht schmerzhaft gewesen ist, dann ist es in den Augen des Alphatiers auch kein Training, sondern Zeitverschwendung.

Im Radtraining in einer Gruppe ist das Alphatier immer in vorderster Front zu sehen. Es toleriert nur schwerlich, wenn der neben ihm fahrende Athlet das Vorderrad auf gleicher Höhe hat. Das Alphatier ist der klassische „Vorderradstrecker", muss sein Vorderrad immer einige Zentimeter vor dem seines Nachbarn positionieren.

Das Training des Alphatiers wird fast immer gemäß des Prinzips *no Pain no Gain* zu schnell absolviert. Durch das zu schnelle Trainingstempo entwickelt sich der Fettstoffwechsel meistens nicht optimal, die maximale Laktatbildungsrate (Vlamax) ist bei diesen Sportlern daher meist erhöht, was durch eine große Kohlenhydratmenge im Training und Wettkampf teilweise kompensiert wird.

Die Fehlentwicklung des Metabolismus (Stoffwechsel) führt dazu, dass die Wettkampfergebnisse auf der Langdistanz meist in Relation schlechter als auf der Mittel- oder Ironman 70.3®-Distanz sind. Als Resultat dieser schlechteren Ergebnisse wird fälschlicherweise abgeleitet, dass das Training zu lasch im Vorfeld gewesen sein muss.

Die Kommunikation des Alphatiers und die Dokumentation des Trainings im Tagebuch lässt oft sehr zu wünschen übrig. Kritik seitens des Trainers wird selten angenommen, Zuhören zählt nicht gerade zu den Stärken des Alphatiers, denn es lässt sich nur ungern Dinge vorschreiben. Die Trainingsplanerfüllung, wenn auch fast immer zu intensiv, liegt bei fast 100 % der Vorgabe.

Um ein noch halbwegs vernünftiges Trainingstempo zu erreichen, setze ich als Coach die Tempovorgaben bewusst niedriger an, da ich weiß, dass diese Vorgaben seitens des Alphatiers immer übererfüllt werden müssen.

3.2   Graf Zahl

Graf Zahl gehört zu einer Gruppe, die erst in den letzten Jahren mit der Verbreitung trainingswissenschaftlicher Themen in den sozialen Medien entstanden ist. Graf Zahl ist ebenfalls fast ausschließlich männlich und in der Altersgruppe 18-45 Jahren mehrheitlich zu finden. Seine Neigung zur Bewertung von Zahlen spiegelt sich auch im Beruf wider. Ingenieure, Controller und IT-Spezialisten bilden die größte Berufsgruppe.

Graf Zahl hat eine sehr technokratische Vorstellung von Training. Er denkt, dass Training ausschließlich bestimmten Algorithmen unterliegt und dass man, basierend auf den Zahlen, alles bis ins letzte Detail planen kann. Hierzu kann Graf Zahl auf nahezu alle Mess-Devices, die der Markt so hergibt, zurückgreifen. Er sammelt Daten, verliert sich zu sehr in der Tiefe seiner Datensätze, aber ohne Transfers in die Praxis daraus abzuleiten.

Es kommt teilweise zu einem zeitlich größeren Einsatz der Analyse des Trainings als zum eigentlichen Training selbst. Graf Zahl hat selten in seiner Kindheit Sport im Verein betrieben, er ist der klassische Spätstarter. Ihm fehlt dadurch ein gewisses Körpergefühl, er kann Trainingsbelastungen ohne Uhr, Tacho, Powermeter usw. fast nicht einschätzen. Fällt ein Messgerät aus, so verliert Graf Zahl schnell die Kontrolle, Training und Wettkampf werden frühzeitig abgebrochen.

Die Kommunikation bezieht sich primär auf Austausch und Bewertung von Metriken. Wenn z. B. die Bodenkontaktzeit beim Laufen im Seitenvergleich links/rechts bei 47,6-52,4 liegt, so gerät er ins Grübeln. Die Trainingsvorgaben werden penibel absolviert, leider wird dabei aber das subjektive Gefühl ignoriert, was durchaus zu einem sogenannten *Non-Functional Overreaching* führen kann.

3.3 Der Social-Media-Athlet

Der Social-Media-Athlet ist in beiden Geschlechtern zu finden und selten älter als 45 Jahre. Einer speziellen Berufsgruppe lässt er sich hier nicht zuordnen. Er ist der Hipster unter den Athleten, trägt von Kopf bis Fuß abgestimmte Kleidung und kopiert dabei den Look mancher Profis. Für ihn ist die optische Darstellung sehr wichtig und er definiert sich sehr über Likes- und Followerzahlen in den sozialen Medien. Fast jedes Training wird dort dokumentiert, eine Kamera ist in jedem Training dabei.

So, wie er in Sachen Mode und Equipment auf der Höhe ist, so unstet ist er leider auch in Sachen Training. Liest er in einem Magazin etwas über einen neuen Trainingsansatz, so wird dieser direkt ins eigene Training integriert. Kommt dann einige Wochen später etwas Neues auf den Tisch, so wird das dann auch wieder direkt aufgegriffen.

Der Social-Media-Athlet lässt sich zu sehr von den Dingen beeinflussen, die er eben in den sozialen Netzwerken bei anderen Sportlern sieht und springt schnell auf den Zug von Trainingschallenges (Everesting, Zwift®-Rennen, Streak Running etc.) auf.

Unter den Social-Media-Athleten befinden sich überdurchschnittlich viele Veganer. Er entwickelt nur schlecht eine solide Basis und Vertrauen in sein Training, was dann wiederum oft zu schlechteren Wettkampfergebnissen führt. Er ist oftmals vor Wettkämpfen mehr mit dem Posten von Bildern beschäftigt, als den Fokus auf sich und seine Stärken zu lenken.

Geht dann der Wettkampf daneben, liegt es fälschlicherweise meistens an äußeren Faktoren, wie z. B. der Ernährung, dem Wetter etc. Apropos Wetter, er scheut in der Regel schlechtes Wetter und ist selten im Besitz von Trainingsbekleidung für widrige Witterungsbedingungen.

Leider beschränkt sich seine Kommunikation oft eher auf die sozialen Medien, als dass er sich dem Trainer anvertraut.

3.4 Der Ungeduldige

Der Ungeduldige ist ca. zu zwei Dritteln männlichen Geschlechts und es gibt ihn in allen Altersklassen. Eine spezielle Berufsgruppe lässt sich ihm nicht zuordnen.

Im Begriff Ausdauersport steckt das Wort Ausdauer drin. Dies ist aber eine Fähigkeit, über die der Ungeduldige zwar physisch verfügt, aber im mentalen Bereich ist er da eher defizitär aufgestellt. Ihm geht die Leistungsentwicklung nicht schnell genug, Ruhephasen und Entlastungswochen bringen ihn regelrecht um den Verstand, insbesondere dann, wenn er gleichzeitig noch ein Social-Media-Athlet ist und sieht, dass andere Sportler deutlich mehr als er selbst trainieren.

Der Ungeduldige kann Schwächen nur schlecht zugeben und neigt dazu, Trainingsumfänge um 10-15 % zu verlängern. Ähnlich wie beim Alphatier muss der Plan etwas entschärft erstellt werden, um am Ende die gewünschte Zielsetzung im Training zu erzielen. Geschieht das nicht, so neigt der Ungeduldige zu Verletzungen.

Beweglichkeits- und Athletiktraining sind ihm ein Gräuel, er sieht darin keine Notwendigkeit und will seine Trainingszeit eher mit Schwimmen, Radfahren und Laufen verbringen, was dann in Kombination mit zu hohem Kilometerumfang ein erhöhtes Verletzungsrisiko darstellt.

Ist der Ungeduldige dann verletzt, so verliert er enorm schnell an Motivation und stellt die große Sinnfrage, ob er den Sport weiterhin betreiben möchte. Der Motivationsverlust verschwindet dann schon recht schnell und die Wiederaufnahme des Trainings erfolgt zu früh, zu schnell und zu intensiv, sodass er erneut in seiner Abwärtsspirale gefangen ist.

Der Ungeduldige muss mit viel Wissen und Hintergrundinformationen gefüttert werden, um ihn aus seiner Ungeduld herauszuholen. Er kommuniziert oft und gerne.

3.5 Der Grübler

Der Grübler ist meist männlichen Geschlechts und eher in den Altersklassen 25-40 Jahren zu finden. Auch ihm lässt sich keine besondere Berufsgruppe zuordnen.

Er lässt sich sehr schnell und sehr leicht von seinem Trainingsweg abbringen. Sobald er liest, was andere Sportler für Einheiten trainieren, hinterfragt er sich und seinen Weg. Er kann nur schwer Selbstvertrauen aus seinem eigenen Training ziehen, hadert mit sich, ist mit seinen Trainingseinheiten im Nachgang unzufrieden und teilweise sehr fatalistisch.

Er leidet unter der sogenannten *Stravanoia*, lässt sich von Trainingsleistungen anderer Sportler auf der Plattform Strava® negativ beeinflussen. Wenn er z. B. in der Wettkampfwoche von anderen Sportlern hört, dass diese sechs Läufe über 30 km absolviert haben und er keinen einzigen, dann ist das Rennen für ihn im Vorfeld eigentlich schon gelaufen.

Der Grübler bewertet leider sich und seine Leistung zu früh im Wettkampf, anstatt damit bis zur Analyse der Ergebnisliste im Nachgang zu warten. Das hat zur Folge, dass er im Rennen sehr früh kapituliert und eher zu einem DNF (Did Not Finish) neigt.

Auch ihm muss man sehr viele theoretische Argumente liefern, damit er ein Vertrauen in die eigene Stärke entwickelt. Seine Kommunikation ist regelmäßig, wenn auch oft eher negativ, sowohl in Wortwahl als auch im Inhalt. Der Grübler hat neben dem Social-Media-Athlet die geringsten Werte im Soll/Ist-Vergleich zwischen geplantem Training und tatsächlicher Planerfüllung.

3.6 Frauen

Wie zu Beginn dieses Kapitels bereits erwähnt, findet man weibliche Athletinnen auch in allen anderen Gruppen. Ich möchte dennoch einige Besonderheiten im Coaching von Frauen anführen. Frauen lassen sich oft leichter trainieren als Männer. Irgendwie sind sie dabei deutlich entspannter, müssen nicht jedes Training in ein testosteronbefeuertes Wettrennen ausarten lassen und stellen nicht ihr Trainingskonzept dauernd auf den Prüfstand. Sie halten sich oft penibel an die Vorgabe, aber ohne dabei die Verbindung zu ihrem Körper zu verlieren.

Da sie oft nicht ganz so technikaffin wie Männer sind und ihnen die diversen Metriken und Parameter eher gleichgültig sind, entwickeln sie meist eine bessere Fähigkeit, sich und ihre Belastung richtig einzuordnen.

Sie neigen eher dazu, zu wenig als zu viel im Training zu absolvieren, aber nicht aus Faulheit, sondern weil sie ihren Körper sehr gut einschätzen können. Einige hadern jedoch mit ihrem Körpergewicht, weil ein vermeintliches Schönheitsideal in ihren Augen nicht erfüllt wird. Das führt leider oft dazu, dass sie zu wenig Energie in Form von Essen aufnehmen, sowohl im Alltag als auch im Trainingsbetrieb.

Wenn man es als Trainer schafft, die Vorteile und die Wichtigkeit des Essens zu vermitteln, so sind Frauen wahre „Trainingssoldaten", die in Summe deutlich belastbarer als Männer sind. Sorry, liebe Geschlechtsgenossen, das sieht nicht gut für uns aus!

3.7 Der Waldmensch

Der Waldmensch ist zum größten Anteil männlich und startet meist in den höheren Altersklassen. Man findet ihn oft in geschäftsführenden Positionen, unter Polizisten, Feuerwehrmännern und im Handwerk. Ich bezeichne ihn als sehr *schmerzbefreit*, er ist sehr robust und verfügt über eine hohe Belastungsverträglichkeit. Dabei spielt es für ihn keine Rolle, was auf dem Plan an Trainingseinheiten zu finden ist, er absolviert diese unabhängig von Wetter, Tageszeit und Tagesform.

Dabei spielt für ihn das Aussehen eine eher untergeordnete Rolle. Ihm ist es einerlei, ob das Radtrikot farblich zur Radhose passt und ob die Beine glatt rasiert sind. Sein Fahrrad ist oft älteren Baujahrs, was ihn aber nicht davon abhält, sehr starke Leistungen damit abzuliefern. Oftmals ist sein Material in sehr schlechtem Zustand, die Kette seines Rades ist vollkommen verschmutzt, was ihn aber nicht sonderlich stört.

Der Waldmensch ist prädestiniert für die Langdistanz, er verfügt über sehr gute Ausdauerwerte, sodass man ihn durchaus, keinesfalls geringschätzend gemeint, auch als einen Diesel bezeichnen könnte. Um Einheiten mit höherer Intensität macht er lieber einen Bogen, stattdessen würde er lieber lang und locker trainieren. Seine maximale Laktatbildungsrate ist meist recht niedrig und eine bestimmte Ernährungsweise spielt für ihn keine Rolle, denn er isst, was auf den Tisch kommt.

In der Gruppe der Waldmenschen findet man überproportional viele Athleten, die bereits seit den 1990er-Jahren dem Triathlon verfallen sind. Der Waldmensch ist eher still in seiner Kommunikation, aber man kann sich auf ihn verlassen, denn was im Plan steht, wird auch absolviert, auch wenn es nicht präzise und täglich im Trainingstagebuch dokumentiert wird.

3.8 Der Champion

Champions gibt es selbstverständlich in beiden Geschlechtern und in allen Altersstrukturen. Sie alle vereint ein sehr gutes Körpergefühl und eine gewisse Intuition, wann im Training hingelangt bzw. vielleicht auch mal ein Ruhetag eingebaut werden kann. Sie vertrauen eher ihrem Gefühl als den auf den Uhren angezeigten Parametern.

Interessanterweise stimmen ihre Empfindungen fast immer mit den gemessenen Werten überein. Generell würde ich Champions eher als Macher und weniger als Haderer oder Grübler bezeichnen. Sie lassen sich nicht vorschnell durch Informationen aus dem Internet oder Magazinen von ihren Prinzipien abbringen, sondern lassen solche Informationen erst einmal sacken und wägen sehr genau ab, ob solch eine Veränderung Sinn machen könnte. Sie sind geduldig, wissen um eine gewisse zeitliche Dauer zur Entwicklung bestimmter Fähigkeiten im Training. Ihre Geduld wird durch zielorientiertes Handeln und Denken untermauert. Hierbei werden keine Schnellschüsse, unüberlegte Panik-Trainingseinheiten eingeschoben, sondern eher Vertrauen in das eigene Trainingskonzept entwickelt.

Champions sind sich der Bedeutung und Wichtigkeit von Regeneration und Balance sehr bewusst, sie können besser vom Triathlon gedanklich abschalten als alle anderen Gruppen mit Ausnahme des Waldmenschen. Sie sind in ihrer Kommunikation sehr präzise, können sehr differenziert ihren aktuellen Status vermitteln. Sie sind sehr verbindlich, besprochene Dinge werden eingehalten und sie sind sehr pünktlich und diszipliniert in ihrem Tageswerk.

Der Champion bildet ein Netzwerk von Menschen, die ihn auf seinem Weg begleiten. Trainer, Physiotherapeuten, Lebenspartner etc. bilden dabei ein Team.

TRIATHLON ERFOLG AUF DER LANGDISTANZ

Eine Einordnung in eine dieser Kategorien ist nicht immer präzise machbar, sodass es durchaus zu Schnittmengen kommen kann. Die häufigsten Überschneidungen gibt es in den folgenden Konstellationen.

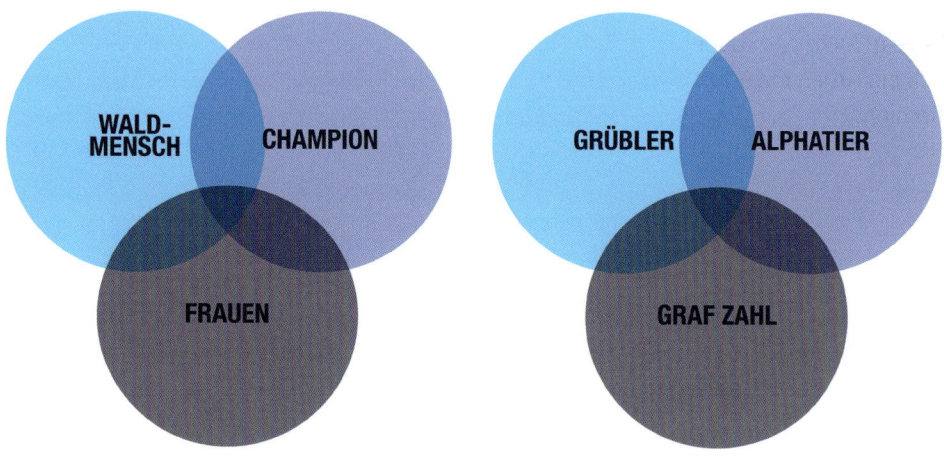

Abb. 4: Schnittmenge Waldmensch – Champion – Frauen

Abb. 5: Schnittmenge Grübler – Alphatier – Graf Zahl

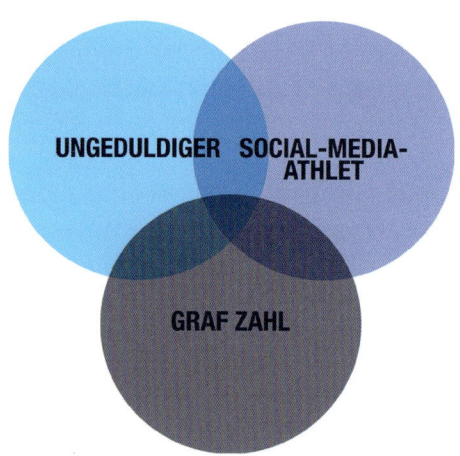

Abb. 6: Schnittmenge Ungeduldiger – Social-Media-Athlet – Graf Zahl

Die Athletentypen

Eine pauschale Einteilung in eine dieser acht Gruppen ist nicht für alle Zeiten in Stein gemeißelt. Ich kann immer wieder Verschiebungen und Entwicklungen feststellen. Durch geschickte Führung und Vermittlung der richtigen Inhalte lassen sich aus allen Personengruppen Champions entwickeln und genau das ist die Aufgabe eines Coachs.

Es zeigt sich, dass dabei nicht nur Formeln und Regeln anzuwenden sind, sondern dass sich die Arbeit mit Sportlern eigentlich deutlich komplexer darstellt und weit über das rein Trainingsmethodische hinausgeht.

Abb. 7: Coaching ist hochkomplex.

4 DIE ARBEIT DES TRAINERS

„Champions are all around us, all you have to do is to train them properly."

Sir Arthur Lydiard

Mit der rasanten Entwicklung des Triathlons hat sich auch das Trainerbusiness stark verändert. Als ich 2004 mit dem Bereitstellen von Trainingsplänen gestartet bin, gab es außerhalb von den Vereinen, Landesverbänden und den Stützpunkttrainern der Deutschen Triathlon Union (DTU) eigentlich keine Trainer im kommerziellen Bereich. Zudem gab es zu dieser Zeit unter den Sportlern wenig Akzeptanz für das Engagement eines persönlichen und individuellen Trainers.

Ich umgehe hierbei bewusst den Begriff des Personal Trainers, denn landläufig assoziiert man damit eher Fitnesstrainer der Reichen und Schönen à la Heidi Klum, Madonna etc.

Gleichzeitig hat sich aber auch die Arbeitswelt verändert, die permanente Erreichbarkeit durch Smartphones etc. hat starken Einfluss auf die Arbeitszeiten, sodass die Teilnahme an Trainingsangeboten der Triathlonvereine nicht immer möglich war und ist und man somit auch keine Rückmeldung eines qualifizierten Trainers bekommen kann, wenn man primär alleine trainieren kann, muss oder das auch bewusst so möchte.

Ich kenne keine fixen Zahlen, vermute aber, dass bestimmt 30-40 % aller Teilnehmer an Ironman®-Veranstaltungen Hilfestellung durch einen professionellen Trainer in Anspruch nehmen. Ein schätzungsweise gleicher Anteil trainiert nach Rahmenplänen aus Magazinen, Büchern oder von Internetplattformen, einige davon werden sogar vollkommen kostenfrei zu Verfügung gestellt.

In den Triathlonvereinen mit zertifizierten DTU-Trainern wird in der Regel eine sehr gute Trainingsarbeit geleistet, doch oft hat der Vereinstrainer nicht ausreichend Zeit, sich auf die individuellen Bedürfnisse eines jeden Athleten einzustellen, sodass nicht immer eine optimale Betreuung gemäß den Stärken und Schwächen des Sportlers gegeben ist.

Ich verweise bei Anfragen zur Trainingsplanung von Anfängern grundsätzlich immer auf die Vereine, denn dort werden die wichtigen und notwendigen Basics vermittelt und man findet dort auch die Möglichkeit, Gleichgesinnte kennenzulernen. Gemeinsames Training fördert die soziale Kompetenz und ist für mich ein ganz wichtiger Aspekt des Sports.

4.1 Was bietet ein Trainer?

Neben dem Erstellen von Trainingsplänen und dem Analysieren von Trainings- und Wettkampfergebnissen gibt es wohl noch einige weitere Aspekte, die für einen Trainer sprechen. Die wichtigsten möchte ich hier anführen.

4.1.1 Personifizierter Schweinehund

Ich bekomme immer wieder rückgemeldet, dass einige Einheiten ohne mich als Trainer, wenn auch teilweise nur virtuell auftretend, nicht absolviert worden wären. Viele Athleten verspüren eine Art Bringschuld und fühlen sich schlecht, wenn sie die geplanten Einheiten nicht absolvieren.

Die Kontinuität im Training führt ganz klar zum Erfolg, doch nicht um jeden Preis. Werden Erschöpfungsanzeichen seitens des Athleten nicht erkannt und der „Planerfüllungsmodus" ist angeschaltet, so kann sich durchaus eine negative und gegenläufige Leistungsentwicklung manifestieren.

4.1.2 Mangelnde Zeit zur eigenständigen Trainingsplanung

Zeit ist bei den meisten Sportlern Mangelware. Neben Familie, Job und Training eröffnen sich bei den meisten wenig Möglichkeiten, sich mit der Konzeption eigener Trainingspläne zu beschäftigen.

4.1.3 Gefühl des Abgebens

Einigen Sportler fällt regelrecht ein Stein vom Herzen, wenn sie die Trainingsplanung in professionelle Hände geben. Der Druck, immer das Richtige selbst in den eigenen Plan einzubauen, fällt weg, da eine externe Person das nun übernimmt. Meine Erfahrung hat gezeigt, dass Sportler, die primär aus diesem Grund einen Trainer konsultieren und sich auf dessen Trainingskonzept einlassen, überdurchschnittlich erfolgreich sind.

4.2 Technische Veränderungen

Es gab zu meiner Anfangszeit keine Möglichkeiten der Dokumentation von Trainingsdaten in Form der heutigen zahlreichen Online-Coaching-Plattformen. Der Austausch von relevanten Daten war damals weitaus schwieriger als heute. Ich habe begonnen, indem ich die von mir erstellten Trainingspläne per Excel-Datei an E-Mails angehängt habe. In dieses Formular konnten die Athleten ihre absolvierten Trainingseinheiten eintragen.

Mit der fortschreitenden Digitalisierung eröffneten sich plötzlich ganz neue Möglichkeiten, aus der Ferne Sportler zu coachen. Die Bereitstellung von Files zur Analyse des Trainings und der Zugriff von mobilen Geräten (Telefon, Tablet etc.) auf Trainingsplan und Trainingstagebuch haben die Arbeit von Trainern im Ausdauersport deutlich einfacher, effektiver und zielführender gemacht.

Auch in den verbesserten Kommunikationsmöglichkeiten liegt ein großes Plus. Das Übermitteln von Sprachnachrichten, um komplexere Sachverhalte zu vermitteln, ist in meinen Augen ein wahrer Segen, denn geschriebenes Wort kann ja durchaus unterschiedlich interpretiert werden und birgt somit auch ein gewisses „Konfliktrisiko", wenn der andere die Nachricht falsch versteht.

Das heute nicht mehr wegzudenkende Smartphone kann man dabei durchaus als das Schweizer Offiziersmesser des 21. Jahrhunderts bezeichnen. Es ist permanent in der Hosentasche, sodass auch Videos aufgenommen und an den Coach übermittelt werden können. Eine Bewertung der Bewegungsqualität oder der technischen Ausführung ist somit auch ohne Vor-Ort-Präsenz möglich. Trainingsinhalte können mittels Smartphone auf dem Weg zum Schwimmbad nochmals eingesehen werden und die Dokumentation des Trainings sowie der Upload der Files ist heute deutlich leichter, zeitsparender und zeitnaher, auch unterwegs durchführbar.

Gerade der Aspekt, dass der Trainer nicht mehrere Tage auf Einträge in das Tagebuch warten muss, bedeutet einen gravierenden Qualitätszuwachs, da der Trainer somit permanent im Bilde ist und Änderungen im Plan einpflegen kann. Die technischen Voraussetzungen sind für „junge" Coaches heute deutlich leichter als zu Beginn des Jahrtausends. Es hängt alleine davon ab, wie diese Möglichkeiten genutzt werden.

4.3 Die Aufgaben eines Trainers

Der Punkt klingt irgendwie doof, aber aus einigen Gesprächen mit Sportlern und auch mit anderen Trainern wird dennoch offensichtlich, dass die Aufgaben eines Trainers nicht immer klar umschrieben werden können. In der Wahrnehmung mancher Athleten ist der Trainer eine Person, die permanent selbst trainiert, zu den schönsten Orten dieser Welt zu Wettkämpfen fliegen kann und immer braun gebrannt ist. Es gibt mit Sicherheit Trainer, auf die diese Attribute zutreffen und die das zu ihrer Art des Coachings gehören lassen (mehr dazu in Kap. 4.6).

Die Realität sieht zumindest bei den meisten Vollzeittrainern deutlich anders aus. Wochen mit 60-70 Stunden Arbeitsbelastung, 24/7-Erreichbarkeit und keine wirklichen Auszeiten sprechen eine andere Sprache. Die Gefahr eines Burn-outs ist nicht wegzudiskutieren und wird leider immer noch sehr stark tabuisiert. Dieser zum Teil sehr kraftraubende Aufwand geht dabei nur mit einer großen Portion Leidenschaft und einer deutlichen Zurücknahme des eigenen Egos und viel Verständnis des Lebenspartners.

Die Hauptaufgabe eines Trainers ist es, Sportler zu entwickeln und zu fördern. Für mich stellt Coaching eine recht einfach zu beschreibende Tätigkeit dar, nämlich den Versuch, Menschen fundamental zu verändern, denn das Individuum wird in einem Jahr nicht mehr der gleiche Athlet sein, wie er es heute ist. Für mich hat dieser Veränderungsprozess höchste Priorität und ist keinesfalls auf eine rein physische Veränderung reduziert, wie die nebenstehende Grafik zeigen soll.

Diese Veränderung beginnt mit einem Startpunkt, also dem Beginn der gemeinsamen Zusammenarbeit, und hat einen fixierten Endpunkt in Form des Saisonhöhepunkts oder Hauptwettkampfs. Die Aufgabe des Coachs besteht darin, den Sportler auf diesem Weg zu begleiten, ihn zu führen und ihn vor der Gefahr durch potenzielle Fehler zu schützen.

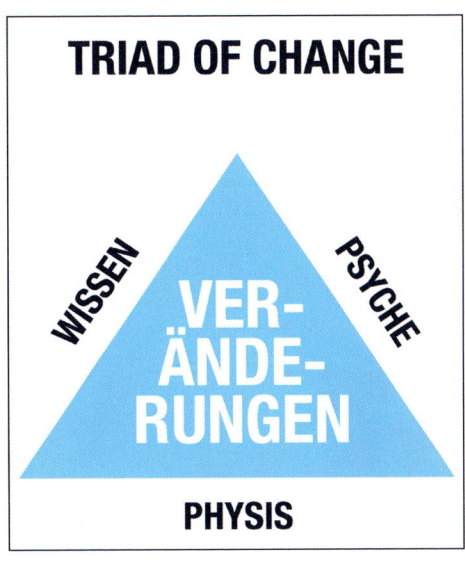

Abb. 8: Triad of Change

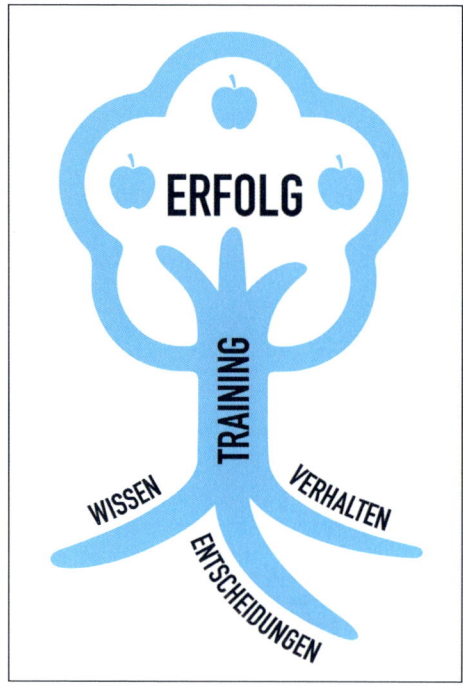

Abb. 9: Baum des Erfolgs

Macht ein Sportler dennoch solche Fehler, so sind das meiner Meinung nach nicht Fehler des Athleten, sondern eher Fehler des Trainers, denn er hat auf die jeweiligen Aspekte und Gefahren zu wenig hingewiesen und/oder das Problem nicht frühzeitig erkannt. Auf diesem Weg sollte der Trainer dem Sportler beratend zur Seite stehen, ihm das notwendige *Wissen* vermitteln, sodass der Sportler sein *Verhalten* und seine *Entscheidungen* in richtige Bahnen lenken kann.

Für mich steht Coaching für das Einpflanzen dieser drei Merkmale. Wenn diese Elemente Wurzeln schlagen, kann der „Baum des Erfolgs" wachsen und die Früchte des Erfolgs können geerntet werden. Um dieses Bild weiter zu zeichnen, könnte man an dieser Stelle durchaus auch vom *Tree-Athlon* sprechen.

4.4 Das Zusammenspiel zwischen dem Athleten und dem Trainer

Abb. 10: TEAM

Für mich stellt Coaching keine Einbahnstraße dar, sondern ist ganz klar als Teamwork zu verstehen. Der Athlet muss in alle Entscheidungsprozesse mit einbezogen werden. Da aber jeder Sportler seine eigene Persönlichkeit (siehe Kap. 3) mitbringt, kann es in der tagtäglichen Arbeit auch keinen einheitlichen Arbeitsansatz geben. Ich spiele daher lieber den Ball an den Sportler zurück und hole diesen viel lieber mit ins Boot. Soll heißen, je mehr der Sportler von mir als Coach einfordert, desto mehr bekommt er auch zurück.

Die Arbeit des Trainers

Es gibt dabei ganz unterschiedliche Ausprägungen. Manche Sportler sind kurz angebunden, andere wiederum schreiben jeden Tag ellenlange Prosatexte im Tagebuch nieder. Die Art und Weise der Zusammenarbeit unterscheidet sich dabei nicht nur von Sportler zu Sportler, sondern auch bei ein und demselben Sportler innerhalb des Trainingsjahres.

Phasen mit mehr Supportbedarf wechseln sich mit Phasen der „langen Leine" ab. Der Umgang sollte immer offen und auf Augenhöhe stattfinden, Ehrlichkeit und Loyalität von beiden Seiten sind die Grundvoraussetzung zur Entwicklung großer Leistungen. Die Kommunikation stellt dabei das wichtigste Kriterium dar. Eigentlich erzählt der Sportler dem Coach freiwillig alles, wenn dieser in der Lage ist, sein eigenes Ego hintanzustellen, zuzuhören und zu beobachten.

Als Coach steht man an der Seite des Athleten, in guten wie in schlechten Zeiten, man geht dabei durchaus eine Art von Beziehung oder Hochzeit ein. Gerade in schlechten Zeiten (z. B. bei Krankheit, Verletzungen etc.) braucht der Sportler mehr Zuspruch und muss enger an die Hand genommen werden. In meinen Augen kann es kein besseres Traininggadget als einen zuhörenden und empathischen Coach in solch einer Situation geben, der Zuversicht vermitteln und Wege raus aus der Krise aufzeigen kann.

Ich habe immer wieder mit Situationen zu tun, in denen Sportler vermeintliche Ratschläge von außen erhalten, sei es durch Eigenstudium mancher Internetforen, durch Magazine, Facebook®-Gruppen o. Ä. oder durch Einflussnahme von Personen von außen.

Dabei ist für mich die unten stehende Grafik von elementarer Bedeutung in der Beziehung Athlet und Coach.

Der Athlet steht im Zentrum und wird durch den Coach nach außen hin „abgeschirmt". Das soll nicht bedeuten, dass kein Kontakt zu anderen Berufsgruppen im Sport zulässig wäre, mir ist es dabei jedoch wichtig, dass Informationen aus dem nächstgrößeren Kreis derer, die Einfluss nehmen könnten, zuerst an den Coach herangetragen und nicht blind an den Athleten übertragen werden. In den vergangenen Jahren sind dabei immer wieder Missverständnisse und Fehlinformationen entstanden, insbesondere dann, wenn Sportler in organisierten Trainingslagern mit anderer „Trainingsphilosophie" oder bei externen Leistungsdiagnostikinstituten gewesen sind.

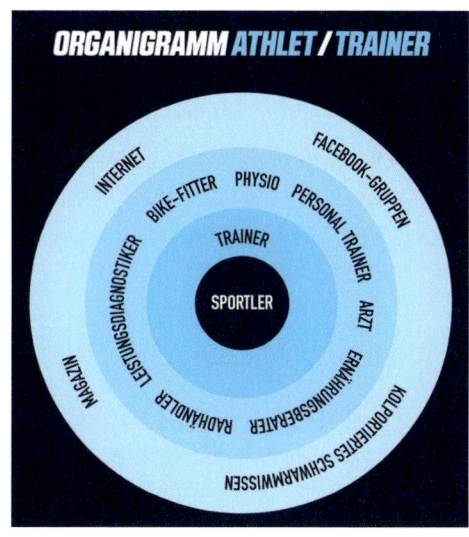

Abb. 11: Organigramm Athlet und Trainer

Die Zusammenarbeit von Coach und Athlet beruht auf gegenseitigem Vertrauen, einer gemeinsamen Basis, die von außen zum Teil gefährdet wird. Für mich gilt daher gemäß der Grafik, dass der Informationsgehalt von innen nach außen immer weiter an Wichtigkeit und Bedeutung abnimmt. Dies alles soll nicht bedeuten, dass der Coach als Weisheit letzter Schluss zu verstehen ist, denn auch ein sehr gut ausgebildeter Trainer mit großem Erfahrungsschatz kann niemals alles wissen.

Daher sollten Ideen und Vorschläge von außen immer zuerst mit dem Trainer abgesprochen werden, damit dieser diese Ideen auch versteht und für sich Rückschlüsse für den Trainingsalltag daraus ziehen kann, denn nur so kann gewährleistet werden, dass das Wissen externer Experten auch sinnvoll umgesetzt wird.

Teamwork ja, aber wirklich in geordneten Bahnen!

4.5   Dinge, die einen Coach verstimmen

Ich werde in regelmäßigen Abständen gefragt, was mich als Coach auf die Palme zu bringen scheint. Sieben Punkte sind hierbei zu erwähnen.

4.5.1   Mangelnde Kommunikation

Nicht jeder Athlet ist von seiner Persönlichkeit von Haus aus eine „Plappertasche" und das braucht auch keineswegs so zu sein. Allerdings sollte die Kommunikation von Athletenseite wenigstens die grundlegenden Dinge wie zur Verfügung stehendes Zeitbudget, Befindlichkeiten körperlicher und mentaler Natur und subjektives Empfinden der Trainingseinheit umfassen. Hierzu sind keine langen Prosatexte notwendig, kurze und knappe Infos sind dabei vollkommen ausreichend.

Wenn ich von Sportlerseite „alleine gelassen werde", wenig bis keine Rückmeldung bekomme und auch auf mehrfache Aufforderung meinerseits diesbezüglich wenig Antworten zu erwarten sind, dann fühle ich mich schon verstimmt, weil ich das Gefühl habe, dass meine Arbeit nicht wertgeschätzt wird.

4.5.2   Pushy E-Mails

Wenn ein Sportler an einem Freitagabend um 22.30 Uhr eine Frage bezüglich des Rollwiderstands von bestimmten Reifen stellt und ich für mich denke, dass die Beantwortung durchaus bis Montag warten kann, ich aber von Freitagabends bis Sonntagabends vier Erinnerungsnachrichten dazu bekomme, schalte ich auf stur.

Ich stehe fast rund um die Uhr zur Verfügung und garantiere, innerhalb von drei Stunden auf für den jeweiligen Trainingstag relevante Fragen zu antworten. Manche Dinge sind wirklich nicht kriegsentscheidend und haben Zeit!

4.5.3 Social-Media-Wahn

Wenn ich auf Strava®, Facebook® oder Instagram® ganz andere Dinge in Sachen Training oder Wettkampfberichte lese, als im Trainingstagebuch niedergeschrieben ist, muss ich mich schon fragen, welche Vertrauensbasis eigentlich vorhanden ist. Schon mal drüber nachgedacht, warum die besten Athleten (mit Ausnahme der norwegischen Nationalmannschaft) selten Inhalte zu ihren Trainingseinheiten veröffentlichen?

4.5.4 Teilen von Trainingsplänen, Texten und Tabellen

Letztendlich „kauft" ein Athlet die Dienstleistung eines Trainers und das dazugehörige Know-how. Etwas unschön finde ich jedoch, wenn ich in den sozialen Medien sehe, dass Freunde dieser Athleten tagesgenau permanent die gleichen Trainingseinheiten posten oder ich auf Texte/Artikel angesprochen werde, die exklusiv für die zahlenden Sportler bestimmt sind.

Ganz besonders ärgerlich finde ich, wenn Sportler auf einmal ihr eigenes Coachingbusiness aufbauen und dabei gnadenlos Texte und Trainingseinheiten übernehmen und diese teilweise öffentlich zugänglich machen. Trainingseinheiten können leider nicht patentrechtlich geschützt werden.

HINWEIS

Zur Erinnerung: Mich erfüllt meine Tätigkeit als Coach mit großer Zufriedenheit, aber am Ende ist es auch Business und ich muss vier Kinder ernähren. Allerdings scheint im Sport immer noch die Meinung vorzuherrschen, dass man sich alles erlauben kann und alle Freunde sind.

4.5.5 Vorhaltungen zum Trainingskonzept

Als verantwortungsbewusster Trainer hinterfrage ich mich bzw. das angewandte Trainingskonzept permanent und justiere regelmäßig die jeweiligen Stellschrauben. Das impliziert nicht, dass ich der Weisheit letzter Schluss wäre und fehlerfrei bin. Man darf und soll mich durchaus hinterfragen.

Ich kann es jedoch nicht sonderlich gut leiden, wenn nach Besprechung des Konzepts permanent Einwände kommen, weil der Sportler von Trainingspartnern, aus den sozialen Medien, Magazinen etc. andere Konzepte empfohlen bekommt. Am Ende bin ich trotz Diskussions- und Kompromissbereitschaft derjenige, der „das Sagen" hat, denn ansonsten muss man schließlich auch keinen Trainer konsultieren.

Die Erfahrung der letzten Jahre zeigt mir, dass sich Leistungsentwicklungen nur dann ergeben, wenn ein beiderseitiges Vertrauen vorhanden ist.

4.5.6 Großzügige und kreative Interpretation des Trainingplans

Einen gewissen Freiraum halte ich für Athleten bereit, doch wenn der Trainingsplan zu kreativ interpretiert wird, frage ich mich auch hier, warum man mich als Trainer beauftragt.

Hierzu zählt auch, dass man bei Tempoeinheiten das Tempo großzügig übersteigert. Intervalle stehen lediglich für die angewandte Methodik und bedeuten nicht, dass man jedes Mal Erbrochenes im Hals stehen haben oder Sternchen sehen muss. Ein permanentes, deutliches Steigern der Volumina um über 10 % des geplanten Umfangs wäre auch nicht begrüßenswert.

Bei einigen Athleten rechne ich den erhöhten Testosteronwert von vorneherein ein, wenn ich den Plan erstelle.

4.5.7 Ungeduld

Erfolge stellen sich nicht über Nacht ein. Die Suche nach der Abkürzung zum Erfolg ist vergebene Liebesmüh, denn es gibt sie nicht. Triathlon ist Ausdauersport, hierzu braucht man nicht nur physische, sondern auch mentale Ausdauer, sprich Geduld.

FAZIT

Wenn man sich als Athlet fragt, was man von einem Coach erwartet, sollten die oben genannten Dinge eigentlich selbstverständlich sein.

4.6 Die Handschrift des Trainers

„Coaching ist nicht nur das Erstellen von Trainingsplänen, das Auswerten von Daten. Coaching beschreibt die Fähigkeit, dem Sportler zuzuhören und ihn zu verstehen. Dafür gibt es keine Lizenzen oder Ausbildungen, es ist ein Mix aus Erfahrung, Wissen, Empathie und der Liebe zum Detail."

Mario Schmidt-Wendling

Viele Wege führen bekanntermaßen nach Rom. Gerade im Sport gibt es zahlreiche solcher Wege, um zum Erfolg zu gelangen. Die Trainingswissenschaft, und insbesondere in der vergleichsweise jungen Sportart Triathlon, stellt dabei ein noch sehr neues Feld dar. In den 1990er-Jahren hat sich aus dem Kenntnisstand aus den Sportarten Schwimmen, Radfahren und Laufen und den daraus abgeleiteten Studien eine Trainingswissenschaft zur eigenständigen Sportart Triathlon entwickelt.

Mir fällt es dabei immer schwer, zu sagen, dass ein Ansatz zum Training richtig oder falsch ist. In der Medizin heißt es: Wer heilt, hat recht. Im Sport könnte man das auf: „Wer Erfolg hat, hat recht", ummünzen. Einige Trainer verteidigen ihre Philosophie (in meinen Augen ein zu sehr inflationär und fälschlich genutzter Begriff in diesem Zusammenhang) vehement und verweisen dabei auf die Erfolge, die sie damit mit einem Sportler erzielt haben. Doch nicht jedes Konzept oder jeder Ansatz kann bei jedem Sportler gleichzeitig angewendet werden und zum Erfolg führen.

Die Anforderungen im Triathlon haben sich in den letzten Jahren sehr stark verändert und darauf muss man als Trainer auch adaptieren und reagieren. Ich habe mit Sicherheit zu Beginn meiner Trainertätigkeit einige Fehler gemacht und manchen Sportler „gegen die Wand trainiert". Kein Mensch ist fehlerfrei, Fehler gehören zu jedem Entwicklungsprozess dazu. Nur, wer seine Fehler erkennt, selbstkritisch bleibt und sich in seinem Denken und Handeln immer wieder infrage stellt, wird gestärkter aus solchen Fehlern hervorgehen.

Ich mache mir fortlaufend Notizen, schreibe auf, welche Dinge im Trainingsjahr gut funktioniert haben und welche vielleicht auch weniger. Wichtig dabei ist, dass man nicht blind und überhastet reagiert, wenn manche Dinge unter Umständen nicht, wie gewünscht, verlaufen. Ich bin da meistens etwas zurückhaltender, warte ab, ob es sich doch noch in die andere, positive Richtung entwickelt oder aber auch verschlechtert.

Innerhalb der Saison packe ich mehrfach meine Notizen aus, gehe in eine Art Klausur und justiere das Konzept. Dabei muss man auch den Mut haben, begangene Fehler zugeben zu können.

Vor Jahren war ich beispielsweise vehementer Gegner des Beinschlagtrainings im Schwimmen für Triathleten. Mittlerweile habe ich das nochmals überdacht und bin anderer Meinung, was bei manchen Sportlern auch für Verwirrung sorgen kann. Wenn man diese aber im Entscheidungsprozess mitnimmt, ihnen die Hintergründe für diesen Sinneswandel erläutert, klären sich die Sorgenfalten auf deren Stirn.

Lernen, Adaptieren und Verändern ist eine wichtige Eigenschaft eines Coachs. Es zeigt sich jedoch immer wieder, dass einige zu schnell von ihrem Kurs abweichen, zu wenig Geduld bei der Entwicklung ihres Konzepts mitbringen. Oft geschieht das auch als Reaktion auf Artikel in Magazinen, Podcasts oder YouTube®-Videos. Es werden immer wieder vermeintlich neue Ansätze publiziert, die dann zum Teil unreflektiert ins Trainingskonzept übernommen werden, ohne diese getestet und validiert zu haben.

Der Mix aus bewährten und mit Bedacht eingebauten Neuerungen stellt eine wichtige Säule zum Erfolg dar.

4.7 Unterschiedliche Trainertypen

Ich denke, man kann Trainer nicht pauschal in ihrem Handeln beurteilen, ohne auf die Unterschiede, zum Teil grundlegender Natur, hinzuweisen. Wenn ich den Markt so überblicke, gibt es für mich folgende Gruppierungen. Gerade diese Vielfalt an unterschiedlich arbeitenden Trainern gibt dem Athleten die Möglichkeit, seine individuell passende Lösung zu finden, denn nicht jeder Deckel passt bekanntlich auf jeden Topf.

4.7.1 Der Vereinstrainer

Der Vereinstrainer kommt seiner Tätigkeit meist ehrenamtlich nach. Es gibt aber immer mehr Trainer, die individuelle Trainingspläne an Vereinsmitglieder abgeben. Da er damit nicht seinen Lebensunterhalt bestreitet, liegen die Preise leider sehr oft unter denen der hauptberuflichen Trainer. Die meisten sind im Besitz mindestens einer DTU-C-Lizenz.

4.7.2 Der Freizeit- oder Social-Media-Trainer

Ähnlich wie die Vereinstrainer bieten Freizeittrainer ihre Dienste nebenberuflich an, da sie ihre Brötchen in einem „echten" Beruf verdienen. Sie können daher meist nicht den Service wie Vollzeittrainer bieten, da Fokus und Zeitbudget durch den Hauptberuf limitiert sind.

Leider finden sich in dieser Gruppe recht viele Trainer, die über keinerlei Qualifikationen verfügen. Wenn man auf den Webseiten solcher Trainer surft und liest, dass eine „Trainerausbildung in Planung" sei, ruft das bei mir Kopfschütteln hervor.

In meinen Augen gibt es in dieser Gruppe die meisten schwarzen Schafe, die denken, dass man mit Coaching den schnellen Euro nebenbei verdienen kann und keine Ausbildung oder Erfahrung dazu braucht. Das Betreiben eines Blogs oder YouTube®-Channels legitimiert in meinen Augen nicht dazu, dass man Sportler betreuen darf und mit der Gesundheit von Menschen verantwortungslos umgeht. Einige erlangen dabei fast den Status eines Onlinegurus ohne wirkliche Erfahrung „on Deck" zu besitzen.

„An die Bitterkeit von schlechter Qualität und schlechtem Service erinnert man sich noch lange, nachdem die Süße eines niedrigen Preises längst schon vergessen ist."

John Ruskin

4.7.3 Aktive Profisportler

Im Profitriathlon können leider nicht so große Summen wie in manch anderen Sportarten verdient werden und es gibt nur einige wenige, die wirklich davon leben können. Athleten ohne große Sponsorenverträge bessern ihr Einkommen auf, indem sie für eine kleine Anzahl von Sportlern ihre Dienstleistungen anbieten.

Ich höre hierbei jedoch immer wieder, dass das eigene Training und Ego immer noch im Vordergrund steht und der Profiathlet als Coach sich nicht oder nur bedingt auf die Belange eines Altersklassenathleten „runterbrechen" kann oder möchte.

4.7.4 Ehemalige Profisportler

Ähnlich wie bei den noch aktiven Profis gibt es eine ganze Menge ehemaliger Athleten, die nach dem Ende ihrer Laufbahn ins Coachingbusiness gewechselt sind. Sie verfügen oftmals über einen großen Erfahrungsschatz, wenn ihnen dabei auch manchmal der wissenschaftliche Unterbau fehlt. Wenn sie sich in die Welt der Altersklassensportler gedanklich versetzen können, funktioniert diese Kombination oft sehr gut.

4.7.5 Wissenschaftler

Der Name ist Programm, der Wissenschaftler ist gedanklich sehr oft in der Theorie und in Studien verankert. Oftmals fehlt ihm jedoch der Transfer seines fundierten Fachwissens in die Sportpraxis und er ist nicht zwingend in der Lage, komplexe Sachverhalte so zu umschreiben, dass diese Zusammenhänge von Menschen außerhalb des Mikrokosmos Wissenschaft verstanden werden.

Zu dieser Gruppe zählen auch alle Trainer, die Lizenzen und Fortbildungen regelrecht sammeln. Wissen ist Macht, allerdings ohne den genannten Transfer in die Praxis nicht wirksam. Leider vermitteln manche Angebote von Trainern im Internet einen wissenschaftlichen Ansatz. Daten und Zahlen werden als wichtiges Attribut im Coaching bewusst herausgestellt, um eine höhere Wertigkeit zu suggerieren.

Bei genauerer Betrachtung der Lebensläufe mancher Trainer stellt sich leider heraus, dass diese über gar keinen wissenschaftlichen Background im Sport verfügen.

4.7.6 Empiric Scientists

In dieser Gruppe finden sich die erfolgreichsten Coaches wieder. Sie verfügen über eine hoch qualifizierte Ausbildung, aber gleichzeitig auch über einen großen Fundus an Erfahrungen aus der Praxis und der täglichen Arbeit mit Sportlern. Sie verfügen über das „Beste aus zwei Welten" und können je nach Athletentyp ihre Arbeitsweise aus einem der beiden Lager gewichten.

Im Gegensatz zum Wissenschaftler lässt der Empiric Scientist sich nicht von der Wissenschaft führen, er nutzt diese lediglich als Information und zum Unterfüttern seiner Beobachtungen und Erfahrungen.

„Daten = Hintergrundrauschen. Daten im richtigen Kontext = Information. Trial and Error = Erfahrung. Information plus Erfahrung = Wissen. Wissen plus Empathie = Weisheit."

Mario Schmidt-Wendling

Anhand dieser Aufstellung kann man schon erkennen, dass nicht alle Trainer die gleichen Zugangsvoraussetzungen und Zielstellungen haben können. Auch nicht jeder Sportler passt zu jedem Trainer, so können z. B. Athleten aus der Gruppe der Waldmenschen oftmals nichts mit einem rein wissenschaftlich arbeitenden Trainer anfangen.

Die Handschrift eines Trainers kann sich durchaus über die Jahre hinweg verändern. Wissenschaftler können z. B. ihr „Laborrattendasein" zur Seite legen. Genauso können sich auch Praktiker und Empiriker immer tief gehender mit den theoretischen Grundlagen und der Trainingswissenschaft vertraut machen. Die Ideen und Ansätze eines Trainers sollten dabei nie in Stein gemeißelt sein.

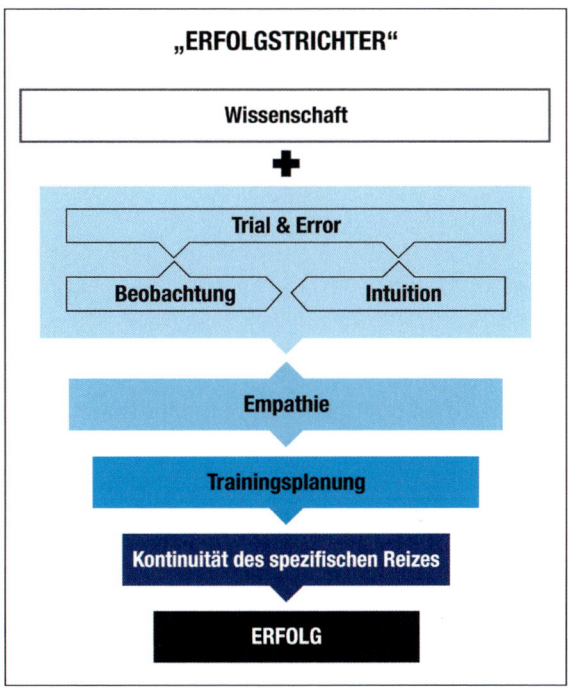

Abb. 12: „Erfolgstrichter"

4.8 Was macht einen guten Trainer aus?

„The most dangerous person is the one who listens, thinks and observes."

Bruce Lee

Ich werde des Öfteren gefragt, welche Attribute ein guter Trainer mitbringen muss.

Die wichtigste Fähigkeit ist das Zuhören oder die Kommunikation per se. Ein Coach sollte in seiner Sprache in Wort und Schrift so versiert sein, dass er komplexere Sachverhalte leicht und verständlich transportieren kann. Er sollte sein Gegenüber achten, ihm zuhören und ihm Aufmerksamkeit schenken. Er sollte prinzipiell keine Unterschiede zwischen Sportlern machen und alle, losgelöst vom Leistungsniveau, gleichwertig behandeln.

Nicht jeder Athlet bringt die notwendigen Voraussetzungen für absolute Topleistungen mit. Ihn deswegen schlechter zu behandeln, wäre in meinen Augen fatal. Diese Gleichstellung unter den zu betreuenden Sportlern ist für mich ein wichtiges Prinzip, das mich dazu gebracht hat, keine unterschiedlichen Betreuungspakete mehr anzubieten.

Zu Beginn meiner Trainerlaufbahn habe ich auch drei Stufen des Coachings offeriert, dies aber nach kurzer Zeit wieder verworfen, weil ich mich immer schlecht dabei gefühlt habe, einem Sportler aus dem kostengünstigeren Paket weniger Aufmerksamkeit zu schenken als einem Athleten, der das teuerste Paket gebucht hat. Ein Trainer sollte den Sportler als Menschen, auch losgelöst von sportlichen Belangen, sehen und verstehen.

Alle Kommunikation bringt jedoch nichts, wenn man als Trainer nichts zu sagen hat. Das soll bedeuten, dass man die Sportart Triathlon in ihrer Komplexität aus den drei Einzeldisziplinen und ihre Leistungsphysiologie verstanden haben muss. Triathlon ist eine eigenständige Sportart und eben nicht die voneinander losgelöste Aneinanderreihung der drei Disziplinen Schwimmen, Radfahren und Laufen.

Ein Coach sollte bereit sein, sich und sein Handeln auf den Prüfstand zu stellen, Fehler zu erkennen und dazu zu stehen. Ist er also bereit für Veränderungen, bringt einen Willen zum Lernen, Adaptieren und Verändern mit, dann wird er erfolgreich sein. Er sollte sich mit anderen Trainern austauschen, aber auch hier ist Zuhören gefragt, um seine Standpunkte und Sichtweisen zu überdenken.

Abb. 13: Boss vs. Leader

Schlussendlich sollte ein guter Trainer Motivator sein, Inspiration liefern und ein Stück weit auch für Entertainment sorgen. Dabei ist er weniger als Boss, sondern mehr als Leader gefragt.

Ein sich hartnäckig haltender Mythos ist, dass ein Coach nur dann als erfolgreich gilt, wenn er Champions und Weltmeister produziert, also die medial ansprechenden Ergebnisse erzielt. Erfolg ist relativ und kann sich jedoch auch auf ganz anderer Ebene einstellen, zumal nicht jeder Coach mit Weltklassesportlern zusammenarbeitet.

Stellen sich Erfolge sehr kurzfristig ein, so machen sie betriebsblind und verhindern die Sicht auf das große Ganze. Ich bin entschiedener Gegner eines Einbahnstraßen-Coachings. Manche Trainer haben regelrecht diktatorische Züge, lassen keine anderen Meinungen zu und drücken immer ihren Willen durch.

Ich spreche grundsätzlich nicht von „meinen" Sportlern, denn für mich würde das implizieren, dass ich über sie bestimmen darf und hierarchisch über ihnen stehe. Es geht aber viel mehr um das Finden einer gemeinsamen Lösung bei Problemen und um den gemeinsamen Weg hin zum Erfolg.

4.9 Empfehlungen an „junge" Trainer

Ich werde immer wieder mal angeschrieben, ob ich Tipps für neue Trainer parat habe. Dem Wunsch möchte ich hiermit auch nachkommen, hier meine Top 8.

4.9.1 Schaffe, schaffe – Häusle baue

Mit einer arbeitsscheuen Einstellung wird es nur schwer realisierbar sein, im Sport als Trainer erfolgreich zu sein. Der Erfolg ist ganz klar an Arbeitsstunden gebunden.

4.9.2 Aus- und Weiterbildung sind elementar

Wissen ist Macht! Nichts zu wissen, macht leider sehr viel aus. Die DTU bietet z. B. für B- und A-Trainer einen Wissens-Newsletter in Kooperation mit dem IAT (Institut für Angewandte Trainingswissenschaft) in Leipzig an. Dort werden wöchentlich Studien und Artikel zu Trainingsthemen verschickt.

4.9.3 Mentoring

Als gerade beginnender Trainer sollte man sich einen oder mehrere erfahrene Trainer als Mentoren suchen und diese immer wieder um ihre Sicht auf die Dinge bitten. Der Austausch unter Trainern ist wichtig zur Findung der eigenen Handschrift.

4.9.4 Entwicklung einer eigenen Methodik

Geduld und Zeit zur Entwicklung der eigenen Handschrift sind unabdingbar. Eine gewisse Form von Selbstkritik schärft dabei die Sinne.

4.9.5 Evidenzen zur eigenen Methodik

Wenn man seine eigene Methodik erklären und diese mit Fakten unterlegen kann, wird man eher das Vertrauen von Sportlern gewinnen können.

4.9.6 Respekt gegenüber Traditionen und „älteren" Coaches

Wenn ein erfahrener Coach mit seiner Methodik Erfolge feiern konnte, diese aber nicht mehr in den Augen des jungen Coachs auf dem aktuellen Wissensstand ist, so sollte man dennoch nie den Respekt vor der Arbeit „älterer" Coaches verlieren.

4.9.7 Eingestehen von Fehlern

Wenn man Fehler begeht, so sollte man dafür auch einstehen. Begeht ein betreuter Sportler einen Fehler, so sollte man stets hinterfragen, ob man ihn davor hätte bewahren können, bevor man mit ihm zu hart ins Gericht geht.

4.9.8 Markieren von Texten und Grafiken mit dem eigenen Namen oder Logo

Texte und Ideen sind geistiges Eigentum. Aus eigener leidvoller Erfahrung kann ich sagen, dass dieses Wissen geschützt werden muss, damit Plagiate keine Chance bekommen. Ich musste dahin gehend leider schon ziemlich viel Lehrgeld zahlen.

FAZIT

Die Tätigkeit als Trainer ist sehr facettenreich und spannend. Wer oben genannte Punkte verinnerlicht und vor sich herträgt, wird eine sehr große Genugtuung und Zufriedenheit erfahren.

Abb. 14: Coaching ist hochkomplex.

5 TRAININGSLEHRE IM LANGDISTANZTRIATHLON

Bevor wir uns in den nachfolgenden Kapiteln mit der Praxis der drei Disziplinen auseinandersetzen, möchte ich an dieser Stelle meine Ideen und allgemeinen Prinzipien zur Trainingslehre aufzeigen. Auch hier gibt es zum Teil sehr unterschiedliche Ansätze und Strategien, wie man sich im Trainingsprozess auf eine Langdistanz vorbereiten kann.

Ich möchte hierbei prinzipiell eher im Trivialwissenschaftlichen bleiben, denn das Buch erhebt zum einen nicht den Anspruch einer wissenschaftlichen Dissertation und zum anderen bin ich als Coach ein Mann der Praxis und möchte allen Lesern den größtmöglichen Nutzen genau für diese alltägliche Arbeit in der Sportpraxis liefern. Doch bevor wir weiter ins Detail gehen, sollten wir erst einmal klären, was Training eigentlich bedeutet und wie es definiert wird.

5.1 Was ist denn eigentlich genau dieses Training?

In seiner ursprünglichen Definition beschreibt Training ein systematisch geplantes Handeln mit dem Ziel einer Leistungssteigerung zur Anwendung in der jeweiligen Sportart. Klingt schön kompliziert und beschreibt eigentlich nichts anderes als die Tatsache, dass man einen definierten zeitlichen Endpunkt in Form eines Wettkampfs als Ziel ausgibt.

Ausgehend vom Zeitpunkt der Aufnahme der Planung, entsteht somit ein fixer Zeitraum zur Konditionierung aller relevanten Fähigkeiten, um am Endpunkt, sprich am Wettkampftag, in bestmöglicher körperlicher und mentaler Verfassung zu sein.

5.2 Das Prinzip der Superkompensation: Ist das überhaupt praktikabel anwendbar?

Seit grob einem halben Jahrhundert hat sich in der Trainingslehre das Prinzip der Superkompensation etabliert. An diese schematische Darstellung und an die Wunschvorstellung einer sicheren Planbarkeit von Training sind unzählige Bücher, Vorträge und Sportlerkarrieren gekoppelt gewesen bzw. sind es auch heute noch. Bevor ich dieses Modell etwas entwaffne, möchte ich alle Leser auf den gleichen Wissensstand heben und dieses Modell kurz erklären.

Die Idee hinter diesem Prinzip war es, den Zusammenhang zwischen der Beanspruchung und der daraus abgeleiteten Trainingswirkung zu erklären. Training bedeutet bewusst kalkulierter Stress, der den menschlichen Organismus aus dem Gleichgewicht, der sogenannten *Homöostase*, bringen soll. Die Reaktion des Körpers auf diesen Stress und das Gewappnetsein für einen zukünftig vergleichbaren Stress soll demnach die Leistungssteigerung bezeichnen.

Mit diesem Modell soll der Zeitpunkt für ein erneutes Training und eine systematische Leistungssteigerung oder auch einen Leistungsabfall aufgezeigt werden, je nachdem, ob die Be- und Entlastung im richtigen Verhältnis geplant wurde. Das Hauptproblem an diesem theoretischen Modell liegt jedoch im komplexen Zusammenhang der unterschiedlichen Anpassungsreaktionen im gewünschten Prozess.

Zu erwartende Reaktionen und Anpassungen auf muskulärer Ebene, in neuronalen Strukturen, im Herz-Kreislauf-System und in der Biochemie des Athleten reagieren verwoben miteinander und dabei auch noch in zeitlich unterschiedlichen Phasen und Zeiträumen. Dieses Modell differenziert in seinem Aufbau ferner nicht nach Geschlecht, Muskelfaserverteilung, maximaler Sauerstoffaufnahme, Körpergewicht usw. und stellt daher ein sehr stark vereinfachtes Wunschdenken nach Planbarkeit dar, das so in der Arbeit als Trainer nur wirklich sehr bedingt Anwendung finden sollte.

Die nachfolgende Grafik soll die zeitlich unterschiedlichen Verlaufskurven der differenten Reaktionen auf den zuvor erfolgten Reiz darstellen.

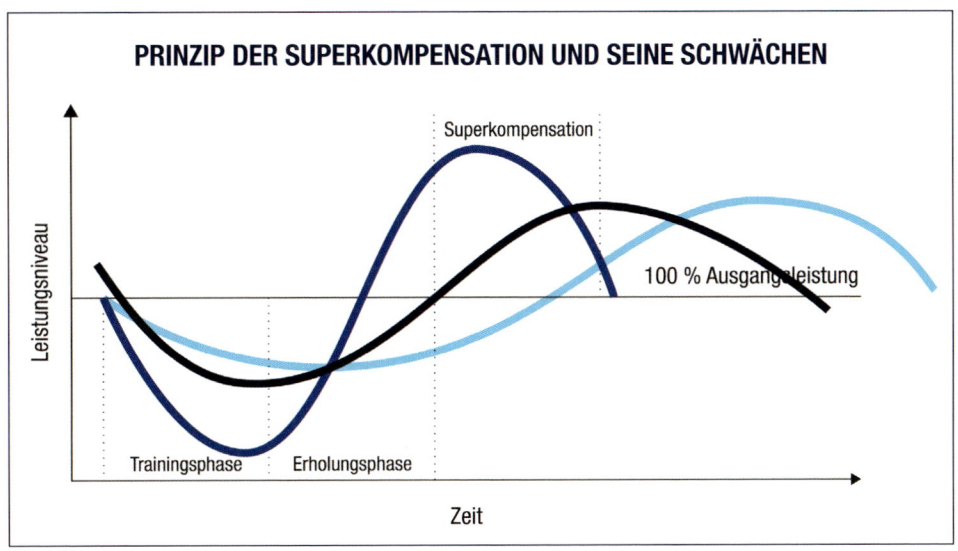

Abb. 15: Prinzip der Superkompensation und seine Schwächen

5.3 Die Periodisierung

Die Periodisierung beschreibt eine zeitlich festgelegte Strategie im Trainingsprozess, mit dem Wunsch, am Ende dieses Prozesses in zugespitzter Höchstform an der Startlinie eines sportlichen Wettkampfs zu stehen. Hierbei wird in unterschiedliche Phasen innerhalb dieses Trainingszeitraums unterteilt.

In der englischsprachigen Trainingsliteratur liest man hierbei von Base-, Build- und Prepphasen, in denen unterschiedliche Trainingsinhalte Anwendung finden. Dabei werden die Zeiträume der jeweiligen Phasen bereits vor Aufnahme des Trainings festgelegt. Es wird eine Saisonplanung im Voraus festgelegt, die besagt, welche Trainingsinhalte zu welchem Saisonzeitpunkt absolviert werden sollten.

Ich werde in diesem Zusammenhang immer wieder von Athletenseite gefragt, wie denn eine solche Periodisierung ablaufen wird. Analog zum Fehldenken bezüglich der Superkompensation hat sich meiner Meinung nach ein zu starres, fast technokratisches Verständnis von Training in vielen Köpfen im Sport manifestiert. In meinen Augen sollte man als Trainer das erlernte Wissen zum Thema Periodisierung eher wieder verlernen, denn es führt nicht zwingend zum Erfolg. Eine starre Jahresplanung bleibt für mich einfach mit zu vielen Fragezeichen versehen.

- Bleibt der Sportler gesund und verletzungsfrei?
- Ist das Wetter dauerhaft gut, um sicher die notwendigen Volumina zu trainieren?
- Lassen es die Lebensbegleitumstände des Athleten dauerhaft zu, das Training umzusetzen?
- Wird der Sportler die gewünschten Anpassungsreaktionen zeigen?

Wenn ich als Trainer all diese Fragen im Vorfeld sicher beantworten könnte, würde ich ganz sicher auch Lotto spielen. Um eine sichere Leistungsentwicklung des Athleten zu gewährleisten, braucht es Rückmeldung, um die jeweilige Strategie anzupassen, Ruhephasen einzubauen oder aber auch die Daumenschrauben anzuziehen und eine Schippe an Training draufpacken.

Genau diese Feedbackmöglichkeit entfällt aber dann, wenn ein Athlet nach einem 16-Wochen-Rahmentrainingsplan aus dem Internet trainiert oder von einem Trainer vierwöchig einen Plan erstellt bekommt. Anpassungen jedweder Art können nicht erfolgen, bei Ausfällen krankheits- oder zeitlich bedingter Natur läuft der bereits erstellte Plan einfach weiter.

Auf mich wirkt das Planen über einen längeren Zeitraum, also mehr als eine Woche, wie ein Blick in eine Glaskugel.

Ein weiteres Argument gegen die klassische Periodisierung haben wir bereits an meiner Kritik am Prinzip der Superkompensation kennengelernt. Mit einer bestimmten Trainingseinheit trainiert man nicht ausschließlich eine Komponente (z. B. Ausdauer, Kraft, Schnelligkeit etc.), sondern mehrere dieser Aspekte simultan. Ein Einteilen des Jahres mit eben ganz bestimmten Trainingsinhalten kann daher nicht funktionieren.

Die klassische Periodisierung geht, ähnlich wie bei der Superkompensation, davon aus, dass die Leistungsentwicklung linear erfolgt, also immer geradlinig bis zum Tag X trainiert werden kann. Die Realität stellt sich jedoch völlig anders dar. Das Leben mit all seinen Facetten wird in dieser Wunschvorstellung nicht wirklich berücksichtigt. Die Alltagsstressoren Familie, Arbeit, Wetter etc. lassen oftmals keine lineare Leistungsentwicklung zu. Verletzungen und Krankheiten kann man im Vorfeld nicht antizipieren und tun ihr Übriges.

Das Einteilen der Triathlonsaison in unterschiedliche Phasen sollte man eher als didaktisches Mittel oder grobe Orientierung verstehen, von dem „junge" Trainer zu Beginn ihrer Tätigkeit profitieren können, aber auch nur dann, wenn sie bereit sind, von der starren Planung abzuweichen, wenn ein solcher Bedarf hierzu besteht. Das viel zitierte Big Picture sollte natürlich nicht aus dem Blickfeld geraten.

Wenn man die notwendigen Fähigkeiten kennt, die man für ein erfolgreiches Finish auf der Langdistanz benötigt, kann man daraus ableiten, welche Inhalte im Training verfolgt werden sollten. Welche das im Einzelnen sind, werden wir später noch kennenlernen.

Abb. 16: Wunschvorstellung vs. Realität

Wenn man das Trainingsjahr von vornherein in Phasen einteilt, kann nicht gewährleistet werden, dass eine individuelle Adaptation ans Training erfolgt. In meinen Augen sollte immer ein optimaler Stimulus im Kontext des aktuellen physischen und mentalen Status des Sportlers sichergestellt sein.

Wenn dieser Stimulus länger braucht als eine fix vorgegebene Wochendauer zu einer bestimmten Trainingsphase, dann sollte dieses starre Konstrukt eher aufgebrochen werden. Für mich ist Training viel mehr als ein dynamischer Prozess zu verstehen und weniger in eine starre Zeitplanung zu pressen. Um den Stimulus überhaupt zu erkennen und zu fördern, muss die Kommunikation zwischen dem Athleten und Coach gut funktionieren, denn nur so kann der Coach reagieren, justieren und adaptieren.

Oftmals geschieht das Anpassen auch innerhalb einer Trainingseinheit. So kommt es beispielsweise immer wieder vor, dass ein bereits geplantes Schwimmprogramm nach dem Einschwimmen abgeändert wird, wenn ich als Trainer am Beckenrand durch Beobachtung der Athleten bestimmte Defizite feststelle. Im Online- oder Remote Coaching habe ich diese Möglichkeiten des Beobachtens deutlich weniger. Umso wichtiger ist die Fähigkeit, mit dem Athleten auch aus der Ferne und in enger zeitlicher Abfolge zu kommunizieren und das Geschriebene auch zwischen den Zeilen zu verstehen.

Dazu muss der Athlet aber auch verstanden haben, dass Coaching keine Einbahnstraße darstellt, sondern er als Athlet auch gefragt ist, den Trainer mit Infos jedweder Art zu füttern. Nur so kann sichergestellt werden, dass der gewünschte Stimulus auch sinnvoll passt.

Manche Trainer oder Trainingskonzepte lassen nach einem 2:1- oder 3:1-Verhältnis trainieren. Hierbei werden zwei oder drei Wochen mit ansteigender Belastung oder Volumen trainiert und dann eine Ruhewoche mit vermindertem Umfang und Intensität eingeplant. Es gibt nach meinem Wissensstand jedoch keinerlei Evidenzen diesbezüglich, dass dieser Rhythmus von besonderer Wirksamkeit wäre. Ich bin eher der Meinung, dass man diese Ruhewochen umgehen kann, wenn innerhalb einer Trainingswoche eine vernünftige Balance zwischen Be- und Entlastung gewährleistet wird.

Einer meiner seit Beginn meiner Trainerlaufbahn eingesetzten Leitsätze lautet: die Kontinuität des spezifischen Reizes. Warum die Regelmäßigkeit so immens wichtig ist, werden wir im Bereich der Leistungsphysiologie noch erfahren.

Ich bevorzuge daher eine Wochenstundendauer, die sich sicher und realistisch von Sportlerseite abbilden lässt. Ruhetage als solche finden nur dann statt, wenn der Athlet das ganz klar einfordert, um sein Leben auch außerhalb des Triathlonsports zu organisieren.

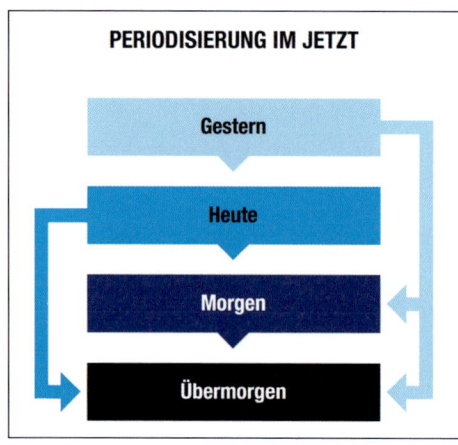

Abb. 17: Periodisierung im Jetzt

Für mich findet die eigentliche Periodisierung auf einer deutlich kleineren zeitlichen Ebene statt. Es werden keine Wochen- oder Monatsphasen geplant. Ich arbeite eher im Planungsrhythmus von einer Woche und beschreibe das eher als Coaching und Planung im Jetzt. Dabei bestimmt das Training des gestrigen Tages das Training von heute. Die heutige Einheit wiederum bestimmt das Training von morgen.

Hierbei gilt es, die besondere Komplexität der drei Disziplinen im Triathlon und das Verhältnis von Belastung und Ruhe zu berücksichtigen. Triathlon ist ganz klar als eigenständige Sportart zu verstehen und nicht das inhaltlich voneinander losgelöste Aneinanderreihen der Sportarten Schwimmen, Radfahren und Laufen. Das Planen in solch kurzen Zeiten lässt eine individuellere Anpassung des Athleten an den gewählten Stimulus eher zu.

Ich würde meine Form der Periodisierung eher als eine linear-spezifische Progression bezeichnen. Das soll bedeuten, dass über den Zeitraum von 20-30 Wochen vor der Langdistanz auch durchaus von Beginn an intensive Einheiten vorzufinden sind. Die Geschwindigkeiten, Anzahl der Intervalle und die Länge der Intervalle werden dann über die Wochen hin zum Wettkampfdatum graduell gesteigert. Es erfolgt demnach kein Einstieg nach der Off-Season, bei dem nur ausschließlich im Grundlagenausdauerbereich trainiert wird. Zur Planung und Beurteilung der Trainingsleistungen muss ich vorab aber mit dem Athleten gesprochen haben und seine Wettkampfziele klar formuliert wissen.

Wenn ein Athlet eine Wettkampfzeit von 9 h 30 im Ironman® plant und sich diese Gesamtzeit auf beispielsweise 1 h Schwimmen, 5 h Rad und 3 h 30 Laufen aufteilen soll, so weiß man relativ genau, welche Trainingsleistungen erreicht werden müssen, um diese Wunschzeit später auch zu realisieren.

Ich vergleiche den geplanten Trainingsprozess gerne mit dem Aufnehmen einer Mahlzeit. Die ersten Wochen dienen dazu, den „Einkauf" zu absolvieren. Hierbei werden die Fähigkeiten wie Grundlagenkilometer, Kraft und Schnelligkeit „eingekauft".

Nach dieser Phase, deren Zeitdauer nicht von vorneherein festgelegt wird, beginnt die „Phase" des Kochens. Hierbei werden alle Zutaten in einen Topf geworfen und zu einem später genießbaren Essen zusammengeführt.

In dieser Phase werden die wettkampfspezifischen Fähigkeiten und Fertigkeiten geschult. Ist diese Phase zu lang oder zu intensiv, so besteht die Gefahr, dass das „Essen", also der Athlet, verbrennen wird, bevor es danach dann zum Einnehmen der Mahlzeit, sprich dem Wettkampf, geht. Bon appetit!

5.3.1   Die Off-Season

Nach einer (hoffentlich) erfolgreichen Saison sollte eine Phase der vollständigen Erholung, die sogenannte *Off-Season*, eingeplant werden. Dieser Zeitraum ist elementar wichtig, um eine physische und mentale Entlastung zu gewährleisten. Gerade Anfänger im Triathlon haben dabei jedoch große Angst, durch diesen Zeitraum mit fehlendem Training an Leistungsfähigkeit zu verlieren. Die nachfolgenden Punkte sollen die wichtige Bedeutung der Off-Season verdeutlichen.

Im Training gesetzte Reize werden in nachfolgenden Ruhephasen im Körper verarbeitet und der Athlet passt sich nach und nach an ein höheres Niveau an. Man kann dabei durchaus sagen, dass Training bewusst provozierten Stress darstellt. Zu diesem Stress kommen dann zusätzlich weitere Stressoren in Form von Familie, Arbeit, Finanzen etc.

Age-Group-Sportler, aber auch Profis, müssen all diese Faktoren in den Griff bekommen. Es kommt zu einem permanenten Abwägen, welcher Aspekt des Lebens gerade wichtiger erscheint. Die Möglichkeiten, bewusst abzuschalten, nichts zu tun, einfach mal „abzuhängen", werden immer mehr zur Rarität. Insbesondere dann, wenn wir diese Ruhezeiten am meisten brauchen, nämlich in den Phasen mit viel Trainingsvolumen und/oder hohen Intensitäten.

Es kommt mangels ausreichender Ruhezeiten immer mehr zu einer kumulierten Ermüdung im Athletenkörper. Vor den Hauptwettkämpfen wird die Belastung zwar heruntergefahren, aber der Stress durch den Wettkampf sorgt für eine weitere Ermüdung.

Nach diesem Prinzip kippt das sensible Hormonsystem immer mehr ins Negative, das Stresshormon Cortisol übernimmt die Macht und das für die Regeneration und die Anpassungen im Training so wichtige Testosteron nimmt ab.

Wenn am Ende der Saison keine Pause eingelegt wird, wird sich diese hormonelle Dysbalance weiter verschlechtern, die Gefahr von Infekten steigt immens an und weitaus schlimmer, der sogenannte *passive Bewegungsapparat* (Bänder, Sehnen, Gelenke) bekommt keine Chance, die über die Saison kumulierte Last abzubauen. Sportler, die sich vehement weigern, eine Zeitspanne mit Inaktivität einzubauen, laufen Gefahr, sich über kurz oder lang zu verletzen.

Solche Verletzungen häufen sich, rein empirisch beobachtet nach Missachtung dieser Saisonpause, zwischen Mitte Januar und Mitte Februar. Es braucht also nach der Saison eine Phase, um sich vollständig zu erholen, wenn ein neues und höheres Leistungsniveau im Folgejahr angestrebt wird. Natürlich kommt es durch eine Phase von Inaktivität initial zu einem Leistungsverlust und der Sportler fühlt sich nach Wiederaufnahme des Trainings schlecht und leistungsfern. Das macht aber nichts, denn die Wettkämpfe sind in der Regel noch Monate entfernt und es besteht also noch mehr als ausreichend Zeit, die vermeintlich verlorene Leistung wieder wach zu kitzeln.

Ich bekomme immer wieder als Rückmeldung von Sportlern zurückgespielt, dass sie sich nach den ersten 2-3 Wochen Trainingsroutine nach der Off-Season frisch, ausgeruht und motorisch viel fitter fühlen.

5.3.1.1 Empfehlungen zur Gestaltung einer effektiven Off-Season

Es empfiehlt sich, 2-3 Wochen lang ein komplettes Lösen vom Triathlon, also kein Schwimmen, Radfahren und Laufen einzuplanen. Stattdessen sollte man spielerisch auf alternative Bewegungen setzen. Wandern und Yoga (zur Entspannung, KEIN Power-Yoga) stellen sehr gute Optionen hierfür dar.

Doch nicht nur körperlich sollten sich Sportler mal bewusst vom Sport entfernen, sondern auch gedanklich. Viele Athleten machen den Fehler und nutzen die trainingsfreie Zeit, um sich in Theorie weiterhin mit dem Sport auseinanderzusetzen, doch dies führt nicht zur gewünschten mentalen Entspannung. Stattdessen sollte man sich mal den anderen Facetten des Lebens widmen, ins Kino gehen, lange schlafen, ein Buch (KEIN Sportbuch, allerhöchstens dieses hier) lesen, mit Freunden feiern und durchaus auch mal die Nacht zum Tag machen.

Ich vermeide es, Athleten in dieser Zeit zu kontaktieren, damit sie sich auch gedanklich von mir als Coach lösen.

5.4   Leistungsphysiologie trivial

In diesem Abschnitt möchte ich grob die beiden wichtigsten Möglichkeiten der Energiegewinnung erklären. Als Mann der Praxis möchte ich das Thema jedoch wirklich eher nur oberflächlich abhandeln, zumal ich eine gewisse theoretische Grundausbildung bei Sportlern mit dem Wettkampfziel Langdistanz als vorausgesetzt betrachten möchte.

Man unterscheidet bezüglich der Energiebereitstellung dabei in ein aerobes und in ein anaerobes System. Der Unterschied liegt dabei primär im Sauerstoffverbrauch bei der Energieumwandlung. Die Energie für die Muskelaktivität wird durch die Verbrennung von Kohlenhydraten und Fetten gewonnen.

Im aeroben System wird hierbei Sauerstoff zur Energiegewinnung gebraucht. In diesem Teil des Stoffwechsels werden mehrheitlich die langsam zuckenden und ausdauerleistungsfähigen Slow-Twitch- oder Typ-I-Muskelfasern rekrutiert. Die Menge an gewonnener Energie aus hauptsächlich Fetten ist dabei signifikant höher als auf der anderen Seite, im anaeroben Stoffwechsel.

Wird die Intensität so weit gesteigert, dass der Sauerstoffbedarf über die Sauerstoffaufnahme durch Einatmen der Umgebungsluft nicht mehr ausreichend gedeckt wird, so schaltet sich der anaerobe Stoffwechsel zusätzlich zum aeroben System vermehrt an. Dabei wird die Energie aus Kohlenhydraten gewonnen und die schneller arbeitenden Fasern des Typs II werden getriggert. Bei diesem Vorgang der Energiegewinnung fällt Laktat an. Früher hat man das Laktat als Stoffwechselendprodukt bezeichnet. Mittlerweile ist die Wissenschaft da etwas weiter.

Das Laktat ist zwar das Endprodukt der Glykolyse, wird aber im oxidativen Stoffwechsel, also unter Zuhilfenahme von Sauerstoff, weiter verstoffwechselt. Der seit Ewigkeiten überlieferte Spruch: „Die Fette verbrennen im Feuer der Kohlenhydrate", macht demnach völlig Sinn. Je mehr Sauerstoff aufgenommen werden kann, desto mehr kann dieses angefallene Laktat dann auch im oxidativen Stoffwechsel abgebaut werden.

Einfach gesprochen, kann man eine einfache Formel daraus ableiten. Je höher die Laktatkonzentration im Blut ist, desto höher ist dann auch der Kohlenhydratverbrauch.

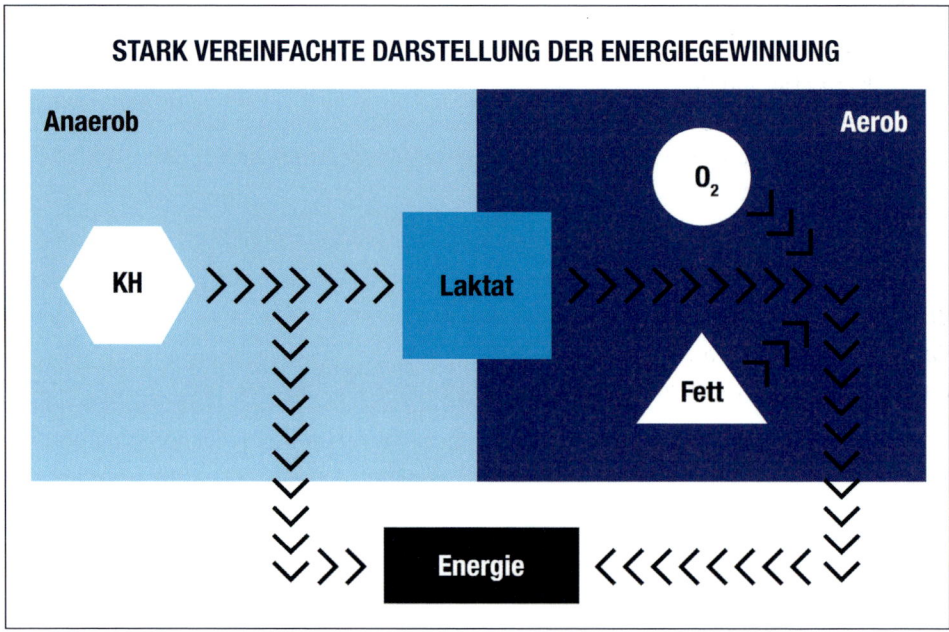

Abb. 18: Energiegewinnung trivial

Da die Kohlenhydratspeicher in Form von Glykogen im menschlichen Körper aber stark limitiert und die Fette in nahezu unbegrenzter Form vorhanden sind, wird relativ schnell klar, welche Form der Energiegewinnung für die Langdistanz im Vordergrund stehen sollte.

Einer der größten Denkfehler in diesem Zusammenhang ist, dass beide Systeme isoliert voneinander funktionieren, also das im unteren Intensitätsbereich keine Kohlenhydrate und ab einer gewissen Belastung keine Fette mehr zur Energiegewinnung verbrannt werden. Beide Systeme laufen aber immer gleichzeitig ab, die Gewichtung innerhalb der Energiegewinnung verändert sich lediglich bei den unterschiedlichen Intensitäten.

Als Athlet ergeben sich daraus also drei Stellschrauben, um die Ironman®-Leistung zu steigern:

1. Steigerung der maximalen Sauerstoffaufnahme zur Optimierung der aeroben Kapazität und durch die Fähigkeit, anfallendes Laktat zu verstoffwechseln.
2. Verringerung der Laktatbildung im langdistanzspezifischen Belastungsbereich und daran gekoppelt ein geringerer Kohlenhydratverbrauch.
3. Steigerung der aufgenommenen Kohlenhydratmenge in Form von Gels, Riegeln und Getränken.

Wenn wir den letztgenannten Punkt weglassen (mehr dazu in Kap. 9 und 11), wird klar, dass zwei Parameter in den Fokus rücken. Zum einen ist es die maximale Sauerstoffaufnahme VO_2max und zum anderen die maximale Laktatbildungsrate VLamax.

5.4.1 VO_2max oder aerobe Kapazität

Die VO_2max ist ein im Ausdauersport sehr häufig anzutreffender Begriff. Dieser Wert steht für die maximale Sauerstoffaufnahmefähigkeit, zeigt also an, wie viel Sauerstoff ein Sportler innerhalb einer bestimmten Zeit aufnehmen kann und ist somit ein wichtiger Indikator in der Bewertung der aeroben Ausdauerleistungsfähigkeit. Umgangssprachlich wird dieser Wert auch als die „Größe des Motors" bezeichnet.

Beeinflusst wird dieser Wert von der Sauerstoffaufnahme in der Lunge, aber auch von den Transportfähigkeiten im Blut und vom Verbrauch in Organen und in der Muskulatur. Neben der Leistungsfähigkeit spielen Geschlecht, Körpergewicht und Körperzusammensetzung eine Rolle in der Bewertung dieses Wertes.

Je größer die VO_2max ist, desto mehr Sauerstoff kann im Körper umgesetzt werden und je eher kann anfallendes Laktat aus dem anaeroben Stoffwechsel weiter verstoffwechselt und somit auch mehr Energie gewonnen werden.

Mit der gestiegenen Kenntnis um diesen Wert hat sich aber eine Entwicklung breitgemacht, die in die falsche Richtung geht. Seit ein paar Jahren ist das Training sogenannter *VO_2max-Intervalle* zur Steigerung der maximalen Sauerstoffaufnahme sehr in Mode gekommen. Urplötzlich gilt in vielen Köpfen diese Methode als alleine gültiges Mittel zur Steigerung dieses Wertes. An irgendeinem Punkt in den letzten Jahren ist das Training im Grundlagenausdauerbereich aus der Mode geraten, obwohl es als immer noch sichere und weniger verletzungsträchtige Trainingsmethode anzusehen ist.

Das Training zur Anhebung der VO_2max zielt auf eine verbesserte Sauerstoffausnutzung, auf eine verbesserte periphere Durchblutung, ein verbessertes „Versorgungsnetz" der Skelettmuskulatur mit den kleinsten Blutgefäßen, den Kapillaren ab. Da zur Verbrennung von Fett eine gewisse Menge an Sauerstoff notwendig ist, wird klar, dass ein Mehr an Sauerstoff die Menge an durch Fett gewonnene Energie steigen lässt, sprich, es liegt eine höhere Fettoxidationsrate vor.

Doch nicht nur im GA-1-Bereich, sondern eben auch das Training sehr hoher Intensitäten kann die VO_2max gesteigert werden.

5.4.1.1 Trainingsempfehlungen zur Steigerung der VO_2max

- Polarisierter Trainingsansatz (siehe Intensitätsverteilung);
- hohe Trainingsumfänge bei niedriger Intensität, also klassisches Grundlagenausdauertraining;
- Intervalle mit hoher Intensität, z. B. 40 Sekunden High Intensity/20 Sekunden aktive Erholung;
- VO_2max-Intervalle mit einer maximalen Dauer von 7-8 Minuten.

5.4.2 Vlamax oder glykolytische Power

Die maximale Laktatbildungsrate ist im Gegensatz zur VO_2max noch nicht vielen Sportlern geläufig. Dieser Wert galt lange als geheimes Werkzeug im Werkzeugkasten der weltweit erfolgreichsten Trainer im Ausdauersport.

Im glykolytischen Stoffwechsel entsteht Laktat beim Abbau aus Kohlenhydraten. Diese Form der Energiegewinnung erfolgt deutlich schneller als im aeroben Fettstoffwechsel. Die gewonnene anaerobe Energiemenge ist deutlich geringer, zumal die Kohlenhydratspeicher limitiert sind und nicht längerfristig aufrechterhalten werden können.

Wegen der sehr raschen Bereitstellung der Energie durch Zucker kann man ableiten, dass diese Form primär bei sehr explosiven und hochintensiven Belastungen vonnöten ist. Da wir uns aber im Ironman®-Triathlon alles andere als genau in diesem Bereich aufhalten, wird klar, dass die Menge an anfallendem Laktat bzw. die Energiegewinnung aus Kohlenhydraten eher eine untergeordnete Rolle spielen sollte.

Einfach gesprochen, kann man sagen, dass die Vlamax die Menge an verbrannten Kohlenhydraten widerspiegelt, also auf der Langdistanz möglichst niedrig sein sollte, um die körpereigenen Kohlenhydratspeicher in Form von Glykogen möglichst lange schonen zu können. Ziel sollte es sein, die Leistung durch das Training so weit zu steigern, dass bei dem im Ironman® relevanten Belastungsbereich die dazu notwendige Menge an zu verbrennenden Kohlenhydraten möglichst gering ist.

Ein weiterer Punkt an dieser Stelle ist, dass eine höhere Laktatbildungsrate den Fettstoffwechsel in seiner Funktion herabsetzt, ein Punkt, der im Langzeitausdauerbereich ganz klar zu vermeiden wäre. Eine niedrige VLamax spüren Athleten durch eine langsamere Energiebereitstellung. Antritte und Sprintleistungen werden zusehends schlechter, sie fühlen sich immer mehr als „Diesel". Dieser Effekt ist im Hinblick auf die Langdistanz absolut gewünscht, um ein effektives Energiemanagement im Wettkampf zu gewährleisten. Es zeigt aber auch, dass in einer Langdistanzsaison nur schwer persönliche Bestzeiten über 5 km zu Fuß entwickelt werden können, denn dazu bräuchte man eine größere anaerobe Kapazität in Form einer höheren Laktatbildungsrate.

5.4.2.1 Trainingsempfehlungen zur Verringerung der Vlamax

- Regelmäßiges Training auf nahezu täglicher Basis;
- Kraftausdauertraining zur Umwandlung durch Senkung der glykolytischen Enzymaktivität in den Fast-Twitch-Fasern und durch den „Umbau" in Slow-Twitch-Fasern mit geringerem Kohlenhydratverbrauch;
- Vermeidung sehr hoher Intensitäten;
- Einheiten mit niedrigen Kohlenhydratspeichern, das sogenannte *FatMax-Training*.

5.4.3 Zusammenfassung Stoffwechsel

Ziel sollte es sein, mit einer hohen VO$_2$max, also einem großen Motor, und einem optimal entwickelten Fettstoffwechsel am Start zu stehen. Gleichzeitig sollte der V8-Motor über einen möglichst geringen Verbrauch, also eine niedrige VLamax, verfügen.

Abb. 19: Zusammenfassung Stoffwechsel trivial

Wenn man jetzt noch Sorge dafür trägt, dass die „Spritmenge" regelmäßig und in ausreichender Zahl von außen in Form von Kohlenhydraten aus Gels, Riegeln und Getränken gesichert ist, kann für ein erfolgreiches Finish auf der Langdistanz, zumindest aus rein energetischer Sicht, nichts mehr schiefgehen.

5.5 Trainingsbereiche und Intensitätszonen

Nachdem wir nun die Hintergründe auf der Stoffwechselseite kennengelernt haben, geht es darum, wie man diese nun sicher und präzise im Trainingsalltag ansteuert. Das Training unterschiedlicher Intensitäten und Intentionen wird demnach in verschiedene Trainingsbereiche oder Zonen aufgeteilt. Hier hat sich in den vergangenen Jahren aber ein regelrechter Dschungel an Zahlen, Definitionen und Konzepten etabliert, sodass man dabei ganz sichergehen sollte, von was man da am Ende des Tages überhaupt spricht.

Die nachfolgende Abb. 20 soll die Unterschiede in der Nomenklatur exemplarisch zeigen. Je nach Sportart und Nation entstanden dabei unterschiedliche Definitionen. Manche Trainer greifen auf eine Steuerung mit einem Acht-Zonen-Modell zurück, andere wiederum auf fünf Trainingsbereiche. Ich gehöre in das Lager der Fünf-Zonen-Coaches, wobei es eigentlich fast nur auf drei Trainingsbereiche im Training für die Langdistanz hinausläuft.

ÜBERSICHT NOMENKLATUR UND DEFINITION VON TRAININGSBEREICHEN

Zone	Intensität im Wettkampf	Physiologie	Zielsetzung Training	DTU	BDR	Allen/Coggan
1		Aktives Erholen	Aktives Erholen		RK	1. Akt Regeneration
2		Aerob, Ausdauer ext.	Aerobe Grundlagenausdauer	GA 1 KO	G 1	2. Ausdauer
		Überwiegend aerob Ausdauer int.				3. Tempo
3	LD MD OD SD	Aerob-anaerober Übergang, Laktatschwelle	Wettkampfspezifische Ausdauer	GA 2 Dauer	G 2	4. Laktatschwelle
		Aerob-anaerobe Leistungsfähigkeit VO_{2max}		GA 2 Tempo	EB K3	5. VO_{2max}
4		Neuromuskuläres Training	Anaerobe Ausdauer, Grundschnelligkeit	Schnelligkeit, Schnelligkeitsdauer, Wettkampfspezifische Ausdauer	SB/SN K1/K2	6. Anaerobe Kapazität
		Anaerobe Kapazität				7. Neuromuskuläre Leistung

Abb. 20: Nomenklatur und Definition der Trainingsbereiche

Die beiden Trainingsbereiche ohne nennenswerte Daseinsberechtigung im Langdistanztriathlon sind der Kompensations- und auf der anderen Seite der Spitzenbereich. Früher war ich durchaus Fan von regenerativem Ausdauertraining, bin aber über die Jahre immer mehr davon abgekommen und bevorzuge mittlerweile eher Regenerationstechniken außerhalb des Ausdauertrainings.

Der Spitzenbereich mit seinen sehr hohen Intensitäten birgt ein gewisses Verletzungsrisiko, insbesondere dann, wenn ein Athlet auf der motorischen Ebene noch nicht gut ausgebildet ist. Eine nicht optimale Bewegungsausführung, gekoppelt mit hoher Intensität, bleibt leider nicht immer folgenlos hinsichtlich Überlastungen und Verletzungen. Da aber die Gesundheit oberste Priorität genießen sollte und ein Garant für kontinuierliches Training ist, verzichte ich weitestgehend auf Einheiten in diesem Tempobereich, ich bezeichne das als eine Art Sicherheitsreserve.

Somit beschränkt sich das Training eher auf die Bereiche Grundlagenausdauertraining (GA) 1, GA 2 und Entwicklungsbereich. Ein pauschales Beziffern der Bereichsgrenzen in anteiligen Prozenten von der individuellen anaeroben Schwelle, der Funktional Threshold Power (FTP) oder der maximalen Herzfrequenz, macht für mich eher weniger Sinn, denn wie bereits im Kapitel zu den Athletentypen kennengelernt, müssen auch Persönlichkeitsaspekte bei der Intensitätssteuerung, losgelöst von der klassischen Physiologie, mit einbezogen werden.

Ich möchte aber dennoch eine grobe und nie und nimmer in Stein gemeißelte Übersicht zu den Trainingszonen der Vollständigkeit halber anführen, wobei diese aus den bereits genannten Gründen immer wieder situativ angepasst werden sollte.

LANGDISTANZRELEVANTE TRAININGSBEREICHE UND IHRE MERKMALE

	Grundlagenausdauer (GA) 1	Grundlagenausdauer (GA) 2	Entwicklungsbereich (EB)
Ziel/Merkmale	Verbesserung der aeroben Langzeitausdauer, des Fettstoffwechsels, Steigerung der Bewegungsökonomie	LD-spezifische Ausdauer, zunehmende Glykolyse, „Tempohärte"	Tempoentwicklung Verbesserung der VO_{2max}
Trainingsform	Dauermethode Niedrige Intensität FatMax-Einheiten Nüchterntraining (Cave!!)	Dauermethode oder Intervalle Mittlere/höhere Intensität, Kraftausdauer Rad (K 3 oder KA), Tempodauerlauf, LD-spezifische Intervalle, „Sweetspottraining"	Intervalle VO_{2max} Intervalle
Energiegewinnung	Aerob-dominant	Aerob-anaerober Übergang	Anaerob-dominant
Laktatkonzentration	1,5-2,5 mmol/l	2,8-4,0 mmol/l	4,0-6,5 mmol/l
Prozent von FTP	57-75 %	76-93 %	93-111 %
Prozent von max. HF	62-79 %	79-87 %	> 87 %
Prozent von Schwellen-HF	68-86 %	86-98 %	> 98 %
Intervalllänge	Keine	8-40 min	2-8 min
RPE 1-10	3 bis 4,5	4,5 bis 6,5	6,5 bis 8

Abb. 21: Langdistanzrelevante Trainingsbereiche nach MSW

TRIATHLON ERFOLG AUF DER LANGDISTANZ

Ich bevorzuge klar das Prinzip „simple style" und umgehe möglichst jede vermeidbare Kompliziertheit im Training. Ein zu differenziertes Zonenmodell ist für mich, gerade im Training von Altersklassenathleten, nicht wirklich praktikabel. Wenn ein Sportler, wie wirklich geschehen, am Beckenrand hängend fragt, ob das Intervall in GA 2+ oder im WSA-Bereich geschwommen werden sollte, lässt mich das mit etwas Kopfschütteln zurück. Warum ein Einteilen der Intensität in bestimmte Zonen nur bedingt funktionieren kann, werde ich in Kap. 6 detaillierter erklären.

Anstatt meine Ansage „schnelles Tempo" umzusetzen, war der Sportler mehr damit beschäftigt, seine GPS-Uhr zu bedienen und über den zu schwimmenden Tempobereich nachzudenken. Ein kurzes Wachrütteln mit einem gezielten Wurf eines Pullbuoys würde manchmal durchaus helfen. Ein simples Einteilen in *langsam, mittel, schnell* ist oftmals deutlich zielführender, weil leichter umsetzbar.

Von Zeit zu Zeit empfiehlt es sich, komplett ohne Zahlen, sprich Wattmesser, Uhr oder GPS-Signal zu trainieren, um die Entwicklung eines verbesserten subjektiven Belastungsempfindens voranzutreiben. Um die jeweiligen Trainingsbereiche mit dem eigenen Gefühl in Einklang zu bringen, habe ich seit über einem Jahrzehnt nachfolgende Einteilung in Benutzung.

SKALA ZUM EINSCHÄTZEN DES SUBJEKTIVEN BELASTUNGSEMPFINDENS

	Empfinden	
1	Sitze auf dem Sofa und lutsche Bonbons	KB
2	Fühle mich gut, könnte den ganzen Tag dieses Tempo halten	KB
3	Fühle mich immer noch gut, Atmung etwas schwerer	
4	Schwitze leicht, kann ohne Probleme sprechen	GA 1
5	Schwitze stärker, kann aber immer noch leicht reden	
6	Kann immer noch sprechen, bin aber atemloser	GA 2
7	Kann gerade noch sprechen, sehr starkes Schwitzen	EB
8	Kein adäquates Antworten mehr, Tempo zu hoch	EB
9	Sehe weißes Licht am Ende des Tunnels	SB
10	Bin tot	SB

Abb. 22: Subjektive Einschätzung der Belastung (RPE)

Schaut man sich das Anforderungsprofil einer Langdistanz genauer an, so stellt man, unabhängig vom Niveau des Athleten, fest, dass die geforderte Intensität im Bereich des Übergangs von GA 1 und GA 2 liegt. Daraus ergibt sich für mich auch ein Training primär in den bereits genannten drei Belastungsbereichen, um einen möglichst großen Bezug zur Wettkampfintensität zu erzielen.

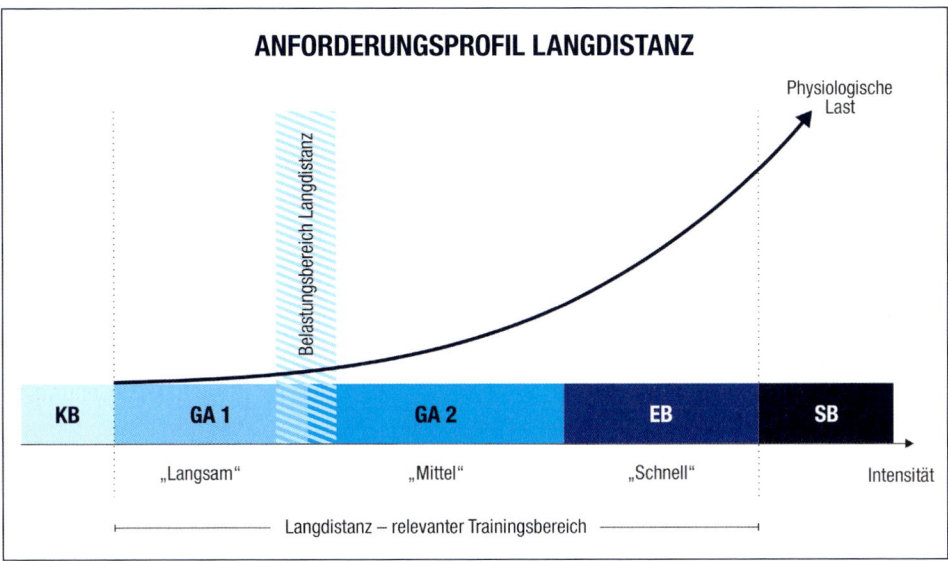

Abb. 23: Anforderungsprofil der Langdistanz

5.5.1 Kritik am High Intensity Interval Training (HIIT) oder schneller durch (HIT)-Intervalle

Seit einigen Jahren geistert ein Begriff vermehrt durch die Triathlongazetten, dem ich von Anfang an sehr skeptisch gegenübergestanden habe, nämlich das Training mittels der HIT-Methode, Tabata o. Ä., also einem Training im höchstintensiven Bereich. Ziel soll hierbei sein, sich im Geschwindigkeitsbereich zu verbessern, die Bewegungsökonomie zu steigern, eine Verschiebung der hormonellen Balance Testosteron/Cortisol zugunsten des Testosterons und das auch noch bei paradoxerweise gleichzeitig angehobener Grundlagenausdauer. So zumindest die Wissenschaft.

Ich habe hierzu jedoch am eigenen Leib und auch mit einigen von mir betreuten Sportlern experimentiert und bin für mich zu dem Schluss gekommen, dass das im Langdistanztriathlon keinen oder nur sehr wenig Raum einnehmen sollte. Warum, möchte ich hier gerne anfügen.

5.5.1.1 Verletzungsgefahr

Die meisten Triathleten gehen einer sitzenden Tätigkeit im Alltag nach und verschlechtern dadurch nachhaltig ihre „Körperstatik". Die Beweglichkeit nimmt ab und somit steigt die Gefahr einer nicht optimalen Bewegungsausführung im Sport. Wenn ein solcher Athlet nach einem primär sitzenden 10-stündigen Arbeitstag im Anschluss Intervalle mit höchster Intensität absolvieren soll, kann ich die Uhr danach stellen, dass dieser Athlet über kurz oder lang verletzt sein wird.

5.5.1.2 Unspezifisch

Seit Jahren predige ich den Begriff der „Kontinuität des spezifischen Reizes". Für mich ist es nicht notwendig, dass man sich mit solch harten Einheiten „abschießt", um dann nachfolgend sehr kaputt oder gar verletzt zu sein. Extrem intensive Einheiten sind zwar förderlich für Likes in den sozialen Medien, aber für mich im Formaufbau weniger zielführend als die erwähnte Kontinuität, also das Training des im Ironman® relevanten Trainingsbereichs.

Man benötigt zwar eine gewisse Polarität in Sachen Intensität, aber eben mit Bedacht. Für mich hat das Training im Spitzenbereich keinen Bezug zum Anforderungsprofil im Ironman® nämlich dem GA-1-/GA-2-Übergangsbereich.

5.5.1.3 Mentale Fähigkeiten

HIIT wird als zeitoptimiertes Training dargestellt. Man liest dabei immer wieder, man könne in kurzer Zeit ähnliche Effekte erzielen wie mit stundenlangem GA-1-Training. Selbst wenn das auf physiologischer Basis möglich ist, so ist das für mich dennoch kein Argument pro HIT.

Ich denke, dass es für ein erfolgreiches Ironman®-Finish trotz allem immer noch Stunden braucht. Stunden der orthopädischen Adaptation, der Schulung der mentalen Fähigkeiten, des stupiden Abhärtens eben.

5.5.1.4 Verschlechterung der Vlamax

Ich habe zig Ergebnisse aus Leistungsdiagnostiken von Athleten sehen können, die das Prinzip des hochintensiven Trainings über längere Zeiträume absolviert haben. Bei nahezu allen Tests konnte ich beobachten, dass der versprochene Effekt der Grundlagenausdauer fast nicht vorhanden war. Die Sportler hatten trotz sehr harten Trainings katastrophale Werte bezüglich ihres Fettstoffwechsels, die Vlamax war deutlich zu hoch.

Die Ausprägung des Fettstoffwechsels ist jedoch immer noch ein Garant für Erfolge im Langzeitausdauerbereich. Wenn ein Sportler bei niedriger Intensität zu wenig Fett, aber auf der anderen Seite zu viele Kohlenhydrate verbrennt, wird er im Wettkampf ein massives Energieproblem aufbauen, denn die benötigte Menge an Kohlenhydraten wird er kaum unter Belastung aufnehmen können, ohne seinen Magen-Darm-Trakt aufs Übelste zu stressen.

Sportler, die sehr viel anteilig im HIT-Bereich trainieren, sind erfahrungsgemäß häufig diejenigen, die in ihrer Berichterstattung nach Wettkämpfen über Magenprobleme klagen und/oder völlig desolat über die Laufstrecke geschlichen sind. Der Transfer dieses Misserfolgs zu den falsch gewichteten Trainingsinhalten wird dabei leider oft nicht geschafft, die Schuld liegt eher bei der Unverträglichkeit des aufgenommenen Energiegels.

5.6 Verteilung der Trainingsbereiche

Der Gewichtung der einzelnen Trainingsbereiche im Trainingsprozess sollte man besondere Aufmerksamkeit schenken. Dabei empfiehlt es sich, einen durchaus polarisierten Ansatz zu verfolgen. Polarisiert bedeutet, dass man im unteren und oberen Intensitätsbereich mehrheitlich Zeit verbringen sollte.

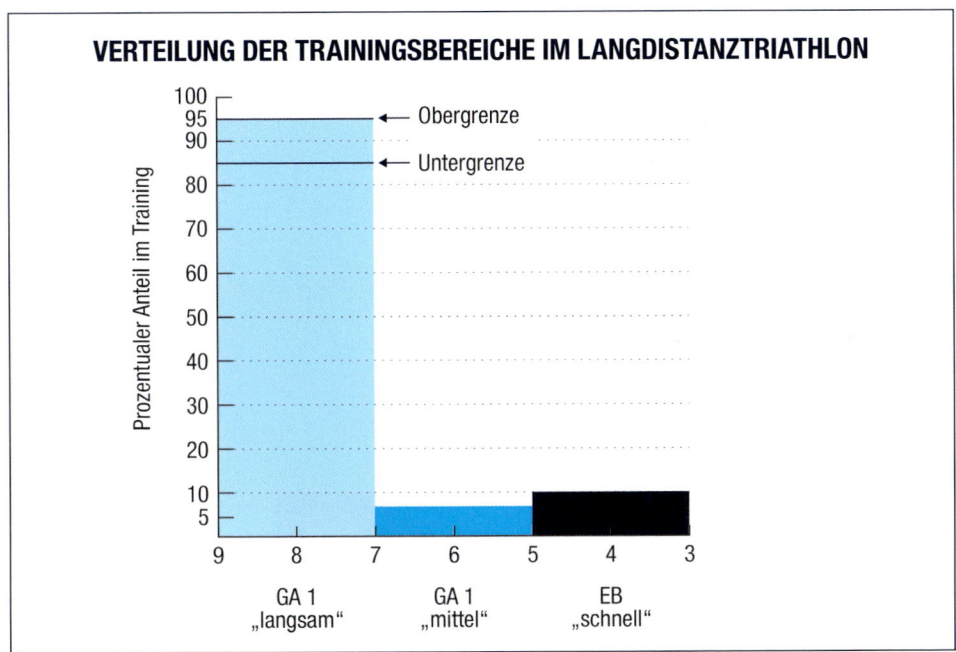

Abb. 24: Verteilung der Trainingsbereiche im Langdistanztriathlon

Den oberen Bereich würde ich aus den bereits genannten Gründen der Verletzungsprophylaxe nicht grenzenlos hinsichtlich der Intensität ausgestalten. Es hat sich für die meisten Ausdauersportarten gezeigt, dass eine solche Verteilung von ca. 80 % im Grundlagenbereich und 20 % mit höheren Intensitäten als sicherste Möglichkeit gilt, die maximale Sauerstoffaufnahme zu steigern. Für unseren Sonderfall Langdistanztriathlon würde ich die Anteile eher sogar noch etwas weiter modifizieren.

Zur Entwicklung des notwendigen Fettstoffwechsels braucht man in meinen Augen mindestens 85 % des gesamten Trainingsvolumens im GA-1-Bereich. Je nach Athletentyp können das auch bis zu 90-92 % sein. Die restlichen 15 % teilen sich auf GA 2 und Entwicklungsbereich (EB) auf.

Einer der am häufigsten gemachten Fehler bei der Wahl der Intensität liegt in einem permanent zu hohen Trainingstempo. Athleten, die sehr zahlenorientiert unterwegs sind, neigen oft dazu, jede Grundlagenausdauereinheit zu einer Art Tempodauerlauf oder Tempodauerfahrt ausarten zu lassen. In ihren Augen muss das Training immer latent wehtun, denn „der Muskel wächst bekanntlich im Schmerz".

Der 30er-Schnitt auf dem Rad und schneller als 5:00 min/km zu Fuß gelten oft als magische Grenze, die über- bzw. unterschritten werden muss, denn sonst bringe die Einheit ja auch nichts.

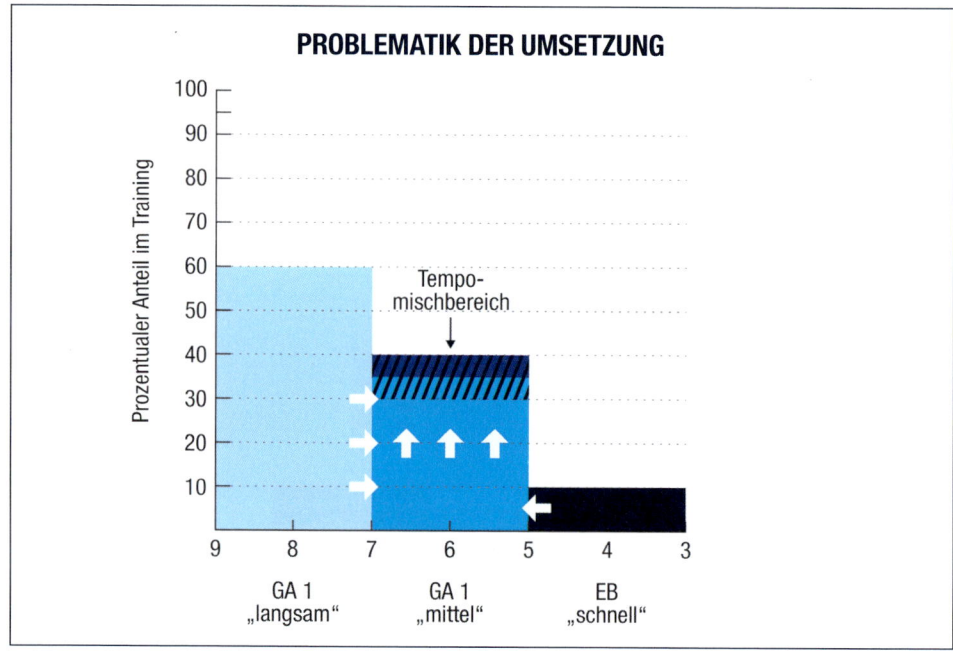

Abb. 25: „Tempomischbereich"

Neben einer schlechteren Entwicklung der VO$_2$max bauen Athleten, die nach diesem eher pyramidal angelegten Prinzip verfahren, ein hohes Maß an Ermüdung auf. Oft sind sie so ausgelaugt, dass sie die Vorgaben in intensiven Einheiten nicht erreichen können. Das Trainingstempo wird dann zusehends immer mehr in einem mittleren Bereich, einem Tempomischbereich, zu finden sein.

Neben der schlechteren Adaptation an den Trainingsreiz steigt die Überlastungs- und Verletzungsgefahr in dieser Athletengruppe stark an. Der Athletentyp des Alphatiers findet sich gehäuft hierbei. Um diese falsch gewichtete Hatz nach bestimmten Zahlen bildlich zu erklären, könnte man einen solchen Athleten, der immer bestimmte Durchschnittsleistungen auf dem Display seiner Uhr sehen muss, durchaus auch als *Schnitt-Lauch* bezeichnen.

5.7 Das Wechselspiel von Be- und Entlastung

Training stellt bewusst hervorgerufenen Stress für den menschlichen Körper dar. Dieser Trainingsreiz führt, wie im Superkompensationsprinzip theoretisch angeführt, zur Leistungssteigerung, wenn nach erfolgtem Reiz eine Phase der Erholung stattfindet. Nur, wenn diese beiden Aspekte in ausgewogenem Verhältnis abgebildet sind, wird sich dauerhaft und gesundheitlich vertretbar eine Leistungssteigerung zeigen. Neben dem Stress durch das Training wirken weitere potenzielle Stressfaktoren auf den Athleten ein.

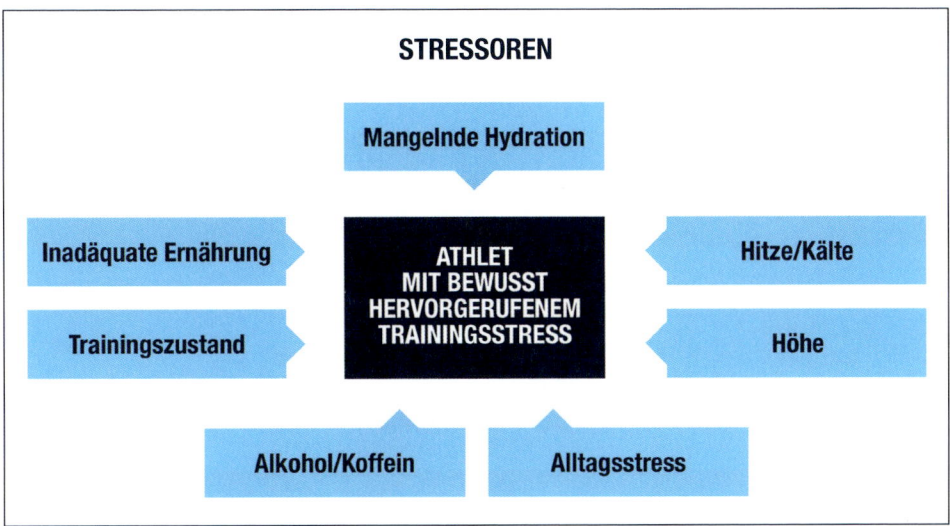

Abb. 26: Stressoren

Bereits gegen Ende einer Trainingsbelastung laufen Wiederherstellungsprozesse und „Reparaturmaßnahmen" im Körper auf muskulärer und neuronaler Ebene ab. Die Energiespeicher innerhalb der Muskulatur beginnen, sich wieder zu füllen. Man kann Regeneration als die Summe aller Wiederherstellungsprozesse, die nach der Belastung ablaufen, recht trivial beschreiben.

Leider hat sich in manchem Athletenkopf noch nicht das Wissen für eine sinnvolle Regeneration manifestiert. Oft wird nur an das eigentliche Training gedacht, die notwendige Erholung fällt oft weg. In Athletenkreisen gilt Regeneration immer noch latent als Zeichen von Schwäche. Diese Denkweise sorgt nicht gerade für eine große Steigerung des Selbstbewusstseins.

Das Vertrauen in die eigene Stärke entwickelt sich bei einer großen Anzahl von Triathleten leider nur dann, wenn epische Einheiten absolviert wurden oder wenn am Ende der Woche eine bestimmte Wochenstundendauer als erledigt im Trainingstagebuch markiert werden konnte.

Einige Leser haben vielleicht irgendwo schon mal Sätze wie: „Der Trainingsreiz findet in der Erholung statt", gelesen, wissen also um die Wichtigkeit der Ruhephasen. Als Age-Grouper muss man jedoch alle Facetten des alltäglichen Lebens und das umfangreiche Training im Hinblick auf eine Langdistanz unter einen Hut bekommen.

Dadurch entsteht sehr oft ein Missverhältnis zwischen Stress (Training) und Regeneration. Wenn dann zum „Trainingsstress" auch noch Stressfaktoren aus dem alltäglichen Leben (Familie, Finanzen, Arbeit, Zeitmanagement, soziale Verpflichtungen) hinzukommen, kippt das ganze System oft in Richtung Stress ab.

Abb. 27: Einflussfaktoren zur Bestimmung des optimalen Trainingsstimulus

5.7.1 Endokrine Balance

Im Stress schüttet der Körper eine große Menge des Hormons Cortisol aus. Cortisol wird auch als Stresshormon oder Fluchthormon bezeichnet. Dieses Cortisol sorgt dafür, dass das potenteste Hormon im Körper, das Wachstumshormon (HGH), nur noch vermindert ausgeschüttet werden kann.

Dieses Wachstumshormon ist jedoch sehr stark verantwortlich für alle regenerativen Prozesse im menschlichen Organismus. Es regt die Zellteilung an und kurbelt den Stoffwechsel und somit auch die Fettverbrennung an. Als Gegenspieler des Cortisols fungiert das männliche Sexualhormon Testosteron. Dieses Hormon, das aus Knaben Männer werden lässt, hat eine anabole, also eine aufbauende, Funktion.

Studien haben gezeigt, dass Ausdauertrainingseinheiten jenseits der 90-Minuten-Marke zu einem signifikanten Abfall des Testosterons führen. Man bezeichnet Ausdauertraining auch als kataboles, also abbauendes Training. Wird jetzt permanent im Ausdauerbereich trainiert und es kommen noch zusätzliche Stressoren durch den Lebensalltag des Sportlers hinzu, sinkt der Spiegel an verfügbarem Testosteron noch weiter ab.

Gerade Sportler mit großer Muskelmasse brauchen zur Regeneration etwas mehr Testosteron als feingliedrige Männer oder Frauen. Daher sollte ein Training idealerweise auch an den Körpertypus des Sportlers angepasst werden. Das Absinken des Testosteronwerts ist wohl auch ein Grund dafür, warum männliche Ausdauersportler vermehrt Mädchen und weniger Jungs zeugen.

Eine weitere große Gefahr liegt in der Tatsache, dass die Anpassungen an ein aerobes Ausdauertraining schneller spürbar sind als die negativen Effekte eines Absinkens des Testosteronspiegels. Man fühlt sich gut und realisiert, dass es im Training „vorwärts" geht, bemerkt dabei aber gar nicht, wie man sich langsam in ein Ungleichgewicht zwischen Testosteron und Cortisol begibt. Ist die Menge an verfügbarem Testosteron erst einmal im Keller, so ist die Leistungsfähigkeit auch im Keller.

Illegales Testosterondoping im Ausdauersport setzt übrigens genau an diesem Punkt an. Es geht dabei weniger um Muskelaufbau im Stil eines Bodybuilders, sondern vielmehr darum, das Verhältnis zwischen Testosteron und Cortisol zugunsten des Testosterons wieder auszugleichen. Eine Herangehensweise getreu dem Motto „viel hilft viel!" ist in 99 % aller Fälle immer zum Scheitern verurteilt.

Wenn Sportler sich nur über einen hohen Umfang definieren und somit einen Vergleich der primären männlichen Geschlechtsorgane betreiben, bringen sie sich recht schnell in eine Abwärtsspirale ihrer Leistungsfähigkeit.

5.7.2 Functional Overreaching, Non-Functional Overreaching und Übertraining

Es gibt Phasen im Trainingsjahr, insbesondere gehäufter in den Wochen 4-6 vor einer Langdistanz, in denen man sich müde und platt fühlt. Man spürt die Dauer der gesamten Vorbereitung, die Kontinuität im Training und die angestiegene Belastung als solche.

- Doch was soll man in solch einer Situation machen?
- Durchbeißen durch die nächste Session oder hinschmeißen und die Session ausfallen lassen oder reduziert weitermachen?

Der erste Schritt bei der Entscheidungsfindung ist, dass man seinen Trainingsplan versteht und weiß, warum man was wann genau trainieren sollte. Wenn man das verstanden hat, lernt man automatisch mehr über sich als Athleten und spürt die Anpassungen des Körpers ans Training.

Hier sind zwei grundlegende Fragen in Betracht zu ziehen.

5.7.2.1 Ist das Ganze bewusst provozierte Ermüdung?

Müdigkeit ist nicht automatisch ein kontraproduktiver Zustand. Ganz im Gegenteil, Müdigkeit ist ein bewusst provozierter Zustand, der notwendig ist, um Reizanpassungen im Körper überhaupt ankommen zu lassen.

Diese Form von Müdigkeit ist in den Trainingsplänen bewusst kalkuliert und eingebaut, also z. B. in einem harten und/oder langen Trainingsblock oder während eines Trainingslagers. Diese Müdigkeit ist normal und bewusst so auch zu erwarten. Sie hilft dem Sportler, sich an ein neues Leistungsniveau zu adaptieren.

Der Athlet hat sich diese Form von Müdigkeit hart erarbeitet und auch entsprechend „verdient". In diesem Fall erfüllt die Müdigkeit eine ganz klare Funktion, man spricht in dem Zusammenhang auch von einem Functional Overreaching.

5.7.2.2 Welche Form von Müdigkeit erlebe ich aktuell?

Eine normale Müdigkeit äußert sich primär in den Muskeln, die Beine fühlen sich fest und schwer an, der Puls ist erhöht und das Training fällt subjektiv schwerer. Die Trainingsvorgaben können nur subjektiv schwerer, also mit größerem Krafteinsatz, erfüllt werden, wenn überhaupt.

Darüber hinaus gibt es eine Müdigkeit oder Erschöpfung, die einen hormonellen Hintergrund hat und weitaus ernster zu nehmen wäre. Wenn die Zeiten zur Regeneration nicht mehr ausreichend sind und das Testosteron weiter in den Keller sinkt und das Stresshormon Cortisol die Übermacht darstellt, dann sollte die Reißleine gezogen und eine Pause eingeplant werden. Man spricht in diesem Zusammenhang auch von einem Non-Functional Overreaching oder Übertraining.

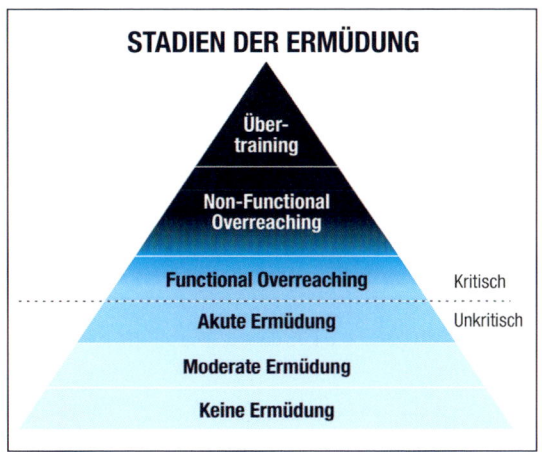

Abb. 28: Stadien der Ermüdung

5.7.2.3   Symptome eines Non-Functional Overreachings und Übertrainings

Symptome, die die Alarmglocken anspringen lassen sollten, sind:

- extremes Absinken der Herzfrequenz im Kontext zur Leistung;
- Probleme, die Herzfrequenz überhaupt anzuheben;
- erhöhte Ruheherzfrequenz;
- Einschlafstörungen;
- nächtliche Unruhe, Nachtschweiß;
- extremes Verlangen nach Süßigkeiten;
- Infektanfälligkeit;
- verzögerte Wundheilung;
- veränderte Herzratenvariabilität (HRV);
- depressive Grundstimmung;
- Gereiztheit;
- Tagesmüdigkeit;
- Appetitlosigkeit;
- „dicke Beine" direkt nach dem Aufstehen;
- brennendes Gefühl in den Beinen bei selbst leichtem Training;
- Gewichtszunahme (die HGH-Ausschüttung wird unterdrückt) sowie
- Aphten und Herpes.

Treten diese Symptome gehäuft oder länger auf, ist eine Pause absolut indiziert. In meinen Augen müsste der Begriff des Übertrainings eher in Unterregeneration umbenannt werden, denn fast immer liegt die Ursache nicht an einem Zuviel an Training, sondern am mangelnden Einhalten der Regenerationszeiten.

5.7.2.4 Wege aus dem Übertraining

Um wieder an Frische zu gewinnen und das hormonelle Gleichgewicht wiederherzustellen, ist eine Anpassung des Trainings notwendig. Primär bedeutet dies, dass das Training für einen gewissen Zeitraum ausgesetzt wird, um dem Körper Zeit zur Reparatur und zum Wiederherstellen zu geben. Hierzu sollte die Mischung zwischen intensiveren und lockeren Einheiten mit Bedacht gewählt werden.

Altersklassensportler, die aus zeitlichen Gründen auf ein Training in den frühen Morgenstunden angewiesen sind, sollten in einer solchen Phase das Training eher zugunsten eines verlängerten Schlafs eintauschen. Der Schlaf fällt leider zu oft einem straffen Zeitdiktat zum Opfer, wenn man alle Aspekte des Alltags vereinen möchte, doch leider ist das auf Dauer nicht von Erfolg geprägt und führt über kurz oder lang zu Leistungseinbrüchen oder in weiterer Instanz zu gesundheitlichen Schäden.

Generell sollte man nicht jede freie Minute für das Training aufwenden, um das Trainingstagebuch unnötig aufzublähen. Externe Stressfaktoren sollten möglichst gering gehalten werden. Einen idealen Trainingsaufwand beschreibt der Begriff des Minimums des Notwendigen oder des Minimaxprinzips, also mit minimalstem Aufwand das Maximale zu erzielen.

Als Gegenpol zum ausdauerbedingten Absinken des Testosteronspiegels können Steigerungs- und Minderungsläufe oder Krafttraining sowohl präventiv als auch „therapeutisch" fungieren. Zur Vermeidung dieses Zustands sollten Sportler sich eher davon abwenden, mit aller Gewalt das Trainingstagebuch aufzublähen. Eine recht hohe Anzahl an Sportlern definiert sich in erster Linie über das Absolvieren einer gewissen Stundenzahl pro Woche.

Das Training im GA-1-Bereich ist, wie bereits kennengelernt und hoffentlich verstanden, die wichtigste Größe im Langdistanztriathlon. Doch darin liegt Segen und Fluch zugleich. Die Adaptationen durch ein aerobes Grundlagentraining sind initial immens und der Sportler wird dadurch weiter und oft zu noch mehr Trainingsvolumen animiert.

Wenn sich nun im Hintergrund die angesprochene hormonelle Schieflage etabliert und der Sportler merkt, dass seine Leistungen immer schlechter werden, reagiert er oftmals in die falsche Richtung. Statt ein paar Tage trainingsfrei zu machen, wird noch mehr trainiert, um den vermeintlichen Leistungsverlust wieder auszugleichen.

Nicht der Sportler mit dem höchsten Trainingsvolumen und den meisten Trainingsstunden ist am Ende erfolgreich, sondern der Sportler, der das meiste Trainingsvolumen adäquat regeneriert bekommt und aus dieser Kombination Leistungszuwächse generieren kann. Ein Mix aus Grundlagenkilometern, Kraft, Geschwindigkeit, Motorik/Technik und Beweglichkeit schlägt dabei das alleinige Sammeln möglichst vieler Wochenstunden im Grundlagenbereich.

Trainingslehre im Langdistanztriathlon

Der angesprochene Mix braucht aber unter Umständen längere Zeiten der Regeneration, sodass in Summe durchaus weniger Wochenstunden subsummiert werden können. Sportler sollten sich demnach wirklich vom Bewerten ihres Trainings ausschließlich in Zeitkategorien lösen. Daher eine kurze Formel: **Inhalt schlägt absolutes Volumen!**

Um bereits frühzeitig zu Beginn des Trainings im Winter präventiv gegen ein Abrutschen des Testosterons durch zu viel Ausdauertraining einzuwirken, hilft es, sich ehrlich mit den Trainingsprioritäten und Inhalten auseinanderzusetzen. Die nachfolgende Grafik soll dabei zeigen, welche Inhalte im Winter für den einzelnen Athleten im Vordergrund stehen sollten.

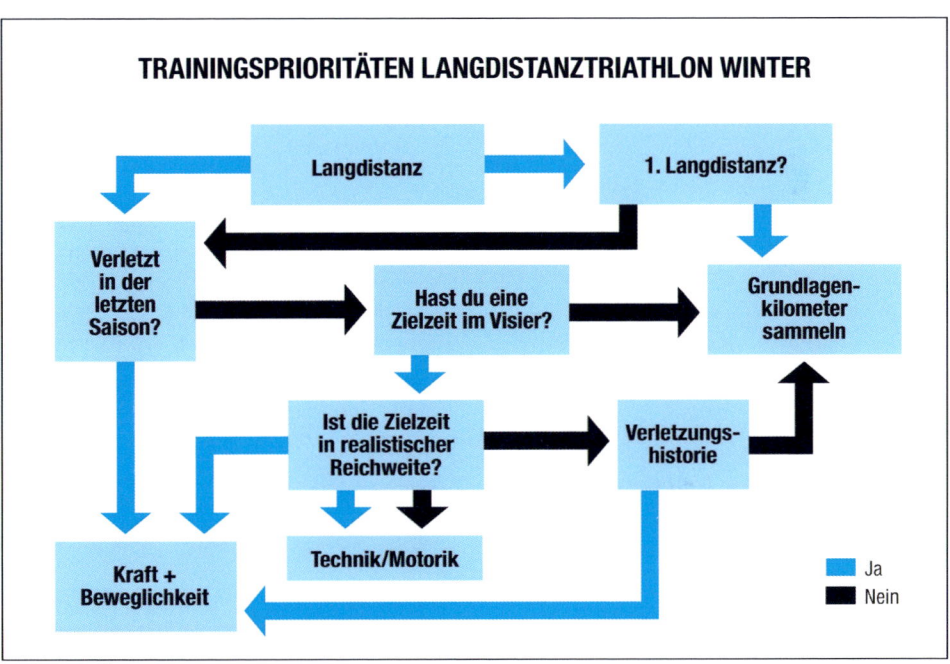

Abb. 29: Trainingsprioritäten im Winter

5.8 Bewertung der Trainingsbelastung oder neudeutsch: Load Management

Zur richtigen Einordnung der durch das Training hervorgerufenen Belastungen wurden in den vergangenen Jahren mehrere Metriken kreiert, deren Nutzen für die Sportpraxis nicht uneingeschränkt Sinn macht. Wie der Trainer oder ein sich selbst coachender Sportler diese Werte nutzt, hängt von der jeweiligen persönlichen Arbeitsweise ab.

Werte wie Training Stress Score® (TSS), Acute Training Load® (ATL), Chronic Training Load® (CTL) oder Training Stress Balance®(TSB) sollen dabei helfen, den auf den Sportler einwirkenden Stress objektiv zu messen.

Wenn man sich jedoch etwas genauer die jeweiligen Formeln zur Berechnung dieser Metriken anschaut, fällt auf, dass all diese Werte abhängig von der sogenannten *Functional Threshold Power (FTP)* sind.

Später, in Kap. 7, werde ich näher darauf eingehen, warum die FTP nicht als Gradmesser zur Beurteilung des Trainings herangezogen werden kann. In meiner eigenen Coachingwelt nutze ich diese Werte nicht, beziehungsweise schaue sie mir höchstens im Kontext zu weiteren, in meinen Augen, sinnvolleren Möglichkeiten zur Beurteilung der Load an.

5.8.1 Subjektive Einschätzung des Athleten

Ich bin kein allzu großer Freund davon, sich blind auf gemessene Zahlen und daraus abgeleitete Metriken zu verlassen. Athleten, die sich zu sehr in der Datenwelt verlieren, neigen öfters dazu, die Verbindung zu ihrem eigenen Körpergefühl zu kappen. Eine gewisse Selbstreflexion zum eigenen Status und zur Einschätzung der jeweilig erbrachten Leistung hilft mir in meinem Trainingsansatz weitaus besser dabei, den Trainingsstress zu bewerten.

Abb. 30: Bewertung des Loads

Die oben genannten Metriken spiegeln lediglich die Physiologie wider, können aber subjektive Befindlichkeiten des Athleten nicht aufgreifen. Ich habe daher vor einigen Jahren eine Übersicht erstellt, die Athleten bei der Einschätzung ihres eigenen Befindens helfen kann.

In dieser Liste kann der Athlet ganz subjektiv unterschiedliche allgemeine Marker zu seiner Tagesverfassung dokumentieren. Hierbei wird der Status gemäß dem Schulnotenprinzip, also 1 für sehr gut und 6 für ungenügend stehend, bewertet. Zusätzlich können in der Tabelle Angaben zum gefühlten Stress, der sogenannten *Session Rate of Perceived Excertion (Session RPE)* in den Trainingseinheiten gemacht werden. Um eine etwas präzisere Differenzierung zu ermöglichen, arbeite ich hier mit einer an die Borg-Skala angelehnte Spanne von 1 bis 10, wobei 1 für sehr gut und 10 für sehr schlecht steht.

Moderne Onlineplattformen, wie z. B. Today's Plan®, bieten in der Trainingstagebuchfunktion eine Fülle solcher subjektiver Parameter zum Bewerten an.

Die Bewertung der Trainingsbelastung ist demnach nicht einfach mit der Auswertung von Daten und Files zu leisten.

Um die subjektive Einschätzung noch weiter zu schärfen, empfiehlt es sich auch, sich vor der jeweiligen Einheit selbst zu befragen, wie es um einen Athleten vor Beginn des Trainings steht. Die nachfolgende Grafik soll dabei helfen, eine Entscheidung zur Durchführung im Einklang mit dem eigenen Befinden zu treffen. Dazu benötigt man jedoch eine gewisse Ehrlichkeit sich selbst gegenüber.

Abb. 31: Wie fühlst du dich?

> **ZUSATZINFO**
>
> Ein immer wieder angewendetes Verfahren zur Beurteilung des Status von Sportlern stellt der sogenannte *Breakfast Test* dar. Dabei werden Sportler z. B. während eines Trainingslagers beim morgendlichen Gang zum Frühstücksbuffet beobachtet. Am Gang, der Körpersprache und am Gesichtsausdruck lassen sich Empfehlungen für den jeweiligen Trainingstag durchaus ableiten.

5.8.2 Stressmessung mit der Herzratenvariabilität (HRV)

Bereits im alten China hat man beobachtet, dass das Herz nicht immer gleichmäßig schlägt, es also Variationen im Abstand zwischen zwei Herzschlägen gibt. Diesen zeitlichen Abstand reguliert der menschliche Organismus autonom angepasst an die jeweiligen Bedürfnisse. Körperliche Beanspruchung oder Stress führen zu einem Anstieg der Herzfrequenz, die in Ruhe in der Regel wieder auf das Ausgangsniveau absinkt.

Je „frischer" ein Sportler ist, desto eher zeigt sich die Fähigkeit der Anpassung an die Stressfaktoren Training und Alltag mit einer großen Variabilität des zeitlichen Abstands zwischen zwei Herzschlägen. Ist der Athlet jedoch permanent zu sehr gestresst, sei es durch Training oder andere Faktoren oder durch eine Kombination aus beidem, reduziert sich diese Anpassungsfähigkeit, resultierend in einer geringeren Variabilität der Herzschläge.

5.8.2.1 Physiologie

Zum besseren Verständnis ein kurzer Abriss der relevanten Zusammenhänge.

Die Kontraktion des Herzens wird autonom, also unterbewusst und nicht willentlich, durch einen Impuls des Sinusknotens am Herzen hervorgerufen.

Hierfür verantwortlich ist das autonome Nervensystem. Man unterteilt dieses wiederum in einen sympathischen Anteil, der als aktivierend oder als „Fight or Flight"-Anteil bezeichnet wird. Dieser Sympathikus ist für die Taktgebung am Herzen verantwortlich. Er sorgt für eine Blutdruck- und Herzfrequenzsteigerung, Pupillenweitstellung am Auge etc.

Der Gegenspieler hierzu ist der Parasympathikus, der vom Vagusnerv angesteuert wird. Dieser parasympathische Teil des Nervensystems steuert die Funktionen der inneren Organe, gilt als Ruhe- oder Erholungsnerv und dient der Erholung, dem Aufbau körpereigener Reserven, der Verdauung, Blutdrucksenkung und einer ganzen Reihe weiterer Funktionen.

Wenn man diese beiden Gegenspieler betrachtet, kann man sich schon denken, in welchem Bereich man eher Vorteile der Leistungsentwicklung vermuten wird. Man möchte aber dennoch auch im sympathischen Teil stark und resistent sein. In jeder einzelnen Millisekunde arbeiten diese beiden Systeme miteinander, um den Organismus überhaupt am Leben zu halten.

Die Balance von Sympathikus und Parasympathikus ist ein ganz natürlicher und gesunder Vorgang, der permanent stattfindet.

5.8.2.2 Dominanz des sympathischen Zweigs

Dieser Zweig des vegetativen Nervensystems sorgt für einen Anstieg des Blutzuckerspiegels, des Blutdrucks und der Herzfrequenz, also alles Dinge, die wir als Triathleten im Wettkampf und Training zur Leistungsentfaltung brauchen.

Problematisch wird es jedoch, wenn ein Athlet zu viel Zeit im sympathischen Teil verbringt, weil dadurch die elementare Regeneration und daraus in sekundärer Instanz dann auch die Leistungsentwicklung nachhaltig gestört wird. Wenn dieser Zustand dauerhaft anhält, kann man von chronischem Stress sprechen.

Dieser Status führt dann zu einer beschleunigten Alterung, Verlust an Knochendichte und Muskulatur und Gedächtniseinbußen. Auslöser für diesen Status können inadäquate Trainingsbelastungen („epische Monstereinheiten"), Schlafmangel, Alltagsstressfaktoren (siehe oben), Lebensmittel mit hoher Entzündungsdisposition etc. sein.

5.8.2.3 Dominanz des parasympathischen Zweigs

Um ein hohes Maß an Gesundheit und Leistung zu entwickeln, ist es notwendig, dass beide Teile des vegetativen Nervensystems gut entwickelt sind. Im Sport soll das heißen, dass wir unser sympathisches System „anknipsen" müssen, wenn wir es für die Belastungen im Sport brauchen, aber es direkt danach dann auch „ausschalten" können und uns im regenerativ hilfreichen parasympathischen Anteil befinden.

Ähnlich wie bei der Dominanz des „Fight and Flight"-Anteils ist es durchaus auch möglich, einen „Überschuss" an parasympathischer Aktivität zu erlangen. Dazu muss der Athlet über einen langen Zeitraum im Übertrainingszustand sein, sodass der Organismus den Sympathikus „abschaltet", um größere Schäden zu vermeiden. Andere Möglichkeiten liegen darin, dass ein Athlet einen aufkeimenden Infekt in sich trägt oder in Rekonvaleszenz nach Krankheit ist.

5.8.2.4 Troubleshooting

Geraten diese beiden Teile zu sehr aus der Balance, sollte der Sportler in fast allen Fällen Ruhe walten lassen, sprich, das Training im Umfang und/oder Intensität reduzieren bzw. im schlimmsten Fall pausieren.

5.8.2.5 Die Bedeutung der Atmung und ihr Einfluss auf die HRV

Die menschliche Atmung ist eng verwoben mit dem Herz-Kreislauf-System, dem Nervensystem und dem Gehirn. Beim Prozess des Einatmens steigt die Herzfrequenz leicht an, beim Ausatmen sinkt diese leicht. Dieser zyklische Ablauf sorgt für ein Gleichgewicht zwischen Leistungsbereitstellung und Regeneration.

Hieraus ergibt sich ein weiterer Nutzen der HRV-Messung, denn wirklich tiefe Atemzüge in den Bauch unter Einfluss des Zwerchfells (Diaphragma) sorgen für eine dramatische Verbesserung des autonomen Nervensystems.

Diese Form der Atmung verbessert die Hirnleistung, sorgt für verbesserte Durchblutung, Reduktion von muskulären Verspannungen etc. In unserer heutigen Gesellschaft kann man jedoch beobachten, dass das Zwerchfell durch das alltägliche Sitzen in seiner Funktion eingeschränkt ist, nicht mehr korrekt kontrahiert und in seinem Querschnitt sukzessive abnimmt.

Dieses Zwerchfell jedoch ist der wichtigste Muskel zur Atmung und wird gerade beim Schwimmen extrem gefordert, weil man hierbei gegen einen erhöhten Widerstand ins Wasser ausatmen muss.

Ein weiterer zu beobachtender Aspekt ist, dass aus ästhetischen Gründen häufig der Bauch eingezogen wird, um möglichst schlank auszusehen. Durch das Einziehen der Bauchmuskulatur findet lediglich eine Brustkorbatmung statt, die die bereits genannten Vorteile durch eine korrekte Form der Atmung nicht zulässt.

Für Sportler mit ineffizienter Atmung kann das Besuchen von Yogaklassen durchaus hilfreich sein, um ein Bewusstsein für korrektes, tiefes Zwerchfellatmen zu entwickeln.

5.8.2.6 Messung

Man unterscheidet bei der HRV in Langzeit- und Kurzzeitmessung. Letztere ist für den tagtäglichen Gebrauch eher praktikabel. Hierzu wird zwischen einer und fünf Minuten in Ruhe am Morgen in liegender Position gemessen. Um möglichst entspannt zu sein, sollte man die Messung erst nach dem Toilettengang am Morgen und vor dem Frühstück und Kaffee durchführen.

Um eine valide Aussage zum Stresslevel zu erzielen, sollte man täglich diese kurze Messung durchführen, denn nur über den Langzeitverlauf über Wochen und Monate kann man die korrekten Rückschlüsse bekommen. Eine Vielzahl von Apps ist mittlerweile auf dem Markt erhältlich, die modernen EKG-genauen Brustgurte reichen zur Messung der HRV vollkommen aus.

5.8.2.7 Bewertung und Transfer in die Sportpraxis

Die HRV kann als objektiver Marker zur globalen Bewertung der Training Loads herangezogen werden. Ich würde mich aber nie ausschließlich auf diesen Score blind in der Beurteilung verlassen, sondern diesen eher als Puzzlestück in der Gesamtbewertung sehen. Man sieht immer wieder Schwankungen innerhalb dieses Scores, gerade bei Frauen verändert sich die HRV innerhalb des Menstruationszyklusses deutlich. Für mich bildet die HRV lediglich eine Tendenz ab.

Ich würde daher eher nicht bei einem einzigen schlechten Score das geplante Training umstellen, sondern die Veränderung über einen Zeitraum von 2-4 Tagen genauer beobachten. Wie bei so vielen Dingen im Leben scheint der Mix der richtige Weg zu sein. Eine Verknüpfung von objektiv gemessenen Werten und der subjektiven Einschätzung durch den Sportler selbst stellt bei der Bewertung der Training Load für mich den Goldstandard dabei dar.

5.9 Regenerationsmaßnahmen

Die Regeneration im Ausdauersport nimmt einen immensen Stellenwert ein. Das notwendige große Trainingsvolumen zur Vorbereitung auf eine Langdistanz braucht adäquate Zeiten der Erholung. In den letzten Jahren wurden große Anstrengungen in Bezug auf die Entwicklung regenerationsbeschleunigender Tools und Maßnahmen unternommen.

Die groß angelegte Studie mit dem schönen Namen *Regman* (kurz für Regenerationsmanagement) des Bundesinstituts für Sportwissenschaften hat die verschiedenen Möglichkeiten untersucht. Eine allgemeine Empfehlung, welche Maßnahme in welchem Maße gesichert funktioniert, kann daraus abgeleitet, nicht getroffen werden. Die Reaktion auf eine solche Erholungsmaßnahme ist von Sportler zu Sportler individuell sehr verschieden.

Ich möchte daher eher die bekanntesten Methoden erwähnen und den Leser dazu animieren, diese auszuprobieren und selbst herauszufinden, welche Maßnahmen nützlich sind und welche sich eher kontraproduktiv auswirken:

- Cool-down,
- statisches Dehnen,
- Faszientraining,
- Sauna,
- Kaltwasserimmersion oder Eisbad,
- Massage,
- Muskelelektrostimulation (EMS),
- Kompressionsbekleidung,
- Kompression über sogenannte *Recovery Boots*,
- Power Naps,
- etc.

Bevor man sich jedoch mit diesen Möglichkeiten der Regenerationsbeschleunigung beschäftigt, sollte man die wohl wichtigste Stellschraube zur schnelleren Wiederherstellung drehen. Damit meine ich den Nachtschlaf.

Wenn Athleten mich befragen, wie sie ihre Leistung im Triathlon außerhalb des Trainings steigern können, bekommen sie immer als Antwort zu hören, dass sie doch bitte die Dauer und die Qualität ihres Schlafs optimieren mögen. Die Schlafdauer ist sicherlich von Sportler zu Sportler individuell zu betrachten, doch meine Erfahrung hat klar in den vergangenen Jahren gezeigt, dass bei diesem Thema viel wirklich viel hilft.

Zur Steigerung der Schlafqualität sollte das Zimmer gelüftet werden, die Temperatur bei ca. 18 Grad Celsius liegen, auf Stimulanzien (Kaffee, Alkohol etc.) und zu viel Bildschirmzeit (Smartphone, Tablet etc.) unmittelbar vor der Schlafenszeit verzichtet werden.

So, genug um den heißen Brei geredet, jetzt geht es dann mal ans Eingemachte, sprich, wir widmen uns dem Schwimmen, Radfahren und Laufen in Tiefe.

6 SCHWIMMEN

Nach dem Vorgeplänkel der vorherigen Kapitel wollen wir uns nun der Praxis widmen. Genau wie im Wettkampf auch, macht die Disziplin Schwimmen den Anfang. Das Schwimmen bedeutet eine gewisse Ambivalenz im Langdistanztriathlon, denn auf der einen Seite kann man mit verbesserter Schwimmleistung nicht so recht Zeit gewinnen, aber auf der anderen Seite durch ein schlechteres Schwimmniveau einige Minuten oder sogar Stunden verlieren.

Eine alte Triathlonweisheit besagt, dass Langdistanzen nicht, oder zumindest nur sehr selten, mit dem Schwimmen gewonnen, aber eben sehr häufig im Wasser verloren werden können. Das gilt sowohl für den Profibereich als auch für die Altersklassensportler. Diese Zwiespältigkeit führt sehr oft zu einer Art Hassliebe in Bezug auf die nasse Disziplin.

Einige Athleten haben eine regelrechte Aversion gegenüber der ersten Sportart. Insbesondere Quereinsteiger oder Spätstarter haben ihre rechte Mühe mit dem Erlernen der notwendigen Grundbewegungsmuster und darüber hinaus auch der Ausdauer, Kraft und Schnelligkeit. Andere Sportler wiederum, die das Schwimmen im Kindesalter gelernt haben und die Technik entsprechend ökonomisch beherrschen, lieben diese Disziplin. Doch für beide Gruppen gilt, dass das Schwimmen einen elementaren Anteil an der Gesamtleistung im Triathlon innehat.

An der Stelle kommt nun wiederholt einer meiner Leitsätze zum Tragen: Triathlon ist Triathlon und nicht Schwimmen, Radfahren und Laufen. Das Schwimmen hat trotz seines in Relation kurzen zeitlichen Anteils an der Gesamtdauer von ca. 10 % der gesamten Zeit einen großen Einfluss auf das Gesamtergebnis bei Überqueren der Finish Line. Auch im Trainingsprozess hat das Schwimmen einen wichtigen Anteil, warum und wie werde ich auf den nachfolgenden Seiten näher erklären.

Was ich in diesem Buch nicht leisten kann und möchte oder sich generell nur schwer in einem Buch vermitteln lässt, ist die korrekte Schwimmtechnik. Erstens sollte man hinterfragen, ob ein solches Technikleitbild überhaupt vorhanden ist und prinzipiell auf alle Schwimmer übertragbar ist und zweitens ist es nur schwer realisierbar, Bewegungsmuster rein verbal in Schriftform zu lehren. Es gibt durchaus unterschiedliche Lerntypen, die auch über Texte lernen können, ich bin jedoch der Meinung, dass sich eine derart komplexe Bewegung wie das Schwimmen nicht in dieser Form lehren und somit auch erlernen lässt.

Wenn man sich die Mühe macht, wissenschaftliche Arbeiten zur Technik des Kraulschwimmens anzuschauen, so findet man selbst da ziemlich konträre Ergebnisse. Prinzipiell sehe ich mich schon als Wissenschaftsnerd, beim Thema Schwimmtechnik verweigere ich mich dabei jedoch latent, weil es mir zu losgelöst von der Praxis erscheint. Selbst auf YouTube® finden sich unzählige Tutorials zu diesem Thema, teilweise mit komplett gegensätzlichen Ansichten.

Daher bin ich auch kein allzu großer Freund davon, eben über solche Videos das Kraulschwimmen zu erlernen oder zu verbessern, indem man das dort Gesehene zu imitieren versucht. Ich werde daher eher nur auf gröbere Schnitzer eingehen, die definitiv falsch sind, den Vortrieb sicher verhindern und somit als Fehler deklariert werden können.

6.1 Schwimmen vs. Schwimmen im Triathlon

Um die Besonderheiten und Anforderungen des Schwimmens im Triathlon im Vergleich zum Schwimmen als Einzelsportart zu verstehen, schauen wir uns mal einige der Unterschiede hierzu an.

6.1.1 Trainingszeit

Ein leicht auszumachender Unterschied liegt in der verfügbaren Trainingszeit. Ein Schwimmer hat neben der Zeit im Wasser und dem Training der allgemeinen Athletik und Beweglichkeit keine weiteren Punkte mehr auf seiner Trainingsagenda, während sich der Triathlet noch auf das Rad schwingen und die Laufschuhe schnüren muss. Der Schwimmer hat somit mehr Zeit, die unterschiedlichen Intensitäten und Technikaufgaben zu erfüllen.

Als Triathlet ist die Zeit im Wasser, insbesondere bei Altersklassensportlern, limitiert, sodass diese Zeit auch möglichst effektiv und zielführend gestaltet werden sollte. Für mich stellt daher das Schwimmtraining im Triathlon eher einen Kompromiss oder ein ganz entscheidendes Abwägen zwischen Aufwand und Ertrag dar.

Als problematisch sehe ich an, wenn im Gruppentraining für Triathleten ein Trainer am Beckenrand steht, der entweder einen Background als Schwimmer hat und/oder die Sportart Triathlon mit ihren Besonderheiten und ihrer Komplexität nicht verstanden hat und die Unterschiede der beiden Sonderformen Beckenschwimmsport und Triathlon nicht kennt.

6.1.2 Wettkampfanforderung

Während der Beckenschwimmer alleine auf seiner eigenen Bahn, die durch Wellenbrecherleinen zu den Nachbarbahnen abgetrennt ist, schwimmt, findet der Triathlet eine ganz andere Konstellation vor. Das Wasser ist selten so ruhig wie im Becken, er hat es

Schwimmen

mit hunderten oder tausenden Mitstreitern zu tun und muss sich im Freiwasser an Bojen orientieren.

Das Tragen des Neoprenanzugs zur Wärmeisolation bringt eine veränderte oder begünstigte Wasserlage mit sich und das Material des Anzugs im Schulterbereich sorgt für eine Einschränkung der Beweglichkeit in diesem Bereich, wenn auch die heutigen Anzüge gerade in Sachen Flexibilität deutlich im Vergleich zu Anzügen aus den 1990er- oder 2000er-Jahren zulegen konnten.

6.1.3 Körperliche Voraussetzungen

Leistungsschwimmer weisen oftmals ein anderes körperliches Erscheinungsbild als Triathleten auf. Der Triathlet ist oftmals muskulöser, gerade die Oberschenkel- und Pomuskulatur ist dabei stärker ausgeprägt. Spitzenschwimmer verfügen über sehr lange Arme mit großer Spannweite, über teilweise eher kurze Beine und über eine von Kindesbeinen an antrainierte, sehr gute Beweglichkeit im Schulterbereich, Hüftbeuger und Sprunggelenk.

Bei Triathleten und insbesondere bei berufstätigen Sportlern sind diese Bereiche oftmals signifikant weniger beweglich. Das Sprunggelenk braucht zudem eine gewisse Steifigkeit für das Radfahren und noch weitaus mehr für das Laufen. Schwimmer, die sich irgendwann im Triathlon versuchen, weisen oftmals Probleme im Sprunggelenk auf, da ihnen durch die bestehende Hypermobilität genau diese Steifigkeit fehlt und sie die auftretenden Aufprallkräfte beim Laufen schlechter kompensieren können.

Die Schulter, aber auch die Brustmuskulatur, ist beispielsweise durch das stundenlange Sitzen am Schreibtisch, permanent nach vorne orientiert (protrahiert), fest und unbeweglich. Kommt zusätzlich zu dieser Position noch ein gewisser Stundenanteil auf dem Aerolenker liegend hinzu, potenziert sich diese für das Schwimmen ungünstige Haltung. Ebenso verhält es sich mit der Hüftbeugemuskulatur, die beim Radfahren und Laufen beansprucht wird.

Nicht ganz grundlos wird das stundenlange Sitzen im Alltag als das *neue Rauchen* bezeichnet, da die gesundheitlichen negativen Auswirkungen durchaus vergleichbar sind. In diesem Zusammenhang bleibt es für mich unverständlich, warum Altersklassentriathleten im Frühjahrstrainingslager mit hohem Umfang auf dem Rad auch gleichzeitig hohe Umfänge während solcher Camps im Wasser realisieren wollen und sich dabei nicht wundern, dass ihre Schwimmsplits langsamer als zu Hause sind.

Werden die Umfänge auf dem Rad drastisch erhöht, „beschweren" sich Schulter und Hüftbeuger und lassen keine schnellen Schwimmzeiten mehr zu. In meinen Augen sollte das Schwimmtraining im Trainingslager bei Age-Group-Athleten daher eher regenerativen Charakter haben. Sportler, die im Trainingsalltag zu Hause keine Feedbackmöglichkeit durch einen außen am Beckenrand stehenden Trainer haben, können dennoch in einem organisierten Trainingslager diese Möglichkeit der Korrektur durch einen Trainer wahrnehmen.

Solche Einheiten sollten eher mit Fokus auf Technikschulung absolviert werden und bei einem Umfang von je nach Leistungsniveau von 1.500-2.500 m gedeckelt sein.

6.1.4 Bewegungsvorstellungsvermögen oder Wassergefühl

Ein Schwimmer, der seit unzähligen Jahren und mit großen Umfängen trainiert, verfügt wahrscheinlich eher über ein Mysterium, das es wahrscheinlich gar nicht so recht gibt, nämlich das ominöse Wassergefühl. Quer einsteigende Triathleten mit weniger verfügbarer Trainingszeit werden dieses Gefühl oder alleine die Vorstellung ihrer eigenen Bewegung nur schlecht entwickeln können, zumal im Gegensatz zum Radfahren und Laufen die Möglichkeit der Bewegungskontrolle durch Visualisieren nahezu wegfällt.

Man sieht beim Schwimmen immer nur einen kleinen Ausschnitt der Gesamtbewegung, was unweigerlich zu einem größeren Anteil der körpereigenen Wahrnehmung (Propriozeption) zur Steuerung und Kontrolle führt. Ich frage mich daher schon seit Jahren Folgendes:

- Warum sollte dann eigentlich ein solcher Späteinsteiger hochkomplexe Technikübungen schwimmen, die er in Magazinen, Büchern und Internetplattformen gelesen hat oder aber auch von diversen Schwimmtrainern vermittelt bekommt?

6.2 Schwimmertypen

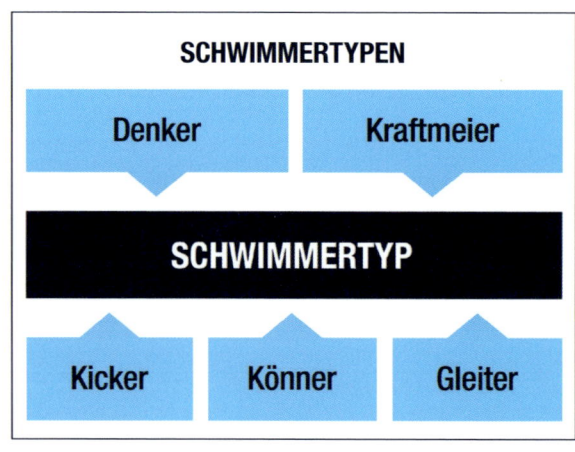

Abb. 32: Die fünf Schwimmertypen

Analog zu den bereits kennengelernten Athletentypen gibt es in meiner eigenen Welt des Triathloncoachings auch unterschiedliche Ausprägungen bei Triathleten im Wasser. In über 7.000 Einzelstunden und bestimmt weiteren 5.000 Stunden Gruppentraining am Beckenrand konnte ich fünf unterschiedliche Schwimmertypen herausstellen. Die Einteilung in bestimmte Gruppen hat dabei keinesfalls die Funktion, bestimmte Sportler bloßzustellen, sondern soll auch hier eher zur Selbstreflektion anregen.

Schwimmen

6.2.1 Der Denker

Der Denker versucht, sich und seine Technik permanent auf den inneren Prüfstand zu stellen, jede Bewegung wird ganz bewusst durchgeführt. Leider geht das Wesentliche, nämlich das schnelle Schwimmen, dabei komplett verloren. Der Denker ist so sehr mit dem „Schönschwimmen" beschäftigt, dass er nur ein einziges Tempo schwimmen kann, das dann leider oftmals nicht sonderlich schnell ist.

Das vermeintlich technisch saubere Schwimmen führt zu einer derartigen Verkrampftheit, dass seine Bewegungen geradezu mechanisch oder roboterhaft wirken. Den Denker findet man, wie sollte es auch anders sein, primär in der Athletengruppe der Grübler wieder.

HAUPTFEHLER

Zu langsame Frequenz, zu kontrolliertes Absenken der Arme über Wasser, Überkreuzen der Körpermitte (Overcrossing).

6.6.2 Der Kraftmeier

Der Kraftmeier liebt es, mit Paddles und Pullbuoy zu schwimmen, denn dann kann er seine verfügbare Kraft ausspielen. Ohne Pullbuoy verschlechtert sich seine Wasserlage signifikant, da sein Muskeltonus meist sehr hoch ist. Klassischerweise ragt sein Kopf sehr stark aus dem Wasser heraus, eine Rotation um die Körperlängsachse findet nicht statt, er liegt eher wie auf einem Surfbrett.

Viele Athleten aus der Gruppe der Waldmenschen schwimmen im Stil des Kraftmeiers. Der Wechsel zwischen Anspannung und Entspannung innerhalb des Armzyklus fällt ihm schwer, er ist permanent in der Anspannungsphase. Der Kraftmeier profitiert sehr vom Einsatz des Neoprenanzugs.

HAUPTFEHLER

Der Kopf ist zu weit aus dem Wasser, wenig bis keine Streckung des Arms nach dem Eintauchen, keine Körperlängsachsenrotation.

6.2.3 Der Kicker

Der Kicker oder eigentlich fast besser die Kickerin schwimmt mit einem sehr hohen Anteil an Beinschlag. Kickerin, weil diese Gruppe fast nur aus Frauen besteht.

Auf die Frage, warum sie mit einer hohen Beinschlagfrequenz schwimmen, kommt als Antwort von den befragten weiblichen Athleten überdurchschnittlich oft, dass sie denken, sie hätten keine Kraft in den Armen und deshalb versuchen, den Vortrieb mittels starkem Beinschlag zu erzielen und die vermeintlich fehlende Kraft in den Armen zu kompensieren.

HAUPTFEHLER

Eine sehr hohe Beinschlagfrequenz (teilweise auch mit sehr großer Amplitude). Die Armzugfrequenz ist niedriger als 35-38 Züge pro Minute. Der Kopf ragt zu weit aus dem Wasser heraus. Der Armzug ist sehr kurz, oft fehlt eine Druckphase hinten.

6.2.4 Der Gleiter

Der Gleiter versucht, mit möglichst wenigen Zügen durch das Wasser zu gleiten und hat ein falsches Technikleitbild vor Augen. Er trägt auffallend oft eine Uhr am Handgelenk und kontrolliert diverse Metriken nach jedem Intervall. Welche das im Einzelnen sind, erläutere ich weiter unten.

Hauptsächlich lässt sich der Gleiter der Gruppe Graf Zahl zuordnen. Der Gleiter ist nur sehr schlecht in der Lage, in unterschiedlichen Tempobereichen zu schwimmen, sein Tempo ist nahezu immer gleich.

HAUPTFEHLER

Viel zu niedrige Frequenz, zu starke Längsachsenrotation, stark akzentuiertes und leider falsches „Wasserwerfen".

6.2.5 Der Könner

Auch unter Triathleten gibt es Sportler, die einfach schwimmen können, also sehr nah am Technikoptimum (wie auch immer das aussehen mag) agieren. Dieses Können lässt sich leider nur sehr schwer im Erwachsenenalter erlernen. Die Könner sind nahezu zu 100 % in ihrer Kindheit oder Jugend als Leistungsschwimmer aufgefallen. Dieses Können und die damit verbundenen Fertigkeiten sind für Quereinsteiger nicht oder nur schwer erlernbar.

So sind in meinen Augen Schwimmzeiten im Ironman®-Triathlon schneller als 51:30 Minuten bei den Männern und 53:30 Minuten bei den Frauen kaum für Späteinsteiger erreichbar. Wie immer im Leben, gibt es natürlich auch Ausnahmen, aber prinzipiell halte ich diese Marke für das Ende der Fahnenstange für „Nichtschwimmer".

6.3 Der Versuch, Schwimmen technisch zu erklären

Die Sportwissenschaft versucht, mit dem Einbeziehen der physikalischen Gesetzmäßigkeiten ein Leitbild hinsichtlich der Kraultechnik zu erstellen. Das Hauptproblem liegt aber darin, dass beim Schwimmen im Medium Wasser, und noch viel weniger im Freiwasser, nicht immer konstante Bedingungen gegeben sein können.

Strömungen, Wasserverwirbelungen durch Mitstreiter oder auch Temperaturunterschiede in Seen, Flüssen und im Meer erschweren diese Bedingungen noch zusätzlich. Viele theoretische Ansätze zum Schwimmen vergessen dabei jedoch, dass alle physikalischen Kräfte immer und zugleich wirken und nicht eine einzige der wirkenden Kräfte alleine relevant ist. Es wird immer von einer Art Schwerelosigkeit gesprochen, was physikalisch ja eigentlich falsch ist, denn die Gravitationskraft wirkt ja immer gleich.

Das Gefühl der Leichtigkeit kommt eher durch eine Art Auflagefläche des Wassers für den Körper zustande. Um diese Unterstützungsfläche zu spüren und eine gewisse Wahrnehmung zu fördern, wird traditionell die Übung *toter Mann* geübt.

Als Gegenpol und um die Wirkung der auch im Wasser vorherrschenden Schwerkraft zu spüren, kann man sich senkrecht mit angelegten Armen ins Wasser „stellen". Als Resultat wird man relativ schnell auf den Grund des Schwimmbads sinken. Wir können also ganz sicher nicht diese Kraft „ausschalten" oder uns wegdenken.

Für den Trainingsalltag bzw. im Umgang mit den Sportlern ist es in meinen Augen nicht entscheidend, welches theoretische Konstrukt hinter dem Schwimmen liegt. Es geht vielmehr darum, ein Verständnis für die Bewegung zu vermitteln, damit Sportler dieses auch in ihr Bewegungsvorstellungsvermögen einbauen können und sie einen „Schaltplan" hierzu effektiv und zielgerichtet entwickeln können.

Es wird diskutiert, ob man sich gemäß dem dritten Newtonschen Gesetz durch das Abdrücken am Wasser als Reaktion darauf nach vorne schiebt oder in der Vortextheorie Wasserverwirbelungen, also eine Art Mini-Tornados, den Vortrieb erzeugen. Man muss gedanklich unterscheiden, ob die Hand von vorne nach hinten gezogen wird und sich nach Isaac Newton der Körper als Reaktion darauf in die Schwimmrichtung schiebt oder ob die Hand „fixiert" oder verankert bleibt und sich der Körper bewegt.

Ich tendiere in meiner Sichtweise und in der Arbeit mit Athleten eher zu eben letzterem Bild. Jeder kennt auf dem Kinderspielplatz Klettergerüste zum Hangeln von einem zum anderen Ende, die mittlerweile aber auch in vielen Fitnessstudios oder CrossFit®-Boxen anzutreffen sind. Bei diesen Spiel- oder Trainingsgeräten hängt man frei nach unten und bewegt sich vorwärts, indem man sich von Querstrebe zu Querstrebe hangelt.

Ich versuche, dass Schwimmen so zu erklären, dass man als Schwimmer über solch eine Art Klettergerüst schwimmt, welches imaginär auf dem Grund des Gewässers steht. Man schwimmt somit über diese Streben und versucht dabei, durch Anstellen des Unterarms und der Hand den horizontal im Wasser liegenden Körper von Strebe zu Strebe zu ziehen.

In meiner Theorie ist das Schwimmen also ein wechselseitiges Verankern oder Fixieren der Unterarme und Hände an diesen Streben und ein daraus abgeleitetes Ziehen des Körpers in die Fortbewegungsrichtung.

Abb. 33: Schwimmen über ein imaginäres Klettergerüst

Doch dazu braucht es ein korrektes Timing und ein Loslassen der Strebe zum richtigen Zeitpunkt. Am Hängegerüst auf dem Spielplatz oder im Gym muss man auch kurzzeitig eine Hand lösen und zur übernächsten Strebe pendeln oder schwingen, um diese fixieren zu können. Wenn man längere Zeit mit beiden Armen an zwei Streben hängen bleibt, wird das Pendeln des Körpers zum Stillstand kommen und der Körper hängt als Resultat still und schwerkraftbedingt senkrecht nach unten.

Schwimmen

Dieses Bild bringt mich auch ganz klar zum häufigsten Fehlerbild im Triathlon, nämlich zum Prinzip und der romantischen Vorstellung des Gleitens durch das Wasser mit möglichst wenigen Armzügen. Analog zum nicht durchgeführten oder zu späten Lösen der Hände am Klettergerüst kommt es bei zu niedriger Frequenz ebenfalls zu einer Art Stillstand. Doch dazu später mehr.

Abb. 34: Fehlender Schwung am „Klettergerüst"

6.4 Technikfehler und ein falsches Technikleitbild

Ich selbst habe keinen Background als Jugendschwimmer. Ich bin zwar in den 1990er-Jahren recht früh zum Triathlon gekommen, das damalige Schwimmtraining war aber alles andere als auf das Erlernen einer korrekten Technik ausgelegt. Entsprechend schlecht waren dann auch meine Schwimmleistungen im Wettkampf, was mich schon immer ziemlich frustriert hat.

Erst als ich mein eigenes Schwimmen analysiert habe und Aufwand und Nutzen gegenübergestellt habe, wurden meine Fehler für mich sichtbar und ich konnte sie, wenn auch erst Jahre später, abstellen. Dieselben Fehler, wir kommen gleich darauf zurück, habe ich bestimmt hundertfach bei Athleten in Trainingstagebüchern gesehen oder in Gesprächen von ihnen mitgeteilt bekommen. Das wiederum hat mich dann doch etwas beruhigt, denn offensichtlich bin ich nicht der Einzige, der diese Fehler gemacht und die Prioritäten falsch gesetzt hat.

Dieses Kapitel soll ganz klar zum Nachdenken anregen, damit eben „meine" Fehler, die, wie bereits gelernt, nicht nur meine sind, dann auch nicht vom Leser dieses Buchs wiederholt werden. Der eine oder andere aus der Leserschaft wird meine Ansätze anzweifeln, weil die Ansätze und Prinzipien zum Schwimmen in den letzten Jahren aus allen möglichen Magazinen und Internetplattformen sich nahezu dogmatisch in der Gedankenwelt einiger bzw. zu vieler Triathleten manifestiert haben.

Ich sehe mich aber ganz klar als Praktiker und kann aus der Erfahrung der Arbeit mit Hunderten von Sportlern rausstellen, welche Prinzipien im Triathlon eher funktionieren und zum Erfolg führen und um welche Ansätze und Vorgaben man vielleicht eher einen weiten Bogen machen sollte. Auch hier kann es natürlich kein Richtig oder Falsch geben, die Ausnahmen bestätigen wie immer die Regel. Soll heißen, dass es auch Fälle gibt, in denen eine Technikumstellung nicht gefruchtet hat oder Erfolg bringen konnte.

Hierfür gibt es nicht zwingend nur rein körperliche Gründe, denn nicht alle Sportler können sich auf eine solche Veränderung gedanklich einlassen. Andere sind vielleicht auch nicht intellektuell in der Lage, die gewünschten Dinge vollumfänglich zu verstehen. Ist die Akzeptanz zum Erlernen einer optimierten Bewegungstechnik beim Athleten nicht vorhanden, wird es schwer, ihn davon trotz nachfolgender, wie ich finde, sehr guter und plausibler Argumente überzeugen zu können.

Der Mensch ist eben ein Gewohnheitstier und gibt wirklich ungern seine bisher gemachten Errungenschaften auf, auch wenn ein Leistungszuwachs zu erwarten wäre. Die Sportler aber, die bereit sind, ihre Komfortzone zu verlassen und sich auf Neues einzulassen, also einen Willen zur Innovation und Adaptation mitbringen, werden erfolgreicher werden. Ein schöner Leitspruch an der Stelle lautet: Wer nicht variiert, stagniert.

Hier folgen nun die sechs größten Fehler im Triathlonschwimmen.

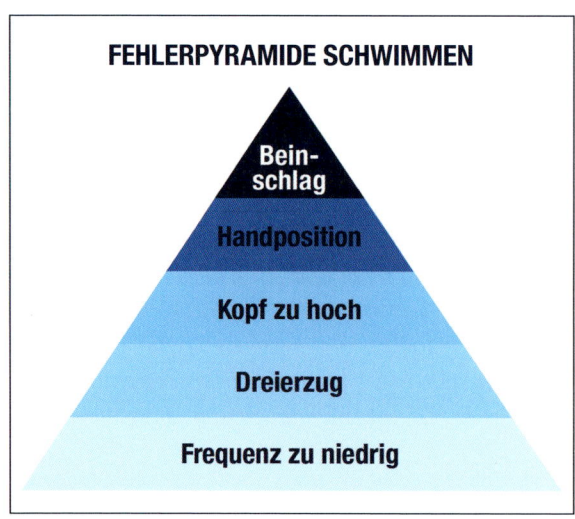

Abb. 35: Fehlerpyramide beim Schwimmen

6.4.1 Zu lange Gleitphase

Wir steigen direkt mit dem größten aller Fehler ein. Wer kennt noch Johnny Weissmüller? Klar, er war Schauspieler und hat einige Male den Tarzan in den 1930er-Jahren gegeben. Einige wissen vielleicht noch, dass er Schwimmer war. Er war aber eben nicht nur irgendein Schwimmer, sondern derjenige, der die 100 m Freistil 1922 mit 58,6 Sekunden als erster Mensch unter der magischen Ein-Minuten-Marke geschwommen ist, eine Zeit, die für 99 % aller aktiven Triathleten unerreichbar bleibt.

Man kann sich heute noch Videoaufnahmen zu seiner Art des Schwimmens anschauen und wird relativ schnell vier Dinge feststellen:

1. Er trug keine Schwimmbrille, denn diese wurde erst um 1970 im Schwimmsport eingeführt.
2. Er ist mit fast aus dem Wasser gehobenen Kopf im Stil eines Wasserballers geschwommen. Ein Grund, warum die Technikübung Wasserballkraul auch heute noch von einigen Trainern als Tarzan-Kraul oder Tarzan-Drill bezeichnet wird.
3. Seine sehr hohe Armzugfrequenz sowie
4. das Anstellen des Unterarms, auch als Ellbogenhochhalte oder High Elbow Catch bekannt.

Durch die Einführung der Goggles, eine ziemliche Revolution im Schwimmsport, konnten die Trainingsumfänge drastisch gesteigert werden, denn permanentes Chlor und Salzwasser in den Augen der Schwimmer haben die Trainingsleistungen bis dahin sehr limitiert.

Wenn man nun also die Punkte 1 und 2 aus der obigen Liste entfernt, denn Weissmüller ist mit hohem Kopf zur Orientierung wegen der fehlende Schwimmbrille geschwommen, bleiben die Punkte 3 und 4 übrig, die sich 100 Jahre später immer noch bei Spitzenschwimmern finden lassen. Ich kann nicht genau nachvollziehen, warum einige Menschen im Schwimmen irgendwann falsch abgebogen sind und sich auf den „Technik-Holzweg" begeben haben.

Plötzlich sind immer mehr Konzepte entwickelt worden, die sich sehr stark darauf konzentrieren, mit möglichst wenigen Zügen, einer sehr starken Längsachsenrotation und dem Attribut des „Fishlike Swimmings" das Schwimmbecken regelrecht zu durchgleiten. Immer mehr Autoren aus Fachbüchern und den einschlägigen Magazinen sind auf den Zug aufgesprungen, sodass diese Konzepte im Triathlon sehr schnell auf eine sehr große Personengruppe gestoßen sind.

TRIATHLON ERFOLG AUF DER LANGDISTANZ

Der normale Triathlet, voller Innovationswillen, glaubt den Versprechungen, die mit dem „Gleitwahn" propagiert werden und fällt, genau wie ich damals auch, darauf rein.

- Doch ist das denn wirklich ein so überragendes Konzept?
- Oder wie kann man diesen Ansatz relativ leicht entwaffnen?
- Was sagt eigentlich die Wissenschaft dazu?

Als ich 2004 meine Tätigkeit als Triathlontrainer aufgenommen habe und mich erstmals in Tiefe mit dem Thema Technik auseinandergesetzt habe, ist mir relativ schnell beim Blick über das Becken aufgefallen, wo der größte Unterschied zwischen Triathleten und reinen Schwimmern liegt und damit meine ich nicht die Tatsache, dass Schwimmer im Gegensatz zu Triathleten keine Armbanduhr im Training tragen.

Der größte Unterschied liegt in der Anzahl der Züge pro Minute oder in der Zyklusgeschwindigkeit. Mit der Stoppuhr bewaffnet, habe ich zig Stunden am Pool verbracht und Schwimmer jeglicher Coleur beobachtet. Gleiches habe ich feststellen können, wenn ich als Zuschauer bei Triathlonwettkämpfen die Züge der Topathleten mit denen aus den hinteren Reihen verglichen habe.

Bei den langsameren Schwimmern konnte ich sehen, dass sie teilweise mit nur 36-40 Zügen pro Minute schwammen. Im Könnerbereich liegt die Frequenz auf der Langdistanz. bei 56-65 Zügen.

Als erstes Argument gegen ein übermäßiges Gleiten möchte ich eine Rechnung aufmachen. Wir nehmen zwei fiktive Schwimmer an. Schwimmer A) schwimmt 25 m mit 20 Zügen und einer zeitlichen Dauer von 1,6 Sekunden für einen rechten und linken Armzug, dann braucht er für diese Strecke entsprechend 16 Sekunden. Schwimmer B) schwimmt mit 12 Zügen, braucht aber dafür 3,4 Sekunden, so legt er die Distanz in 20,4 Sekunden zurück.

Wenn man Schwimmer mit einer zu niedrigen Frequenz beobachtet, so stellt man fest, dass sie eine Art Ruckeln in ihrer Vorwärtsbewegung haben. Es wird ein Zug durchgeführt, dann erfolgt ein zu langes Gleiten, sodass der vorhandene Wasserwiderstand, denn Wasser ist ca. 880-mal dichter als Luft, den Schwimmer langsam abbremst. Danach erfolgt erst wieder der nächste Zug und es wird wieder Fahrt aufgenommen. Eigentlich findet ein permanentes Be- und Entschleunigen statt.

Noch gravierender werden die Bremsfaktoren im Freiwasser mit Wellengang sichtbar. Deutlich effektiver wäre es, wenn durch eine Erhöhung der Frequenz das wasserwiderstandsbedingte Abbremsen des Schwimmers vermieden bzw. minimiert wird, um eine gleichmäßige Vorwärtsgeschwindigkeit zu garantieren.

Schwimmen

Als Vergleich kann man an dieser Stelle das Autofahren heranziehen. Der Armzug steht in diesem Beispiel für das Betätigen des Gaspedals. Der Schwimmer mit zu niedriger Frequenz tritt das Pedal voll durch, nimmt dann aber urplötzlich den Fuß komplett vom Pedal, um dann mit dem nächsten Armzug wieder voll durchzutreten.

Ich denke, dieses Bild zeigt recht deutlich, wie verschwenderisch an dieser Stelle mit Energie umgegangen wird. Wird die Frequenz erhöht, die Anzahl der Züge nimmt also zu, würde das bedeuten, dass das Gaspedal immer halb durchgetreten ist, ergo weniger Energie aufgewendet werden muss.

Um eine hohe Effizienz in der Gleitphase zu erzielen, muss der Schwimmer eine strömungs-

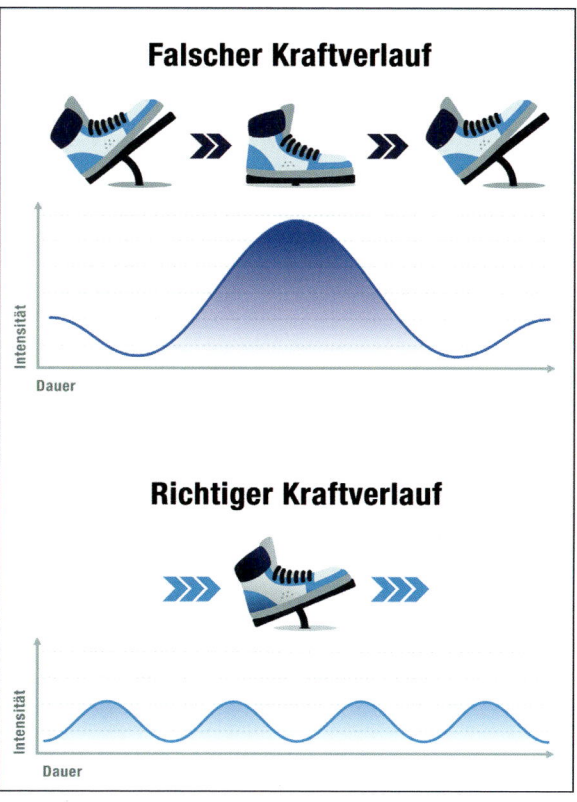

Abb. 36: Kraftverlauf am Beispiel eines Gaspedals

günstige Position einnehmen, die einem Torpedo gleicht. Ziel ist es hierbei, die Angriffsflächen, zuvorderst die frontal anströmende Stirnfläche, zu minimieren. Der Wasserwiderstand nimmt mit ansteigender Geschwindigkeit exponentiell zu, folglich wird die optimierte Stirnfläche immer wichtiger.

So zumindest in der Theorie der Overglider, denn im Prinzip des langen Gleitens wird mit einer sehr starken Längsachsenrotation geschwommen. Die Idee dabei ist, mehr Anteile des Körpers aus dem Wasser zu hebeln, um somit auch weniger Angriffsfläche zu generieren. Um diese Rotation zu realisieren, braucht man jedoch einen sehr starken Beinschlag, der den Körper stabilisiert bzw. die Rotation ein- bzw. wieder ausleitet.

Wie bereits aber oben erwähnt, verfügen die meisten Triathleten über eine größere Muskelmasse am Bein als reine Schwimmer. Um eine gewisse Intensität, Amplitude und Frequenz mit den Beinen schwimmen zu können, braucht der Triathlet für seine muskulöseren Beine mehr Energie und Sauerstoff, was im Kontext Langdistanztriathlon eher kontraproduktiv zu bewerten ist, denn Energiemanagement, also das bewusste Haushalten mit den verfügbaren Energieressourcen, spielt im Wettkampf eine zentrale Rolle.

Darüber hinaus bleibt die Frage offen, warum Schwimmer über breite Schultern und einen ausgeprägten Latissimus verfügen, also figürlich einem umgedrehten Weihnachtsbaum ähneln. Wenn das Thema Stirnflächenreduktion so entscheidend wäre, müssten dann Schwimmer nicht eher schmalschulterig sein? Das übertriebene Gleiten erfährt durch den vermehrten Einsatz der Sportuhren im Training von Triathleten einen regelrechten Hype. Die Uhren der meisten Hersteller geben einen Wert namens *SWOLF* aus.

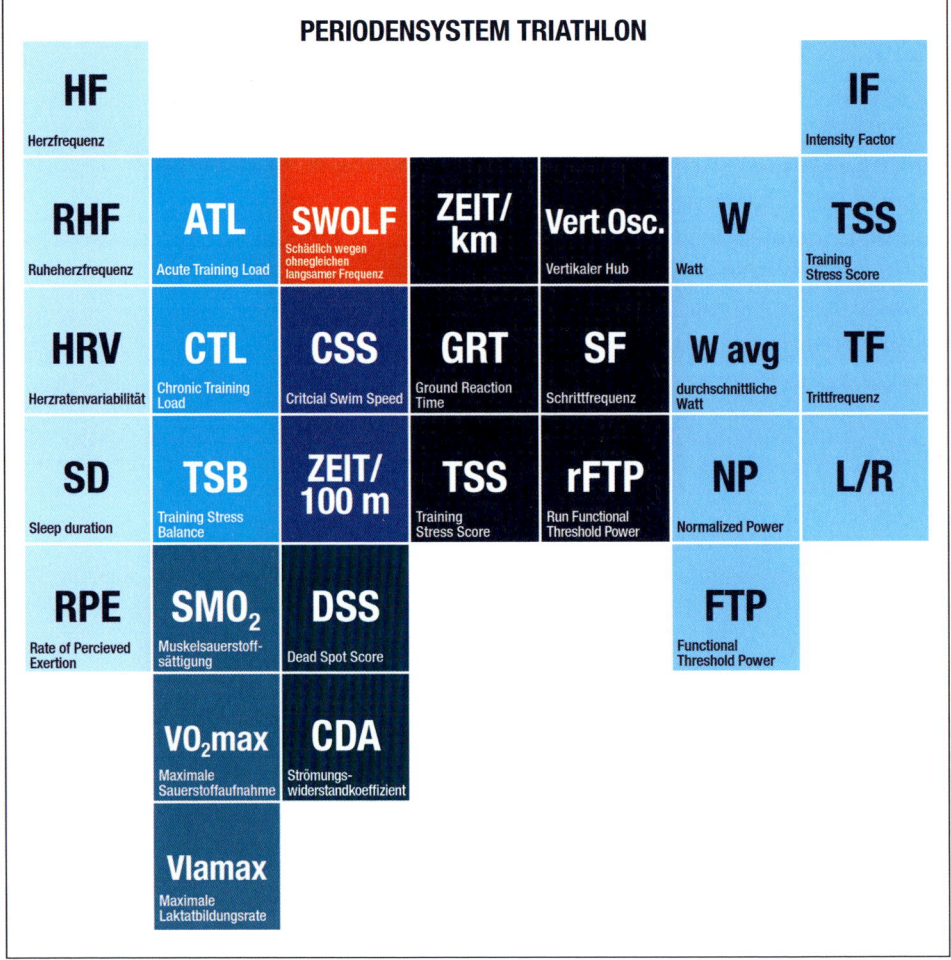

Abb. 37: SWOLF

Dieser Begriff setzt sich aus den Wörtern *Swim* und *Golf* zusammen. Die Idee dieser Metrik besteht darin, dass man damit die Effizienz des Schwimmers beziffern kann. Hierzu

Schwimmen

wird vorab die Bahnlänge des Schwimmbads eingegeben. Beschleunigungssensoren in der Uhr messen die Anzahl der benötigten Armzüge für die jeweilige Bahnlänge und kombinieren diese mit der zeitlichen Dauer für eben diese eine Bahn.

Beispiel: Schwimmt ein Athlet 25 m in 20 Sekunden und führt dabei 20 Züge durch, so ergibt der SWOLF-Wert den Wert 40 (20 + 20).

Je niedriger diese Zahl in der Addition aus Zügezahl und Dauer ist, desto effizienter soll der Schwimmer demnach dann auch schwimmen. Doch genau dabei liegt der Hase im Pfeffer, denn was schlussfolgern die meisten Triathleten daraus? Sie reduzieren die Anzahl der Züge, um den SWOLF-Wert niedriger, also vermeintlich besser, werden zu lassen. In fast allen Fällen gelingt es dann auch initial, durch Abnahme der Züge eine fast gleiche Geschwindigkeit zu erzielen, allerdings nur auf einer sehr kurzen Schwimmstrecke.

Das Schwimmen mit wenigen Zügen und gleicher Geschwindigkeit ist derart kraftraubend, dass sich bei gleichbleibender Zugfrequenz die Geschwindigkeit nach 100-200 m signifikant verschlechtert. Statt die Geschwindigkeit in den Fokus zu nehmen, wird dann weiter an einer Reduktion der Züge gearbeitet und sich regelrecht langsam „geSWOLFt".

Ich habe in 30 Jahren Triathlon bisher noch nie am Wasserausstieg im Wettkampf einen SWOLF-Zähler gesehen. In meiner Wahrnehmung stand da bisher immer nur eine Uhr, die die Schwimmzeit festgehalten hat.

Apropos Schwimmzeit, es gibt fünf Möglichkeiten, die Geschwindigkeit des Schwimmens zu steigern. Das Reduzieren der Frequenz bei gleichzeitig erhöhter Zuglänge stellt zwar eine dieser fünf Möglichkeiten dar, ist aber über die Distanz eines 3.800-m-Ironman®-Schwimmkurses nicht praktikabel anwendbar, da sie zu kraftraubend ist.

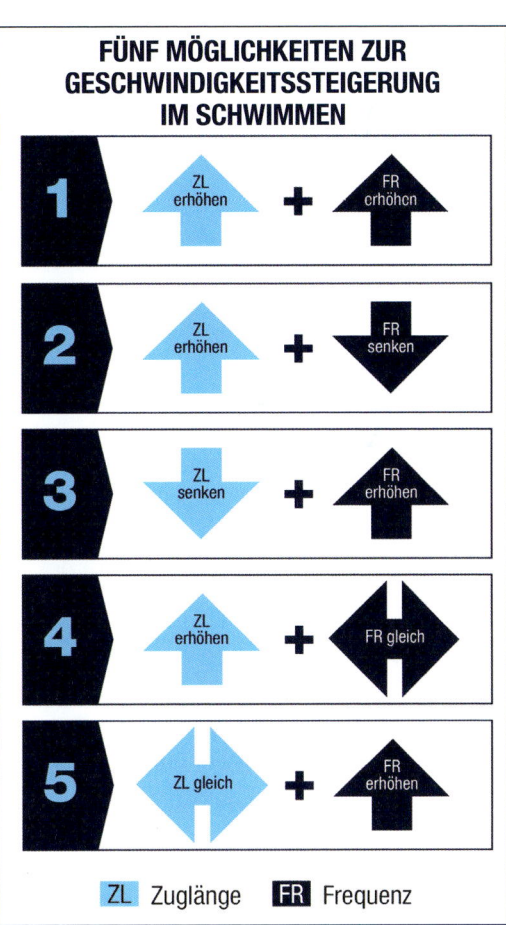

Abb. 38: Die fünf Möglichkeiten zur Geschwindigkeitssteigerung im Schwimmen

TRIATHLON ERFOLG AUF DER LANGDISTANZ

- Wieso sollte man sich dann eigentlich noch eine Schwimmtechnik erarbeiten, die ermüdungsbedingt überhaupt nicht im Wettkampf umsetzbar ist?

Stattdessen sollte man antizipierend trainieren, also die Inhalte und Technikelemente erlernen, die einen Athleten auf der Langdistanz nach ca. 3.000 m auch erwarten.

Mittlerweile konnte nachgewiesen werden, dass eine bewusst herbeigeführte Reduktion der Zugfrequenz dazu führt, dass sowohl der Sauerstoffbedarf als auch die Herzfrequenz erhöht sind. Und das bei gleichzeitiger Verschlechterung des subjektiven Belastungsempfindens.

FAZIT

Nicht jede messbare Metrik ist demnach als sinnvoll einzustufen, für mich steht SWOLF daher, wenn auch bildlich dargestellt, für

S chädlich
W egen
O hnegleichen
L angsamer
F requenz

6.4.2   Falscher Atemrhythmus

Im Gegensatz zu Fischen, die über die Kiemen atmen können, braucht der Mensch als Säugetier den Sauerstoff aus der Luft, um seine Muskeln während des Schwimmens adäquat zu versorgen. Entsprechend sollte der Sauerstoffaufnahme eine große Wichtigkeit beigemessen werden.

Das Atmen und insbesondere das Einhalten eines bestimmten Rhythmus sollte also ganz bewusst im Erlernen des Schwimmens und auch später im alltäglichen Training und im Wettkampf Beachtung finden. Die Atemfrequenz ist dabei an die Armzugfrequenz gekoppelt. Wenn man demnach mit einer zu langsamen Armzugfrequenz schwimmt, bekommt man leider auch nur sehr langsam oder spärlich frischen Sauerstoff in die Lungen.

Ist der zeitliche Abstand zwischen den Einatembewegungen zu lang, führt man sukzessive eine Sauerstoffschuld herbei und die Schwimmgeschwindigkeit nimmt weiterhin ab. Eine höhere Armzugfrequenz führt zu einem kürzeren Intervall des Einatmens, ist also auch aus diesem Aspekt der Leistung sehr zuträglich.

Man liest immer wieder, dass das Schwimmen des sogenannten *Dreierzugs* das einzig richtige Atemmuster wäre. So ganz pauschal kann man das in meinen Augen jedoch nicht sagen, denn dieses Atemmuster ist abhängig von verschiedenen Faktoren. Selbst bei Schwimmern mit hoher Armzugfrequenz ist der Dreierzug nicht automatisch richtig.

Doch was sind denn eigentlich die Gründe dafür, dass das wechselseitige Atmen so weit verbreitet ist?

Das Wechseln der Atemseite sorgt mit Sicherheit dafür, dass sich eine gewisse Symmetrie der beiden Körperhälften ergibt. Ein einseitiges Atmen führt zwangsläufig zu einer ungleichen Bewegung. Das Atmen zu beiden Seiten bedeutet für den Schwimmer im Freiwasser eine Orientierung zu beiden Seiten, die mit der größeren Symmetrie eher dafür sorgen kann, dass man sich auch ohne Abweichen von der Ideallinie irgendwann abseits der Mitstreiter und des Schwimmkurses wiederfindet.

Beide Argumente lasse ich gelten, möchte jedoch den Leistungsgedanken nochmals in die Waagschale werfen. Wenn ein Schwimmer einen Dreierzug schwimmt, bekommt er auf sechs Armzüge zweimal frischen Sauerstoff. Schwimmt er einen Zweierzug, sind das immerhin drei dieser Einatemvorgänge. Wenn man die ersten Zeilen des Abschnitts Atmung nochmals liest, wird recht offensichtlich, warum ich ein großer Freund des Zweierzugs bin.

Eine sichergestellte Versorgung mit Sauerstoff ist wichtiger als die beste Schwimmtechnik auf diesem Planeten. Oder anders formuliert, was bringt mir die beste Schwimmtechnik ohne Sauerstoff?

Mit zunehmender Geschwindigkeit steigt der Sauerstoffbedarf an, sodass es eigentlich recht einleuchtend sein sollte, dass bei größeren Intensitäten vom Dreier- auf Zweierzug umgestellt werden sollte. Ich sage ganz bewusst, dass Athleten, die auf der Langdistanz die gesamten 3.800 m im Dreierzug geschwommen sind, ziemlich sicher zu langsam geschwommen und hinter ihren Erwartungen geblieben sind.

Das bedeutet nicht, dass der Athlet nur in der Lage sein sollte, zu einer, primär seiner Schokoladenseite, atmen zu können. Es ist unabdingbar, dass er in der Lage ist, beidseitig zu atmen, um auf die jeweiligen Situationen im Wettkampf reagieren zu können. Dazu zählt eine tief stehende Sonne am Wettkampfmorgen, die eine Orientierung durch das gleißende Licht nicht immer zulässt. Aber auch ein Wellengang von einer Seite ist äußerst unangenehm, wenn man nur „in die Welle atmen" kann.

Der Rolling Start bei vielen Wettkämpfen hat zwar die viel zitierte Waschmaschine nach Erfolgen des Startschusses entzerrt, es kann dennoch teilweise zu unangenehmem Körperkontakt mit anderen Teilnehmern kommen. Wenn man z. B. nur zur linken Seite atmen kann, aber von einem links schwimmenden Mitstreiter immer wieder ins Gesicht geschlagen oder Wasser von ihm ins Gesicht gefächert bekommt, ist das auf Dauer schon sehr nervend.

Ein letzter Punkt, der gegen ein Atmen zu nur ausschließlich einer Seite spricht, ist die Tatsache, dass es auf der Langdistanz unter Einsatz des Neoprenanzugs zu einseitigen muskulären Problemen im unteren Rücken kommen kann. Schwimmt ein Athlet beispielsweise ausschließlich nach rechts atmend, so kann auf der linken Seite die Region um den M. quadratus lumborum (lateinisch für quadratischer Lendenmuskel) schmerzhaft fest werden, was sich bereits auf der Schwimmstrecke oder auch erst beim Radfahren bemerkbar macht und einen leistungslimitierenden Faktor darstellt.

Auf den Punkt gebracht, heißt das: Wer schnell schwimmen möchte, sollte auf einen Zweierzug umstellen und dabei in der Lage sein, zu beiden Seiten atmen zu können. Bei langsamen Tempi im Training kann man durchaus Dreierzug schwimmen.

Erschreckend oft sieht man bei Unterwasseraufnahmen, dass viele Sportler nicht über den Mund ausatmen oder nur mit sehr wenig Druck den verbrauchten Sauerstoff rausblubbern lassen. Der Mund stellt eine größere Öffnung als die Nasenlöcher dar, bietet sich also zum effektiveren Ausatmen mehr an. Wird unter Wasser nicht mit ausreichend Druck abgeatmet, bleibt eine Menge an Restluft in der Lunge zurück, die dann das Einströmen von sauerstoffreicher Luft reduziert und somit entsteht ein kumulierter Sauerstoffmangel.

Die Tatsache, dass Wasser ein dichteres Medium als Luft ist, bringt es mit sich, dass der wichtigste Muskel für die Atmung, nämlich das Zwerchfell (Diaphragma), besonders beansprucht wird. MRT-Aufnahmen von Schwimmern zeigen eine deutliche Querschnittszunahme in diesem Muskel im Vergleich zu Nichtschwimmern. Je besser das Zwerchfell trainiert ist, desto später setzt seine Ermüdung ein, was sich durchaus beim Laufen auf der Langdistanz bemerkbar machen kann, denn das Zwerchfell begleitet nicht nur die Funktion der Atmung, sondern hat einen körperaufrichtenden Effekt und ist für die Körperhaltung und eine effektive Lauftechnik elementar.

Die Verbesserung der Atmung ist übrigens ein Grund, warum immer mehr Radprofis Schwimmtraining als alternatives Trainingsmittel nutzen. Früher aus Angst vor Gewichtszunahme in Form von Oberkörpermuskulatur verpönt, sind die Vorteile des Schwimmens heute eher bekannt und werden somit höher eingestuft als eben ein höheres Gewicht durch mehr Muskeln.

6.4.3 Die Ellbogenvorhalte

Die Ellbogenvorhalte oder High Elbow Catch beschreibt das Anstellen des Unterarms zu Beginn der Zugphase. Wenn man meine Techniktheorie heranzieht, bedeutet das Anstellen des Unterarms mehr Fläche, um sich am Klettergerüst entlangzuhangeln bzw. den Arm zu fixieren und den Körper effektiver nach vorne ziehen zu können.

Da es im Alltag keine wirklich vergleichbare Bewegung gibt, fällt es vielen Spät- oder Quereinsteigern zusehends schwer, dieses entscheidende Technikelement zu erlernen. Ein schlechtes Bewegungsvorstellungsvermögen und eine nur sehr bedingte visuelle Selbstkontrolle der Bewegung macht es leider nicht einfacher.

Viele Sportler kennen die Bedeutung der Ellbogenvorhalte, sind sich aber nicht darüber bewusst, wie sie den Transfer aus der Theorie in die Praxis vollziehen können. An der Stelle möchte ich, sofern das in Wort und Schrift überhaupt möglich ist, einige Tipps und Hilfestellungen hierzu anführen.

Um ein sauberes und effektives Anstellen des Unterarms zu gewährleisten, wird als Grundvoraussetzung eine Streckung im Arm nach dem Eintauchen benötigt. Um diese Streckung zu realisieren, sollte der Schwimmer über eine gute bis sehr gute Schulterbeweglichkeit verfügen. Ist die Mobilität hier durch das Sitzen im Büroalltag oder das stundenlange Radfahren bereits limitiert, wird es schwer, diese Streckung nach dem Eintauchen abzubilden.

Ein weiterer Punkt, der eine Streckung verhindert, ist eine zu langsame Überwasserbewegung und/oder ein zu kontrolliertes, aktives Absenken der Arme. Schwimmen stellt eine Sportart mit zyklischem Charakter dar, also mit sich wiederholenden Bewegungsabfolgen. Demzufolge gibt es eine Phase der Belastung und eine Phase der Entlastung.

Wenn der Arm das Wasser verlassen hat und sich in der Rückholbewegung nach vorne befindet, sollte die Entlastung stattfinden. Dazu gehört auch, dass man die Hand oder den gesamten Arm, durch die Schwerkraft nach unten gezogen, auf das Wasser platschen lässt.

Insbesondere Schwimmer aus der Gruppe der Denker versuchen, das Eintauchen möglichst aktiv und kontrolliert durchzuführen. Das Aufspritzen von Wasser wird von ihnen als Technikfehler erachtet. Wenn man nun aber den Arm, der oberhalb der Wasseroberfläche kurz vor dem Eintauchen nahezu gestreckt ist und einen entsprechend langen Hebel bildet, bewusst langsam und kontrolliert aktiv auf das Wasser ablegt, so kostet dies immense Kraft und lässt die Muskulatur in der Schulter sehr stark ermüden.

Schwimmer mit zu langsamem und aktivem Absenken der Arme haben daher weniger Erholungszeit innerhalb des Armzyklus und ihnen fehlt somit die Kraft, den Arm nach dem Eintauchen gestreckt zu halten, was dann wiederum zur Folge hat, dass der Ellbogen in der Streckphase nach unten abkippt.

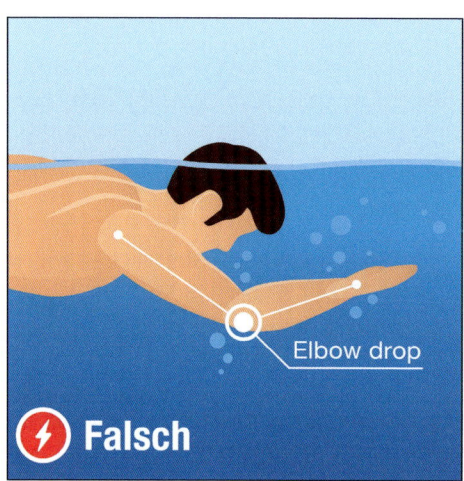 

Abb. 39: Abkippen des Ellbogens plus richtige Streckung

Ist der Ellbogen in dieser Phase der Schwimmbewegung tiefer als die Hand positioniert, ist ein Anstellen des Unterarms nahezu unmöglich. Oftmals sehen Trainer am Beckenrand den Zusammenhang zwischen korrektem Eintauchen und der Streckung im Arm nicht.

Statt eine Korrektur bereits über Wasser einzuleiten, wird mit Nachdruck das Strecken des Arms und ein damit verbundenes Gleiten eingebläut, was zur Folge hat, dass der Sportler schnell Frustration aufbaut, weil sich keine Fortschritte einstellen.

Ein weiterer Fehler in diesem Zusammenhang ist das „Moses-Phänomen". Man sieht immer wieder gehäuft, dass Triathleten mit dem Daumen zuerst eintauchen und somit das Wasser, eben wie einst Moses in der Bibel, regelrecht teilen wollen.

Allerdings bedeutet ein solches Eintauchen, dass das Wasser eine deutlich geringere Auflagefläche gegenüber einem Eintauchen mit der Handinnenfläche und dem Mittelfinger voraus bietet. Der Arm sinkt also leichter und schneller ab und somit ist dann auch eine ungünstigere Ausgangslage für den High Elbow Catch gegeben.

Doch zurück zum eigentlichen Anstellen des Unterarms. Der Arm ist dabei in zwei Hebel aufgeteilt, ein Teil von der Schulter bis zum Ellbogen ragend, der zweite Hebel vom Ellbogen bis zum Handgelenk.

Schwimmen

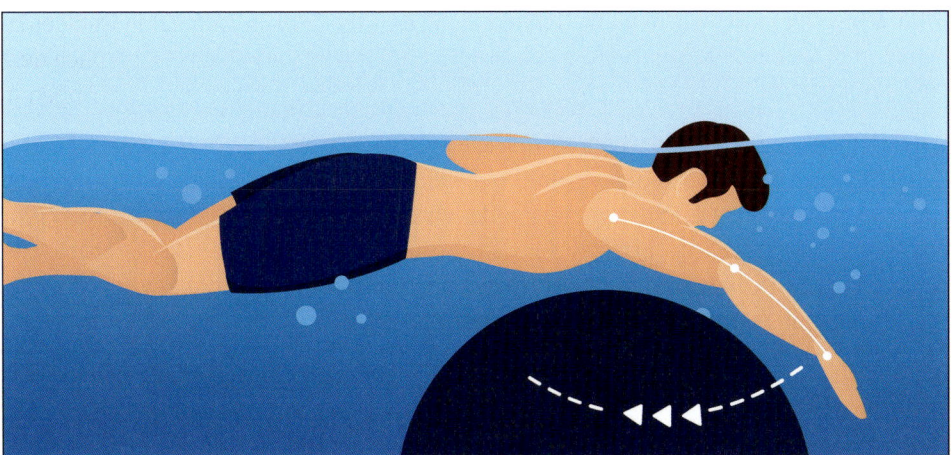

Abb. 40: „Weinfass"

Wird nun der Zug, aus der Streckung beginnend, eingeleitet, so dreht die Schulter nach innen in Richtung des Kinns, die Fingerspitzen der Hand zeigen nach unten und der Unterarm klappt nach unten. Dabei sollten Unterarm und Hand eine feste Einheit bilden.

Relativ viele Triathleten haben mit dem Fixieren des Handgelenks große Mühe und lassen die Hand abkippen. Bleibt das Handgelenk jedoch steif und die Fingerspitzen werden nach unten gedrückt, so „bleibt der Ellbogen stehen" und Unterarm und Hand fungieren als eine Art Paddel. Dadurch kann effektiv Druck auf das Wasser ausgeübt werden oder die Hand kann besser am imaginären Klettergerüst fixiert werden.

Wird das Handgelenk zu stark angewinkelt, besteht die Gefahr eines Transfers in den Ellbogen, sprich, dieser wird auch angewinkelt. Kippen Ellbogen und Handgelenk ab, beschreibe ich das ganz gerne als „Bügeleisenbewegung", wobei dieses Ironing dann nichts mit Ironman® zu tun hat.

6.4.4 Kopfposition

Gewonnen und verloren wird bekanntlich zwischen den Ohren, doch nicht nur der Inhalt des Kopfs, sondern auch der Kopf an sich hat einen relevanten Einfluss auf das Schwimmen.

Die Tatsache, dass man beim Schwimmen im Gegensatz zum Radfahren und Laufen den Blick nicht in Richtung der Fortbewegung wenden kann, stellt eine besondere Herausforderung dar. Gerade unerfahrene Schwimmer neigen dazu, den Blick zu sehr nach vorne zu richten, was dann wiederum zur Folge hat, dass der Kopf zu weit angehoben wird. Dieses Anheben, auch Kopfstellreflex genannt, stresst auf Dauer nicht nur die Halswirbelsäule, die nachfolgend im Wettkampf in der Aeroposition auf dem Zeitfahrrad noch genug in Mitleidenschaft gezogen wird, sondern hat auch einen immensen Einfluss auf die Schwimmlage.

Wird der Kopf zu weit angehoben, so wird die sogenannte *ventrale Bauchspannung* aufgehoben. Wird der Kopf in der neutralen Verlängerung der Wirbelsäule positioniert, so kann der Sportler einen höheren Tonus in der Bauchmuskulatur aufbauen, was dann zur Folge hat, dass die Hüfte und der Po weiter oben in der Nähe der Wasseroberfläche gehalten werden können. Ist der Kopf zu weit angehoben und zu sehr im Nacken, ist die Bauchspannung deutlich geringer und die Hüfte sinkt ab.

Um auch hier wieder ein Bild zum besseren Verständnis zu zeichnen, könnte man die fehlende Bauchspannung auch als Hängebauchschweinphänomen bezeichnen. Um diesen Fehler etwas spürbarer zu machen, kann man mal einen klassischen Situp oder Bauch-Crunch mit Kopf im Nacken und zum Vergleich mit neutraler Position durchführen. Der Unterschied in der Ansteuerung der Bauchmuskulatur sollte relativ deutlich zu fühlen sein.

Sportler mit genau diesem Fehlerbild profitieren sehr stark vom Schwimmen mit Pullbuoy oder Neoprenanzug, denn beides sorgt für Auftrieb und bringt die Hüfte weiter nach oben.

Einen weiteren Aspekt für einen tieferen Kopf bietet die Tatsache, dass bei korrektem Halten des Kopfs mehr Anteile des Gesichtsschädels nach unten zeigen, das Wasser demnach auch eine größere Auflagefläche findet. Ist der Kopf zu weit im Nacken, kann das Wasser weniger Auftrieb bieten und der Kopf muss über die Nackenmuskulatur mehr getragen werden.

Die Atmung verschlechtert sich ebenfalls bei zu hoher Kopfposition, denn die Luftröhre ist somit nicht mehr optimal geöffnet. Man kann das ganz wunderbar im Stehen am Beckenrand demonstrieren, indem man den Schwimmer den Kopf weit in den Nacken nehmen lässt und ihn für das Atmen durch den Mund sensibilisiert. Er wird dabei relativ deutlich spüren, wie schlecht sich die Luft in der überstreckten Position ansaugen lässt.

6.4.5 Handstellung

Zum Thema Handstellung finden sich in der Wissenschaft unzählige Studien, auf die ich gar nicht im Einzelnen eingehen möchte. Dort wird z. B. der korrekte Abstand der Fingerzwischenräume untersucht. Ich konnte bisher relativ häufig beobachten, dass sehr viele Athleten die Hände schaufelförmig halten, da sich offensichtlich gedanklich eingenistet hat, dass man das Wasser eben somit besser von vorne nach hinten schaufeln kann.

Die Hand stellt aber den wichtigsten Körperteil bezüglich des Vortriebs beim Schwimmen dar. Wird die Hand nicht korrekt angestellt, so kann ein Abdrücken am imaginären Klettergerüst oder ein Verschieben des Wassers nach hinten nicht optimal stattfinden.

Schwimmen

Von daher sollte auch klar werden, wie wichtig es ist, die Hand flächig offen zu halten, um eben die vollständige Handfläche einzusetzen. Eine schaufelförmige Handstellung bedeutet eine geringere Hand- und Anstellfläche, auch wenn das auf den ersten Blick eher nach marginalem Unterschied aussieht.

Athleten mit schaufelförmiger Hand neigen zudem sehr oft dazu, die Überwasserphase und das Eintauchen zu kontrolliert durchzuführen, die Hand ist auch über Wasser sehr angespannt und eine Entlastung findet kaum statt. In Kap. 6.6.1 kommen wir nochmals auf diese Besonderheit zu sprechen.

6.4.6 Beinschlag

Bis vor einigen Jahren habe ich immer wieder propagiert, wie unwichtig der Beinschlag für Triathleten ist, allerdings habe ich meine Meinung zu diesem Thema zwischenzeitlich wieder revidiert.

Die meisten Triathleten hassen regelrecht das Beinschlagtraining, sodass dieser Aspekt des Schwimmens wenig bis keine Berücksichtigung im Training findet.

Doch warum ist das eigentlich so?

Hier einige Argumente, die in diesem Zusammenhang immer angeführt werden:

- Feste, unbewegliche Sprunggelenke machen es oftmals unmöglich, einen ökonomischen Beinschlag durchzuführen. Ich habe schon zig Triathleten gesehen, die beim Beinschlagtraining auf der Stelle stehen geblieben oder sogar rückwärts geschwommen sind!
- Der Zeit- und Kraftaufwand steht in keiner Relation zur Verbesserung der Schwimmzeiten.
- Schwere, feste Beine vom Rad- und Lauftraining.
- Kein Beinschlag im Wettkampf mit Neoprenanzug, daher auch keine Notwendigkeit, das auch im Training schulen zu müssen.
- Die aufzuwendende Zeit kann besser in die Entwicklung des Armzugs gesteckt werden.

Triathlon stellt einen einzigen Kompromiss dar. Feste Sprunggelenke sind ein „Must-have" für das Laufen, um die dabei auftretenden Kräfte in Energie umzuwandeln. Hyperbewegliche Sprunggelenke von Schwimmern sind kontraproduktiv für das Laufen. Sofern keine medizinische Begründung für die Festigkeit des Sprunggelenks besteht, kann die Beweglichkeit jedoch durch konsequentes Stretching und durch Faszienarbeit signifikant verbessert werden.

Beinschlagtraining mit Flossen kann ein hierbei sinnvolles Mittel für Sportler mit sehr rigiden Sprunggelenken sein, denn durch die Länge der Flossen wird der Fuß intensiver überstreckt (Vorsicht aber bei bestehenden Problemen und Schmerzen im Bereich der Plantar- oder Achillessehne).

Das Verbessern des Beinschlags wird nicht unbedingt in erster Instanz zu schnelleren Zeiten führen. Wenn man sich jedoch Videos von Triathleten anschaut und dabei deren Beinschlag betrachtet, so stellt man fest, dass ein hoher Prozentsatz unorthodoxe Bewegungen mit den Beinen durchführt. Diese Fehlbewegungen (Beinschlag zur Seite, die Füße sind angezogen, Scherenbeinschlag, Radfahrbewegung) führen zu einem Anstieg des Widerstands, da sie nicht wirklich mit stromliniengünstiger oder torpedoähnlicher Position schwimmen.

Wird der Beinschlag optimiert, reduzieren sich diese Fehlbewegungen und führen in sekundärer Instanz zu einer höheren Schwimmgeschwindigkeit. Auch wenn viele Athleten der Meinung sind, dass sie mit Neopren im Wettkampf wenig bis keinen Beinschlag durchführen brauchen, so werden sie dennoch, wenn auch in reduzierter Form, diese Fehlbewegungen mit einem daran gebundenen erhöhten Widerstand durchführen.

Ich glaube auch nicht, dass muskulöse Beine vom Radfahren und Laufen automatisch zu einer tieferen, schlechteren Position der Beine führen. Es ist viel mehr die aus den beiden Landsportarten entstandene Unbeweglichkeit im Hüftbeuger, die zu einer schlechteren Wasserlage und Beinposition führen. Wird der Hüftbeuger in seiner Beweglichkeit und Funktion wieder optimiert, so verbessert sich auch der Beinschlag.

Acht-Punkte-Plan zur Verbesserung des Beinschlags

1. Arbeite an der Beweglichkeit im Sprunggelenk und Hüftbeuger. Hierzu braucht man täglich nicht mehr als fünf Minuten Zeit.
2. Absolviere 5-10 % des Gesamtumfangs als Beinschlagtraining.
3. Nutze zu Beginn Flossen, denn damit ist das Frustrationsniveau geringer, der Vortrieb eher gewährleistet und die Beweglichkeit im Sprunggelenk wird dabei noch verbessert.
4. Führe den Kick aus der Hüfte aus, die Kniebewegung ist recht gering.
5. Beinschlagtraining in der Vertikalen hilft, ein Gefühl für effektiven Beinschlag zu erlangen.
6. Der Beinschlag in Rückenlage sorgt dafür, dass die Hüft- bzw. Ganzkörperstreckung erlernt wird. Außerdem kann man kontrollieren, wenn der Beinschlag zu sehr aus dem Knie erfolgt, denn dann schieben diese durch die Wasseroberfläche.
7. Zu Beginn sollten 25- oder 50-m-Beinschlagserien absolviert werden und der Fokus eher auf Einhalten der Bewegungsqualität gelegt werden.
8. Augenmerk auf Erlernen der „Höhe der Beine" und Minimieren des Widerstands und weniger darauf, Speed mit den Beinen zu generieren.

Schwimmen

Das Beinschlagtraining ist darüber hinaus ein wahrer Beschleuniger für die Herzfrequenz, denn die Arbeitsmuskulatur in den Beinen ist deutlich größer als beim Schwimmen ohne Beinschlag mit Pullbuoy. Beinschlagtraining ist hart und das ist wohl leider oftmals ein Grund dafür, warum Triathleten einen Bogen darum machen. Generell muss ich immer wieder feststellen, dass viele Sportler über eine Art „Intensitätsallergie" beim Schwimmen verfügen. Die Bereitschaft, aus der Komfortzone zu treten, scheint einer Mehrzahl von Triathleten im Wasser schwerer als an Land zu fallen.

6.5 Training

Nachdem wir uns nun eingehend mit der Schwimmtechnik auseinandergesetzt haben, widmen wir uns nun dem Training als solches. Wir betrachten die Trainingsinhalte, den Einsatz diverser Tools und werfen einen Blick auf die gängigsten und praktikabelsten Testverfahren zur Bestimmung der aktuellen Leistungsfähigkeit.

Auch hier werden im Trainingsalltag vieler Triathleten einige Fehler gemacht, es werden Dinge ins Training eingebaut, die unglaublich viel Kraft, Zeit und Aufwand kosten, aber am Ende keinen nennenswerten Ertrag bringen. Mir ist bewusst, dass ich dabei zum Teil gegen immer noch bestehende Mythen ankämpfen muss und man bei dem Thema durchaus auch anderer Meinung sein kann.

6.5.1 Techniktraining

Man liest immer wieder, wie wichtig das Techniktraining im Schwimmen ist. Die Liste der Technikübungen, die es für das Verbessern des Kraulschwimmens gibt, würde allein den Inhalt dieses Buchs wahrscheinlich übersteigen, doch Moment mal.

- Muss das eigentlich sein?
- Um was geht es hier eigentlich?

Schwimmen ist trotz seiner komplexen Technik und Wasser als anderes Medium am Ende des Tages immer noch eine Sportart mit stark aerobem Charakter. Wieso sollte dann eigentlich so exzessiv im Bereich Motorik und Technik trainiert werden?

Im Rad- und Lauftraining begnügt man sich mit 1-2-mal Techniktraining pro Woche, aber im Wasser sollen laut manchen Magazinen und Trainern immer möglichst große Anteile mit Fokus auf Technikverbesserung trainiert werden.

Ich erlebe es immer wieder, dass Sportler dreimal pro Woche in ein Gruppen- oder Vereinstraining gehen, dort dann sehr technikorientiert trainieren und dabei das Becken zwar nach einer Stunde, aber eben nur mit 1.800-2.200 m Umfang, verlassen. Leider sind das dann genau die Athleten, die mit ihren Schwimmleistungen im Wettkampf sehr unzufrieden sind, obwohl sie ja trotz allem viel Zeit für das Schwimmtraining im Vorfeld aufgebracht haben.

Solche Athleten trainieren schlichtweg im Vorfeld zu wenige Züge und schwimmen im Wettkampf in der Regel bis ca. 2.500 m relativ ordentlich und verlieren im letzten Drittel der Schwimmstrecke immens Zeit oder verlieren viele Plätze. Die Schwimmstrecke beträgt 3.800 m und erfordert 3.500-3.900 Armzüge. Wer sowohl das Herz-Kreislauf-System als auch seine Muskulatur und Kraft nicht ausreichend trainiert hat, wird im Wettkampf sein persönliches Waterloo erleben.

Ermüdet der Sportler, wird seine Technik regelrecht auseinanderfallen und er wird massiv an Geschwindigkeit einbüßen. Ich frage mich daher, wieso man das Hauptaugenmerk so stark auf die Technik legt, dabei aber gar nicht bedenkt, dass man diese wegen der mangelnden Schwimmfitness eh nicht ausspielen kann. Wie im Vergleich zwischen Schwimmern und Triathleten bereits erwähnt, verfügen Triathleten nicht über die gleichen Fähigkeiten und Fertigkeiten wie ein reiner Schwimmer und das schon gar nicht, wenn der Triathlet erst im Erwachsenenalter das Kraulen mehr schlecht als recht erlernt hat.

Solch ein Sportler ist mit dem Training hochkomplexer Technikübungen vollkommen überfordert. Ihm fehlen entweder die körperlichen Voraussetzungen oder auch das Verständnis, warum welche Technikübung geschwommen werden sollte. Manche Athleten kennen oder verstehen auch nicht die Zielsetzung einiger dieser Technikübungen. Ein unwissender Sportler wird aber nur bedingt die Bewegungsqualität erzielen, die zur Umsetzung einiger Drills zwingend notwendig ist.

Wenn nun auch noch das Zeitbudget des Sportlers für das Training allgemein oder auch nur für das Schwimmen stark reglementiert wird, sollte man genau priorisieren, wie die verfügbare Trainingszeit optimal genutzt werden kann, also der sogenannte *Return on Invest (ROI)* gesteigert werden kann.

Analog zum Athletiktraining, bei dem auch immer mehr zirkus- oder artistikähnliche Inhalte propagiert werden, bin ich eher ein Freund der Basics. Irgendwie habe ich immer mehr den Eindruck, dass das Training der Basics heute eher verpönt ist, es wird oft sehr verkompliziert, aber eben dabei das Wesentliche aus den Augen verloren. Trainer, die die Grundlagen von ihren Sportlern fordern, gelten als rückwärtsgewandt oder weniger innovativ. Folgende Technikübungen sind für mich bei der Arbeit mit Langdistanzlern vollkommen ausreichend.

6.5.1.1 Einarmschwimmen

Das Einarmschwimmen stellt für mich bei sauberer Ausführung die wichtigste Technikübung dar, denn der Schwimmer hat bei dieser Übung die Möglichkeit, einzelne Techniksegmente bewusst und kontrolliert umzusetzen. Ich bevorzuge die Variante mit gestrecktem Arm vor dem Kopf, um somit gleichzeitig an der Körperstreckung zu arbeiten.

Über das Trainieren der Technik hinaus bietet das Einarmschwimmen eine weitere wichtige Komponente. Durch das Reduzieren des Vortriebs um einen Arm wird die Zuggeschwindigkeit unter Wasser deutlich gesteigert, was beim späteren Schwimmen in ganzer Lage, also mit beiden Armen, automatisch die Vortriebsgeschwindigkeit steigert. Einarmschwimmen kann mit Paddles, Pullbuoy und Band gewürzt werden, entweder in der Kombination oder auch isoliert.

6.5.1.2 Abschlagschwimmen

Das Abschlagen ist für mich die Weiterführung des Einarmschwimmens hin zum Schwimmen in ganzer Lage. Im eigentlichen Sinne ist es ein alternierendes Einarmschwimmen mit wechselnder Atemseite.

6.5.1.3 Faustschwimmen

Bei dieser Technikübung wird die Handfläche bewusst reduziert, um weniger Stellfläche der Hand zu generieren und das Anstellen des Unterarms zu forcieren. Dabei sollte der Daumen in die Hand eingeschlossen werden, also so, wie man sich nie prügeln sollte, denn somit wäre der Daumen beim Schlagen gebrochen.

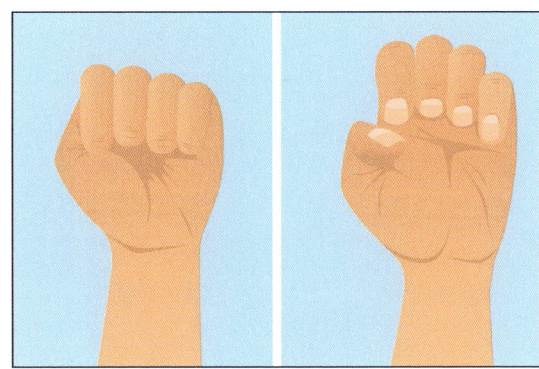

Abb. 41: Korrektes Faustschwimmen

Oftmals sieht man aber, dass nur die Finger im zweiten Glied gebeugt werden, die Handinnenfläche aber offen bleibt. Ich spreche in diesem Zusammenhang von einer „Schummelfaust".

6.5.1.4 Brust Arme/Kraul Beine

Das Kombinieren dieser beiden Schwimmlagen hat positive Effekte auf einen gleichmäßigen Beinschlag. Einige Sportler schwimmen mit einem Schleppbeinschlag, lassen zwischen einigen Beinschlägen eine Pause zu, in der die Beine absinken.

Entscheidend für eine gute Wasserlage ist aber ein kontinuierliches Durchführen des Beinschlags, damit diese eben nicht absinken.

6.5.1.5 Streamlinedrill

Der Streamlinedrill fördert die Gesamtstreckung im Körper und wird nach jeder Wende durchgeführt. Dabei sollten die Arme möglichst weit gestreckt sein, die Hände liegen aufeinander und der Kopf wird flach zwischen den Schultern positioniert. Die Hüfte wird gestreckt, der Po ist angespannt und die Füße sind überstreckt.

Für mich stellt dieser Drill eine Art Gratis-Yoga-Klasse dar, denn die Beweglichkeit wird dabei geschult. Durch das Einnehmen der Streamlineposition bei gleichzeitigem starken Abstoßen von der Wand ist die Schwimmgeschwindigkeit zu Beginn der Bahn sehr hoch und die Ausgangslage für den High Elbow Catch gegeben.

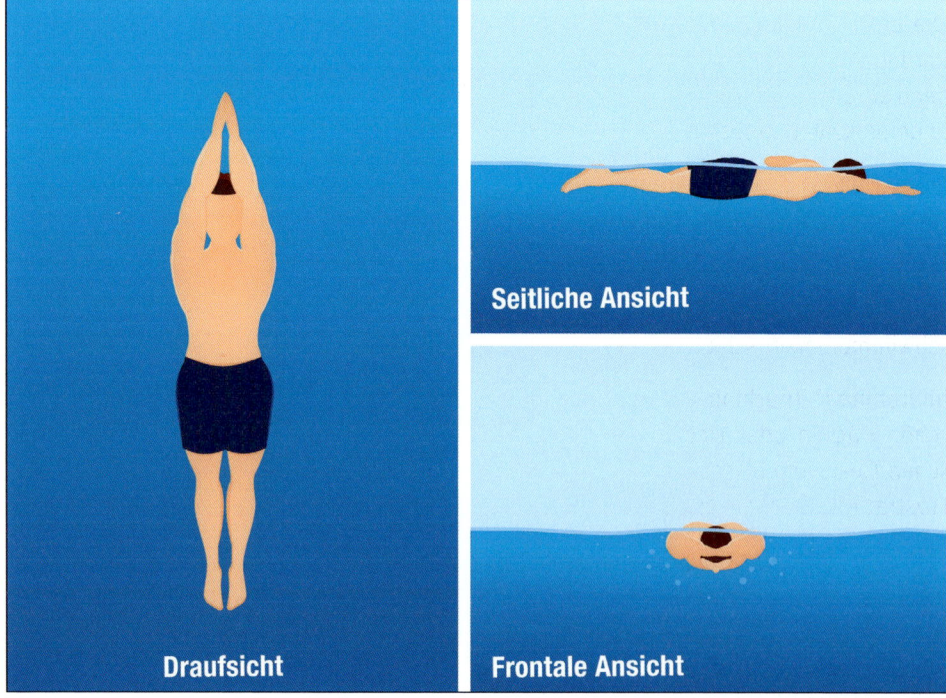

Abb. 42: Streamlinedrill

6.5.1.6 Schwimmen mit Paddles und Pullbuoy

Ja, richtig gelesen. Auch Paddles und Pullbuoys sind Hilfsmittel, die bei korrektem Einsatz einen technikkorrigierenden Effekt erzielen, wie wir in Kap. 6.6 noch sehen werden.

ANEKDOTE

Mehr braucht man in puncto Techniktraining in meinen Augen nicht. Ich muss schon mal schmunzeln, wenn ich manche Triathleten beim Training beobachte.

Oft wird nach 50 m ein Blatt Papier hervorgekramt und die nächste Technikübung abgelesen. Manchmal kann man dabei das Fragezeichen über dem Kopf regelrecht sehen. Nach 50 m wiederholt sich das Schauspiel erneut, sodass am Ende zwar viele unterschiedliche Drills geschwommen wurden, der Sportler aber regelrecht eine Überdosis in Sachen Technik erfährt und er damit einfach heillos überfordert ist.

6.5.2 Andere Schwimmlagen

Dieser Abschnitt ist nicht für die Könner unter den Schwimmern gedacht. Also alle, die in der Jugend das Schwimmen von der Pike auf gelernt haben, können gerne weiterblättern, denn sie sind schätzungsweise in der Lage, alle vier Schwimmlagen zu beherrschen. Alle anderen sollten jedoch die kommenden Zeilen lesen.

Es wird immer wieder erwähnt, dass das Training der anderen Schwimmlagen (Brust, Rücken, Schmetterling) die Koordination fördert und somit dem Schwimmen der Hauptlage im Triathlon, also dem Kraulen, zuträglich wäre.

Worin soll denn der Vorteil eines Lagenschwimmens liegen, wenn der Triathlet das Kraulschwimmen mehr schlecht als recht beherrscht?

Im Ironman®-Triathlon wird nicht verlangt, dass man an der 3.200-m-Marke besonders schön Rücken oder Delfin schwimmen kann. Unter psychologischen und motivatorischen Gesichtspunkten bedeutet z. B. Delfinschwimmen für einen Späteinsteiger eher Frustration. Er kann es schlichtweg nicht, fühlt sich schlecht und verliert zusehends die Lust am Schwimmen, wenn der Trainer am Beckenrand oder der Trainingsplan das regelmäßig so vorsieht.

Für mich bedeutet das eher Zeitverschwendung statt effektives Langdistanztraining. Ausnahmen bilden das Ausschwimmen oder zur aktiven Erholung zwischen harten Serien. Ich habe in all den Jahren aber noch nie einen Triathleten zur aktiven Erholung Schmetterling schwimmen sehen, weil es einfach zu anstrengend bei schlechter Technik ist. Brust würde ich ebenfalls eher meiden, denn die laterale Beinschlagbewegung bedeutet Stress für das Knie.

Gerade in einer Phase mit viel Lauf- und Radtraining würde ich darauf verzichten, um die Knie nicht darüber hinaus weiter zu belasten. Das Rückenschwimmen bietet hingegen zwei entscheidende Vorteile, die man sich zunutze machen kann. Zum einen öffnet es die Schulter durch die gegenläufige, rückwärtsgewandte Armbewegung und zum anderen sorgt es für eine verbesserte Hüft- und Ganzkörperstreckung.

6.5.3 Intensitäten und Pausenlängen

Das Thema Trainingstempo wird zum Teil unnötig verkompliziert. Da das Schwimmen Teil des komplexen Zusammenspiels dreier Sportarten ist, die sich gegenseitig beeinflussen, ist die Definition bestimmter Trainingsintensitäten im Triathlon für mich nur bedingt praktikabel. Die Tagesform spielt dabei eine zu große Rolle. Ich reduziere und vereinfache das Schwimmtraining auf das Schwimmen von vier Trainingsbereichen:

- langsam oder easy;
- mittleres Tempo oder Ironman®-Pace;
- schnell oder zügig;
- All-out-Sprint oder Vollgas.

Beispiel: Wenn ein Athlet am Vortag fünf Stunden auf dem Rad verbracht hat und am nachfolgenden Tag 20 x 100 m im GA-1-Bereich schwimmen soll und eben dieses GA 1 ein Tempo von 1:35 min/100 m bedeutet, ist der Energieaufwand zum Erzielen dieses Tempos unter Umständen ein komplett anderer als in einem Training ohne die Vorbelastung des Radfahrens. Wenn die Brustmuskulatur und der Hüftbeuger vom Vortag belastet sind, muss sich der Sportler in der Situation deutlich intensiver belasten, um die schlechteren Tagesformkonditionen zu kompensieren.

Ich bevorzuge daher eher die Einteilung nach subjektiven Kriterien, wie oben beschrieben. Der Sportler belastet sich gemäß der Vorgabe subjektiv, die geschwommenen Zeiten sind dann eher sekundär. Ich stelle damit eher sicher, dass der Athlet sich korrekt belastet hat und nicht in einen anderen Trainingsbereich abgedriftet ist, weil er mit aller Gewalt eine Zeitvorgabe realisieren muss. Wenn sich der Sportler aus obigem Beispiel korrekt belastet, aber am Ende ein Tempo von 1:40 min/100 m schwimmt, dann ist das für mich im nachhaltigen Trainingsaufbau wichtiger als ein Erzielen der 1:35 Minuten um jeden Preis, also mit einem anderen Kraftaufwand.

An einem anderen Tag sind die 1:35 min/100 m aber vielleicht zu langsam, weil der Sportler die notwendigen Voraussetzungen für ein effektives Schwimmen mitbringt, sprich, er würde unter seinen Möglichkeiten bleiben, hätte in diesem Fall zu locker trainiert.

Schwimmen

Hinzu kommt, dass sehr viele Triathleten nur schwer ihre Trainingstempi variieren können. Ich erlebe es immer wieder, dass ich am Beckenrand stehe und die Vorgabe 100 m locker, 100 m mittleres Tempo und 100 m schnell lautet. Zum Teil liegen als Antwort bei manchen Altersklassenathleten keine drei Sekunden Differenz zwischen dem langsamen und dem schnellen Hunderter, sie verfügen über kein wirkliches Tempogefühl im Wasser und können folglich auch nur bedingt fixe Tempovorgaben erfüllen.

Im Schwimmen existiert seit vielen Jahren das Prinzip des Intervalltrainings mit fixen Abgangszeiten, z. B. 40 x 50 m mit Abgang alle 60 Sekunden. Das bedeutet, dass man 50 m schneller als 60 Sekunden schwimmt und sich die Pausenlänge aus der Differenz 60 Sekunden minus tatsächlich geschwommener Zeit berechnet. Dieses Prinzip funktioniert sehr gut bei Athleten, die ihren aktuellen Leistungsstand präzise definieren können, doch für den Großteil, insbesondere bei Anfängern, passt das eher selten, weil sie

- ihre aktuelle Leistungsfähigkeit schlecht einschätzen können;
- über kein Tempogefühl verfügen;
- keine Tempovariationen, sondern eher ein einheitliches Tempo schwimmen.

Die obige Session kann zudem aus ganz unterschiedlichen Gründen absolviert werden. Wenn man z. B. seine Ausdauer verbessern möchte, so schwimmt man mit lockerer Geschwindigkeit und kurzer Pause. Wenn man hart schwimmen und seinen Speed oder Stehvermögen verbessern möchte, dann eben mit verlängerter Pause.

Das Schwimmen ist, wie bereits erwähnt, aber sehr stark tagesformabhängig. Wenn man einen harten Tag im Job hatte, schlecht geschlafen hat oder platt vom Vortag ist, kann das Schwimmen mit fester Abgangszeit zum Desaster werden, weil man zur Einhaltung der Abgangszeiten unter Umständen komplett am ursprünglich gedachten Trainingsziel vorbeitrainiert.

Ich möchte an der Stelle nochmals unseren fiktiven Sportler von oben ins Spiel bringen. Er ist in der Lage, 1:30 min/100 m als Durchgangszeit im Ironman®-Triathlon, also 57 Minuten, zu schwimmen.

Locker bedeutet an einem normalen Tag für ihn 1:35 min/100 m, mittel 1:30 min; 100 m, schnell 1:25 min/100 m und All-out 1:20 min/100 m. An einem anderen Tag ist er so müde, dass alle Tempobereiche ca. fünf Sekunden langsamer pro 100 m sind. Manche Athleten schwimmen früh am Morgen 3-5 Sekunden auf 100 m langsamer als abends, weil der Biorhythmus das nicht anders zulässt.

Stünden jetzt 10 x 100 m im harten Tempo mit Abgang alle 1:40 min/100 m auf dem Programm, so würde er an einem schlechten Tag statt der 1:25 min/100 m nur 1:30 min/100 m schwimmen, hätte demzufolge aber auch fünf Sekunden weniger Pause, was er mit seiner schlechteren Tagesverfassung sowieso nicht gut gebrauchen kann und somit wird die Zielsetzung des Trainings konterkariert.

Daher ist es in meinen Augen deutlich sinnvoller, die Abgangszeiten durch fixe Pausenlängen zu ersetzen, damit der Sportler angepasst an seine jeweilige Tagesverfassung die Intervalle abschwimmen kann, die korrekte Pausenlänge also umsetzen kann.

Wenn man Triathleten beim Schwimmtraining beobachtet, fällt auf, dass diese sehr oft in den Intervallpausen sehr schnell wieder zur normalen Atmung zurückkehren und dass sie nur selten außerhalb ihrer Komfortzone, sprich wirklich hart, schwimmen. Der Fehler hierbei liegt in der teilweise falsch gewählten Länge der geschwommenen Intervalle, wie der nachfolgende Abschnitt erklären wird.

6.5.4 Die Länge der Teilstrecken

Schwimmen ist, wie bereits erwähnt, ein aerober Sport, was aber nicht bedeutet, dass man die Dauermethode wie beim Laufen oder Radfahren anwenden sollte, also nicht einfach Zeit X am Stück schwimmt.

ANEKDOTE

Hier eine kleine Anekdote aus dem Alltag eines Trainers:

Ich konnte früher jeden Montag um 13.00 Uhr einen Triathleten beobachten, der jede Woche 3.800 m am Stück geschwommen ist, sich aber über die Jahre hinweg nie weiterentwickelt hat.

Der Grund dafür war mit Sicherheit zum einen, dass er nie aus dem lockeren Tempo hinausgetreten ist, aber auch, dass seine Technik mit zunehmender Streckenlänge immer schlechter geworden ist. Ich habe ihn damals darauf angesprochen, warum er keine Intervalle schwimme.

Als Antwort seinerseits kam, dass die Pausen den Ausdauerreiz zerstören würden und er schließlich im Wettkampf auch keine Pause mache und er ja das Durchschwimmen der 3.800 m trainieren müsse.

Meine Gegenfrage, ob er denn jede Woche auch einen Marathon im Training läuft, hat er verneint.

Die Leistungsentwicklung im Schwimmen ist aber sehr stark abhängig von den geschwommenen Intensitäten und dem Aufrechthalten der Technik. Beides Elemente, die beim Dauerschwimmen ermüdungsbedingt mit zunehmender Dauer immer schlechter werden.

Stellt man die meisten Athleten vor die Wahl, ob sie 3 x 1.000 m mit einer Pause von je einer Minute oder 30 x 100 m mit einer Pause von je 15 Sekunden schwimmen möchten, so wird das Gros eher zum Schwimmen der 1.000er-Intervalle tendieren. Man braucht aber zur Entwicklung des Schwimmens eher Geschwindigkeit und saubere Technik in Kombination mit einer optimalen Körperstreckung. Diese Elemente sind eher beim Schwimmen kürzerer Teilstrecken zu realisieren, Geschwindigkeit und Technikfokus sind eher gegeben als auf längeren Teilstrecken.

Die Pause nach jedem 100-m-Intervall sorgt dafür, dass das nachfolgende Intervall auch auf qualitativ hohem Niveau geschwommen werden kann. Die Pause zwischen den Intervallen ist kurz, um stoffwechselseitig einen dauerhaften Reiz anzulegen.

Viele Sportler haben regelrecht Angst davor, nur kürzere Teilstrecken zu schwimmen, weil sie glauben, dass sie am Wettkampftag keine 3,8 km am Stück absolvieren können. Die Angst kann genommen werden, denn gerade längere Abschnitte sollten zu gegebener Zeit im Freiwasser in das Programm eingebaut werden.

Wenn ein Athlet diese Sorge sehr stark kommuniziert oder er noch nie eine solche Strecke ohne Pause zurückgelegt hat, lasse ich ihn meistens 5-8 Wochen vor dem Tag X 3.800 m im Becken zurücklegen. Dabei geht es dann weniger um Trainingseffekte, sondern eher um Selbstvertrauen und innere Stärke.

Meine bevorzugten Streckenlängen liegen zwischen 25 und 200 m. Ein Set mit 80 x 50 m oder 15 x 200 m kann genauso gut im Plan enthalten sein wie auch eine Aufgabe mit 100-200 x 25 m.

6.5.5 Weniger Variationen

Wie bereits im Abschnitt zum Techniktraining erwähnt, kann ich immer wieder beobachten, dass am Beckenrand zum Teil ellenlange Programme mit ganz unterschiedlichen Aufgaben liegen und immer wieder während des Trainings rausgekramt werden müssen.

Ich bin ein großer Freund des Prinzips „keep it simple". Ein Plan sollte so einfach aufgebaut sein, dass der Athlet vor dem eigentlichen Training das Programm liest und es sich merken kann. Immer wieder auf den Plan zu schauen, lenkt vom Fokus ab und unterbricht das Training zu sehr. Einfache Serien mit einfachen Aufgaben führen eher zum gewünschten Effekt als hochkomplexe Einheiten.

Das permanente Wiederholen von Intervallen sorgt für den notwendigen Fokus ohne Ablenkung. Wer schon mal eine bereits genannte Serie von 80 x 50 m geschwommen ist, weiß, wie herausfordernd das sein kann, wenn man zu Beginn des Trainings diesen „Berg" vor sich hat.

Solche Einheiten sorgen dafür, dass man gedanklich im jeweiligen Moment bleibt, eine elementare Eigenschaft für den Wettkampf. Wer permanent daran denkt, was noch vor ihm liegt, wird eher scheitern, als der Athlet, der eben genau jetzt im Bilde ist und dafür Sorge trägt, dass genau dieser Moment optimal verläuft. Diesen Gedanken greife ich später in Kap. 12 nochmals auf.

Monotone Serien bzw. Trainingseinheiten haben weder mit fehlender Kreativität seitens des Trainers zu tun noch resultieren sie aus dessen Unlust, ein komplexeres Programm zu erstellen. Sie verfolgen vielmehr einen bestimmten Zweck, nämlich die Konditionierung der Fähigkeiten, die im Wettkampf gebraucht werden, also Züge und mentale Stärke.

Ein weiterer wichtiger Punkt ist, dass durch das immer fortlaufende Repetieren der kraulenden Intervalle sich ebenfalls Verbesserungen in der Schwimmtechnik und in der Ökonomie einstellen.

FAZIT

Stumpf ist Trumpf!

6.5.6 Aufbau einer Trainingseinheit

Schaut man sich die Geschwindigkeiten im Langdistanztriathlon mal genauer an, so wird relativ schnell klar, dass es exakt einen einzigen Moment innerhalb der gesamten 226 km gibt, in dem ein Sportler über eine gewisse Spritzigkeit, Frische und Speed verfügt, nämlich zu Beginn des Schwimmens. Die restliche Streckenlänge ist eher als ein Kampf gegen die kumulierende Ermüdung zu bezeichnen. Da aber alle Teilnehmer eben genau zu diesem Zeitpunkt frisch sind, potenziert sich diese Intensität nochmals.

Zusätzlich zur Frische der Mitstreiter kommt ein hohes Stressmoment durch die immer wieder gerne beschriebene Waschmaschine hinzu, also die Tatsache, dass viele Schwimmer auf kleinem Raum das Rennen schwimmend starten. Genau für diesen Moment sollte der Sportler ausreichend gewappnet sein, die hohe Intensität aus Anschwimmgeschwindigkeit und Stress verarbeiten können.

Es hat sich immer wieder gezeigt, dass Sportler sehr schnelle Schwimmzeiten realisieren können, wenn sie in der Lage sind, sehr schnell anzuschwimmen, um dann in einer schnelleren Gruppe mitschwimmen und den Wasserschatten der Vorderleute optimal ausnutzen zu können.

Wenn man nun aber Trainingspläne aus Magazinen und von manch anderen Coaches anschaut, so stellt man schnell fest, dass diese nach fast gleichem Muster aufgebaut sind. Zu Beginn wird in solchen Plänen eingeschwommen, dann kommt ein Technikblock, längere Teilstrecken und gegen Ende hin noch einige Sprints bzw. Anteile mit höheren Intensitäten.

Spätestens jetzt sollte der Groschen gefallen sein, warum ein solcher Aufbau nicht zwingend funktionieren kann. Setzt man die Intensität zu Beginn der Session an, so lernt der Sportler automatisch, mit den aus diesen Abschnitten anfallenden Ermüdungserscheinungen weiterschwimmen zu können, also genau so wie später im Wettkampf auch. Ich würde daher eher folgende Reihenfolge vorschlagen:

- Einschwimmen,
- kurze Teilstrecken mit hoher Intensität,
- längere Teilstrecken,
- Kraftausdauer mit Paddles und Pullbuoys und
- Ausschwimmen.

Zum Wettkampf hin kann auch auf das Einschwimmen verzichtet und direkt mit hartem Tempo eingestiegen werden. Hintergrund hierbei ist, dass es bei einigen Wettkämpfen keine Möglichkeit gibt, sich vor dem Startschuss einzuschwimmen. Man kann zwar an Land ein Aufwärmprogramm mit dem Zugseil durchführen, steht dann aber teilweise noch minutenlang am Ufer und wartet auf den Start.

Man kann die Intensität aber trotz allem auch bewusst an das Ende der Trainingseinheit setzen, wenn man im Anschluss, entweder als Koppeleinheit oder zeitlich voneinander getrennt, eine Einheit auf dem Rad absolvieren möchte. Die Idee hierbei ist es, mit „Armen aus Brei" auf das Rad zu steigen und somit eine Simulation des Wettkampfs zu erzielen. Dabei sollte dann aber auf das Ausschwimmen nach den Intervallen verzichtet und möglichst zeitnah mit dem Radtraining begonnen werden.

6.6 Trainingsmittel

Das Schwimmen stellt die Disziplin innerhalb des Triathlons dar, für die man am wenigsten Geld aufwenden muss. Im Vergleich zur Anschaffung eines Rads oder von unterschiedlichen Laufschuhen lässt sich die Investition für das Schwimmtraining eher als niedrig beziffern. Viel mehr als Schwimmbrille und Badebekleidung benötigt man nicht zwingend.

Allerdings gibt es jedoch einige nützliche Tools, die bei korrektem Einsatz einen immensen Leistungszuwachs bedeuten können. In diesem Abschnitt möchte ich gerne mit einigen Mythen rund um dieses Thema aufräumen, Für und Wider mancher Hilfsmittel erklären und deren Einsatz im Training näherbringen.

Mancher reine Schwimmer amüsiert sich über den Netzsack von einigen Triathleten, denn dieser ist oftmals mit Hilfsmitteln jedweder Art randgefüllt und gleicht eher dem Sack vom Nikolaus. Dass dieser gar nicht so gut gefüllt sein muss, beschreiben die nächsten Abschnitte.

6.6.1 Paddles

Kein anderes Tool wird so kontrovers gesehen. Warum eigentlich?

Paddles werden seit mehreren Jahrzehnten in den unterschiedlichsten Ausprägungen, Größen und Formen im Schwimmsport genutzt. Der originäre Einsatzzweck liegt in der Entwicklung der Kraftfähigkeiten durch eine vergrößerte Antriebsfläche. Doch über diese Trainingsform hinaus bietet ein Paddle einen weiteren Mehrwert.

Für mich stellt Paddels-Schwimmen Techniktraining dar. Paddles werden sehr oft mit der Entstehung von Schulterproblemen assoziiert. Wie passt das nun alles zusammen?

Wie bereits im Bereich Technikfehler kennengelernt, stellt die Hand den wichtigsten Körperteil bezüglich des Vortriebs dar. Eine geöffnete Handinnenfläche, also keine Schaufel, sorgt für einige Quadratmillimeter mehr an Fläche, um das Wasser nach hinten zu bewegen. Es bleibt für mich die Frage offen, warum viele Produktdesigner bei den Herstellern genau diese Schaufel in konvexer Form in ihre Paddles integrieren.

Nach meinem Biomechanikwissen macht dies eigentlich keinen Sinn, denn es suggeriert dem Schwimmer, dass er eben seine Hand auch schaufelförmig halten müsse. Ein Paddle mit einer geraden Fläche fördert ein Öffnen der Hand deutlich mehr.

Die Position der Befestigungsriemen ist zum Teil auch unglücklich gewählt, sodass die Hand nur in einer Position fixiert werden kann. Ein Paddle sollte so angezogen werden, dass der hintere Abschluss in bzw. über das Handgelenk ragt. Ist dies nämlich der Fall, so erhält der Schwimmer ein taktiles Feedback, wenn er das Handgelenk zu Beginn des Zugs abkippt. Der hintere Rand berührt somit die Pulsregion und signalisiert, dass der Ellbogen nach oben geführt und der Unterarm angestellt werden soll. Verfügt der Paddle über zu wenig Fläche am hinteren Ende, wird dieser technikverbessernde Effekt zunichte gemacht.

Demnach sollte ein Paddle, wie auch immer formtechnisch geartet, so angezogen werden, dass die Fingerkuppen bündig mit der vorderen Kante des Paddles abschließen, um möglichst viel Plastik an der hinteren Kante zu gewährleisten. Sportler, die sich die Ellbogenvorhalte nur schwer erarbeiten können, lernen mittels dieses taktilen Reizes eine Verbesserung des High Elbow Catchs leichter.

Wird der Paddle als Technikhilfsmittel eingesetzt, so fördert dieser das Bewusstsein zum Ansteuern des Latissimus, des großen breiten Rückenmuskels. Die Größe der Paddles wird nicht

Schwimmen

über die Handgröße des Sportlers definiert, sondern ist abhängig vom Leistungsniveau des Athleten im Wasser. Anfänger schwimmen demnach also mit kleineren Paddles als Könner. Da sich dieses Niveau innerhalb der Saison durchaus verändern kann, stellt die Anschaffung von zwei unterschiedlichen Paddles-Größen eine sinnvolle Investition dar.

Einige Trainer propagieren den Einsatz von Finger-Paddles, denn dadurch wäre ein Spüren des Drucks in der Handinnenfläche eher gewährleistet und es entstünde dadurch eine verbesserte Wahrnehmung. Hier sollte man ganz klar Nutzen und Aufwand abwägen, denn ich kann immer wieder beobachten, wie Finger-Paddles eher das Abknicken im Handgelenk fördern, als genau dieses abzustellen. Für mich als Praktiker hat aber die Steifigkeit und das damit verbundene sicherere Anstellen des Unterarms deutlich mehr Einfluss auf die Vortriebsleistung als ein Fühlen des Wassers in der Handinnenfläche. Interessanterweise werden Finger-Paddles primär von Frauen und Athleten aus der Gruppe der Grübler eingesetzt.

Über die klassischen Paddles und Finger-Paddles hinaus gibt es noch zig weitere Sonderformen, deren Anschaffung aber nicht zwingend notwendig ist. Paddles mit einer Finne an der Unterseite sollen das gerade Eintauchen und ein „Verkanten" der Hand während des Zugs verhindern. Zieht man stattdessen aber klassische Paddles mit gerader Fläche nur mit dem vorderen Befestigungsriemen an und verzichtet also auf einen engeren Sitz des Paddles am Handgelenk, so kann man genau diese Korrekturhilfe auch erzielen.

Paddles-Modelle mit einer Verlängerung in Form einer Unterarmschiene sollen das Abknicken im Handgelenk vermeiden, ein Effekt, den man mit korrekt angezogenen klassischen Paddles ebenfalls erzielen kann. Anti-Stroke- oder Negativ-Paddles sollen durch ihre Keilform den Widerstand im Vergleich zur normalen Handfläche verringern, also das bewusste Anstellen des Unterarms fördern, um bei eben reduzierter Fläche Vortrieb zu generieren. Den gleichen Effekt kann man ganz wunderbar auch ohne Hilfsmittel erzielen, indem man mit geschlossener Faust schwimmt.

Das Paddles-Schwimmen stellt eine große Leistungsreserve dar, sollte aber sehr vorsichtig ins Training eingebaut werden. Ich empfehle zu Beginn Teilstrecken von 25 oder 50 m Länge mit ausreichender Pause, damit sich die Schultermuskulatur langsam und ohne Überlastungstendenzen an den erhöhten Kraftaufwand gewöhnen kann.

FAZIT

Ein richtiges Paddles-Modell ist ausreichend, man benötigt keine 27 verschiedenen Modelle im Netzsack.

6.6.2 Pullbuoy

Pullbuoy-Schwimmen bedeutet Arme-Schwimmen, also ein bewusstes Ausschalten des Beinschlags. Wenn man sich die primäre Bedeutung des Beinschlags im Triathlon nun anschaut, so liegt diese nicht im Vortrieb, sondern eher in der Höhe der Beine. Der Beinschlag stabilisiert die Schwimmlage und sorgt für eine horizontale Position mit daraus resultierender kleinerer Stirnfläche.

Fällt der Beinschlag nun weg, muss der Pullbuoy diese Auftriebsfunktion übernehmen. Die meisten Pullbuoys, die im Training zum Einsatz kommen, sind jedoch schlichtweg zu klein und bieten deutlich zu wenig Auftrieb. Sie sind in ihrer Breite oft viel zu breit.

Liefert der Pullbuoy zu wenig Auftrieb, so liegt der Schwimmer tiefer mit den Beinen als mit dem Oberkörper im Wasser. Eine horizontale Schwimmlage ist aber notwendig, um eine effektive Ausgangssituation für ein ordentliches Anstellen des Unterarms zu gewährleisten.

RATSCHLAG

„Liegt der Schwimmer hinten tief, ist die Ellbogenvorhalte schief!"

Manche Pullbuoy-Modelle sind in der Mitte derart breit, dass eigentlich gar keine Spannung in der Po- und Hüftmuskulatur notwendig ist, um diesen zu fixieren. Diese Spannung wiederum ist aber elementar, um auch ohne Pullbuoy eine effektive Höhe der Beine zu gewährleisten.

RATSCHLAG

„Ist der Pullbuoy richtig schmal, spürt man es gluteal!"

Für Schwimmer mit sehr schlechter Wasserlage, zu fester Hüfte und zu starren Sprunggelenken bietet sich der Einsatz eines luftbefüllten Pullbuoys aus Hartplastik an, denn diese bieten am meisten Auftrieb. Für Schwimmer mit ordentlicher horizontaler Lage sind diese eher kontraproduktiv, sie vermitteln dabei eher das Gefühl, dass die Beine durch den Pullbuoy eher unter der Hallendecke schweben und sie mit dem Oberkörper zu tief liegen.

Schwimmen

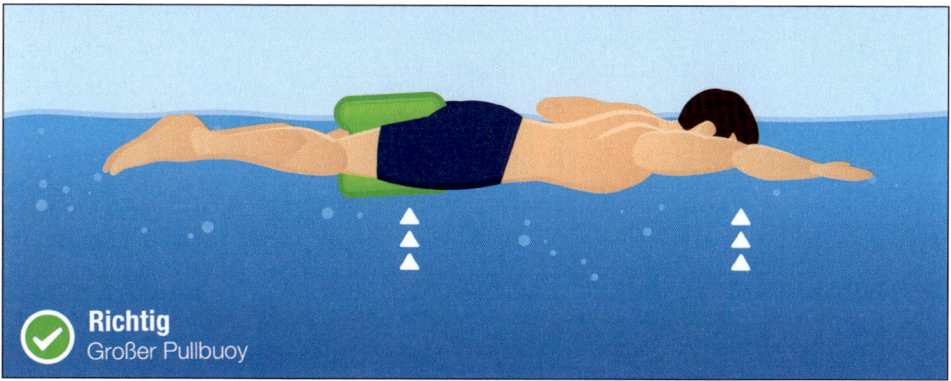

Abb. 43: Kleiner vs. großer Pullbuoy

6.6.3 Band/Ankle Strap

Pullbuoys sind ganz wunderbar, denn man schwimmt damit mit schöner Wasserlage. Paddles lassen den Athleten sofort wissen, wann er Druck auf das Wasser ausüben sollte. Jeder ist glücklich, diese zwei Werkzeuge zu verwenden, weil sie das Gefühl für die Effizienz im Wasser erhöhen.

Aber jeder hasst es regelrecht, mit einem Knöchelband zu schwimmen. Häufig herrscht eine gewisse Unwissenheit bezüglich des Einsatzes eines Knöchelbands:

- Was ist das?
- Wofür ist das?
- Was tut es?
- Wo kann ich eins herbekommen?

Das einfache Knöchelband wird von einer großen Zahl Triathleten unterbewertet und zählt zu den unbeliebtesten Schwimmwerkzeugen, weil das Schwimmen mit einem Knöchelband hart und intensiv ist. Viele Athleten kommen nicht einmal auf halbem Weg durch den Pool, bevor sie sich entscheiden: „Das ist nichts für mich."

Das liegt daran, dass das Schwimmen mit einem Band auf den ersten Blick sich sehr bescheiden anfühlt. Wenn man zum ersten Mal ein Band umbindet, wird man das Gefühl haben, ertrinken zu müssen, denn wenn man die Beine zusammenbindet, sinken die Beine ordentlich ab.

Die bewusste Inkaufnahme einer verschlechterten Wasserlage kann jedoch sehr hilfreich sein. Wenn man anfängt, mit einem Band zu schwimmen, wird man sehen, wie der Po und die Beine fast vertikal angestellt werden. Es fühlt sich schrecklich und ineffizient an und ist eine totale Energieverschwendung.

Dies liegt daran, dass durch das Zusammenbinden der Füße der ausbalancierende Effekt und Vortrieb des Beinschlags ausgeschaltet wird. Dadurch sinkt der Unterkörper tiefer ins Wasser, sodass sich der Schwimmer in einer schlechten Wasserlage wiederfindet.

Nachdem man nun die ersten paar Bahnen ums Überleben gekämpft und gemerkt hat, dass man nicht zwangsläufig ertrinken wird, sollte man dennoch am Ball bleiben und damit beginnen, dass „Drücken des Ts ins Wasser" durchzuführen.

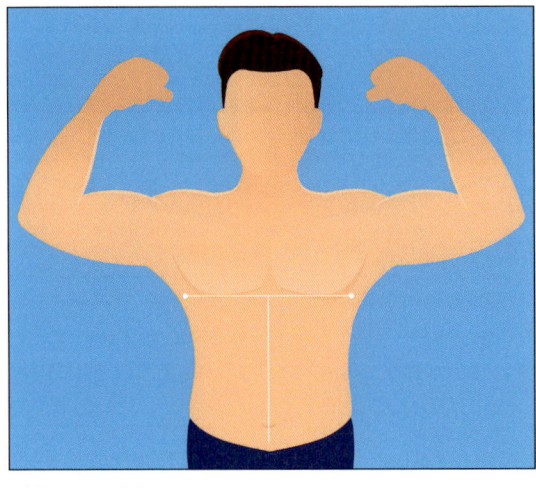

Abb. 44: T-Linie

Das „T" ist die Kreuzungsstelle, die aus der vertikalen Mittellinie des Torsos und der horizontalen Linie besteht, die von Schulter zu Schulter verläuft. Um mit einem Knöchelband ein wenig effizienter im Wasser schwimmen zu können, muss man das Drücken von Brust und Schultern ins Wasser übertreiben.

Es ist ein unnatürliches Gefühl, das gewöhnungsbedürftig ist, aber sobald man ein Gefühl dafür entwickelt hat, ist man auf dem besten Weg, eine bessere Position im Wasser zu erreichen. Sobald man mit dem Oberkörper Druck auf das Wasser ausüben kann, stellt sich das auch dann ein, wenn man wieder ohne Band schwimmt, was zu einer angenehmen Überraschung im Nachgang sorgen wird, weil sich die Wasserlage als Resultat deutlich verbessern wird.

Durch die Verwendung des Bandes wird die Rumpfmuskulatur etwas stärker beansprucht, um die obere und die untere Körperhälfte so zu „verbinden". Das Spüren und Erlernen, den Körper als eine Einheit, bestehend aus Ober- und Unterkörper, zu verstehen, verbessert sich signifikant.

Wenn man mit einem Band schwimmt, wird sich die Körperlängsachsenrotation zunehmend verbessern. Um auch bei angezogenem Band effizient zu rotieren, müssen sich Rumpf und Hüften und Beine gleichzeitig und mit derselben Geschwindigkeit drehen, so, als wenn man ein Stück Fleisch auf einem Dönerspieß wäre.

Das einfache Knöchelband ist ein geniales Tool, um Balance und Rotationsfehler sichtbar zu machen. Im Gegensatz zu den anderen bereits genannten Tools, bei denen man relativ normal weiterschwimmen kann, muss man mit dem Fußgelenkband deutlich konzentrierter sein.

Ich kann immer wieder sehen, wie sehr das Band maßgeblich dazu beitragen kann, das Timing zwischen der Rotation und dem Zugarm zu synchronisieren, sodass man mehr als eine einzige Einheit durch das Wasser schwimmt. Diese „Verbindung" zwischen Ober- und Unterkörper verringert auch den oft gesehenen Fehler des seitlichen Schlängelns der Beine. Schließlich ist der erhöhte Widerstand, den ein sinkender Po und die Beine hervorrufen, eine fantastische Art des schwimmspezifischen Krafttrainings.

Der Einsatz des Bands lohnt sich auf jeden Fall, die Vorteile dessen sind nicht wegzudiskutieren. Schwimmen mit Band bedeutet für viele Athleten ein deutliches Verlassen der Komfortzone, in der bekanntermaßen ja auch nur wenig Erfolg stattfindet. Ein alter Fahrradschlauch, zu einer Schlaufe gebunden, reicht als Band vollkommen aus, es müssen keine speziellen Bänder hierzu gekauft werden.

Die Schlaufe sollte so eng gebunden werden, dass kein Beinschlag mehr möglich ist. Hierbei sollte das Ventil aus dem Schlauch geschnitten werden. An der Stelle bitte nicht lachen, aber ich habe schon Schwimmer mit Ventil im Schlauch gesehen, die mit blutender Knöchelregion das Schwimmtraining beendet haben.

Alternativ bietet sich ein abgeschnittenes Beinstück eines Neoprenanzugs an. 5-8 cm Länge kann man bei den meisten Anzügen sowieso abscheiden, um ein schnelleres Ausziehen des Anzugs im Wettkampf zu erzielen. Das abgeschnittene Bein findet als Band einen ganz wunderbaren Einsatzzweck und muss nicht weggeworfen werden.

Ein zu Hause vergessenes Band, ob bewusst oder zufällig, ist kein Grund, auf den Effekt des Bands zu verzichten. Durch ein Kreuzen der Beine kann man einen ähnlichen Effekt erzielen. An der Stelle ein kurzer Hinweis an alle, die denken, der Trainer am Beckenrand sieht nicht, dass die Beine nicht aufeinandergekreuzt liegen gelassen werden. Ich muss alle Leser enttäuschen, man kann das relativ deutlich sehen.

6.6.4 Schnorchel

Der größte Vorteil des Schnorchelschwimmens liegt darin, dass die Kopfbewegung zum Einatmen eliminiert wird. Gerade Athleten, die primär zu ihrer Schokoladenseite atmen bzw. nur auf eine Atemseite festgelegt sind, profitieren sehr stark davon, weil die Schwimmbewegung ausgeglichener wird, sich keine Dysbalancen entwickeln und sich eine Symmetrie im Seitenvergleich einstellt.

Ein zu einseitiges Atmen und, daraus resultierend, eine zu hohe einseitige Last führt sehr oft zur Entstehung der sogenannten *Schwimmerschulter*. Das Beschwerdebild der Schwimmerschulter hat einige Karrieren verkürzt oder zerstört, sodass dies ein auf jeden Fall ernst zu nehmendes Problem darstellt.

Ein Schnorchel hilft, die auftretenden Kräfte gleichmäßiger und seitengleicher verarbeitet zu bekommen. Eine Symmetrie (sofern es diese überhaupt im menschlichen Körper gibt) innerhalb der Bewegung führt in der Regel dann auch zu einer höheren Geschwindigkeit.

Einer der häufigsten Fehler im Kraulschwimmen liegt darin, dass der Schwimmer den Kopf zu stark in den Nacken legt und zu weit nach vorne blickt. Das wiederum führt zu einem Absinken der Beine bzw. der Hüfte und damit verbunden zu einer verschlechterten Wasserlage. Der Nacken wird durch diese unnatürliche Position ziemlich gestresst, zumal die meisten „modernen" Menschen eh über smartphonebedingte Nackenschmerzen klagen.

Wenn man jetzt noch an die Kopfposition beim nachfolgenden Radfahren auf dem Aerolenker denkt, wird es noch deutlicher, den Kopf beim Schwimmen in einer neutralen Position zu halten. Neutral bedeutet, dass der Kopf in der Verlängerung der Wirbelsäule gehalten wird, der Blick also eher nach unten als nach vorne zeigt. Sich nach vorne zu orientieren, ist ein menschliches Verhaltensmuster, das beim Schwimmen „aufgebrochen" werden muss, ein Schnorchel kann die Kopfposition signifikant verbessern.

Viele Athleten drehen den Kopf permanent von der einen zur anderen Seite und klagen über eine gewisse Seekrankheit nach dem Schwimmen. Der Schnorchel sorgt dafür, dass der Kopf stabil gehalten wird und der Sportler lernen kann, dass der Vortrieb nicht über das Rollen des Kopfs, sondern aus der Hüftrotation kommt. Das führt uns auch schon zum nächsten Punkt, nämlich zur Verbesserung der Körperlängsachsenrotation.

Ein leider oft gesehener Fehler beim Kraulschwimmen im Triathlon ist die fehlende oder zeitlich verzögerte Körperlängsachsenrotation oder aber ein zu starkes Rotieren, was in einigen Schwimmkonzepten mit niedriger Frequenz propagiert wird. Wenn der Kopf durch den Schnorchel fixiert bleibt und der Blick auf einen bestimmten Punkt am Beckenboden konzentriert ist, entwickelt sich meist das „Spanferkel- oder Dönerspießphänomen", eine zeitlich synchron ablaufende Drehung um eine Achse ohne seitliches Ausbrechen.

Schwimmen

Der Schwimmer lernt, bewusst seine Rumpfmuskulatur einzusetzen und die Schwimmbewegung initial aus der Hüfte beginnen zu lassen und somit jeden Zug kraftvoller durchzuziehen. Beim Schwimmen kann man immer nur einen kurzen Ausschnitt der Bewegung optisch erfassen. Durch den Einsatz des Schnorchels und der damit ausgeschalteten Kopfbewegung kann man das Beobachten seines eigenen Handelns im Wasser deutlich verlängern.

Viele Athleten berichten, dass sie mittels Schnorchel erstmals bewusst sehen können, was ihre Hände, Unterarme und der Ellbogen unter Wasser so eigentlich veranstalten. Manche Technikübungen lassen sich somit noch bewusster und exakter ansteuern und gewinnen deutlich an Sinn und Qualität. Oft ist ein Einschwimmen mit Schnorchel von Vorteil, damit sich die einzelnen Technikmerkmale gedanklich festigen können und während des Hauptteils mit einer größeren Bewegungsqualität weitergeschwommen werden kann.

Das Beinschlagtraining zählt bei den meisten Triathleten nicht unbedingt zu den Dingen, die gerne gemacht werden. Das liegt zum einen an einer mangelnden Beweglichkeit und leider auch daran, dass immer wieder publiziert wird, man brauche im Triathlon keinen Beinschlag. Wenn jetzt noch das Brett zum Beinschlagtraining eingesetzt wird und der Oberkörper somit deutlich höher als die Beine liegt und somit die Wasserlage noch schlechter wird, kommen viele Triathleten gar nicht mehr vorwärts und die Frustpackung wird immer größer.

Kommt ein Schnorchel zum Einsatz, verbessert sich die Wasserlage durch eine höhere Hüfte signifikant, die Chance, dass der Vortrieb größer wird und die Bewegung lockerer absolviert wird, nimmt deutlich zu. Man kann die Arme hierzu bewusst strecken, um eine sogenannte *Streamlineposition* einzunehmen, alternativ aber auch die Arme an die Hüfte (Corpse Drill) anlegen, um die Hüftrotation beim Beinschlag deutlich zu verbessern.

Sportler, die unter Schulterschmerzen leiden oder über eine sehr eingeschränkte Schulterbeweglichkeit verfügen, können erstmals schmerzfreies Beinschlagtraining durchführen, denn durch das Auflegen der Arme auf das Brett werden meist solche Schmerzen in der Schulter provoziert.

In den letzten Jahren am Beckenrand konnte ich immer wieder beobachten, dass das Ausatmen ins Wasser bei sehr vielen Schwimmern nur stiefmütterlich stattfindet. Der Einsatz eines Schnorchels sorgt dafür, dass der Schwimmer die im Rohr zirkulierende Luft akustisch bewusster wahrnehmen kann, die Strömungsgeräusche sind beim Schwimmen mit dem Schnorchel deutlich stärker hörbar.

Das Atmen über ein „dünnes Rohr" führt dazu, dass der Hauptatemmuskel, das Zwerchfell, stärker kontrahieren muss. Je kräftiger dieses Zwerchfell ist, desto weniger schnell ermüdet die Atmung beim Schwimmen, aber auch an Land. Daher sollte man als Triathlet das Schwimmen nicht nur halbherzig und als notwendiges Übel sehen, denn man hat ganz klare Vorteile vom Schwimmen für das Radfahren und Laufen.

Wenn man jetzt noch Reduzierhülsen zur bewussten Einengung des Rohrs nutzt, kann man ganz wunderbar ein sogenanntes *Hypoxie-* oder *Atemmangeltraining* durchführen. Wer mit weniger Sauerstoff unterwegs ist, wird langsamer schwimmen, also cool bleiben, wenn die Intervalle langsamer sind, als normal. Es empfiehlt sich, beim Einsatz eines Schnorchels eine Nasenklammer zu nutzen, denn unbewusst wird man beim Schwimmen mit Schnorchel beim Einatmen auch durch die Nase einatmen.

Da der Kopf aber im Gegensatz zum Schwimmen ohne Schnorchel im Wasser beim Einatmen positioniert ist, wird man einen schönen Schwung Wasser ansaugen und die Nasennebenhöhlen fluten. Der Schnorchel bietet sich also beim Einschwimmen, bei manchen Technikübungen oder auch Serien mit geringerer Intensität und gesteigertem Technikfokus an, kann aber auch, wie bereits erwähnt, ganz bewusst zum Atemmangeltraining angelegt werden.

6.6.5   Metronom

Ein Metronom, z. B. Tempotrainer der Firma Finis®, bietet sich an, wenn ein Sportler lange dem Irrglauben der niedrigen Frequenz aufgesessen ist und Probleme hat, eine höhere Frequenz technisch umzusetzen.

Man stellt eine entsprechende Zugfrequenz ein und klemmt das Metronom anschließend unter die Badekappe. Das Gerät gibt für jeden Armzug ein akustisches Signal ab, sodass der Schwimmer zu einer höheren Frequenz animiert wird. Welche Frequenz einzustellen ist, kann man mit dem Abschwimmen einer sogenannten *Frequenztreppe* ermitteln, Näheres dazu dann in Kap. 6.7.

Ein weiterer Modus des Tempotrainers besteht darin, eine bestimmte Zeit einzustellen, um Pacing und Tempogefühl zu verbessern. Plant man z. B., 200-m-Intervalle in 3:00 Minuten zu schwimmen, so liegt die 50-m-Durchgangszeit bei 45 Sekunden. Es ertönt also in diesem Fall alle 45 Sekunden ein akustisches Signal, sodass der Schwimmer erkennen kann, ob er zu schnell oder zu langsam unterwegs ist.

Für mich stellt der Tempotrainer ein viel effektiveres Tool als eine Smartwatch dar, denn ich bekomme Feedback direkt und ohne Ablenkung, indem ich auf eine Uhr schauen muss.

Seit geraumer Zeit gibt es Schwimmbrillen, die die Geschwindigkeit und weitere Metriken im Sichtfeld während des Schwimmens anzeigen. Ich bin da aber eher noch skeptisch und denke, dass das permanente Kontrollieren dieser Metriken weniger ein effizientes Entwickeln des Tempogefühls ermöglicht als mit der Methode der akustischen Signale mittels Tempotrainer.

6.6.6 Zugseil

Das Zugseiltraining bietet sich in Phasen ohne Zugang zu Wasserflächen (Geschäftsreisen, Schwimmbadschließungen etc.) als Trockentraining an, kann aber durchaus auch ins normale Schwimmtraining mit eingebaut werden.

Hierbei sollte man zwischen vier grundlegenden Einsatzzwecken unterscheiden.

6.6.6.1 Warm-up

Bei einigen Wettkämpfen ist aus logistischen Gründen kein Einschwimmareal nutzbar. Um die schwimmspezifische Muskulatur auf die nachfolgende Wettkampfbelastung vorzubereiten, kann das Zugseil den Effekt der Vorbereitung und Erwärmung übernehmen.

Ein Thera-Band® hat hierbei gegenüber einem vollwertigen Zugseil mit integriertem Paddle den Vorteil des geringen Packmaßes, passt also leichter in den Wettkampfrucksack. Aber auch zur Aktivierung vor dem Routineschwimmen im Alltag (sowohl Becken als auch Freiwasser) bietet das Thera-Band® eine Palette an Übungen.

6.6.6.2 Techniktraining

Für die meisten Spät- oder Quereinsteiger im Triathlon, die nicht im Kindes- oder Jugendalter das Kraulen „mit der Muttermilch aufgesogen haben", stellt das Anstellen des Unterarms die größte Herausforderung in Sachen Technik dar. Wenn dann oft von Schwimmtrainern der Hinweis „hoher Ellbogen" falsch interpretiert wird und die Überwasserphase, also die Phase des Rückholens des Arms, gedanklich beim Schwimmer in den Fokus gerät, verschlimmert sich das Ganze weiter.

Ich gehe von mindestens 60 % aller Triathleten aus, die den Hinweis hoher Ellbogen eben auf die Überwasserphase und nicht auf das Anstellen des Unterarms unter Wasser beziehen.

Das Zugseiltraining stellt eine sehr gute Möglichkeit dar, diesen motorisch komplexen Vorgang der Ellbogenvorhalte, den es im Alltag in keiner vergleichbaren Bewegung gibt, zu erlernen. Fällt das Medium Wasser und somit auch der Atemstress weg, hat der Sportler bessere Möglichkeiten, die Bewegung visuell zu kontrollieren bzw. entsprechend zu erlernen. Ein Spiegel frontal vor dem Schwimmer kann die Selbstkontrolle über die Augen erleichtern.

6.6.6.3 Verbesserung der Kraftfähigkeiten

Um per Definition vom Training der Kraft bzw. der Kraftausdauer zu sprechen, müssen ca. 50 % des maximal zu überwindenden Widerstands bewegt werden. Da aber ein Zugseil diesen Widerstand nicht erzielen kann, sollte man eher (analog zu den Kraftausdauereinheiten auf dem Rad) vom kraftorientierten Ausdauertraining sprechen. Am Ende spielt es aber eigentlich keine Rolle, welchen Namen das Kind trägt, hochwirksam für das Schwimmen im Wasser ist die Methode des Zugseiltrainings mit Fokus Kraftausdauer/ Ausdauerkraft allemal.

6.6.6.4 Herz-Kreislauf-Training

Ein Herz-Kreislauf-Training mit entsprechend hoher Wiederholungszahl und niedrigem Widerstand ist in meinen Augen eher nur dann zu empfehlen, wenn über mehrere Wochen kein Zugang zu Schwimmbädern oder Seen möglich ist.

Ich denke, dass ein zu niedriger Widerstand das korrekte Ansteuern der Kraulmuskulatur nur bedingt fördert, auf der anderen Seite sogar kontraproduktiv wird, wenn man eben durch die lange Seriendauer den Fokus auf die Technik verliert.

Als Triathlet hat man den großen Vorteil, dass man Transfereffekte für Stoffwechsel und Herz-Kreislauf-System aus den anderen beiden Disziplinen generiert, sprich diese Cardiovariante durchaus vernachlässigen kann.

6.6.6.5 Equipment

Das oben bereits angesprochene Thera-Band® stellt die einfachste Art des Zugseils dar. Wer das Trockentraining nicht nur als Warm-up, sondern als Zusatz in sein Training integrieren möchte, ist mit einem System mit einer Handschlaufe oder noch besser mit einem Paddle, besser bedient. Diese Systeme sind deutlich robuster, das Gummi reißt entsprechend seltener und gerade ein Paddle führt zu technisch präziserer Bewegungsausführung, weil die Hand offen bleibt und es nicht zu einem sogenannten *Faustschluss* kommen wird. Alle drei Modelle sind in unterschiedlichen Widerstandsstärken erhältlich, doch hierin liegt ein großes Problem.

Viele Athleten setzen zu starke Bänder gemäß dem Prinzip „no Pain no Gain" ein, die eine technisch saubere Technik nicht zulassen. Ich empfehle, gerade zu Beginn, ein Band zu wählen, dass der Sportler bei einer Serie mit 30 Wiederholungen auch in den letzten 10 Wiederholungen gerade noch so durchziehen kann.

Da für mich beim Zugseiltraining das Hauptaugenmerk auf dem Erlernen des korrekten High Elbow Catchs liegen sollte, gibt es ein weiteres Argument gegen den Einsatz von sehr schweren Bändern. Beim Einsatz von mittleren Bändern kann man je nach Einsatzzweck durch den Abstand der Standposition zum Befestigungspunkt des Zugseils den Widerstand variabler gestalten. Hilfreich an der Stelle ist es, wenn man sich eine Markierung auf dem Boden macht, um den korrekten Abstand zu fixieren und beim nächsten Training wiederzufinden.

Sportler mit kleinerem Zeitbudget oder schlechterem Zugang zu Schwimmbädern können mittels Zugseiltraining ihr Niveau halten. Zum Wettkampf hin kann man immer wieder ein „trockenes" Koppeltraining mit dem Übergang Schwimmen zum Radfahren einbauen. Dabei führt man das Zugseiltraining direkt vor dem anschließenden Radtraining durch, trägt dabei bereits schon Radklamotten, um mit möglichst geringer „Wechselzeit" und vorermüdeten Armen auf das Rad zu steigen und somit eine Wettkampfsituation zu simulieren. Ich würde dabei jedoch auf das Tragen der Radschuhe verzichten, denn durch die Pedalplatte am Radschuh ist der Vorfuß deutlich höher als die Ferse positioniert.

Kommt jetzt eine Oberkörpervorlage durch das Zugseiltraining hinzu, entsteht ein deutlicher Zug auf den unteren Rücken, die Pomuskulatur und auf die Rückseite des Oberschenkels. Ein statisches Dehnen, wie diese Position impliziert, sollte aber vor dem eigentlichen Training vermieden werden, denn die Spannung in der Muskulatur wird dadurch zu sehr herabgesetzt, sodass die Arbeitsweise der Muskulatur im nachfolgenden Radtraining nicht optimal gewährleistet ist.

6.6.6.5.1   Startposition

Ich empfehle, das Band/Seil ca. 10 cm höher als auf Hüfthöhe zu befestigen. Kommt der Zug von zu weit oben, so werden die Muskelpartien nicht präzise angesprochen, die man beim Schwimmen in horizontaler Position einsetzt. Ist die Befestigung zu weit unten, so stellt das für viele Sportler ein Problem im unteren Rücken dar, da sie diese Position nur bedingt halten können.

Ich bevorzuge eine Standposition mit beiden Füßen auf einer Ebene, eine Schrittstellung ist aber ebenfalls möglich, die Knie sollten dabei leicht gebeugt werden. Der Oberkörper wird nach vorne geneigt, sodass der Rücken in der sogenannten *Line of Pull*, also in der Zugrichtung des Seils, ist.

Wie bereits oben angesprochen, wird das Seil nicht mit den Fingern umklammert, die Hand muss offen bleiben und soll in Verlängerung des Unterarms ohne Abknicken des Handgelenks gehalten werden.

6.6.6.5.2 Zugbewegung

Die Fingerspitzen zeigen während des gesamten Zugs nach unten, der Ellbogen bleibt oben und das Seil wird bis zur vollständigen Streckung des Arms durchgezogen. Ich bin kein großer Freund des einarmigen Ziehens und bevorzuge eher den Doppelarmzug, denn beim Einarmzug ist meiner Meinung nach eine Aktivierung des Latissimus weniger präzise durchführbar. Nach der Streckung wird das Seil kontrolliert zurückgeführt.

Man sieht immer wieder Sportler bzw. Programme, die das Zugseiltraining gemäß den einzelnen Zugelementen einteilen, also z. B. den Fokus auf den Catch legen, also wirklich nur das erste Drittel des Zugs durchführen oder bewusst die hintere Druckphase ansteuern.

Ich bevorzuge eher das Ziehen über die gesamte Zuglänge und verspreche mir dadurch ein besseres „Einschleifen der Bewegung" ins motorische Gedächtnis. Man kann durchaus die Gedanken auf ein Segment der Bewegung legen, aber dabei idealerweise immer über die komplette Amplitude ziehen.

Im Internet kursieren immer wieder Bilder von Athleten, die das Zugseiltraining, auf einem instabilen Untergrund stehend, absolvieren, weil sie glauben, man könne das Ganze „functional" aufmöbeln. Davon würde ich eher Abstand nehmen und mich mit festem Kontakt zum Boden ausschließlich auf die korrekte Zugbewegung konzentrieren.

Gegen ein Training der Propriozeption und des Gleichgewichts spricht überhaupt nichts, nur verknüpfen sollte man diese beiden Trainingseinheiten nicht unbedingt.

ÜBUNG

Hier nochmals die Hauptpunkte zusammengefasst:

- gerader Rücken;
- die Knie sind leicht gebeugt;
- die Fingerspitzen zeigen nach unten;
- das Handgelenk einsteifen, die Hand als Einheit mit Unterarm einsteifen.
- Ellbogen hoch!
- Bis zur vollständigen Streckung durchziehen.

Vorbereitend würde ich einige mobilisierende Bewegungen vorschalten, also Armkreisen, Hampelmann etc., um den Kreislauf in Schwung zu bringen. Da das Training mit dem Zugseil, wie das Kraulschwimmen selbst, eine Sportart mit innenrotierender Bewegung der Schulter darstellt, empfiehlt es sich, das Training mit Übungen für die Außenrotatoren zu beschließen, um ein Ungleichgewicht in der Schulter zu vermeiden und Verletzungen vorzubeugen.

ÜBUNG

Beispielprogramm:
5-10 Minuten lockeres Aufwärmen
5-8 Serien mit je 25-40 Wiederholungen und einer Pause von je ca. 30-40 Sekunden im Anschluss.
Je drei Serien pro Seite mit je 10 Wiederholungen Thera-Band® zur Kräftigung der Muskelgruppe der Außenrotatoren.

In Phasen mit wenig bis keinem Zugang zum Wasser kann solch ein Programm bis zu fünfmal pro Woche absolviert werden. Dabei sollte man dann den Widerstand ändern und den Fokus auf die einzelnen Segmente der Bewegung verteilen und auch mit unterschiedlichen Bewegungstempi arbeiten, um eine hohe Variation zu erzielen.

Ist ein normales Schwimmtraining möglich, so würde ich das Zugseiltraining auf zwei bis höchstens drei Einheiten pro Woche als zusätzliches Trockentraining begrenzen.

Beispielprogramm Warm-up:
5-10 Minuten lockeres Aufwärmen
3-4 Serien mit je 12-15 Wiederholungen und einer Pause von 45 Sekunden Dauer

6.6.7 Flossen

Der Einsatz von Flossen im Schwimmen findet in meiner „Langdistanz-Triathlonwelt" nur äußerst selten statt. Die meisten Sportler haben ihre Mühe mit dem Erlernen der vortriebswirksamen Elemente in Form der Ellbogenvorhalte und der Zugfrequenz und haben schon genug damit zu kämpfen.

Zieht der Schwimmer nun Flossen an, so erzielt er den Vortrieb über den Beinschlag und es besteht weder eine Notwendigkeit, den Unterarm korrekt anzustellen, noch mit einer ordentlichen Zugfrequenz zu schwimmen. Flossen sollten eher von Schwimmanfängern eingesetzt werden, um eine vernünftige Wasserlage zu erlernen und um mehr Beweglichkeit im Sprunggelenk zu erzielen.

Dieses Stadium sollte der Leser eines Buchs zum Thema Langdistanz aber eigentlich hinter sich gelassen haben.

6.6.8 Weitere Hilfsmittel

Zu den bereits vorgestellten Hilfsmitteln gibt es noch Widerstandshosen, Bechergürtel, Bremsfallschirme etc. Ich denke, dass diese im Training für Schwimmer zum Einsatz kommen sollten, Altersklassentriathleten brauchen diese in meinen Augen nicht wirklich.

Somit beschränkt sich der Inhalt des Netzsacks bei Berücksichtigung der genannten Aspekte auf Paddles, Pullbuoy, Band, Schnorchel (mit Nasenklammer) und Metronom. In Summe ist das dann doch gar nicht so viel, wie immer behauptet wird, oder?

TRAININGSTOOLS SCHWIMMEN UND DEREN EINSATZ

Tool	Korrekter Aufbau	Zweck	Hinweis
Paddles	• Flach, keine konvexe Wölbung, Fingerkuppen vorne abschließend	• Training der Kraftausdauer, Bewusstsein und Spüren der Ellbogenvorhalte und des Latissimus	• Zu Beginn kleine Teilstrecken • Korrektes Anlegen der Paddles • Nicht im ermüdeten Zustand nutzen
Pullbuoy	• Großer Pullbuoy mit entsprechend viel Auftrieb • Schmales Mittelteil	• Verbesserung der Wasserlage • Fokus Arme • Die Beine entlasten	• Auf ausreichend Spannung in Hüfte und Po achten
Schnorchel	• Atemrohr frontal	• Verbesserung der Kopfposition • Bewusstmachen der Atmung • Verbesserung der Längsachsenrotation • Verbesserung der Wasserlage, Körperstreckung • Optische Kontrolle der Hände	• Eine Nasenklammer tragen • Anfänger haben oft ein beklemmendes Gefühl
Band/Ankle Strap	• Alter Fahrradschlauch • Enge Schlaufe • Ventil rausschneiden	• Verbesserung der Wasserlage • Verbesserung der Körperstreckung • Verbesserung des High Elbow Catchs • Verbesserung der Kraft	• „T" nach unten drücken • Den Kopf bewusst tief halten • Hohe Frequenz • Den Po anspannen
Metronom	• Akustischer Taktgeber	• Erhöhung der Zugfrequenz durch akustische Vorgabe • Tempogefühl	• Vorab Frequenzrampe durchführen, um die Zielfrequenz zu bestimmen

Abb. 45: Übersicht über die Training Tools

6.7 Diagnostik und Testverfahren

Wie beim Radfahren und Laufen auch, gibt es im Schwimmen einige Testverfahren zur Beurteilung des aktuellen Leistungsstands. Ein Test als solcher stellt jedoch immer nur eine Momentaufnahme dar, die durch unterschiedliche Vorzeichen, wie Stress im Alltag, ungünstiger Zeitpunkt der Mahlzeiten und Trainingsbelastungen im Vorfeld des Tests, beeinflusst werden kann.

Schwimmen

Für viele Sportler stellt ein anberaumter Leistungstest ein hohes Stressmoment dar, denn gerade das Schwimmen bleibt für einen Großteil der Sportler Aversion und Horror. Im Vereinstraining führe ich daher gerne Leistungstests unangekündigt durch, denn ansonsten ist die Teilnahme eher bescheiden.

In der Fernbetreuung, sprich Onlinecoaching, ohne Support am Beckenrand „verordne" ich eher selten Leistungstests, sondern lasse bestimmte Serien schwimmen, die dann als indirekte Standortbestimmung fungieren.

6.7.1 Frequenzrampe

Um herauszufinden, bei welcher Armzugfrequenz und mit welcher Geschwindigkeit ein Athlet ökonomisch schwimmt, bietet sich die Durchführung einer Frequenzrampe oder Frequenztreppe an. Hierbei werden 50-m-Intervalle mit gesteigerter Frequenz und Geschwindigkeit geschwommen, und zwar so lange, bis die Pace nicht mehr gesteigert werden kann.

Die Anzahl der Züge und die Zeiten der 50-m-Abschnitte werden notiert und miteinander verglichen. Kann die Geschwindigkeit nicht mehr gesteigert werden, so wird die Zugfrequenz der letzten oder vorletzten geschafften Stufe als Zielfrequenz ermittelt.

Die Anzahl der 50-m-Abschnitte sollte auf 12 Durchgänge von vorneherein begrenzt werden. Die Pausenlänge sollte bei ca. 20-30 Sekunden liegen. Die Ergebnisse dieses Tests bilden unter anderem die Grundlage für die Einstellungen des Tempotrainer-Metronoms.

BEISPIEL AGE-GROUP (IM-SCHWIMMZEIT 1:04) FREQUENZRAMPE

Durchgang	Frequenz Züge/min	Geschwommene Zeit
1	38	50,3
2	40	49,5
3	41	49,1
4	41	48,4
5	43	48,0
6	43	47,1
7	46	46,8
8	49	45,8
9	51	43,9
10	53	43,7
11	56	42,4
12	53	43,9

Abb. 46 Beispiel einer Frequenzrampe beim Schwimmen

6.7.2 30-Minuten-Test

Der Name ist Programm. Bei diesem Test wird ermittelt, welche Distanz der Schwimmer in der Zeit von 30 Minuten absolvieren kann. Als Trainer am Beckenrand kann man dabei 50- oder 100-m-Abschnitte rausstoppen, um Rückschlüsse zu Tempogefühl, Stehvermögen und eventuell sogar zur Persönlichkeit des Athleten herauszufinden.

Ein Athlet aus der Gruppe der Alphatiere wird relativ sicher immer mit schnelleren Angangszeiten glänzen als ein Athlet aus der Gruppe der Grübler. Athleten ohne Coach an der Seite sollten bitte nicht die einzelnen Zwischenzeiten manuell durch Betätigen der Uhr festhalten, sondern sich ausschließlich auf das Schwimmen dieser 30 Minuten konzentrieren.

Diesen Test setze ich relativ sparsam an. Er dient meistens eher dazu, um dem Athleten durch solch einen Test Selbstvertrauen zu vermitteln. Athleten mit noch nicht gut entwickelter Schwimmtechnik werden innerhalb des Tests eher gegen Ende langsamer, was sich negativ auf die Psyche auswirkt. Für solche Athleten würde ich eher ein anderes Testverfahren, wie beispielsweise 100er-Abbruch, empfehlen.

6.7.3 100er-Abbruch

Ein Testverfahren, das ich seit gut 10 Jahren anwende, ist das Schwimmen des 100er-Abbruch-Tests. Hierbei werden nach einem Einschwimmen von ca. 300-500 m mehrere Abschnitte von 100 m Länge geschwommen. Die Intervallpause liegt bei einer Dauer von 10 Sekunden. Die maximale Anzahl wird mit 25 Intervallen gedeckelt.

Ist der Athlet in der Lage, das 25. Intervall genauso schnell zu schwimmen wie den ersten Hunderter, dann ist er zu defensiv geschwommen. Der Test wird abgebrochen, wenn die Zeiten der Abschnitte langsamer als zwei Sekunden zum ersten Intervall werden. Auf ein präzises Einhalten der Pausenlänge ist zu achten.

Der Sportler lernt bei diesem Testverfahren, sich und sein Tempo sehr effektiv einzuschätzen, ein Überpacen rächt sich relativ deutlich, ein zu langsames Schwimmen bedeutet, dass er zu zurückhaltend in seiner Tempogestaltung agiert hat. Ideal wäre es, wenn der Sportler das Tempo bis zum 18. bis 20. Intervall aufrechthalten kann, bevor dann die Zeiten langsamer werden.

Während des Tests sollte nichts getrunken oder gegessen werden. Das durchschnittliche Tempo für diese Intervalle dient als Prädiktor für die zu erwartende Ironman®-Schwimmzeit.

Schwimmen

HINWEIS

Beispiel:
Schwimmt der Athlet 20 Abschnitte mit 1:20 min/100 m und mit 10 Sekunden Pause, so wird die zu erwartende Ironman®-Pace ca. bei 1:24-1:25 min/100 m liegen.

6.7.4 Standardserien

Auch ohne irgendwelche Testverfahren können Athlet und Coach den Leistungsstand bzw. die Progression der Leistung definieren. Hierzu braucht es sogenannte *Standardserien*, also Trainingseinheiten, die im Saisonverlauf immer wieder von Zeit zu Zeit absolviert werden. Dies bringt den Vorteil der Vergleichbarkeit mit sich. Da es sich um nicht um eine Testsituation, sondern eher um eine normale Trainingseinheit im Wasser handelt, fällt die Psychokomponente weg und der Athlet geht unvoreingenommen an die Sache ran.

Schneller werdende Zwischenzeiten, eine sich einstellende subjektive Leichtigkeit zur Realisierung der Einheit und ein subjektiv schnelleres Erholen nach den Intervallen spiegeln den Leistungszuwachs wider. Der Sportler kann im Saisonverlauf die Verbesserung spüren und objektiv auf der Uhr sehen und zieht daraus ein gewisses Selbstvertrauen für die bevorstehenden Wettkampfaufgaben.

Sich wiederholende Trainingseinheiten in Form von Standardserien haben also nichts mit Faulheit oder fehlender Kreativität seitens des Trainers zu tun, sondern bringen ganz klar ihre Daseinsberechtigung mit sich und erfüllen einen wichtigen Zweck im Trainingsprozess.

Als Standardserien bieten sich 40-80 x 50 m, 20-40 x 100 m oder 12-20 x 200 m an. Die Pausenlänge sollte dabei auch wie beim 100er-Abbruch peinlich genau eingehalten werden und zwischen 10 und 20 Sekunden liegen.

6.7.5 Laktatdiagnostik

Man könnte sicherlich auch eine Leistungsdiagnostik mit Bestimmung der Laktatwerte durchführen, doch leider lassen die allerwenigsten Bäder einen solchen Test aus Hygienegründen zu, sodass ich deswegen gar nicht weiter darauf eingehen möchte.

6.8 Schwimmen im Freiwasser

6.8.1 Zielsetzung

Ein oft gemachter Fehler liegt darin, zu wenig im Vorfeld einer Langdistanz im Freiwasser bzw. mit Neopren geschwommen zu sein. Es gibt dabei doch einige Unterschiede zum alltäglichen Schwimmen im Becken, sodass sich die Zielsetzung entsprechend auch verändert. Einige Trainingsaspekte wären:

- Gewöhnung an die veränderte Wasserlage mit Neopren,
- Landstart,
- Wasserstart,
- Wasserausstieg,
- Orientierung,
- Umschwimmen von Bojen, Richtungswechsel,
- Pacing,
- Massenstart in der Gruppe sowie
- Schwimmen mit verminderter Sicht unter Wasser.

Es empfiehlt sich, für das Freiwassertraining einen See mit einer Runde von ca. 200-500 m Länge zu suchen, die mindestens zwei Richtungswechsel mit oder ohne Bojen beinhaltet.

ÜBUNG

Der Ablauf eines klassischen Freiwassersets könnte wie folgt aussehen:

10 Minuten lockeres Einschwimmen zur Gewöhnung an Neopren bzw. Sichtverhältnisse und Wasserbedingungen.

2-3-mal die oben genannte Runde (nach jeder Runde das Wasser verlassen, Pause eine Minute und die Sinne erneut schärfen. Danach wieder den Landstart simulieren.).

2-5-mal die oben genannte Runde (die ersten 100 Züge schnell anschwimmen im Wettkampftempo, im mittleren Segment auf die Technik achten und die letzten 100 Züge wieder im Wettkampftempo, dann direkt aus dem Wasser raus und eine Minute an Land laufen).

Fünf Minuten lockeres Ausschwimmen.

Freiwassereinheiten sollte man ebenfalls nutzen, um das möglichst schnelle Ausziehen des Neoprenanzugs zu simulieren. Hierzu also an Land rennen, die Schwimmbrille auf die Stirn setzen, den Reißverschluss des Neoprenanzugs öffnen, diesen bis zur Hüfte runterziehen, nach 100 m stehen bleiben und dann möglichst schnell den Rest des Anzugs abstreifen.

Mit zunehmender Routine und Fitness können die 100 schnellen Züge ausgedehnt werden, sodass die gesamte Runde im Wettkampftempo geschwommen werden kann.

Wünschenswert wäre es, wenn man beim Freiwassertraining mit den Umwelteinflüssen (Nebel, Wellengang, tief stehende Sonne, Wind etc.) konfrontiert wird, damit man für alle Eventualitäten am Renntag gewappnet ist. Empfehlenswert wäre es, 6-10 solcher Freiwassereinheiten im Vorfeld des Hauptwettkampfs absolviert zu haben.

FAZIT

Schwimmen kommt von Schwimmen und Triathlonschwimmen kommt von Triathlonschwimmen.

6.8.2 Umbau von Pooleinheiten ins Freiwassertraining

Man kann recht leicht die jeweiligen Pooleinheiten als Open-Water-Session umbauen und als strukturiertes Schwimmtraining absolvieren. Ein Dauerschwimmen (ca. 45-60 Minuten am Stück) kann man von Zeit zu Zeit einbauen, um Sicherheit für die im Wettkampf abgeforderte Streckenlänge zu generieren. Ansonsten sind Intervalle, ähnlich dem Schwimmen im Pool, zielführender, weil man durch die jeweiligen Pausen mit höheren Intensitäten schwimmen kann.

Beim Umbau benötigt man keinen Eins-zu-eins-Umbau der Streckenlängen, eine grobe Näherung ist vollkommen ausreichend. Im Gegensatz zum Poolschwimmen bietet sich der Einsatz einer Uhr oder eines GPS-Geräts an.

ÜBUNG

Hier ein konkretes Beispiel zum Umbau des folgenden Beckentrainings für einen Schwimmer mit einem Leistungsvermögen von ca. 60 Minuten über die Ironman®-Distanz.

Pool:
300 m lockeres Einschwimmen
2 x 50 m hart, Pause 20 Sekunden
200 m mittel
4 x 100 m hart, Pause 20 Sekunden
200 m mittel
6 x 200 m hart, Pause 20 Sekunden
200 m easy

Zum Konvertieren des Trainings würde ich 100 m in 1:30-1:33 Minuten umbauen, also

4:30-5:00 Minuten lockeres Einschwimmen
2 x 45-60 Sekunden hart, Pause aktiv 20-30 Sekunden
Drei Minuten lockeres Tempo
4 x 90 Sekunden hart, Pause aktiv 20-30 Sekunden
Drei Minuten lockeres Tempo
6 x 3 Minuten hart, Pause aktiv 30-45 Sekunden
2-3 Minuten im lockeren Tempo ausschwimmen

Der Fokus hierbei liegt im Spüren der unterschiedlichen Geschwindigkeiten und in der unterschiedlichen Wasserlage bei den jeweiligen Intensitäten.

6.9 Allgemeine Tipps

Bevor wir uns nun gedanklich langsam dem Radfahren widmen, hier noch einige grundlegende Tipps zum Schwimmen.

6.9.1 Trinken und Essen während des Schwimmtrainings

Normalerweise lege ich sehr großen Wert auf eine adäquate Flüssigkeits- und Energieversorgung während des Trainings. Beim Schwimmen sehe ich das jedoch etwas differenzierter. Im Wettkampf findet man auf der Rad- und Laufstrecke ein engmaschiges Netz von Verpflegungsstationen, man kann sich ohne große Lücken dauerhaft versorgen. Beim Schwimmen fällt das jedoch aus.

Es gibt zwar einige Wettkämpfe mit einem kurzen Landgang, dem sogenannten *Australian Exit*, die dort dann Getränke für die Schwimmer bereitstellen, doch in der Regel wird dem Athleten abverlangt, die gesamte Strecke ohne Flüssigkeit und Energie zu absolvieren. Genau diese Tatsache sollte in meinen Augen dann auch im Training simuliert werden.

Ich sehe immer wieder Sportler, die nach jedem Intervall zur Trinkflasche greifen und sich einen kleinen Schluck genehmigen. Im Gruppentraining liegen am Beckenrand einige Flaschen durcheinander, sodass es nicht immer leicht und schnell geht, die eigene Flasche zu greifen. Das wiederum hat zur Folge, dass Unruhe aufkommt und der Fokus verloren geht und Pausenlängen nicht immer sauber eingehalten werden können, insbesondere dann, wenn Paddles zum Einsatz kommen.

Daher würde ich es immer bevorzugen, die Einheit richtig vorzubereiten, also vor dem Training ausreichend Flüssigkeit und Energie getankt zu haben, damit man die Einheit, wie im Wettkampf auch, ohne Aufnahme von außen absolvieren kann. Sportler, die direkt zur Öffnung des Schwimmbads und vor der Arbeit am frühen Morgen schwimmen wollen oder müssen, können auf der Fahrt zum Schwimmbad ihre Speicher füllen.

6.9.2 Langbahn vs. Kurzbahn

Es gibt immer wieder Athleten, die die nahe gelegene Kurzbahn scheuen und eine weitere Anfahrt zu einer 50-m-Bahn in Kauf nehmen. Ich sehe jedoch keine zwingende Notwendigkeit, mit aller Gewalt auf der langen Bahn trainieren zu müssen, um am Ende erfolgreich im Triathlon zu sein. Gerade Anfänger oder technisch schlechtere Schwimmer profitieren von der Kurzbahn, wenn sie nach jeder Wende den Streamlinedrill einbauen, weil sie diesen dann ganz banal öfters durchführen müssen und in doppelter Anzahl davon profitieren.

Das Argument der längeren Bahn in Bezug auf die lange Strecke ohne Pause im Wettkampf kann man entwaffnen, denn das Schwimmen von längeren Teilstrecken sollte ja eh primär im Freiwasser stattfinden. Die Effekte eines ordentlichen Abstoßens von der Wand, des Streamlinedrills, und daraus resultierend einer hohen Bewegungsqualität sind Aspekte, die man nicht außer Acht lassen sollte, wenn es um Pro und Kontra zur jeweiligen Bahnlänge geht.

Im genannten Beispiel wäre es wahrscheinlich zielführender, wenn der Sportler, statt eine längere Anfahrt zum Bad in Kauf zu nehmen, die Zeit zur sinnvollen Regeneration nutzt.

6.9.3 Schwimmen als Fitnessinstrument verstehen

Triathleten sollten ihre Aversion vor dem Schwimmen ablegen und verstehen, dass das Training im Wasser nicht nur das Schwimmen per se, sondern auch die Allgemeinfitness fördert. Für viele Athleten mag es zwar keine Rolle spielen, ob sie am Wettkampftag 70 oder 73 Minuten für die geforderten 3.800 m benötigen.

Sie argumentieren damit und rechtfertigen sich, dass sie deshalb eher weniger Trainingszeit im Wasser verbringen möchten. Die drei Minuten Zeitdifferenz sind wahrscheinlich in der Tat eher irrelevant, aber die Konsequenzen, die eine schlechte Schwimmform mit sich bringt, sind teilweise sehr gravierend.

Ein Athlet mit guter Schwimmform und daraus entstandenem Vertrauen in die eigene Stärke wird vor dem Rennen mit deutlich breiterer Brust an der Startlinie stehen als ein Athlet, der das Schwimmen eher als lästiges Beiwerk im Trainingsprozess betrachtet hat. Am Ende sind es vielleicht wirklich nur drei Minuten Zeitdifferenz, aber der Energieaufwand und Kohlenhydratverbrauch ist bei nur mäßig entwickeltem Schwimmen viel höher.

Gute Schwimmform führt zu besserer Laufleistung. Klingt paradox, aber ein Einsparen der Kohlenhydrate beim Schwimmen bewirkt, dass für die Laufstrecke noch einige Körner mehr an Bord vorhanden sind.

6.9.4 Schwimmbrillen

Ich kann immer wieder beobachten, dass Athleten nach nahezu jedem Intervall die Schwimmbrille auf die Stirn setzen. Ähnlich wie beim Trinken sorgt das für Ablenkung und Verlust der Konzentration. Im Wettkampf selbst kann die Brille auch nicht abgesetzt werden.

Die Augenhöhle muss also „abgehärtet" werden, damit man lernt, den von der Brille ausgeübten Druck auszuhalten. Außerdem bewirkt ein permanentes Auf- und Absetzen der Brille, dass die Brille zusehends mehr und mehr beschlägt.

Gibt der Coach von außen das Kommando zum Losschwimmen und der Athlet nestelt erst noch an seiner Brille herum, so verlängert sich die Pause und verändert durchaus auch die Intention des Schwimmsets.

6.9.5 MP3-Player

Wir wachsen als ungeborenes Kind im Fruchtwasser der Mutter heran. Wasser stellt somit ein vertrautes Element dar. Wer mit wasserdichtem MP3-Player schwimmt, macht den beruhigenden Effekt und das bewusste Hören der Atemgeräusche kaputt, zumal

Schwimmen einen bestimmten Rhythmus braucht, der durch den Takt der Musik zerstört werden kann.

Wir werden den ganzen Tag durch optische und akustische Reize gestresst. Ich kann nur jedem Athleten dringend raten, die Reizüberflutung zu reduzieren und den beruhigenden Effekt von Wasser bewusst als Stressregulativ zu nutzen und auf Entertainment durch Musik zu verzichten.

6.9.6 Gruppentraining

Zur Entwicklung des Schwimmens werden Intensitäten benötigt. Wer immer nur alleine schwimmt, wird trotz hoher intrinsischer Motivation nicht zwingend schnell, oder besser gesagt, hart schwimmen. In der Gruppe findet unweigerlich ein Vergleich statt. Die Füße des Vordermanns zu halten oder den Stress durch den Hintermann spüren, wenn dieser auf die Füße schlägt, wenn man zu langsam schwimmt, sorgt automatisch für ein höheres Schwimmtempo.

Alleine schwimmen macht nur bedingt schneller, denn das letzte Quäntchen Intensität wird dadurch fehlen. Dazu benötigt man nicht zwingend einen Verein oder eine Trainingsgruppe. Ein einzelner Schwimmpartner kann schon regelrecht Wunder bewirken, denn auch hier ist geteiltes Leid bekanntermaßen halbes Leid.

6.9.7 Warm-up

Auch wenn das Zeitbudget vielleicht eng beschnitten ist und man das Schwimmen nur zwischen Tür und Angel absolvieren kann, sollte man nicht auf ein kurzes Warm-up verzichten. Zum einen dient dies als Stresspuffer, zum anderen wärmt es die Schwimmmuskulatur auf.

Es sollte 5-8 Minuten in Summe nicht zwingend übertreffen. Es empfiehlt sich, vor dem Training ein dynamisches Aufwärmen mit Schulterkreisen einarmig, beidarmig, gegenläufig, als Basisübung durchzuführen.

6.9.8 Expertenrat

Nicht jeder Ratschlag oder Technikhinweis eines sogenannten *Experten* in Form eines anderen Schwimmers oder Trainers am Beckenrand ist hilfreich und korrekt. Gerade dann, wenn der Ratgeber nicht über das Verständnis der Sportart Triathlon verfügt, sollte man das Gesagte mit Vorsicht genießen. Ein Triathlontrainer, der Athleten darin unterstützt, das Schwimmen zu vernachlässigen, sollte auch kein adäquater Partner auf dem Weg zum Saisonhöhepunkt sein.

6.10 Gesundheitliche Risiken

6.10.1 Chlorallergie

Manche Schwimmer entwickeln über die Zeit eine Chlorallergie. Diese äußert sich mit länger anhaltendem Schnupfen nach jedem Aufenthalt im Chlorwasser. Normalerweise sollten angeschwollene Nasenschleimhäute höchstens einen Tag nach dem Schwimmtraining anhalten. Gehen die Beschwerden über diese Zeitdauer hinaus, so könnte das ein erstes Indiz für eine beginnende Chlorallergie sein.

Schwimmer, die unter verstopfter Nase nach dem Schwimmen leiden, sollten vor dem Training eine Wundschutzcreme in die Nase applizieren (z. B. Bepanthen®). Mit dieser Creme soll die Schleimhaut etwas geschützt werden. Nach dem Training kann man mit einem herkömmlichen Nasenspray das Abschwellen der Schleimhaut etwas forcieren.

Zu bedenken geben möchte ich jedoch, dass eine dauerhafte Nutzung eines solchen Sprays eine gewisse Gefahr einer Abhängigkeit mit sich bringt. Sollten diese Maßnahmen alle nicht fruchten, so kommt man wohl eher nicht um den Einsatz einer Nasenklammer herum. Diese wird, empirisch beobachtet, leider zu früh und zu oft eingesetzt.

Manche Athleten mögen das Gefühl des Wassers in der Nase einfach nicht und greifen zur Nasenklammer. Die Nase als Teil der Atmung wird aber damit ausgeschaltet, was unter dem Strich zu Leistungseinbußen führen kann.

6.10.2 Ohrenschmerzen

Einige Sportler haben eine Tendenz, immer wieder Probleme mit den Ohren durch das Schwimmen zu bekommen. Ist der Gehörgang z. B. derart geformt, dass eingetretenes Wasser nur wieder schlecht ablaufen kann, so verbleibt es länger im Gehörgang und kann die dort befindliche Schleimhaut schädigen und fungiert als Nährboden für Keime.

Ohrenempfindliche Athleten sollten daher entsprechende Ohrstöpsel nutzen, die ein Eindringen von Wasser in den Gehörgang minimieren oder eliminieren können. Es empfiehlt sich, nach dem Schwimmen das Ohr aus ca. 30 cm Entfernung mit dem Föhn zu trocknen oder durch Schütteln des Kopfs in Seitneigung restliches Wasser „herauszuhüpfen".

6.10.3 Schwimmerschulter

Schulterprobleme resultieren aus einem muskulären Ungleichgewicht in der Schulter und treten meistens in Phasen mit hohen Umfängen oder Intensitäten auf. Sie werden oftmals mit dem Einsatz von Paddles in Verbindung gebracht, was sich aber durch die bereits kennengelernten Verhaltensregeln beim Schwimmen mit diesem Hilfsmittel umgehen lässt.

Die innenrotierenden Muskeln sind dabei stärker entwickelt als die Außenrotatoren. Dies hat zur Folge, dass der Oberarmkopf nicht mehr optimal zentriert in der Schulter positioniert ist. Dadurch kommt es zu einer gewissen Enge im Schulterdach, die wiederum den in der Schulter befindlichen Schleimbeutel reizt. Als Abhilfe empfiehlt es sich, initial auf das Schwimmen zu verzichten und sich dezidiert auf die Entwicklung und Kräftigung der Außenrotatoren zu beschränken.

Ein „Öffnen" der Schulter durch Rückwärtskreisen der Arme und ein Kräftigen der nach hinten ziehenden Muskeln und der Schulterblattstabilisatoren sorgt für Entlastung im Schulterdach und optimiert die Statik der Schulter. Da der moderne Mensch durch alltägliche, nach vorne orientierte Arbeit am Schreibtisch und seit einigen Jahren verstärkt auch durch Smartphones immer weiter zu einem Rundrücken neigt, empfiehlt es sich, diese Übungen auch präventiv und ohne das Aufkeimen der Schulterprobleme in eine tägliche Routine aufzunehmen.

7 RADFAHREN

Nachdem wir nun gedanklich das Wasser verlassen haben, widmen wir uns der zweiten Disziplin des Triathlons, dem Radfahren. Das Radfahren bildet anteilig ca. 50 % der Gesamtdauer einer Langdistanz, entsprechend groß ist das Potenzial zur Verbesserung eben dieser Gesamtleistung.

Wenn man sich die Entwicklung der Siegerzeiten im Ironman®-Triathlon der letzten 20-25 Jahre anschaut, so stellt man fest, dass die Zeiten im Wasser und zu Fuß damals kaum langsamer als heute gewesen sind. Im Gegensatz dazu sind die Radzeiten jedoch regelrecht explodiert, nicht nur in der absoluten Spitze, sondern bis weit in die Klassen der Age-Group-Athleten hinunter. Heutzutage werden teilweise Zeiten auf zwei Rädern von Altersklassenathleten geleistet, die vor 20 Jahren zum Gesamtsieg gelangt hätten.

Schaut man sich Magazine aus den 1990er-Jahren an und begutachtet Mensch und Maschine, wird relativ schnell sichtbar, woran das auch liegt. Die immer günstiger werdende Verarbeitung des Materials Carbon ermöglicht einer breiten Masse den Zugang zu aerodynamisch optimierten Fahrrädern. Im Gegensatz zum Radsportweltverband (UCI) sind die Reglementierungen in Form und Funktion des Fahrrades im Triathlon relativ frei. Diese Tatsache lässt zu, dass Rahmenverkleidungen, integrierte Trinksysteme, Monocoque-Lenkereinheiten etc. im Triathlon zum Einsatz kommen und somit die Aerodynamik des Systems Mensch/Maschine deutlich verbessert werden konnte.

Weiterhin hat sich in den letzten 15-20 Jahren auch das Wissen bezüglich der Biomechanik des Radfahrens signifikant verbessert. Daraus hat sich ein vollkommen neues Tätigkeitsfeld in Form des sogenannten *Bike-Fittings* entwickelt. Was früher ausschließlich im Ermessen des Fahrradhändlers gelegen und einen Transfer von Erfahrungen bedeutet hat, wird heute objektiv messbarer.

Die Messtechnik zur Bestimmung der Sitzposition hat sich dabei auch stets weiterentwickelt. Sensoren zur Messung von Druckverhältnissen in Schuhen und auf dem Sattel helfen dem Fitter, genau wie 3-D-Motion Analysis-Systeme (z. B. Retül®), Sitzpositionen und Bewegungen objektiv zu bewerten. Mittlerweile hat sich die Messtechnik (z. B. Leomo®) sogar so weit verändert, dass Sportler die Möglichkeit besitzen, in Echtzeit im Training, also außerhalb eines Fittinglabors, ihre Sitzposition objektiv zu messen bzw. diese auch zu verbessern.

Daher hat sich nicht nur das eingesetzte Radequipment verbessert, sondern auch die Biomechanik und die Aerodynamik über eine dahin gehend optimierte Sitzposition.

Einen weiteren Meilenstein stellt die Erfindung des Leistungsmessers, neudeutsch auch *Powermeter* genannt, zur Ermittlung der erzielten Leistung in Watt dar. Die Trainingssteuerung mittels des Parameters Watt war in den 1990er-Jahren nur einem sehr kleinen Personenkreis zugänglich. Das damalig einzige erhältliche System der Firma SRM aus Jülich kostete nahezu so viel wie ein Kleinwagen. Auch hier haben sich die Produktionskosten signifikant verringert, sodass sich mittlerweile eine Vielzahl von Herstellern auf dem Markt tummelt, leider nicht immer zur Freude der Messgenauigkeit, doch später mehr dazu.

Zu guter Letzt kommen wir zurück zu meinem Tätigkeitsfeld, denn auch die Trainingswissenschaft hat sich ebenfalls verändert. Neu messbare Parameter, wie z. B. die maximale Laktatbildungsrate (Vlamax), haben den Einblick in die Leistungsphysiologie in die Tiefe überhaupt erst ermöglicht und geben dem Trainer somit die Chance, vollumfänglich den Stoffwechsel des Sportlers zu verstehen und daraus Interventionen für Training, Ernährung und Pacing im Wettkampf abzuleiten.

Der technische Fortschritt hat im Vergleich zu den beiden Disziplinen Laufen und Schwimmen den größten Einfluss im Radfahren gewonnen. Auf den nachfolgenden Seiten versuche ich, alle wesentlichen Aspekte des Radtrainings näher zu beleuchten.

7.1   Equipment

Der Markt an vermeintlich schnellem Material ist nahezu nicht zu überblicken. Ich möchte nur auf einige Dinge eingehen, zumal das Buch ja auch keinen Fahrradkatalog enthalten soll. Ich möchte vielmehr auf einige Stolperfallen und Versprechungen hinweisen, die aus manchen Marketingabteilungen der Hersteller stammen. Manche versprechen sowohl Watteinsparung als auch Geschwindigkeitszuwachs.

Was ich damit sagen möchte, ist, dass man generell kritisch mit Testergebnissen umgehen sollte und sich die Vergleichs- oder Testaufbauten genauer anschauen sollte, denn nicht jeder Test entspricht der Realität eines Langdistanztriathleten. Wenn beispielsweise Laufräder bei einer Geschwindigkeit von 50 km/h und nur aus einer bestimmten angeströmten Windrichtung getestet werden, so hat das in meinen Augen relativ wenig mit der Realität der meisten Wettkämpfe und Athleten zu tun.

Das Gewicht des Rades hat nur geringen Einfluss bei Wettkämpfen mit „normalem" Anforderungsprofil, also bei den üblichen 1.200-1.700 zu überwindenden Höhenmetern auf der 180 km langen Radstrecke.

Bei Rennen wie Ironman® Wales oder Ironman® Lanzarote spielt das Gewicht mit Sicherheit eine größere Rolle, bei den immer populärer werdenden Extremtriathlons wie Norseman, Embrunman o. Ä. und der Höhendifferenz von 4.000-5.000 hm wird das noch entscheidender.

MERKE

Im Ziel steht keine Waage, sondern eine Uhr.

7.1.1 Laufräder

Manche Laufräder sehen extrem spektakulär aus und weisen eine sehr große Felgentiefe auf. Entscheidender in Bezug auf die Aerodynamik als die Felgentiefe ist jedoch die Anzahl der Speichen im Vorderrad. Ein 80-mm-Vorderrad mit 24 Speichen sollte demnach weniger aerodynamisch als eine Felge mit geringerer Felgenhöhe sein, wenn es nur 12 Speichen aufweist.

In den letzten Jahren konnte ich immer mehr beobachten, dass Sportler auch im Training mit ihren Wettkampflaufrädern unterwegs sind. Ich kann zwar nachvollziehen, dass man diese teure Anschaffung öfters als nur in den wenigen Wettkämpfen einer Saison selbst nutzen möchte.

Auf der anderen Seite denke ich, dass die Laufräder mit jedem gefahrenen Kilometer und insbesondere bei Regen immer weiter verschleißen. Ich empfehle daher eher, auf einen günstigen Trainingslaufradsatz auszuweichen. Solche Laufräder gibt es schon für unter 200,– Euro. Man trainiert also mit Handicap und kann im Wettkampf auf ein vollkommen intaktes Laufrad mit den entsprechenden Vorteilen in Sachen Aerodynamik und Leichtlauf zurückgreifen.

Selbstverständlich sollte ein solches Wettkampflaufrad dann auch im Vorfeld gefahren worden sein, um das Handling zu beherrschen.

MERKE

Nicht jedes schnell aussehende Laufrad ist auch schnell.

7.1.2 Reifen

Der Reifen ist wahrscheinlich das am wenigsten beachtete Element am Fahrrad eines Triathleten, da sich viele Sportler nicht so recht der Bedeutung bewusst sind. Der Reifen stellt die einzige Verbindung zwischen dem Rad und dem Untergrund her, trägt also einen immensen sicherheitsrelevanten Faktor in sich, denn die Haftung in Kurven und gerade bei Nässe sollte nicht außer Acht gelassen werden.

Aber nicht nur die Sicherheit ist dabei entscheidend, sondern auch in der Kategorie Performance kann ein Reifen einen Klassenunterschied ausmachen. Es gibt Reifen mit sehr geringem Rollwiderstand und Reifen, die aus Firmen mit großem Marketingbudget kommen.

Was ich damit sagen möchte, ist, dass man bei Tests von Reifen immer wieder skeptisch sein sollte und insbesondere dann, wenn im gleichen Magazin eine doppelseitige Anzeige dieses Herstellers zu finden ist. Schlauch-, Draht- und Tubelessreifen haben alle ihre Vor- und Nachteile. Ich sehe das Ganze eher als einen Kompromiss aus Rollwiderstand, Pannenschutz und einfacher Montage bzw. einfachem Schlauchwechsel im Falle eines Platten im Wettkampf und plädiere also für einen klassischen Drahtreifen mit einem Latexschlauch.

Ich muss immer wieder mit Erschrecken feststellen, dass eine große Anzahl von Athleten keinen Schlauch wechseln kann. Das sollte jedoch immer wieder geübt werden, damit die Handgriffe im Rennen, wenn dann auch noch eine ganze Menge Adrenalin hinzukommt, sicher sitzen. Ansonsten stellt sich die Frage, warum man denn dann überhaupt einen Ersatzschlauch mitnimmt.

ANEKDOTE

Apropos Ersatzschlauch, hier eine kleine Anekdote im Rahmen des Ironman®-Frankfurt vor einigen Jahren.

Damals hatte ein Teilnehmer aus Mexiko direkt vor mir als Zuschauer einen Platten am Vorderrad zu beklagen. Ich konnte zuschauen, wie er den Schlauch gewechselt hat und konnte dabei meinen Augen kaum trauen. Der kaputte Schlauch war bereits viermal geflickt und wurde durch einen Schlauch ausgetauscht, der mindestens sieben solcher Flicken aufwies. Groteskerweise fuhr der Sportler mit einem Rad der 10.000,– Euro-Klasse.

Im Wettkampf bitte keine bereits geflickten Schläuche nutzen! Ich empfehle, vor jeder Langdistanz Reifen und Schläuche auf kleinere Schnitte zu untersuchen bzw. beides vorher zu tauschen und ca. 100-150 km damit im Training gefahren zu sein.

Sportler, die ganzjährig mit ein und demselben Laufradsatz unterwegs sind, sollten sich demnach einen Reifensatz mit Haupteigenschaften Pannenschutz und Langlebigkeit für das Training und einen mit leichterem Gewicht und niedrigem Rollwiderstand für den Wettkampf anschaffen.

MERKE

Mache es dir im Training schwer, dann hast du es im Wettkampf leicht!

7.1.3 Antrieb

Die Bedeutung des Antriebs steckt schon in der Begrifflichkeit selbst. Leider sind sich manche Sportler darüber nicht so recht im Klaren, denn wenn man manche Ketten, Schaltröllchen und Kettenblätter (leider auch in Wettkämpfen) sehen muss, so stellt man recht schnell fest, dass der Begriff Radpflege in manchem Vokabular nicht vorhanden sein kann.

Der Zustand des Antriebs ist immens wichtig, denn die Reibungswiderstände innerhalb dieses Systems gilt es zu minimieren. Auf der einen Seite werden unglaubliche Anstrengungen unternommen, um die Aerodynamik zu optimieren, um einige wenige Watt zu sparen, aber auf der anderen Seite opfert man bis zu 15 Watt durch einen schlecht gepflegten Antrieb. Bei manchen Sportlern sehen die Ketten eher wie schwarze Antriebsstränge aus, man kann die einzelnen Kettenglieder nicht mehr optisch ausmachen.

Ist die Kette jedoch sauber und mit Öl oder Wachs behandelt, so verringert sich der Reibungswiderstand signifikant. Zum verbesserten Leichtlauf kommt eine deutlich längere Haltbarkeit von Kette, Ritzel, Schaltröllchen und Kettenblättern. Um auf Nummer sicher zu gehen, empfehle ich, analog zum Reifenwechsel vor dem Wettkampf, einen Austausch der Kette und gegebenenfalls auch des Ritzels, damit beide Teile auch sicher und störungsfrei funktionieren.

Schade ist es, wenn Sportler für teures Geld Keramiklager oder sogenannte *Oversized Pulleys*, also größere Schaltröllchen mit geringerem Reibungswiderstand, nutzen, auf der anderen Seite dann aber das System nicht pflegen.

Radfahren

MERKE

Kettenpflege ist billiger als ein Aerotest!

7.1.4 Trinkflaschen und Verstauungsoptionen

Die meisten Triathlon-Zeitfahrräder verfügen über aerodynamisch integrierte Trinksysteme oder Möglichkeiten, Werkzeug, Ersatzschlauch und Wettkampfverpflegung zu verstauen.

Es gibt jedoch immer wieder Sportler, die die zum Teil teuer erkauften aerodynamischen Vorteile ihres Rades durch den Anbau mehrerer Flaschenhalter und anderer Anbauten regelrecht zerstören.

Man sieht hinter dem Sattel montierte Aufbauten zur Aufnahme von zwei Trinkflaschen und einem Werkzeugset, gekoppelt mit zwei weiteren Trinkflaschen im Rahmendreieck und einem BTA (Between the Arms-)Trinksystem im Lenker. Darüber hinaus werden teilweise noch Energy Gels und Riegel auf dem Oberrohr befestigt.

Nicht nur Gewicht und Ästhetik des Rades leiden darunter, auch die Aerodynamik wird dadurch stark in Mitleidenschaft gezogen. Warum man diese Anbauten nicht wirklich benötigt, werde ich später im Rahmen der Wettkampfgestaltung erklären.

MERKE

Weniger ist mehr, auch wenn man nicht automatisch weniger isst!

7.1.5 Aerohelm

Nicht jeder schnell anmutende Aerohelm ist automatisch zeitgewinnend. Die Kombination aus Sitzposition, Körperproportionen und Geschwindigkeit ist entscheidend. Kann ein Athlet nicht dauerhaft eine optimale Sitzposition realisieren, bewegt also den Kopf immer recht deutlich, sodass die „Schwanzflosse" des Helmes senkrecht in die Höhe zeigt, wird er eher Nachteile in Bezug auf die Aerodynamik dadurch zeigen. In diesem Fall würde sich ein Aerohelm mit kürzerer Form eher empfehlen.

Die meisten Aerohelme weisen wenige Lüftungsschlitze auf, die Belüftung ist im Vergleich zum klassischen Straßenhelm deutlich schlechter. Sind die Temperaturen am Wettkampftag sehr hoch und/oder der Athlet gilt als nicht hitzestabil, so empfiehlt sich eher der Verzicht auf die Wattersparnis durch den Aerohelm zugunsten einer besseren Belüftung und eines geringeren Anstiegs der Körperkerntemperatur.

Untersuchungen haben gezeigt, dass hierbei Unterschiede bis ein Grad Celsius Körpertemperatur entstehen können. Das klingt nach wenig, hat aber am Ende einen sehr großen Einfluss auf die Rennperformance. Es gilt also, genau abzuwägen, ob der Aerohelm wirklich gerechtfertigt ist.

MERKE

Cool aussehen oder einen kühlen Kopf behalten?

7.1.6 Radschuhe

Als Triathlet steht man vor der Wahl, normale Radschuhe oder solche mit verbesserter Möglichkeit des An- und Ausziehens, sprich für den Triathlon, anzuschaffen. Da wir uns mit diesem Buch mehr oder weniger ausschließlich mit dem Wettkampfformat Langdistanz auseinandersetzen, würde ich ganz klar normale Radschuhe empfehlen. Zum einen ist ein schneller Wechsel bei der sehr langen Wettkampfdauer im Vergleich zum Sprint, olympischer Distanz oder sogar im Mixed Team Relay von fast keiner Relevanz und zum anderen spielt das Thema Komfort eine extrem große Rolle.

Ein Triathlon-Radschuh kann nicht so präzise und komfortabel am Fuß fixiert werden, da er in der Regel nur über einen Klettverschluss o. Ä. verfügt. Der klassische Straßenradschuh bietet dahin gehend deutlich mehr Optionen, sodass Komfort und optimale Kraftübertragung gewährleistet sind.

Ich würde hierbei auf eine breite Zehenbox verweisen, denn mit zunehmender Wettkampfdauer und in Kombination mit vorherrschender Hitze schwillt der Fuß zusehends an und gewinnt an Länge und Breite. Ist der Schuh im Zehenbereich zu schmal, so kann es passieren, dass die letzte Rennstunde auf dem Rad unangenehm und schmerzhaft wird.

MERKE

Komfortabel schnell ist besser, als nur schnell!

7.2 Aero is Everything!

Dieser Slogan eines großen amerikanischen Radherstellers ist den meisten Triathleten ein bekannter Begriff. Die Aerodynamik ist ein wichtiger Faktor hinsichtlich der „Reisegeschwindigkeit" eines Athleten im Wettkampf oder auch der damit verbundenen Energieeinsparung und, daraus resultierend, schnellerer Laufleistung. Ich möchte gar nicht in die Tiefen der Physik abdriften, sondern wirklich nur sehr nah an der Oberfläche dieses Themenbereichs bleiben.

Der zu überwindende Luftwiderstand nimmt exponentiell zu. Was das bedeutet, sollte nach der Corona-Pandemie eigentlich allen ein Begriff sein, möchte das aber nur nochmals ganz kurz umreißen. Mit zunehmender Geschwindigkeit nimmt der Luftwiderstand nicht linear zu. Das bedeutet, dass bei doppelter Geschwindigkeit nicht der doppelte Luftwiderstand herrscht, sondern der achtfache!

Genau dort setzen die Radhersteller und Bikefitter an. Es gilt, zur Erhöhung der Geschwindigkeit entsprechend die Aerodynamik zu verbessern. Als entscheidend wird dabei eine Reduktion der frontalen Angriffs- oder Widerstandsfläche bewertet. Die Fahrradindustrie wird dabei immer innovativer, bringt nahezu jede Saison neues Equipment mit Versprechungen in Aerodynamik auf den Markt.

Das beste Material bringt jedoch nur sehr bedingt etwas, wenn der Sportler auf dem Rad keine aerodynamische Haltung einnimmt oder einnehmen kann. Wenn man sich den Einfluss auf die Aerodynamik beim Radfahren in der folgenden Grafik anschaut, sieht man recht schnell, wie nebensächlich eigentlich die Form des Rahmens, der Laufräder etc. wird.

Abb. 47: Einflussfaktoren auf die Aerodynamik

TRIATHLON ERFOLG AUF DER LANGDISTANZ

Der größte Einfluss auf die Reduktion der frontalen Angriffsfläche liegt demnach beim Sportler selbst. Der Aerohelm und die Bekleidung spielen ebenfalls eine immens wichtige Rolle. Die Position und die Form der am Rad angebrachten Trinkflaschen sind ebenfalls ein wichtiger Punkt, wenn ein Rad schneller gemacht werden soll. Runde Flaschen im Rahmendreieck sind dabei deutlich widerstandsanfälliger als eine aerodynamisch optimierte, flache Aero-Bottle.

Die Rasur der Beinbehaarung soll bei einer Geschwindigkeit von 40 km/h bis zu fünf Watt einsparen. Die Sitzposition des Sportlers ist demnach also von zentraler Bedeutung. Der Wissensstand hierzu hat sich auch weiterentwickelt.

Schaut man sich Positionen in den 1990er- oder 2000er-Jahre an und vergleicht diese mit den heutigen Positionen der schnellsten Sportler auf zwei Rädern, so fällt auf, dass man früher davon ausgegangen ist, dass der Lenker möglichst tief sein sollte. Heute weiß man, dass eine tiefe Lenkerposition zum einen zulasten der Kraftübertragung und Atmung gewichtet sein kann, zum anderen den Kopf relativ weit oben auf der Schulter „thronen" lässt.

Als erster Sportler mit einer sogenannten *Praying-Mantis-Position*, also mit deutlich angestellten Aero-Extensions, sorgte der Radfahrer Floyd Landis für Aufsehen. Diese Position ermöglicht es, dass der Kopf weiter nach unten wandert und die Schultern enger eingerollt werden können. Dieser sogenannte *Shoulder Shrug* reduziert die frontale Angriffsfläche signifikant, allerdings muss diese Position aktiv eingenommen und somit auch trainiert werden.

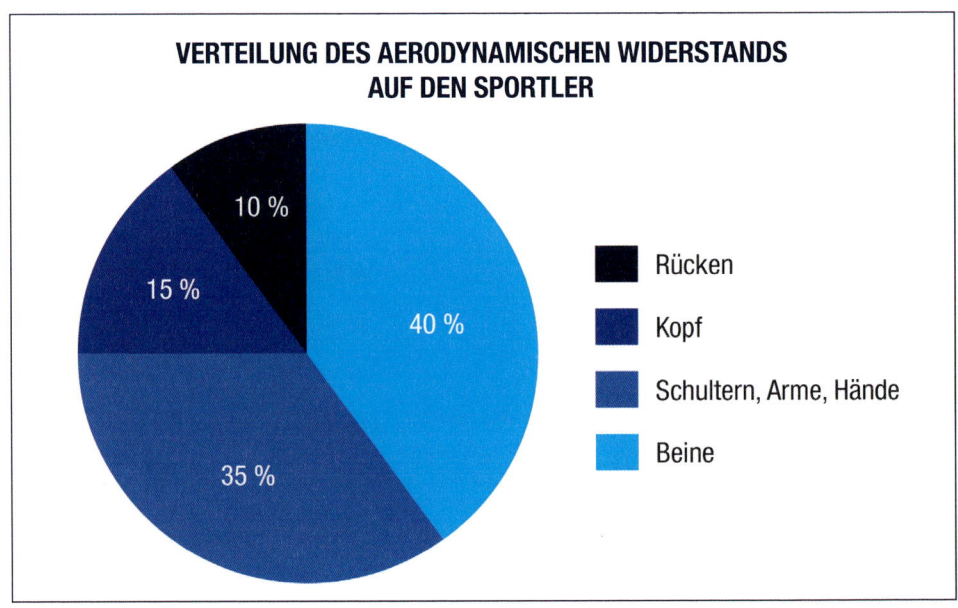

Abb. 48: Verteilung des aerodynamischen Widerstands

Nimmt der Komplex Schultern, Arme und Hände ca. 35 % der Gesamtangriffsfläche ein, so sind die Beine mit ca. 40 % noch entscheidender. Hierzu empfiehlt es sich, die Beine nahe am Oberrohr entlangzuführen, um die Silhouette schmaler erscheinen zu lassen, sofern es die Beinachse des Athleten zulässt.

Einige Sportler weisen ausgeprägte O-Beine auf, sitzen demnach wie ein Cowboy auf dem Pferd auf ihrem Zeitfahrrad und können ihre Beine nicht eng führen.

Triathlon stellt generell immer wieder einen Kompromiss aus verschiedenen Faktoren dar. Beim Radfahren besteht dieses Abwägen aus der angesprochenen Aerodynamik, Komfort und Kraftübertragung oder Biomechanik. Spitzenathleten testen ihre Position und das eingesetzte Material im Windkanal, um herauszufinden, wo sie noch einige Watt einsparen können.

Andere machen einen Aerotest auf der Radbahn, um praxisnahe Werte zu bestimmen. Diese Erkenntnisse sollten dann im Feld, sprich in der Praxis, gegengetestet werden. Denn was bringt eine optimale Position, wenn diese eben keine 180 km sauber gefahren werden kann?

Gerade im Bereich der Altersklassenathleten kann man als Zuschauer bei einer Langdistanzveranstaltung immer wieder beobachten, wie viele Sportler nach zwei Dritteln der Streckenlänge nicht mehr in der Lage sind, dauerhaft auf dem Aerolenker zu liegen.

Entweder ist die gewählte Sitzposition viel zu aggressiv und daher nicht über die kompletten 180 km fahrbar oder es wurden im Vorfeld nicht ausreichende Kilometer in dieser Position im Training realisiert, sich also nicht an das Fahren in der Aeroposition gewöhnt.

Dieser Punkt führt uns wieder einmal zu meinem Steckenpferd, dem eigentlichen Radfahren bzw. dem Radtraining als solches.

7.3 Haltung auf dem Rad

Bevor wir in die Details zum Training gehen, noch schnell einige grundlegende Infos zur Haltung auf dem Rad, denn gerade Novizen auf dem Rad machen da doch einige Fehler, die am Ende sogar gesundheitliche Probleme mit sich bringen können.

7.3.1 Hände

Die Hände sollten nicht verkrampft um den Lenker gelegt werden. Es reicht durchaus, wenn der Daumen als sogenannter *opportunistischer Finger* als Sicherung eingesetzt wird. Ich höre immer wieder von Stürzen, die dadurch ausgelöst wurden, dass vom Lenker abgerutscht wurde, weil die Hand flach auf den Rennrad- oder Unterlenker aufgelegt wurde. Wird der Daumen eingesetzt, so fungiert dieser als Sicherungshaken.

Eingeschlafene oder taube Finger rühren aus einer zu verkrampften Handhaltung oder einer zu kopflastigen Sitzposition. Beides führt zu starkem Druck auf die Nervenkanäle der Hand bzw. des Handgelenks. Die Hände sollten in Aeroposition in der natürlichen Verlängerung der Unterarme stehen. Ein dauerhaftes Abknicken, gerade im Wettkampf, führt zu teilweise sehr unangenehmen Schmerzen in dieser Region.

7.3.2 Ellbogen und Arme

Sind die Hände zu verkrampft, führt das oft zu einem gestreckten Ellbogen beim Fahren auf dem Renn- oder Unterlenker. Der gebeugte Ellbogen fungiert jedoch als eine Art Stoßdämpfer, der Unebenheiten in der Fahrbahn abfedern kann. Ist der Ellbogen zu gestreckt, werden diese Schläge von unten über das Rad in den Körper des Athleten übertragen, was zum einen unangenehm wird und Schmerzen verursachen kann und zum anderen das Handling des Rads negativ beeinflusst.

Oftmals sieht man entgegenkommende Radfahrer mit einer Armhaltung eines Bahnradsprinters, also nach außen zeigenden Ellbogen, was bezüglich der bereits genannten Aerodynamikaspekte ein ziemlicher Super-GAU ist.

7.3.3 Nacken, Schultern und Gesicht

Durch Schmerzen zu Grimassen verzerrte Gesichter kennen wir alle, wenn wir Bilder von Wettkämpfen sehen. Die angespannte Gesichtsmuskulatur mit dem Blecken der Zähne führt aber gleichzeitig auch zu einer höheren muskulären Spannung in der Nacken- und Schulterregion.

Es empfiehlt sich daher, auch im Moment des Leidens, das Gesicht weitestgehend zu entspannen, nicht die Zähne aufeinanderzubeißen, sondern paradoxerweise bewusst locker zu lassen.

7.3.4 Oberkörper

Der Oberkörper sollte möglichst ruhig gehalten werden. Ein Wippen mit dem Oberkörper ist oft eine Folge einer ungünstigen Kraftübertragung bzw. Sitzposition, kann aber auch mit einer zu schwach entwickelten Rumpfmuskulatur erklärt werden.

7.3.5 Füße und Zehen

Ein Krallen der Fußzehen sollte vermieden werden, denn die Fuß- und Unterschenkelmuskulatur wird dadurch sukzessive ermüdet. Dummerweise braucht man im Triathlon diese Körperregion für das Laufen, sodass auf entsprechende Entlastung auf dem Rad geachtet werden sollte. Ein bewusstes Treten mit dem Mittelfuß kann ein solches Krallen umgehen.

7.4 Sitzposition

Ich möchte hier gar kein allzu großes Fass aufmachen, denn schließlich bin ich kein Bikefitter und möchte das auch gar nicht sein. Ich möchte die vielleicht größten Fehler zu diesem Thema aufzeigen. Analog zum Coachingwesen gibt es zum Teil sehr unterschiedliche Ansichten beim Thema Sitzposition.

Bike-Fitting stellt noch ein sehr junges Gebiet dar, Standards sind noch nicht ausreichend etabliert. Einige Fitter haben jedoch sehr krude Ansichten, die man dann im Wettkampf als Außenstehender zu Gesicht bekommt. Meine Kritik bezieht sich dabei im Wesentlichen auf die Sitzhöhe und die Position der Schuhplatten (Cleats).

7.4.1 Sitzhöhe

Lediglich 20-30 % aller Triathleten fahren mit einer optimalen Sitzhöhe. Das Gros der Athleten sitzt viel zu hoch, eine zu tiefe Sattelhöhe findet man eher selten. Wenn im untersten Punkt der Kurbelumdrehung, also in der 6-Uhr-Stellung auf einer imaginären Uhr, der Athlet die Fußspitzen sehr weit unterhalb der Höhe der Ferse abkippen muss, dann kann keine optimale Kraftübertragung gewährleistet sein, zumal dabei die Wadenmuskulatur sehr stark angespannt werden muss.

Da wir uns aber im Gesamtbild Triathlon bewegen, müssen wir auch die Zusammenhänge der drei Disziplinen berücksichtigen. Wird die Wade zu sehr beim Radfahren beansprucht, so findet das Laufen im Wettkampf in einem bereits zu vorermüdeten Zustand statt. Ein zu weit oben montierter Sattel bewirkt weiterhin eine sehr starke Beckenkippung nach links und rechts, um den Fuß weiter nach unten zur 6-Uhr-Stellung der Kurbel zu drücken. Diese Beckenkippung sorgt zudem für mehr Unruhe im Oberkörper.

Oft kann man bei zu hohem Sattel beobachten, dass Athleten zu sehr auf dem Sattel hin- und herrutschen, denn ein Sitzen auf der vorderen Kante des Sattels verringert den Weg, den der Fuß nach unten zurücklegen muss. Dieses zu hohe Maß an horizontaler Bewegung führt sehr oft zu Hautirritationen, dem sogenannten *Wolf* oder auch verstärkt zu

Entzündungen im Dammbereich, durch das Abreißen von Körperhaaren in dieser Region, unter Radfahrern auch besser als Sitzpickel bekannt.

Ist der Sattel zu hoch eingestellt und gleichzeitig der Lenker sehr tief, so ist unter Umständen keine optimale Kraftübertragung möglich, der Winkel in der Hüfte zu spitz und die Durchblutung in der Beckenarterie und, daraus resultierend, im gesamten Oberschenkel nicht optimal gewährleistet.

Abb. 49: Zu aggressive Sitzposition mit zu viel Zug auf der Rückenfaszie

Ein weiterer Punkt, den ich in den letzten Jahren verstärkt in diesem Zusammenhang beobachten konnte, ist, dass eine zu aggressive und tiefe Sitzposition die Entstehung des Beschwerdebilds Plantarfasziitis, also einer Entzündung der Fußsohlensehne, fördert. Als ein möglicher Grund hierfür könnte ein zu großer Zug auf der Rückenfaszie angeführt werden, die vom Hinterhaupt über die gesamte Rückseite des Körpers bis unter die Fußsohle zieht.

Bei der Sitzhöhe sollte man den Unterschied zwischen dem Sitzpolster einer Radhose für das Training und des deutlich dünneren Einsatzes des Wettkampfanzugs im Blick behalten und bei einer großen Differenz die Sitzhöhe für den Wettkampf gegebenenfalls etwas nach unten korrigieren.

7.4.2 Schuhplattenposition

Dieser Bereich ist mir über die Jahre zu einer Art Herzensangelegenheit geworden, denn zum ersten Mal stutzig bezüglich der Arbeit so mancher „Sitzpositionsverschlimmerer" bin ich 2010 geworden, als ein Sportler in der Vorbereitung auf den Ironman® Lanzarote während eines Radblocks mit gleichzeitig reduziertem Laufumfang über Achillessehnenschmerzen geklagt hat. Ich habe damals sein Trainingstagebuch von vorne nach hinten und wieder zurück durchgeschaut, um etwaige Überlastungen zu entdecken.

Ich habe mir damals lange den Kopf zerbrochen, bis ich auf die Idee kam, mir mal die Cleatposition seiner Radschuhe zeigen zu lassen. Die Cleats waren am vordersten Ende der Verstellmöglichkeiten durch einen Fitter montiert. Diese Cleateinstellungen haben sich seitdem mehrere Male bei sehr vielen Athleten wiederholt, sodass ich leider ganz klar nicht mehr von einem Einzelfall sprechen kann.

Wie bereits oben erwähnt, ist Radvermessung ein relativ neues Feld, die Studienlage ist noch sehr jungfräulich, es gibt noch keinen gesicherten Standard. Wenn man jedoch selbst mal Rad gefahren ist, diverse Pedalpositionen getestet, gespürt und/oder das kleine Einmaleins der Biomechanik verstanden hat, dann braucht man keine aufwendigen Untersuchungen. Wenn man dann die Sportart Triathlon und insbesondere die Langdistanz in der Komplexität und dem Zusammenspiel der einzelnen Disziplinen und die jeweiligen Anforderungsprofile der Einzelsportarten verstanden hat, dann kann man sich leicht erarbeiten, dass im Triathlon eine Cleatposition ganz vorne nicht sinnvoll zu sein scheint. Durch diese Position erhöht sich nämlich signifikant die Last auf der Achillessehne und der Wade.

Abb. 50: Tretpiktogramm

Genau diese beiden Bereiche werden aber beim nachfolgenden Laufen sehr stark beansprucht und sollten noch in halbwegs frischem Zustand nach dem Radfahren sein. Daraus ergibt sich für mich die Notwendigkeit, die Cleats tendenziell ganz nach hinten zu schieben, um eben diese Last zu verringern. Hinzu kommt, dass sich durch Verschieben der Cleats nach hinten, die Möglichkeit, Druck auf das Pedal in der vortriebswirksamen Phase auszuüben, deutlich verbessert. Dadurch befinden sich mehr Anteile des Fußes über der Pedalachse und eben nicht nur der Vorfuß wie bei ganz nach vorne geschobenen Cleats.

Eingeschlafene Füße oder ein Brennen unter dem Ballen sind oft die Folge vorne zu enger Radschuhe oder aber eben einer zu weit vorne montierten Schuhplatte, denn dadurch nimmt der Druck in der Vorfußregion deutlich zu. Dies kann die Durchblutung hemmen und Nervenstrukturen reizen. Das nachfolgende Schaubild soll die Auswirkungen einer falschen Cleatposition verdeutlichen.

Doch schlimmer geht es immer, denn, auf Rückfrage einiger Athleten, hat manch einer bemerkt, dass einige Bikefitter sich teilweise nicht mal die Cleatposition am Schuh angeschaut haben. Die Einstellung der Platten ist aber absolut elementar, denn dadurch ergeben sich erst die anderen Parameter, wie Sattel- und Lenkerhöhe.

7.5 Radbeherrschung

Zum schnellen und erfolgreichen Radfahren bedarf es nicht nur jeder Menge Druck auf dem Pedal, sondern auch noch einiger anderer Fertigkeiten, die leider bei manchen Triathleten nur schwach entwickelt sind. Zum Gesamtpaket des schnellen Radfahrens zählt auch eine entsprechende Kurventechnik, ein richtiges Timing in Bezug auf den Gangwechsel und ein effektiver Wiegetritt. Auch das Bergabfahren bringt ein gewisses Leistungspotenzial mit sich, das zum Teil nicht wirklich angezapft wird.

Ein weiterer wichtiger Aspekt ist das Radfahren bei unterschiedlichen Witterungsbedingungen. Ich kann immer wieder sehen, dass die oft zitierten Schönwettersportler ihre liebe Mühe im Wettkampf bei schlechtem Wetter haben. Wie bei so vielen Dingen im Sport macht die Übung bekanntlich den Meister.

Gerade das immer populärer werdende Indoortraining auf dem Rollen- oder Smart-Trainer lässt die oft sowieso schon unterentwickelten Handling Skills noch weiter verkümmern. Dem Thema Indoortraining werden wir uns noch gesondert widmen.

Beherrscht ein Sportler sein Sportgerät sicher, so steigt das Selbstvertrauen und er wird sich dadurch sicherer auf dem Rad fühlen. Diese Psychokomponente sollte nicht außer Acht gelassen werden!

7.5.1 Kurventechnik

Eine bestimmte Kurventechnik zu beschreiben, fällt mir schwer, denn je nach Kurvenwinkel und Neigung und Gefälle der Straße ist eine unterschiedliche Herangehensweise notwendig. Als entscheidenden Punkt an der Stelle möchte ich gerne mitgeben, dass die Physik beim Radfahren deutlich weniger früh an die Grenzen gerät, als man das im Allgemeinen glaubt.

7.5.2 Gangwechsel/Schalten

Das Schalten stellt viele Triathleten vor große Probleme, sie wissen einfach nicht, wann welcher Gang aufzulegen ist. Man sieht immer wieder das zu Beginn eines kurzen Anstiegs alles „abgebaut wird", also die Kette von rechts nach komplett links wandert. Das nimmt jedoch jeglichen Schwung für das Überwinden des Anstiegs.

Radfahren

Je nach Länge und Steigung des Anstiegs kann der Gang liegen bleiben und man „drückt die Welle weg" oder geht kurz aus dem Sattel und fährt im Wiegetritt weiter. Auf der anderen Seite wird oft zu spät ein Gangwechsel durchgeführt, also mit zu großem Gang zu lange in den Berg hineingefahren, bis der Schwung komplett verloren geht und ein Schalten fast zu spät kommt.

7.5.3 Wiegetritt

Beim Wiegetritt geht es darum, dass Körpergewicht effektiv zur Beschleunigung oder am Berg einzusetzen. Dazu muss das Rad unter dem Körper von der einen zur anderen Seite geneigt werden und zwar in Richtung des Beins, das sich in der Abwärtsbewegung der Kurbel befindet. Gerade Anfänger tendieren eher dazu, dass Rad senkrecht stehen zu lassen und den Körper von der einen zur anderen Seite zu neigen.

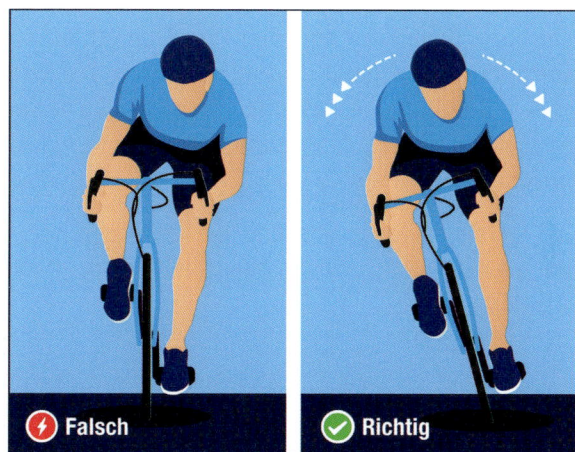

Abb. 51: Wiegetritt

7.5.4 Bergabfahren

Das Abfahren stellt für einige Triathleten eine Form von Mutprobe dar. Sie trauen sich oftmals nicht, es bergab rollen zu lassen und verschenken damit leicht wertvolle Minuten im Wettkampf.

Sportler sollten wirklich daran arbeiten und Stück für Stück die Angst vor dem Bergabfahren verlieren. Hierzu braucht man vor allem etwas Vertrauen in das Material, sprich Fahrrad. Um die Angst vor Stürzen zu minimieren, sollten die folgenden Punkte beachtet werden.

7.5.4.1 Reifen

Die Reifen gehören zu den sicherheitsrelevanten Bestandteilen des Rades. Man ist gut beraten, nicht den billigsten Reifen zu nutzen. Einige Reifen werden mit einer farblich akzentuierten Lauffläche angeboten. Solche Reifen sehen durchaus apart aus, die Farbelemente sind der Haftung des Reifens allerdings nicht zuträglich. Die Seitenwand des

Reifens kann und darf durchaus eine andere Farbe aufweisen, die Lauffläche sollte jedoch schwarz sein.

Zusätzlich sollte der Reifen regelmäßig vor jeder Ausfahrt und insbesondere beim Training in den Bergen überprüft werden, ob er kleinere Schnitte in der Lauffläche aufweist, die zu einem Platten führen können.

7.5.4.2 Luftdruck

Der beste Reifen auf dem Planeten Erde bringt nichts, wenn der entsprechende Luftdruck dazu nicht passt. Es empfiehlt sich, vor jeder Ausfahrt den Luftdruck zu überprüfen. Butyl- und insbesondere Latexschläuche verlieren von Zeit zu Zeit Luft, sodass der Fülldruck sinkt. Man kann jedoch keine pauschale Empfehlung hinsichtlich des Luftdrucks abgeben.

Das Systemgewicht, bestehend aus Fahrer und Rad, die Reifenbreite, der Fahrbahnbelag und die Witterungsbedingungen spielen bei der Wahl des richtigen Luftdrucks eine wichtige Rolle.

7.5.4.3 Schnellspanner

Der Schnellspanner fixiert das Laufrad im Rahmen und sollte demnach auch mit einem gewissen Druck geschlossen sein. Traditionell überprüfe ich seit Jahren in Camps oder bei Trainingsevents, bei denen ich als Veranstalter die Verantwortung trage, den Sitz der Schnellspanner. Über den Daumen gepeilt, würde ich sagen, dass ca. ein Drittel aller Sportler den Schnellspanner nur sehr locker geschlossen hat.

Wenn nun die Materialaspekte geklärt und verbessert wurden, sollte sich somit schon etwas in Sachen Angst ablegen lassen. In Trainingcamps mit Triathleten sieht man erstaunlich oft, dass beim Abfahren die Kurbel in einer horizontalen Position gehalten wird, also beide Füße auf gleicher Höhe sind. Zum einen ist das muskulär fordernd, die Beine in dieser Waagrechten zu halten und zum anderen verliert man damit deutlich an Kontrolle über das Rad.

Wenn man stattdessen einen Fuß in der 6-Uhr-Stellung der Kurbel positioniert, verändert sich diese Kontrolle recht deutlich, da sich das Gewicht dieses Beins näher an der Straßenoberfläche befindet. Ich empfehle allen Sportlern mit Problemen beim Bergabfahren, auf wenig befahrener Straße und zu Beginn ohne Kurven zu üben. Folgende Übungskaskade könnte ich mir dahin gehend gut vorstellen.

Das Üben des Bergabfahrens bietet sich besonders dann an, wenn der Trainingsplan sogenannte *Kraftausdauerintervalle* vorsieht und es die Verkehrssituation zulässt. Die

Intervallpause wird somit effektiv genutzt. Um Sicherheit hierbei zu gewinnen, bieten sich unter anderem folgende Möglichkeiten des Bergabfahrens an:

- Rollen mit Kurbel in horizontaler Position;
- Rollen mit Kurbel in 6- und 12-Uhr-Position, um den direkten Unterschied zu spüren;
- Rollen mit verkrampften Händen;
- Rollen mit lockeren Händen und Fixierung mittels Daumen;
- Rollen mit Simulation einer Vollbremsung sowie
- Wiederholen der Punkte 1-5 bei nasser Straße.

Die Frage, ob man bergab kurbeln oder lieber rollen lassen soll, wird recht oft gestellt. Die Geschwindigkeit steigert sich linear, während der Krafteinsatz einen exponentiellen Charakter hat. Um also eine höhere Geschwindigkeit zu erzielen, muss ein entsprechend höherer Aufwand betrieben werden. Im Wettkampf können aber Bergabpassagen als Erholungsphasen und zur Verpflegung genutzt werden. Der höhere Energieaufwand steht dann nicht immer in günstiger Relation zum Geschwindigkeitszuwachs. Eine gute Regel könnte sein:

- > 50 km/h = rollen lassen, möglichst aerodynamisch sitzen;
- > 40 km/h = lockeres Kurbeln;
- > 30 km/h = normales Kurbeln.

7.6 Die Wahl des richtigen Rades

Als Triathlet hat man in der Regel drei unterschiedliche Trainingsmittel zur Verfügung:

- Zeitfahrrad,
- Rennrad und
- Mountainbike und/oder Crossrad (neudeutsch: Gravelbike).

Jedes Rad hat einen unterschiedlichen Einsatzbereich und kann ganz bewusst als spezifisches Trainingsmittel eingesetzt werden. Hierzu gibt es, wie sonst auch im Triathlon, unterschiedliche Ansätze. Oftmals wird das ausschließliche Fahren auf dem Zeitfahrrad zur möglichst spezifischen Anpassung an die Wettkampfposition gepriesen.

Für mich hat dieser Ansatz jedoch einige Schwachstellen, die ich gerne aufzeigen möchte. Ich bevorzuge eher einen Mix aus den oben genannten Radtypen, sofern diese in Besitz des Athleten sind. Gerade im Winter bietet sich der Einsatz eines geländegängigen Rades an. Rutschiger Untergrund und glitschige Wurzeln in Wald und Feld sorgen für ein verbessertes Handling. Richtiges Bremsen und eine sichere Kurventechnik werden dabei deutlich verbessert.

Ich würde daher die Grundlageneinheiten, gerade in der kalten Jahreszeit, verstärkt im Gelände absolvieren. Die langsamere Geschwindigkeit gegenüber dem Training auf der Straße und ein teilweise gegebener Windschutz im Wald lassen ein Training bei niedrigen Temperaturen eher zu. Als Gegenpol empfiehlt sich, das Zeitfahrrad auf dem Rollen- oder Smart Trainer zu nutzen, um früh in der Saison eine Gewöhnung an die Aeroposition zu gewährleisten. Ein Training mit dem Rennrad auf der Straße ist auch möglich, wenn man dabei einige Punkte und Tipps beachtet.

7.6.1 Radtraining im Winter

Das Radfahren auf der Straße im Winter ist zwar nicht jedermanns Sache, aber bei richtiger Durchführung und entsprechendem Equipment durchaus machbar.

7.6.1.1 Equipment

- Idealerweise ist der Athlet im Besitz eines alten Rennrads. In dieses Winterrad wandern immer die gebrauchten oder „ausgelutschten" Teile des Sommerrennrads, sodass diese dort auch noch eine sinnvolle Verwendung finden.
- Schutzbleche sind Pflicht. Eigentlich reichen Steckschutzbleche aus. Je länger diese sind, desto effektiver halten sie Nässe und Schmutz ab.
- 25-28-mm-Reifen. Ich nehme immer einen alten Schlauch, schneide ihn auf und klebe diesen mit dickem Klebeband von innen auf die Lauffläche. Der Reifen wird zwar dadurch etwas schwerer, bietet aber deutlich besseren Pannenschutz, den man durch vermehrte Glasscherben von Silvester und in manchen Regionen rund um die Karnevalszeit braucht.
- Kleine Blinklichter vorne und hinten, denn auch bei Tageslicht kann es durchaus mal sein, dass es schlechte Sichtverhältnisse gibt.
- Etwas kürzerer Vorbau als im Sommer, damit die Sitzposition weniger gestreckt ist und somit der Rücken etwas weniger bei der Kälte strapaziert wird.
- Eine Schlauchtasche mit Ersatzschlauch ist Pflicht. Ich habe im Winter immer Einweghandschuhe in dieser Tasche, denn bei einem Defekt werden die Hände durch die starke Verschmutzung immer rabenschwarz.
- Windweste und Regenjacke sind bei jeder Ausfahrt Pflicht und durchaus sinnvoll, auch wenn es nicht regnen sollte. Oftmals ist es nach einem sogenannten *Bäckerstopp* beim nachfolgenden Losfahren ziemlich kalt und man ist froh, wenn man eine zusätzliche Schicht anziehen kann.
- Zwei Paar Handschuhe! Ein dünnes und ein dickes Paar, um für alle Wetter gewappnet zu sein.
- Überschuhe sind ebenfalls Pflicht, denn über die Füße verliert man doch viel Körperwärme.

Radfahren

MERKE

Unter die Einlegesohle des Radschuhs zwei Lagen Alufolie legen, die ist superdünn und hemmt die Kälteentwicklung von unten.

- Socken, die weit über die Achillessehne hinausragen, damit diese entsprechend gewärmt ist.
- Helmunterziehmütze, ideal mit kurzem Schild, denn bei Regen kann das Schild nach unten geklappt werden und fungiert als Spritzschutz. „Emergency-Gel/Bar", denn auch bei vermeintlich kurzen Ausfahrten kann man im Winter viel schneller als im Sommer einen Hungerast bekommen. Die Kälte sorgt für einen gesteigerten Energiebedarf.
- Bargeld/EC-Karte, denn man weiß nie, ob sich das Wetter unter Umständen negativ entwickelt, sodass man mit Bus und Bahn nach Hause fahren muss.

7.6.1.2 Vor Fahrtantritt

- Den Luftdruck checken! Wichtig, denn bei zu niedrigem Druck und nassen Straßen haften Steine und Glasscherben schneller am Reifen und können zum Plattfuß führen.
- Kettenöl, denn durch Wasser und Salz rostet die Kette entsprechend schneller. Wenn während der Fahrt mal die Kette zu quietschen beginnt, kann man ganz wunderbar mit einem Isodrink oder Apfelschorle die Kette „on the Go" ölen!
- Das Wetter checken.
- Die Windrichtung checken. Ich empfehle, die Touren so zu wählen, dass man zu Beginn des Trainings gegen den Wind losfährt und mit dem Wind nach Hause fährt, denn der Gegenwind kostet extrem viel Energie im Winter und sorgt für ein verstärktes Auskühlen, gerade dann, wenn man müde und leicht „angeschossen" ist.

7.6.1.3 Während des Trainings

- Das Wetter am Himmel aufmerksam beobachten und eventuell eine Routenführung anpassen. Mitfahrer ohne Schutzblech MÜSSEN hinten fahren. Löcher in der Fahrbahn und insbesondere Scherben den Mitfahrern anzeigen.
- Regelmäßig essen, denn der Mann mit dem Hammer kommt im Winter oft unvermittelt.
- Bei Pinkelpausen und Defekten windgeschützte Stellen aufsuchen und sich mit der Brust in Richtung Sonne, sofern diese am Himmel zu sehen ist, drehen, damit die Brust gewärmt wird.

- Cool bleiben, wenn der Tacho eine geringe Geschwindigkeit anzeigt. Dass die Kälte negativen Einfluss auf das Material, die dicke Kleidung und die Muskulatur hat, ist vollkommen normal.
- Von Zeit zu Zeit auch mal die Handschuhe ausziehen, um das Kälteempfinden in den Händen zu reduzieren, denn auch im Sommer können mal Temperaturen von 10-12 Grad Celsius und Regen vorkommen, so wie beispielsweise beim Ironman® Frankfurt 2011.

7.6.1.4 Nach dem Training

- Schnellstmöglich aus den nassen, kalten Klamotten raus und unter die warme Dusche.
- Sich warm anziehen und unter Umständen auch in der Wohnung eine Wollmütze tragen.
- Zeitnahes Auffüllen der Speicher (Open-Window-Effekt) durch primär energiereiche Flüssigkeit. Im Winter trinkt man kältebedingt automatisch weniger als im Sommer, schwitzt aber dennoch und fährt sich ganz spielerisch in einen hypohydrierten Zustand. Es bieten sich Cola, heiße Schokolade und Apfelschorle an. Recovery Shakes müssen nicht nach jeder Ausfahrt zugeführt werden.
- Materialpflege: Möglichst zeitnah das Rad mit warmem Wasser reinigen. Insbesondere Antrieb (Kette, Kassette, Kettenblätter), aber auch die Bremsflanken der Felgen reinigen. Kommt ein Kettenentfetter zum Einsatz, um die Kette ordentlich von Salz und Schmutz zu befreien, dann bitte nicht vergessen, diese im Nachgang auch wieder erneut zu ölen.

FAZIT

Mit etwas Planung und Logistik ist das Fahren auf der Straße durchaus machbar. Einzige Ausnahme bleiben verschneite oder vereiste Fahrbahnoberflächen, damit das Einfahren der Erfolge im Sommer nicht durch Stürze im Winter gefährdet ist.

Mit steigenden Temperaturen im Frühjahr kann dann das Rennrad das MTB oder den Crosser sukzessive ablösen. Das Zeitfahrrad sollte weiterhin primär indoor genutzt werden, gerade bei schlechtem Wetter, um das Material für den Wettkampf zu schonen. In den letzten acht Wochen vor der Langdistanz würde ich ein fast ausschließliches Training auf dem Zeitfahrrad empfehlen, um gerade auch die längeren Ausfahrten sicher in der Aeroposition fahren zu können.

Allerdings besteht dabei eine gewisse Gefahr, denn mit sich zuspitzender Form und aerodynamisch optimiertem Material neigen viele Athleten dazu, fast jede Ausfahrt zu einer Tempodauerfahrt ausarten zu lassen. Ich erlebe es immer wieder, dass im Vorfeld der großen Langdistanzen im europäischen Sommer (Ironman® Frankfurt, Ironman® Hamburg, Challenge Roth etc.) die im Training gefahrenen Geschwindigkeiten schon sehr nahe an den späteren Wettkampfgeschwindigkeiten liegen.

Um sicherzustellen, dass Sportler in manchen Phasen der Vorbereitung wirklich langsam fahren, setze ich von Zeit zu Zeit bewusst das Rennrad als eine Art Handicap ein, denn damit wird das Fahren mit einem bestimmten „Schnitt" (Durchschnittsgeschwindigkeit) von vornherein konterkariert. Ein wichtiger Faktor für das dauerhafte Fahren in der Aeroposition im Wettkampf sind ausreichend viele Stunden in eben dieser Haltung im Training. Erfolgt der Umstieg auf das Zeitfahrrad zu spät und/oder wurde im Winter nicht dauerhaft auf der Rolle mit dem Rad trainiert, so sieht man das relativ deutlich im Wettkampf an der 120-140-km-Marke, denn ab da sind diese Sportler nicht mehr in der Lage, die Aerohaltung aufrecht zu halten.

7.6.2   Indoortraining

Die kalte und dunkle Jahreszeit stellt viele Triathleten immer wieder vor besondere Herausforderungen in Sachen Training. Insbesondere das Radtraining outdoor gestaltet sich in einigen Regionen als äußerst schwierig, denn dauerhaft kalte Temperaturen und Niederschläge in jeglicher Form heben das Infektionsrisiko deutlich an. Einige Athleten sind hart gesotten und fahren dennoch bei fast jedem Wetter draußen, andere wiederum haben eine deutlich „softere" Kältetoleranz.

Für die Forstbeulen bietet sich daher das Training auf der Rolle an, doch nicht nur sie, sondern eigentlich alle Triathleten können sehr stark vom strukturierten und bewusst eingesetzten Rollentraining profitieren.

Doch vorab ein kurzer Materialexkurs, um die unterschiedlichen Indoortrainer kurz zu erklären.

7.6.2.1   Spinning Bike

Viele Sportler wundern sich im Frühjahr, dass ihre Radleistungen nicht zum Trainingsaufwand des Winters auf dem Spinning Bike zusammenpassen. Grund dafür ist der fehlende Freilauf in Kombination mit den großen, schweren Schwungscheiben der Standräder. Die Kurbel wird nach dem Losfahren zu einem großen Anteil über diese Schwungscheibe bewegt, sodass der muskuläre Aufwand zur Überwindung des Widerstands deutlich geringer ausfällt als beim „echten" Radtraining.

Wenn das Spinning bewusst zur Verbesserung der Trittfrequenz eingebaut wird, ist es sinnvoll. Als alleiniges Trainingsmittel im Winter würde ich davon jedoch eher abraten, da ein falsches Tretmuster erlernt wird.

Da, wie bereits gelernt, der eigentlich limitierende Faktor auf der Langdistanz nicht im Herz-Kreislauf-System, sondern eher in der Muskulatur liegt, wird schnell klar, dass der Einsatz des Spinning Bikes keine allerhöchste Priorität im Training genießen sollte. Spinner trainieren ihr kardiovaskuläres System, ihre Hitzetoleranz, aber leider nicht ausreichend die Muskulatur.

7.6.2.2   Freie Rolle

Das Training auf der sogenannten *freien Rolle* kommt dem Fahren auf der Straße am nächsten, da sich beide Laufräder frei bewegen können. Hierzu stehen dem Fahrer ca. 30-50 cm breite Rollen zur Verfügung. Der Fahrer muss konzentriert sein und über einen ausgeprägten Gleichgewichtssinn verfügen.

Unfälle auf der freien Rolle, wenn Athleten links oder rechts von der Rolle runterfahren, sind keine Seltenheit. Daher bitte alle scharfkantigen und wertvollen Dinge aus dem Weg räumen. Besonders das Auf- und Absteigen will geübt sein, notfalls sich zur Gleichgewichtsfindung an einem festen Gegenstand (z. B. Türklinke, Fensterbank etc.) festhalten.

Hochintensive Intervalle sollten aus den genannten Unfallgründen nicht unbedingt auf der freien Rolle, sondern auf dem Turbo Trainer absolviert werden.

7.6.2.3   Turbo Trainer

Beim Turbo Trainer wird das Hinterrad eingespannt und läuft über eine entsprechende Walze. Der Widerstand kann hierbei manuell eingestellt werden. Seit einigen Jahren gibt es diese Trainer auch in der Direct-Drive-Variante. Hierbei wird das Hinterrad ausgebaut und die Kette läuft über eine auf dem Turbo Trainer befestigte Kassette.

Gerade bei Trainingseinheiten zur Entwicklung der Ausdauerkraft bringen diese Direct-Drive-Trainer deutlich mehr Realität ins Indoortraining, weil der Reifen nicht über die Walze rutscht und der Sportler das Gefühl hat, ins Leere zu treten. Die Geräuschentwicklung der Direct Trainer ist deutlich geringer als beim Einsatz der meisten „Walzen".

7.6.2.4   Smart Trainer

Die neueste Generation an Indoortrainern stellen die Smart Trainer dar. Das sind Trainingstools aus der Gruppe der Turbo Trainer, die über Bluetooth- oder ANT+-Verbindung mit entsprechenden Softwares und Apps kombiniert werden können.

Entweder kann man mit diesen Programmen vorab eingestellte Intervallprogramme fahren und bekommt dort den Widerstand in Watt automatisch vorgegeben oder man fährt in einer imaginären Fantasiewelt und treibt seinen Avatar mittels Muskelkraft an.

Abb. 52: Wahoo KICKR

7.6.3 Vorteile des Indoortrainings

Das Training in den eigenen vier Wänden ist ein wahrer Segen für alle Sportler mit geringem Zeitbudget. Anstatt sich ewig lang an- und auszuziehen, springt man in eine kurze Radhose, befüllt die Trinkflaschen und ist sofort abfahrbereit. Gerade bei kurzen Trainingseinheiten von 45-75 Minuten Dauer kann man das Verhältnis von Netto- zu Bruttotrainingszeit deutlich optimieren, indem die „Rüstzeiten" mit Aufpumpen der Reifen, Anziehen, Rad aus dem Keller holen etc. zeitlich verkürzt bleiben.

Beim Fahren auf der Straße gibt es (je nach Topografie und Verkehr) immer wieder Passagen, in denen man rollt oder stehen bleiben muss. Beides entfällt auf der Rolle, eine Stunde Training bedeutet 60 Minuten Treten. Die Tatsache, dass man sich nicht auf den Verkehr und stattdessen ganz dezidiert auf die Trainingsvorgabe konzentrieren kann, ist ein weiterer Pluspunkt für das Indoortraining. Wattvorgaben und Technikdrills können deutlich eher als auf der Straße umgesetzt werden.

Wird ein Spiegel vor dem Trainer aufgebaut, so wird auch die Möglichkeit gegeben sein, durch ein bewusstes Visualisieren und Trainieren die frontale Stirnfläche zu verringern und, daraus resultierend, auch die Aerodynamik verbessert. Wird zum Training ein Notebook, Tablet oder TV-Screen genutzt, so sollte dieser in der korrekten Höhe aufgehängt werden, um sicherzustellen, dass der Kopf in einer möglichst realistischen Position gehalten wird und man sich insbesondere, auf dem Aerolenker liegend, an genau diese Kopfhaltung gewöhnen kann.

Wenn es um die Anpassung an die Aeroposition geht, so ist darauf zu achten, dass Intervalle und höhere Intensitäten eben auch in dieser Position gefahren werden. In Ballungsgebieten kommt noch ein weiterer Aspekt hinzu, nämlich die Sicherheit. In den letzten Jahren ist die Zahl derer, die im Training Kontakt mit einem Auto hatten, deutlich angestiegen.

Als unfallträchtigster Monat hat sich in meiner Beobachtung der Juni in den letzten Jahren herausgestellt. Wenn das Rollentraining ohne irgendeine Form von Ablenkung (Musik, Trainings-Apps, Filme etc.) absolviert wird, so schult das durchaus die mentale Härte und hilft dabei, den Fokus ausschließlich auf sich und seine Bewegungen zu legen.

7.6.4   Nachteile des Indoortrainings

Radfahren bedeutet Freiheit. Wer schon mal Kindergesichter beobachtet hat, wenn sie das erste Mal alleine sturzfrei auf dem Rad gefahren sind, der weiß, von was ich hier schreibe. Der Aspekt der Freiheit kann leider auf dem Indoortrainer nicht abgebildet werden. Hinzu kommt, dass sich wahrscheinlich über 95 % aller Triathleten beruflich bedingt in geschlossenen Räumlichkeiten primär aufhalten.

Frische Luft kann generell nie schaden, das Rollentraining kann das nur sehr bedingt durch Öffnen der Fenster wiedergeben. Ein wichtiger Punkt ist die deutlich geringere Beanspruchung der Rumpfmuskulatur als beim Fahren auf der Straße. Kurvenfahren, Antritte nach Kurven, Seitenwind etc. bringen ein hohes Maß an Aktivität der kleinen stabilisierenden Muskeln im Rumpf mit sich.

Das Hauptproblem liegt hierbei in der Größe dieser Muskeln. Wie bereits beschrieben, sind diese eben recht klein und haben eine frühere Ermüdungstendenz als große Muskelgruppen. Im Wettkampf kann sich das durchs Indoortraining bedingte Vernachlässigen dieser Muskeln rächen, wenn ein Sportler im Rumpf früher ermüdet und entsprechend früher seine Aeroposition aufgeben muss.

Der Hauptkritikpunkt hinsichtlich des Rollentrainings ist, dass sich das Handling des Rades draußen verschlechtert. Wenn man sich manche Sportler am einzigen Wendepunkt des Ironman® Hawaii in Hawi anschaut, weiß man, dass sie zwar kraftvoll in die Pedale treten können, Radfahren können sie aber eigentlich nicht. Die bereits schon angesprochenen Handling Skills gilt es, auf jeden Fall als Gegenpol zum Rollentraining in einen Trainingsplan zu integrieren.

Die meisten Triathleten sind keine wirklich guten Techniker, Kurvenfahren, Auf- und Absteigen, Wählen des richtigen Bremspunkts und korrektes Schalten sind in der Regel eher schlecht entwickelt. Auch auf Topniveau auf den kürzeren Strecken, sprich Bundesliga oder sogar ITU World Cup, sieht man Stürze ohne Fremdverschulden, die ausschließlich auf Fahrfehler des Athleten zurückzuführen sind. Das Training auf der Rolle wird dies leider nicht verbessern.

Als weiteren Kritikpunkt möchte ich die fehlende „Abhärtung" anführen. Viele Triathleten fahren erst bei Temperaturen über 12 Grad Celsius auf der Straße und dann auch nur bei schönem Wetter. Triathlon ist und bleibt eine Outdoorsportart, man ist also den Witterungsbedingungen ausgesetzt. Wer nur bei Topbedingungen auf dem Rad sitzt, wird im Wettkampf bei schlechterem Wetter seine Mühe bekommen. Bei solchen Athleten spielt der Kopf dann oftmals im Rennen nicht mehr mit und/oder ihre Radzeiten sind katastrophal, weil sie das Fahren bei widrigen Bedingungen schlichtweg nicht beherrschen, da sie es nicht trainiert haben.

Radfahren bei einstelligen Temperaturen härtet ab, die „Gesamtrobustheit" steigt an. Im Englischen gibt es da einen sehr passenden Begriff, nämlich *Stamina*.

Ein nicht zu unterschätzender Faktor ist das gesteigerte Schwitzen, selbst wenn ein Ventilator im Einsatz ist. Mit dem Schwitzen verliert der Körper entscheidende Flüssigkeit und Elektrolyte. Wird dieser Verlust während bzw. nach dem Training nicht adäquat ausgeglichen, so verlängert sich die Regenerationszeit nachfolgend. Die fehlenden seitlichen Kippbewegungen des Rades und die damit verbundene, relativ starre Sitzposition in Kombination mit einer ansteigenden Körperkerntemperatur durch den fehlenden Fahrtwind lassen das Training deutlich intensiver werden.

Es empfiehlt sich, im Vergleich zu den Wattwerten des Outdoortrainings 15-20 Watt auf der Rolle weniger zu treten, um am Ende mit Summe aller ermüdenden Faktoren den gleichen Trainingsreiz zu erhalten. Muss eine geplante Radeinheit witterungsbedingt von der Straße auf den Rollentrainer verlegt werden, so empfiehlt es sich, den zeitlichen Umfang um 30-50 % zu reduzieren.

Inhalte, also Intervalle oder Technikübungen, können und sollten jedoch eins zu eins indoor gefahren werden. Die Dauer des Ein- und Ausfahrens wird dann entsprechend gekürzt. In meinen Augen eignet sich der Rollentrainer nicht optimal zum Training der Grundlagenausdauer. Einheiten jenseits der Zwei-Stunden-Marke sind mental extrem erschöpfend.

Mit ansteigender Hitzeentwicklung und dem daran gebundenen Verlust von Flüssigkeit und Elektrolyten steigt bei gleichbleibender Intensität die Herz-Kreislauf-Belastung sukzessive mit der Dauer an und verfehlt unter Umständen damit die ursprüngliche Intention der geplanten Trainingseinheit.

Wenn ein Sportler sich in der Vorbereitung auf ein frühes Rennen in der Saison, also beispielsweise dem Ironman® South Africa, befindet, dann können durchaus auch mal längere Einheiten auf der Rolle absolviert werden. Für Sportler mit Saisonhöhepunkt im Juni oder Juli sehe ich keine wirkliche Notwendigkeit, lange Einheiten nach drinnen zu verlegen. Für mich liegt der große Vorteil der modernen Rollentrainer im präzisen Absolvieren von Intervallen und in der Möglichkeit, konzentriert und ungestört Technikübungen zu absolvieren.

Seltsamerweise liest man in Athletenprofilen in den sozialen Medien, die ihr Outdoortraining absolviert haben, niemals den Begriff *Pain Cave*, bei den Indoortrainierenden jedoch fast inflationär. Eine dreistündige Ausfahrt bei einstelligen Temperaturen und einsetzendem Regen wird ganz sicher auch wehtun. Der Begriff Pain Cave ist für mein Empfinden zu negativ belastet und impliziert, dass das Training automatisch mit Schmerzen verbunden sein muss und irgendwie keinen Spaß machen darf, oder? Und genau diesen Eindruck habe ich in den letzten Jahren immer mehr gewonnen.

Manche Athleten sind nur noch auf Optimierung jedweder Art aus, der Spaß bleibt dabei aber irgendwie sehr oft auf der Strecke. Interessanter Einwurf an der Stelle ist, dass wahrscheinlich 90 % aller Bilder, die vom Rollentraining in den sozialen Medien kursieren, auf dem Unterlenker fahrend, gezeigt werden, also die Möglichkeit, effektiv und konzentriert am Training der Aeroposition zu arbeiten, nicht genutzt wird. Wenn man cave nicht in englischer Sprache interpretiert, sondern ins alte Rom schaut, so ergibt sich eine gewisse Doppeldeutigkeit, denn dort bedeutet cave: Hüte dich!

Nachfolgende Übersicht soll vermitteln, zu welchem Zeitpunkt des Trainingsprozesses welche der genannten Trainingsmittel zum Einsatz kommen sollten.

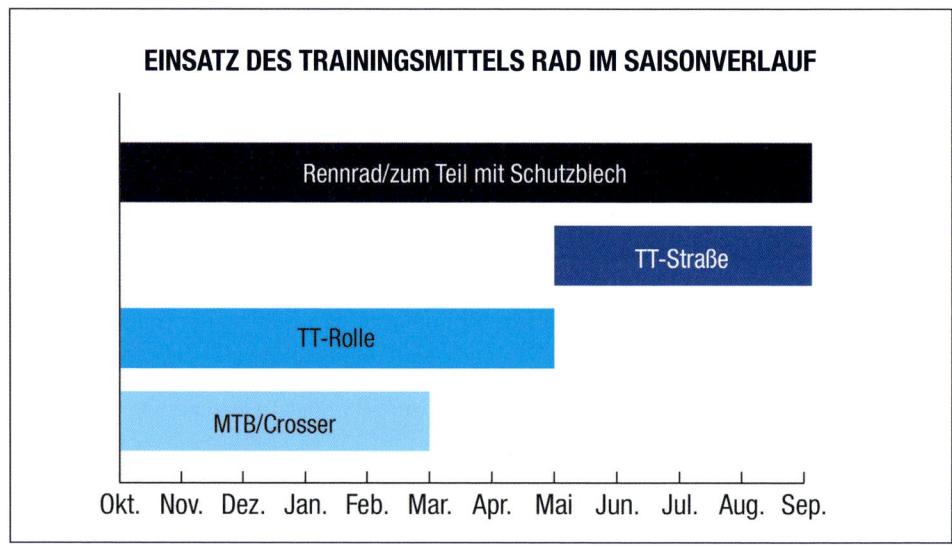

Abb. 53: Einsatz des Trainingsmittels Rad im Saisonverlauf

7.6.5 Trainingssoftware und Apps

An dieser Stelle möchte ich noch kurz auf die Vor- und Nachteile der neuen Softwaremöglichkeiten des Indoortrainings eingehen.

7.6.5.1 Pro

Durch die Animation des Radfahrers in einer virtuellen Welt und das Verfolgen anderer Sportler vergeht die Zeit des Trainings unglaublich schnell. Einheiten, die ansonsten eher stupide verlaufen sind, werden durch den Einsatz des Games echt kurzweiliger. Eine einfach aufzumachende Rechnung ist, dass mit dem gestiegenen Spaß auch die Regelmäßigkeit im Training Einzug hält.

Diese Regelmäßigkeit gemäß dem seit Jahren von mir gepredigten Begriff der *Kontinuität des spezifischen Reizes* führt zum Erfolg. Das „Verabreden" zum gemeinsamen Training auf der gleichen Strecke sorgt dafür, dass Rollentrainingseinheiten auch bei schlechter tagesformabhängiger Motivationslage absolviert werden, denn schließlich ist man, wenn auch nur virtuell, verabredet.

Längere Einheiten auf der Rolle, die für frühe Rennen wie Ironman® Südafrika oder Neuseeland notwendig sind, können nun auch auf der Rolle nahezu eins zu eins absolviert werden.

7.6.5.2 Kontra

Das Fahren „gegen" andere Sportler, wenn auch nur in einer virtuellen Welt, führt leider sehr oft unweigerlich zu einem Wettkampf. Man lässt sich eben nur ungern abhängen und versucht, selbst im normalen Trainingsmodus, das Hinterrad des Vordermanns zu halten. Die Gefahr, dass man somit immer etwas „am Plan vorbeitrainiert", ist relativ groß. Die latent vorhandene zu hohe Intensität führt leider sehr häufig zu einem nicht optimal ausgeprägten Fettstoffwechsel.

Interessanterweise sind die Sportler, die sich nahezu ausschließlich auf der Rolle für eine Langdistanz vorbereiten, sehr häufig die Sportler, die im letzten Viertel der 180-km-Radstrecke ihre liebe Mühe bekommen, weil ihre Laktatbildungsrate trainingsbedingt nicht im gewünschten Bereich liegt und der Kohlenhydratverbrauch zu hoch ist, also eine zu schnelle Entleerung der körpereigenen Glykogenspeicher anzutreffen ist.

Der Frust ist nach dem Wettkampf bei solchen Sportlern sehr groß, denn sie haben sich ja in ihren Augen sehr zielgerichtet durch das Indoortraining vorbereitet, aber dabei zu oft auf das falsche Pferd gesetzt.

Wer sich auf besondere Aspekte der Tretbewegung konzentrieren möchte, wird unter Umständen zu sehr durch die Avatare in der animierten Grafik abgelenkt. Das für eine Langdistanz notwendige „Mitsichsein" kommt dabei auch zu kurz. Nur, wer es im Training simuliert hat, sich nicht durch externe Stimuli (Musik, TV oder eben Zwift®) durch das Training zu mogeln, sondern sich ganz bewusst nur mit sich beschäftigt, wird im Wettkampf die Konzentration hochhalten können.

> **FAZIT**
>
> Man sieht recht deutlich, dass Fluch und Segen ganz nah beieinanderliegen. Als Fazit möchte ich gerne mitgeben, dass nicht nur das Fahren auf der Straße ODER das Fahren auf der Rolle alleine besser oder effektiver ist.
>
> Die alten Lateiner wussten mit *dosis facet venenum*, dass von allem ein bisschen besser ist als von einer Sache zu viel.
>
> Kurzum: Der Mix macht den Unterschied und wer beide Elemente, also Straße und Indoortraining, bewusst einsetzt, wird sein Radfahren auf ein neues Niveau heben können.

7.7 Allgemeine Tipps

Bevor wir uns nun wirklich final mit dem eigentlichen Radtraining beschäftigen, hier noch einige allgemeine Tipps zum Radfahren.

7.7.1 Bekleidung

Vergleicht man Radfahrer und Triathleten im Training, so fällt recht häufig auf, dass Triathleten meistens optimistischer gekleidet sind, also häufig zu dünne oder zu wenig Kleidung tragen. Gerade im Frühjahr mit den ersten Sonnenstrahlen und insbesondere auf der Deutschen liebster Insel Mallorca neigen Triathleten dazu, bei zu frischen Temperaturen schon in kurzer Hose und kurzem Trikot zu fahren, ohne vorher einen Blick auf das Thermometer zu riskieren.

Im Training sollte bewusst Kleidung nach dem Zwiebelprinzip genutzt werden, sodass man auf die jeweiligen Veränderungen reagieren kann. Arm- und Beinlinge sowie eine Windweste nehmen nur geringes Packmaß ein. Das Tragen eines Funktionsunterhemdes reduziert die Gefahr von Erkältungen signifikant.

Immer wieder kann man Sportler sehen, unter deren Radhose sich eine Unterhose abzeichnet. Das Tragen einer solchen Unterhose kann zu massiven Irritationen im Sitzbereich führen, insbesondere dann, wenn diese aus Baumwolle ist und sich mit Schweiß vollsaugt. Radhosen sollten nur einmalig getragen werden und nach dem Training gewaschen werden. Wird eine Hose mehrmals getragen, so können die getrockneten Salzkristalle aus dem Schweiß im Sitzpolster hängen bleiben und zu Infektionen im Dammbereich führen.

Der Einsatz einer Gesäßcreme ist dringend zu empfehlen, um die Haut in diesem Bereich zu schützen. Wird man im Training dennoch durch Regen heimgesucht und hat keine Regenjacke dabei und die Luft kühlt sich stark ab, so kann ich empfehlen, eine Zeitung an der Tankstelle oder im Supermarkt zu kaufen und diese im Brustbereich unter das Trikot zu stopfen. Ein Trick, der seit Jahrzehnten unter anderem auch bei der Tour de France Anwendung findet.

MERKE

Mehr Kleidung bedeutet weniger gesundheitlichen Stress und, daraus abgeleitet, weniger Trainingsausfall.

7.7.2 Werkzeug, Schlauch und Pumpe

Das Radfahren stellt die Disziplin mit dem größten Risiko eines technischen Problems dar. Daher sollte man für einige Eventualitäten gewappnet sein. Ein Ersatzschlauch (mit passender Ventillänge oder einer Ventilverlängerung für Aero-Laufräder), Reifenheber und eine Pumpe oder CO_2-Kartusche sollte immer mitgeführt werden, um einen Plattfuß zu beheben.

Leider muss ich immer wieder feststellen, dass ein sehr großer Anteil der Sportler entweder kein Pannen-Kit dabeihat oder keinen blassen Schimmer davon hat, wie man dieses überhaupt anwendet. Ich empfehle daher dringend, den Schlauchwechsel zu üben, entweder nach der Do-it-yourself-Methode oder aber durch aktives Nachfragen beim Radhändler des Vertrauens.

Mancher Radhändler bietet Basis-Schrauberworkshops im Winter an, die ganz sicher eine gute Investition in Sachen Zeit und Geld darstellen. Reißt im Training mal ein Reifen auf und der Schlauch schaut seitlich raus, so kann man dieses Loch ganz wunderbar mit der Verpackungsfolie eines Gels oder Riegels stopfen. Ein Mini-Tool mit Inbusschlüsseln und Kettennieter sollte ebenfalls in der Schlauchtasche zu finden sein, die unter dem Sattel montiert wird.

7.7.3 Trinkflaschen und Energieversorgung

Die Trinkflaschen sollten entsprechend der Länge und Intensität der geplanten Einheit gefüllt werden, ein Riegel oder Gel sollte immer an Bord sein, damit ein unerwarteter Blutzuckerabfall oder Hungerast abgemildert oder vermieden werden kann.

Die Trinkflaschen sollten direkt nach dem Training und nicht erst Stunden oder Tage später ausgespült oder in die Spülmaschine gestellt werden, damit sich keine Bakterien oder Schimmelpilze in der Flasche ansiedeln.

7.7.4   Radcomputer

Wer hat das noch nicht erlebt, dass der Radcomputer mitten im Training ausfällt, weil der Akku zu schwach ist. Besonders ärgerlich ist dies, wenn man den Computer als Navigationshilfe einsetzt. Von daher sollte man sich analog zum Auswaschen der Flaschen angewöhnen, den Computer direkt nach dem Training an den Strom zu hängen, damit dieser ausreichend für die kommende Ausfahrt aufgeladen ist.

7.7.5   Radpflege

Wie ich bereits in Kap. 7.1 angesprochen habe, sollte das Rad immer in einem einwandfreien und intakten Zustand sein. Dazu braucht es etwas Pflege, besonders nach Regenfahrten. Mit etwas Routine dauert das Putzen eines Rades nur wenige Minuten, verlängert die Haltbarkeit des Rades, reduziert Reibungen und Geräusche und macht deutlich mehr Spaß als ein Rad in schlecht gewartetem Zustand.

Besondere Aufmerksamkeit sollte auf das Entfernen von Schweiß nach dem Indoortraining gelegt werden, denn dieser lässt so manches Teil am Rad schneller korridieren. Entweder man montiert zwischen Sattelstütze und Vorbau einen Schweißfänger oder trocknet das Rad nach getaner Arbeit ab.

7.7.6   Mobiltelefon, Ausweisdokument und Geld

Ein Telefon gehört heute zur Grundausstattung eines jeden modernen Menschen, ist also eigentlich immer am Mann. Einige Modelle sind spritzwassergeschützt, andere jedoch sehr empfindlich. Entweder nutzt man eine spezielle Hülle oder einen einfachen Zip-Loc-Beutel. Letzteres hätte den Vorteil, dass in diesem Beutel noch der Personalausweis oder eine Kopie davon und etwas Bargeld oder Kreditkarte wasserdicht verstaut werden könnten.

Eine Möglichkeit, seine Identität ausweisen zu können, sollte immer gegeben sein, besonders dann, wenn man alleine trainiert, sodass im Falle eines Unfalls Polizei und Rettungsdienst die Angehörigen informieren können.

7.7.7   Training in der Gruppe

Manche Trainingseinheiten können in einer Gruppe absolviert werden. Gemäß dem Prinzip „geteiltes Leid ist halbes Leid" werden die langen Grundlageneinheiten etwas ver-

Radfahren

träglicher. Da Sport ja auch einen sozialisierenden Charakter hat und ein Miteinander im Sport sehr begrüßenswert ist, möchte ich für das Training in der Gruppe einige Tipps und Verhaltensregeln mitgeben:

- Den Aerolenker nur in Führung fahrend nutzen, in den hinteren Reihen ist dies zu gefährlich, wenn man zum Bremsen erst nach unten an den Unterlenker umgreifen muss.
- Schlaglöcher und Hindernisse durch Handzeichen oder auf Zuruf an den Rest der Gruppe weitergeben.
- Essen und Trinken eher am Ende als an der Spitze der Gruppe, um den Rest der Gruppe nicht in Gefahr zu bringen.
- Kein „Vorderradstrecken", also die Vorderradnaben auf gleicher Höhe halten und nicht immer einige Zentimeter vor dem Nebenmann.
- Wenn der Vordermann aus der Führung geht, sollte das Tempo nicht ruckartig angehoben werden, sondern mit gleichem Tempo weitergefahren werden.
- Sollte ein Sportler aus der Gruppe körperlich in Schwierigkeiten sein, so muss das Tempo gedrosselt werden. Ein einfacher Merksatz lautet: Man fährt gemeinsam los und kommt auch gemeinsam wieder an!
- Im Fall einer Panne sollten die restlichen Gruppenmitglieder mithelfen oder die Pausenzeit nutzen, um zu pinkeln oder sich zu verpflegen. Ärgerlich ist es, wenn die Panne behoben ist, dann einer aus der Gruppe auf die Idee kommt, er könnte ja jetzt, wo alle bereit zur Weiterfahrt sind, Wasser lassen.
- Wenn die Gruppe beschließt, nach einer Pause wieder loszufahren, sollten alle zusammen „in die Gänge kommen", ein Trödeln ist im Sinne der Gemeinschaft zu vermeiden.
- Beträgt die Gruppengröße mehr als 15 Fahrer, so bietet es sich an, die Gruppe zu teilen und mit einigen hundert Metern Abstand hintereinander zu fahren.
- Im Grundlagentraining bietet es sich an, die Zeit in der Führung auf 15 Minuten Dauer zu begrenzen, damit alle Mitfahrer ebenfalls in den Genuss des Fahrens im Wind kommen.

7.7.8 Radsportveranstaltungen

Auch für Triathleten gibt es die Möglichkeit, an unterschiedlichen Radsportveranstaltungen teilzunehmen. Jedermannradrennen finden immer mehr Zuspruch, aber auch Radtouristikfahrten, kurz RTF, werden gerne von Triathleten besucht. Darüber hinaus gibt es noch die Möglichkeit, Lizenzradrennen oder Einzelzeitfahren zu bestreiten. Jede Form dieser Veranstaltungen hat ihr Für und Wider, einige dieser Punkte möchte ich anführen:

- RTFs bieten die Möglichkeit, abseits der sonst gefahrenen Strecken zu trainieren. Für Verpflegung unterwegs ist gesorgt. Diese Veranstaltungen sollten keinen Wettkampfcharakter haben und eher als Trainingsfahrt gewertet werden.

- Jedermannradrennen vermitteln zwar Tour-de-France-Feeling, bedeuten aber ein immens hohes Sturzrisiko, da das Gros der Teilnehmer das Fahren auf engstem Raum nicht gewohnt ist. Ich habe leider in den letzten Jahren immer wieder Sportler auf dem Weg zur Langdistanz sturzbedingt mit gebrochenem Schlüsselbein, Handgelenk etc. „verloren". Von daher würde ich wirklich eher für einen Verzicht plädieren, besonders bei widrigen Witterungsbedingungen ist die Gefahr zu groß.
- Lizenzradrennen sind ebenfalls als gefährlich einzustufen, allerdings sind lizenzierte Radsportler im Vergleich zu den Jedermännern Steuerkünstler. Sie beherrschen ihr Sportgerät im Peloton deutlich besser. Das Leistungsniveau ist im Lizenzsport in der Regel höher als bei den Jedermannradrennen.
- Einzelzeitfahren kommen naturgemäß dem Triathlon am nächsten und warten mit geringerem Sturzrisiko auf. Allerdings sind einige Triathlonräder nicht konform mit dem Reglement des Radsportweltverbands (UCI) und müssten dann entsprechend umgebaut werden.

7.7.9 Radfahr-Knigge

Zu guter Letzt noch einige Tipps zum Umgang unter Radfahrern:

- Entgegenkommende Motorradfahrer grüßen seit jeher, indem sie eine Hand kurz vom Lenker nehmen, Radfahrer machen das eigentlich auch so. Bleibt die Frage, wo diese Etikette in den letzten Jahren abgeblieben ist?
- Wird man von einem oder mehreren Radfahrern überholt und man möchte im Windschatten mitfahren, sollte man höflich fragen, ob das so okay ist.
- Hat ein Radfahrer eine Panne und steht am Straßenrand, kann man durchaus seine eigene Geschwindigkeit reduzieren und fragen, ob er Hilfe braucht.

7.8 Radtraining

Wie eingangs erwähnt, hat das Radfahren auf der Langdistanz mit den größten Einfluss auf die Gesamtleistung. Daher wird relativ schnell auch klar, dass man im vorbereitenden Trainingsprozess hin zum Ironman®-Triathlon dem Training auf zwei Rädern eine große Aufmerksamkeit schenken sollte. Das Wissen um ein zielgerichtetes Radtraining ist erst in den letzten Jahren gestiegen.

In den 1990er- und 2000er-Jahren sah das Radtraining der meisten Triathleten sehr unstrukturiert aus. Im Schwimmen und Laufen hingegen wurden schon damals bis in die heutige Zeit überdauernde Trainingskonzepte entwickelt und erfolgreich angewendet. Das Radtraining fand meist eher stiefmütterlich statt und bestand in erster Linie daraus, auf dem Rad zu fahren, also meistens ohne Inhalte (Technik, Intensitäten etc.), man fuhr Rad und mehr auch nicht.

Mit der Entwicklung der Powermeter und der stetig steigenden Anzahl der Nutzer dieser Systeme hat sich das Radtraining konzeptionell stark verbessert.

7.8.1 Vorteile des Radtrainings

Radfahren zählt zu den Non-Impact-Sportarten, weist also im Gegensatz zum Laufen keine Stoßbelastungen auf. Das Auffangen der Aufprallenergie beim Laufen führt zu einer gesteigerten orthopädischen Belastung bis hin zu einem Überlastungsrisiko. Das Radfahren eignet sich daher gerade für orthopädisch anfällige Athleten oder Sportler, die ein relativ hohes Körpergewicht mit sich herumtragen, denn verletzungsbedingte Trainingsunterbrechungen gilt es auf jeden Fall zu vermeiden.

Hierzu ist jedoch eine korrekte Sitzposition notwendig, insbesondere Sattelhöhe und Cleatposition müssen auf den Sportler abgestimmt sein, um kumulierende Überlastungen bei gesteigertem Kilometerumfang zu verhindern.

Im Gegensatz zum Laufen ist das Training hochintensiver Intervallbelastungen für den Bewegungsapparat sicherer durchführbar. Das Training der Grundlagenausdauer wirkt wie ein wahres Katapult für die aerobe Kapazität und den Fettstoffwechsel. Hinzukommt, dass durch den Einsatz des wattgesteuerten Radtrainings die Belastungen sehr gut zu quantifizieren und kontrollieren sind.

7.8.2 Nachteile des Radtrainings

Stundenlanges Sitzen und Treten in einer durch die Sitzposition vorgegebenen, starren Position führt zu Beweglichkeitseinschränkungen im Hüftbeuger und in der Brustmuskelregion. Wird nicht mittels Mobility-Trainingseinheiten ausreichend Sorge dafür getragen, diese beiden neuralgischen Punkte beweglich und funktional zu halten, so hat das unter Umständen einen Einfluss auf die Wasserlage und die Streckung der Arme nach dem Eintauchen und somit auch auf das korrekte Anstellen des Unterarms.

Radfahren bedarf eines sehr großen Energieaufwands. Bei bergigen Etappen der Tour de France werden in 4-6 Stunden Fahrtzeit zum Teil mehr Kilokalorien verbraucht als in acht Stunden Ironman®-Triathlon auf Weltspitzenniveau. Bei beiden Belastungen werden bis zu 9.000 kcal Energie aufgebracht. Dieser Energieverbrauch liegt dabei etwa um 3,5-mal höher, als bei einem „normalen" Menschen pro Tag.

Der gesteigerte Energieaufwand sorgt für eine größere Ermüdung und braucht eine ausreichende Zeit zur Regeneration. Zeit, die Altersklassensportler durch die Verpflichtungen des alltäglichen Lebens nicht immer aufbringen können. Ein weiterer wichtiger Punkt gegen das Radtraining ist das durch den zunehmenden Verkehr rasant entwickelte Unfallrisiko. Mit jedem mehr gefahrenen Kilometer auf der Straße hat man heutzutage auch eine höhere Chance, in einen Unfall verwickelt zu sein.

Wenn man sich die Zielsetzung des Radtrainings genauer anschaut, bilden sich drei wesentliche Säulen heraus.

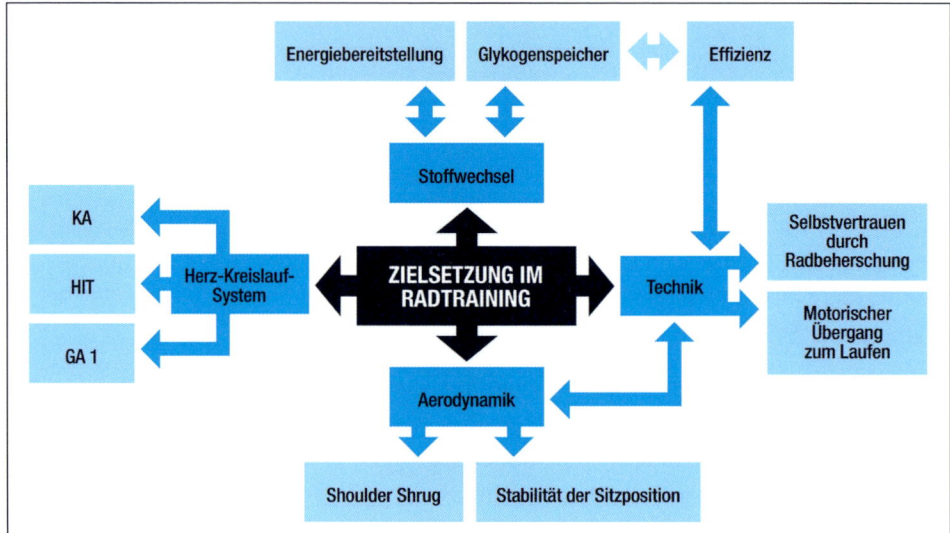

Abb. 54: Zielsetzung im Radtraining

Im Nachfolgenden werden wir uns en détail den jeweiligen Punkten widmen.

7.8.3 Techniktraining

Einige Leser werden jetzt etwas mit dem Kopf schütteln, denn von Techniktraining auf dem Rad haben sie bisher noch nie etwas gehört. Die Motorikkomponente ist auf dem Rad zwar weniger ausgeprägt als beispielsweise beim Schwimmen, aber dennoch vorhanden. Die Bewegungen des Athleten sind weitestgehend durch die Einstellung des Rads vorgegeben oder auch limitiert.

Das Ziel sollte jedoch sein, innerhalb dieses geschlossenen Systems mit höchstmöglicher Bewegungseffizienz unterwegs zu sein, um optimalen Vortrieb bei gleichzeitig niedrigem Energieverbrauch zu erzielen, um das im Anschluss stattfindende Laufen nicht im Vorfeld schon negativ zu beeinflussen. Zum Techniktraining zählt zwar auch das Erlernen der bereits erwähnten Handling Skills, doch hier und jetzt möchte ich mich eher der Tretbewegung als solcher widmen.

Die meisten Triathleten wissen um die Bedeutung des Techniktrainings beim Schwimmen und des Lauf-ABCs zur Verbesserung der Bewegungsökonomie, Motorik und der Koordination. Doch wenn es ums Radfahren geht, insbesondere beim Rollentraining in der kalten, dunklen Jahreszeit, trennt sich recht schnell die Spreu vom Weizen. Die meisten Sportler fahren stupide Einheiten mit wenig bis keinen Variationen in der Intensität, Trittfrequenz (TF) und/oder mit Technikanteilen.

In jeder Gruppenausfahrt auf der Straße kann man gravierende Unterschiede feststellen und Athleten mit guter und schlechter Bewegungsökonomie entdecken. Die Bewegungseffizienz, also mit welchem Energieverbrauch eine Bewegung durchgeführt wird, ist entscheidend für eine schnelle Radzeit und somit auch für das Gesamtergebnis im Triathlon, denn ein höherer Energieverbrauch beim Radfahren im Wettkampf hat naturgemäß auch einen starken Einfluss auf das nachfolgende Laufen.

Sportler mit effizienter Tretmotorik sind besonders effizient im obersten Teil der Bewegung, sie bekommen den Übergang vom Bewegen des Pedals nach hinten und oben zum nach vorne und unten gerichteten Anteil der 360-Grad-Bewegung geschmeidiger hin. Im unteren Teil der Bewegung führen sie den gegensätzlichen Übergang ebenfalls ohne Verschwenden von zu viel Energie durch.

Radfahrer mit schlechter Bewegungsökonomie sind in den jeweiligen Übergangsphasen vom Timing her meist zu spät dran und arbeiten dadurch immer mit einem Bein gegen das andere. Dies führt zu einem hohen Energieverlust. Wenn man jetzt eine Trittfrequenz von 80 U/min heranzieht, sind das 4.800 Bewegungen pro Stunde und bei einer Fahrzeit von z. B. 5:30 h auf der 180-km-Ironman®-Distanz sage und schreibe 26.400 Umdrehungen, die nicht effizient durchgeführt wurden. Message angekommen?

Daraus ergibt sich die Notwendigkeit des Trainings derRitteffizienz im Winter, gerade für Anfänger, aber auch für ambitionierte Athleten, die auf der Suche nach Leistungssteigerung sind.

Das Training auf der Rolle stellt die bequemste und zeiteffektivste Form des Radtrainings im Winter dar. Kein lästiges und langes An- und Ausziehen, kein mühseliges Befreien von Schmutz und Streusalz des Rads nach der Ausfahrt ist notwendig. In kurzer Radhose und Trikot und bei wetter- und tageslichtunabhängigen Verhältnissen zu trainieren, also perfekt für den arbeitenden Altersklassenathleten mit Familie. Ein weiterer Pluspunkt liegt darin, dass man bei 60 Minuten Fahrzeit auch wirklich 60 Minuten getreten hat.

Beim Training auf der Straße, gerade dann, wenn man in Großstädten oder Ballungszentren wohnt, tritt man zum Teil nur 50 Minuten pro Stunde Fahrzeit. Ampelstopps, Rollpassagen in Kurven und auf Bergabpassagen wirken sich negativ auf das Verhältnis von Netto- und Bruttofahrzeit aus. Wenn man jetzt noch bedenkt, dass man beim Indoortraining nur sehr schlecht von Autofahrern angefahren werden kann und man sich dadurch sehr gut auf die jeweilige Trainingseinheit konzentrieren kann, dann wird das Rollentraining zum Nonplusultra.

Viele Sportler haben jedoch eine starke Abneigung gegen das Training in geschlossenen Räumlichkeiten, sie finden es stupide und langweilig und absolvieren es eher widerwillig als mit Freude. Um sich die Zeit auf der Rolle dann zu versüßen, wird der Fernseher oder das Notebook zum Entertainment und zur Zerstreuung herangezogen.

Wenn man jedoch das Training der Tretmotorik in den Fokus heben möchte, sollte man bei solchen Einheiten eher Abstand von dieser Form des Entertainments nehmen, denn man wird schlichtweg nicht konzentriert sein. Ähnlich wie beim Laufen mit MP3-Player im Ohr, kann der Takt der Musik sich negativ auf die Bewegungsfrequenz auswirken.

Untersuchungen haben gezeigt, dass sich Sportler durch die Anzahl der Beats per Minute in ihrer Schritt- und Trittfrequenz beeinflussen lassen. Wer die folgenden Drills richtig umsetzen und spüren möchte, sollte bei der Ausübung auf Musik verzichten. Klingt nicht wirklich spannend, wird aber dadurch eine ganze Ecke effektiver. Age-Group-Sportler haben in der Regel nur ein begrenztes Zeitbudget, daher sollte jede Einheit einen möglichst großen Return on Invest (ROI) erzielen.

> **Zielsetzungen für diese Technikübungen sind:**
> - Verbesserung der Tretmotorik, um im Wettkampf höhere Trittfrequenzen zu realisieren. Einige Sportler haben auf leichten Bergabpassagen Probleme mit Kadenzen jenseits der 95 Umdrehungen pro Minute. Wer aber auf diesen Streckenabschnitten ebenfalls treten und nicht nur rollen lassen kann, wird selbstverständlich auch mit einer schnelleren Radzeit belohnt werden.
> - Verbesserung der inter- und intramuskulären Koordination und der Kraft. Beides führt im Wettkampf zu einem größeren Poweroutput, sprich, zu höherer Geschwindigkeit.
> - Erlernen, wie man ein Bein in der Tretbewegung entlasten kann. Dies kann im Wettkampf bei Krampfansätzen durchaus hilfreich sein.
> - Ein mindestens 10-minütiges Einfahren sollte jedem Techniktraining auf der Rolle vorgeschaltet sein. Hierzu im GA-1-Bereich in der jeweiligen, subjektiven Wohlfühl-Trittfrequenz fahren. Zum Messen der Trittfrequenz benötigt man einen entsprechenden Sensor oder einen Powermeter.

Bevor wir uns den einzelnen Übungen widmen, sollten wir nochmals genauer die eigentliche Tretbewegung anschauen und den immer wieder kursierenden Begriff des „runden Tritts" erklären.

Um die eigentliche Radfahrbewegung zu verdeutlichen, hat sich das Bild eines Zifferblatts etabliert. Man kann die Tretbewegung in vier einzelne Segmente einteilen:

- Druckphase,
- Gleitphase,
- Zugphase und
- Schubphase.

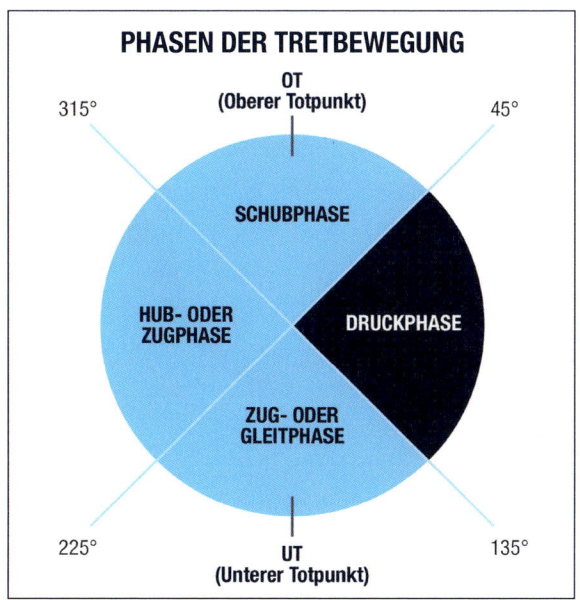

Abb. 55: Phasen der Tretbewegung

Innerhalb dieser 360-Grad-Drehbewegung gibt es zwei Totpunkte, der obere bei 12 Uhr oder null Grad, der untere bei 6 Uhr oder 180 Grad. Diese beiden Abschnitte verdanken ihren Namen daher, dass dort die vortriebswirksame Tangentialkraft nicht wirkt. Die Druckphase bildet den Abschnitt der Drehbewegung mit der höchsten zu messenden Tangentialkraft am Kurbelarm. In der Theorie und im Wunschdenken vieler Sportler soll das Bein, das nicht in der Druckphase, sondern in der Zugphase befindlich ist, aktiv nach oben gezogen werden.

Leider funktioniert das nicht wirklich, denn zum einen arbeitet man gegen die vorhandene Schwerkraft und die Muskelgruppe, die zum Hochziehen benötigt wird, die Rückseite des Oberschenkels (Hamstring), ist deutlich schwächer ausgebildet als die in der Druckphase eingesetzte Gluteal- und Quadrizepsmuskulatur. Ein aktives Ziehen nach oben, wie es früher gelehrt wurde, hat sich als nicht umsetzbar herausgestellt.

Stattdessen sollte der Fokus eher auf die Druckphase und ein schnelles Überwinden des unteren Totpunkts durch ein Ziehen des Fußes nach hinten und des oberen Totpunkts durch ein Schieben des Fußes nach vorne gelegt werden. Ovale Kettenblätter sollen dieses schnellere Durchlaufen der Totpunkte fördern. Es gibt jedoch in diesem Bereich nur eine schwache Evidenz für die Allgemeinheit aller Radfahrer. Der Einsatz eines solch ovalförmigen Kettenblatts kann aber individuell von Vorteil sein.

TRIATHLON ERFOLG AUF DER LANGDISTANZ

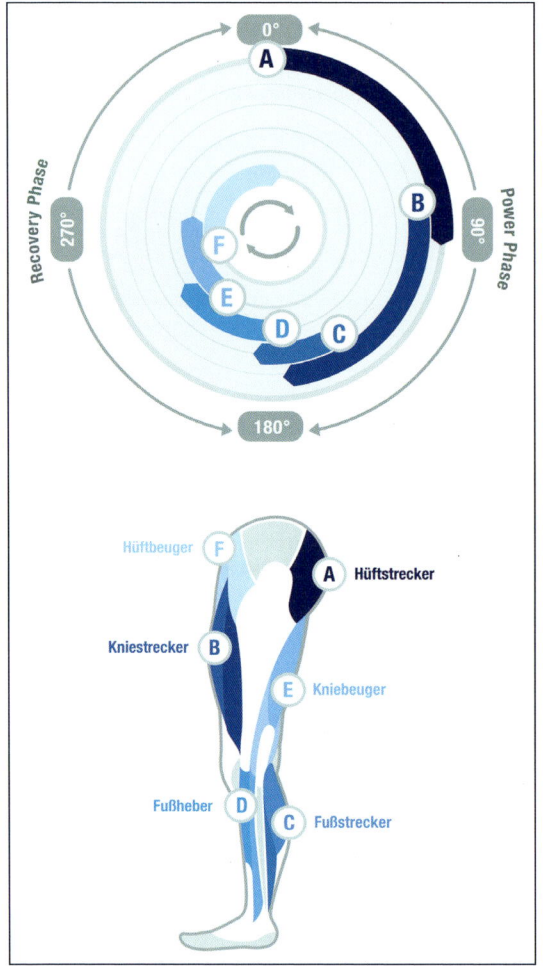

Abb. 56: Beanspruchte Muskulatur in den unterschiedlichen Tretphasen

Einige Sportler berichten von einer subjektiv besseren und geschmeidigeren Tretbewegung. Der Nachteil der ovalen Kettenblätter liegt in einem schlechteren Schaltkomfort und einer größeren Kettenschwingung, die sich negativ auf die im Antrieb entstehenden Reibungskräfte auswirken könnten.

MERKE

Meine Empfehlung an dieser Stelle: Versuch macht klug.

7.8.3.1 Einbeiniges Fahren

Der „Klassiker" unter den Technikübungen. Ein Fuß wird hierzu aus dem Pedal ausgeklickt und in bequemer Position auf einem Stuhl o. Ä. mit 90 Grad angewinkeltem Knie nach hinten aufgestellt. Hierbei bitte darauf achten, dass Kurbel und Pedal frei drehen können und man sich nicht dadurch verletzt.

Nun für ca. 20-60 Sekunden einbeinig treten und dabei auf eine möglichst gleichmäßige und geschmeidige Bewegung innerhalb der gesamten 360-Grad-Bewegung achten. Danach wieder ins Pedal klicken und zur aktiven Erholung 1-3 Minuten mit beiden Beinen weiterfahren.

Durch das Eliminieren eines Beins wird man gezwungen, das Bein aktiv nach oben zu ziehen und über den obersten Punkt der Bewegung nach vorne zu „schieben". Vorsicht ist geboten, denn diese Übung kann fiesen Muskelkater im Hüftbeuger verursachen.

Zu Beginn sollte daher ein leichter Gang aufgelegt bzw. der Widerstand des Rollentrainers reduziert gestaltet werden. Beides kann im Laufe des Winters dann nach ausreichender Gewöhnung sukzessive angepasst werden.

7.8.3.2 Einbeindominanz

Diese Übung ist an das einbeinige Treten angelehnt, wird jedoch beim Fahren mit beiden Beinen absolviert. Ziel ist es, sich bei diesem Drill auf ein Bein zu konzentrieren und das gegenseitige Bein inaktiv „mitzuschleppen". Kurz: Das Bein, das den Drill ausführt, leistet die gesamte Arbeit. Man kann diese Technikübung ganzjährig, auch beim Training auf der Straße, ins Training implementieren.

7.8.3.3 Spin-up

Bei dieser Übung erhöht man im ca. Ein-Minuten-Intervall die Trittfrequenz jeweils um 5 U/min so weit, bis man anfängt, auf dem Sattel auf- und abzuhüpfen. Danach für ca. 45-60 Sekunden die Trittfrequenz reduzieren, um dann wieder mit der langsamen Steigerung der Umdrehungszahl erneut zu starten.

Dieser Drill hilft dem Sportler, herauszufinden, welche Trittfrequenz er maximal in effizienter Technik fahren kann. Nach mehrmaligem Absolvieren dieser Übung kann man diese Trittfrequenz immer weiter nach oben verschieben.

7.8.3.4 Bobbes-Lift (Bobbes ist hessisch für Po)

Diese Übung wird beidbeinig absolviert. Man hebt den Po für circa 3-5 cm vom Sattel ab und bleibt in dieser Position. Zu Beginn reichen 10 Sekunden Dauer aus, man kann diese Abschnitte aber durchaus auf 1-2 Minuten Länge ausdehnen. Man wird bei diesem Drill ganz wunderbar die Arbeitsmuskulatur spüren. Die Trittfrequenz kann hierbei zwischen 90-100 U/min liegen. Diese Übung stellt kein Fahren im Wiegetritt dar.

7.8.3.5 Push-Push-Pull

Für diesen Drill braucht es etwas mehr Widerstand, also die Kette weiter nach rechts legen und/oder den Widerstand des Rollentrainers erhöhen. Man legt bei dieser Übung den Schwerpunkt auf die Zugphase nach jeder dritten Pedalbewegung. In der Praxis sieht das dann wie folgt für ca. 15-30 Sekunden Dauer aus:

Fokus rechts drücken / Fokus links drücken / Fokus rechts drücken / Fokus links ziehen / Fokus links drücken / Fokus rechts drücken / Fokus links drücken / Fokus rechts ziehen usw.

7.8.3.6 Hundekot-Drill

Jeder von uns ist schon mal in einen Hundehaufen getreten und hat versucht, die Sohle durch Abstreifen an einer Bordsteinkante oder auf einem Rasenstück zu säubern. Genau diese Bewegung ist Ziel dieser Übung. Hierbei soll dem Fahrer vermittelt werden, wo er die Kraft in der untersten Phase (6-Uhr-Kurbelposition) sinnvoll einsetzen soll. Die Aufmerksamkeit soll hierbei auf das horizontale Ziehen des jeweiligen Fußes nach hinten in der untersten Phase gerichtet werden.

Nach 30-60 Sekunden Seitenwechsel, das Ganze 3-8-mal wiederholen.

7.8.3.7 Toe-Touch-Drill

Mit dieser Übung soll die Übergangshase in der 12-Uhr-Kurbelstellung geschult werden. Jedes Mal, wenn der Fuß in dieser Stellung ist, sollte der Athlet versuchen, die Zehen an den vorderen Rand des Schuhs zu schieben. Das ist zwar de facto nicht möglich, aber das alleinige Versuchen dieses Vorgangs führt zur Bewegungsverbesserung in diesem Segment der Tretbewegung.

30-45 Sekunden Dauer pro Fuß sind hierbei vollkommen ausreichend, bevor der Schwerpunkt auf die andere Seite wandert. 8-10 Wiederholungen pro Seite sollten absolviert werden. Man sollte mit moderater Trittfrequenz beginnen und dann im Laufe der Wochen die Umdrehungszahlen langsam steigern.

7.8.3.8 Top-only-Drill

Der letzte Drill bezieht sich nochmals auf die Füße. Beim normalen beidbeinigen Treten legt man das Hauptaugenmerk darauf, dass der Spann und die Oberseite der Zehen immer Kontakt mit der Innenseite des Radschuhes haben. Hiermit wird die biomechanisch ungünstigere Aufwärtsbewegung und somit auch die Hüftbeugemuskulatur geschult und gekräftigt. Die Übung sollte 1-3 Minuten lang durchgeführt werden, unterbrochen von je 1-3 Minuten im normalen Tretmuster.

MERKE

Diese Drills können in jedes Grundlagentraining auf der Rolle eingebaut werden. Man kann sich pro Training auf eine Übung festlegen, aber durchaus auch mehrere unterschiedliche Aspekte in eine Einheit packen, ähnlich dem oben angesprochenen Lauf-ABC oder dem Technikteil des Schwimmtrainings.

Rollentraining kann demnach durchaus kurzweiliger sein, als man allgemein annimmt. Die Effektivität und die Vorteile sind nicht von der Hand zu weisen.

7.8.4 Die optimale Trittfrequenz

Eine alte Radrennfahrerweisheit lautet: dicker Gang x hohe Frequenz = hohe Geschwindigkeit.

Radfahren kann demnach so einfach sein. Nun ist aber Triathlon nicht Schwimmen, Radfahren und Laufen, sondern eine eigenständige Sportart mit der Komplexität und dem Zusammenspiel dieser drei Einzeldisziplinen, sodass man Erkenntnisse von Spezialisten nicht blind in den Triathlon übertragen kann. Bezüglich der Trittfrequenz scheiden sich da ziemlich die Geister.

Das eine Lager propagiert eine Frequenz von ca. 60-70 Umdrehungen pro Minute (U/min), andere orientieren sich da eher an den Frequenzen aus dem Radsport. Doch was ist denn nun richtig und was ist falsch?

Die Antwort lautet, wie so oft in der Trainingswissenschaft: kommt drauf an. Was ich damit sagen möchte, ist, dass die Trittfrequenz oder auch Kadenz genannt, abhängig vom Athletengewicht und seiner Historie als Sportler zu bewerten ist.

Für beide Theorien gibt es ein Für und ein Wider. Ich versuche, mal etwas Licht ins Dunkel zu bringen.

7.8.4.1 Niedrige Frequenz (60-70 U/min)

Für eine niedrige Frequenz spricht, dass bei diesen Umdrehungszahlen weniger Fast-Twitch-Muskelfasern angesteuert werden. Dieser schnell zuckende und explosiv arbeitende Fasertyp weist einen hohen Kohlenhydratverbrauch auf. Da Langdistanztriathlon die Königsdisziplin in Bezug auf Energiemanagement darstellt, ist das ein wichtiges Argument.

Eine niedrige Kadenz lässt die Herzfrequenz nicht weit nach oben schnellen, das Herz-Kreislauf-System wird dadurch „geschont", sodass das Laufen im Wettkampf in etwas frischerem Zustand gestartet werden kann. Athleten mit schwererem Körperbau neigen tendenziell in meiner Beobachtung dazu, mit niedrigeren Frequenzen zu fahren.

7.8.4.2 Höhere Frequenz (85-95 U/min)

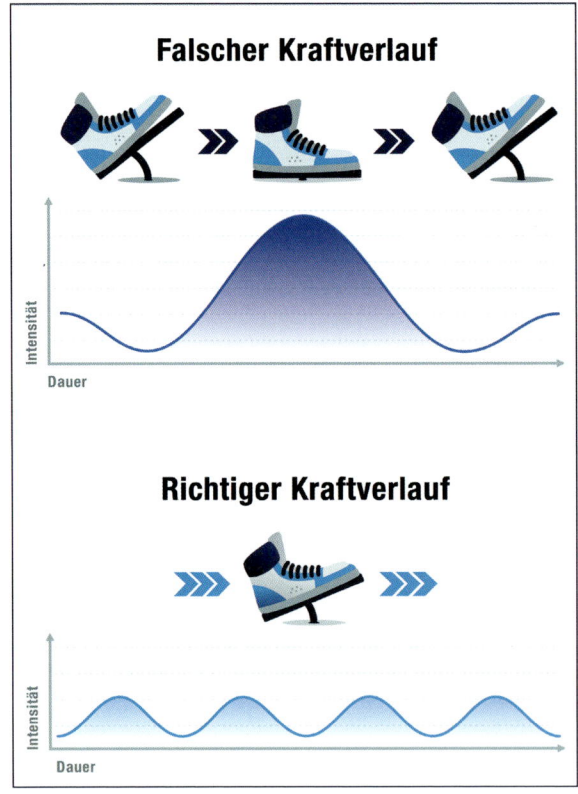

Befürworter des höherfrequenten Tretens bringen das Argument an, dass die zu überwindende Last, also der Widerstand, auf mehrere Bewegungen verteilt wird, also weniger Kraftspitzen entstehen, die sich als muskulär ermüdend herausstellen. Man hat zudem herausgefunden, dass bei niedrigen Trittfrequenzen in Aeroposition die Durchblutung in der Oberschenkelmuskulatur durch die muskuläre Anspannung in den Kraftspitzen nicht optimal gewährleistet ist.

Abb. 57: Kraftverlauf am Beispiel eines Gaspedals

Ein weiteres Argument ist, dass Athleten, die in ihrem Trittfrequenzspektrum limitiert sind, oft nicht in der Lage sind, bei sehr schnellen Passagen (bergab und/oder Rückenwind) mit hoher Kadenz und eben großem Gang treten zu können und damit dann wertvolle Zeit und Geschwindigkeit verlieren.

In unzähligen Auswertungen von Langdistanzrennen konnte ich sehr gut sehen, wann die Ermüdung einsetzt, denn dann sinkt die Trittfrequenz in den Keller. Startet ein Athlet bereits nur mit 70 U/min in das Rennen, so fährt er unter Umständen bei km 140 nur noch mit 55-60 U/min, was sich dann als zu niedrig, weil unökonomisch herausstellt.

Die für das Laufen optimal geltende Schrittfrequenz von 180 pro Minute wird zudem neuromuskulär durch eine Trittfrequenz von 90 U/min getriggert. Die Idee ist, mit diesen 90 U/min das nachfolgende Laufen schon effektiv vorzubereiten.

Treten Krämpfe im Wettkampf auf, so ist der Sportler, der höhere Frequenzen in seinem Repertoire hat, in der Lage, diese Hängepartie durch Erhöhen der Frequenz und gleichzeitige Reduktion der Kraftspitzen durchzustehen.

7.8.4.3   Optimale Frequenz (80-85 U/min)

Wie so oft, macht es dann doch der Mix. Wenn man mich nach meiner Wunschvorstellung einer idealen Frequenz im Ironman®-Triathlon fragt, würde ich, wenn auch pauschal, 80-85 U/min vorschlagen. Für mich ist das eine sehr gute Mischung aus beiden Lagern, mit der ich seit Jahren sehr gute Ergebnisse in den Rennen erzielen konnte.

7.8.4.4   Training der Trittfrequenz

Wir haben bisher nur die Trittfrequenz im Wettkampf beleuchtet, sollten uns aber nun auch dem Aspekt des Trainings der Kadenz widmen. Gemäß dem Prinzip „wer nicht variiert, stagniert" lassen viele Sportler die Leistungsreserve Trittfrequenz unangetastet und beachten diese im Training nicht oder nur halbherzig. Stattdessen wird aus obiger Rechnung nur der „dicke Gang" trainiert.

Ich befürworte ganz klar Trittfrequenzvariationen, um das Spektrum zu erweitern, damit man im Wettkampf in den jeweiligen Situationen eine adäquate Antwort parat hat. Einige Einheiten möchte ich hierzu gerne vorstellen.

7.8.4.4.1 Frequenzstaffel

Das Staffeltraining findet im lockeren Grundlagenbereich statt. Es kann im flachen Terrain oder aber auch indoor absolviert werden. Nach einem kurzen Einfahren werden im Wechsel zwei Minuten lang 85 Umdrehungen, gefolgt von einer Minute mit 100-105 U/min gefahren. Das Ganze wird dann in Summe 45-120 Minuten lang durchgeführt.

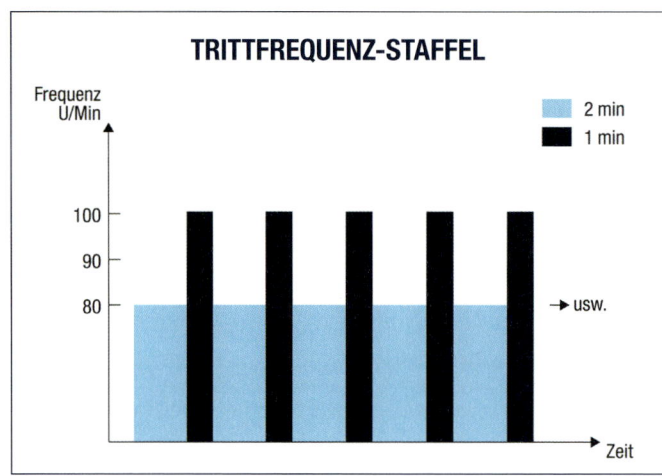

Abb. 58: Trittfrequenz-Staffel

7.8.4.4.2 Frequenzpyramide

Bei der Frequenzpyramide wird alle 3-8 Minuten die Umdrehungszahl um fünf pro Minute gesteigert. Nach Absolvieren der Stufe mit 110 U/min wird in Schritten mit je 5 U/min weniger die Pyramide wieder hinabgestiegen.

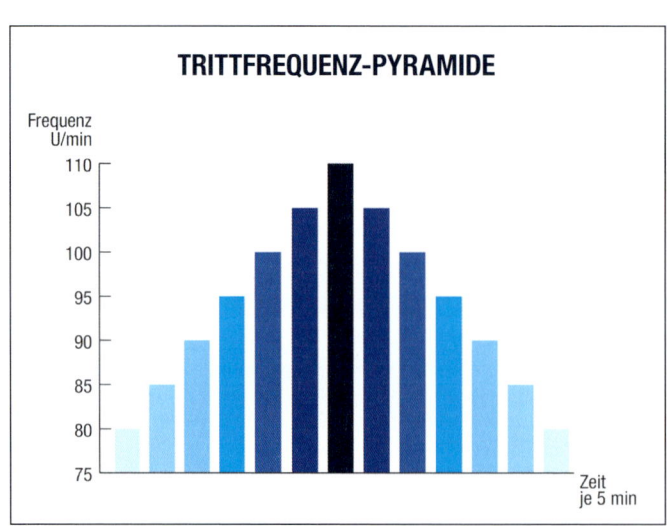

Abb. 59: Trittfrequenz-Pyramide

Radfahren

7.8.4.4.3 Frequenzsteigerung

Der Name ist auch hier Programm. Es werden alle 20-40 Minuten die Umdrehungszahlen um fünf pro Minute gesteigert. Wie alle TF-Programme wird auch diese Einheit im Grundlagenausdauerbereich absolviert.

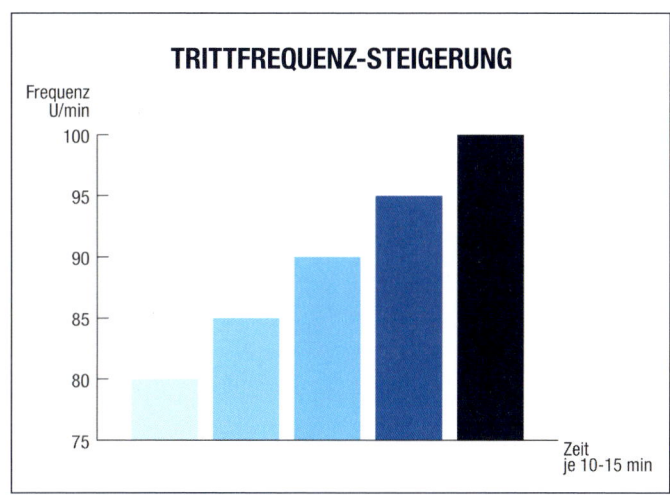

Abb. 60: Trittfrequenz-Steigerung

7.8.4.4.4 Frequenz, endbeschleunigt

Bei dieser Einheit werden zuerst 150-300 Minuten im normalen GA-1-Bereich mit entsprechender Wohlfühlfrequenz, auch *Freely Chosen Cadence (FCC)* genannt, absolviert, bevor dann in der letzten Stunde die Frequenz jeweils 3-5 Minuten lang auf 100-105 U/min gesteigert wird. Dazwischen werden dann je 3-5 Minuten in der FCC gefahren.

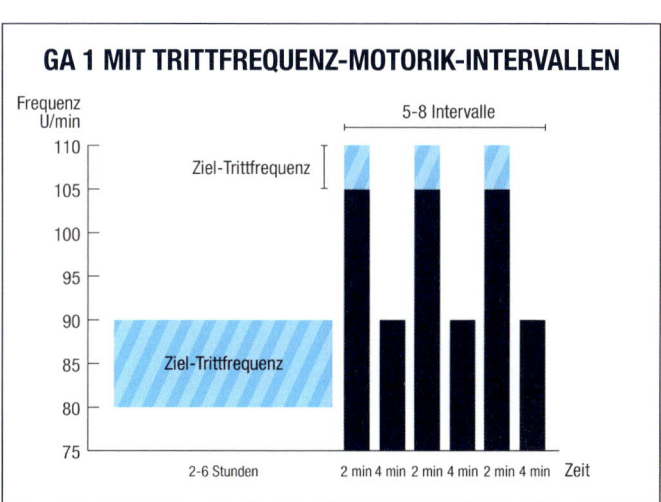

Abb. 61: GA 1 mit Trittfrequenzintervallen am Ende

7.8.4.5 Kontrolle des Tretmusters

Die Messtechnik hat auch in diesen Bereich Einzug gehalten. Das Analysesystem Leomo® bietet die Möglichkeit, während des Trainings technische Defizite zu messen und dem Athleten zu spiegeln. Hierzu werden fünf Bewegungssensoren am Körper fixiert.

Der sogenannte *Dead Spot Score (DSS)* zeigt sowohl während der Fahrt als auch in der nachfolgenden Analyse, in welchem Bereich der 360-Grad-Bewegung der Sportler zeitliche Verzögerungen, also Totpunkte, aufweist. Daraus können Rückschlüsse zur Kurbellänge, Sitzhöhe, Kettenblattform, Cleatposition, aber auch zur Bewegungsausführung abgeleitet werden.

> **FAZIT**
>
> Die Steigerung der Bewegungsqualität sollte jetzt allen Lesern einleuchten. Dies stellt in meinen Augen eine bisher kaum angetastete Leistungsreserve dar.

7.8.5 Training der Aeroposition

Athleten, die sich Gedanken um ihre Aerodynamik machen, sollten ihre Energie nicht nur hinsichtlich des Equipments aufbringen, sondern ihre Haltung und Position immer mehr verfeinern. Hierzu bietet sich das Training auf der Rolle vor einem Spiegel an. Dieser hilft, sich seiner Stirnfläche immer bewusster zu werden.

7.8.5.1 „Aerointervalle"

Eine aktive Aeroposition mit Einnehmen des Shoulder Shrugs und einer tiefen Kopfposition sollte im Winter auf der Rolle schon trainiert werden. Aber auch eine bewusst enge Knieführung nah am Oberrohr entlang sowie eine enge Handhaltung wollen trainiert sein.

Hierzu bietet es sich an, initial mit 15 x 1 Minute Aeroposition, gefolgt von einer Minute lockerer, entspannter Haltung, ebenfalls auf dem Aerolenker zu starten. Mit zunehmender Gewöhnung können dann diese Abschnitte entweder verlängert oder die Anzahl der „Aerointervalle" gesteigert werden. Der Intensitätsbereich sollte zu Beginn im Grundlagenbereich liegen.

7.8.5.2 Normale Intervalle

Seit geraumer Zeit beobachte ich Athleten in deren Profilen in den sozialen Netzwerken. Dort sieht man Bilder ihrer Pain Caves beim Fahren von Intervallprogrammen auf dem Rollentrainer. Oft werden Angaben zu den Wattwerten gemacht, doch fast nie sieht man auf den Bildern, dass die Sportler diese Wattwerte in Aeroposition gefahren sind.

Ich würde daher eher empfehlen, einige Watt weniger zu treten, diese dann aber möglichst spezifisch in der Haltung, die auch im Wettkampf zu fahren ist, also in der Aeroposition.

7.8.5.3 Training der Beweglichkeit

Um eine stabile und dauerhaft fahrbare Aeroposition zu garantieren, benötigt man entsprechende Kraft- und Beweglichkeitsfähigkeiten in Schultern, Nacken, Rumpf, Gluteus und Hamstrings. Ein regelmäßiges Training in diesem Bereich ist unabdingbar.

7.8.6 Training des Herz-Kreislauf-Systems und des Stoffwechsels

Ich denke, dass ich der Leserschaft nicht zwingend die Notwendigkeit eines Ausdauertrainings zur Entwicklung des Herz-Kreislauf-Systems und des Stoffwechsels in der Vorbereitung auf eine Langdistanz zu erklären brauche, oder?

Die wichtigsten Trainingsformen möchte ich nachfolgend erläutern.

7.8.6.1 Grundlagenausdauer

Wenn man sich das Anforderungsprofil einer Langdistanz anschaut, so sieht man leistungsklassenunabhängig relativ schnell, dass das dort im Wettkampf gefahrene Tempo einem hohen Grundlagentempo oder dem Übergangsbereich von GA 1 und GA 2 oder Zone 1 und Zone 2 entspricht. Im Wettkampf sollte das Ziel sein, mit möglichst geringem Kohlenhydratverbrauch eine möglichst hohe Geschwindigkeit zu fahren, um die körpereigenen Glykogenspeicher weitestgehend zu schützen, um für den abschließende Marathon noch einen Rest an Kohlenhydraten in Form von Glykogen im Tank zu haben.

Wurde das Radtraining im vorbereitenden Training nicht optimal gesteuert, so entwickelt sich der Stoffwechsel unter Umständen nicht ausreichend, sprich, der Kohlenhydratspeicher wird zu schnell entleert. Primärziel im Training sollte demnach sein, den Stoffwechsel so zu modulieren, dass eine möglichst hohe Leistung bei geringem Kohlenhydratverbrauch realisiert werden kann.

Umgangssprachlich könnte man es so formulieren, dass man einen großen Motor (aerobe Kapazität oder VO_2max) mit einem möglichst kleinen Verbrauch (geringe Vlamax) entwickelt. Die entscheidende Trainingsform zur Entwicklung beider Komponenten stellt das Training der Grundlagenausdauer dar.

Diese alles entscheidende Trainingsform scheint jedoch etwas in Vergessenheit geraten zu sein, wenn man sich so manche Trainingsprogramme oder Postings anschaut, die in den Weiten des Internets postuliert werden. Dort dreht sich primär alles um die Entwicklung der maximalen Sauerstoffaufnahme (VO_2max) und weniger um die Entwicklung des Substratstoffwechsels. Magazine, Blogazine und YouTube®-Channels müssen verständlicherweise immer wieder neue Inhalte präsentieren, da passt eine fünfstündige Old-School-Grundlagenausfahrt schlecht dazu.

Es werden dabei leider sehr häufig VO_2max-Einheiten hier, HIT-Trainingseinheiten und sonstige Dinge propagiert und dabei alles Wesentliche zur Seite gelegt. Sportler, die primär an diesen genannten Stellschrauben drehen, erleben leider sehr häufig ihr persönliches Waterloo im Wettkampf bei der Kilometermarke 130. Ihr Kohlenhydratverbrauch ist so hoch, dass sie bereits zu so einem frühen Punkt im Rennen energetisch leergefahren sind.

Eine weitere Stolperfalle auf dem Weg zum Langdistanzerfolg stellt das Indoortraining dar, wenn es nicht präzise und diszipliniert gesteuert wird. Sportler, die indoor zu intensiv fahren oder jede Einheit dort in eine Art imaginären Wettkampf ausarten lassen, werden mit Sicherheit ihre VO_2max steigern, doch leider auch die maximale Laktatbildungsrate (Vlamax). Mit dem Verlagern des Trainings hin zu den intensiven Intervallen und dem Hauptaugenmerk auf der Entwicklung der VO_2max wurde unter den Teppich gekehrt, dass das Grundlagentraining ebenfalls die VO_2max steigert, also nicht nur über intensive Intervalle.

Ich bin sicherlich kein Innovationsverweigerer, aber gerade im Radtraining bin ich ganz klar pro Grundlagentraining eingestellt. Für eine solide Langdistanz im europäischen Sommer braucht es in meinen Augen mindestens 4.000 km auf zwei Rädern, beginnend mit dem neuen Jahr. Bei richtig eingestelltem Rad bedeutet das Grundlagentraining eine weitaus geringere orthopädische Belastung und ein vermindertes Verletzungsrisiko gegenüber dem Laufen.

Der Nachteil liegt ganz klar in der zeitlichen Komponente, das Radtraining braucht einfach Stunden. Von Versprechungen, die eine Langdistanz mit weniger als 10 Stunden wöchentlichem Aufwand ermöglichen sollen, würde ich dringend Abstand nehmen. Es liegt in der Natur der Sache, dass man für eine 226 km lange Herausforderung auch ein gewisses Trainingspensum absolvieren sollte.

Ich ecke immer wieder an, wenn ich sage, dass eine Langdistanz nicht für alle Sportler geeignet ist. Diese Aussage bezieht sich weniger auf die körperlichen Voraussetzungen, sondern auf die begleitenden Lebensumstände. Kann ein Sportler nur sicher kontinuierlich 6-8 Stunden pro Woche an Trainingszeit aufbringen, dann sollte er sich lieber an kürzeren Strecken probieren. Das soll auch als mahnender Zeigefinger an meine Berufskollegen verstanden werden. Ihr solltet wirklich Abstand davon nehmen und Sportler mit derart kleinem Zeitbudget nicht auf dem Weg zur Langdistanz begleiten. Als Coach hat man auch eine gewisse Verantwortung gegenüber der Gesundheit des Sportlers.

Die Tatsache, dass der Ironman®-Triathlon aus der Exotenecke herausgetreten ist, ist nicht unbedingt als uneingeschränkt positiv zu werten, denn es öffnet leider Tür und Tor für viele Sportler, die der Herausforderung nicht den notwendigen Respekt zeigen, sprich, sich nicht gewissenhaft auf diese Anforderung vorbereiten. Die gesundheitlichen Spätfolgen einer unzureichend vorbereiteten Langdistanz möchte ich keinesfalls verantworten.

Zurück zum eigentlichen Training. Die Bedeutung der Grundlageneinheiten sollte verinnerlicht worden sein. Die Dauer der Einheiten kann man durchaus diskutieren. Es gibt Untersuchungen, die zeigen, dass nach 4:30 Stunden auf dem Rad keine weiteren Effekte mehr zu erzielen sind. An dieser Marke würde ich mich auch primär orientieren, von Zeit zu Zeit empfehle ich aber auch ein bewusstes Überschreiten dieser Dauer, auch wenn die Wissenschaft dagegen spricht.

Dinge, wie mentale Stärke oder auch ganz ordinäres Abhärten des Gesäßes, Nackens und der Hände sind wichtige Punkte in der Vorbereitung auf den Tag des Jahres. Je nach Athletentyp und Vergangenheit des Sportlers sollten eine bis zu 10 Trainingseinheiten jenseits der Wettkampflänge als Überdistanztraining eingeplant werden, dabei aber auf eine wirklich niedrige Intensität und ausreichende Energieversorgung während der Fahrt geachtet werden.

7.8.6.2 Kraftausdauer/Ausdauerkraft

Ein weiterer wichtiger Baustein stellt das Entwickeln der Kraftausdauer dar, also der Fähigkeit, einen hohen Widerstand dauerhaft überwinden zu können. Eigentlich sollte man diese Eigenschaft eher als Ausdauerkraft beschreiben, denn per Definition müssten 50 % des maximal zu schaffenden Widerstands überwunden werden, um von einem Krafttraining zu sprechen. Da sich der Begriff der Kraftausdauer aber etabliert hat, bleiben wir weitestgehend dabei.

Die Ausdauerkraft lässt sich relativ gut steuern und trainieren. Hierzu wird ein hoher Widerstand mit einer niedrigen Trittfrequenz (50-65 U/min) gefahren. Entweder kann man diese Anteile von 3-15 Minuten Dauer an einer Steigung, ideal sind 5-7 % Steigung, fahren oder noch gezielter auf dem Smart Trainer absolvieren.

Ich empfehle, dabei die Hände im Gegensatz zum sonstigen Radfahren flach auf den Lenker aufzulegen (Vorsicht vor Abrutschen am Lenker!!), um eine größere Aktivität in der notwendigen Muskelschlinge zu erzeugen. Wird der Lenker fest umschlossen, „verschaltet" sich der Sportler mehr über die Schulter- bzw. Oberkörpermuskulatur.

Werden diese Intervalle auf dem Aerolenker liegend absolviert, so sollte die Hand ebenfalls möglichst wenig den Lenker umkrallen. Diese Trainingsform wird seit Jahrzehnten von Radsportlern und Triathleten genutzt.

Lange kannte man die Hintergründe nicht, warum diese Methode so hochwirksam ist. Mittlerweile weiß man, dass man mit diesen Intervallen Einfluss auf die Verteilung der Muskelfasern nehmen und den Fasertyp IIx, der einen hohen Kohlenhydratverbrauch mit sich bringt, zu ausdauernden Fasern des Typs I und zu geringerem Kohlenhydratverbrauch umbauen kann.

7.8.6.3 VO_2max

Gerade in der kalten und dunklen Jahreszeit ist das Training stundenlanger Grundlageneinheiten nicht immer gegeben. Um in dieser Zeit an der VO_2max-Schraube zu drehen, bieten sich für das Training indoor statt langer, monotoner Einheiten Tempowechselsessions mit den sogenannten *VO_2max-Intervallen* an. Als Intensität sollten 88-90 % der VO_2max angepeilt werden.

BEISPIELEINHEITEN

Als Beispiel möchte ich gerne zwei Trainingseinheiten anführen:

Session 1:

15 Minuten lockeres Einfahren
10 x 40 Sekunden All-out/20 Sekunden aktive Pause im Wechsel
10 Minuten locker
10 x 40 Sekunden All-out/20 Sekunden aktive Pause im Wechsel
5-10 Minuten lockeres Ausfahren

Session 2:

15 Minuten lockeres Einfahren
4 x 4 Minuten mit je 3-5 Minuten aktiver Pause dazwischen
15 Minuten lockeres Ausfahren

7.8.6.4 Ironman®-spezifische Intervalle

Wie bereits weiter vorne erwähnt, liegt der Belastungsbereich im Wettkampf im GA-1-/GA-2-Übergangsbereich. Um sich möglichst spezifisch der Wettkampfbelastung zu nähern, sind Einheiten mit Abschnitten in diesem Belastungsbereich notwendig.

Ein gefährlicher Zeitpunkt im Trainingsprozess liegt im Zeitraum ca. acht Wochen vor dem Wettkampftag. In dieser Phase ist die Leistungsfähigkeit bereits so hoch, dass leider viele Athleten aus jeder geplanten Grundlagenausdauereinheit eine Art Tempodauerfahrt machen, sich also im Ironman®-Belastungsbereich bewegen. Gerade dann, wenn das Wetter gut ist, die Beine braun gebrannt sind und mit Wettkampflaufrädern im Training gefahren wird, ist die Gefahr des immer latent zu schnellen Trainings sehr hoch.

Diese Tempodauerfahrten führen zu einer sehr großen Ermüdung und können unter Umständen dafür sorgen, dass sich Sportler von Woche zu Woche mehr und mehr in einen übertrainingsähnlichen Zustand katapultieren. Es bieten sich daher eher Intervalle von 10-30 Minuten Dauer in diesem Belastungsbereich an, um zum einen eine Gewöhnung an den Belastungsbereich zu erzielen, aber auf der anderen Seite die Ermüdung weitestgehend im Rahmen zu halten.

Werden mit steigender Form die Einheiten alle zu schnell und intensiv absolviert, so verschlechtert sich unter Umständen wieder die Laktatbildungsrate. Ziel sollte es aber sein, mit einem möglichst optimal entwickelten Fettstoffwechsel, sprich einer möglichst niedrigen VLamax, an der Startlinie zu stehen. Die Krux hierbei ist, den Stoffwechsel möglichst weiter zu optimieren und zum anderen sich spezifisch auf die Wettkampfanforderung vorzubereiten.

Um beides zu gewährleisten, bieten sich Einheiten zur Optimierung der von mir genannten „Fasertheorie" an. Um ein einfaches Bild zu zeichnen, stellen wir uns vor, dass der Muskel aus 100 % Muskelfasern besteht. Um eine Bewegung durchführen zu können, muss man einen Mindestprozentsatz dieser Fasern aktivieren.

Wenn man primär nur mit geringer Intensität unterwegs ist, nutzt man schätzungsweise nur 20-35 % der Muskelfasern der gesamten Beinmuskulatur für die Tretbewegung. Diese bewusste Reduktion auf einen kleinen Anteil der Muskulatur ist ein schlauer Prozess seitens des Gehirns, um möglichst wenig Energie zu verbrauchen. Je mehr wir in diesem niedrigen Intensitätsbereich unterwegs sind, desto effizienter wird das Gehirn in der Ansteuerung eben dieser 20-35 %.

Allerdings sind diese Fasern nicht unlimitiert belastbar und genau das ist der Punkt, den so viele Athleten bei km 120 auf dem Rad erlebt haben, wenn die VLamax und daran gekoppelt der Kohlenhydratverbrauch zu hoch ist. Unsere „trainierten" Fasern verweigern ihre Arbeit, sodass die „untrainierten" Fasern die Arbeit übernehmen müssen. Allerdings ist deren Arbeitsweise deutlich unökonomischer, sodass die Geschwindigkeit abfällt bei deutlich gesteigertem subjektivem Krafteinsatz.

Doch wie kann man nun dieses Phänomen vermeiden, um diesen Punkt zu umgehen und die Leistung für die letzten 60 km immer noch auf hohem Niveau halten zu können?

Wir müssen also einen Weg finden, wie wir mehr Anteile der Muskulatur, also mehr Fasern, im Training rekrutieren, um den Punkt der Ermüdung weiter hinauszuzögern. Im Kraftsport nutzt man hierzu folgenden Ansatz: Zu Beginn des Trainings legt man viel Gewicht auf, um dann das Gewicht zu verringern und die Anzahl der Wiederholungen zu erhöhen. Ziel ist es hierbei, mittels großem Widerstand mehr Muskelfasern zu aktivieren, die dann bei den leichteren Wiederholungen weiterhin „angeschaltet" bleiben. Wenn man das nun auf das Radtraining übertragen möchte, ergibt sich folgendes Trainingsbeispiel.

BEISPIELEINHEIT

30 Minuten lockeres Einrollen
2 x 20 Minuten mit hohem Widerstand (Kette ganz rechts) im oberen GA-2-Bereich, Pause dazwischen 10 Minuten easy
180 Minuten GA 1 mit normaler Trittfrequenz
30 Minuten GA 2 mit Wettkampftrittfrequenz
10 Minuten easy ausrollen

Durch die 2 x 20 Minuten mit hohem Widerstand werden mehr Fasern aktiviert, die dann in den nachfolgenden drei Stunden „angeschaltet" bleiben bzw. mit den 30 Minuten GA-2-Training am Ende der Einheit nochmals bewusst vom Gehirn angesteuert werden müssen. Gerade diese letzten 30 Minuten fühlen sich äußerst unangenehm an, denn gegen Ende des Drei-Stunden-Abschnitts ist die Aktivierung der Fasern prozentual dann deutlich geringer als zu Beginn des GA-1-Segments und das Gehirn muss nochmals eine Schippe drauflegen.

Die nachfolgende Grafik soll einen Überblick geben, wann welche Trainingsform für die Langdistanz anzuwenden ist.

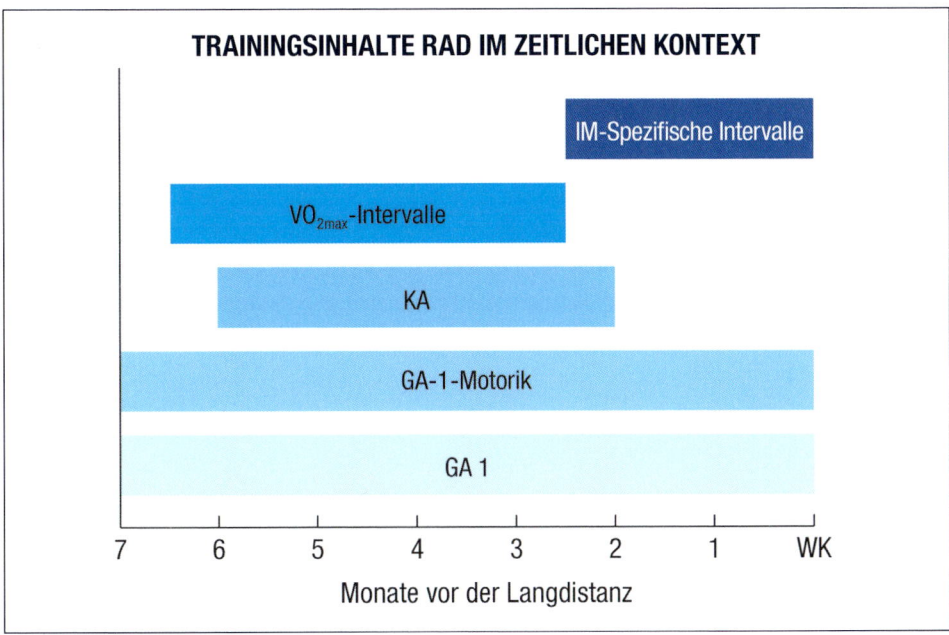

Abb. 62: Trainingsinhalte Rad im zeitlichen Kontext

Die Verteilung der einzelnen Trainingsformen wird nachfolgend relativ schnell sichtbar. Nicht umsonst kann man das Grundlagentraining als Basis für den Erfolg beschreiben.

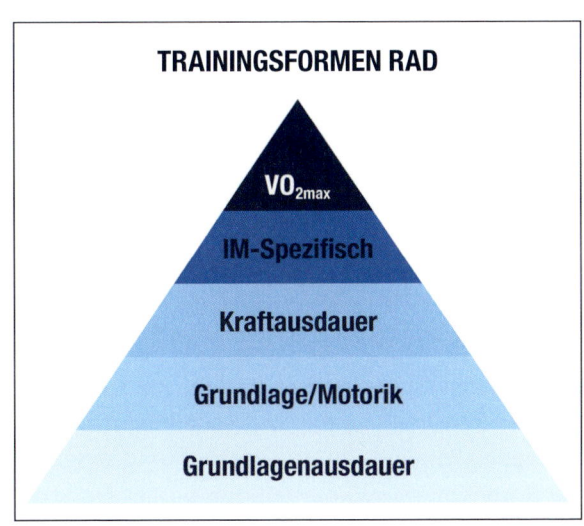

Abb. 63: Pyramide Trainingsformen Rad

7.8.7 Trainingsterrain

Eine häufig gestellte Frage zielt auf das bevorzugte Trainingsterrain ab. Einige Sportler meiden regelrecht das Fahren im Flachen ohne Sammeln von Höhenmetern. Wenn man sich das Anforderungsprofil eines klassischen Langdistanzrennens (ausgenommen: Wales, Lanzarote, Embrunman etc.) anschaut, stellt man recht schnell fest, dass die kumulierten Höhenmeter zwischen 800 und 1.800 hm liegen, also ein Profil aufweisen, das in einem Roadbook der Tour de France eher als Nulllinie eingezeichnet werden würde. Es sollte demnach klar werden, welche besondere Fähigkeit im Langdistanztriathlon wichtig ist: das kontinuierliche Treten.

Wird nun aber zu viel im bergigen Terrain trainiert, hat man zwar bergauf etwas mehr Leistung auf dem Pedal und generiert dadurch auch einen höheren Kraftreiz und verändert unter Umständen sein Muskelfaserspektrum von schnell zuckenden und kohlenhydratverzehrenden Typ-IIx-Fasern hin zu Ausdauerfasern des Typs I, hat aber dann nachfolgend bergab eine deutlich geringere Last zu überwinden. Wenn man Powermeter-Files aus Grundlageneinheiten im bergigen und flach/welligen Terrain miteinander vergleicht, sieht man recht deutlich, dass meistens im Flachen

- kontinuierliche Leistung erbracht wird und
- die Durchschnittsleistung höher ist.

Die Entwicklung der Kraftausdauer spielt eine wichtige Rolle und sollte selbstverständlich in jedem Trainingsplan Berücksichtigung finden. Zur Entwicklung der spezifischen Fähigkeiten für den Ironman® sollte aber dennoch auch ein großer Anteil der Gesamtkilometer im Flachen mit dem Fokus auf permanentem Kurbeln und sicherem dauerhaften Realisieren der Aeroposition auf der Agenda stehen. Ich bevorzuge lieber kontrollierte Intervalle zur Entwicklung der Kraftausdauer als randomisiertes, topografiebedingtes Bergauffahren.

Ein weiteres Problem ist gegeben, wenn Sportler aus flachen Regionen gen Süden zu einem Trainingslager aufbrechen und dann versuchen, jeden Anstieg in der Trainingslagerregion mitzunehmen. Knie- und Rückenprobleme aufgrund mangelnder orthopädischer Gewöhnung sind dabei vorprogrammiert.

Bei kühleren Temperaturen besteht die Gefahr des Auskühlens auf den Abfahrten, von daher sollten immer entsprechende Kleidungsstücke wie Windweste, Jacke, Arm- und/oder Beinlinge in der Vorbereitung einer solchen Trainingseinheit fest eingeplant werden.

TECHNIKHINWEIS

Für das Fahren in den Bergen würde ich gerne folgende Technikhinweise mitgeben:

- Den Bauchnabel nach innen ziehen, um die quer verlaufende Bauchmuskulatur anzuspannen. Das sorgt für eine bessere Kraftübertragung in Gluteus und Quadrizeps. Dabei nicht die Luft anhalten!
- Den Lenker locker halten. Ist der Griff zu fest, so überträgt sich die Spannung aus den Unterarmen in den Rest des Körpers und man verkrampft.
- Die Ellbogen nicht durchdrücken.
- Frühzeitig in den Wiegetritt übergehen.
- Zwischen Wiegetritt und Fahren im Sitzen wechseln, um die Ermüdung auf möglichst viele Muskelpartien zu verteilen.
- Nicht mit einem zu schweren Gang in den Berg hineinfahren.

7.8.8 Leistungsgesteuertes Radtraining mit dem Powermeter

Der sogenannte *Kona Bike Count* zeigt, dass sich in den letzten Jahren die Anzahl der Athleten mit Powermeter am Zeitfahrrad rapide gesteigert hat. Waren es früher nur eine Handvoll Sportler, die die damals sündhaft teuren Systeme montiert hatten und sich des Vorteils durch die Steuerung über die Parameterleistung in Watt bewusst gewesen sind, so ist dieses Tool heute fast nicht mehr wegzudenken. Mittlerweile hat sich das Wissen um die Vorteile solcher Systeme bei gleichzeitig sinkenden Kosten im Triathlon fest etabliert.

2009 wurden 256 Systeme beim Check-in am Vortag der Ironman® World Championships auf Hawaii gezählt, 2019 waren es bereits 1.563 montierte Wattmesser. Doch Vorsicht, nicht jedes System bildet auch zuverlässige und realistische Werte ab.

7.8.8.1 Hardware

Wer nun das „richtige" Powermetersystem sucht, steht vor einer mittlerweile großen Auswahl. Über 20 Anbieter mit unterschiedlichsten Modellen und technischen Konzepten zur Bestimmung der Leistung stehen zur Wahl. Nicht jeder Powermeter ermittelt die Leistung an der gleichen Position, drei unterschiedliche Messkonzepte haben sich dabei etabliert:

- Abnahme in der Kurbel oder Kurbelstern;
- Abnahme in der Pedalachse;
- Abnahme in der Hinterradnabe.

Darüber hinaus muss man noch differenzieren, wie die ermittelten Werte angezeigt werden:

- Die aufgebrachte Leistung eines Beins wird erfasst und der Messwert einfach verdoppelt (z. B. linker Kurbelarm oder mittels eines Pedals).
- Die Leistung beider Beine wird unabhängig voneinander erfasst und summiert (z. B. beide Kurbelarme oder beide Pedale).
- Die Leistung beider Beine wird gemeinsam erfasst (z. B. Kurbelstern oder Hinterradnabe).

Braucht es eigentlich eine beidseitige Leistungsabnahme?

Um präzise Daten zu erhalten und diese wissenschaftlich anzuwenden, würde ich das zwar befürworten, aber für den „Hausgebrauch", sprich Trainingsalltag, reicht es in meinen Augen vollkommen aus, wenn eine einseitige, kostengünstigere Version montiert wird.

Man träumt leider zu oft von einer Symmetrie im menschlichen Körper und wünscht sich eine möglichst seitengleiche Bewegung und einen entsprechend gleichmäßigen Krafteinsatz. Doch leider, oder besser zum Glück, ist der Mensch keine symmetrische Maschine. Unterschiede in der Ausprägung der Körperhälften sind normal, daher ist in meiner Vorstellung ein 50/50-Seitenvergleich kein mit aller Gewalt zu erzielender Status.

Mit dem Erlernen des Laufens im Kleinkindalter stellt sich nämlich bereits eine Schokoladenseite heraus, die bei normalem Lebensverlauf auch bis zum Tod so bleibt. Eine Ausnahme stellen schwere Verletzungen der unteren Extremitäten dar, die dann auch den Einsatz eines beidseitigen Systems legitimieren, damit Dysbalancen erfasst und eliminiert werden können. Folgende Punkte sollten bei der Wahl des Powermeters eine entscheidende Rolle spielen.

7.8.8.2   Einfache Benutzung und Handhabung

Eine einfache Benutzung und Handhabung des Leistungsmessers ist wichtig. Gerade zeitlich bereits sehr eingespannte Altersklassenathleten wollen sich vor Trainingsbeginn nicht stundenlang mit dem Leistungsmesser beschäftigen und Einstellungen oder Kalibrierungen jedes Mal überprüfen. Gemäß dem Prinzip Plug & Play sollten außer dem Einschalten des Radcomputers im Idealfall keine weiteren Arbeitsschritte gemacht werden müssen.

Über Bluetooth oder ANT+ sollte das System mit dem Computer am Lenker verbunden sein und beide sollten sich nach erstmaliger Pairingkonfiguration immer wieder finden. Zur einfachen Handhabung sollte auch gehören, dass die Batterie des Geräts selbst gewechselt werden oder per Mini-USB einfach geladen werden kann.

Nichts ist ärgerlicher als ein System, das in wichtigen Trainingsphasen oder just vor dem Wettkampf zum Batterietausch eingeschickt werden muss. Auch hier schlägt leider häufig Murphys Gesetz voll zu.

7.8.8.3 Präzise und verlässliche Leistungsdaten

Für ein effektives Training sollte man sich darauf verlassen können, dass der Leistungsmesser

- präzise Daten liefert: Die spezifizierte Genauigkeit liegt bei den meisten Herstellern bei ± 2 % oder besser und sollte konstant während des gesamten Trainings eingehalten werden.
- verlässlich die Daten ermittelt: Äußere Einflüsse, wie Wetter, Temperatur, Beschaffenheit der Straße etc., sollten keinen Einfluss auf die Messgenauigkeit des Leistungsmessers haben.

Bezüglich der Messpräzision gibt es leider einige Diskrepanzen zwischen Angaben der Herstellerseite und der Realität. In meiner Beobachtung fallen dabei häufig Pedalsysteme durch das Raster, zumal die Ermittlung der Wattwerte an der Pedalachse durchaus physikalisch hinterfragt werden kann, wenn die einzig vortriebswirksame Kraft die Tangentialkraft ist, die man eigentlich eher über Dehnmessstreifen in der Kurbel bestimmen sollte.

Bei Pedalsystemen älteren Baujahrs haben sich sehr große Differenzen gezeigt, je nachdem, mit welchem Drehmoment das System in die Kurbel geschraubt wurde. Gerade bei Flugreisen ins Trainingslager oder zu Wettkämpfen und der Demontage des Pedalsystems im Radkoffer ist das ein sehr heikler Punkt, denn die wenigsten Sportler werden einen Drehmomentschlüssel im Gepäck mitnehmen, geschweige denn die Problematik auf dem Schirm haben.

Leider ist die Entwicklung hin zu immer günstigeren Systemen mit einer gewissen Ambivalenz verbunden. Zum einen eröffnet sich dadurch ein größerer Personenkreis, doch leider leidet darunter sehr oft die Messgenauigkeit.

7.8.8.4 Robustheit

Wer bei Wind und Wetter auf dem Rad sitzt, dessen Leistungsmesser sollte auch nicht aus „Zucker" sein. Eine gewisse Robustheit und Wasserdichtigkeit sollte gegeben sein. Im Falle eines Sturzes sollte das System nicht gleich irreparablen Schaden nehmen.

Leider stellt das für mich ein weiteres Ausschlusskriterium für Pedalsysteme dar, denn diese Sensoren sitzen exponiert an der Kurbel und können somit leichter Schaden nehmen. Oft sind die Lager der Pedalsysteme eher minderwertiger Qualität. Ein Leichtlauf im Pedallager wäre aber wünschenswert, um auch hier die Reibungswiderstände dauerhaft zu minimieren.

Bei Hinterradsystemen muss man sich vorab für einen Laufradtyp entscheiden, also entweder in einem Trainings- oder Wettkampflaufrad nutzen. Letzteres würde durch das Fahren bei Wind und Wetter im Training im Vorfeld des Wettkampfs eher verschleißen, während ein Trainingslaufrad im Wettkampf eher aerodynamische Nachteile mit sich bringt.

7.8.8.5 Preis-Leistungs-Verhältnis

Schlussendlich sollte der Verkaufspreis ebenfalls eine Rolle im Kaufprozess spielen. Triathlon wird ja immer öfters als das neue Golfspielen bezeichnet. Die anfallenden Kosten rund um den Sport sind sehr hoch, daher sind Systeme mit gutem Preis-Leistungs-Verhältnis zu begrüßen, sofern die Messgenauigkeit nicht darunter leidet.

7.8.9 Vorteile des wattgesteuerten Radtrainings

Im Triathlon, und insbesondere auf den Distanzen 70.3® bzw. Ironman®, spielt das Energiemanagement eine entscheidende Rolle in Bezug auf die Gesamtleistung. Wer mit seinen Kräften auf dem Rad optimal haushält und sich dabei auch noch adäquat verpflegt, wird in der Regel mit einem soliden oder schnellen Lauf belohnt.

Es gibt viele Parameter, mit denen ein Athlet glaubt, sich über seinen Trainingsfortschritt informieren zu können, doch nicht alle sind präzise und praktikabel.

Da wäre einmal die ominöse Durchschnittsgeschwindigkeit einer Ausfahrt. Diese kann aufgrund der verschiedenen äußeren Einflüsse (Wind, Topografie, Windschatten) niemals, auch nur im Entferntesten zur Leistungskontrolle, herangezogen werden, da sie die real erbrachte Leistung nicht widerspiegeln kann.

Die Trainingssteuerung über den Parameter Herzfrequenz hat sicherlich aufgrund der bereits jahrelang bestehenden Erfahrung und der mittlerweile guten und preiswerten HF-Systeme immer noch einen gewissen Stellenwert. Jedoch gilt es zu bedenken, dass die Herzfrequenz immer der tatsächlich erbrachten Leistung, zeitlich gesehen, hinterherhinkt und nur als eine Reaktion des Körpers auf die erbrachte Leistung zu verstehen ist.

Im Training des Fettstoffwechsels mit Dauermethode im Bereich der Grundlagenausdauer kann die Steuerung über die Herzfrequenz durchaus angewendet werden. Ein präzise Belastungssteuerung im Intervalltraining mit kurzer Intervalldauer lässt sich nur schwer über den Puls durchführen, da dieser zeitversetzt reagiert und ansteigt und das zu fahrende Intervall unter Umständen schon absolviert wurde, bevor die Herzfrequenz ihren Peak erreicht hat. Daraus resultiert häufig eine viel zu hohe Anfangsbelastung zu Beginn des Intervalls mit einem Leistungsabfall gegen Ende.

Zusätzlich ist die Herzfrequenz natürlich nicht nur vom Belastungszustand des Organismus abhängig, sondern eher als einen variabel biologischen Parameter zu verstehen, der durch Verdauung, Wärmeregulation, Regenerationsvorgänge, Stress usw. beeinflusst wird. Alleine schon deshalb ergeben sich beim Training nach Puls durchaus Abweichungen, die im Extremfall 10-20 Schläge/min ausmachen können. Diese Differenz bedeutet in Abhängigkeit vom Maximalpuls des Sportlers eine Abweichung von 5-10 %.

Es empfiehlt sich aber dennoch, einen Pulsmesser zu tragen, um die physiologische Reaktion mit der physikalischen Leistung im Kontext zu sehen. Beim wattgesteuerten Ausdauertraining wird hingegen die physikalisch erbrachte Leistung des Athleten direkt am Ort der Erzeugung, also am Kontaktpunkt Mensch-Maschine, gemessen.

Im Gegensatz zur Herzfrequenzsteuerung sieht der Sportler die mittels Powermeter gemessenen Werte ohne zeitliche Verzögerung und bekommt diese auf dem Display des Radcomputers angezeigt, sodass die Intensitäten im Intervalltraining deutlich präziser eingehalten werden können.

Wattgesteuertes Radtraining basiert auf der Messung unserer mechanisch erbrachten Leistung. Der Kraftleistungsmesser misst das Drehmoment, die Kraft, die wir zur Umdrehung der Kurbel einsetzen, sowie die Trittfrequenz und errechnet aus beiden Messwerten die Leistung. Diese sendet er per Funk in der Einheit „Watt" an den Empfänger. Großer Vorteil im Gegensatz zur Herzfrequenzmessung ist, dass ein Watt immer ein Watt bleibt, unabhängig davon, wie fit oder müde, wie entspannt oder gestresst, wie gut oder schlecht trainiert ein Sportler sein mag, es wird genau die Leistung gemessen, die erzeugt wird.

Athleten, die im Training dazu tendieren, es in Kurven und auf leichten Bergabpassagen eher rollen zu lassen, bekommen mit der Auswertung eines Powermeterfiles recht deutlich angezeigt, wie viel der absolvierten Trainingszeit sie „faul" oder ineffektiv gestaltet haben. Es gibt, je nach Trainingsrevier, durchaus Sportler, die in 25 % der Trainingszeit keine Tretbewegung absolvieren und es immer wieder rollen lassen.

Zusätzlich lässt sich mit einem Powermeter auch die Aerodynamik optimieren, denn wenn bei replizierbaren äußeren Bedingungen die aufzubringende Leistung bei gleichbleibender Geschwindigkeit abnimmt oder bei gleicher Leistung schneller gefahren werden kann, deutet das auf eine verbesserte Aerodynamik hin. Wer also auf seiner Hausrunde unterschiedliches Equipment oder Sitzpositionen bei gleicher Geschwindigkeit und vergleichbaren Windbedingungen ausprobiert, kann eine Art Do-it-yourself-Aerotest damit durchführen.

Ein weiterer Pluspunkt für den Einsatz eines Powermeters bietet die Tatsache, dass im Labor gewonnene Ergebnisse einer Leistungsdiagnostik in den Trainingsalltag übertragen werden können. Früher wurden diese Tests, so wie heute auch, über die Leistung in Watt gesteuert. Doch leider fehlte für die Praxis im Feld dann eine entsprechende Kontrolle der Wattwerte.

Wenn man sich das im Nachhinein genau betrachtet, waren solche Leistungstests eigentlich für die Katz bzw. nur zur Kontrolle der Leistungsfähigkeit hilfreich, aber einen Nutzen für das nachfolgende Training durch Bestimmung und eine sichere Umsetzung der Trainingsbereiche war bei fehlendem Leistungsmesser nicht klar ersichtlich.

Labortests sollten heute idealerweise mit einem eigenen powermeterbestückten Rad gefahren werden, um die ermittelten Werte mit den Werten des Laborergometers abzugleichen. Der Diagnostiker sollte die Differenz markieren und diese bei der Berechnung der Trainingsbereiche auf jeden Fall einfließen lassen. Eine manuelle Korrektur um bis zu 25 Watt ist leider keine Seltenheit und gerade bei billigeren Pedalsystemen häufiger der Fall.

FAZIT

Zusammengefasst: Wattgesteuertes Radtraining ist die effektivste Methode, um Trainings- und Wettkampfziele objektiv zu steuern.

Effektives und zeitoptimiertes Training auf dem Rad:

- verlässliche und reproduzierbare Daten der Leistungsfähigkeit;
- detaillierte Analyse der Leistungsfähigkeit sowie
- korrektes Pacing in Training und Wettkampf.

7.8.10 Powermetermetriken

Mit der Weiterentwicklung der Powermeter-Hardware sind in den letzten Jahren auch immer mehr Metriken entstanden. Doch nicht jeder Wert ist sinnvoll und sollte unbedingt in den Fokus gerückt werden.

7.8.10.1 Functional Threshold Power (FTP)

Der FTP-Wert ist wahrscheinlich der bekannteste Wert, wenn es um den Einsatz des Powermeters geht. Ein Wert, der immer wieder als Indikator für die Leistung angeführt und in den sozialen Medien inflationär oft in den Athletenprofilen zu finden ist. Zwift®, die aktuell größte Indoor-Trainingsplattform weltweit, nutzt zur Einschätzung der Leistungsfähigkeit des Nutzers ebenfalls die FTP. Ist der Wert nicht bekannt, so führt diese Software sogar schrittweise durch ein solches Testprozedere zur Ermittlung dieses Wertes.

Die FTP, zu Deutsch die funktionelle Leistungsschwelle, soll wiedergeben, welche Leistung ein Radfahrer maximal für eine Stunde aufrechthalten kann. Der dazugehörende FTP-Test erfreut sich unter Sportlern großer Beliebtheit, da kein aufwendiges Test-Setup gebraucht wird. Ein Smart Trainer oder ein Rad mit einem Powermeter sind dazu ausreichend.

Da ein Test mit 60 Minuten Dauer Ausbelastung eine sehr intensive Trainingseinheit darstellen würde, wurde ein Ableitung mit nur 20 Minuten Dauer entwickelt. Einen Stundentest bei Wiederaufnahme nach einer Saisonpause oder Off-Season würde ich als sehr kritisch bezeichnen.

In der Theorie sollen aus dem ermittelten Durchschnittswert nachfolgend die Trainingsbereiche bestimmt werden. In der Realität ist das leider nur sehr bedingt möglich. Der Fehler in diesem Konstrukt liegt in der oft gemachten Gleichsetzung der Begrifflichkeit FTP mit der individuellen anaeroben Schwelle (IAS). Die IAS bezeichnet im Stoffwechsel die Leistung, bei der sich Aufbau und Abbau von Laktat die Waage halten. Man spricht hierbei auch vom maximalen Laktat-Steady-State (maxLass).

Wird die Intensität über den Punkt der IAS gesteigert, so gerät das Gleichgewicht zwischen Laktatakkumulation und dessen Abbau aus den Fugen. Die IAS ist demnach nicht nur eine bestimmte Leistung in Watt, sondern viel eher ein physiologischer Moment. Die FTP hingegen spiegelt eher nur einen Leistungswert wider, ohne dabei die physiologischen Zusammenhänge zu beleuchten.

Der ermittelte FTP-Wert, einerlei, ob im 20- oder 60-Minuten-Test, gibt keinen Aufschluss darüber, zu welchen Anteilen dieser Leistung der Stoffwechsel aerob- oder anaerob-dominant abgelaufen ist.

Folgendes Beispiel sollte die Schwächen des FTP-Tests transparent erklären. Ein Sportler absolviert einen FTP-Test und ermittelt einen Wert von 330 Watt. Nach 6-8 Wochen Training wird ein Re-Test eingeplant, der erneut wieder 330 Watt als Ergebnis auswirft. Als Resultat dessen wird der Sportler frustriert sein.

Welche physiologischen Veränderungen innerhalb dieser 330 Watt stattgefunden haben, wird man bei diesem Testverfahren nicht rausbekommen. Der Sportler wird keine Erkenntnisse erlangen, ob und wie sich die Stoffwechseldominanzen innerhalb dieser 330 Watt verändert haben. Einen Blick in die Tiefe der Leistungsphysiologie lässt ein solcher FTP-Test nicht zu.

Werden Stärken und Schwächen im Stoffwechsel des Athleten nicht abgebildet, so können auch keine verlässlichen Aussagen zu den Trainingszielen abgegeben werden. In meinen Augen ist der FTP-Test eher als Trainingskontrolle und weniger als Prädiktor für nachfolgende Trainingseinheiten zu werten.

Ein solches Testverfahren kann und sollte eine Laktatdiagnostik nicht ersetzen. Ich sehe im FTP-Test eher ein Wunschdenken nach Leistungsdiagnostik für den Hausgebrauch. Die Ergebnisse sind eher als Näherung und Schätzung und weniger als valide Testdaten zu werten, zumal der populäre 20-Minuten-Test sehr oft sehr weit von der tatsächlichen Stundenleistung entfernt liegt. Der FTP-Test sollte demnach sehr mit Vorsicht genossen werden, er ersetzt auf keinen Fall eine echte Leistungsdiagnostik.

Ein weiterer und für die Langdistanz alles entscheidender Punkt ist die Tatsache, dass viele Athleten auf das falsche Pferd im Training setzen. Man liest immer wieder von Trainingsprogrammen namens „FTP-Builder" o. Ä., die alleine auf das Steigern dieser Metrik abzielen. Für die Langdistanz ist aber nicht unbedingt eine möglichst hohe Stundenleistung entscheidend, sondern ein möglichst niedriger Kohlenhydratverbrauch bei einer hohen Leistung. Diese Kohlenhydratmenge ist, trivial ausgedrückt, an die maximale Laktatbildungsrate (Vlamax) gekoppelt.

Laktat hat die Eigenschaft, bei der Akkumulation eine große Menge Kohlenhydrate zu verbrennen. Da die Glykogenspeicher jedoch sehr stark limitiert sind, sollte im Trainingsprozess großer Fokus auf Reduktion der Vlamax gelegt werden. Einfach ausgedrückt, spiegelt die Vlamax wider, wie sehr der Sportler in der Lage ist, kurzfristig und explosiv Energie in Leistung umzuwandeln.

Diese Fähigkeit findet auf der Triathlonlangdistanz keinerlei Relevanz, dort sind eher „Dieselmotoren" mit geringem Treibstoffverbrauch gefragt. Um die maximale Laktatbildungsrate zu senken, sollten folgende Aspekte besondere Berücksichtigung finden:

- regelmäßiges Training;
- keine hohen Intensitäten;
- Training mit niedrigen Kohlenhydratspeichern (FatMax-Training);
- Kraftausdauertraining sowie
- Mischstoffwechseltraining (Intervalle GA-1-/GA-2-Übergang).

Da die meisten FTP-steigernden Programme sehr viele Anteile an Intensitäten beinhalten, wird sich die Vlamax nicht reduzieren lassen, sondern eher sogar ansteigen. Sportler, die nur an der FTP-Schraube drehen und nicht ausreichend Sorge für die Entwicklung des Fettstoffwechsels bzw. der Reduktion der Vlamax tragen, gehören klassischerweise zur Athletengruppe, die bis zur 120-140-km-Marke im Ironman® schnell unterwegs sind, dann aber „platzen", weil der Kohlenhydratverbrauch für diese Leistung zu hoch ist und diese Menge nicht dauerhaft über Bereitstellung aus den Glykogenspeichern und durch von außen zugeführte Gels oder Riegel gedeckelt werden kann.

Radfahren

Das Training der Grundlagenausdauer, des Fettstoffwechsels und der Reduktion der Vlamax sind nach wie vor von absolut zentraler Bedeutung für die Langdistanz. Mit Einzug des „FTP-Wahns" in den sozialen Netzwerken hat sich der Fokus leider hin in Richtung Intervalle verlagert, die sich im Training zwar hart und produktiv anfühlen, aber nicht zwingend für viele Athleten mit hoher Laktatbildungsrate geeignet sind.

Man hört immer wieder, dass sich die maximale Sauerstoffaufnahme durch das Training bestimmter Intervalle steigern lässt. Analog zum Überbewerten der FTP und den daran gebundenen Trainingseinheiten ist die Bedeutung des Grundlagenausdauertrainings immer mehr verloren gegangen. Das Training großer Umfänge bei niedriger Intensität, also klassisches Grundlagentraining, stellt die deutlich sicherere Möglichkeit zur Steigerung der maximalen Sauerstoffaufnahme dar als das Training entsprechender Intervalle.

Warum seit einigen Jahren das Training der Grundlagenausdauer aus der Mode gekommen zu sein scheint, wirkt seltsam, wenn man weiß, dass sich dadurch die VO_2max steigern und die Vlamax reduzieren lässt. In dem Zusammenhang liest man immer wieder vom Prinzip Qualität statt Quantität. Dabei werden intensive Intervalle als überlegen dargestellt und das Training der Grundlagenausdauer als veraltetes Konzept gesehen.

Nach diesem kurzen Exkurs zurück zur FTP.

Mit dem jetzt erlangten Wissen um die FTP und der mangelnden Aussagekraft dieses Wertes hinsichtlich der Leistungsfähigkeit eines Athleten kann und sollte man durchaus so manche Aussagen in den sozialen Medien differenzierter betrachten. Da liest man teilweise von Werten, die einen schwindelig werden lassen und bei mir die Frage aufwerfen, warum diese Altersklassensportler denn keine ProTour-Lizenz im Radsport besitzen.

Daher ein kurzer Leitfaden von meiner Stelle, der dazu anregen soll, die Relevanz der FTP-Werte zu überdenken:

- Ist mein Powermeter präzise genug?
- Wann wurde das System zuletzt kalibriert?
- Zeigt meine Körperwaage ein realistisches Körpergewicht an?

Besonders interessant wird es in der Wettkampfnachbetrachtung mancher Athleten. Man liest sehr häufig, dass im Rennen nicht die Wattwerte aus dem Training realisiert werden konnten. Hier ein weiterer Fragenkatalog an Sportler mit solchen Ergebnissen im Wettkampf:

- Ist der Powermeter nach der Anreise voll funktionsfähig (Stichwort Drehmoment bei Pedalsystemen)?
- Warum realisiere ich weniger Watt im Wettkampf als im Training? Sollte ja eigentlich andersherum sein, oder?
- Ist meine Pacingstrategie zu optimistisch oder schätze ich mich falsch ein?

Wenn man jetzt verstanden hat, dass die FTP kein wirklich guter Indikator zur Bestimmung der Leistungsfähigkeit sein kann, wird man verstehen, dass die nachfolgenden Werte ebenfalls nicht als optimal betrachtet werden sollten, denn einige dieser Metriken sind abhängig von der FTP. Die FTP findet sich in einigen dieser Berechnungsformeln wieder. Ich bin daher nicht so recht davon überzeugt, ob diese Werte sicher und valide zur objektiven Quantifizierung und Einschätzung der Belastung, also der wirklichen Trainingsbelastung, herangezogen werden sollten. Sie dienen für mich daher eher als Hilfsmittel, mehr aber auch nicht. Ich mache die weitere Trainingsplanung nicht abhängig von einem dieser Werte. Für mich stellen sie lediglich einen nicht ganz durchdachten Versuch dar, Training mit aller Gewalt in ein Zahlenkonstrukt zu pressen.

7.8.10.2   Normalized Power (NP)

Die Watt NP ist ein Leistungsdurchschnitt zur genaueren Darstellung bezüglich der Änderungen von Fahrtbedingungen. Antritte nach Kurven, kleinere Kuppen und Anstiege können damit sichtbar gemacht werden, um eine genauere Darstellung des Kraftaufwands zu erhalten. Die NP berücksichtigt dabei die Reaktion des Körpers auf Veränderungen in der Intensität durch sich wechselnde Bedingungen oder Widerstände.

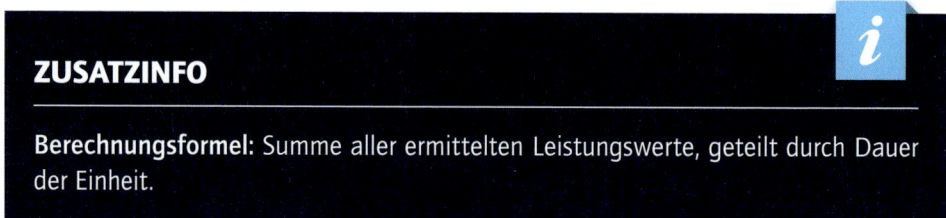

ZUSATZINFO

Berechnungsformel: Summe aller ermittelten Leistungswerte, geteilt durch Dauer der Einheit.

7.8.10.3   Intensity Factor (IF)

Der Intensity Factor soll die Belastung der jeweiligen Einheit in Relation zum aktuellen Fitnessstand, sprich der FTP, widerspiegeln. Da die FTP kein Indikator für die Leistungsfähigkeit sein kann, macht eine Beurteilung einer Trainingseinheit mittels IF für mich wenig Sinn.

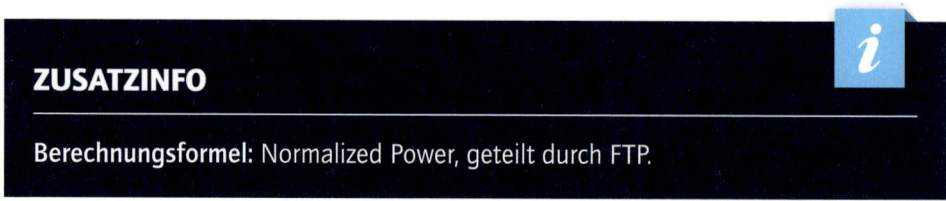

ZUSATZINFO

Berechnungsformel: Normalized Power, geteilt durch FTP.

7.8.10.4 Variabilitätsindex (VI)

Der Variabilitätsindex gibt das Verhältnis von Watt avg. und Watt NP an und ist ein Indikator für die Gleichmäßigkeit des Fahrens. Je näher an 1 dieser Wert ist, desto gleichmäßiger, also ohne Leistungsspitzen durch Antreten nach einer Kurve oder „über eine Kuppe drüberziehen", wurde trainiert. Ein Wert von 1,05-1,08 sollte bei fast allen Rennen auf der Langdistanz zu realisieren sein. Ausnahme bilden die Ironman®-Rennen Lanzarote, Wales etc., also Rennen mit großen Höhenunterschieden und/oder vielen Richtungswechseln und Kurven.

ZUSATZINFO

Berechnungsformel: Normalized Power, geteilt durch durchschnittliche Watt.

FAZIT

Wer viel misst, misst viel Mist oder Paralyse durch Analyse. Will sagen, dass nicht jeder gemessene Wert blind befolgt werden sollte!

8 LAUFEN

Gedanklich haben wir nun das Rad in der Wechselzone abgestellt und wir widmen uns mit dem Laufen der dritten Bewegungsform im Triathlon. Das Laufen bildet zum einen die natürlichste Form der Fortbewegung, birgt aber auch gleichzeitig die größten Gefahren hinsichtlich Verletzungen und Überlastungen jedweder Art.

Aufgrund dieser besonderen Disposition und der Chance, sich dabei zu verletzen, sollte man im Trainingsprozess Fehler in der Bewegungsausführung und in der inhaltlichen Trainingsgestaltung vermeiden. Im Wettkampf bedeutet der Marathon die Phase, in der Träume wie die oft zitierten Seifenblasen zerplatzen können. Fehler im Training, im Pacing auf dem Rad und eine defizitäre Versorgungsstrategie mit Kohlenhydraten, Wasser und Natrium werden im Langdistanzmarathon schonungslos aufgedeckt und haben einen immensen Einfluss auf die Gesamtleistung auf der Langdistanz.

Doch leider wird ein Versagen im Laufsegment im Ironman®-Triathlon sehr häufig nur auf ein schlecht entwickeltes Laufen zurückgeführt, ohne andere Fehlerquellen mit einzubeziehen.

In diesem Kapitel möchte ich für ein inhaltlich richtiges Programming und eine effektive Langdistanzmarathon-Lauftechnik sensibilisieren.

8.1 Equipment

Auch für die dritte Disziplin kann man als Triathlet relativ viel Geld ausgeben, wobei es eigentlich nicht sonderlich viel braucht. Die relevanten Dinge rund ums Material habe ich hier zusammengefasst.

8.1.1 Schuhe

Zum Laufen braucht man außer geeigneten Schuhen eigentlich kein spezielles Arsenal an Hilfsmitteln. Auch hier hat es in den vergangenen Jahren immer wieder sehr konträre Ansätze gegeben. Um die Jahrtausendwende hat man realisiert, dass Schuhe mit einer sehr hohen Sprengung (Höhendifferenz zwischen Ferse und Vorfuß im Schuh) und sehr festen Stützelementen zu einer recht hohen Verletzungsrate geführt haben. Einige Laufschuhhersteller haben daraus eine groß angelegte Marketingkampagne entwickelt und das sogenannte *Natural Running* ist daraus entstanden.

Auf einmal waren Schuhe mit einer Sprengung von 0 mm und einer flexiblen Sohlenkonstruktion in aller Munde bzw. an vielen Füßen zu finden. Man wollte Läufer wieder hin zu einer natürlichen Lauftechnik ohne große Zuhilfenahme von Schuhen bringen. Prinzipiell war der Ansatz richtig, Läufer weg vom Fersenaufsatz zum Vorfußlaufen zu führen, hat dabei aber einen entscheidenden Fehler gemacht.

Man hat den Käufern der Natural-Running- oder Minimalschuhe nicht das notwendige Anpassen der Lauftechnik vermittelt, sondern darauf vertraut, dass ein fehlendes Stützelement in der Ferse und eine nicht mehr vorhandene Sprengung in Kombination mit geringerer Dämpfung dazu ausreichen, einen Fersenläufer zu einem Natural Runner mit korrektem Fußaufsatz zu transformieren. Unzählige Läufer sind auf dieser Trendwelle gesurft, um ihr verletzungsbedingtes Martyrium zu beenden und um endlich schmerzfrei laufen zu können.

Leider hat die Idee dieser nur durch Schuhe bedingten Transformation nicht wirklich gut funktioniert, die Lauftechnik hat sich nicht immer an die flacheren Schuhe angepasst, sodass die Anzahl der Verletzungen im Bereich der Wadenmuskulatur, Achilles- und Plantarsehne signifikant angestiegen ist. Mittlerweile ist die Entwicklung wieder gegenläufig, also weg von den flachen Schuhen ohne wirkliche Dämpfung.

Seit einigen Jahren haben sich Schuhe aus der Kategorie „Max Cushioning" etabliert, also Modelle mit sehr voluminöser Dämpfung, um den durch den Einsatz der Minimallaufschuhe entstandenen weiteren Verletzungsfrust zu lindern. Auch hier zeigt sich, dass der Mensch eher dazu neigt, den Weg des geringsten Widerstands zu gehen, also den bequemen Weg der helfenden Schuhe zu gehen, statt bewusst an der Lauftechnik zu arbeiten und somit über diese Schiene Überlastungen und Verletzungen zu vermeiden, um die Effizienz des Laufens zu steigern. In meinen Augen wäre es jedoch weitaus gesünder, zielführender und nachhaltiger, wenn man als Athlet seine Art und Weise des Laufens verändert.

Sportler mit längerer Verletzungshistorie neigen dabei sehr gerne dazu, in neuen Schuhen auf dem Markt den Heiland zu sehen und versprechen sich von diesen Schuhen, ein besserer Läufer zu werden. Ein Schuh ist jedoch immer nur als unterstützendes Hilfsmittel zu verstehen, das eigentliche Laufen muss der Athlet weiterhin selbst übernehmen.

Die neu entfachte Diskussion bezüglich des Verbots der Laufschuhe mit einer Carbonplatte im Sohlenaufbau und der damit verbundenen Katapultwirkung und gesteigerter Geschwindigkeit kann ich nur bedingt nachvollziehen. Der Sport, und insbesondere der Triathlon, lebt von Innovationen. Diese machen auch nicht vor der Laufschuhindustrie halt.

Die Träger dieser Carbonschuhe haben sicherlich Vorteile, sie zu verbieten, würde meiner Meinung nach gleichbedeutend mit dem generellen Verbot von Scheibenrädern zu verstehen sein.

Als problematisch sehe ich den falsch gewählten Einsatz mancher Laufschuhkonzepte. Es empfiehlt sich durchaus, mehrere Konzepte im Trainingsalltag zu nutzen. Hierzu zählen konservative Trainingsschuhe für die längeren Läufe und flache, dynamisch laufende Modelle für die Tempoeinheiten auf der Bahn oder Straße. Minimalistische Schuhe sollten sehr sporadisch und auch nur bei vorhandener korrekter Lauftechnik eingesetzt werden.

Analog zu den Wettkampflaufrädern empfehle ich, keine leichten, dynamischen Wettkampfschuhe im Training des langen Laufs zu nutzen. Diese Schuhe laufen sich leicht, der Sportler fühlt sich dynamisch und möchte diese naturgemäß oft und regelmäßig nutzen. Ich würde diesen Effekt eher auf den Wettkampf begrenzen bzw. vorab sicherlich 2-5-mal im Training testen.

Triathleten verletzen sich überdurchschnittlich oft während des langen Laufs, wenn dieser mit Wettkampfschuhen absolviert wird. Ich kann das auf der einen Seite sehr gut nachvollziehen, dass man sich ungern einen Anker in Form schwerer Trainingsschuhe an die Beine hängen möchte, bevorzuge aber eher eine Strategie, nach der das Training immer eher mit einem Handicap durchgeführt werden sollte und man die „Wunderwaffen" besser für den Wettkampf aufspart.

Ein Wechsel unterschiedlicher Modelle und Hersteller (sofern der Athlet nicht an Sponsoren gebunden ist) verhindert unter Umständen eine schuhbedingte Überlastung. Im Schrank eines Langdistanzlers sollten mindestens drei Laufschuhe zu finden sein, denn wie der menschliche Körper auch, braucht ein Laufschuh gewisse Regenerationszeiten.

Das Dämpfungsmaterial wird während des Laufens sukzessive immer weiter zusammengepresst. Um eine voll funktionstüchtige Dämpfung zu gewährleisten, sollte der Schuh Zeit zum Zurückbilden des Querschnitts und des Dämpfungsmaterials bekommen. Der Schuh hält dadurch signifikant länger und die Gefahr einer Verletzung durch eine zu stark komprimierte Dämpfung entfällt. Apropos Haltbarkeit, es empfiehlt sich, die gelaufenen Umfänge der Schuhe im Trainingstagebuch zu dokumentieren. Eine Laufleistung von 800-1.000 km pro Schuh halte ich für relativ sicher. Weitere Einflussfaktoren für die Langlebigkeit eines Schuhs sind Körpergewicht, Laufuntergrund, Tempo und Abrollverhalten beim Fußaufsatz.

Wettkampfschuhe haben natürlich ihre Daseinsberechtigung, allerdings nicht für jedermann. Die meisten dieser Modelle sind für das schnelle Laufen von Distanzen von 5 km bis Marathon gedacht. Der Marathon im Ironman®-Triathlon hat aber relativ wenig mit dem schnellen Laufen per se zu tun. Das Tempo wird sich hierbei eher im Grundlagenbereich einpendeln.

Laufen

Hinzu kommt, dass der Sportler relativ sicher vorermüdet vom Rad absteigen wird. Wäre es demnach nicht sinnvoller, einen Schuh zu nutzen, der über ausreichende Dämpfungs- und Stützeigenschaften verfügt, um dem Sportler unterstützend zur Seite zu stehen, als einen superflachen, direkten Schuh zu nutzen, der für einen deutlich schnelleren Tempobereich konzipiert wurde?

Viele Altersklassensportler orientieren sich bei der Schuhwahl zu sehr an den Modellen, die im Profisport genutzt werden. Die dort gelaufenen Geschwindigkeiten legitimieren den Einsatz schnellerer Schuhe, für Altersklassensportler würde ich eher für den Einsatz „konservativerer" Schuhe plädieren. Wettkampfschuhe sollten nicht zu klein oder zu eng gekauft werden, da sich der Fuß mit fortlaufender Wettkampfdauer ausdehnt und somit eher Druckstellen und Blasen entstehen können.

> **FAZIT**
>
> Schuhe sind wichtig, bedeuten aber bei falscher Lauftechnik keine Garantie vor Verletzungen und eine gleichzeitig höhere Laufgeschwindigkeit.

8.1.2 Schnellschnürung

Um schnelle Wechselzeiten zu erzielen, wurden unzählige Schnellschnürsysteme auf den Markt gebracht, die das Binden der Schuhe in der Wechselzone umgehen sollen. Ich bin kein allzu großer Freund davon, diese Systeme sowohl im Wettkampf als auch im Training zu nutzen.

Auf kürzeren Wettkampfstrecken, bei denen ein schneller Wechsel vom Radfahren zum Laufen über Sieg oder Niederlage entscheiden kann, mag das durchaus Sinn machen. Auf der Langdistanz zählt für mich aber eher der Faktor Stabilität und Komfort.

Ich sehe immer wieder als Außenstehender an der Wettkampfstrecke, wie wenig Halt diese Gummischnürsenkel den Läufern bieten. Man findet gehäuft Probleme mit der Plantarsehne, wenn flexible Schnürsysteme eingesetzt werden. Der Fuß findet zu wenig Halt im Schuh, was zur Folge hat, dass die Fußmuskulatur oft dazu neigt, sich zusehends zu verkrampfen.

Ich habe unzählige Male getestet, wie groß der zeitliche Verlust durch das Binden der Schuhe gegenüber dem Einsatz von Schnellschnürungen ist und bin bei allen Testversuchen auf höchstens 18-20 Sekunden gekommen. Bei einer Wettkampfdauer von 8-15 Stunden kein wirklich ernst zu nehmender Faktor.

Wenn bei Hitzerennen noch eine exzessive Kühlung des Körpers durch Schwämme und Wasser hinzukommt und der Schuh immer nasser wird, bekommt das Thema Halt im Schuh eine weitere Bedeutung in Form der Prävention von Blasen durch Hin- und Herrutschen im Schuh. Der vermeintliche Vorteil einer Schnellschnürung kann durch mangelnden Halt und Komfort leicht außer Kraft gesetzt werden.

> **FAZIT**
>
> Je länger die Streckenlänge ist, desto unwichtiger wird die Schnellschnürung.

8.1.3   Kompressionsstrümpfe

Als ich 2007 das erste Mal Kompressionsstrümpfe im Wettkampf gesehen habe, habe ich vergeblich nach Schienbeinschonern aus dem Fußball gesucht. Kompressionsstrümpfe haben sich seit dieser Zeit im Triathlon und mittlerweile auch im Laufsport etabliert. Aber warum eigentlich? Ich konnte bei der Recherche zu diesem Buch keine herstellerunabhängige Studie finden, die den Einsatz der Kompressionsstrümpfe und deren positive Wirkung befürwortet. Die angepriesenen Vorteile stammen demnach eher aus der Marketingabteilung des jeweiligen Herstellers.

Ich habe vor einigen Jahren eine Testreihe hierzu für mich selbst durchgeführt und bin auf meiner Hausrunde bei unterschiedlichen Bedingungen und Tempi gelaufen. Ich konnte weder eine Reduktion der Herzfrequenz noch eine Geschwindigkeitssteigerung in irgendeiner Weise für mich feststellen.

Zu diesem Test zählte auch das Anziehen der Strümpfe auf Zeit mit trockenen und nassen Füßen. Gerade bei nassen Füßen hat das Anziehen zwischen 45-60 Sekunden gedauert, um diese möglichst faltenfrei am Fuß zu haben. Um einen Zeitgewinn im Wettkampf durch das Tragen der Kompressionsstrümpfe zu erzielen, müsste man demnach 1-1,5 Sekunden pro Kilometer schneller laufen, was ich eher im Bereich der Märchen verbuchen möchte.

Alternativ könnte man auf Kompressionsstulpen oder Compression Calfs verweisen, die schon vor dem Start bereits angezogen werden. Allerdings hat sich bei diesen Modellen gezeigt, dass der unten rausragende Fuß nach dem Radfahren ziemlich angeschwollen ist, da der venöse Rückstrom aus dem Fuß auf Höhe der Wade behindert wird, das Blut also im Fuß selbst zurückbleibt.

Der für mich einzig legitime Grund für das Tragen der Compression Socks liegt im subjektiv besseren Gefühl des Athleten, einer ästhetischen Meinung zu diesem Thema möchte ich mich entziehen.

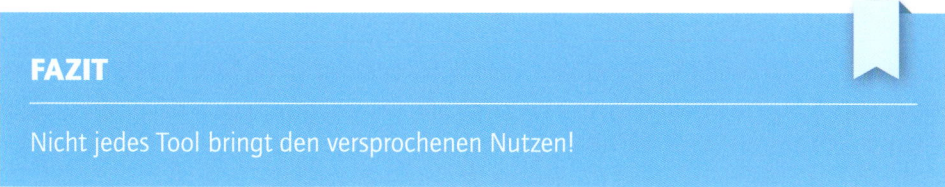

FAZIT

Nicht jedes Tool bringt den versprochenen Nutzen!

8.2 Lauftechnik

Das Laufen stellt die ursprünglichste aller Fortbewegungsarten dar, doch leider haben wir Menschen diese Fähigkeit im Zuge der modernen Arbeits- und Lebensweise verlernt. Der Mensch ist evolutionär noch nicht ausreichend daran adaptiert, stundenlang am Schreibtisch zu sitzen.

Die negativen Begleiterscheinungen eines inaktiven Lebenswandels kann man beim Anblick vieler Läufer sehen. Mangelnde Beweglichkeit und eine degenerierte Pomuskulatur zeigen sich dabei recht deutlich. Schaut man sich Kinder bis ca. 10 Jahre an, so stellt man fest, dass sie eigentlich ganz natürliche Bewegungsabläufe zeigen. Doch mit stundenlangem Sitzen in der Schule und einem Mangel an Bewegung verändert sich das Laufen der Kinder mit zunehmendem Alter.

Ein weiterer Punkt, der einen massiven Einfluss auf das Laufen genommen hat, war die Entwicklung des ersten Laufschuhs der Firma Nike®. Millionen Jahre Evolution des Menschen und die damit verbundene Programmierung eines natürlichen Bewegungsmusters beim Laufen wurden mit einem Schlag infrage gestellt.

Urplötzlich sollte der Läufer über die Ferse abrollen, sodass die entwickelten Fersendämpfer, hohe Sprengung und Stützelemente legitimiert sind. Wenn Gott das so gewollt hätte, dann hätte er uns nicht Wadenmuskulatur und Fußgewölbe als natürliche Stoßdämpfer mit in die Wiege gelegt.

Mit der damals gleichzeitig aufkeimenden Joggingbewegung in den USA haben die meisten Laufanfänger diesen Fersenaufsatz indoktriniert bekommen. Im Zuge dessen haben sich später einige Laufkonzepte entwickelt, um ein Bewegungsmuster zu vermitteln, das eigentlich seit jeher beim aufrecht gehenden Menschen angelegt ist. Irgendwie ziemlich traurig, dass der Einsatz eines Waffeleisens zur Herstellung einer Laufschuhsohle unzählige Sportler auf den Holzweg geführt hat, oder?

Erschwerend kommt noch hinzu, dass wir uns im Triathlon ja in einer ganz anderen Wettkampfsituation befinden als ein reiner Läufer. Gerade auf der Langdistanz ist ein Laufen in einem frischen, ausgeruhten Zustand nicht möglich, die Vorermüdung durch das Schwimmen und Radfahren ist immens. Diese Tatsache sollte man bei der Beurteilung der Lauftechnik eines Langdistanztriathleten mit einbeziehen.

In meinen Augen macht es wenig Sinn, dem Sportler eine Lauftechnik zu vermitteln, mit der er über 1.500 m erfolgreich sein kann. Es braucht viel mehr einen möglichst großen Fokus auf Ökonomie. Es sollte also eine Lauftechnik, die unter großer Ermüdung immer noch effektiv und kraftsparend ist, gelehrt bzw. erlernt werden.

Für mich ein weiteres Argument dafür, Triathlon als eigenständige Sportart zu verstehen und nicht die Ansätze aus den Einzeldisziplinen blind ins Triathlontraining zu implementieren. Vor einigen Jahren habe ich in meinem persönlichen Blog einen Artikel zum Phänomen der von mir damals sogenannten *Instagram®-Lauftechnik* geschrieben.

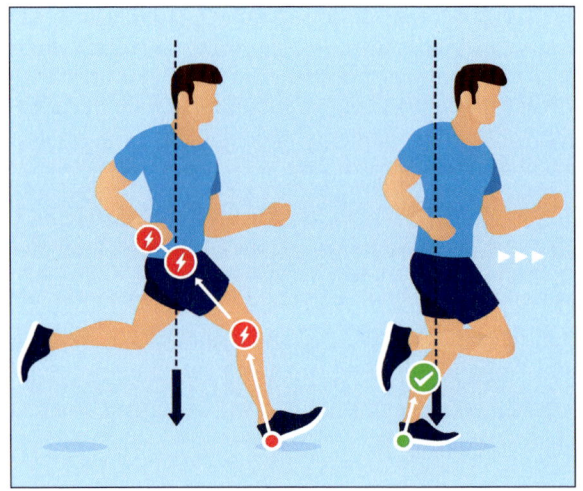

Abb. 64: Körperschwerpunktlinie

Ich habe mich damals, wie auch heute noch, darüber gewundert, warum Influencer aus dem Laufsport oder Triathlon auf ihren Fotos immer mit einer derart übertriebenen Schrittlänge und einer sehr großen Vertikalkomponente und einem Fußaufsatz meilenweit vor dem Körperschwerpunkt zu sehen sind.

Diese Bewegungen haben eher Ähnlichkeit mit dem Dreisprung aus der Leichtathletik, aber weniger mit Langstreckenlauf. Wahrscheinlich soll diese Art des Laufens besonders dynamisch aussehen, einen anderen Grund dafür kann ich mir nicht vorstellen. Völlig unverständlich bleibt für mich, warum Hersteller von Laufschuhen solche Bilder goutieren und die Schar der Influencer mit entsprechendem Schuhmaterial ausstatten.

Eigentlich sollten sie doch ein Interesse daran haben, den biomechanisch korrekten Laufsport zu fördern und Sportler vor Überlastungen und Verletzungen zu schützen. Jetzt habe ich schon einige Technikfehler angerissen, möchte aber darauf etwas mehr in Tiefe eingehen.

Laufen

8.2.1 Die Schrittfrequenz

Ähnlich wie beim Radfahren gibt es auch für das Laufen eine recht einfache Rechnung, die Erfolg versprechend sein kann, nämlich:

hohe Schrittfrequenz plus lange Schrittlänge = hohe Geschwindigkeit.

Allerdings befinden wir uns auf der Langdistanz ja in einem Kompromiss zwischen Energieaufwand und Ertrag, sprich Geschwindigkeit. Man sollte also genauer hinschauen, welche Komponente leichter umzusetzen ist.

Ich habe unzählige Auswertungen nach Ironman®-Rennen einsehen können. Die heutigen GPS-Uhren zeichnen mittlerweile alle relevanten Laufmetriken, wie Schrittfrequenz, Bodenkontaktzeit und vertikale Bewegung, auf. Wenn man sich in diesen Files nur auf den technischen Aspekt beschränkt, stellt man die größten Unterschiede zwischen Erfolg und Niederlage fest, wenn man sich die gelaufene Schrittfrequenz genauer anschaut.

Sportler, die mit einer zu niedrigen Frequenz den Ironman®-Marathon in Angriff nehmen, haben eine deutlich erhöhte Gefahr, auf der zweiten Hälfte der 42 km einen Geschwindigkeitseinbruch zu erleben.

Doch warum ist das so und warum wird heute immer noch ein möglichst „raumgreifender Schritt" gelehrt?

Ein langer Schritt mit einer niedrigen Frequenz führt, genau wie beim Schwimmen, mit zu langer Gleitphase, ebenfalls zu einer nicht gleichmäßigen Vortriebsgeschwindigkeit. Beschleunigung und Abbremsen wechseln sich dabei zu stark ab und führen zu einem eher ungleichmäßigen Kraftverlauf.

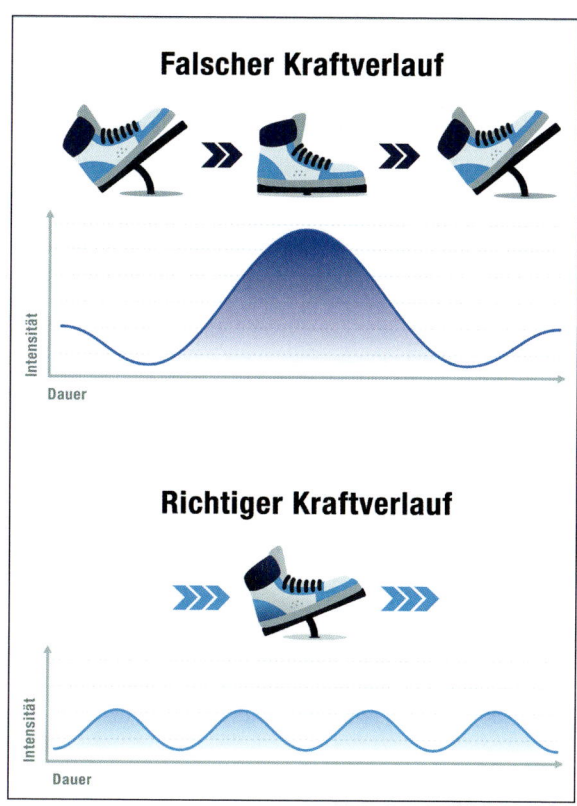

Abb. 65: Kraftverlauf am Beispiel eines Gaspedals

Ist der Schritt zu lang, so erfolgt der Fußaufsatz vor dem Körperschwerpunkt und in der Regel über die Ferse abrollend. Dabei stemmt sich der Fuß eigentlich gegen die Fortbewegungsrichtung und es kommt zu einer abbremsenden Bewegung. Das Bein ist hierbei gestreckt und die Wadenmuskulatur und das Fußgewölbe sind nicht optimal eingesetzt, um diese Stoßbelastung zu kompensieren. Wird der Fuß über die Ferse abgerollt, so erhöht sich die sogenannte *Bodenkontaktzeit*, der Fuß ruht entsprechend länger auf dem Boden. Je länger diese Bodenkontaktzeit aber nun ausfällt, desto länger sind auch die Stützzeiten, also die Anteile der Bewegung, in denen die Beinmuskulatur den Aufprall des Körpers auf den Untergrund stabilisieren muss.

Leider ist diese Muskulatur aber bereits durch die 180 Radkilometer schon relativ ermüdet, sodass diese Stützphase nicht mehr optimal gewährleistet sein kann. Dies führt dann zu deutlich mehr Gehpausen in der zweiten Hälfte des Marathons und teils zu drastischem Geschwindigkeits- und Zeitverlust.

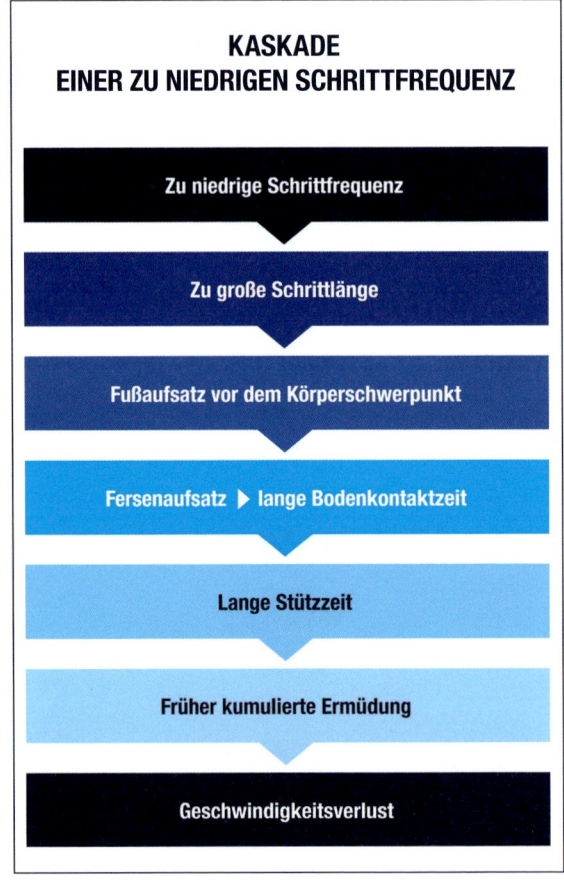

Abb. 66: Kaskade einer zu niedrigen Schrittfrequenz

Für mich stellt die Schrittfrequenz das wichtigste Regulativ in Sachen Laufeffizienz dar. Ist die Anzahl der Schritte pro Minute hoch genug, regulieren sich in der Regel automatisch einige weitere Technikaspekte.

In der Auswertung von Lauffiles fällt mein erster Blick automatisch immer erst in Richtung der Schrittfrequenz. Liegt diese in einem Bereich größer als 175 pro Minute, so ist die Chance recht groß, dass der Fußaufsatz unter dem Körperschwerpunkt durchgeführt wurde, also die Gefahr eines zu langen Schritts weniger gegeben ist.

Bei korrekter Anzahl der Schritte pro Minute wird sich die Vertikalkomponente des Laufens ebenfalls reduzieren, der Athlet hat schlichtweg weniger Zeit, sich fälschlicherweise nach oben abzudrücken, sondern läuft eher flacher nach vorne in Bewegungsrichtung.

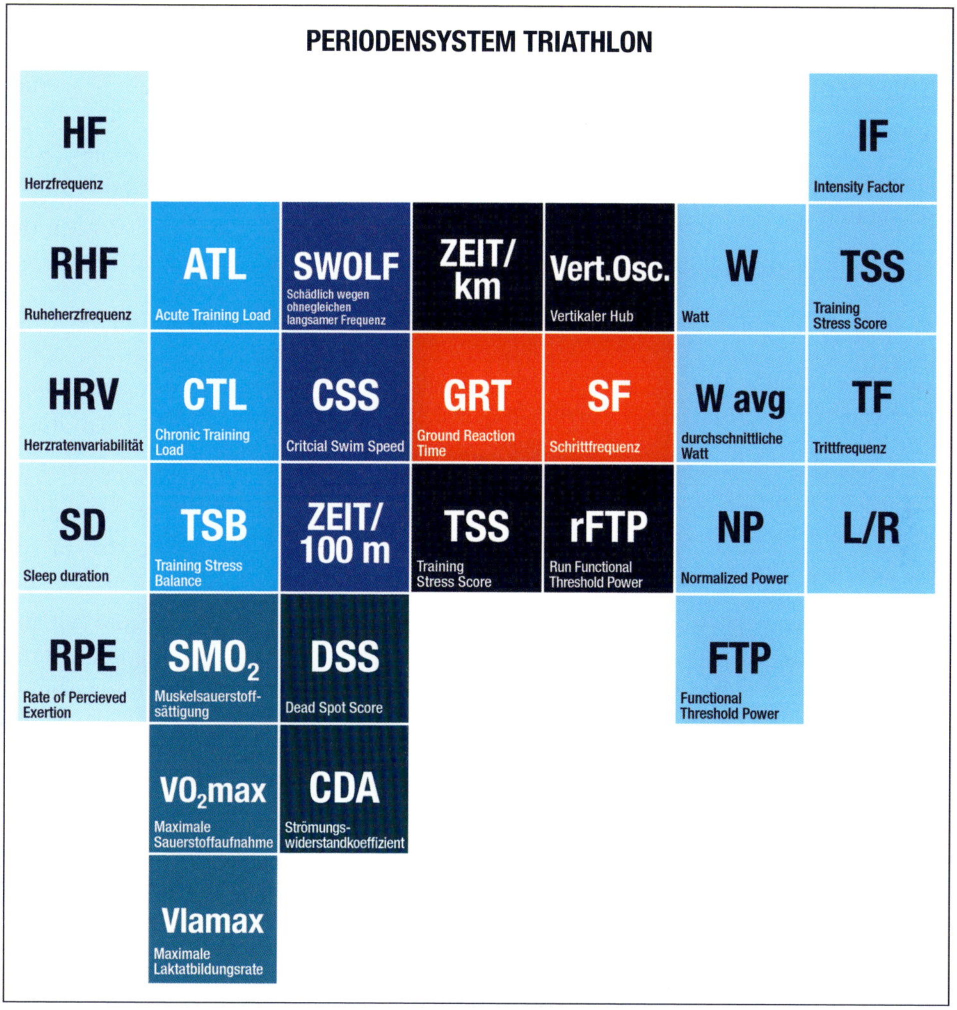

Laufen

PERIODENSYSTEM TRIATHLON

HF Herzfrequenz							**IF** Intensity Factor
RHF Ruheherzfrequenz	**ATL** Acute Training Load	**SWOLF** Schädlich wegen ohnegleichen langsamer Frequenz	**ZEIT/km**	**Vert.Osc.** Vertikaler Hub	**W** Watt		**TSS** Training Stress Score
HRV Herzratenvariabilität	**CTL** Chronic Training Load	**CSS** Critcial Swim Speed	**GRT** Ground Reaction Time	**SF** Schrittfrequenz	**W avg** durchschnittliche Watt		**TF** Trittfrequenz
SD Sleep duration	**TSB** Training Stress Balance	**ZEIT/100 m**	**TSS** Training Stress Score	**rFTP** Run Functional Threshold Power	**NP** Normalized Power		**L/R**
RPE Rate of Percieved Exertion	**SMO₂** Muskelsauerstoffsättigung	**DSS** Dead Spot Score			**FTP** Functional Threshold Power		
	VO₂max Maximale Sauerstoffaufnahme	**CDA** Strömungswiderstandkoeffizient					
	Vlamax Maximale Laktatbildungsrate						

Abb. 67: Perdiodensystem Triathlon Laufmetriken

In meinen Augen hat man in den letzten Jahren den Fokus fälschlicherweise zu sehr darauf gelegt, wie der Fuß auf den Boden aufzusetzen wäre. Man hat versucht, Fersenläufer zu einer bewussten Vorfußlauftechnik zu zwingen, weil man die negativen Verletzungsbegleiterscheinungen des Fersenlaufens erkannt hat.

Leider haben sich bei vielen Läufern deswegen nur die überlasteten und/oder verletzten Strukturen verlagert, denn wenn bei gleicher bzw. zu großer Schrittlänge nur die Art des Fußaufsatzes geändert wird, also der Vorfuß bewusst nach unten gedrückt wird, so ist die Plantarsehne bereits vor der Landung vorgespannt. Ein weiteres Problem liegt darin, dass viele Läufer nur bedingt in der Lage sind, den Unterschied zwischen Fersen- und Vorfußaufsatz selbst zu spüren und somit bewusst zu verändern.

Ich denke daher, dass es deutlich mehr Sinn macht, die Lauftechnik für die Langdistanz im Triathlon über die gelaufene Schrittfrequenz zu verändern. Dabei ist es für mich eher sekundär, wie der Fuß aufsetzt, sofern er an der richtigen Position, also nah unter dem Körperschwerpunkt, landet.

Als ideal werden mindestens 180 Schritte pro Minute angesehen, also 90 Fußaufsätze links und 90 mit dem rechten Fuß in einer Minute.

Geschwindigkeitsformeln

Um schneller zu laufen, muss man verstehen, wie sich die Laufgeschwindigkeit berechnet:

Geschwindigkeit = Schrittlänge x Schrittfrequenz

Ist die Schrittlänge (Distanz zwischen zwei Fußaufsätzen) fix, aber die Schrittfrequenz erhöht, so läuft der Athlet schneller. Ist die Schrittfrequenz fix, die Schrittlänge vergrößert, so läuft der Athlet auch schneller. Beide Komponenten gilt es zu verbessern, doch warum liegt jetzt der Fokus auf der Schrittfrequenz?

Die Antwort liegt darin, dass man diese Veränderung bewusster steuern kann. Die Frequenz lässt sich wunderbar messen und wird mit den modernen Laufuhren auch live während des Trainings auf dem Uhrendisplay wiedergegeben.

Wenn man beispielsweise im Training und/oder Wettkampf realisiert, dass die Frequenz absinkt, kann man in fast allen Fällen auch davon ausgehen, dass die Pace sich ebenfalls verlangsamt, denn ein Vergrößern der Schrittlänge braucht vermehrten Krafteinsatz und ist bei zunehmender Ermüdung fast nicht möglich. Die Erhöhung der Schrittfrequenz stellt einen geringeren Kraftaufwand dar, wird aber immer an eine etwas erhöhte Herzfrequenz gekoppelt sein.

Da das Herz-Kreislauf-System aber nicht den primär limitierenden Faktor auf der Langdistanz darstellt, würde ich immer diesen Weg bevorzugen. Die Erfolgsformel für schnelles Laufen lautet demnach:

Messen der Frequenz plus Beherrschen der Frequenz = schnelles, ökonomisches Laufen.

8.2.1.1 Messung der Frequenz

Die Frequenz lässt sich, wie bereits oben beschrieben, mit den Laufuhren ganz wunderbar messen. Wer keine solche Uhr nutzt, kann seine Frequenz aber auch mit simplem Zählen bestimmen.

Hierbei sollten 15 Sekunden lang die Bodenkontakte eines Fußes (links oder rechts) gezählt werden. Dieser Wert wird dann mit 2 multipliziert, um die einseitigen Kontakte

Laufen

pro Viertelminute zu ermitteln. Dieser Wert wird dann mit 4 multipliziert, damit man die beidseitigen Bodenkontakte pro Minute erhält.

8.2.1.2 Bestimmung des Ausgangswerts

Um eine Veränderung der Frequenz zu erzielen, muss man sich erst mal darüber klar werden, wo der aktuelle Ausgangswert eigentlich liegt. Hierzu kann man wieder die Uhren nutzen, um sich nach den Einheiten die jeweiligen durchschnittlichen Frequenzen in der Fileauswertung anzeigen zu lassen. Als durchaus hilfreich hat sich herausgestellt, dass man bei Läufen zu drei definierten Zeitpunkten die Anzahl der Bodenkontakte (wie oben beschrieben) misst, und zwar bei

1. Minute 10
2. Minute 40
3. Minute 80

Ist der Lauf kürzer als 80 Minuten, dann wird nur zu den ersten beiden Zeitpunkten gemessen. Die ermittelten Frequenzen werden addiert und dann durch 2 bzw. 3 geteilt und man erhält dadurch einen guten Überblick über die durchschnittliche Kadenz.

8.2.1.3 Training der Schrittfrequenz

90 % aller Athleten weisen eine niedrigere Schrittfrequenz als ihre Zielfrequenz auf. Kadenzen unter 160 Schritten/min sind keine Seltenheit. Wenn man solche Frequenzen in den Files zu sehen bekommt, erhält man eine direkte Information zur Lauftechnik des Sportlers.

Der Fußaufsatz wird relativ sicher sehr weit vor dem Körperschwerpunkt liegen, die Schrittlänge ist zu lang, die Landung wird sehr stark über die Ferse mit nahezu gestrecktem Bein erfolgen. Das sind alles Punkte innerhalb der Lauftechnik, die ein hohes Maß an Überlastung und Verletzungsdisposition mit sich bringen.

Veränderungen in der Lauftechnik sind nicht von heute auf morgen zu erzielen, sondern brauchen mindestens 40-60 Tage Zeit. Daher sollte die Annäherung an die Zielfrequenz auch in kleinen Schritten erfolgen. Als bewährtes Mittel haben sich die sogenannten *15/15-* oder *20/10-Lauftrainingseinheiten* herausgestellt.

Hierbei wird über die Dauer von 10 Minuten jeweils für 15 oder 20 Sekunden die Frequenz auf Zielniveau angehoben, um danach für 15 oder 10 Sekunden auf das Ausgangsniveau abzusinken. Hierbei sollte auf gleichbleibende Geschwindigkeit geachtet werden, es ist ein reines Frequenz-Intervalltraining, die Laufgeschwindigkeit bleibt davon unberührt.

WEITERE BEISPIELEINHEITEN

Andere Strategien sind:

- Fokus auf der Schrittfrequenz in den ersten fünf Minuten eines jeden Laufs
- Fokus auf der Schrittfrequenz in den ersten 10 Minuten eines jeden Laufs
- Fokus auf der Schrittfrequenz in den ersten 15 Minuten eines jeden Laufs
- Fokus auf der Schrittfrequenz alle 10 Minuten für eine Minute
- Fokus auf der Schrittfrequenz alle fünf Minuten für eine Minute
- Fokus auf der Schrittfrequenz alle 10 Minuten für 1:30 Minuten
- Fokus auf der Schrittfrequenz alle fünf Minuten für 1:30 Minuten

Neben der visualisierten Schrittfrequenz auf der Uhr bietet sich der Einsatz eines Metronoms aus der Musik an. Man kann sich solch einen Taktgeber entweder als App auf sein Smartphone laden oder auch die zum Teil eingebauten Metronomfunktionen der Sportuhren nutzen. Sportler, die im Besitz eines Tempotrainers für das Schwimmen sind, können diesen Taktgeber ebenfalls auch für das Laufen nutzen.

Der Sportler bekommt eine akustische Aufforderung, bei jedem Ton wird ein Schritt abverlangt. Allerdings kann das ständige Gepiepse auf Dauer recht nervtötend sein, sodass man den Einsatz eines solchen Metronoms auch bewusst einplanen sollte. Setzt man dieses Tool im Gruppentraining ein, so macht man sich sicherlich nicht viele Freunde.

Sportler, die eine zu niedrige Frequenz laufen und Handlungsbedarf hierbei sehen, sollten im Training auf das Tragen eines MP3-Players verzichten, denn der Takt der Musik beeinflusst die Bewegungsfrequenz recht deutlich. Die Optimierung der Lauftechnik über die Schrittfrequenz stellt für mich die größte Leistungsreserve dar, denn über die reduzierte orthopädische Last sind entweder höhere Umfänge im Training möglich oder es können höhere Geschwindigkeiten realisiert werden, ohne dass sich ein Sportler in eine große Verletzungsgefahr begibt.

Im Wettkampf selbst sorgt, wie bereits vorher schon beschrieben, eine hohe Schrittfrequenz für eine später einsetzende Ermüdung, sprich, die Laufgeschwindigkeit kann länger aufrecht gehalten werden.

FAZIT

„Je länger der Schritt, desto länger nimmt man diesen orthopädisch mit."

Neben der Schrittfrequenz gilt es, noch einige weitere Aspekte zu beachten und zu optimieren.

8.2.2 Kopfposition und Gesicht

Der Kopf spielt auch beim Laufen eine große Rolle. Dabei beziehe ich mich an dieser Stelle lediglich auf seine Haltung, die mentale Komponente spielt in der Wettkampfgestaltung, gerade auf der Laufstrecke, eine große Rolle. Als ideal würde ich eine möglichst neutrale Haltung, also in der Verlängerung der Wirbelsäule, bezeichnen. Hierzu empfiehlt es sich, einen Punkt vor sich in ca. 6-8 m Entfernung zu fixieren.

Als Fehlerbild sieht man immer wieder den sogenannten *Sternengucker* mit nach hinten geneigtem Kopf und den *Schnürsenkelkontrolleur*, der mit gesenktem Blick in Richtung seiner Schuhe unterwegs ist. Beide Fehlhaltungen haben negativen Einfluss auf die Lauftechnik.

Ist der Kopf zu weit im Nacken, so ist in fast allen Fällen ein zu langer Schritt daran gekoppelt. Bei zu sehr gesenktem Kopf muss zur Gleichgewichtsfindung das Becken oder die Hüfte nach hinten verlagert werden, damit man nicht nach vorne umkippt. Erschwerend kommt noch hinzu, dass in beiden Fällen die Luftröhre nicht in optimaler Stellung ist, das Einatmen entsprechend nicht optimal gewährleistet ist.

Wer kennt nicht den Zuspruch: „Jetzt musst du beißen", von Zuschauern am Streckenrand eines Wettkampfs. Eigentlich ein gut gemeinter Rat, der aber impliziert, dass man die beiden Kiefer aufeinanderpresst. Ist die Gesichtsmuskulatur jedoch zu verspannt und fest, so überträgt sich diese Spannung mit der Zeit vom Kiefer über den Nacken bis hin zu den Schultern.

Um eine effiziente und möglichst lockere Lauftechnik im Wettkampf aufrecht zu halten, sollte demnach eher von außen gerufen werden, dass man das Gesicht entspannen sollte.

8.2.3 Schultern, Arme, Hände

Wie gerade erwähnt, sollten die Schultern möglichst locker gehalten werden. Man sieht jedoch im Wettkampf recht häufig die von mir sogenannten *Schildkröten*. Dabei beziehe ich mich nicht auf deren Geschwindigkeit, sondern eher darauf, dass die Schultern zusehends hochgezogen werden und der Kopf immer weiter in einen imaginären Panzer rückt.

Um ein lockeres Schwingen der Arme in den Schultern sicherzustellen, sollte der Abstand zwischen Ohrläppchen und Schultereckgelenk möglichst groß sein. Die Arme können als Taktgeber für die Schrittfrequenz genutzt werden. Dazu müssten diese aber im Ellbogengelenk angewinkelt sein. Bei relativ vielen Sportlern ist der Arm „zu lang", also der Winkel in der Ellenbeuge zu weit geöffnet.

Je länger der Arm ist, desto größer ist die Hebelwirkung der Arme. Je größer der Hebel ist, desto größer ist auch die Rotation des Oberkörpers zu den Beinen hin und man benötigt dadurch einen größeren Krafteinsatz in der Rumpfmuskulatur. Es empfiehlt sich, die Arme eher nach hinten aktiv zu bewegen und die Pendelbewegung in Laufrichtung locker, über die Schwerkraft getrieben, durchzuführen, um Kräfte zu sparen.

Man sieht recht häufig Sportler, die eine sehr weite Pendelbewegung nach vorne aufweisen. Ich bezeichne diese Athleten als *Birnenpflücker*. Das Rückführen des Ellbogens sorgt für ein leichteres Schwingen des Beins auf der gegenüberliegenden Seite. Die Hände sollten vor die Brust auf Höhe der Brustwarzen geführt werden.

Ein exzessives Rotieren der Arme mit weit vom Oberkörper abgespreizten Ellbogen ist ähnlich wie ein zu langer Arm zu vermeiden. Sportler aus dieser Kategorie bezeichne ich gerne als *Rasierklingenunterderachselträger*. Für Abhilfe hierbei kann der sogenannte *Kellnerdrill* sorgen, denn dabei versucht man, bewusst die Handinnenfläche nach oben wie ein Teller transportierender Kellner gerichtet zu halten, den Daumen also nach außen zeigen lassen. Dann werden die Ellbogen enger am Oberkörper entlanggeführt. Analog zur Gesichtsmuskulatur sollten die Hände auch locker gehalten werden. Die Hand wird dabei zu einer offenen Faust geschlossen und der Daumen liegt locker auf dem Zeigefinger.

Eine weitere Kategorie in meiner Coachingwelt bildet der *Karateka*, der mit geöffneter Hand in Manier eines Sprinters läuft und jederzeit bildlich bereit ist, einen Handkantenschlag durchzuführen. Ein weiteres Phänomen ist der von mir so getaufte „Uhrenarm".

Man kann bei einer doch recht großen Anzahl an Sportlern im Seitenvergleich der Arme Unterschiede in der Bewegung festmachen. Der Arm, an dem die Uhr getragen wird, ist dabei oft sehr starr und wird nicht so frei geschwungen wie das Pendant auf der anderen Seite. Von Zeit zu Zeit empfiehlt es sich also, die Uhr am anderen Arm zu tragen, um dieses Ungleichgewicht etwas aufzubrechen. Ist der Arm besonders eingeschränkt, so betätige ich mich eines kleinen Wortspiels in Form des „*GARMIN*" oder „*POL*ARM".

8.2.4 Haltung

Die Haltung ist elementar zur Entwicklung der Geschwindigkeit. Der Oberkörper kann hierbei als Gaspedal bezeichnet werden. Je mehr der Oberkörper nach vorne geneigt wird, desto mehr Geschwindigkeit kann der Athlet dadurch schwerkraftbedingt gewinnen, ohne ein Mehr an Kraftaufwand zu betreiben.

Laufen

Abb. 68: Einfluss des Oberkörpers auf die Geschwindigkeitsentwicklung am Beispiel eines Gaspedals

Man sieht jedoch immer wieder Sportler mit sehr aufrechter Haltung und teilweise nach hinten geneigtem Oberkörper, von mir als „Stockschlucker" bezeichnet. Diese Haltung sorgt dafür, dass zur Wahrung des Gleichgewichts der Fußaufsatz etwas vor dem Körperschwerpunkt stattfinden muss. Wird der gesamte Körper jedoch, wie bei einem Skispringer nach vorne fallen gelassen, so wandert der Fußaufsatz direkt unter den Schwerpunkt und der Läufer schlägt somit zwei Fliegen mit einer Klappe.

Der häufigste Fehler bei der Neigung des Oberkörpers ist ein Abknicken in der Hüfte, also ein Schieben der Hüfte und des Gesäßes nach hinten. Die Hüfte muss nach vorne geschoben werden, um ein Fallen in einer Linie nach vorne zu ermöglichen. Knickt der Oberkörper ab und die Hüfte bleibt hinten, so verändert sich der Schwerpunkt signifikant.

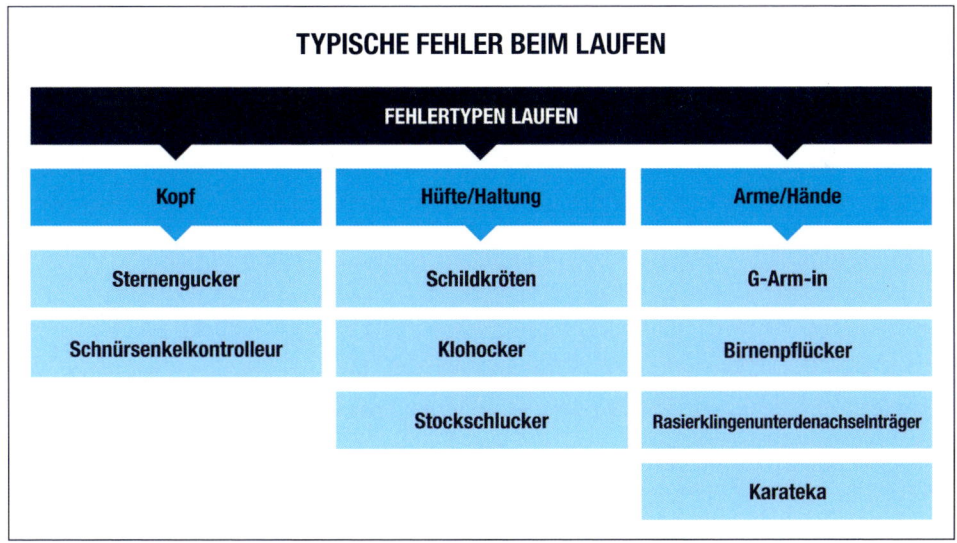

Abb. 69: Fehlertypen beim Laufen

Eine „sitzende Hüfte" sieht man ermüdungsbedingt bei wahrscheinlich 90 % aller Athleten bei der Kilometermarke 30 im Ironman®-Marathon. Fällt die Hüfte nach hinten ab, ich bezeichne das gerne als „Klohocker", so verändert sich dadurch auch der Schwerpunkt und der Fußaufsatz erfolgt relativ sicher weit vor dem Körper.

Kommt jetzt noch eine generell zu niedrige Schrittfrequenz hinzu, potenziert sich der Geschwindigkeitsverlust, aber ich fange jetzt nicht nochmals mit der Frequenz an.

8.3   Technikfehler selbst feststellen

Neben der Korrektur von außen durch einen Trainer oder eine Videoanalyse der Lauftechnik und durch das Bewerten der Laufindizes (Schrittfrequenz, vertikale Bewegung etc.) gibt es noch die Möglichkeit, durch eigene Beobachtung Technikfehler oder Problemstellungen zu entdecken.

8.3.1   „Schlammwade"

Die Schlammwade bedeutet nicht, dass ein Athlet an seinem Body-Mass-Index arbeiten sollte, sondern bezieht sich auf Schlamm und Dreck auf der Innenseite des Unterschenkels. Diese Anzeichen lassen Rückschlüsse auf eine zu schwache Pomuskulatur zu. Der sogenannte *Musculus glutaeus medius* kontrolliert die Beinachse in der Stützphase, also dann, wenn der Fuß festen Kontakt mit dem Untergrund hat.

Ein weiterer Grund dafür könnte eine zu schwach entwickelte Hüftstreckung, also eine „Klohockerposition" beim Laufen sein. Beide Schwächen zusammen führen zu einer Destabilisierung des Beckens, die sich dann in einer instabilen Beinachse bzw. dem Dreck und Schlamm an der Unterschenkelinnenseite zeigen. Als Lösungsansatz sollte bei diesem Bild der Fokus auf Kräftigung der Pomuskulatur und gleichzeitiger Dehnung der Hüftbeugerregion gelegt werden.

8.3.2   Unterschiede im Sohlenabrieb im Seitenvergleich

Schaut man sich die Schuhe von unten an und stellt fest, dass eine der beiden Sohlen stärkeren Verschleiß oder Abrieb aufweist, kommen zwei Gründe dafür infrage.

Das leicht zu behebende Problem liegt in der Wölbung mancher Laufstrecken. Einige Straßen sind in Höhe des Mittelstreifens deutlich höher als an den Außenkanten. Wenn man nun auf öffentlicher Straße auf der linken Seite mit Blick auf die entgegenkommenden Autos unterwegs ist, so hat man dort unter Umständen eine ziemlich starke Differenz. Man sollte demnach eher solche Strecken meiden oder regelmäßig, sofern das möglich ist, die Straßenseite wechseln.

Ein weiterer Grund könnte eine Beinlängendifferenz sein. Hierbei muss man jedoch ganz genau hinschauen, denn die meisten Längenunterschiede haben nichts mit einem strukturellen Problem zu tun. In ca. 90 % aller Fälle rühren diese Unterschiede aus einer Becken-, ISG- oder Lendenwirbelsäulenblockade, die ein Osteopath oder Physiotherapeut recht leicht therapieren kann.

Ganz schwierig wird es dann, wenn mancher Bikefitter eine im Stand festgestellte Längendifferenz durch Einlagen oder Keile unter den Cleats beheben will. Durch das Sitzen auf dem Sattel und das „freie Hängen" der Hüften reguliert sich dieses Problem von alleine.

8.3.3 Hornhaut

Tastet man die Fußsohlen ab und schaut genau hin, ob es dort Unterschiede bezüglich vorhandener Hornhaut gibt, so kann man einige Dinge daraus ableiten. Besonderer Fokus sollte auf den Bereich des Grundgelenks der großen Fußzehen gelegt werden.

Wenn sich dort Unterschiede zeigen, könnte das auf eine einseitig unbeweglichere Wadenmuskulatur bzw. eine Blockade im Sprunggelenk hinweisen. Letzteres müsste ein Physiotherapeut genauer untersuchen, feste Waden könnte der Athlet in Eigenregie ganz wunderbar, wenn auch teilweise sehr schmerzhaft, mittels Faszienrolle selbst durchwalken.

8.3.4 Hüpfendes Blickfeld

Wenn der Sportler Probleme dabei hat, den vor ihm liegenden Horizont mit den Augen zu fixieren, weil dieser permanent auf- und abspringt, dann könnte das daran liegen, dass er mit einer zu niedrigen Schrittfrequenz, einer zu großen Schrittlänge und einer zu starken Vertikalkomponente, also einem zu starken Abdrücken vom Boden, läuft.

8.4 Training

Nachdem wir uns mit dem Equipment und den wichtigsten Aspekten der Lauftechnik auseinandergesetzt haben, widmen wir uns nun dem Training mit seinen Inhalten, den Dos und Don'ts in der Vorbereitung auf die Langdistanz. Wie bereits erwähnt, stellt das Laufen die Disziplin mit dem größten Gefahrenpotenzial hinsichtlich Überlastungen und Verletzungen dar.

TRIATHLON ERFOLG AUF DER LANGDISTANZ

Eine recht hohe Anzahl an Athleten hat schon mal die leidliche Erfahrung einer Verletzung durch das Laufen erfahren oder ist im Wettkampf beim Laufen weit hinter den eigenen Erwartungen geblieben. Leider werden aus diesen beiden Erfahrungen zu selten die richtigen Schlüsse gezogen, sondern die falschen Maßnahmen abgeleitet.

Gerade dann, wenn man im Wettkampf ein vermeintliches Versagen erleben musste, wird aus Angst vor einem erneuten negativen Erlebnis dem Laufen im Trainingsprozess besondere Aufmerksamkeit in Form von gesteigertem Umfang geschenkt. In vielen Köpfen herrscht daher der Gedanke, dass man für einen erfolgreichen Ironman®-Marathon auch viele Laufkilometer im Vorfeld in die Beine bekommen muss.

Doch gerade beim Laufen wird relativ schnell deutlich, dass Triathlon nicht als zufällige Aneinanderreihung dreier Sportarten zu verstehen ist. Es zeigt sich eher, dass es ganz klar Synergien zwischen den einzelnen Disziplinen gibt, die im Trainingsprozess auch Berücksichtigung finden sollten. Für das Laufen bedeutet das konkret, dass man vom Schwimmen und Radfahren profitiert.

Ich kann immer wieder beobachten, dass Sportler mit guter Schwimmform auch meistens gleichzeitig sehr gut laufen. Als Gründe möchte ich das gekräftigte Zwerchfell und die Massagewirkung des hydrostatischen Drucks auf die geschundene Beinmuskulatur anführen. Das Radfahren stellt bei korrekter Sitzposition eine sehr gute Möglichkeit zur Entwicklung der allgemeinen Ausdauer, des Fettstoffwechsels und des Herz-Kreislauf-Systems bei gleichzeitig geringerer orthopädischer Last durch die fehlenden Stoßbelastungen gegenüber dem Laufen dar.

Sportler mit bestehender Verletzungsdisposition oder einer entsprechenden Historie sollten das Laufvolumen bewusst etwas reduzieren, um überhaupt die Vorbereitung hin zum Wettkampf gesund zu überstehen. In den 1990er-Jahren konnte ich im Rahmen des damaligen Ironman® Europe in Roth den Worten des sechsmaligen Hawaii-Siegers Dave Scott lauschen. Er hat in einem Trainingsvortrag ein Beispiel gebracht, das mir seitdem nicht mehr aus dem Kopf geht:

„Es ist nicht schwer, einen Ironman® zu finishen. Es ist viel schwerer, gesund an der Startlinie zu stehen!"

Dieser Satz hat meinen Ansatz in der Trainingssteuerung und insbesondere für das Laufen sehr geprägt, denn für schnelle Marathonzeiten auf der Langdistanz sind nicht zwingend immense Kilometerleistungen im Vorfeld nötig. Ich habe seit Beginn meiner Coachingtätigkeit ganz klar immer für weniger Laufkilometer und mehr Zeit auf dem Rad plädiert, auch wenn das Radtraining im Vergleich mehr Trainingsstunden braucht.

Ich stelle aber damit sicher, dass das Zitat von Dave Scott Anwendung findet und die Sportler frisch, unverletzt und motiviert an der Startlinie stehen. Im Umkehrschluss bedeutet das aber nicht, dass nach dem Faulheitsprinzip vorgegangen werden sollte, ein Mindestmaß an Training ist definitiv wichtig. Ich beschreibe das gerne als Lauf-Minimax, also minimaler Aufwand und maximaler Ertrag.

Ich versuche, die minimal notwendige Dosis an Training zu „verschreiben", denn jedes Zuviel an Kilometern und/oder an Intensität kann beim Laufen zu überlastungs- oder verletzungsbedingtem Trainingsausfall führen.

Ich konnte in den letzten Jahren unzählige Trainingsaufzeichnungen von Sportlern oder ihre Aktivitäten auf Strava® einsehen. Die Umfänge und die zum Teil gelaufenen Intensitäten stehen dabei bei geschätzt 80-90 % aller Athleten nicht in Relation zu den gezeigten Wettkampfleistungen, denn teilweise werden die langen Läufe im Winter schneller im Training als später im Wettkampf im Sommer absolviert, irgendwie passt das für mich nicht so recht zusammen.

Man kann ja durchaus im Training Experimente wagen, um neue Reize zu setzen. Wenn die gleichen Dinge, die am Wettkampftag offensichtlich nicht zum Erfolg geführt haben, von Jahr zu Jahr wiederholt werden, sollte man seine eigenes Handeln und Training auf den Prüfstand stellen. Welche Fehler das sein können und wie man sie umgeht, versuche ich nachfolgend anzuführen.

8.4.1 Gesamtes Laufvolumen

Wie bereits erwähnt, bin ich der Meinung, dass ein Großteil aller Langdistanzler einfach ein zu großes Trainingsvolumen zu Fuß zurücklegt. Einige orientieren sich dabei an den Umfängen der Topprofis, die in Magazinen oder im Internet immer wieder kolportiert werden und ziehen davon zwar ein paar Prozent ab, was aber am Ende des Tages in den meisten Fällen immer noch zu viel ist.

Ich habe es unzählige Male gesehen, dass Altersklassensportler 70-80 km als durchschnittliche Wochenleistung über die gesamte Vorbereitung für eine Langdistanz absolviert haben, aber im Wettkampf trotzdem gescheitert sind. Statt das Hauptaugenmerk auf das Training der Radfähigkeiten zu verlegen und orthopädisch sicherer durch die Vorbereitung zu kommen, wird in den meisten Fällen zu viel ins Laufen investiert.

Ich konnte einige sehr erfolgreiche Sportler coachen, die mit 45-50 km/Woche im Ironman® unter der magischen Drei-Stunden-Marke geblieben sind oder sogar Rennen damit gewinnen konnten. Wenn jeder einzelne Lauf in der Trainingswoche einen bestimmten Zweck erfüllt und somit keine zusätzlichen und unnötigen Kilometer, auch Junk Miles genannt, gelaufen werden, kann der Umfang signifikant verringert werden. Pauschale Empfehlungen hinsichtlich der Kilometerleistung sind nicht wirklich praktikabel, die nachfolgende Grafik soll daher eher als grobe Orientierung für Age Grouper dienen.

TRIATHLON ERFOLG AUF DER LANGDISTANZ

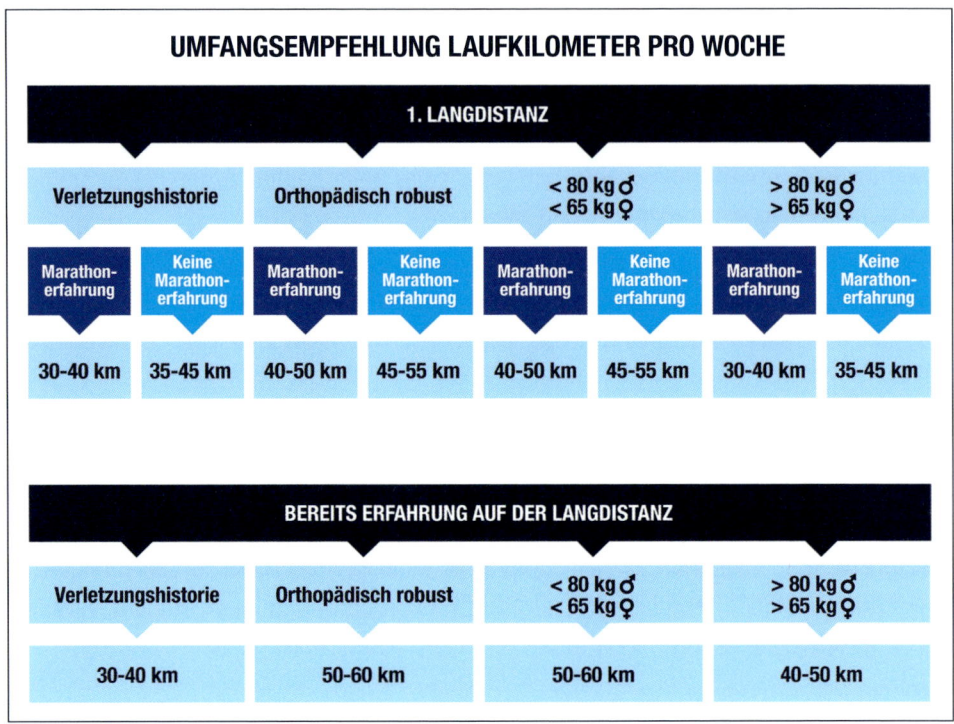

Abb. 70: Umfangsempfehlung für das Laufen

Hat ein Langdistanzdebütant bereits Marathonerfahrung aufzuweisen, dann hat er schätzungsweise ja auch ein dorthin zielführendes Training durchlaufen. Daher würde ich in diesem Falle den Umfang etwas gegenüber einem Sportler ohne Marathonerfahrung reduzieren. Genauso sollten Sportler, die etwas mehr Gewicht auf die Waage bringen oder eine gewisse Tendenz zu Überlastungsreaktionen aufzeigen, den Umfang reduzieren oder teilweise als Aquajoogingvariante ins Wasser verlagern, doch dazu später mehr.

Die folgenden vier Punkte sollten Sportler zum Nachdenken hinsichtlich des Laufumfangs anregen.

8.4.1.1   Verletzungshistorie

Als Athlet mit einer gewissen Verletzungshistorie sollte man besonders wachsam bleiben. Wiederkehrende Überlastungen sind ein Zeichen dafür, dass der Körper nicht bereit dazu ist, das Volumen adäquat zu verkraften. Erste Anzeichen dürfen dabei keinesfalls ignoriert werden.

Stattdessen sollte man den Vorteil im Triathlon, dass man eben nicht in einer Monosportart unterwegs ist, nutzen und in den anderen beiden Disziplinen verstärkt trainieren und das Laufen mit dem möglichst geringsten Umfang absolvieren.

8.4.1.2 Körperbau

Schwerere Athleten haben naturgemäß aufgrund des höheren Gewichts größere Aufprallkräfte im Moment des Fußaufsatzes zu erwarten. Die exzentrische Last im Oberschenkel und in den Waden ist ungleich höher als bei einem leichteren Sportler. Die viel zitierten passiven Strukturen (Bänder, Sehnen, Gelenke), aber auch die Muskulatur erfahren ein höheres Maß an Zerstörung, brauchen somit auch längere Zeit zur Erholung.

Ein sinnvolles Steigern des Umfangs um beispielsweise fünf Minuten Länge von Woche zu Woche beim langen Lauf und das Dokumentieren der jeweiligen Befindlichkeiten nach dem Training ist ein sehr gutes Mittel, um herauszufinden, welches Volumen noch sicher toleriert werden kann. Mittlerweile weiß man auch, dass unterschiedliche Muskelfasertypen unterschiedliche Regenerationszeiten brauchen.

Athleten, die über ein höheres Maß an schnell zuckenden Typ-II-Fasern verfügen, sollten weniger Volumen absolvieren als Sportler mit „Dieselfasern" des Typs I. Die „Sprinterfasern" brauchen längere Zeit, um sich wieder ausreichend zu erholen.

Eine Leistungsdiagnostik mit Bestimmung der Vlamax könnte man als „Muskelbiopsie des kleinen Mannes" bezeichnen, denn ein hoher Wert in der maximalen Laktatbildungsrate könnte auf eine größere Anzahl an Typ-II-Fasern hinweisen.

8.4.1.3 Alter

Mit zunehmendem Alter verändern sich auch die körperlichen Voraussetzungen. Der Verlust an Testosteron und Wachstumshormon führt zu längeren Regenerationszeiten, denn diese beiden Hormone spielen eine große Rolle bei der Reparatur der im Training zerstörten Muskulatur. Je älter der Sportler ist, desto eher sollte der Schwerpunkt weg vom absoluten Volumen und hin zur Trainingshäufigkeit und Verbesserung der Beweglichkeit, Kraft und Bewegungsausführung verlagert werden.

8.4.1.4 „Lebenskilometer"

Verfügt ein Sportler über eine langjährige und weitestgehend verletzungsfreie Erfahrung als Läufer, wird er höhere Volumina verkraften, denn über die Jahre hinweg sollte sich seine Motorik und Bewegungseffizienz ökonomisiert haben. Laufanfänger sollten zu Beginn eher an der Bewegungsfrequenz (Schritte pro Minute) und am Fußaufsatz arbeiten, ihre Laufökonomie verbessern und dann erst schrittweise den Umfang steigern.

8.4.2 Der Lange Lauf

Der Lange Lauf stellt einen der Grundpfeiler im Langdistanztraining dar. Doch wie lange ist denn lang oder gibt es auch hier ein zu lang? In diesem Punkt scheiden sich die Geister, es gibt das Lager derer, die vor dem Ironman® mindestens 6-8 Läufe jenseits der 30-km-Marke in den Beinen haben müssen und es gibt die, für die der Lange Lauf bei zwei Stunden enden sollte.

Die meisten Athleten orientieren sich zu stark am Vorbereitungstraining reiner Marathonläufer. Diese Pläne beinhalten mehr Volumen und mehr Tempotraining, als ein Plan für eine Langdistanz im Triathlon hergibt. Die Herangehensweise an einen Ironman®-Marathon ist eine komplett andere als an einen reinen Marathon. Wer schon mal bei km 25-30 am Streckenrand einer Langdistanz als Zuschauer gestanden hat, versteht, was es bedeutet, wenn ich vom „Zombiemodus" spreche.

Ermüdungsbedingt kommt es zu einem regelrechten Zusammenfallen der Lauftechnik, die Haltung nimmt teilweise unschöne Züge an und es hat mehr den Anschein vom Kampf gegen den weiteren körperlichen Verfall als von ökonomischem, zielgerichtetem Laufen.

Als Triathleten versuchen wir, diesen Abfall in Technik, Körperhaltung und daran gekoppelt auch an Laufgeschwindigkeit möglichst weit nach hinten in Richtung Finish Line zu verschieben. Im reinen Marathon ist die Zielsetzung eine andere, denn da geht es darum, von Anfang an bis ins Ziel, so schnell wie möglich zu laufen. Dieser Unterschied in der Herangehensweise bewirkt auch eine differenzierte Trainingsplanung.

Sinn und Zweck des Langen Laufs ist es, Stoffwechsel, Herz-Kreislauf-System und Orthopädie zu schulen. Die ersten beiden Punkte kann man orthopädisch verträglicher sehr gut mit dem Radfahren trainieren. Daher sehe ich keinen Sinn darin, Athleten im Langdistanztraining länger als 2:00-2:15 Stunden laufen zu lassen. Die Erholungszeit nach einem noch längeren Lauf ist deutlich länger, was zur Folge hat, dass nachfolgende Einheiten am selben oder nächsten Tag nicht im optimal regenerierten Zustand absolviert werden können.

Für mich ist die Langdistanz-Lauffitness viel eher ein Resultat aus Trainingshäufigkeit, Kontinuität und adäquater Reizverarbeitung und Regeneration. Wie bereits mehrfach in diesem Buch angesprochen, entsteht der „Ironman®-Motor" durch das geschickte Zusammenspiel aller drei Einzelsportarten und einen sinnvollen Wechsel zwischen Be- und Entlastung. Die Kontinuität im Lauftraining und die daraus resultierende orthopädische Stabilität führt zu geringeren Ausfallszeiten durch Verletzungen und ist somit als nachhaltiger und zielführender zu bewerten als das Ausdehnen des Umfangs des Langen Laufs um jeden Preis.

Für Sportler mit orthopädischen Problemen kann es sich anbieten, den Langen Lauf als Double-Run-Variante zu absolvieren. Dabei empfiehlt es sich, beim ersten Lauf des Tages 80 % des angestrebten Umfangs abzuhaken. Die Pause nach dem ersten Lauf sollte mindestens 5-6 Stunden betragen und mit ausreichend Kohlenhydraten angereichert sein. Zum Wettkampf hin kann der Lange Lauf auch an das Radfahren gekoppelt werden. Ich würde hierbei aber das Radtraining mit nicht länger als 60 Minuten Dauer einplanen. Zu den Koppelläufen später mehr.

Das Lauftempo während des Langen Laufs kann in meinen Augen gar nicht langsam genug sein. Wird das Tempo jedoch zu intensiv gewählt, so potenziert sich die Belastung und aus nur Länge wird Länge und Härte. Der primäre Fokus liegt beim Abhärten durch die Stoßbelastungen, Tempo und/oder Tempohärte sollten bei dieser Einheit nicht im Vordergrund stehen.

Als endbeschleunigte Variante, also mit zum Ende hin gesteigertem Tempo, welches trotz allem aber immer noch im Bereich der Grundlagenausdauer liegen sollte, bekommt der lange Lauf eine gewisse mentale Würze. Diese Variante macht mental entsprechend hart, ohne dabei die eigentliche Intention des Trainingszwecks zu untergraben.

MERKE

„Langes Laufen ohne schnaufen!"

8.4.3 Trainingstempo der Intervalle

Schaut man sich das Anforderungsprofil im Marathon auf der Langdistanz an, so merkt man relativ schnell, dass sich die Intensität klar im Grundlagenbereich, wenn auch im oberen Anteil bzw. im Übergang zum GA-2-Bereich, befindet. Wenn ein Sportler den Marathon im Wettkampf beispielsweise mit 3:30 Stunden laufen möchte, so entspricht das einer durchschnittlichen Pace von 5:00 min/km.

Der zeitliche Unterschied zwischen einem Marathon und einem Langdistanzmarathon kann man mit ca. 15-35 Minuten beziffern. Die nachfolgende Übersicht beruht auf empirischer Beobachtung aus über 1.000 gecoachten Langdistanzen meinerseits.

TRIATHLON ERFOLG AUF DER LANGDISTANZ

„STERBEZEIT"	
Marathon in Stunden	Marathon Langdistanz in Stunden
2:30	2:45-2:48
2:40	2:57-3:03
2:50	3:04-3:10
2:55	3:11-3:18
3:00	3:19-3:28
3:05	3:25-3:32
3:10	3:34-3:43
3:20	3:40-3:49
3:30	3:52-4:03
3:40	3:59-4:10
3:50	4:08-4:22
4:00	4:24-4:40

Abb. 71: „Sterbezeit"
Marathon vs. Langdistanzmarathon

Um bei unserem Beispiel zu bleiben, ziehen wir mal 20 Minuten von den angenommenen 3:30 Stunden ab. Wir gehen also davon aus, dass der Sportler aus diesem Beispiel in der Lage wäre, 3:10 Stunden im Marathon ohne vorheriges Schwimmen und Radfahren zu realisieren, was einer Pace von 4:30 min/km entspricht. Diese durchschnittliche Geschwindigkeit ist die Intensität, die es spezifisch für den Ironman®-Marathon zu trainieren gilt.

Das bedeutet aber nicht, dass man jedes Training, ob Langer Lauf und Intervalle auf der Bahn, immer in diesem Tempo gestalten sollte. Der Lange Lauf sollte bei 5:21-5:28 min/km absolviert werden, Intervalle zur Steigerung der VO$_2$max und 1.000 m Länge mit 4:00 min/km. Kürzere Intervalle wie 400 m sollten mit 3:45-3:50 min/km und 200-m-Motorikintervalle mit 3:35-3:40 min/km absolviert werden. Es macht für mich wenig Sinn, wenn die Laufgeschwindigkeiten noch schneller gewählt werden, auch wenn der Athlet über die notwendige Grundschnelligkeit verfügen sollte.

Jede Sekunde schneller pro Kilometer bedeutet ein gesteigertes Risiko für Verletzungen und bringt eine verlängerte Regenerationszeit mit sich. Das Pferd sollte auch hier nur so hoch springen, wie es denn überhaupt nur muss. Es braucht für eine starke Ironman®-Marathonzeit keine knüppelharten Einheiten auf der Bahn.

Auch hier zeigt sich, dass es nicht eine isolierte Trainingsform oder Einheit ist, die einen Sportler auf ein höheres Niveau katapultiert, sondern die Summe aller Einheiten sorgt für die notwendige nachhaltige Leistungsentwicklung.

LAUFGESCHWINDIGKEITEN LANGDISTANZMARATHON

Zielzeit Langdistanz-marathon in h	Avg. Pace Wettkampf in min/km	Tempo Langer Lauf in min/km	Tempo 1000er VO$_{2max}$ in min/km	Tempo 800er Yassos in min/km	Tempo 800er Yassos in min/800 m	Tempo 800er Yassos 200 m Trabpause in min/km
2:55	4:09	4:25-4:30	3:15	3:50	3:04	5:00
3:00	4:16	4:30-4:35	3:20	3:53	3:06	5:03
3:05	4:23	4:35-4:40	3:25	3:57	3:09	5:07
3:10	4:30	4:40-4:45	3:30	4:06	3:16	5:18
3:15	4:37	4:45-5:00	3:35	4:11	3:20	5:22
3:20	4:44	5:08-5:15	3:40	4:17	3:25	5:29
3:25	4:51	5:13-5:23	3:50	4:22	3:29	5:34
3:30	4:59	5:21-5:28	4:00	4:29	3:35	5:41
3:35	5:06	5:26-5:35	4:10	4:35	3:40	5:48
3:40	5:13	5:32-5:40	4:20	4:44	3:47	5:55
3:45	5:20	5:40-5:48	4:25	4:51	3:53	6:08
3:50	5:27	5:45-5:55	4:30	5:00	4:00	6:19
3:55	5:34	5:53-6:00	4:35	5:08	4:06	6:26
4:00	5:41	6:00-6:09	4:45	5:17	4:13	6:32
4:05	5:48	6:08-6:15	4:55	5:29	4:23	6:38
4:10	5:55	6:14-6:22	5:05	5:41	4:32	6:58
4:15	6:03	6:20-6:30	5:15	5:47	4:37	7:03
4:20	6:10	6:32-6:36	5:20	5:55	4:44	7:09
4:25	6:17	6:34-6:40	5:25	6:00	4:48	7:16
4:30	6:24	6:43-6:50	5:25	6:06	4:52	7:22

Abb. 72: Übersichtstabelle Trainingstempo im Laufen

8.4.4 Koppelläufe

Koppelläufe dienen dazu, den motorischen Übergang vom Radfahren auf das nachfolgende Laufen zu simulieren und zu ökonomisieren. Auch hier gibt es unterschiedliche Ansichten bezüglich der Länge, der Häufigkeit und des Zeitpunkts. Da ein Koppellauf immer in einem nicht frischen Zustand absolviert wird, besteht durchaus auch hier eine gewisse Gefahr der Überlastung. Demnach sollte der Einsatz dieser Trainingsform gezielt und zum richtigen Saisonzeitpunkt erfolgen.

In manchen Programmen kommerzieller Trainingslageranbieter findet man nahezu tägliche Koppeleinheiten oder zum Teil auch sogenannte *Multikoppeltrainingseinheiten*, also mit mehrfachem Wechsel Rad-Lauf-Rad-Lauf-Rad-Lauf usw. Wie bereits erwähnt, finden diese Läufe meist nicht in optimaler Technik statt.

In einer Phase mit großem Volumen auf dem Rad, sprich im Frühjahrstrainingslager, ist die muskuläre Beanspruchung durch das längere Radfahren meistens deutlich erhöht.

TRIATHLON ERFOLG AUF DER LANGDISTANZ

Wenn nun ein solches mehrfach durchgeführtes Koppeltraining stattfindet, wird die eh schon angeschlagene Muskulatur weiter negativ beeinflusst und sollte demnach eher nicht in diesem Zeitraum stattfinden.

Die Erfahrung hat aber gezeigt, dass sich Sportler mit solch einer Einheit, die leider auch sehr schnell in einen Wettkampf ausarten kann, für mehrere Wochen „abschießen" können. Um einen geradlinigen Formaufbau zu erzielen, sollte man als gewissenhafter Athlet eher einen Bogen um ein solches Trainingsangebot machen. Für die Langdistanz sehe ich keine Veranlassung, ein Multikoppeltraining in den Plan zu implementieren, da der motorische Übergang nicht so entscheidend ist bzw. die Wettkampfdauer nach dem Disziplinwechsel doch noch sehr lang ist.

Eine Kombination einer langen Radausfahrt und eines langen Laufs findet man ebenfalls nicht in unten stehender Abbildung, denn darin liegt in meinen Augen einer der größten Fehler, die man im Vorfeld einer Langdistanz machen kann, da die Belastung von beispielsweise 150 km auf zwei Rädern und 25 km zu Fuß fast einer Zwei-Drittel-Langdistanz entspricht und eine sehr lange Zeit zur Regeneration braucht.

Generell kann man Koppelläufe als direkte oder indirekte Anschlussläufe differenzieren. Indirekt würde bedeuten, dass man an einem Trainingstag zuerst auf das Rad steigt und dann mit einem zeitlichen Versatz von 60-90 Minuten das Lauftraining startet. Der direkte Koppellauf wird, ähnlich wie im Wettkampf auch, unmittelbar an das Radtraining angehängt.

Ein nahtloser Übergang ist dabei nicht immer gegeben, weil nicht jeder Sportler eine „Wechselzone" zu Hause einrichten kann. Hier der Hinweis, dass eine Pause von 5-10 Minuten, um das Rad in den Keller zu bringen etc., durchaus als tolerierbar einzustufen ist.

FORMEN DES KOPPELTRAININGS RAD-LAUF

Rad		Lauf		
Dauer in Minuten	Intensitätsbereich	Dauer in Minuten oder Distanz	Direkt/Indirekt	Intensität
120-360	GA 1	10-40	Direkt	GA 1
30-60	GA 1	80-120	Direkt	GA 1
120-240	GA 1	4-10 x 800 m+200 m Trabpause	Direkt	GA 2
120-140	GA 1	6-12 x 200 m+200 m Trabpause	Direkt	EB
120-140	GA 1 gesteigert	10-40	Direkt	GA 1
120-240 (30-60 Min)	GA 1 mit GA 2 kraftorientiert am Ende	10-40	Direkt	GA 1
120-240 (30-60 Min)	GA 1 mit GA 2 kraftorientiert am Ende	4-6 x 800 m+200 m Trabpause	Direkt	GA 2
45-90	GA 1	4-8 x 1.000 m+200 m Trabpause	Direkt	GA 2/EB
90-180	GA 1/GA 2	10-20	Direkt	GA 1
90-150	GA 1 mit EB-Intervallen	10-20	Direkt	GA 1

Abb. 73: Formen des Koppeltrainings

Ich würde die Anzahl der Koppelläufe auf ein- bis höchstens zweimal pro Woche begrenzen, denn Koppelläufe mindern wegen der angesprochenen Vorermüdungskomponente die Bewegungsqualität.

Die nachfolgende Grafik soll zeigen, wann welche der Koppeltrainingsformen, zeitlich gesehen, am meisten Sinn machen.

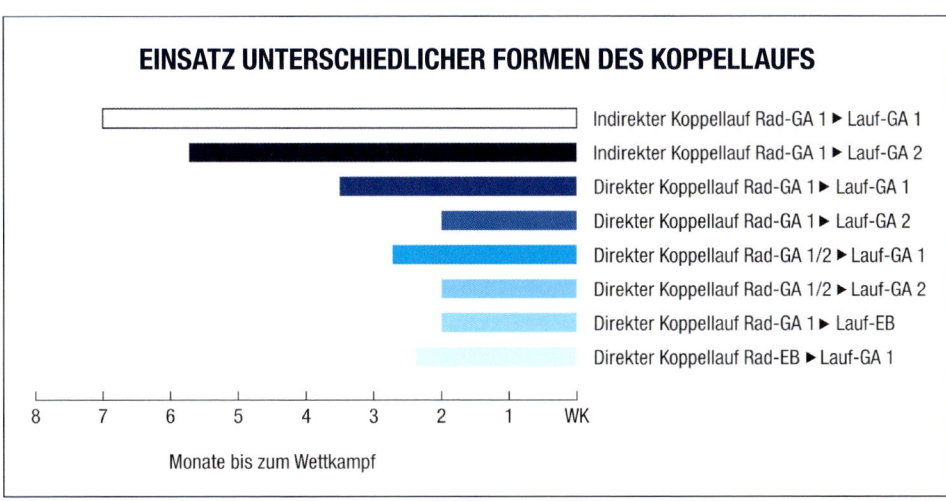

Abb. 74: Einsatz unterschiedlicher Koppeltrainingsformen im Saisonverlauf

8.4.5   Die Wahl des Untergrunds

Mit der Wahl des richtigen Untergrunds hat man neben der Länge und Intensität noch eine weitere Stellschraube zur Verfügung, um die Wirksamkeit einer Trainingseinheit zu beeinflussen und Verletzungen weitestgehend zu vermeiden. Die meisten Langdistanzen werden zu großen Anteilen auf Asphalt gelaufen. Daher braucht man auch eine ausreichende Anpassung an genau diesen Untergrund.

Sportler, die nur auf weichem Waldboden trainieren, können im Wettkampf teilweise muskuläre Probleme bekommen, da sie den harten Untergrund nicht ausreichend in ihrem Trainingsprogramm abgebildet haben.

Auf der anderen Seite birgt das Training auf Asphalt und Beton eine gewisse Gefahr in Sachen Überlastung. Daher wäre eine Kombination aus Einheiten auf weichem Untergrund und Läufen auf Asphalt zu begrüßen, falls es der Wohnort des Athleten zulässt, um sich weder zu verletzen noch die notwendige Adaptation zu versäumen.

Auch hier bietet sich wieder ein Zeitstrahl an, um die Zuspitzung zum Wettkampf hin auch für die Nutzung des richtigen Untergrunds sichtbar zu machen.

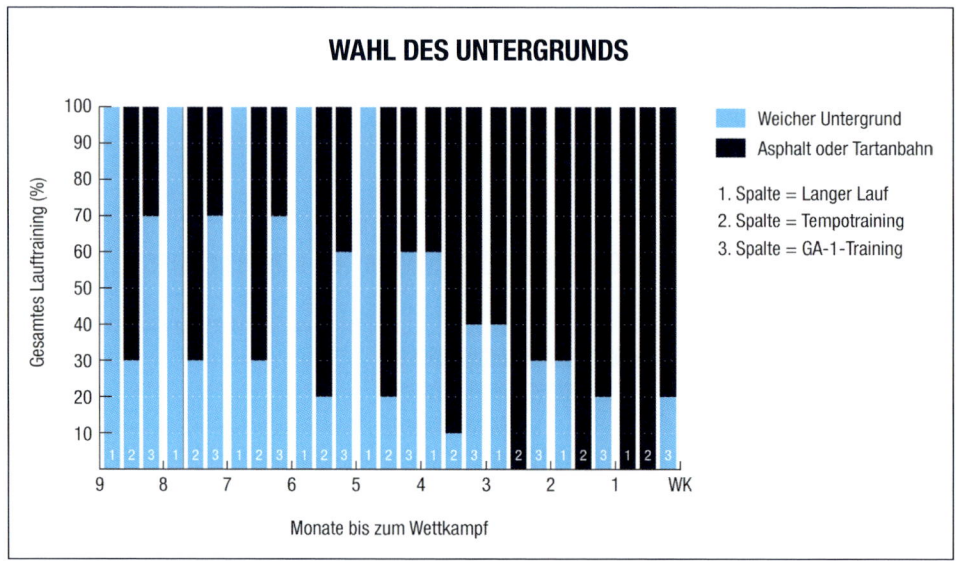

Abb. 75: Die Wahl des Untergrunds

Die Klimaerwärmung tut zwar ihr Übriges, doch nach wie vor gibt es durchaus Regionen, in denen im Winter noch Schnee fällt. Nicht jeder hat Zugriff auf ein Laufband oder möchte nicht indoor ein Lauftraining absolvieren. Wenn man sich dabei einige Punkte zu Gemüte führt, kann das Training im Winter auch verletzungsfrei draußen stattfinden.

Als Coach kann ich eigentlich die Uhr danach stellen, dass mich zwei Wochen nach dem ersten Schnee die ersten Klagen in Sachen Verletzungen erreichen. Das gleiche Phänomen kann ich übrigens auch nach den Sommerferien berichten, wenn Sportler im Urlaub am Strand gelaufen sind.

Laufen auf Eis und Schnee oder eben im Sand sorgt dafür, dass der Fußaufsatz nicht mehr optimal ist, die Ferse im Schnee einsackt und der Fuß auf dem glatten Untergrund ins Rutschen gerät. Das sorgt oftmals für ein hohes Maß an Spannung in der Plantarsehne, Achillessehne und in der Wadenmuskulatur. Diese Spannung führt häufig zu einer Blockade des Wadenbeinköpfchens, für mich eine ganz klassische Verletzung im Winter.

Ein weiterer Knackpunkt des Laufens auf Schnee ist, dass sich das Laufen gedämpft anfühlt. Die Bodenkontaktzeit nimmt signifikant zu. Mit zunehmenden Bodenkontaktzeiten steigt auch die Verletzungsgefahr an, da, wie bereits kennengelernt, der Unterschenkel das gesamte Körpergewicht länger stabilisieren muss. Da die Bodenkontaktzeit einen wichtigen Faktor in Sachen Geschwindigkeit darstellt, kann man das permanente Training auf weichem Untergrund durchaus als „Leistungskiller" bezeichnen.

Beim Training auf weichen Untergründen wird die Muskulatur nicht mehr dazu angehalten, die Dämpfung bzw. Haltearbeit zu übernehmen, das übernimmt hierbei ein Stück weit der Untergrund als solcher. Wenn der Schnee tagsüber antaut und dann nachts wieder richtig festfriert, sollte das Training auf keinen Fall auf solch einem Untergrund stattfinden, da der Boden sehr uneben wird.

Läufer in ländlichen Regionen sollten festgefrorene Traktorspuren meiden. Sollte es sehr glatt oder extrem verschneit sein, so empfiehlt es sich, eine weitestgehend freigeräumte und gestreute Strecke zu suchen, um die Verletzungsgefahr zu minimieren. Es gibt wahrlich Spannenderes, als einen Langen Lauf auf einer 300-m-Runde zu absolvieren, aber der Zweck heiligt ja bekanntlich die Mittel.

Wenn wir nun schon gedanklich in der kalten Jahreszeit sind, hier noch ein kleiner Querverweis zum Laufen bei kalten Temperaturen. Generell ist das Temperaturempfinden von Sportler zu Sportler unterschiedlich, sodass man keine pauschale Empfehlung abgeben kann, wann ein Laufen draußen nicht mehr stattfinden sollte. Wenn man entsprechend gekleidet ist, ein Tuch zum Anwärmen der Einatemluft vor dem Mund trägt, so stellt das Laufen aber selbst bei Temperaturen von minus 15-20 Grad Celsius kein Gesundheitsrisiko dar.

Ein weiterer Punkt ist die zum Teil freigelegte Achillessehnenregion durch zu kurze Socken und zu kurze Running Tights. Was optisch vielleicht der aktuellen Mode entspricht, stresst diese Region aber zusehends. Seit das Flanking als Modeerscheinung aufgekommen ist, kann ich im Winter vermehrt Probleme mit Achillessehne und Wade beobachten.

8.4.6   Trainingseinheiten

Die für mich seit Jahren wichtigsten Trainingseinheiten möchte ich hier gerne preisgeben, der Fantasie sind dabei keine Grenzen gesetzt. Alle Einheiten aufzuzeigen, würde den Rahmen dieses Buchs aber wahrscheinlich sprengen. Zum Training der Grundlagenausdauer brauche ich schätzungsweise nicht mehr viel zu schreiben, das sollte jedem langdistanzinteressierten Leser bekannt sein. Ich möchte stattdessen die einzelnen Möglichkeiten zur Technikoptimierung vorstellen, die im Rahmen eines Grundlagenlaufs eingebaut werden können.

8.4.6.1   Steigerungsläufe

Steigerungsläufe bieten eine perfekte Möglichkeit, kurzzeitig aus dem normalen Dauerlauf-Schleppschritt hinauszutreten. Dabei wird die Laufgeschwindigkeit für die Distanz von 60-100 m gesteigert, ohne dabei am Ende dieser Strecke in einen Sprint zu verfallen. Man kann diese kurzen Segmente alle 5 oder 10 Minuten im normalen GA-1-Lauf einbauen, um die Motorik zwischendurch aufzulockern.

TRIATHLON ERFOLG AUF DER LANGDISTANZ

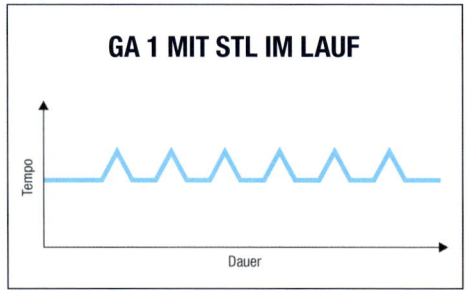

Abb. 76: GA-1-Lauf mit Steigerungen im Mittelteil

Eine weitere Option stellen die Steigerungsläufe am Ende einer Einheit dar. Man beendet seine normale Einheit und baut am Ende eine Serie von 6-10 Steigerungsläufen von 60-80 m ein. Die Pause wird mit dem Zurückgehen zum Ausgangspunkt gestaltet. Die Idee hierbei ist, die über die kumulierte Ermüdung schlechter werdende Lauftechnik wieder etwas zu erwecken und zu verbessern.

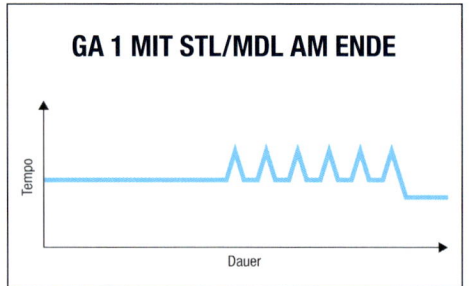

Abb. 77: GA-1-Lauf mit Steigerungsläufen am Ende

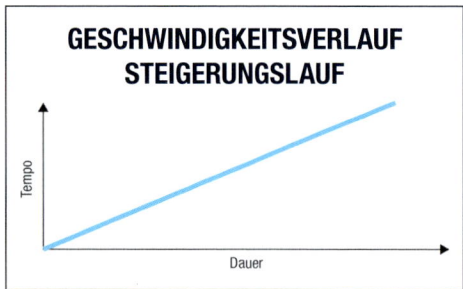

Abb. 78: Geschwindigkeitskurve beim Steigerungslauf

8.4.6.2 Minderungsläufe

Minderungsläufe am Ende einer Einheit werden nach dem gleichen Muster wie bei den Steigerungsläufen eingebaut, allerdings mit umgedrehtem Geschwindigkeitsverlauf. Hierzu sucht man sich einen fixen Startpunkt und bleibt erst kurz stehen, um dann mit hoher Geschwindigkeit (Auch hier kein Sprint!!) zu starten, um dann über die 60-80 m immer langsamer zu werden.

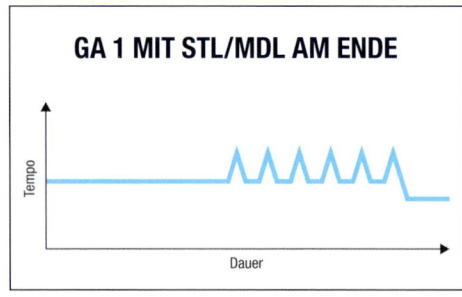

Abb. 79: GA-1-Lauf mit Minderungsläufen am Ende

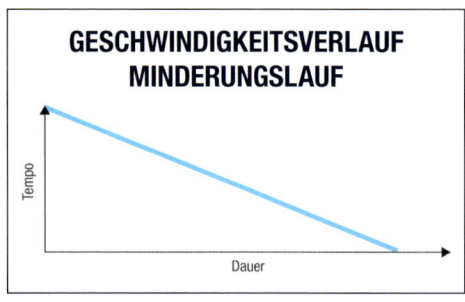

Abb. 80: Geschwindigkeitskurve bei Minderungsläufen

8.4.6.3 Seilspringen oder Ankle Jumps

Nicht nur Boxer profitieren vom Einsatz eines Sprungseils, auch Langdistanzathleten können ihr Laufen effizienter damit gestalten und ihre Technik verbessern. Beim Seilspringen landet man nämlich immer automatisch direkt unter dem Körperschwerpunkt und eher auf dem Vorfuß und ganz sicher nicht auf der Ferse.

Kurze Abschnitte von 20-30 Sekunden Dauer vor einer Einheit aktivieren alle beim Laufen beteiligten Laufmuskeln. Wird das Springen barfuß oder mit einem flachen Schuh ohne dickes Dämpfungselement durchgeführt, so geht das zugunsten der Propriozeption auf das Athletenkonto ein.

Die Propriozeption beschreibt die Wahrnehmung des Athleten im Raum, mittels Seilspringen kann das Körpergefühl verbessert werden, es entwickelt sich ein Bewusstsein für den präzisen Fußaufsatz. Am Ende einer Einheit kann das Seilspringen die Motorik wieder auflockern. Hat der Sportler kein Seil zur Verfügung, so kann die Seilsprungbewegung ohne das Seil mittels sogenannter *Ankle Jumps* simuliert werden.

8.4.6.4 Technikelemente als Intervalle

Prinzipiell bietet es sich an, einzelne Technikelemente im Grundlagenlauf als Intervallmethode einzubauen. Um eine gewisse Verbindlichkeit zu gewährleisten, kann im Wechsel vier Minuten normales Laufen und eine Minute Technikfokus (3-2, 2-2, 2-3 etc. wären andere denkbare Abfolgen) gelaufen werden.

Als Technikelement bieten sich das bewusste Einnehmen der hohen Hüfte, aber auch eine bewusste Armhaltung und weitere „Baustellen" an.

8.4.6.5 Nasenatmung

Eine weitere Möglichkeit, seine GA-1-Läufe etwas aufzulockern, bieten Nasenatmungsläufe. Hierbei wird der Mund für einen vorab definierten Zeitraum geschlossen und ausschließlich über die Nase eingeatmet, um damit die „Verwertung" des Sauerstoffs zu steigern.

Es bieten sich Abschnitte von 30-90 Sekunden Dauer an, die Pausen mit normaler Atmung sollte etwa dreimal so lang wie das Nasenatmungsintervall sein. Ist ein Athlet im Laufgruppentraining klar der Stärkste, so kann er sich damit „das Leben selbst schwer machen", sich also selbst etwas ausbremsen, sodass er das für ihn zu langsame Tempo dennoch nutzen kann. Allerdings werden Gespräche mit den Mitstreitern etwas schwierig.

8.4.6.6 100- oder 200-m-Intervalle

Ein erfolgreicher Trainingsplan beinhaltet den richtigen Mix aus Be- und Entlastung mit möglichst engem Bezug zur Anforderung des geplanten Wettkampfs.

Ich bin kein allzu großer Freund von sehr hohen Intensitäten im Lauftraining für Altersklassensportler auf der Langdistanz, denn zum einen ist das zu erwartende Wettkampftempo „nur" ein Grundlagentempo und intensive Intervalle sorgen für ein erhöhtes Verletzungsrisiko.

Eine Ausnahme bilden 100- oder 200-m-Intervalle. Ich nenne diese Sessions „Leg Speed Booster", denn sie stellen eine recht sichere Möglichkeit dar, das Laufen zu verbessern.

ZUSATZINFO

Vorteile und Nutzen dieser kurzen Intervalle sind:

VO_2max
Das Verhältnis von Be- und Entlastung liegt bei diesen Sessions bei ca. eins zu eins und erlaubt ein Training mit einer Intensität nahe an der VO_2max.

Technikverbesserung
Die kurzen, schnellen Intervalle sorgen dafür, die für das ökonomische Laufen relevante hohe Schrittfrequenz zu verbessern. Besonders als Koppeleinheit oder am Tag nach einer sehr langen Radeinheit dienen diese kurzen Intervalle dazu, die Bewegungsfrequenz und, daraus resultierend, auch den Fußaufsatz möglichst nahe unter dem Körperschwerpunkt zu verbessern.

Hormonelle Balance
Ausdauertraining im Langzeitbereich führt zu einem Absenken des körpereigenen Testosteronspiegels. Gleichzeitig bedeutet Training bewusst provozierter Stress und führt zu einem Anstieg des Stresshormons Cortisol.

Kommt es dauerhaft durch lange Einheiten im GA-1-Bereich zu einem steten Ungleichgewicht zugunsten des Cortisols, so laufen Athleten Gefahr, den Trainingsreiz durch das fehlende Testosteron nicht mehr adäquat zu verarbeiten.

Kurze, intensive Intervalle führen nachweislich zu einem Anstieg des Testosteronspiegels.

BEISPIELEINHEIT

Wie bereits oben beschrieben, können diese Einheiten als Koppeleinheit oder auch als eigenständige Session eingebaut werden.

10 Minuten lockeres Einlaufen
Je nach Niveau und Jahreszeitpunkt
10-30 x 100 m mit 100 m Trabpause oder auch passiver Pause von 20-30 Sekunden Länge oder
10-25 x 200 m mit 200 m Trabpause
Maximal fünf Minuten lockeres Auslaufen

Es ist nicht notwendig, dass man in Manier eines Usain Bolt sprintet, sondern sich immer eine Art „Sicherheitsreserve" bereithält. Wer sich maximal ausbelastet, läuft Gefahr, sich zu verletzen. Zu Beginn sollte das Tempo etwa im Bereich der aktuellen Leistungsfähigkeit über 5.000 m liegen, kann dann aber nach entsprechender Anpassung sukzessive gesteigert werden. Alternativ können diese Einheiten auch auf dem Laufband absolviert werden.

Athleten, die im Grundlagentraining kaum über 160 Schritte pro Minute hinauskommen und Schwierigkeiten haben, die ideale Frequenz von 180 zu erreichen, sollten dazu das Laufband auf 0 % Steigung stellen, das einem leichten Bergablaufen auf der Straße entspricht.

Die Trabpausen sollten dann bei je 1-1,5 % Steigung absolviert werden.

Der Technikfokus liegt dabei beim Erreichen der 180er-Frequenz und einer „hohen Hüfte", also einem Nach-vorne-Schieben des Beckens.

MERKE

Variante Wandsitz:

Um eine gewisse Spannung in den Oberschenkel zu bekommen und damit das Radfahren zu simulieren, können die 100er oder 200er mit dem Wandsitz gekoppelt werden.

Hierbei wird sich auf einen imaginären Stuhl gesetzt und sich an einer Wand o. Ä. angelehnt. Nach 20-30 Sekunden wird dann umgehend in das Laufen des Intervalls übergegangen. Hierbei sollte die Gesamtanzahl nicht mehr als 15 Intervalle Wandsitz mit anschließender 200-m-Laufstrecke übersteigen.

8.4.6.7 Hügelläufe/Hügelsprints

Der limitierende Faktor auf der Langdistanz liegt nicht im Herz-Kreislauf-System, sondern eher in der Muskulatur. Es gilt daher, diese entsprechend zu konditionieren. Beim Laufen bietet sich das Training im hügeligen Terrain an. Entweder, um einen GA-1-Lauf kraftorientiert durchzuführen oder um die Topografie als Intervallvorgabe zu nutzen.

ZUSATZINFO

Hügelläufe stellen eine hervorragende Möglichkeit zur Technikverbesserung dar, denn

- Schrittfrequenz,
- Oberkörpervorlage,
- Po- und Hamstringkraft,
- neurologische Ansteuerung des Bewegungsmusters

werden signifikant verbessert.

BEISPIELEINHEIT HÜGELSPRINTS

Kurze (30-40 Sekunden) Sprints im submaximalen Tempo werden mit Gehpausen zurück zum Ausgangspunkt gekoppelt. 10-20 Wiederholungen bei einer Steigung von 6-8 % sind ein wahrer Beschleuniger für Kraft und Technik.

BEISPIELEINHEIT EXTENSIVE HÜGELINTERVALLE

Bei dieser Trainingsform werden Intervalle von 3-4 Minuten Länge und 3-5 % Steigung absolviert. Das Tempo ist deutlich niedriger als bei den Hügelsprints, der Fokus liegt auf der Entwicklung der Kraftausdauer. Das Durchführen von zu langen Schritten ist hierbei fast nicht möglich und führt zur deutlich verbesserten Lauftechnik im Flachen!

BEISPIELEINHEIT FAHRTSPIEL IM HÜGELIGEN TERRAIN

Sogenannte *Fartleks* stellen eine spielerische Art des Hügeltrainings dar. Der Sportler wechselt die Intensitäten nach Lust und Laune ab und passt sie dem jeweiligen Terrain an. Diese Form des Lauftrainings bereitet meist viel Spaß und ist eine exzellente Wettkampfsimulation für Athleten, deren Wettkämpfe auf eben hügeligem Terrain stattfinden.

Einige Rennen, wie der Ironman® Wales oder der Powerman® Zofingen, weisen ein ziemlich anspruchsvolles Streckenprofil auf, sodass eben nicht nur das Bergauflaufen trainiert werden sollte, sondern auch die Bergabpassagen besondere Aufmerksamkeit im Trainingsprozess brauchen. Es bietet sich daher in der Vorbereitung auf solch ein Rennen an, dies im Plan mit einzubeziehen.

Allerdings stellt das Bergablaufen eine exzentrische Form der Bewegung dar, der Oberschenkel muss vermehrt Haltearbeit dabei verrichten, was sich in zweiter Instanz auch über eine vermehrte Spannung auf das Knie auswirken kann. Das Bergabtraining muss mit großer Vorsicht und ganz behutsam in das Training eingebaut und mit konservativer Progression geplant werden.

Sportler, die es bergab im Wettkampf „laufen lassen" können, machen Zeit und Boden gegenüber ihren Mitstreitern gut.

MERKE

Richtig eingesetzt, ist das Laufband ein sehr wirkungsvolles Trainingsgerät zur Simulation des Bergauflaufens, denn gerade für Athleten, die in Regionen ohne nennenswerte Hügel leben, bietet sich das Laufband als Alternative wunderbar an.

8.4.6.8 Yasso 800

Bart Yasso ist ein Journalist des *Runner's World Magazins*. Er hat vor einigen Jahren in der Vorbereitung auf einen Marathon entdeckt, dass er über das Laufen von 800-m-Intervallen seine Marathonzeit vorhersagen kann bzw. über die angepeilte Zielzeit das Tempo für eben genau diese Intervalle bestimmt bekommt. Möchte ein Sportler also die Marathondistanz in 3:30 Stunden bewältigen, so muss er demnach in der Lage sein, 10 x 800 m mit einer Trabpause von 200 m in der Zeit von 3:30 min/800 m zu laufen.

Jetzt befinden wir uns aber im Triathlon und nicht im „reinen" Laufen, sodass diese Formel nur bedingt angewendet werden kann, denn, wie bereits kennengelernt, besteht zwischen Einzelmarathon und Langdistanzmarathon eine gewisse „Sterbezeit", also eine zeitliche Differenz. Da der Triathlet im Vergleich zum reinen Läufer noch zwei weitere Sportarten trainieren muss, würde ich die Yasso-Formel etwas entschärfen und einige Sekunden draufpacken, wie bereits in der zuvor genannten Tempotabelle aufgezeigt.

Der Vorteil dieser Einheit, die von der Anzahl der Intervalle durchaus auch auf bis zu 30 x 800 m gesteigert werden kann, liegt in der geringeren orthopädischen Beanspruchung. Nehmen wir wieder unseren Beispielathleten mit Zielzeit 3:30 Stunden im Ironman®, was einer durchschnittlichen Pace von 5:00 min/km entspricht, hinzu. Läuft er jetzt die Yasso-Intervalle mit der Pace von 4:29 min/km oder 3:35 min/800 m, so läuft er mit einer schnelleren Durchschnittsgeschwindigkeit als seine Wettkampfpace. So weit, so gut.

Wenn er jetzt 20 x 800 m läuft, so sind das schon 16 km in Summe, die er schneller als Wettkampfpace läuft, er hat somit einen sehr guten Temporeiz gesetzt. Das Geheimnis dieser Intervalle liegt in der orthopädischen Be- oder (besser gesagt) Entlastung in Form der 200-m-Trabpause. Wird diese wirklich bewusst langsam gewählt, also vom Tempo her noch langsamer als die Pace des Langen Laufs, so benutzt er in dieser Phase der Erholung durch eine veränderte Schrittfrequenz, Schrittlänge und Körperhaltung andere

Areale der Beinmuskulatur. Die „Hauptantriebsmuskeln" werden entsprechend geschont und bleiben länger frisch.

Würde er statt der 20 x 800 m mit 200 m Trabpause mit einer Pace von 4:29 min/km diese Einheit als 20-km-Dauerlauf absolvieren, so hätte er zwar 20 km diesen Temporeiz trainiert, aber auch deutlich mehr Müdigkeit aufgebaut, sprich eine längere Regenerationszeit wäre zu erwarten.

Wird diese Einheit auf der Tartanbahn absolviert, so bekommt er zwei weitere Vorteile frei Haus geliefert. Zum einen wird sich das Tempogefühl extrem gut entwickeln, sodass der Sportler auch im Wettkampf ohne GPS-Uhr seine Pace relativ sicher bestimmen kann. Ein weiterer Punkt stellt die gewisse mentale Würze dar, denn wer schon mal 30 km im Kreis gelaufen ist, den kann so schnell nichts mehr schocken.

Ich bekomme immer wieder als Rückmeldung von Sportlerseite, dass ihnen im Wettkampf die Yasso 800 geholfen haben, sich die noch zurückzulegende Strecke in kleine 800-m-/200-m-Abschnitte mental aufzuteilen. Die große Gefahr bei dieser Einheit besteht in der falschen Tempowahl, sowohl im eigentlichen Intervall als auch besonders in der Trabpause.

Der Sportler muss dabei diszipliniert in seinem Tempobereich bleiben und diese Einheit nicht zu intensiv gestalten. Bei einigen Sportlern lösen die 800-m-Intervalle den langen Lauf ab, wenn die Anzahl der zu laufenden Intervalle ausreichend hoch ist.

Die Steigerung der Anzahl der Intervalle sollte behutsam gewählt werden. Von Woche zu Woche sollten nicht mehr als zwei Abschnitte hinzugefügt werden. Daher sollte auch ein frühzeitiges Einbauen dieser Einheiten erfolgen. In der Regel starte ich 16-18 Wochen vor dem Wettkampftag damit.

8.4.6.9 Galloway-Methode

Ein anderes Konzept, welches den Wechsel zwischen Laufen und bewussten Gehpausen propagiert, ist die *Galloway Method of Running*. Dieses Konzept ist von Jeff Galloway, einem der bekanntesten Laufgurus der USA, entwickelt worden.

Er empfiehlt, unabhängig vom Leistungsniveau des Sportlers, einen im Vorfeld geplanten Wechsel zwischen Laufen und Gehen. Die Idee ist, genau wie bei meiner Interpretation der Yasso 800, dass sich die „Laufmuskeln" in der Phase des Gehens kurz entlasten und sich die zeitlich bedingte kumulierte Ermüdung weiter nach hinten schieben lässt.

Interessanterweise entsprechen die 1.600-2.000 m, die von Galloway als zu laufende Strecke propagiert werden, meistens sehr genau dem Abstand der Verpflegungsstellen bei den meisten Langdistanzrennen. Sie erfüllen genau dieses Muster, sprich, man läuft von Verpflegungsstelle zu Verpflegungsstelle und geht aber in der Aid Station, was eine sicherere Verpflegung als beim Laufen ebenfalls zulässt.

Der Knackpunkt an der Sache ist hierbei jedoch, dass man von Beginn der Laufstrecke an dieses Muster durchziehen muss und nicht erst dann damit beginnt, wenn die Ermüdung schon vorangeschritten ist. Dazu braucht es etwas Selbstvertrauen, denn wenn man bereits in der ersten Verpflegungsstelle geht und die Mitstreiter an einem vorbeilaufen, ist es schwer, an diesem Konzept festzuhalten.

Der vermeintliche zeitliche Verlust durch das Gehen hält sich wirklich im Rahmen, zumal dadurch eher verhindert wird, dass ab 25-35 km längere Gehpausen stattfinden müssen und der Zeitverlust komplett durch die Decke geht.

8.4.6.10 Das Lauf-ABC

Ähnlich wie beim Schwimmen und auf dem Rad gibt es Koordinationsübungen auch in der dritten Disziplin des Triathlons. Hierbei kann man die gleiche Problematik wie auch beim Schwimmen beobachten. Jeder hat vom Lauf-ABC schon mal gehört, gelesen oder es im Vereinstraining oder Trainingslager absolviert. In der Fülle der Übungen fällt es aber oft sehr schwer, die jeweils richtigen Übungen auszuwählen, zumal ein Großteil der Sportler selten die Hintergründe und den Sinn der jeweiligen Übung kennt.

Wenn kein Bewusstsein zum Zweck der Übungen vorhanden ist, wird sich nur schwerlich ein technikverbessernder Effekt einstellen. Ich würde das Lauf-ABC daher eher etwas stiefmütterlich behandeln und es höchstens einmal pro Woche absolvieren und dann auch nur für 10-15 Minuten Dauer.

Man sieht immer wieder, dass Sportler 30-60 Minuten mit dem Absolvieren dieser Übungen verbringen. In meinen Augen ist das viel zu umfangreich und bedeutet eher eine Überdosis an Koordination. Der Athlet weiß am Ende gar nicht mehr, was und schon gar nicht, warum er welche Übungen durchgeführt hat. Ich würde mich eher auf die Basisübungen

- Hopserlauf,
- Hopserlauf rückwärts,
- Sprinterhopserlauf,
- Anfersen und
- Fußgelenkarbeit

beschränken, jede Übung 1-2-mal für 30-50 m Länge absolvieren, sodass eben in Summe nicht mehr als 10-15 Minuten zusammenkommen.

Laufen

Um das Training zeitlich effektiver zu gestalten, bin ich eher ein Freund davon, während des normalen Grundlagentrainings technikverbessernde Elemente einzubauen. Ein weiterer Aspekt ist der, dass viele Sportler sich beim Lauf-ABC fast etwas schämen und nicht über das Selbstbewusstsein verfügen, diese Übungen vor Publikum durchzuziehen.

Die nachfolgende Grafik soll einen Überblick darüber verschaffen, wann welche der aufgezeigten Trainingsformen in der Vorbereitung für eine Langdistanz zum Einsatz kommen sollte.

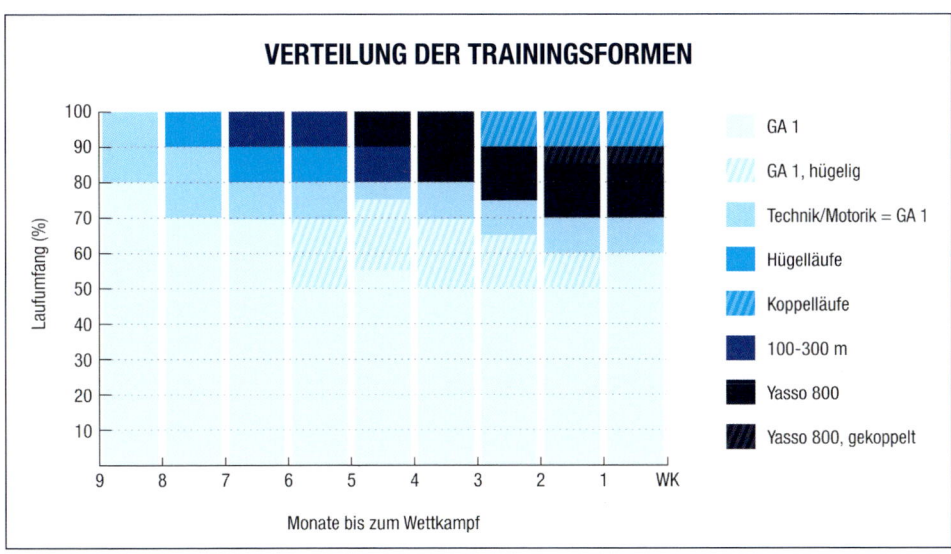

Abb. 81: Verteilung der Trainingsformen im Saisonverlauf

8.4.6.11 Aquajogging

Langdistanztraining kann man durchaus als einen Ritt auf der Rasierklinge beschreiben, denn mit dem ansteigenden Trainingsvolumen, insbesondere beim Laufen, steigt auch die Überlastungsgefahr. Um diese Gefahr zu minimieren, bietet sich eine orthopädisch verträglichere Alternative in Form des Aquajoggings an.

Hierzu braucht man einen Auftriebsgürtel oder eine Weste, um im tiefen Wasser ein Laufen simulieren zu können, dies jedoch ohne Bodenkontakt. Bei korrekter Technik lassen sich alle Trainingseinheiten eins zu eins vom Land ins Wasser übertragen. Gerade Sportler, die an der Kippe zu einer Verletzung stehen, immer wieder mit Zipperlein zu kämpfen haben oder etwas mehr an Körpergewicht mit sich rumschleppen, können einen Teil ihres Trainings im Wasser absolvieren.

Im Fall einer akuten Verletzung kann die massierende Wirkung in Form des hydrostatischen Drucks für eine beschleunigte Heilung sorgen. Allerdings sollte man dabei Vorsicht walten lassen, denn im Wasser wird besonders die dorsale Kette, explizit der Hamstring, gefordert. Diese Muskelpartie hat beim Laufen an Land die Funktion des aktiven Hochziehens des Unterschenkels inne, ist aber bei fast allen Triathleten leider zu schwach entwickelt, sodass man das Aquajogging durchaus auch als laufspezifisches Kraftausdauertraining bezeichnen kann.

Da Wasser bekanntlich 800-mal dichter als Luft ist, muss das Bein also gegen einen höheren Widerstand als an Land bewegt werden. Die höhere Aktivität im Hamstring führt bei Anfängern meist zu recht prominentem Muskelkater, der die Schwächen in dieser Körperregion deutlich aufzeigt. Das bedeutet aber auch, dass es sich empfiehlt, das Laufen im Wasser idealerweise ganzjährig von Zeit zu Zeit zu trainieren, damit man sich an diese Beanspruchung dauerhaft gewöhnt.

Ich habe es sehr oft erlebt, dass im Verletzungsfall das gesamte Lauftraining ins Wasser verlagert wurde, was dann aber initial zu massiven Problemen in den Hamstrings geführt hat. In der Trainingssteuerung sollte man beachten, dass die Herzfrequenz ca. 20-25 % tiefer als an Land bei vergleichbarer Belastung ist, das kumulierte Laktat allerdings deutlich höher konzentriert vorliegt, da die Beine in jeder Bewegungsrichtung gegen den Wasserwiderstand bewegt werden müssen.

Ein weiterer positiver Effekt des Aquajoggings liegt in der Atmung. Genau wie beim Schwimmen auch muss sich der Brustkorb beim Atmen gegen den Wasserwiderstand ausdehnen, was zu einer weiteren Kräftigung des Zwerchfells (Diaphragma) führt. Dieses Alternativtraining kann sowohl beim Dauerlauf als auch im Intervalltraining eingesetzt werden. Das Aquajogging kann sowohl im Schwimmbad als auch im Freiwasser eingesetzt werden.

Beim Training an der frischen Luft im Sommer sollte jedoch eine Kopfbedeckung getragen und Sonnencreme auf die aus dem Wasser herausragenden Partien Schultern und Nacken aufgetragen werden.

ZUSATZINFO

Vorteile des Aquajoggings:

- Optimierung der Lauftechnik;
- dynamische Kräftigung der dorsalen Kette;
- Verbesserung der Zugphase (Pulling);
- statische Kräftigung der Rumpfmuskulatur und
- Kräftigung des Zwerchfells.

Laufen

8.4.6.12 Laufbandtraining

In den letzten Jahren hat das Indoortraining auf dem Rad immer mehr Beliebtheit erlangt. Auch das Laufen wird immer mehr auf dem Laufband durchgeführt. Diese Entwicklung wurde sicherlich etwas durch Bilder und Videos von Topathleten in den sozialen Netzwerken auf dem Laufband befeuert. Beim Laufbandtraining bin ich jedoch sehr ambivalenter Meinung und möchte dafür etwas sensibilisieren.

Laufen stellt die ursprünglichste aller Fortbewegungsarten des Menschen dar und kann eigentlich fast immer und überall durchgeführt werden. Ausnahmen hierfür sind Glatteis und schlecht beleuchtete Straßen im Winter, die ein sicheres Laufen, insbesondere im Tempotraining, nicht zulassen. Ein weiterer Aspekt liegt klar in der Sicherheit. Gerade Frauen sollten in manchen Gegenden nicht alleine im Dunklen unterwegs sein.

Trifft keiner der oben genannten Punkte zu, dann kann und sollte das Lauftraining primär auch draußen stattfinden, denn Laufen bedeutet ja auch ein Stück weit Freiheit, zumal Triathlon immer noch eine Outdoorsportart ist und vorerst auch bleibt. Das Erleben der Jahreszeiten mit den unterschiedlichen Witterungsbedingungen sollte stets erhalten bleiben, um unter Wettkampfbedingungen ebenfalls damit klarzukommen.

Das Laufband kann jedoch auch ganz bewusst als Trainingsmittel eingesetzt werden. Zum einen können Sportler beim Training auf dem Band an ihrer Schrittfrequenz arbeiten, wenn das Band auf 0 % Steigung gestellt wird, denn das entspricht einem leichten Gefälle auf der Straße. Man kann grob sagen, dass man ein höheres Tempo bei gleicher Herz-Kreislauf-Belastung absolviert, was zur Folge hat, dass man auf neuromuskulärer Ebene ein schnelleres Laufen simuliert, ohne eben die Cardiolast zu steigern.

ZUSATZINFO

Eine weitere Alternative gibt es seit einigen Jahren in Form des AlterG®-Laufbands. Dabei wird der Sportler in eine Art Luftsack bis zur Hüfte gesteckt und damit kann sukzessive die Schwerkraft reduziert werden, sodass in Phasen nach Verletzungen mit einer Teilbelastung des Körpergewichts frühzeitig wieder mit dem Laufen angefangen werden kann.

Erste Untersuchungen haben aber jedoch gezeigt, dass sich die Kniebelastung nicht wie gewünscht reduziert, wenn man auf solch einem Band unterwegs ist. Der Einsatz sollte demnach sicher abgewogen werden und immer in Rücksprache mit dem Physiotherapeuten oder Arzt erfolgen.

Ansonsten sollte das Band auf eine Steigung von 1-1,5 % eingestellt werden, um ein flaches Laufen auf der Straße zu simulieren. Sportler, die aus Regionen ohne nennenswerte Hügel oder Berge kommen, können mittels Laufbandtraining das Bergauflaufen trainieren. Ein vor dem Laufband montierter Spiegel kann dabei helfen, die Lauftechnik zu optimieren.

8.4.7 Allgemeine Tipps zum Lauftraining

Abschließend möchte ich noch einige Tipps rund um das Thema Laufen mitgeben, die ein sicheres, verletzungsfreies und erfolgreiches Laufen ermöglichen. Laufen stellt die „gefährlichste" Disziplin im Triathlon dar. Der Sportler bekommt relativ deutlich zu spüren, wenn Fehler im Training gemacht werden. Überlastungen, große Müdigkeit, Verletzungen und Leistungsrückgang sind nur einige Punkte, die ein falsches Programming mit sich bringen können. Wenn man sich dessen bewusst ist und die Fehler kennt, hat man gute Karten, verletzungsfrei und frisch an der Startlinie zu stehen.

8.4.7.1 On-/Off-Schema

Ich habe sehr gute Erfahrungen im Training mit Altersklassensportlern gemacht, wenn man auf einen Trainingstag mit Laufen einen weiteren ohne Laufen folgen lässt. Dieses On-/Off-Schema sorgt dafür, dass sich die orthopädische Last am lauffreien Tag wieder abbauen kann und umgeht die Gefahr, dass sich eine Überlastung Stück für Stück aufbaut.

Gerade zu Beginn des Trainingsjahrs, also nach der Off-Season, bietet sich ein solches Schema an, kann aber durchaus im Saisonverlauf auch über Bord geworfen werden, wenn die Athleten eine gewisse Resilienz entwickelt haben.

8.4.7.2 Laufen im frischen vs. im ermüdeten Zustand

Im Wettkampf selbst startet man das Laufen zwar nie im frischen Zustand, sodass man im Training auch simulieren sollte, mit müden Beinen zu laufen. Allerdings würde ich diesen Punkt erst in den letzten 10-14 Wochen vor einen Langdistanz einbauen und vorher möglichst immer in frischem und halbwegs ausgeruhtem Zustand laufen.

Stehen beispielsweise mehrere Einheiten auf dem Tagesprogramm, so würde ich vor diesen entscheidenden letzten drei Monaten vor dem Tag X das Laufen immer möglichst als erste Einheit des Tages absolvieren, um sicherzustellen, dass man technisch sauber und somit möglichst biomechanisch optimal zur Vermeidung von Überlastungen läuft.

Gerade in Trainingslagern im Frühjahr, die noch zeitlich weit weg von den Hauptwettkämpfen sind und in denen sowieso eine große Gesamtbelastung auf den Athletenkörper einwirkt, sollte eher nur in möglichst ausgeruhtem Zustand gelaufen werden.

Athleten, die eher zu Verletzungen tendieren, sollten in der gesamten Vorbereitungszeit der Langdistanz eher frisch laufen, um sicherzustellen, die Startlinie überhaupt zu Gesicht zu bekommen.

8.4.7.3 Umfangssteigerung von Woche zu Woche

In Magazinen und in der Trainingsliteratur kursieren immer wieder 10 % als magische Zahl zur Steigerung des Umfangs von Woche zu Woche. Ich halte diese Zahl für nicht pauschal anwendbar, denn sie berücksichtigt weder die Trainingsbelastung des Laufens durch absolvierte Intensitäten und/oder den Einfluss der anderen beiden Disziplinen noch die individuell unterschiedliche orthopädische Belastungsverträglichkeit des Athleten. Ich wäre daher etwas zurückhaltend mit dieser pauschalen Empfehlung und würde eher sagen: Kommt drauf an!

8.4.7.4 No Pain, no Gain

Die Herangehensweise, dass das Lauftraining immer mit Schmerzen verbunden sein muss, ist schlichtweg falsch. Das Tempo sollte angepasst gewählt sein und ein polarisierter Trainingsansatz verfolgt werden. Das bedeutet auch, dass man die längeren Läufe diszipliniert in ruhigem Tempo absolviert.

Für mich ist die Trainingsfrequenz, also die Anzahl der Läufe pro Woche, wichtiger als der Umfang einer bestimmten Einheit, denn somit lassen sich Lauftechnik und Widerstandsfähigkeit sicherer trainieren und die endokrine Balance zwischen Testosteron und Cortisol ist eher gegeben.

Kurze Einheiten von 20-30 Minuten Dauer haben genauso ihre Daseinsberechtigung wie lange Einheiten oder Temposessions und erfüllen einen leistungsstabilisierenden Zweck. Solch kurze Einheiten helfen dabei, die Bewegungsqualität über das regelmäßige Repetieren der Lauftechnik zu verbessern, denn „consistency is key".

8.4.8 Laufwettkämpfe

Laufwettkämpfe sind eine sehr gute Möglichkeit, Wettkampfluft zu schnuppern und den aktuellen Leistungsstand zu ermitteln. Allerdings macht auch hier wieder die Anzahl das besagte Gift.

Zu viele Laufwettkämpfe verhindern einen nachhaltigen Formaufbau und laugen unter Umständen mental aus, denn selbst wenn der Laufwettkampf als Training genutzt wird, so ist das Anbringen der Startnummer und das Aufstellen an der Startlinie automatisch mit etwas größerem psychologischen Stress gekoppelt. Gerade im Winter sollte das Wochenende mit der Aussicht auf ein Training bei Tageslicht eher dazu genutzt werden, um mit dem Rad draußen zu fahren.

Ein ideales Wettkampfszenario im Vorfeld einer Langdistanz im Juli würde demnach wie folgt aussehen.

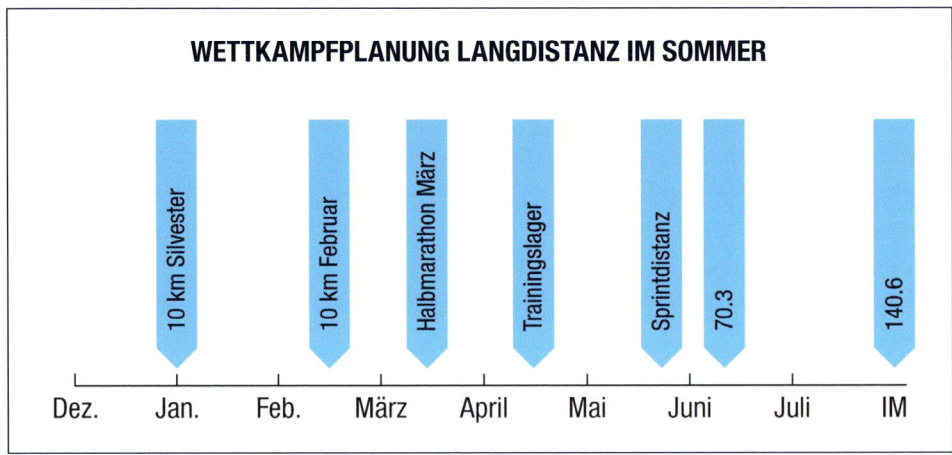

Abb. 82: Übersicht über die Wettkampfplanung im Vorfeld einer Langdistanz

Wer genauer hinschaut, findet dort keinen Frühjahrsmarathon und das auch zu Recht. Ich habe in all den Jahren als aktiver Sportler und auch als Coach noch nie erlebt, dass ein Marathon im Frühjahr zu einem erfolgreichen Langdistanzsommer geführt hat. Ein Marathon bleibt ein Marathon und auch bei einem deutlich langsameren Tempo als im Bereich der Bestzeit hinterlassen die 42 km deutliche Spuren.

Das Rennen muss durch ein Tapering vorbereitet werden und braucht eine anschließende Phase der Regeneration. Je nach Athletenniveau verliert der Sportler zwischen zwei und fünf Wochen wertvoller Trainingszeit, da nach dem Rennen nur moderat oder sehr reduziert trainiert werden kann.

Die meisten Frühjahrsrennen fallen leider genau in einen Zeitraum, der für viel Volumen im Radtraining genutzt werden sollte, sodass die Gefahr besteht, nicht die für die Langdistanz im Sommer notwendigen Radkilometer zusammenzubekommen.

HINWEIS

Mein Merksatz an dieser Stelle: Marathon im Frühling = Sommer-Ironman® = Schwächling.

9 ERNÄHRUNG

Das Thema Ernährung ist ein extrem weites Feld mit zum Teil sehr kontroversen Ansichten. Ich bin kein Ernährungswissenschaftler und möchte das auch gar nicht sein. Ich kann Ernährung lediglich im Zusammenhang mit Training, Regeneration und Wettkampf beurteilen. Von daher muss ich jetzt alle Leser enttäuschen, die Nährwerttabellen und Rezepte in diesem Kapitel erwartet haben. In Bezug auf Vegetarismus oder vegane Ernährungsweise möchte ich ebenfalls kein Fass aufmachen, da ich ansonsten Glaubenskriege entfachen würde.

Wenn man sich anschaut, wie sich Wissenschaftler mit höchstem Renommee z. B. auf Twitter® bezüglich ihrer Theorien auseinandersetzen, dann wird es schwer für mich als Trainer, aber auch als Mensch, herauszufinden, was richtig ist oder was ich besser nicht mehr essen sollte.

Ich möchte an dieser Stelle auch keine Superfoods empfehlen, die in den letzten Jahren immer mehr in Mode gekommen sind. Ich bin viel eher der Meinung, dass man mit einer ausgewogenen Ernährung mit möglichst saisonalen und regionalen Lebensmitteln, die frisch zubereitet sind, am besten fährt. Ich sehe die Entwicklung hin zu einer ganz bestimmten Ernährungsweise oder Diät eher kritisch.

Ich kann mich des Eindrucks nicht erwehren, dass viele Sportler, die einen besonders gesunden Ernährungsstil verfolgen, fast eine Form von Essstörung entwickeln, denn Essen hat ab einem gewissen Punkt dann nichts mehr mit Genuss und sozialem Miteinander zu tun, sondern es dreht sich alles nur noch um möglichst effiziente Nahrung und Energieaufnahme zur Leistungssteigerung. Aus Erfahrung mit Olympiasiegern, Weltmeistern und Ironman®-Siegern kann ich aber sagen, dass deren Ernährung nicht immer besonders komplex und extrem durchdacht gestaltet ist. Sie essen eher „bunt", also mit der gesamten Bandbreite an Lebensmittelgruppen und achten dabei eher auf Qualität und Frische.

Wie in ganz vielen Aspekten des Lebens spielt die Balance eine entscheidende Rolle. Sportler, deren Gedanken zu sehr um Kalorien und Inhaltsstoffe kreisen, geht diese Balance verloren. Sie können das Essen nicht mehr als genussvolles Miteinander schätzen und entwickeln deshalb eine Essstörung.

TRIATHLON ERFOLG AUF DER LANGDISTANZ

Interessant ist dabei zu beobachten, wie es immer wieder neue Strömungen analog zum Training gibt, die in Magazinen und im Internet propagiert werden und dann blind von Athleten befolgt werden. Ich nenne das Ganze gerne Diäten-Hopping.

Es heißt immer so schön „Ohne Mampf kein Dampf" und was das im Kontext Training in meiner Coachingwelt für einen „Mampf" braucht, möchte ich gerne umreißen.

Generell sollte man in Bezug auf gute Athletenernährung dabei in vier Segmente der Versorgung unterscheiden:

1. Fueling (Kalorienaufnahme in Training und Wettkampf);
2. Alltagsernährung;
3. Flüssigkeit außerhalb des Sports sowie
4. Flüssigkeit im Sport.

9.1   Fueling

- Trainingseinheiten < 60 Minuten Dauer: keine Kalorienaufnahme.
- Intensives Training > 60 Minuten Dauer: Primärer Treibstoff ist Zucker, als Quelle eignen sich Gels und Riegel.
- Grundlagentraining > 60 Minuten Dauer mit niedriger Intensität: Versorgung mit „echter" Nahrung, also weniger Gels und Riegel, dafür Pause mit Kaffee und Kuchen.
- Jedes Training, unabhängig von Dauer und Intensität, sollte innerhalb der ersten 30 Minuten nach dem Ende der Einheit mit einer Kohlenhydrataufnahme nachbereitet werden, um eine schnellstmögliche Regeneration und ein intaktes Immunsystem (Stichwort Open-Window-Effekt) zu gewährleisten. Proteine, Kohlenhydrate und Natrium sollten darin enthalten sein, um Regenerationsprozesse zu beschleunigen.
- Faustformel für das Radtraining > drei Stunden Dauer: 60-70 g Kohlenhydrate pro Stunde.

9.2   Alltagsernährung

- Regelmäßiges Essen über den Tag verteilt.
- Verteilung der Makronährstoffe: 40 % Kohlenhydrate, 30 % Protein, 30 % Fett.
- Die Essensmenge sollte von Mahlzeit zu Mahlzeit über den Tag abnehmen.
- Der Kohlenhydratanteil sollte von Mahlzeit zu Mahlzeit über den Tag abnehmen.
- Das Abendessen sollte primär aus Protein, Fetten (Öl) und Gemüse bestehen.

Diäten sollten eher vermieden und der Schwerpunkt sollte auf einen gesunden Lebenswandel gelegt werden. Um bestimmte Trainingseinheiten in ihrer Wirksamkeit zu steigern,

Ernährung

kann man über die richtige Verteilung der Makronährstoffe den Stoffwechsel während des Trainings beeinflussen.

Wenn z. B. der Fettstoffwechsel optimiert werden soll, so kann es dabei durchaus hilfreich sein, wenn in den letzten vier Stunden vor der Trainingseinheit und/oder am Vorabend weitestgehend auf Kohlenhydrate verzichtet wird.

Diese FatMax-Variante des Trainings wird jedoch von einem Großteil der Sportler fehlinterpretiert. Sie assoziieren FatMax-Training automatisch mit Nüchterntraining, also am Morgen ohne vorherige Nährstoffaufnahme zu trainieren. Sportler, die diese Form des Trainings exzessiv und zu oft betreiben, laufen Gefahr, ihren Stoffwechsel zwar zu optimieren, allerdings sollte die Verwertung von exogener Energie in Form von Nahrung während der Belastung ebenfalls geschult werden.

Ich habe es unzählige Male beobachten können, dass Nüchterntrainierer sich sukzessive immer mehr in den Keller trainiert haben, da durch das Nichtvorhandensein der Kohlenhydrate längere Regenerationszeiten zu erwarten sind.

Seit einigen Jahren hat sich das Konzept Low Carb High Fat (LCHF) immer mehr im Sport etabliert. Die Idee dabei liegt in der Steigerung der Fettoxidationsrate, sodass der Sportler später im Wettkampf bei gleicher Belastung weniger Kohlenhydrate verstoffwechselt und die Energie eher aus den nahezu unlimitierten Fettspeichern bezieht.

Es gibt durchaus Evidenzen, die diese, auch *ketogene Diät* genannte, Form untermauern. Dabei werden lediglich zwischen 50-150 g Kohlenhydrate pro Tag aufgenommen. Um diesen stoffwechselmodulierenden Effekt zu nutzen, gibt es durchaus unterschiedliche Strategien.

Abb. 83: Varianten des FatMax-Trainings

Allerdings gibt es auch Studien, die zeigen, dass es bei einem dauerhaften Mangel an Kohlenhydraten auch zu Problemen mit der Verwertung dieses Makronährstoffs im Wettkampf kommen kann, wenn dieser plötzlich in großem Maße genutzt wird, aber nicht ins Training integriert und ausreichend trainiert wurde.

Ich bediene mich dabei aber lieber des Treibstoffs aus zwei Welten. Soll heißen, dass es auf der einen Seite durchaus sinnvoll sein kann, in manchen Phasen LCHF-konform zu essen, man braucht aber ganz sicher auch Phasen mit größeren Kohlenhydratmengen.

Wenn man das Essen entsprechend periodisiert, wird man aus beiden Versorgungswegen optimal mit Energie versorgt werden können. Wie schon so oft in diesem Buch lautet die Devise: Kommt drauf an!

Bei Einheiten jenseits der Drei-Stunden-Marke empfiehlt es sich, durchaus mit einer Menge von 60-70 g Kohlenhydrate pro Stunde im Training zu agieren, um eine optimale Versorgung zu gewährleisten. Diese Menge kann aber nur dauerhaft aufgenommen werden, wenn man einen Mix, bestehend aus Glukose und Fruktose, nutzt.

Der Grund hierfür ist die limitierte Aufnahmekapazität der jeweiligen Transportwege im menschlichen Körper. Die maximale Aufnahmemenge von Glukose liegt bei 50-60 g pro Stunde, der sogenannte *Sodium-Glucose-Linked-Transporter-1 (SGLT 1)* lässt keine höhere Menge zu. Fruktose hingegen wird über den Transportweg GLUT5 aufgenommen. Hierbei gelten 30-40 g Fruktose pro Stunde als Obergrenze.

Werden beide Kohlenhydratformen kombiniert, so können im Wettkampf 90 g oder zum Teil auch eine noch größere Menge pro Stunde dauerhaft realisiert werden.

Anhand der nachfolgenden Grafik wird sichtbar, welche Form von Kohlenhydraten wann bzw. in welcher Kombination zum Einsatz kommen sollte.

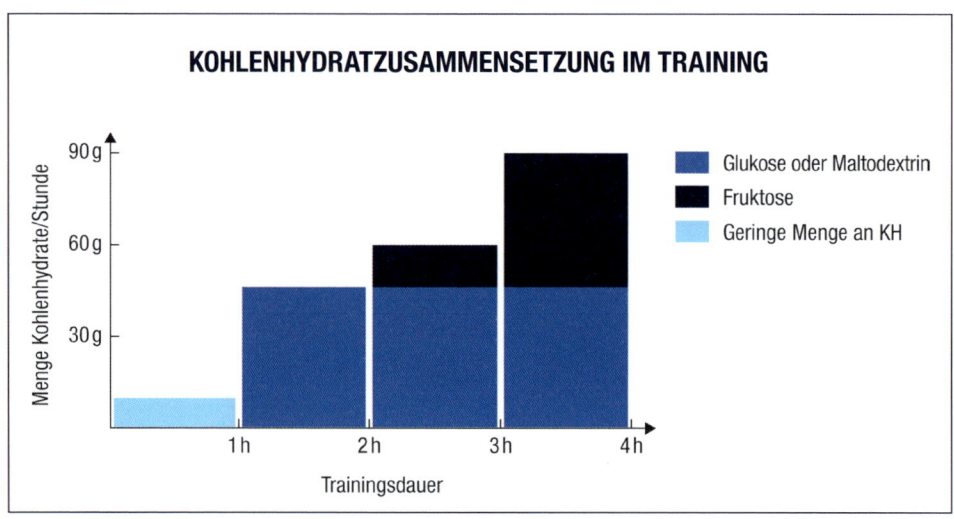

Abb. 84: Zusammensetzung der Kohlenhydrate im Training

Ernährung

9.3 Flüssigkeitsversorgung außerhalb des Sports

- Im Alltag sollten zuckerhaltige Getränke vermieden werden. Primärquelle ist und bleibt Wasser!
- Kohlensäurehaltiges Wasser kann getrunken werden.
- Faustformel: Pro 10 kg Körpergewicht sollten 350-400 ml Wasser über den Tag aufgenommen werden.
- Zwei Gläser Wasser mit jeder Mahlzeit aufnehmen.
- Am Morgen sollte ein Glas mit einer großzügigen Messerspitze Kochsalz getrunken werden, um den über Nacht entstandenen Flüssigkeitsverlust schnell auszugleichen. Insbesondere dann, wenn direkt nach dem Aufstehen die erste Einheit erfolgt.
- Kaffee ist nicht schädlich, jedoch sollte auf eine zu späte Koffeinzufuhr nach 15.00 Uhr verzichtet werden, um die Schlafqualität nicht zu gefährden.
- Alkohol wirkt diuretisch, also entwässernd. Er stört das Schlafmuster, die Erholungszeit und den Fettstoffwechsel. Ein prinzipielles Alkoholverbot möchte ich nicht aussprechen, das obliegt jedem Sportler selbst.

9.4 Flüssigkeitsversorgung im Sport

Kurzer Exkurs in die Tierwelt. Das schnellste Tier an Land ist der Gepard. Er kann dabei Geschwindigkeiten von weit über 100 km/h erzielen und gilt als ein exzellenter Jäger. Allerdings entsteht bei der Muskelarbeit für diese Geschwindigkeiten eine extrem hohe Körperkerntemperatur, was zur Folge hat, dass der Gepard diese Leistung nur sehr kurzfristig aufbringen kann. Schafft das gejagte Beutetier es durch geschicktes Hakenschlagen, diese Zeit zu überstehen, so hat es gute Karten, diesen Angriff zu überleben, weil der Gepard seinen Jagdversuch abbrechen muss, um sich im Schatten in der Savanne runterzukühlen.

Der Mensch hingegen verfügt nicht über solche exzellenten Sprinteigenschaften, was zur Folge hat, dass er sich evolutionär an die jeweiligen Gegebenheiten anpassen musste. Im Gegensatz zum Gepard und den meisten anderen Tieren ist der Mensch in der Lage, die bei körperlicher Arbeit entstandene Körperwärme wieder abzubauen.

Das Zauberwort an der Stelle heißt Schwitzen. Dabei wird Flüssigkeit an die Hautoberfläche transportiert und über Verdunstung (Evaporation) entsteht ein kühlender Effekt, der uns Menschen hilft, die Körperkerntemperatur konstant bei 36-38 Grad Celsius zu halten.

Diesen Effekt der Kühlung machen sich leider einige Sportler selbst zunichte, indem sie sich großflächige Tattoos stechen lassen. Dabei werden die Schweißdrüsen derart beschädigt, dass sie ihre Produktivität um bis zu 53 % verlieren. Im Areal des gestochenen Körperschmucks wird entsprechend deutlich schlechtere Kühlung durch Schwitzen erzielt.

Losgelöst vom ästhetischen Aspekt, sollten Sportler mit einem gewissen Leistungsanspruch den Gang zum Tattoostudio nochmals überdenken. Thermoregulation und Kühlung klingen super, haben aber den Nachteil, dass man die Menge, die wir verschwitzen, wieder auffüllen müssen, da das Flüssigkeitsreservoir zur Produktion von Schweiß nicht unlimitiert angezapft werden kann.

Der Mensch besteht zu ca. 65-70 % aus Wasser, davon ist etwa ein Drittel außerhalb der Zellen, im Extrazellulärraum, gelagert. Im Blut befinden sich ca. 5 l Flüssigkeit in Form von Blutplasma und genau dieses Plasma „verschwitzt" der Sportler. Mit dieser Flüssigkeit verliert man meistens, von der Menge gesehen, das Elektrolyt Natrium.

Dieses Natrium ist ein elementar wichtiges Elektrolyt, das zur Absorption von Nahrung im Magen durch den bereits angesprochenen SGLT1-Transportweg, zur Muskelkontraktion (Stichwort: Natrium-Kalium-Pumpe) und eben zum Aufrechthalten des Blutplasmavolumens dient. Hinsichtlich der Versorgung mit Flüssigkeit und Natrium im Sport haben sich die Meinungen in den letzten Jahrzehnten massiv verändert.

Galt es in manchen Sportarten, wie z. B. im Radsport, in den 1960er- und 1970er-Jahren noch als ein Zeichen von Schwäche, wenn man Flüssigkeit aufgenommen hat, so hat das Meinungspendel in den 1980er-Jahren des letzten Jahrtausends in die komplett gegensätzliche Richtung ausgeschlagen. Plötzlich lautete die Botschaft an die Sportler, man müsse pro Stunde wenigstens eine Menge von 1.200 ml und das auch dauerhaft aufnehmen.

Andere Quellen empfahlen, so viel zu trinken, wie es der Sportler mengentechnisch toleriert. Mit dieser Empfehlung hat sich dann mit dem Zustand der Hyponatriämie (wörtlich übersetzt: wenig Salz im Blut) ein Phänomen manifestiert, das eine Gefährdung der Gesundheit darstellt und leider immer wieder bis zum Tod von Sportlern führt. Nach einigen Jahren hat man diese Auswirkungen erkannt und daraufhin die Empfehlungen zur Trinkmenge angepasst und als Maßgabe ausgegeben, dass man die Trinkmenge so wählt, dass ein Verlust des Körpergewichts über das Schwitzen von mehr als 2 % zu verhindern sei.

In der Theorie ist das ein guter Ansatz gewesen, aber in der Praxis ist das kaum anwendbar, da Sportler im Wettkampf wohl kaum eine Körperwaage mit sich führen, um genau diesen Gewichtsverlust zu überprüfen.

9.4.1 Hyponatriämie

Bevor wir uns jetzt damit beschäftigen, welche Strategie nun richtig ist, möchte und muss ich den Zustand der Hyponatriämie nochmals genauer erklären, denn da hört der Spaß echt leider auf. Die normale Natriumkonzentration des Bluts liegt zwischen 135 und 145 mmol pro Liter Blut. Sinkt diese Konzentration durch exzessives Trinken auf unter 135 mmol ab, so spricht man per Definition von Hyponatriämie.

Ernährung

Das Natrium im Getränk, im Energygel oder im Riegel dient als Transportmolekül, um den Magen-Darm-Trakt durchlässig zu machen, damit die aufgenommene Flüssigkeitsmenge wieder dort hingelangt, wo sie hingelangen soll, nämlich in den Blutkreislauf, um das durch das Schwitzen verlorene Blutplasmavolumen wieder aufzufüllen.

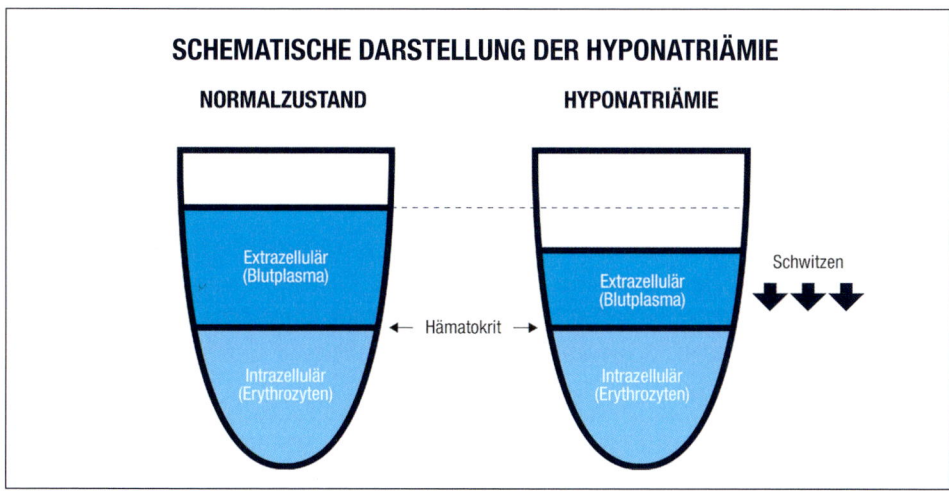

Abb. 85: Blutplasmavolumen – schematische Darstellung im Zustand der Hyponatriämie

Ist die Natriummenge in der Versorgungsstrategie zu niedrig gewählt, so verbleibt eine zu große Menge der aufgenommenen Flüssigkeit im Magen. Man kann sich dieses Phänomen als eine Art Trichter vorstellen. Oben wird die Flüssigkeit hineingeschüttet, doch nach unten kann kein wirkliches Abfließen dieser Flüssigkeit, also aus dem Magen-Darm-Trakt in den Blutkreislauf, stattfinden. Erst das Natrium macht dieses Ablaufen möglich, indem der SGLT1-Transportweg geöffnet wird.

HINWEIS

Die anfänglichen Symptome einer Hyponatriämie können sein:

- Völlegefühl,
- Übelkeit,
- Kurzatmigkeit, weil der überblähte Magen auf das Zwerchfell drückt,
- Magengluckern beim Laufen,
- Konzentrationsstörungen,
- Sehstörungen und
- Kopfschmerzen.

TRIATHLON ERFOLG AUF DER LANGDISTANZ

Den überblähten Magen und das Gluckern der großen Flüssigkeitsmenge kann man als Zuschauer bei Langdistanzrennen mit einem darauf sensibilisierten Auge und Ohr auch als Außenstehender wahrnehmen. Neben dem unangenehmen Gefühl der Völle kommt es aber zu einem weiteren negativen Effekt, denn der Sportler wird keine weitere Energie mehr aufnehmen können und läuft dadurch Gefahr, ein Kohlenhydratdefizit aufzubauen.

Oftmals kommt es zu einem schwallartigen Erbrechen der überschüssigen Flüssigkeitsmenge, was aber nur kurzfristig für Linderung sorgt. Da unter Belastung der Harndrang etwas reduziert ist, kann auch nur wenig Entlastung durch Urinieren erwartet werden. Da sich Wasser aber bekanntlich seinen Weg sucht, passiert es dann, dass das Wasser aus dem Extrazellulärraum in die Zellen infiltriert und diese anschwellen lässt.

Als Athlet im Wettkampf spürt man irgendwann, dass die GPS-Uhr oder das Athletenbändchen am Handgelenk zusehends zu stramm sitzt. Diese Ödeme sind nicht ganz so kritisch zu sehen. Problematisch wird es jedoch im Gehirn, denn durch die feste Begrenzung in Form der Schädelknochen kann dort keine Verdrängung stattfinden, was anfänglich zu Kopfschmerzen führt.

Steigt der Druck jedoch weiter stark an, besteht die Gefahr von ruptierten Gefäßen, was dann unter Umständen zum Tod führen kann. Beim Ironman® Frankfurt ist in 2015 ein Athlet genau wegen dieser Problematik tragischerweise verstorben.

In einer Untersuchung wurde aufgezeigt, dass in den Jahren 2005-2013 ebenfalls beim Ironman® Frankfurt 10 % aller Teilnehmer Symptome einer Hyponatriämie aufgewiesen haben. Neben der Gesundheitserhaltung haben Natrium und Flüssigkeit einen ziemlichen Einfluss auf die Wettkampfperformance.

Ich habe bereits um das Jahr 2010 erstmals beobachten können, wie sich eine Hyponatriämie im Wettkampf auswirkt. Dabei habe ich Aufzeichnungen und Wettkampffiles der Sportler genauer betrachtet und mich dabei immer gefragt, warum die Leistung beim Laufen plötzlich in den Keller sinkt.

Wenn sichergestellt wurde, dass der Sportler im Vorfeld gut trainiert und ein korrektes Tapering absolviert hat und dann selbst im Wettkampf auch keine Fehler hinsichtlich des Pacings gemacht wurden und sich mit einer adäquaten Menge an Kohlenhydraten versorgt wurde, hätte ja ein solcher Abfall eigentlich nicht erfolgen sollen.

Ernährung

Hier ein exemplarischer Verlauf, der sich so immer wieder dargestellt hat.

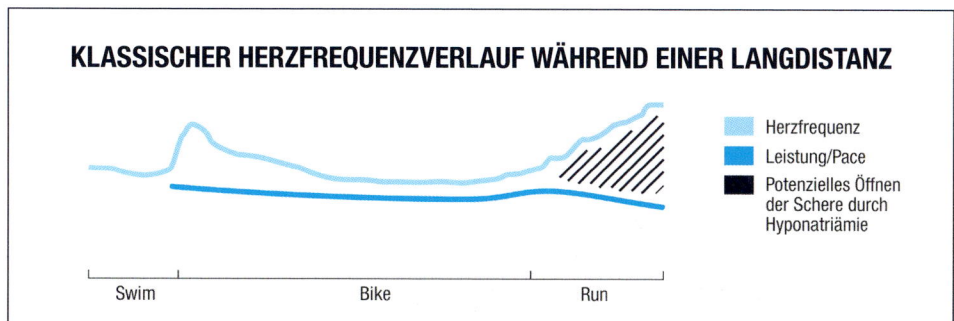

Abb. 86: Exemplarischer Herzfrequenzverlauf während einer Langdistanz

Nach etwas Grübeln kam mir der Gedanke, dass es am Natriumverlust bzw. an der ansteigenden Viskosität des Blutes liegen könnte. Durch das vermehrte Schwitzen bei gleichzeitig defizitärem Versorgen mit Flüssigkeit unter Zuhilfenahme von Natrium verändern sich die Verhältnisse innerhalb des Blutes. Die Flüssigkeit nimmt ab und das Blut wird „marmeladiger".

Die Herz-Kreislauf-Belastung und der Blutdruck steigen an und durch die langsamere Fließgeschwindigkeit des Blutes ist die Sauerstoffversorgung der Muskulatur auch nicht mehr optimal gewährleistet. Ich habe die entsprechenden Sportler damals darauf hingewiesen, dass es am fehlenden Natrium liegen könnte und ihnen empfohlen, sich etwas großzügiger mit Natrium zu versorgen.

9.4.2 Bestimmen der Natriumkonzentration im Schweiß

Seit einigen Jahren gibt es nun aber auch die Möglichkeit, die Natriumverlustkonzentration pro Liter Schweiß zu messen. Man hat dabei in mehr als 15.000 Tests weltweit rausgefunden, dass die Spanne hierbei zwischen 230 bis hin zu 2.300 mg pro Liter Schweiß liegen kann. Der durchschnittliche Wert liegt bei ca. 950 mg, sodass man erkennen kann, dass eine pauschale Empfehlung bezüglich der Einnahmemenge nicht wirklich umsetzbar ist.

Man hat in dem Zuge Sportler über mehrere Jahre zu komplett unterschiedlichen Bedingungen (z. B. Wettkampfsaison, Off-Season, in Hitze, in Kälte, Meeresspiegel, Höhe, Pre- und Post-Competition) getestet und hat dabei festgestellt, dass die Konzentration nur im Bereich von 5-8 % variiert hat. Als Grund dafür wird genannt, dass die Konzentration des Schweißes abhängig von einem bestimmten Protein auf der Zellmembran, dem Cystic Fibrosis Transmembrane Conductance Regulator, ist.

Die Menge dieser CFTR-Moleküle wiederum ist genetisch determiniert, daher kann man vorsichtig ableiten, dass die Menge an Natrium im Schweiß auch einer gewissen genetischen Bestimmung unterliegt.

> **ZUSATZINFO**
>
> Zur Einordnung kann man grob in drei Kategorien unterscheiden:
>
> 1. Low Sweater 200-750 mg
> 2. Medium Sweater 750-1.100 mg
> 3. High Sweater > 1.100 mg pro Liter Schweiß

9.4.3 Berechnung der Schweißverlustrate

Neben der Natriumkonzentration gibt es in der Berechnung der totalen Verlustmenge noch eine andere zu beachtende Größe, nämlich die Schweißverlustrate, also die Menge Schweiß in Millilitern, die ein Sportler pro Zeiteinheit X, konkret pro Stunde, verliert. Diese Menge ist im Gegensatz zur relativ fixen Konzentration eher volatil und von mehreren externen Faktoren abhängig:

- Temperatur,
- Intensität der körperlichen Aktivität,
- Trainingszustand,
- Luftfeuchtigkeit
- Stimulanzien (Coffein) sowie
- Dauer.

Wenn man sich diese Faktoren genauer anschaut, erkennt man, dass man die Berechnung der gesamten Natrium- und Schweißverlustmenge nicht mit einem singulären Test beziffern kann, sondern die Schwitzmenge zu unterschiedlichen Bedingungen messen sollte.

Hierzu sollte man vor dem Training auf die Toilette gehen. Danach steigt man nackt auf die Waage, um das Startgewicht zu ermitteln. Nach Beendigung legt man die verschwitzte Kleidung ab, wischt die oberste Schicht Schweiß von der Haut ab und steigt erneut auf die Waage, um die Differenz im Körpergewicht festzuhalten.

Ernährung

Bei etwas längeren Einheiten, die mit einer Flüssigkeitsaufnahme gekoppelt sind, wird das Gewicht der Trinkflasche(n), der Riegel oder Gels vor und nach dem Training gewogen. Konsequenterweise müsste man im Falle einer Pinkelpause die Urinmenge auch irgendwo beziffern. Es soll Athleten gegeben haben, die eine bereits geleerte Trinkflasche zum Auffangen des Urins genutzt haben, so weit muss es aber in meinen Augen nicht unbedingt gehen.

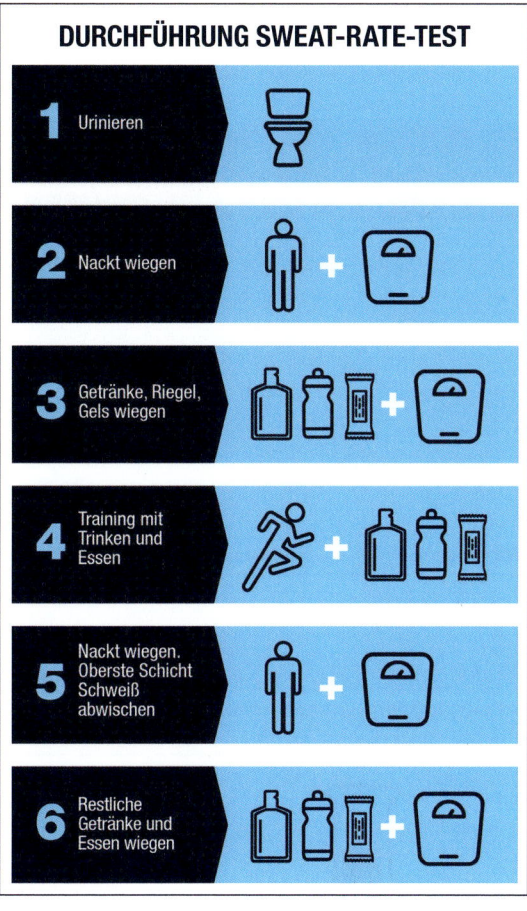

Abb. 87: Durchführung eines Tests zur Bestimmung der Sweat Rate

Wenn man jetzt noch die Intensität, Dauer, Umgebungstemperatur, Sportart und Datum festhält, kann man relativ genau vorhersagen, bei welchen Bedingungen mit welcher Schwitzmenge pro Stunde zu rechnen wäre.

Ein Tipp an der Stelle noch für das Messen während des Indoorradtrainings. Beim Rollentraining sollte man unbedingt notieren, ob man mit oder ohne Kühlung durch einen Ventilator trainiert hat. Die Verlustmenge variiert in der Regel zwischen 0,7-2,8 l.

In der wissenschaftlichen Literatur werden aber auch Verluste in der Größenordnung von 3,5-4,0 l pro Stunde genannt. Ich selbst habe solche Werte in dieser Größenordnung bisher jedoch noch nie in der Praxis gesehen.

TRIATHLON ERFOLG AUF DER LANGDISTANZ

Nachstehende Übersicht ist ein ganz gutes Beispiel, wie so eine Tabelle aussehen könnte.

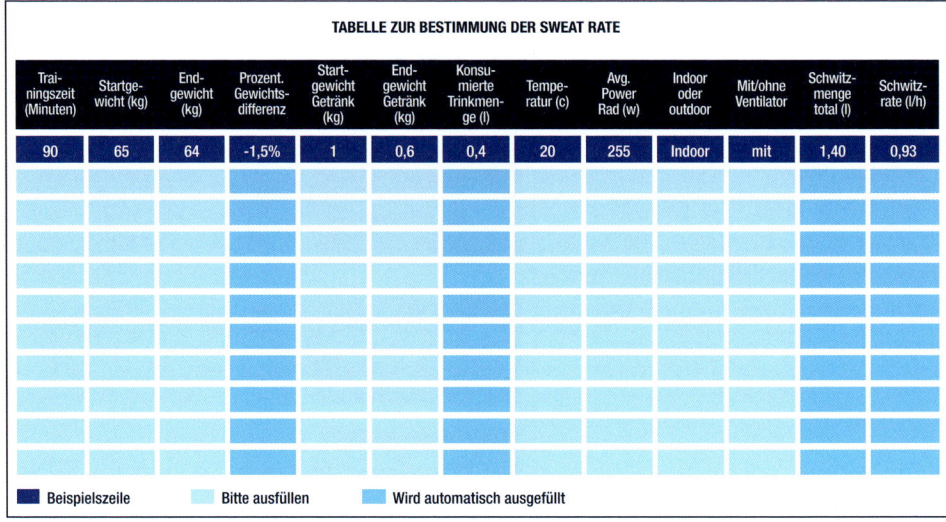

Abb. 88: Exemplarische Tabelle zur Bestimmung der Sweat Rate

Mit den beiden Faktoren Natriumkonzentration und Schweißverlustmenge kann man nun die Gesamtverlustmenge des Natriums berechnen.

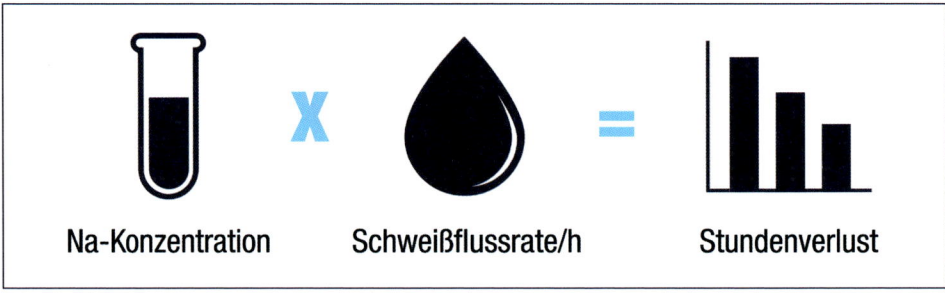

Abb. 89: Berechnung der Gesamtverlustmenge

9.4.4 Transfer in die Sportpraxis

Um eine entsprechende Versorgungsstrategie für den Wettkampf zu bestimmen, schaut man nun in dieser Tabelle nach der zu erwartenden Temperatur und der Intensität und multipliziert diesen mit der gemessenen Natriumkonzentration. Sportler, die ihre individuelle Natriumkonzentration nicht kennen, sollten mit dem Durchschnittswert von 950 mg pro Liter Schweiß als Anhaltspunkt arbeiten.

RECHENBEISPIEL

Sportler A hat eine Konzentration von 1.000 mg und eine zu erwartende Schwitzmenge von 1,5 l pro Stunde, so bedeutet das, dass er einen Gesamtverlust von 1.500 mg pro Stunde aufweist.

Sportler B wiederum zeigt eine Konzentration von 750 mg und eine zu erwartende Schwitzmenge von 2,5 l pro Stunde, also unter dem Strich einen Verlust von 1.875 ml pro Stunde.

Sportler C schwitzt pro Liter 1.800 mg aus, hat aber nur eine Schwitzmenge von 0,8 l, so verliert er 1.440 mg.

Die Beispiele zeigen ganz gut, wie wichtig es an dieser Stelle ist, beide Faktoren in Betracht zu sehen. Ein Sportler ist per se kein besserer oder schlechterer Sportler, wenn er einen höheren oder niedrigeren Wert hat.

Die Spannung steigt, denn nun möchte ich gerne noch den Transfer in die Praxis, vor allem für den Wettkampf, aufzeigen. Ziel ist es, im Wettkampf zum einen den Zustand der Hyponatriämie zu vermeiden, damit man keine gesundheitlichen Folgen davonträgt. Der andere Aspekt zielt darauf ab, den Performanceverlust ebenfalls weitestgehend zu minimieren, indem das Blutplasmavolumen möglichst lange geschützt wird, also das Blut nicht dazu neigt, immer weiter einzudicken.

Unabhängig von der optimal gemessenen Natriumkonzentration bietet es sich an, am Abend vor dem Wettkampf 500 ml Wasser mit darin aufgelösten 750 mg Natrium zu trinken. Den gleichen Drink sollte der Sportler am Morgen des Rennens ebenfalls getrunken haben, um die „Salzspeicher" zu füllen und um das Plasmavolumen durch die etwas größere Gabe zu erhöhen.

Im Jahr 2010 habe ich mal ein Salzladeschema erarbeitet, was ganz nach dem Prinzip „viel hilft viel" die Gabe von 3.000 mg am Vorabend und 1.500 mg am Wettkampfmorgen vorsah.

Die Menge am Vorabend war jedoch zu konzentriert, denn als Resultat davon bekam man ziemlichen Durst. Das wiederum führte dazu, dass eine große Menge Wasser getrunken werden musste. Diese erhöhte Trinkmenge hatte wiederum zur Folge, dass man in der eh schon nicht ganz stressfreien Wettkampfnacht mehrmals den Gang auf die Toilette erledigen musste.

Doch wieder zurück zum Wettkampfgeschehen. Wenn der Sportler nach dem Schwimmen wieder festen Boden unter den Füßen hat und die Wechselzone verlassen hat, empfiehlt es sich, erst nach einigen Minuten mit der Versorgung zu beginnen, damit sich der Magen erst einmal nach dem Schwimmen und dem Stress der Wechselzone beruhigen kann.

Ab dann gilt es, ein vorab berechnetes Schema durchzuziehen. Als Fixpunkt sollten auf dem Rad 70-80 % der Gesamtverlustmenge pro Stunde aufgenommen werden.

RECHENBEISPIEL

Für unseren Sportler A bedeuten 70-80 % konkret 1.050-1.200 mg Natriumaufnahme pro Stunde. Für Sportler B ca. 1.300-1.500 mg, für Sportler C ca. 1.000-1.150 mg.

Ziel sollte es sein, möglichst diszipliniert diese Menge auf dem Radsegment des Wettkampfs aufzunehmen, damit das Laufen möglichst optimal hydriert und mit ausreichendem Blutplasmavolumen gestartet werden kann. Oftmals empfiehlt es sich, die Menge auf 90 % im letzten Viertel der 180 km zu erhöhen, um auf Nummer sicher zu gehen.

Die Trinkmenge pro Stunde sollte dabei in Abhängigkeit von der Schweißmenge aus der Tabelle berechnet werden. Schwitzt ein Sportler weniger als 1.000 ml pro Stunde, so liegt die Aufnahmemenge an Wasser bei 350-750 ml pro Stunde. Bei 1.000-1.500 ml Schweißverlust sollten 700-900 ml konsumiert werden. Bei Verlustmengen von mehr als 1.500 ml Schweiß pro Stunde liegt die Empfehlung bei 1.000 bis maximal 1.200 ml an aufzunehmendem Wasser innerhalb von 60 Minuten.

Selbst bei extrem heißen Temperaturen sollten diese 1.200 ml nicht überstiegen werden, da der Magen-Darm-Trakt eine höhere Menge nicht adäquat aufnehmen kann. Bei heißen Temperaturen spielt die externe Kühlung dann eine tragende Rolle, doch dazu später mehr.

Beim Laufen muss es dann nicht mehr diese Menge an Natrium und Wasser von außen sein. Zum einen ist das Aufnehmen über Pappbecher nur schwerlich unfallfrei umsetzbar und zum anderen wird es schwer, genau deswegen auch eine präzise Trinkmenge zu kalkulieren. Als Athlet weiß man nicht genau, wie voll die Becher von den Volunteers befüllt wurden und zum anderen kann man während des Rennens nicht genau beziffern, wie viel der Bechermenge im Mund und wie viel davon auf dem Wettkampfanzug landen.

Wenn man beim Radfahren keine Fehler in seiner Strategie eingebaut hat, dann reichen 30-50 % Aufnahmemenge Natrium aus, um das Ziel sicher und auch schnell zu erreichen. Ein weiterer Vorteil der geringeren Aufnahmemenge liegt darin, dass man mit fortlaufen-

Ernährung

der Dauer an Körpergewicht verliert und immer leichter durch das Schwitzen wird, was sich dann in der zweiten Marathonhälfte positiv auf die Laufgeschwindigkeit auswirken kann.

Die nachfolgende Grafik soll einen idealen Rennverlauf im Kontext der Natriumaufnahme beschreiben.

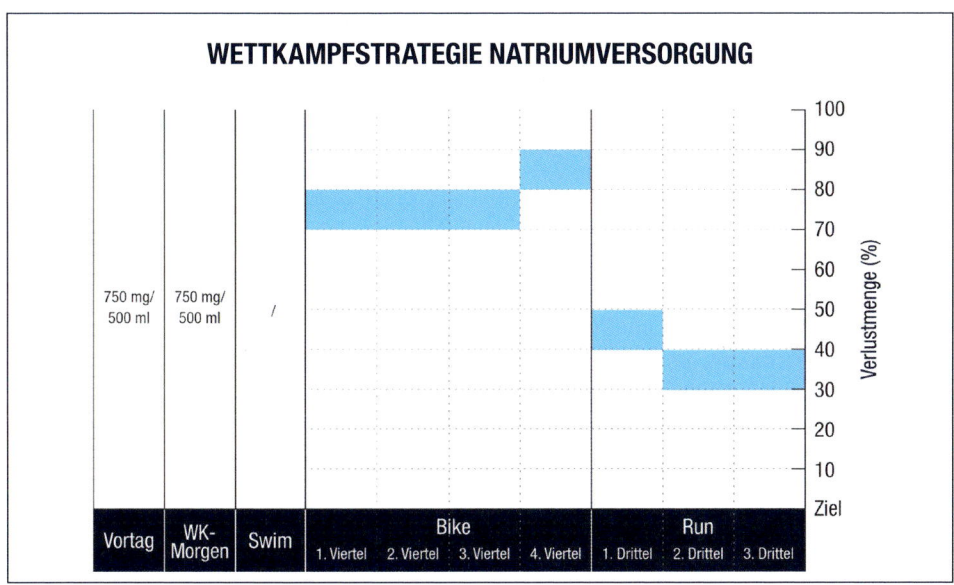

Abb. 90: Natriumstrategie im Wettkampf

Zur Berechnung der Natriummenge sollte man nun den Taschenrechner zücken und die Verpackung bzw. die Nährwertangaben seiner Gels, Getränke und/oder Riegel überprüfen, die man gedenkt, im Rennen aufzunehmen. Die größte Stolperfalle hierbei ist das Verwechseln von Natrium und Natriumchlorid oder Salz.

Natrium entspricht nur zu 39 % der Menge von Salz oder Natriumchlorid, was man zur Berechnung der Aufnahmemenge unbedingt auf dem Schirm haben sollte. Erschreckenderweise gibt es auch heute immer noch Hersteller von Gels, die geradezu lächerliche 10-50 mg Natrium in eine Verpackungseinheit packen. Zur Deckung der Kohlenhydrate werden dann davon zwar 2-3 Stück pro Stunde aufgenommen, was dann in Summe aber in diesem Fall auch nur 150 mg Natrium pro Stunde bedeutet.

Ich kann wirklich nur insistieren, sich auf dem Markt der Gels umzuschauen, Label zu überprüfen und diese im Training zu testen. Für mich bleibt die Frage offen, warum noch kein Hersteller auf die Idee gekommen ist, ein Gel mit einer Natriummenge von 300-400 mg auf den Markt zu bringen.

Fakt ist, wenn ein Sportler nur über 150 mg Natrium pro Stunde über seine Gels aufnimmt, dann sollte er die Differenz zu seiner Aufnahmemenge über Salztabletten kompensieren. Diese beinhalten zwischen 100-250 mg Natrium pro Stück, bei einem Gel mit wenig Inhalt und einer hohen Aufnahmemenge ist das in Summe eine ordentliche Menge und es kann im Wettkampf in Stress ausarten, diese Menge sicher und dauerhaft aufzunehmen.

An dieser Stelle möchte ich gerne noch auf die oft gestellte Frage nach einer möglichen Überdosierung eingehen. Jeder kennt das Phänomen, wenn die Mahlzeit etwas zu versalzen war, oder? Die Folge des Ganzen ist Durst und genau das ist das Einzige, was man zu beklagen hat, wenn man auch im Wettkampf zu viel davon aufgenommen hat.

Der Hypothalamus im Gehirn realisiert, dass die Konzentration zu hoch ist und sendet den Befehl aus, diese mittels Wasser zu verdünnen. Leider gibt es in die entgegengesetzte Richtung, also bei einer drohenden Hyponatriämie, keine vergleichbaren Sicherungen.

Bekanntlich wird aber nicht nur im Wettkampf, sondern auch im Training geschwitzt. Wie in der Wettkampfstrategie beim Laufen beschrieben, kann der Mensch einige Verluste tolerieren, sodass es im Training nicht immer ein bestimmtes Schema oder eine Natriumversorgungsstrategie braucht.

Für das Training wäre es in meinen Augen deutlich wichtiger, die Einheiten durch ein Pre-Loading vorzubereiten. Trainingseinheiten, die in einem nicht optimal hydrierten Zustand stattfinden, können zum einen sehr fordernd und zum anderen mit einer deutlich längeren Regenerationszeit verbunden sein. Generell sollte der Gewichtsverlust der Einheit mit dem Faktor 1,5 an Wasser aufgefüllt werden.

Um eine schnelle Weiterleitung der Trinkmenge in den Blutkreislauf zu gewährleisten, sollte der Recoverydrink nach der Einheit nicht nur Wasser, Kohlenhydrate und Protein enthalten, sondern auch mit Natrium als Transporter für diese Flüssigkeit angereichert sein.

Ist es sehr heiß und der Trainingsplan sieht beispielsweise eine Radeinheit von 4:30 Stunden Dauer vor, die dann auch noch mit 3 x 40 Minuten in Wettkampftempo gespickt ist und durch einen kurzen Koppellauf beendet werden soll, dann empfiehlt es sich, auf jeden Fall eine Strategie wie im Wettkampf durchzuziehen, um diese

a) im Training simuliert zu haben und
b) sicherzustellen, dass diese beschriebene Einheit auch bis zum Ende hin qualitativ ordentlich absolviert werden kann.

Eine kürzere Regenerationszeit sollte eine weitere positive Begleiterscheinung davon sein, da der Verlust während des Trainings entsprechend geringer ausfällt.

Ernährung

Eine weitere Besonderheit stellt das Indoortraining auf dem Rad dar. Gerade in der kalten Jahreszeit fahren viele Sportler ausschließlich auf dem Rollentrainer. Einige nutzen dabei keinen Ventilator, was sehr hohe Schweißmengen mit sich bringt. Um die Qualität der Rolleneinheit zu steigern und schnellstmöglich wieder eine Balance im Flüssigkeitshaushalt herzustellen, sollte man wirklich diszipliniert an dieser Stellschraube drehen.

Erfahrungsgemäß haben einige Sportler doch Schwierigkeiten damit, zu entscheiden, wann welche Strategie die richtige wäre. Die Grafik soll eine Hilfestellung hierzu sein.

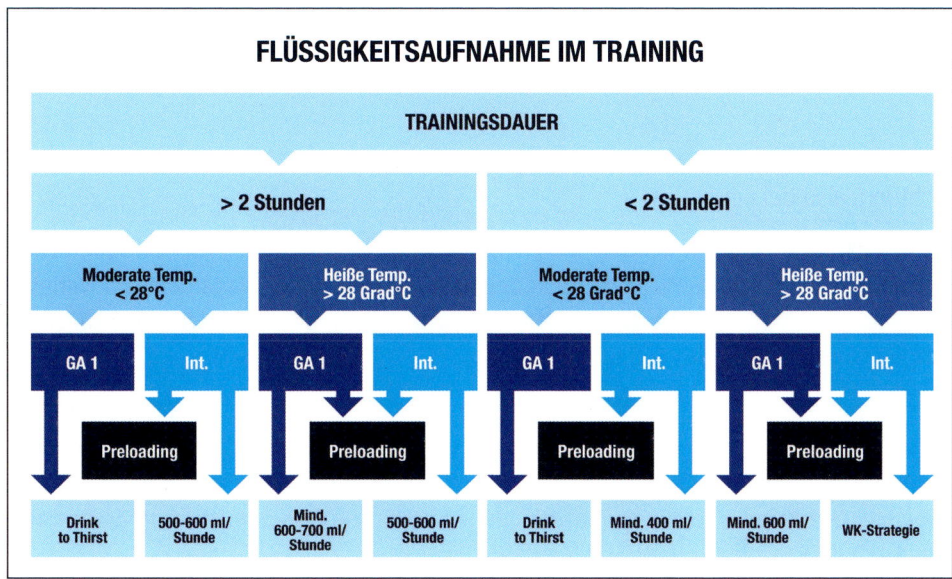

Abb. 91: Flüssigkeitsaufnahme im Training

9.5 Krämpfe

Eine Vielzahl von Sportlern leidet unter regelmäßigen Krämpfen, doch wie kommt es eigentlich dazu? Wenn ein Muskel über einen längeren Zeitraum große Arbeit verrichten muss oder schlichtweg überlastet ist, quittiert dieser seinen Dienst, was dann unschön in Krämpfen enden kann.

Krämpfe sind äußerst schmerzvoll und bringen selbst den „härtesten Hund" in Probleme. Im Allgemeinen treten diese nach langen/harten Trainingseinheiten, während bzw. nach Rennen auf und besonders dann, wenn der Athlet auch noch zusätzlich viel geschwitzt hat. Man sollte Muskelkrämpfe nochmals in zwei Unterkategorien unterteilen.

9.5.1 Hitzekrämpfe

Hitzekrämpfe resultieren aus einem Ungleichgewicht der Elektrolyte im zirkulierenden Blut. Elektrolyte sind positiv und negativ aufgeladene Elemente, die unabdingbar zur Muskelarbeit sind. Schwitzt der Sportler, so verliert er, wie soeben gelernt, primär Natrium und dieser Verlust kann den Elektrolythaushalt aus der Balance bringen.

Wenn dieses Gleichgewicht aus den Fugen gerät, verläuft die Arbeitsweise der Muskulatur unökonomisch, die einzelnen Muskelfasern, aber auch die Muskelgruppen, arbeiten gegeneinander, anstatt gemeinsam im Verbund zu funktionieren. Dieses Gegeneinander führt dann zu Krämpfen.

9.5.2 Krämpfe durch Ermüdung

Krämpfe durch Ermüdung kann man weniger mit der Dysbalance im Elektrolythaushalt in Verbindung bringen, sie sind eher die Folge einer permanent intensiven Arbeit in einer bestimmten Körperposition. Krämpfe in der Fußsohle und in der Wade beim Schwimmen entstehen durch die recht lange anhaltende Plantarflexion des Fußes, also des ballerinaartigen Überstreckens des Fußes.

Wenn dann zusätzlich noch ein Energiedefizit ins Spiel kommt, also eine unzureichende Versorgung des Muskels mit Kohlenhydraten stattfindet, gibt der Muskel entsprechend seine Arbeit auf, ist überlastet und krampft. Die gleichmäßige Versorgung mit ausreichender Energie bei intensivem Training oder im Wettkampf ist essenziell zur Vermeidung von Krämpfen.

Was kann man tun bei Krämpfen unter der Belastung?

Kurzes Anhalten und Dehnen des krampfenden Muskels sorgt für Entspannung. Wenn beispielsweise Krämpfe in der Wade beim Schwimmen auftreten, muss man etwas improvisieren, nach dem Fuß/Zehen greifen und diesen in Richtung Schienbein ziehen. Wenn das nicht komfortabel zu schaffen ist, dann ein Helferkajak zum Festhalten nutzen.

Eine weitere Technik zur Behebung von Krämpfen ist, die antagonistische, also gegenüberliegende Muskulatur anzuspannen. Dadurch kommt es in der krampfenden Muskulatur ebenfalls zur Linderung der Überspannung. Wenn z. B. die Rückseite des Oberschenkels krampft, kann man durch Anspannen des Quadrizeps die Krampfneigung reduzieren.

Als Ultima Ratio in Sachen Krampfbekämpfung und wahrlich nicht jedermanns Sache ist es, den krampfenden Muskel mit einer Sicherheitsnadel zu penetrieren. Hierzu entfernt man im Wettkampf eine Sicherheitsnadel vom Startnummernband und rammt sich diese in die krampfende Muskulatur. Durch den plötzlich einsetzenden, stechenden Schmerz kommt es zu einer extremen Kontraktion des Muskels mit nachfolgender Erschlaffungsphase, der Muskel hört auf zu krampfen. Es braucht hierzu jedoch jede Menge Überwindung, sich eine Nadel mit voller Wucht in die Muskulatur zu rammen.

Eine etwas mildere und deutlich hygienischere Form ist es, den Muskel mit Fausthieben zu bearbeiten, dies stellt das gleiche Wirkprinzip wie mit der Sicherheitsnadel dar. Eine sehr hohe Dosis Natrium kann zur Linderung der Krämpfe ebenfalls gegeben werden.

Sojasauce gilt als extrem natriumhaltig und kann in diesem Fall sehr gut angewendet werden. Sushiliebhaber kennen vielleicht die kleinen Plastikfläschchen mit Schraubverschluss, die zum Gericht hinzugefügt werden. Sie eignen sich perfekt für den Wettkampf, sind klein im Packmaß und die Verpackung ist robust genug, um sie in der Rückentasche der Wettkampfbekleidung mitzuführen.

Krämpfe sind keine Folge eines Magnesiummangels, von daher sollte man auch auf keinen Fall Magnesium im Wettkampf einnehmen, denn das geht im wahrsten Sinne des Wortes sehr häufig in die viel zitierte Hose. Magnesium ist ein regelrechter Garant für Durchfall. Magnesium sollte, wenn überhaupt, eher als Muskelrelaxans abends vor dem Schlafengehen eingenommen werden, um die Muskulatur zu entspannen und für den nachfolgenden Trainingstag vorzubereiten.

9.6 Idealgewicht und Renngewicht

Seit Jahren kann ich beobachten, dass Anfang des Jahres alle Internetforen, Triathlonmagazine, Facebook® etc. voll mit Artikeln sind, die uns Triathleten auf den richtigen Weg zum Wettkampfgewicht begleiten sollen. Ich denke jedoch nicht, dass für die Langdistanz unbedingt das leichteste Gewicht auch automatisch das ideale Renngewicht bedeutet.

Wenn man sich die Spezialisten in den Einzeldisziplinen anschaut, sieht man Unterschiede in der Physiognomie. Marathonläufer sind naturgemäß sehr leicht. Wenn diese den Weg in den Triathlon finden, haben sie erfahrungsgemäß große Probleme mit dem Schwimmen und Radfahren und bleiben im Wettkampf selbst läuferisch weit unter ihren Möglichkeiten, die sie als reine Läufer imstande sind zu leisten.

Schwimmer jedoch verfügen über etwas mehr Unterhautfettgewebe, das als natürliche Isolation beim häufigen Schwimmen in Wassertemperaturen kälter als Körperkerntemperatur fungiert.

Schaut man sich nun bei den Radfahrern um, genauer gesagt, bei den „Triathlon-Artverwandten", den Zeitfahrern, so sieht man, dass diese meistens etwas muskulöser als ihre Kollegen aus dem Bereich der Klassement- oder Bergfahrer sind. Im Langdistanztriathlon nimmt das Radfahren eine absolut zentrale Bedeutung ein. Starke, muskulöse Athleten fahren oft nicht nur besser Rad, sie haben meistens auch noch mehr Sprit im Tank für das nachfolgende Laufen.

Dünne, sehr leichte Sportler können unter Umständen ihren Energiebedarf nicht ausreichend beim Radfahren decken und können dadurch ihre vermeintlichen Vorteile gegenüber schweren Athleten beim Laufen nicht mehr ausspielen. Age-Grouper sollten sich jedoch nicht am Typus mancher Topprofis orientieren. Diese sind absolute Ausnahmeathleten mit Ausnahmekörpern, die für Tante Gerda von nebenan nicht erreichbar sind. Ein etwas höherer Körperfettgehalt führt meist zu besseren Schwimm- und Radleistungen, zumal es der allgemeinen Gesundheit dienlich ist.

Ein Sixpack oder ein voluminöser Bizeps können optisch sicherlich ansprechend sein, sollten aber definitiv nicht höchste Priorität im Trainingsprozess haben. Es gibt mittlerweile unzählige Sportler, die extrem fit aussehen, es aber eigentlich hinsichtlich der zu erwartenden Herausforderung Langdistanz eher nicht sind.

Sportler, die sich permanent zu wenig mit Energie und insbesondere mit Kohlenhydraten versorgen, laufen Gefahr, durch zu niedrige Energielevel negative Adaptationen hinsichtlich des Trainingsreizes und Immunsystems zu erfahren. Bedrohlich wird das Ganze, wenn Sportler im Frühjahrstrainingslager im Süden versuchen, den Winterspeck der Weihnachtszeit zu verlieren, indem sie sich dort mit dem Essen geißeln.

Gerade in Hochphasen des Trainings braucht der Körper aber jede Form von Energie, um zwischen den Einheiten schnellstmöglich Reparationsprozesse einleiten zu können, damit der Sportler bei der nächsten Einheit wiederhergestellt ist.

Klassischerweise funktioniert das in den ersten 3-4 Tagen des Trainingslagers noch recht gut, doch danach überwiegen Müdigkeit und Fehladaptation und die Trainingsleistungen werden von Tag zu Tag schlechter. Das Trainingslager mit den hohen Umfängen auf dem Rad braucht Energie. Einen Kaffeestopp einzubauen, ist nicht verwerflich und wird auch von Profisportlern so gehandhabt. Ein Stück Kuchen oder ein Bocadillo auf Mallorca gehören einfach dazu.

Athleten, die nur einen schwarzen Kaffee und Wasser zu sich nehmen, weil sie ihren Fettstoffwechsel optimieren wollen, werden das Trainingslager in einem zu „leeren" Zustand absolvieren, schlechtere Anpassungen aus der Zeit mitnehmen und sich in eine deutlich höhere Gefahr eines Infekts bringen.

Die nachfolgende Grafik soll einen zeitlichen Ausblick zum sicheren und ungefährlichen Erreichen des Wettkampfgewichts verdeutlichen.

Ernährung

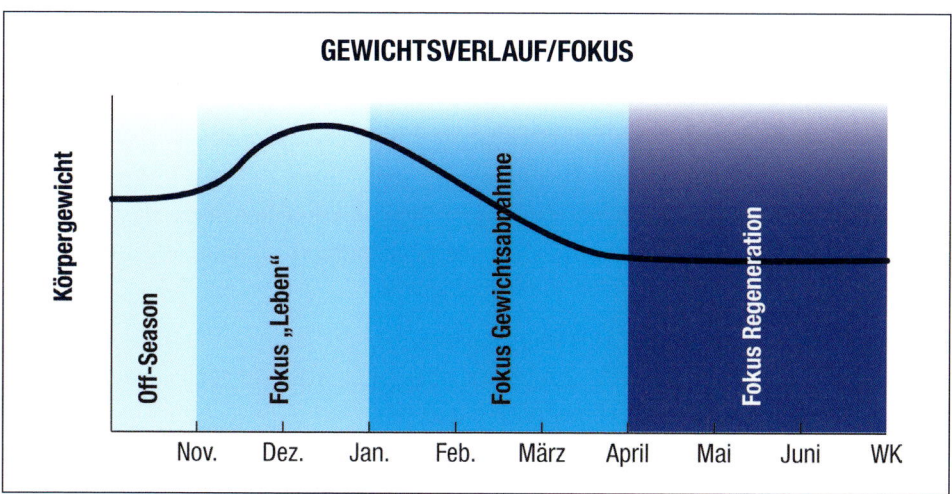

Abb. 92: Gewichtsschwankungen im Saisonverlauf

Eine längere Zeit anhaltende Kalorienrestriktion kann sich nachteilig auf unterschiedliche Körperfunktionen auswirken.

9.6.1 Immunsystem

Das Immunsystem braucht zur optimalen Arbeitsweise Energie in Form von Kohlenhydraten. Wird dauerhaft zu wenig dieses Nährstoffs zugeführt, so besteht eine erhöhte Infektanfälligkeit.

9.6.2 Trainingsadaptation

Auf biochemischer Ebene brauchen diverse Signalmoleküle zur Umsetzung und Adaptation des Trainingsreizes Energie. Isst der Sportler zu wenig, wird sich auf dieser Ebene weniger Erfolg einstellen.

9.6.3 Hormonelles Gleichgewicht

Zu wenig Energie bedeutet Stress für den Körper. Stress führt in der Regel zu einem Anstieg des Stresshormons Cortisol, was dann wiederum zu einem Testosteronungleichgewicht führen kann.

Paradoxerweise können hohe Cortisolspiegel über einen längeren Zeitraum statt, wie oft gedacht, nicht zum Gewichtsverlust, sondern gegenteilig zum Anstieg des Gewichts führen, da der Fettstoffwechsel über eine reduzierte Ausschüttung des körpereigenen Wachstumshormons (HGH) unterdrückt wird. Gerade weibliche Athleten neigen öfters dazu, zu wenig Energie aufzunehmen, um einem vermeintlichen Schönheitsideal hinterherzulaufen.

Mit dem Wunsch, Gewicht zu verlieren, tappen sie dabei in die Falle. Sie wundern sich, dass sie trotz der Kalorienrestriktion und des Trainings nicht abnehmen, ihr Gewicht stagniert oder sogar ansteigt. Als Folge dessen wird dann teilweise noch weniger gegessen und der Abwärtstrend in Sachen Leistungsfähigkeit ist nur schwer aufzuhalten. Der Körper denkt dabei permanent, er ist in einer Art Notsituation.

Mutter Natur ist schlau und möchte daher keine Reproduktion des Lebens mehr zulassen, sprich, der Menstruationszyklus ist gestört, die Regelblutung ist verändert und unregelmäßig bzw. kann unter Umständen sogar ausbleiben.

Störungen des Menstruationszyklus können reversibel sein, also nach Reduktion des Trainingsvolumens kann ein normaler Zyklus oft, aber leider nicht immer, wiederhergestellt sein. Dieses Thema wird leider immer noch etwas tabuisiert.

9.6.4 Knochengesundheit

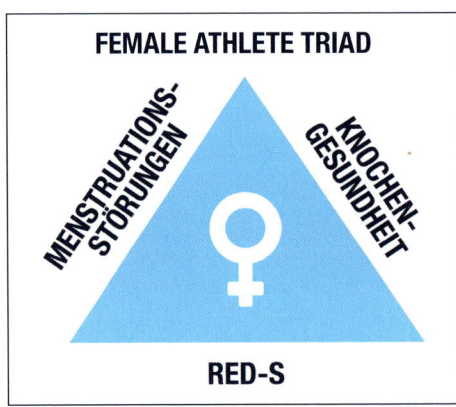

Abb. 93: Female Athlete Triad

Wenn weibliche Athletinnen über einen längeren Zeitraum zu wenig essen, so kann sich dieses Energiedefizit negativ auf die Knochengesundheit auswirken. Durch die Abnahme der Fettmasse im Körper kommt es zu einer geringeren Ausschüttung der Hormone Östrogen und Progesteron. Das Östrogen ist dabei entscheidend, ein Fehlen dieses Hormons führt zu einer Störung des Knochenstoffwechsels und, daraus resultierend, besteht ein erhöhtes Osteoporoserisiko. Nimmt die Knochendichte weiter ab, besteht die Gefahr eines sich aufbauenden Knochenmarködems oder einer Stressfraktur. In diesem Zusammenhang hat sich ein Begriff namens *Female Athlete Triad* entwickelt, der die Zusammenhänge zwischen Energiemangel, Störungen im Zyklus und der Gefahr der Osteoporose umschreibt.

Das Thema zyklusgesteuertes Training, bei dem innerhalb des Menstruationszyklus Phasen mit besonderer Trainierbarkeit ablaufen, ist bisher eher empirisch zu bewerten. So konnte ich bisher beobachten, dass z. B. in der Follikelphase Krafttraining sehr gut verarbeitet wurde, während Ausdauerreize eher in der Ovulationsphase anschlagen. Die Studienlage für den Ausdauersport ist noch recht dünn, sodass ich dieses Thema hier in diesem Buch noch gar nicht weiter vertiefen möchte. Das Thema ist hochkomplex und sehr individuell und von Athletin zu Athletin unterschiedlich.

Ernährung

Ich möchte aber alle Athletinnen dazu bewegen, sich bei Veränderungen innerhalb des Menstruationszyklus ihrem Trainer oder Trainerin mitzuteilen. Eine Beratung hinsichtlich Verhütungsmittel etc. gehört ganz klar in Gynäkologenhände.

Eine ausbleibende Regel sollte keinesfalls auf die leichte Schulter genommen werden und ist immer als erstes Anzeichen eines hormonellen Ungleichgewichts zu verstehen. Die Gesundheit der Sportlerinnen steht hierbei an oberster Stelle und sollte zwingend berücksichtigt werden, um keine etwaigen Langzeitschäden zu provozieren.

9.7 Nahrungsergänzungsmittel/Supplemente

Der Markt der Nahrungsergänzungen ist ein Milliardengeschäft. Hersteller versprechen Leistungszuwachs und Effekte, die nicht immer mit den entsprechenden Evidenzen untermauert sind. Statt der Einnahme fragwürdiger Supplemente propagiere ich eher, wie bereits weiter vorne erwähnt, eine möglichst abwechslungsreiche, saisonale, regionale und frische Zusammensetzung der Alltagsernährung, die alle Aspekte der menschlichen Ernährung abdeckt und somit den Einsatz von Supplementen obsolet macht.

Ausnahmen bilden für mich, empirisch betrachtet, Vitamin D in den Wintermonaten, Magnesium als Muskelrelaxans unmittelbar vor dem Schlafengehen und Kolostralmilch zur Unterstützung des Immunsystems und des Magen-Darm-Trakts.

Ein wichtiger Punkt an dieser Stelle ist die potenzielle Verunreinigung von Supplementen, die dann unter Umständen auch zu einem positiven Dopingbefund führen können. Es empfiehlt sich, vor der erstmaligen Einnahme, das Produkt zu überprüfen. Hierzu bietet die Nationale Anti Doping Agentur (NADA) mit der sogenannten *Kölner Liste* die Möglichkeit an, entsprechende Produkte zu überprüfen.

FAZIT

Wie bereits eingangs erwähnt, bin ich kein Oecotrophologe und kann das Essen nur von der Warte des Coachs betrachten. Die Erfahrung hat mir jedoch gezeigt, dass die erfolgreichsten Sportler diejenigen sind, die ausreichend Energie über die Nahrung aufnehmen. Dabei ist oftmals nicht entscheidend, was sie essen, sondern dass die notwendige Menge an Kilokalorien aufgenommen wird.

Ein niedriges Leistungsgewicht am Wettkampftag ist sicherlich von Vorteil, aber nur dann, wenn der zu zahlende gesundheitliche Preis dafür nicht zu hoch ist und vor dem Wettkampf sichergestellt wurde, dass optimale Trainingsadaptationen und ein intaktes Immunsystem zur Leistungsentwicklung durch eine adäquate Energiemenge gegeben sind.

10 VERLETZUNGEN UND KRANKHEITEN

Leider müssen wir uns auch diesem Thema widmen, denn eine Vorbereitungszeit von mehreren Monaten mit gewaltigem Trainingsvolumen hinterlässt durchaus Spuren. Sowohl das Immunsystem als auch der orthopädische Apparat wird dabei stark strapaziert.

Durch ein geschicktes Balancieren von Be- und Entlastung kann man beide Bereiche weitestgehend aus der Schusslinie nehmen, aber leider nicht vollständig. Eine Erkältung oder ein Magen-Darm-Infekt im Winter gehören eigentlich standardmäßig zu einem Trainingsprozess für eine Langdistanz im Sommer dazu.

In diesem Kapitel möchte ich die häufigsten Probleme, aber auch Wege der Prävention und Therapie aufzeigen, wobei meine Kompetenzen dabei ganz klar reglementiert sind, da ich weder Mediziner noch Physiotherapeut oder Osteopath bin. Es liegt mir daher auch fern, Diagnosen o. Ä. abzugeben.

10.1 Pflege des Immunsystems

Das Immunsystem als Abwehrbollwerk gegen Keime, Bakterien und Viren wird jeden Tag auf das Neue gefordert. Beim Training sind wir externen Faktoren, wie Autoabgasen, Sonneneinstrahlung, Keimbelastung des Wassers beim Schwimmen, Hitze und Kälte usw., ausgesetzt. Um gewappnet zu sein und keine krankheitsbedingten Ausfälle im Training beklagen zu müssen, sollten wir uns um einen entsprechenden Schutz kümmern. Die „Pflegetipps" habe ich den jeweiligen Disziplinen wie folgt zugeordnet.

10.1.1 Schwimmen

- Kein Schwimmen bei Erkältungssymptomen, denn geschädigte Schleimhäute dienen als wunderbare Eintrittspforte für im Wasser befindliche Keime.
- Ist das Wasser kalt, so empfiehlt sich langes warmes Duschen im Nachgang, um die Körperkerntemperatur wieder zu erhöhen.
- Die Haare sollten nach dem Schwimmen trocken geföhnt werden, denn über den Kopf verliert der Mensch viel Wärme.

Verletzungen und Krankheiten

- Bei einer Disposition für Ohrenprobleme sollten Ohrstöpsel genutzt und der Gehörgang nach dem Schwimmen geföhnt werden.
- Sind die Nasenschleimhäute nach dem Schwimmen längere Zeit geschwollen, so empfiehlt es sich, vor dem Schwimmen eine Nasensalbe in die Nase einzureiben und nach dem Schwimmen ein abschwellendes Nasenspray zu nutzen. Mit dem Nasenspray sollte aber wegen der potenziellen Suchtgefahr äußerst sensibel umgegangen werden.
- Im Schwimmbad sollten Badeschlappen zur Fußpilzprophylaxe getragen werden.

10.1.2 Radfahren

- Beim Radfahren ist man am ehesten den Witterungsbedingungen und dem Fahrtwind ausgesetzt, daher sollte man für alle Eventualitäten gerüstet sein. Tendenziell sollte sich eher zu warm als zu kalt gekleidet werden. Eine Windweste sollte auch bei gutem Wetter immer an Bord sein.
- Bei einstelligen Temperaturen eignet sich ein Halstuch vor dem Mund dazu, die Einatemluft etwas anzuwärmen und somit den Stress für die Bronchien etwas zu minimieren.
- Sonnenbrand gilt es zu vermeiden, vor dem Training sollte im Sommer immer Sonnenschutz appliziert werden. Bei langen Ausfahrten sollte eine kleine Tube Sonnencreme mitgeführt werden, um den Schutz zwischendurch wiederaufzufrischen.
- Um Hautirritationen und Entzündungen im Dammbereich zu vermeiden, immer eine frisch gewaschene Hose tragen und eine Gesäßcreme auftragen.
- Stundenlanges Fahren mit entsprechender Aufnahme zuckerhaltiger Getränke und Speisen greift die Zähne an. Daher empfiehlt es sich, direkt nach dem Training die Zähne zu putzen, denn: „Gesund beginnt im Mund!"
- Nach dem Training sollte schnellstmöglich die nasse Kleidung ausgezogen und geduscht werden.

10.1.3 Laufen

- Für das Laufen gelten die gleichen Empfehlungen in Bezug auf den Sonnenschutz, das Anwärmen der Einatemluft bei Kälte und auf das schnellstmögliche Duschen nach dem Training.
- Regelmäßiges Schneiden der Fußnägel und/oder ein Besuch bei der medizinischen Fußpflege hilft bei der Vermeidung von Entzündungen im Nagelbett.

Kommt es trotz der Schutzmaßnahmen doch zu einem Infekt, dann sollte man differenzieren, wo die Probleme herkommen, wie stark sie sind und wie sehr sie den Sportler beeinträchtigen.

Absolutes Sportverbot „erteile" ich bei Fieber und beim Einsatz von Antibiotika. Auch nach Erkältungen und bei Magen-Darm-Problemen sollte moderat wieder ins Training eingestiegen werden. Die unten stehende Grafik kann als grobe Orientierung dienen, die aber nicht als pauschale Empfehlung verstanden werden sollte.

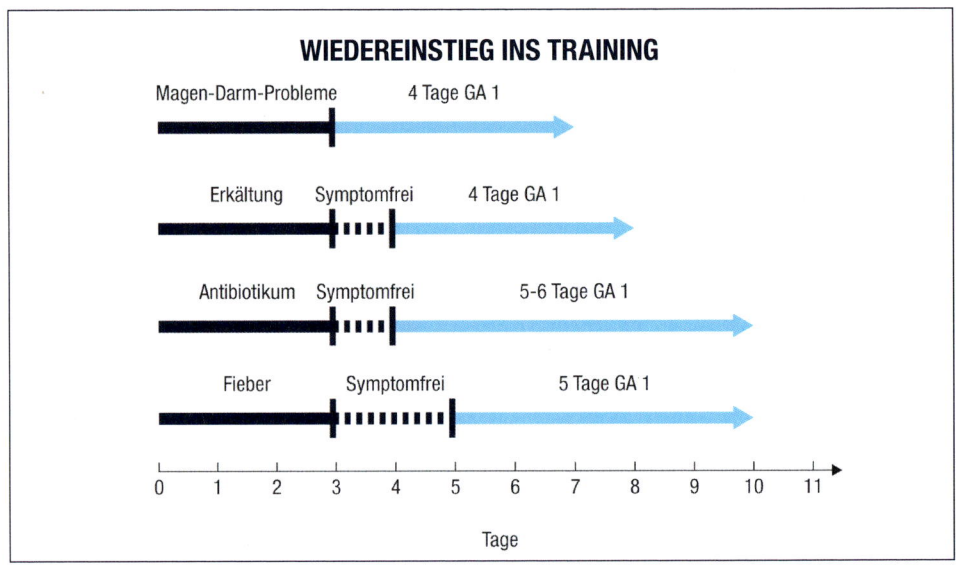

Abb. 94: Wiedereinstieg nach Krankheit

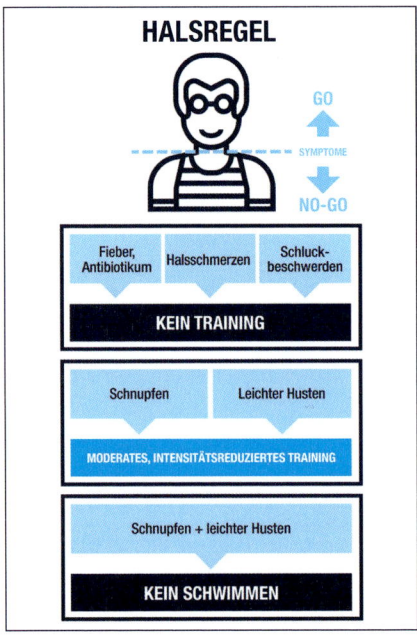

Sind die gesundheitlichen Einschränkungen jetzt nicht so gravierend, dass der Körper mit Fieber kontert oder der Arzt Antibiotika verschreibt, kann man nach der Halsregel verfahren, die ich seit Beginn meiner Zeit als Coach erfolgreich anwende. Diese Regel dient ebenfalls als Orientierungshilfe, um dem Sportler zu zeigen, wann er eher pausieren sollte.

Generell sollte man den Wiedereinstieg ins Training eher zu zurückhaltend als zu offensiv planen. Oft lohnt es sich, noch einen symptomfreien Tag länger zu warten, als zu früh, zu intensiv und zu lange zu starten.

Abb. 95: Halsregel

Verletzungen und Krankheiten

HINWEIS

Merksatz: If in doubt, leave it out!

10.2 Orthopädische Probleme

Die drei Sportarten im Triathlon Schwimmen, Radfahren und Laufen weisen alle zyklische, also immer wiederkehrende Belastungsmuster auf. Daher besteht durch eine biomechanisch ungünstige Bewegungsausführung ein großes Potenzial für Überlastungen.

Zum einen sollte daher eine möglichst hohe Qualität in der Motorik und Bewegungsausführung gewährleistet sein, aber auch das genutzte Trainingsequipment muss auf den Sportler angepasst zum Einsatz kommen.

Neben dem Techniktraining sollten im Trainingsprozess Einheiten zur Steigerung der Kraft, der allgemeinen Athletik sowie zur Verbesserung der Beweglichkeit und zur Verletzungsprävention eingebaut werden. Fast jeder Triathlet kennt die oft zitierten Stabi-Übungen zur Steigerung der Rumpfkraft, weiß um die Bedeutung des Beweglichkeitstrainings mittels Stretchings und Faszientraining, doch an der regelmäßigen Umsetzung in die Praxis hapert es dann doch recht häufig. Da die Bedürfnisse und Problemstellungen in diesem Bereich höchst individuell sind, fällt es mir als Autor dieses Buchs sehr schwer, pauschale Empfehlungen zu Übungen aus diesen Bereichen abzugeben und habe mich entschlossen, dies auch nicht zu tun.

Ich kann daher nur allgemeine Tipps zu diesem Thema geben. Beim Athletik- oder Krafttraining gibt es wohl auch kein Richtig oder Falsch. Ich habe vor einigen Jahren noch das klassische stationäre Krafttraining mit den Grundübungen Kniebeugen, Kreuzheben und Klimmzügen empfohlen, bin aber mittlerweile wieder etwas davon abgekommen.

Zum einen bergen diese Übungen bei falscher Bewegungsausführung ein immenses Risiko für Verletzungen und ich kann aus der Ferne diese Fehler nicht ausschließen, wenn ich nicht korrigierend neben dem Athleten stehen kann. In einem Set-up mit Korrektur der Übungen durch einen Athletiktrainer oder Physiotherapeuten vor Ort kann man das Ganze sicherlich situativ anders bewerten.

Zum anderen habe ich nicht immer positive Erfahrungen hinsichtlich der Leistungsentwicklung gesehen. Das beschriebene Krafttraining stellt eine hohe Anforderung an die Muskulatur dar, sodass diese nach einem solchen Training auch entsprechend längere Regenerationszeiten braucht. In dieser Zeit nach dem Krafttraining kann aber unter Umständen für 2-3 Tage nicht effizient trainiert werden. Da für mich aber im Training höchste

Priorität in der Kontinuität des spezifischen Reizes liegt, also im nahezu tagtäglichen Training der Kernsportarten Schwimmen, Radfahren und Laufen, steht das bewusste Inkaufnehmen von eben 2-3 Trainingstagen mit weniger Effektivität in ziemlichem Widerspruch.

Stattdessen befürworte ich eher Übungen mit dem eigenen Körpergewicht, der Balance und seitliche (laterale) Bewegungen, denn diese Bewegungsrichtung wird im Triathlon nicht abgefordert. Auch hier ist die Regelmäßigkeit Trumpf, es sollten eher dreimal wöchentlich für je 20 Minuten Übungen aus diesem Bereich erledigt werden, als einmal in der Woche für eine komplette Stunde im Fitnessstudio zu trainieren.

Der Vorteil dabei liegt in der zeitlichen Effektivität, denn diese 20 Minuten lassen sich relativ leicht nach oder vor dem „eigentlichen" Training einbauen, da der Athlet ja eh schon im „Sportmodus" ist und entsprechende Kleidung trägt. Leider hat sich auch hier in den letzten Jahren eine stetig unnötige Verkomplizierung im Wissen um Training breit gemacht. Basisübungen gelten heute nicht mehr als „fancy" genug und es werden eher Übungen mit zirkusähnlicher Artistik gewählt. Wenn aber die Basisübungen, wie z. B. Liegestütze, schon nicht korrekt ausgeführt werden können, braucht man eigentlich auch keine unnötig gesteigerten Schwierigkeitsgrade einzubauen.

Im Training der allgemeinen Athletik und Kraft empfehle ich eher einen sehr basisorientierten Ansatz. Die sportartspezifische Kraft wird meiner Meinung nach besser und sicherer, weil nicht so verletzungsanfällig, beim Schwimmen mit Paddles, beim Bergauffahren mit niedriger Kadenz und Laufen im hügeligen Terrain trainiert. Da die meisten Altersklassenathleten aber im Alltag einer sitzenden Tätigkeit nachgehen, sollten gerade diese Sportler auf eine gute Rückenfitness zur Vermeidung gesundheitlicher Begleiterscheinungen durch das Sitzen im Alltag achten, sprich, klassische Core-Stability-Übungen einbauen.

Das Thema Mobilitätstraining ist mir eine Herzensangelegenheit. Es gibt keine klare Evidenz, dass das statische Dehnen die Beweglichkeit verbessert und somit auch vor Verletzungen schützt. Das, was für mich aber ganz entscheidend am Stretching ist, ist die psychologische Komponente. Der Sportler fühlt sich fast immer subjektiv wohler nach einer solchen Mobility-Einheit.

Wohlbefinden und vielleicht doch die Tatsache, dass er scheinbar beweglicher wird, sind bei meinem Ansatz des Triathlontrainings wichtige Komponenten, denn wenn ein Sportler sich gut fühlt, wird er öfters und lieber trainieren, was uns dann wieder zur bereits angesprochenen Kontinuität des spezifischen Reizes zurückbringt.

Ähnlich wie beim Athletiktraining kommt dabei auch der Erfolg mit der Regelmäßigkeit. Auch hier schlagen drei Einheiten mit je 20 Minuten Dauer hinsichtlich der Effektivität eine einmalige einstündige Session pro Woche. Statisches Dehnen sollte aber niemals vor der zu trainierenden Einheit erfolgen, denn durch das längere Halten einer Position wird sich die Spannung (Tonus) in der Muskulatur herabsetzen. Man möchte sich aber vor einer Einheit nicht sedieren, sondern eher aktivieren. Statisches Training dient daher eher als regenerative Maßnahme nach dem Training.

Ob das Dehnen unmittelbar nach dem eigentlichen Training oder auch zeitlich versetzt als eigenständige Session eingebaut wird, überlasse ich den subjektiven Neigungen der Sportler. Vor dem Training eignen sich eher dynamische Aufwärmübungen, um die Muskulatur zu erwärmen, Atmung und Stoffwechsel zu aktivieren und den Geist auf die nachfolgende Aktivität vorzubereiten. Mit zunehmendem Athletenalter sollte das Warm-up eine immer wichtigere Rolle spielen und eigentlich zumindest vor jedem Laufen und vor jeder intensiveren Einheit stattfinden.

Faszientraining in Form des Foam Rollings sollte primär auch als regenerative Maßnahme durchgeführt werden, kann aber auch vor der Einheit gute Dienste erweisen, wenn der Sportler merkt, dass er innerhalb eines Muskels eine „feste Stelle" hat, die es zu lösen gilt. So kann das Rollen der Unterschenkelmuskulatur vor dem Schwimmen z. B. bei Sportlern mit regelmäßiger Tendenz zu krampfender Wadenmuskulatur beim Schwimmen helfen, etwas Abhilfe zu verschaffen.

Bezüglich der Rollrichtung, der Rollamplitude und des zeitlichen Abstands zwischen dem Faszientraining gibt es Stand heute auch noch keine ganz sicheren Evidenzen. Die Entdeckung der Faszien bzw. ihre Wichtigkeit und Funktion innerhalb des Bewegungsapparats ist erst einige Jahre jung und die Wissenschaft diesbezüglich noch am Anfang.

10.2.1 Häufige Verletzungsbilder

Analog zu den Maßnahmen zum Schutz des Immunsystems habe ich die häufigsten Verletzungsbilder gemäß den einzelnen Disziplinen gelistet.

10.2.1.1 Schwimmen

Das Schwimmen bietet bei guter Schwimmtechnik nahezu keine orthopädische Belastung. Dennoch klagen Sportler immer wieder über Probleme in Nacken, Schulter oder Ellbogen, die sich alle durch Technikkorrekturen beheben lassen.

10.2.1.1.1 Nacken

Die Atemrichtung von Zeit zu Zeit wechseln, bewusstes „Hängenlassen des Kopfs" und gegebenenfalls mit Schnorchel schwimmen.

10.2.1.1.2 Schulter

Verzicht auf Paddles oder gegebenenfalls komplett das Schwimmen temporär aussetzen. Übungen mit dem Thera-Band® zur Stärkung der Außenrotatoren einbauen, Hängenlassen an einer Klimmzugstange in unterschiedlichen Griffpositionen, um über den Zug durch die Schwerkraft die Schulter zu öffnen, Massage/Faszienarbeit im Nacken, Brust und Trapezius.

10.2.1.1.3 Ellbogen

Verzicht auf Paddles oder gegebenenfalls komplett das Schwimmen temporär aussetzen, Massage/Faszienarbeit im Nacken, Brust und Trapezius.

10.2.1.2 Radfahren

Probleme mit dem Bewegungsapparat treten beim Radfahren meistens nur dann auf, wenn die Sitzhöhe und Cleatposition an den Schuhen ungünstig gewählt wurden. Ein zu schnelles Steigern der Radumfänge, insbesondere im Frühjahrstrainingslager, kann zu Problemen in der Knieregion führen.

10.2.1.2.1 Nacken

Nackenprobleme häufen sich im Frühjahr, wenn vom Rennrad auf das Zeitfahrrad umgestiegen wird und im Winter zu wenig auf diesem Rad indoor zur Gewöhnung an die Sitzposition trainiert wurde.

Eine zu aggressive Lenkerposition kann ebenfalls zu Problemen in diesem Bereich führen, aber auch manche Modelle der Radsonnenbrillen weisen einen zu voluminösen Rahmen auf. Der Sportler muss zur Wahrung des Sichtfelds den Kopf unter Umständen etwas zu weit anheben, was dann auch wiederum zu Problemen führen kann.

10.2.1.2.2 Knie

Die meisten Knieprobleme haben ihren Ursprung nicht, wie fälschlicherweise angenommen, im Knie selbst, sondern sind Folge einer zu festen und unbeweglichen Oberschenkelmuskulatur und können daher auch relativ leicht in Eigenregie über das Dehnen des Quadrizeps behandelt werden, aber auch eine Selbstmassage mit der Faszienrolle sorgt für Linderung.

10.2.1.3 Laufen

Das Laufen stellt die Disziplin mit der höchsten orthopädischen Last dar, entsprechend hoch ist hierbei auch das Verletzungsrisiko, insbesondere dann, wenn die Lauftechnik zu wünschen übrig lässt.

Um erst gar keine Probleme aufkommen zu lassen, sollte im Training besonders präventiv gearbeitet werden. Hierzu zählen ein regelmäßiges Dehnen und Rollen der Unterschenkelmuskulatur, aber auch Übungen zur Kräftigung der Füße und ein besonderer Fokus auf ausreichender Beweglichkeit im Grundgelenk der großen Fußzehen.

In meinen Beobachtungen konnte ich feststellen, dass eine große Anzahl von Problemen im Unterschenkel und im Fuß mit dem großen Zeh zusammenhängen. Grund dafür ist, dass die Kraftübertragung beim Laufen in dem Moment, wenn der Fuß abgedrückt wird, eben genau über diesen großen Zeh verläuft.

Ist das Zehengrundgelenk nicht optimal beweglich oder es liegt sogar ein Hallux valgus vor, so kann diese Kraftübertragung nicht mehr optimal vonstattengehen, was dann wiederum zur Folge hat, dass andere Strukturen im Fuß und Unterschenkel diese Funktion mit übernehmen müssen, die aber dafür eigentlich gar nicht gedacht sind.

Kommen jetzt noch zu hohe Kilometerumfänge hinzu, so potenziert sich diese Problemstellung weiter. Etwa 80 % aller Überlastungsanzeichen im Unterschenkel und Fuß lassen sich mit einer gesteigerten Mobilität in der großen Fußzehe behandeln.

Dazu benötigt man keine teuren Einlagen oder eine schmerzhafte Stoßwellentherapie. Generell würde ich bei akut bestehenden Problemen wie Schienbeinkantensyndrom (Shin Splints), einer Entzündung der Fußsohlensehne (Plantarfasziitis) und einer gereizten oder entzündeten Achillessehne eher auf das Laufen auf der Straße verzichten und, sofern das die jeweilige Problematik zulässt, eher auf das Aquajogging zurückgreifen, bis die Probleme ausgestanden sind.

10.2.2 Wiederaufnahme des Trainings nach Verletzungen

Genau wie bei der Wiederaufnahme nach Krankheiten sollte das Training nach Verletzungen eher konservativ und zurückhaltend gestaltet werden. Gerade beim Laufen empfiehlt sich, eher auf einer sehr kurzen Runde zu laufen, um im Falle einer Verschlimmerung nicht noch eine lange Strecke nach Hause humpelnd zurücklegen zu müssen. Die Zeit für ein Aufwärmen sollte etwa doppelt so lange wie vor der Verletzung dauern. Der Sportler muss geduldig sein und den Wiedereinstieg nicht mit der Brechstange forcieren.

Hier ein Beispiel für einen defensiven Neustart nach einer Verletzung an der unteren Extremität.

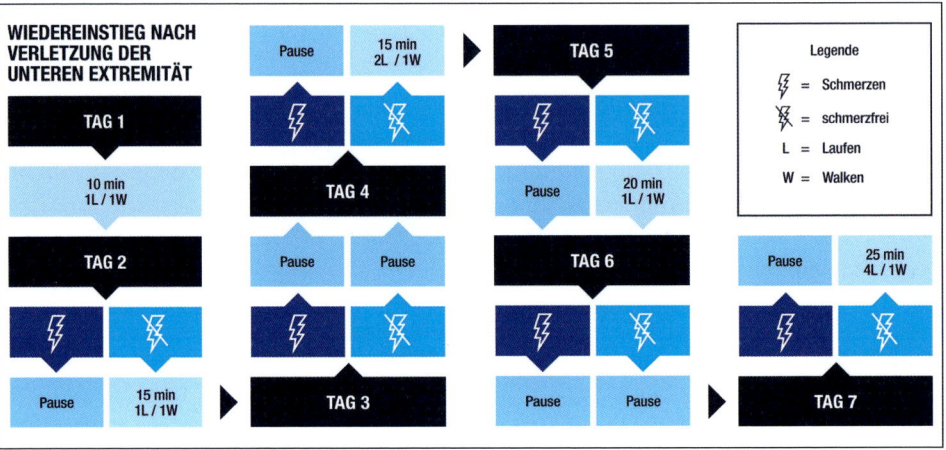

Abb. 96: Wiedereinstieg nach Verletzung der unteren Extremität

10.2.3 Einsatz von Schmerzmitteln

Aus Gesprächen mit einigen Sportlern höre ich immer wieder raus, dass sie regelmäßig Schmerzmittel im Training und im Wettkampf einnehmen. Eine Studie unter den Teilnehmer des Ironman® Brasilien aus 2008 hat zutage gefördert, dass 50 % all dieser Teilnehmer regelmäßig Analgetika einnehmen.

Es hält sich wirklich hartnäckig das Vorurteil, dass alle im Triathlon und insbesondere im Profibereich das so oder so machen würden, zumal die frei verkäuflichen Schmerzmittel nicht auf der Dopingliste stünden. Für mich ist das eine erschreckende Entwicklung, die sich da breit gemacht hat.

Schmerzmittel haben ihre Daseinsberechtigung, wenn eine medizinische Indikation vorliegt, ansonsten aber auch nicht! Schmerz ist eine sinnvolle Einrichtung im menschlichen Körper, die als Schutzmaßnahme zu werten ist. Der Schmerz zeigt an, dass es kritisch wird. Wer dieses Signal unterdrückt, läuft Gefahr, sich dauerhaft zu schädigen.

Nicht selten entstehen massive Nierenprobleme, Herzinfarkte, Leberversagen oder Herzversagen nach chronischer Einnahme dieser Schmerzmittel. Ich bin daher ein entschiedener Gegner, wenn es um die Einnahme dieser Medikamente geht, sofern kein medizinischer Grund vorliegt.

Verletzungen und Krankheiten

Gerade nach Verletzungen sollte auf keinen Fall auf Schmerzmittel zurückgegriffen werden, denn in dieser Phase ist es wichtig, dass man den eventuell auftretenden Schmerz spürt und gemäß der letzten Grafik dann auch entscheiden kann, wie der kommende Trainingstag zu gestalten wäre. Wird dieser Schmerz unterdrückt, so wird unter Umständen die falsche Entscheidung getroffen und die Verletzung bricht erneut auf.

10.2.4 Relatives Energiedefizitsyndrom, kurz RED-S

Das RED-S-Syndrom beschreibt eine Beeinträchtigung der physiologischen Funktion. Als Grund hierfür wird ein relatives Energiedefizit angeführt, welches negativen Einfluss auf unter anderem Stoffwechselumsatz, Immunsystem und Ausdauerleistungsfähigkeit hat.

Die Ursache der RED-S ist eine Unterversorgung mit Energie in Form von Essen. Die Energieaufnahme reicht dabei dann nicht aus, um den Energieverbrauch für die Gesundheit, Körperfunktion und das tägliche Leben sicherzustellen, wenn der Mehrbedarf an Energie durch das Training hinzukommt. Da viele Sportler meinen, sie müssten möglichst leicht sein, essen einige einfach zu wenig. Zu den negativen Begleiterscheinungen, die oben genannt wurden, kommen noch schlechtere Anpassungen nach erfolgtem Trainingsreiz und eine Verschlechterung der Stoffwechselrate.

Einer der Hauptgründe zur Entstehung von Stressfrakturen (Ermüdungsbrüchen) ist das RED-S. Der Körper greift dabei zur Deckung des Energiehaushalts auf Knochensubstanzen und Muskulatur zurück.

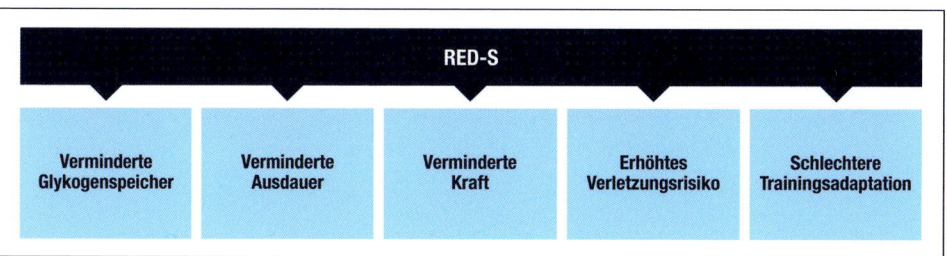

Abb. 97: RED-S

Das RED-S hat bei Frauen negativen Einfluss auf Knochengesundheit und Menstruation. Diese drei Faktoren bilden zusammen die sogenannte *Female Athlete Triad*. Die Diagnosestellung des Ganzen gehört klar in Medizinerhände, als wachsamer Trainer sollte man sich dieser Problematik aber bewusst sein und unter Umständen ein Gespräch mit der Athletin suchen oder sie ermutigen, sich ärztliche Hilfe einzuholen.

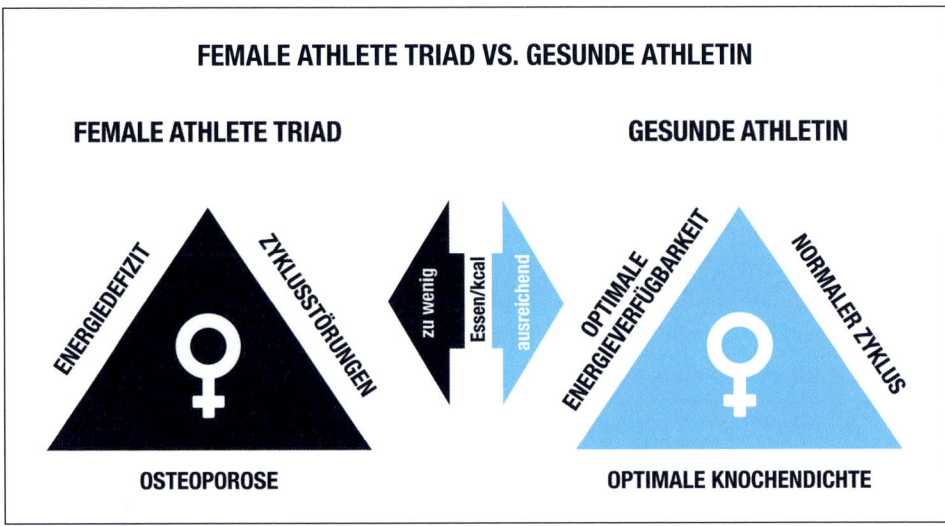

Abb. 98: Female Athlete Triad vs. gesunde Athletin

11 TRAINING UND WETTKÄMPFE UNTER HITZEBEDINGUNGEN

Jeder kennt die Bilder vom Ironman® Kona, wenn sich Sportler aufgrund der dort vorherrschenden Temperaturen exzessiv kühlen müssen. Doch nicht nur auf Hawaii oder in Asien herrschen solch hohe Temperaturen, auch als Folge des globalen Klimawandels sehen sich Athleten in bis dato gemäßigten Klimazonen hohen Temperaturen im Wettkampfsommer ausgesetzt.

Im Jahr 2019 lagen die Temperaturen beispielsweise beim Ironman® Frankfurt fast 10 Grad Celsius über denen des Weltmeisterschaftsrennens im Pazifischen Ozean. Allerdings sollte man bei der Beurteilung der Wettkampfbedingungen nicht nur die Temperatur isoliert betrachten.

Die Wet-Bulb Globe Temperature (WBGT) berücksichtigt neben der Temperatur zusätzlich noch die Luftfeuchtigkeit, Windgeschwindigkeit und die sichtbare sowie die Infrarotstrahlung. Werden all diese Faktoren mit einbezogen, so ergibt sich ein präziseres Bild hinsichtlich des Einflusses durch das Wetter.

Spezielle Messgeräte berechnen mit den ermittelten Werten einen Score. Die Internationale Triathlon Union (ITU) hat hierzu eine Tabelle herausgegeben, die Rennveranstaltern als Richtlinie helfen sollen, bei sehr kritischen Witterungsbedingungen das Rennen zu modifizieren oder gar abzusagen.

11.1 Umgebungsbedingungen

Der Athlet befindet sich in einem permanenten Austausch der Körperwärme mit seinen Umgebungsbedingungen. Dieser Wärmeaustausch fußt auf folgenden vier Mechanismen.

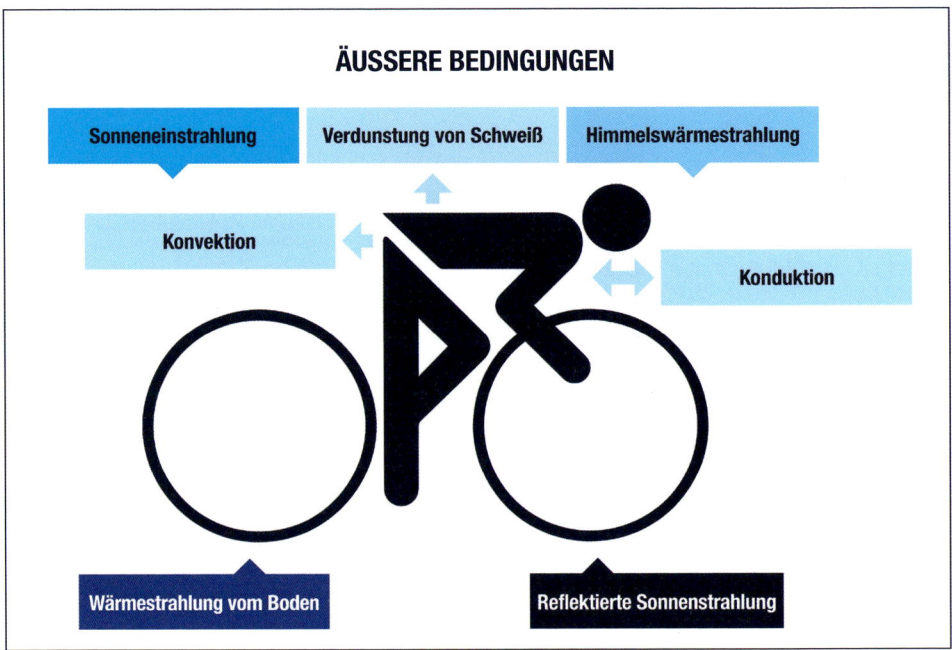

Abb. 99: Äußere Bedingungen

11.1.1 Evaporation

Im Gegensatz zu vielen Tieren können wir Menschen hervorragende Thermoregulation betreiben, also unsere Körperkerntemperatur weitestgehend in einem Idealbereich von 36,5-37,5 Grad Celsius halten. Hierzu wird Flüssigkeit an die Hautoberfläche gebracht und die Verdunstung dieses Schweißes sorgt für die notwendige Kühlung.

11.1.2 Konduktion

Die Konduktion beschreibt den Wärmeaustausch durch direkten Kontakt zu einem Gegenstand (Bekleidung, Lenker, Sattel, Laufschuhe etc.).

11.1.3 Konvektion

Die Konvektion beschreibt den Wärmeaustausch über ein Medium (Luft oder Wasser). Naturgemäß ist durch den fehlenden Fahrtwind beim Laufen gegenüber dem Radfahren dabei mit weniger Kühlung zu rechnen.

11.1.4 Radiation

Die Radiation beschreibt die Wärmestrahlung durch elektromagnetische Wellen, direkte Sonneneinstrahlung oder auch als reflektierte Wärme, die vom Asphalt aufsteigt. Das legendäre Energy Lab auf Hawaii sollte in diesem Zusammenhang allen Langdistanzathleten ein bekannter Begriff sein.

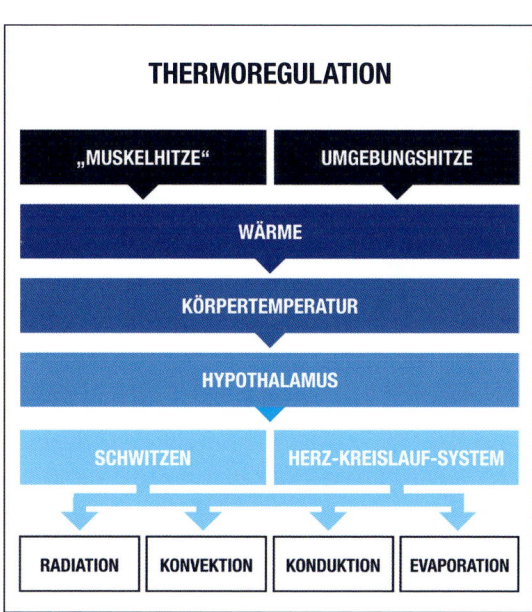

Abb. 100: Thermoregulation trivial

11.2 Was passiert bei Hitze im Körper?

Zu den genannten Faktoren kommt noch eine immense Wärmeproduktion im Körper als Begleiterscheinung der muskulären Arbeit, die durch Schwitzen entsprechend gekühlt werden muss. Nur so kann eine optimale Arbeitsweise garantiert werden und die Körperkerntemperatur konstant bleiben und nicht ansteigen.

Kommt es nun durch extreme körperliche Arbeit, die eine Langdistanz nun mal darstellt, und zusätzlich durch heiße Umgebungsbedingungen zu einem Anstieg der Körperkerntemperatur, so kann es passieren, dass die Kompensationsmechanismen zur Senkung dieser Temperatur erlöschen. Als Folge eines Überschreitens dieser kritischen Temperaturgrenze machen sich einige Symptome breit.

Schwindel, Übelkeit, exzessives Schwitzen und kalte, blasse Haut sind erste Anzeichen einer Hitzeerschöpfung. Bei einer weiterhin bestehenden Hitzeexposition und fortlaufender körperlichen Aktivität kann es dann zum Hitzschlag kommen, der sich durch Kopfschmerzen, kein weiteres Schwitzen, Übelkeit, durch einen extremen Anstieg der Körperkerntemperatur bemerkbar macht und zur Bewusstlosigkeit und im schlimmsten Fall auch zum Tode führen kann.

Über diese gesundheitlichen Gefahren hinaus hat eine große Hitze bzw. eine kritische WBGT ziemlichen Einfluss auf die Wettkampfleistung. Je kürzer die Wettkampfdauer ist, desto weniger Einfluss auf die zu erwartende Performance ist durch Hitze zu erwarten. Da wir uns aber im Langdistanztriathlon befinden, sollten wir uns wirklich etwas in Tiefe mit diesem Thema beschäftigen, da dies durchaus über Erfolg oder Misserfolg entscheiden kann. Doch eine gute Nachricht zuerst, das Ganze lässt sich abmildern, wenn man entsprechend interveniert und seine Wettkampfziele bewusst plant.

Doch bevor man die Dinge beeinflussen kann, sollte man die Zusammenhänge näher beleuchten. Zu den bereits genannten Symptomen kann es im Wettkampf unter Hitzebedingungen zu einem massiven Leistungsabfall kommen. Der Magen-Darm-Trakt ist unter Belastung schlechter durchblutet, da das Blut primär in der Antriebsmuskulatur gebraucht wird. Bei Hitze wird ein weiterer Teil des Bluts in die Peripherie gebracht, denn aus dem Blutplasma wird der Schweiß gewonnen, der dann mittels Evaporation an der Hautoberfläche für die Kühlung sorgt.

Wenn der Magen aber zu schlecht durchblutet ist, nimm die Kohlenhydrataufnahmefähigkeit ab und die Muskulatur ist somit nicht mehr adäquat versorgt, was zu einem weiteren Leistungseinbruch führen kann. Ein weiterer Punkt bei zu schlechter Durchblutung des Magens ist die Entstehung des sogenannten *Leaky-Gut-Syndroms*.

Diese Veränderung der Magenschleimhaut führt zu Magen-Darm-Problemen und kann im wahrsten Sinne des Wortes in die Hose gehen, sodass der Athlet weitere wertvolle Zeit verliert, weil er zwischendurch immer wieder das stille Örtchen aufsuchen muss.

Ein weiteres Phänomen beschreibt der sogenannte *Cardiac Drift*, den man bei länger andauernden Trainingseinheiten oder im Wettkampf bei Hitze gut bei der Analyse einer Herzfrequenzkurve im Nachgang beobachten kann. Es kommt hierbei zu einem Ansteigen der Herzfrequenz. Als Grund hierfür kann man ebenfalls die vermehrte Blutmenge in der Peripherie zur Kühlung des Systems Mensch anführen.

Die ansteigende Körperkerntemperatur bewirkt ein weiteres Verlagern des Bluts nach außen zur Kühlung. Dies wiederum bedeutet aber auch gleichzeitig, dass der venöse Rückstrom zum Herzen reduziert ist. Wird eine geringere Menge mit frischem Sauerstoff angereichert, so ist die Versorgung mit genau diesem Sauerstoff nicht mehr optimal in der Muskulatur gewährleistet. Um den Blutfluss und somit auch die Versorgung mit ausreichendem Sauerstoff sicherzustellen, muss das Herz deutlich mehr schlagen.

Genau diesen Effekt habe ich bereits hundertfach in den angesprochenen Files im Nachgang sehen können. Jetzt schließt sich der Kreis und die Bedeutung des Natriums in der Versorgungsstrategie sollte noch tiefer ins Bewusstsein gelangen. Das Natrium sorgt dafür, dass die getrunkene Flüssigkeitsmenge zurück in den Blutkreislauf gebracht wird und somit das „verschwitzte" Blutplasmavolumen wieder auffüllt, das Blut also geschmeidig mengenmäßig aufrechterhält.

Adäquates Schwitzen hat zudem noch einen großen Einfluss auf das subjektive Hitzeempfinden. Bei vielen Athleten schwindet das Wohlempfinden bei Hitze und sie sind mental mehr damit beschäftigt, der Hitze zu trotzen, als gedanklich bei sich zu bleiben und den Wettkampf in bestmöglicher Verfassung zu bewältigen. Die Hitzetoleranz variiert von Athlet zu Athlet.

Als Gründe für diese Unterschiede lässt sich festhalten, dass die Körperzusammensetzung eine große Rolle spielt. Sportler mit etwas mehr Körperfett neigen eher zu einer niedrigere Hitzetoleranz. Aber auch große Sportler mit einem hohen Body-Mass-Index (BMI) leiden eher unter Hitze. Je weniger Gewebe entsprechend gekühlt werden muss, desto weniger Hitzestress ist zu erwarten.

Nicht umsonst sind auf Hawaii die leichteren und dünneren Sportler etwas im Vorteil und meistens auch erfolgreicher. Doch nicht nur die Körperkomposition wirkt auf die Hitzetoleranz ein, sondern auch die körperliche Leistungsfähigkeit. Man kann dabei durchaus sagen, dass Athleten mit einer höheren maximalen Sauerstoffaufnahmefähigkeit (VO_2max) eine bessere Hitzetoleranz aufweisen als schlechter trainierte Sportler.

Um der Hitze und ihren negativen Begleiterscheinungen ein Schnippchen zu schlagen, gibt es zwei Möglichkeiten der Optimierung. Zum einen hat man die Möglichkeit, über bestimmte Trainingsphasen eine höhere Hitzetoleranz zu entwickeln und zum anderen bieten sich Coolingstrategien im Wettkampf an, um die Wärmeentwicklung im Körper einzudämmen.

Die nebenstehende Abbildung soll zeigen, welche Maßnahmen die entstandene Hitze abbauen können.

ENTSTEHUNG/BERECHNUNG VON HITZE IM ATHLETENKÖRPER

$$HITZE = M + Konv. + Kond. + Rad. - E$$

M = Muskelarbeit
Konv. = Konvektion
Kond. = Konduktion
Rad. = Radiation
E = Evaporation

Abb. 101: „Hitzeformel"

11.2.1 Strategien zur Reduktion der „Hitzelast"

Möchte man demnach die „Hitzelast" reduzieren, so bieten sich verschiedene Möglichkeiten an:

- Reduktion der Radiation durch Bedecken der Haut. Das Tragen einer Mütze und das Schützen des Nackens durch einen Nackenschutz in Form einer Legionärsmütze kann die Hitzeentwicklung durch die direkte Sonneneinstrahlung mindern.
- Kühlung durch Konvektion, indem man als Athlet Schwämme oder Wasserbecher über sich ausschüttet.
- Kühlung durch Konduktion, indem man Eiswürfel in den Händen hält oder diese im Wettkampfanzug positioniert.
- Reduktion der metabolischen Belastung, sprich, Tempo und Intensität verringern, was im Wettkampf aber eher ein unerwünschter Zustand wäre.
- Evaporation, also Kühlung durch Verdunstung, sprich Schwitzen.

Die Punkte 1-3 sprechen wir später nochmals an, die physiologischen Anpassungen an die Hitze stehen nachfolgend im Mittelpunkt.

11.3 Hitzeadaptation

Mit den immer weiter steigenden Temperaturen und der Vergabe von sportlichen Großveranstaltungen an Orte mit kritischen Witterungsbedingungen, wie z. B. Leichtathletik- und Radsport-WM in Katar oder die Olympischen Sommerspiele in Rio oder Tokio hat sich die Wissenschaft eindringlicher mit dem Thema Hitze und Sport auseinandergesetzt. Mit dem erlangten Wissen hat sich auch die Herangehensweise für das Training für eine Triathlonlangdistanz verändert.

Erst seit einigen Jahren kommt das Thema Hitzeadaptation in die Gedankenwelt mancher Trainer. Man hört hierzu immer wieder Anekdoten, in denen Athleten auf der Rolle in der Sauna trainieren oder Trainer ihre Schützlinge mit dem Neoprenanzug auf dem Rad haben fahren lassen. Ich habe selbst in diesem Bereich etwas experimentiert und teilweise auch ganz gute Ergebnisse erzielt, die dem heutigen Wissensstand schon recht nahkommen.

Ziel einer Anpassung an die Hitze ist es, den Anstieg der Körperkerntemperatur möglichst lange hinauszuzögern, bevor eine kritische Temperatur erreicht wird, die einen Rennabbruch und unter Umständen auch gesundheitliche Folgen nach sich zieht. Diese kritische Temperatur ist jedoch individuell unterschiedlich und sollte als Grundlage im Vorfeld ermittelt werden. Das Testprozedere wird später genauer erklärt.

Training und Wettkämpfe unter Hitzebedingungen

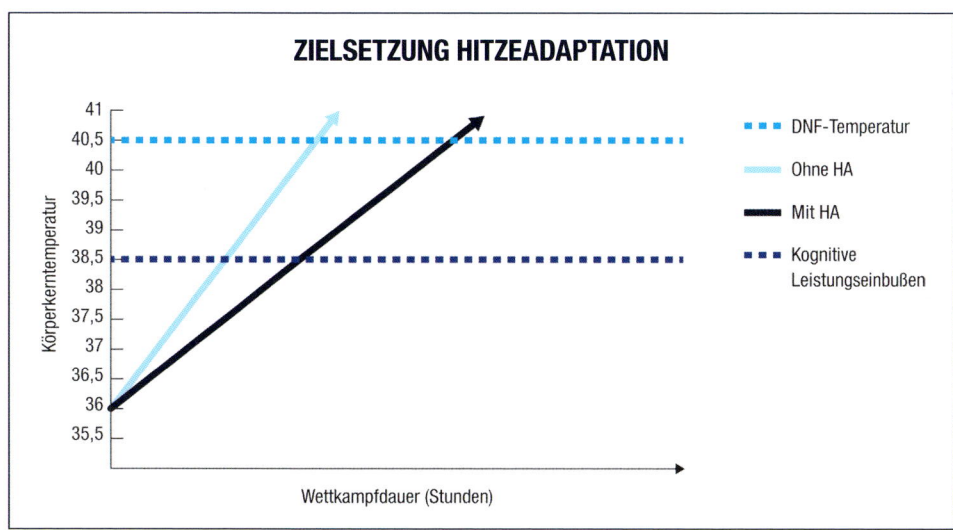

Abb. 102: Zielsetzung der Hitzeadaptation

Die Hitzeadaptation beschreibt die Tatsache, sich bewusst höheren Temperaturen auszusetzen, um eine Anpassungsreaktion des Körpers als Antwort auf diesen gesetzten Reiz zu erzielen. Hierbei wird unterschieden, ob das Ganze in einer natürlichen Umgebung oder in einem künstlich erzeugten Hitzezustand stattfindet.

Eine Hitzeanpassung in natürlicher Umgebung ist deutlich schwerer planbar, da man das Wetter nur sehr bedingt vorhersagen kann. Nicht jeder Athlet verfügt über die notwendigen finanziellen Mittel und/oder Urlaubstage, um ein solches Klimatrainingslager durchzuführen, um sich bei vergleichbaren Bedingungen wie am Wettkampftag vorzubereiten.

Leichter in den normalen Trainingsprozess lassen sich Phasen mit „künstlicher Hitze" erzeugen. Hierbei wird nochmals differenziert, ob diese Hitze aktiv oder passiv appliziert wird. Als passive Hitze kommen Saunagänge und Warmwasserbäder zum Einsatz. Hierzu begibt man sich direkt im Anschluss an ein herkömmliches Ausdauertraining für ca. 30-40 Minuten in eine Sauna mit 60-80 Grad Celsius Temperatur oder steigt für die gleiche Dauer in eine Badewanne mit 40 Grad Celsius warmem Wasser.

Während des Trainings sollte sich normal verpflegt werden, aber in den letzten 15-20 Minuten vor Ende der Session auf Flüssigkeit verzichtet werden. Während des Aufenthalts in der Sauna oder in der Badewanne ebenfalls keine Flüssigkeit zuführen. Eine Viertelstunde nach Ende der Hitzeexposition mit dem Wiederauffüllen der Flüssigkeit starten und hierzu das Ganze mittels Natriumaufnahme als Beschleuniger verfeinern.

Möchte man sich in der Aktivität, sprich, im Training an Hitzebedingungen anpassen, so gibt es auch hierzu mehrere Alternativen. Viele Nationen bzw. deren Spitzenverbände verfügen mittlerweile über spezielle Klimakammern, in denen jedes Klima der Erde simuliert werden kann. Doch nicht jeder Sportler hat Zugangsberechtigung zu einer solchen Kammer, sodass man da durchaus etwas improvisieren müsste.

Als einfachste Möglichkeit bietet sich das Indoortraining, sowohl auf dem Laufband als auch auf dem Smart Trainer, an. Verzichtet der Sportler dabei auf den Einsatz eines Ventilators, so steigt die Hitzebelastung direkt massiv an. Um das Ganze noch zu steigern, kann das Fenster verschlossen bleiben und die Zimmertemperatur durch Drehen am Heizungsthermostat deutlich erhöht werden.

Die dabei absolvierten Trainingseinheiten sollten keine wichtigen Schlüsseleinheiten mit hohen Intensitäten darstellen, sondern eher im unteren Grundlagenausdauerbereich ablaufen. Die Dauer liegt dabei zwischen 30-60 Minuten. In den ersten 20-30 Minuten empfiehlt sich der Verzicht auf Flüssigkeit und danach sollte auch nur minimal getrunken werden.

Eine solche Hitzeeinheit sollte nicht an einem Ruhetag stattfinden, der zur wirklichen Entlastung eingeplant ist, da auch solch eine kurze Einheit in Kombination mit der Hitze viel Gesamtstress für den Organismus bedeutet.

Eine weitere Option stellt das Tragen eines speziellen Schwitzanzugs dar. In Sportarten mit unterschiedlichen Gewichtsklassen (Gewichtheben, Kampfsport, Boxen etc.) kommen diese Anzüge zum Einsatz, um unmittelbar vor dem Wettkampf Gewicht „abzukochen", um in der nächstleichteren Klasse an den Start gehen zu können. Solch eine Klimakammer des kleinen Mannes erfüllt zumindest bezüglich der Temperaturanpassung vollkommen ihren Zweck. Bedingungen mit hoher Luftfeuchtigkeit lassen sich dabei jedoch nicht simulieren.

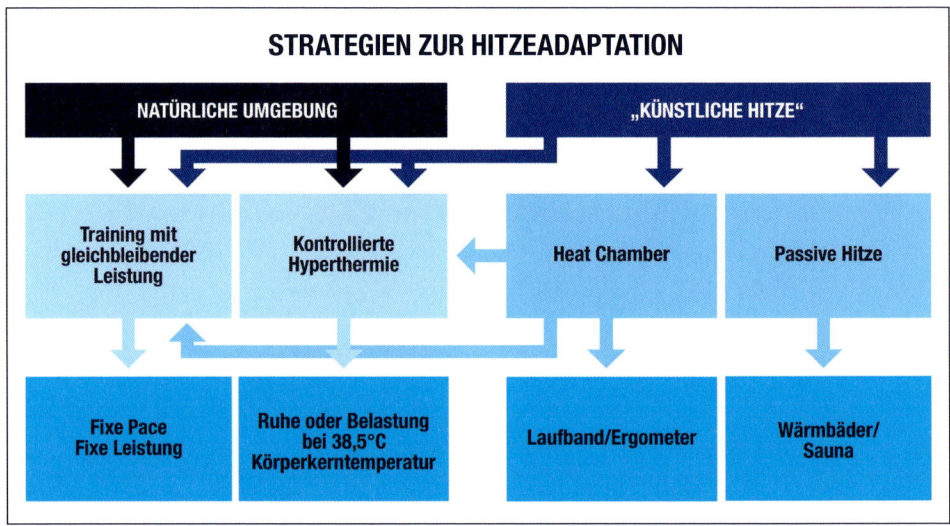

Abb. 103: Strategien der Hitzeadaptation

11.4 Anpassungen durch Hitzetraining

Das Training unter Hitzebedingungen ruft diverse Veränderungen im menschlichen Körper hervor. So wird insbesondere die Fähigkeit des Schwitzens stark angekurbelt, der Sportler fängt früher an zu schwitzen und steigert durch eine größere Arbeitskapazität der Schweißdrüsen seine Schweißmenge. Wenn man dann noch dem Elektrolyt Natrium in der Versorgungsstrategie vor bzw. während des Trainings Aufmerksamkeit schenkt, so steigt das Blutplasmavolumen weiter an.

Die Schweißflussrate und das Mehr an Plasma sorgt für einen effektiveren Wärmeabbau in Form von Schwitzen, was dann wiederum den Effekt des Cardiac Drifts mildert oder zeitlich nach hinten verlagert, sprich, die Herz-Kreislauf-Belastung nimmt ab.

Darüber hinaus nimmt das subjektive Empfinden in Bezug auf den „Hitzestress" zusehends ab, sodass der Sportler auch Selbstvertrauen für ein Rennen bei Hitze entwickeln kann. Nach erfolgreicher Anpassung nimmt das subjektive Durstgefühl ab und damit auch die Trinkmenge.

11.5 Durchführung und Periodisierung der Hitzeadaptation

Das Training unter Hitzebedingungen birgt einige Gefahren, die man bei der Planung vor einer Langdistanz mit heißen Temperaturen beachten sollte. Für mich hat sich in der Praxis ein Zeitraum von 10-14 Tagen als optimal herausgestellt. Dabei sollte in den ersten 3-5 Tagen moderat mit den Intensitäten verfahren werden.

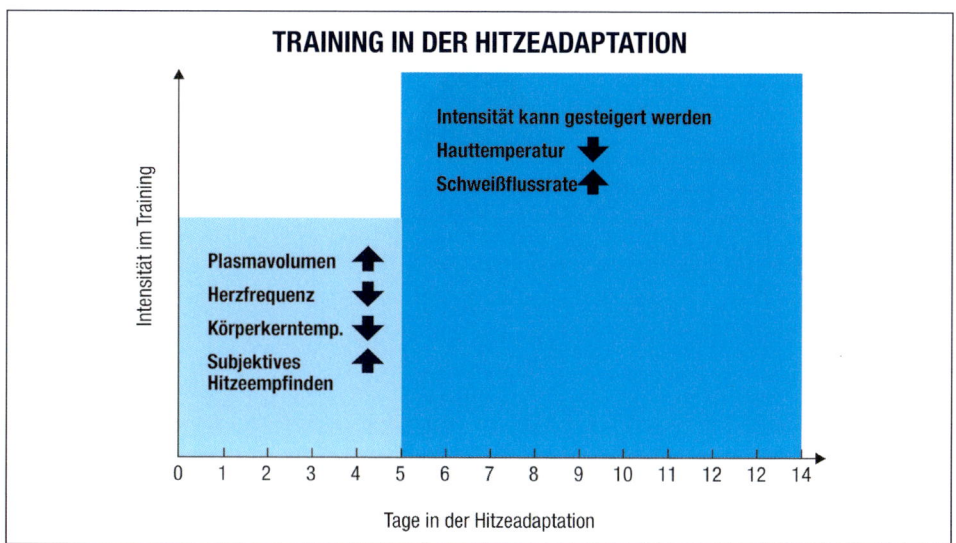

Abb. 104: Training in der Hitzeadaptation

In dieser Zeit bedeutet Hitze vermehrt Stress für den Körper, sodass zu intensive Trainingseinheiten eher kontraproduktiv wären. Nach dieser Phase mit ersten Gewöhnungserscheinungen kann dann die Intensität sukzessive gesteigert werden.

Da Hitze zusätzlicher Stress bedeutet, sollte man das Training ganz bewusst steuern und in dieser Phase noch mehr Wert auf präzise Dokumentation des Ganzen im Trainingstagebuch legen. Ein Zuviel an Hitze kann zu einer größeren Erschöpfung und einer schlechteren Trainingsanpassung und später zu einer Fehlentwicklung der sportlichen Leistung führen.

Dieser Stress kann unter Umständen auch zu einem erhöhten Infektrisiko und im schlimmsten Fall zu einem krankheitsbedingten Trainingsausfall führen. Ist die Umgebungstemperatur jedoch zu gering, so stellen sich die bereits kennengelernten und angestrebten Vorteile für den Wettkampf nicht ein, die Hitzeanpassung ist demnach dann nicht groß genug.

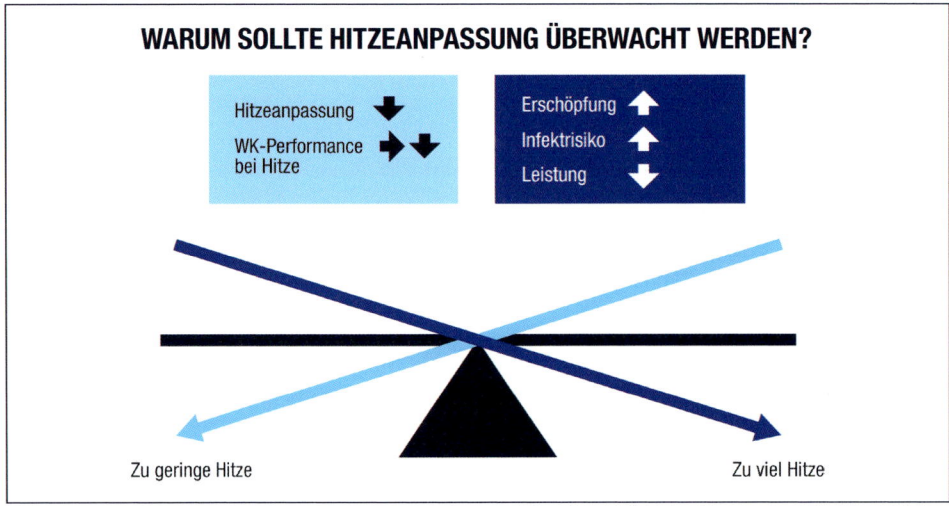

Abb. 105: Warum sollte ein Monitoring in der Hitzeadaptation stattfinden?

Training und Wettkämpfe unter Hitzebedingungen

Um die Belastung objektiv und präzise einschätzen zu können, sollten einige Parameter im Training zur Hitzeadaptation dokumentiert werden.

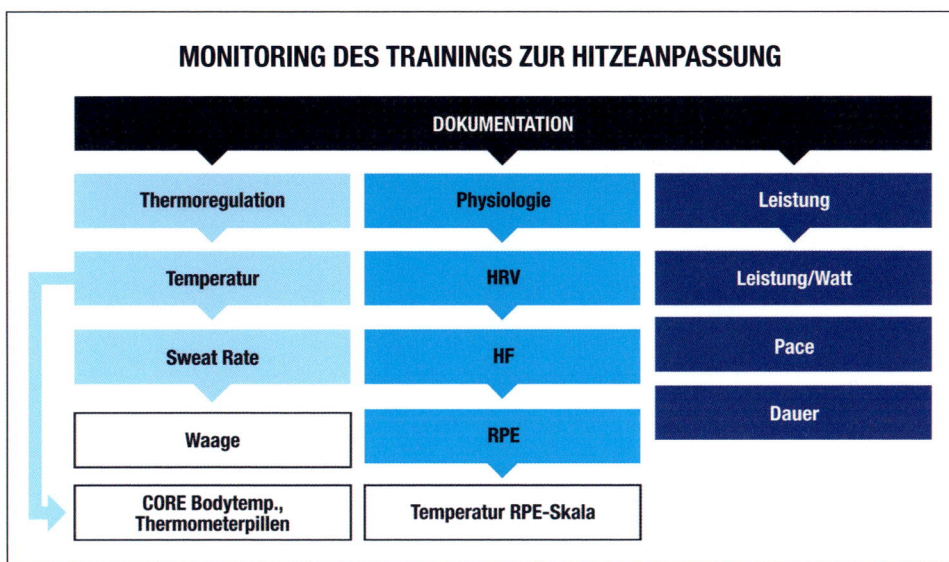

Abb. 106: Monitoring in der Hitzeadaptation

Neben den bekannten Werten Leistung (Watt), Pace und Dauer ist weitere Dokumentation wichtig. Um die Thermoregulation besser bewerten zu können, sollte zusätzlich die Körperkerntemperatur gemessen werden. Hierzu können normale Fieberthermometer zum Einsatz kommen. Wer die Temperatur genauer bestimmen möchte, kann auf das Messen der Rektaltemperatur zurückgreifen. Hierzu wird unmittelbar vor und nach dem Training gemessen.

Die Messtechnik ist auch hier mittlerweile etwas vorangeschritten. Hierzu gab es bisher in diesem Bereich nur Thermometer in Pillenform zum Schlucken, um den Verlauf der Körperkerntemperatur dauerhaft und lückenlos zu dokumentieren. Allerdings sind diese Systeme sehr kostenintensiv und die Pillen nach dem Ausscheiden unbrauchbar.

Neuere Systeme (z. B. CORE® der Firma greenTag AG) verfügen über einen Sensor, der auf der Haut aufgebracht wird. Dieser Sensor kann mittels ANT+ die ermittelten Werte auf den Fahrradcomputer, Smartphone oder GPS-Uhr senden. Man bekommt somit in Echtzeit Rückmeldung zur aktuellen Körperkerntemperatur und bekommt diese Verlaufskurve zusätzlich zu den bekannten Leistungsdaten im aufgezeichneten File ebenfalls angezeigt und kann diese somit miteinander in einen Zusammenhang setzen.

Um den Schweißverlust festzuhalten, sollte zu jeder Einheit ein Test zur Bestimmung der Sweat Rate eingeplant werden. Um die Herz-Kreislauf-Belastung zu bewerten, sollte jede

Trainingseinheit mit einem Herzfrequenzmesser absolviert werden, um die Leistung in Bezug auf die kardiovaskuläre Belastung betrachten zu können.

Eine Messung der Herzratenvariabilität (HRV) am Morgen gibt Rückschluss zur Belastungsverträglichkeit. Das macht aber nur dann Sinn, wenn diese Messung auch bereits vor der Hitzeadaptationsphase stattgefunden hat, um eine Baseline im Vorfeld sicher definiert zu haben. Erst von dieser Baseline ausgehend, können Veränderungen in diesem Bereich sichtbar gemacht werden.

Neben den objektiv zu messenden Parametern sollte der Sportler mittels subjektiver Beurteilung sensibilisiert werden. Er sollte sich mit sich in der besonderen Situation in Form von Hitze auseinandersetzen und die Veränderungen und Anpassungen spüren lernen.

Hierzu bietet sich das Ausfüllen einer speziellen Hitze-RPE-Tabelle an, um somit den Brückenschlag zwischen Daten und Körpergefühl schlagen zu können.

SUBJEKTIVE BEURTEILUNG IM RAHMEN DER HITZEANPASSUNG

	Temperaturempfinden	Durstgefühl	RPE an Borg-Skala angelehnt
1	sehr kalt	überhaupt kein Durst	sehr leicht
2	kalt	kein Durst	gut machbar
3	kühl	nicht sehr durstig	etwas anstrengend
4	neutral	neutral	fordernder
5	warm	durstig	hart
6	heiß	sehr durstig	sehr hart
7	sehr heiß	sehr, sehr durstig	sehr, sehr hart

Abb. 107: Subjektive Beurteilung in der Hitzeadaptation

Da das Training unter Hitzebedingungen eine zusätzliche Belastung darstellt, sollte der Intensitätssteuerung im Training wirklich Aufmerksamkeit geschenkt werden.

Hierzu bieten sich auch wieder mehrere Möglichkeiten an.

Zum einen kann eine fixe Körperkerntemperatur als Zielsetzung dienen. Um die individuell kritische Temperatur zu erkennen, bietet sich ein Rampentest auf dem Ergometer an. Hierzu bedarf es aber des Einsatzes eines CORE-Messgeräts, welches in Echtzeit Infos zur Körperkerntemperatur ermitteln kann.

ZUSATZINFO

Testaufbau:

Der Sportler fährt auf einem Ergometer und verzichtet dabei auf den Einsatz eines kühlenden Ventilators und auf Getränke. Zur Intensitätssteuerung bietet sich hierbei das Beachten der FTP an. Die Intensität wird in Abständen von fünf Minuten, ausgehend von 55 % der FTP, um jeweils 8 % gesteigert.

Beim Erreichen einer Körperkerntemperatur von 38,8 Grad Celsius wird die gleichbedeutende Leistung in Watt sowie die ebenfalls gemessene Herzfrequenz notiert. Nach Erreichen dieser Temperaturmarke wird so lange mit gleichbleibender Herzfrequenz und Trittfrequenz weitergefahren, bis die Leistung um ca. 15 % abfällt oder das subjektive Belastungsempfinden auf einer Skala von 1-10 jenseits von 9 liegt. Die Körperkerntemperatur bei Testabbruch wird dann ebenfalls notiert.

Von der ermittelten Abbruchtemperatur werden zur Bestimmung der kritischen Temperaturgrenze 0,4-0,5 Grad Celsius abgezogen. Dieser Wert sollte als Temperatur zur Steuerung des Trainings der Hitzeanpassung herangezogen werden.

Im Training zur Hitzeanpassung sollte demnach ein Erreichen dieser Temperatur angestrebt werden, ohne dabei über das Ziel hinauszuschießen. Allerdings gestaltet sich die praktische Umsetzung des Ganzen ohne entsprechendes Messgerät schwierig. Eine weitere Möglichkeit wäre, das Training über eine bestimmte Herz-Kreislauf-Belastung zu steuern. Hierbei wird eine Zielherzfrequenz ausgegeben, die eben nicht überschritten werden sollte. Nachteil hierbei ist, dass die Leistung oder Pace etwas unter den Trainingsleistungen bei normalen Bedingungen liegen wird, was sich unter Umständen negativ im Kopf des Sportlers breit macht, weil er ja langsamer als sonst trainiert.

Um diesen psychologischen „Knacks" zu umgehen, ist es unabdingbar, den Sportler vorab zu schulen und ihm zu erklären, dass diese bewusst langsameren Geschwindigkeiten notwendig sind, um die Gesamtbelastung nicht durch die Decke gehen zu lassen.

Allerdings bedeutet eine geringere Intensität auch einen geringeren Trainingsstimulus. Es ist daher genau abzuwägen, wie sehr die Leistung unter Hitzebedingungen unterhalb des Stimulus bei Normalumgebung liegen sollte.

Eine dritte Möglichkeit zur Steuerung des Trainings liegt in der fixen Vorgabe der Leistung in Watt oder der Geschwindigkeit in min/km beim Laufen. Der Nachteil liegt hierbei in der zu erwartenden höheren Herz-Kreislauf-Belastung und des Gefühls einer größeren

Anstrengung beim Athleten. Diese Form der Steuerung birgt ein immenses Risiko für den gesicherten Leistungsaufbau, denn durch die gesteigerte Gesamtbelastung ist die Gefahr eines Non-Functional-Overreachings oder, mit fortschreitender Dauer, eines Übertrainings gegeben.

Die letzte Option wäre, dass der Sportler die Intensität ausschließlich nach seinem subjektiven Belastungsempfinden steuert. Das kann bei sehr erfahrenen Sportlern sehr gut und präzise funktionieren. Athleten aus der Gruppe der Alphatiere laufen jedoch Gefahr, die Warnsignale des Körpers nicht korrekt zu interpretieren und trainieren unter Umständen zu hart, zumal die Gefahr einer Hitzeerschöpfung und eines Hitzschlags nicht außer Acht gelassen werden sollte.

Abb. 108: Intensitätssteuerung im Training während der Hitzeadaptation

Eine pauschale Empfehlung, welche Form der Steuerung angebracht ist, möchte ich ungern abgeben, denn dazu ist das Thema zu komplex und zum anderen sind die Anpassungsreaktionen sehr individuell und nicht präzise zu prognostizieren.

MERKE

Um eine hohe Wirksamkeit der Hitzeanpassung zu erzielen, sollten einige grundlegende Richtlinien beachtet werden:

- 10-14 Tage am Stück.
- In den ersten 4-5 Tagen deutlich reduziertes Volumen und Intensität.
- Möglichst nahe an den zu erwartenden Bedingungen am Wettkampfort trainieren, sofern möglich.
- Nie in angeschlagenem oder krankem Zustand in Hitze trainieren.
- Jede Einheit konsequent mit ausreichender Flüssigkeit und Natrium vor- und nachbereiten.
- Konsequentes Monitoring, insbesondere des Herz-Kreislauf-Systems.
- Akzeptanz von geringerer Leistung und Pace im Hitzetraining.
- Kein Hitzetraining am Tag vor einer Reise.
- Nach der Ankunft am Wettkampfort in den ersten 2-3 Tagen ein moderates Tempo anschlagen und die Belastung konsequent überwachen und sich nicht durch die Atmosphäre vor Ort zu einem zu hohen Trainingstempo verleiten lassen.
- Kein Hitzetraining in den letzten beiden Tagen vor dem Wettkampf.

Zu guter Letzt bleibt die Frage offen, zu welchem Jahreszeitpunkt sich eine solche Hitzeanpassung anbietet. Profisportler können durchaus mehrere solcher Hitzephasen in ihr Programm einbauen. Altersklassensportler sind meist in der Anzahl ihrer Urlaubstage limitiert, sodass dann meistens auf „künstliche Hitze" zurückgegriffen wird.

Die folgende Übersicht zeigt ein bereits mehrfach angewandtes Schema, das in fast allen Fällen die gewünschten Adaptationen gezeigt hat, ohne den Leistungsaufbau hin zum Wettkampf zu gefährden.

Nach dem 14-tägigen Hitzeblock mit etwas reduzierter Intensität und leicht zurückgenommenem Umfang steht dabei ein letzter Drei-Wochen-Trainingsblock unter Normalbedingungen an, bevor dann in Richtung Wettkampfort aufgebrochen wird. Dort findet dann eine Re-Adaptation an das vorherrschende Klima statt, die Anpassungen laufen dabei deutlich schneller ab.

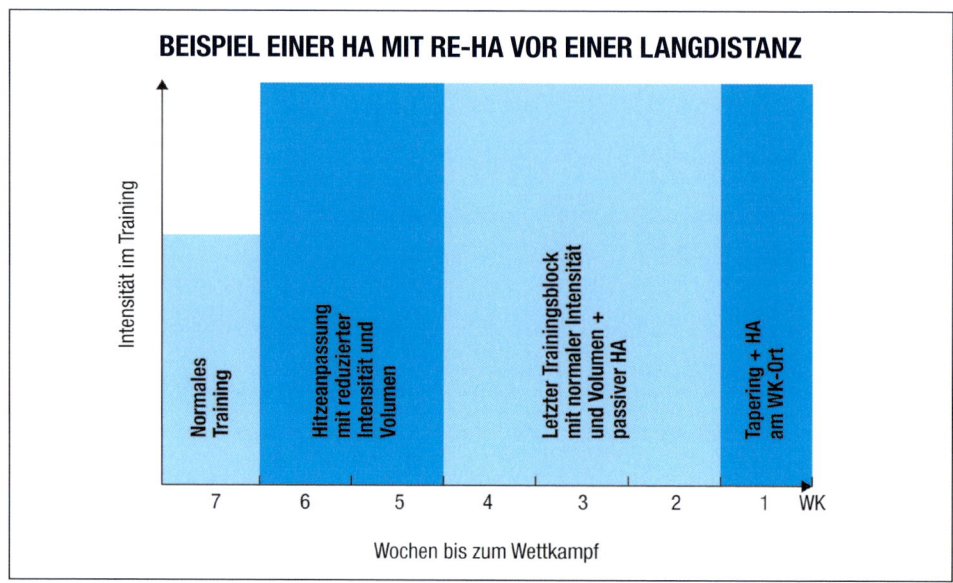

Abb. 109: Beispiel einer zeitlichen Abfolge von Hitzeadaptationen

Für mich stellt die verbesserte Hitzetoleranz eine immense Leistungsreserve dar, die sich deutlich leichter und praktikabler in den Trainingsprozess integrieren lässt als ein Training in der Höhe. Dieser Stimulus bei vermindertem Sauerstoff in der Einatemluft soll die Produktion der roten Blutkörperchen anregen, um einen verbesserten Sauerstofftransport als Reaktion darauf zu bekommen.

Um einen möglichst optimalen Wirkungsgrad zu erzielen, müssen aber eigentlich mehrere Aufenthalte als sogenannte *Höhenkette* eingeplant werden, was für viele Sportler schlichtweg nicht umsetzbar ist. Die Wirksamkeit des Höhentrainings variiert dabei sehr stark von Athleten zu Athleten, manche Sportler profitieren nur sehr gering vom Höhentraining.

Ich würde daher eher auf die Karte Hitzeanpassung setzen, denn

a) es ist leichter umsetzbar und
b) es gibt dabei deutlich weniger Non-Responder.

Studien haben gezeigt, dass interessanterweise nicht nur die Wettkampfleistung bei Hitze durch ein solches Training verbessert wird, sondern dass auch bei kühleren Temperaturen mit schnelleren Zeiten zu rechnen ist. In meinen Augen lohnt es sich allemal, sich mit dieser Thematik im Vorfeld auseinanderzusetzen.

11.6 Strategien zur Kühlung

Neben den nun bereits vorgestellten Ansätzen zur Steigerung der Hitzetoleranz im Vorfeld des Wettkampfs gibt es für den Athleten noch die Möglichkeit, sich während des Wettkampfs durch unterschiedliche Strategien zu kühlen. Die Idee hierbei ist, den Anstieg der Körperkerntemperatur hinauszuzögern, um die etwaigen negativen Einflüsse auf die Wettkampfleistung möglichst gering zu halten. Hierbei muss man differenzieren, wann diese Kühlung eingesetzt wird.

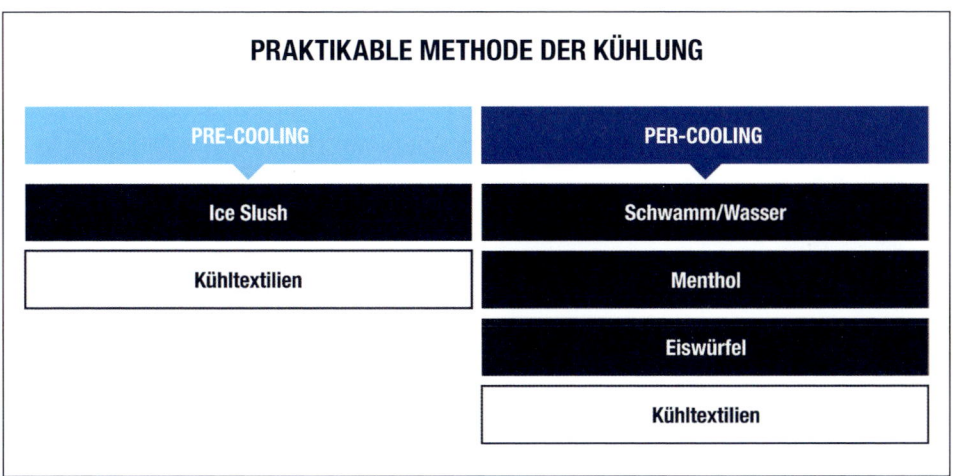

Abb. 110: Pre- und Per-Cooling

11.6.1 Pre-Cooling

Das Pre-Cooling, also vor der Aktivität, kommt eher auf kürzeren Wettkampfdistanzen wie im Sprint oder im olympischen Triathlon zum Einsatz. Die Idee hierbei ist, den Temperaturanstieg vor Beginn des Wettkampfs trotz des notwendigen Warm-ups möglichst niedrig bzw. im Normalbereich zu halten, da aufgrund der höheren Geschwindigkeit und kürzeren Wettkampfdauer ein Kühlen während des Rennens nicht immer praktikabel umsetzbar ist.

Ein Pre-Cooling vor der Langdistanz ist jedoch nicht zwingend notwendig, da die größte Kühlung beim abschließenden Marathon erst gebraucht wird und die vor dem Rennen applizierte Kühlung bis dahin verpufft sein wird.

Ein Pre-Cooling könnte man eher beim Check-in am Vortag in Betracht ziehen, wenn sich vor der Wechselzone eine längere Schlange bildet, kein Schatten vorhanden ist und die Hitzebelastung sehr hoch ist. Ich würde das in meiner Definition jedoch weniger als Pre-Cooling, sondern eher als „Überhitzungsvermeidungsmaßnahme" beschreiben.

Doch zurück zum eigentlichen Thema, nämlich der Langdistanz. Pre-Cooling fällt aus, so bleibt das Kühlen während des Wettkampfs, das sogenannte *Per-Cooling*.

11.6.2 Per-Cooling

Hierbei wird wiederum zwischen innerer und äußerer Anwendung unterschieden. Zur inneren Kühlung zählt die Aufnahme einer adäquaten Trinkmenge in Abhängigkeit von der Schweißflussrate (mehr dazu in Kap. 9).

Kühle Getränke sind dabei in der Regel eher auf der Wettkampfstrecke verfügbar als Ice-Slush-Getränke. Diese Slush-Getränke sind in ihrem Zustand zwischen festem Eis und flüssigem Wasser anzusiedeln.

Zur Herstellung dieser Slushs benötigt man spezielle Maschinen und eine sichere Möglichkeit der Kühlung, was auch erklärt, warum diese wohl nicht an der Rennstrecke angeboten werden können. Sie verfügen über einen deutlich größeren Kühleffekt als herkömmliche Flüssigkeit. Eine Alternative zum Trinken von herkömmlichem Wasser wäre das Lutschen von Eiswürfeln, um die Mundhöhle zu kühlen und darüber das Hitzempfinden zu verbessern.

In welcher Form auch immer, das Aufnehmen von sehr kalten Flüssigkeiten sollte auf jeden Fall im Vorfeld ausprobiert werden, um sicherzustellen, dass man diese Form der Kühlung auch gut toleriert. Stellt sich bei diesen Tests allerdings heraus, dass der Athlet kalte Getränke nicht gut verträgt, so empfiehlt sich das Ausspülen der Mundhöhle mit Eiswasser mit anschließendem Ausspucken der Flüssigkeit. Dadurch werden die Rezeptoren der Mundschleimhaut, die eine gewisse Kühle „empfinden", stimuliert.

Genau diese Kälterezeptoren werden ebenfalls durch Menthol stimuliert. Wird Menthol in Getränke und Slushs untergemischt, so verstärkt sich die gefühlte Kühlung dadurch weiter, wobei physiologisch gesehen, die Körperkerntemperatur nicht reduziert wird. Mittlerweile gibt es Energiegetränke mancher Hersteller, die eine bestimmte Menge Menthol enthalten.

Um eigene Mentholgetränke herzustellen, sollte das notwendige Mischungsverhältnis auf jeden Fall im Vorfeld ausgiebig getestet werden, denn ein Zuviel an Menthol kann wiederum die Entstehung von Magen-Darm-Problemen ungünstig beeinflussen. Alternativ bieten sich mentholhaltige Kaugummis an, um diesen kühlenden Effekt zu fördern.

Sportler, die sich im Wettkampf eher flüssig oder mit Gels versorgen, profitieren beim Kauen solcher Kaugummis, denn das Kauen sorgt für eine bessere Durchblutung im Schädel und erzielt damit einen wachmachenden Effekt. Doch nicht nur von innen kann eine Temperaturreduktion beeinflusst werden, sondern auch von außen.

Training und Wettkämpfe unter Hitzebedingungen

Hierzu greifen Langdistanzler seit jeher auf Schwämme und Wasserbecher zurück, die zur Kühlung über Kopf und Körper ausgewrungen oder ausgeschüttet werden. Gerade in großer Hitze wird man dabei leider oftmals etwas unkontrolliert und schüttet wahllos alles an Flüssigkeiten über sich, in der Hoffnung, möglichst viele Temperaturgrade zu senken. Durch exzessives Kühlen von außen läuft das Wasser, Schwerkraft sei Dank, weiter nach unten.

Gerade beim Radfahren ist ein nasser Bauch in Kombination mit dem Fahrtwind sehr unangenehm und stellt eine Disposition für Magenprobleme dar. Beim Laufen fällt das Wasser dann noch eine Etage tiefer, nämlich auf die Füße. Nasse Schuhe und Socken unterstützen die Entstehung von Blasen, sodass man diese Begleiterscheinung eher reduzieren sollte.

Ich würde daher eher empfehlen, die Körperregionen mit der höchsten Dichte an Thermorezeptoren zu kühlen, statt ungehemmt den ganzen Körper zu benetzen. Diese Rezeptoren finden sich vermehrt auf der Stirn, im Nacken, im Brustbereich, in der Pulsregion und in der Handinnenfläche. Die einzelnen Regionen und die Möglichkeiten zur Kühlung finden sich in unten stehender Abbildung.

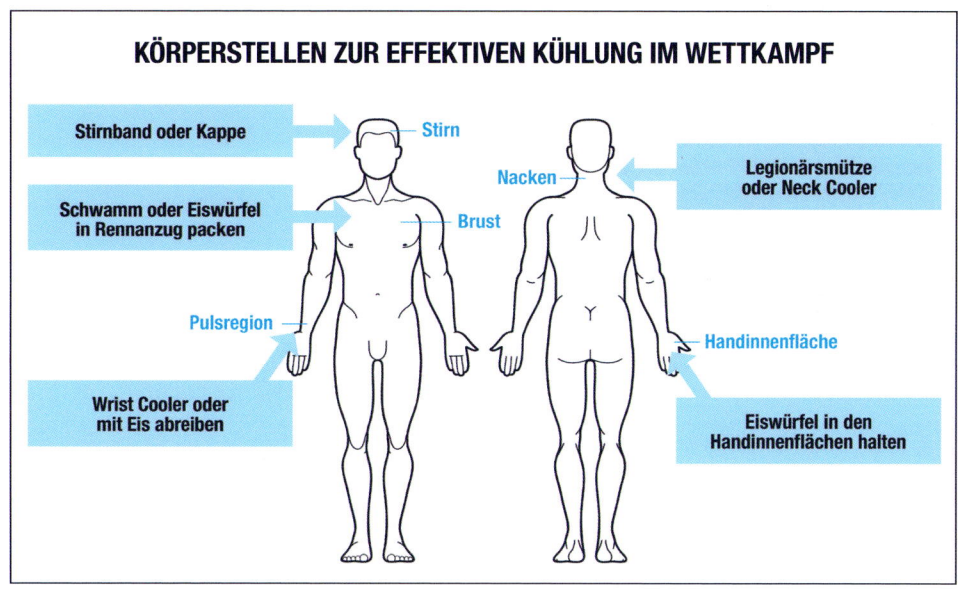

Abb. 111: Körperstellen zur effektiven Kühlung

Spezielle Kühltextilien, die ihren Ursprung in der Arbeitsmedizin und in Tätigkeitsfelder mit großer Hitzeexposition (Feuerwehr, Hochöfen, Straßenbau etc.) haben, können mit kaltem Wasser immer wieder an Verpflegungsstellen durch Befeuchten mit Wasser aktiviert werden. Die feuchte Kühle an der Hautoberfläche sorgt über die Verdunstung für eine Reduktion der Temperatur nach unten und simuliert quasi den natürlichen Vorgang der Kühlung, nämlich das Schwitzen.

Einige Athleten sind auch im Bereich der Wettkampftextilien erfinderisch und nähen sich auf die Innenseite ihres Wettkampfeinteilers auf Höhe der Schlüsselbeine kleine Taschen ein, um im Rennen an den Verpflegungsstellen Eiswürfel zu greifen und sie dann in diese Taschen zu stopfen.

Die folgende Abbildung soll einen schnellen Überblick zu den verschiedenen Kühlstrategien geben und den Effekt der jeweiligen Maßnahme aufzeigen. Die Beurteilung des jeweiligen Effekts habe ich durchgeführt bzw. in Teilen in Tests mit einem CORE-Body-Temperature-System gemessen.

KÜHLSTRATEGIEN UND IHR EFFEKT

Maßnahme/Strategie	Pre-Cooling	Per-Cooling
Cooling Cap	+	++
Wrist Cooler	+	++
Neck Cooler	+	++
Ice Vest	+	++
Eiswürfel in der Hand halten	x	++
Schwamm/Becher	x	++
Gekühlte Getränke	+	++
Ice Slush	++	+++
Menthol	+	+

x = unpraktikabel
+ = kleiner Effekt
++ = deutlich spürbarer Effekt
+++ = großer Effekt

Abb. 112: Kühlstrategien und ihre Effektivität

11.7 Anpassen der Pacingstrategie für ein Hitzerennen

Um auch bei Hitze im Wettkampf zu bestehen und nicht sein blaues Wunder zu erleben, sollte man einige Dinge hierzu beachten.

11.7.1 Ego

Nach all den harten Wochen und Monaten fällt es den meisten Sportlern erfahrungsgemäß schwer, vom ursprünglichen Pacing- und Zielzeitenplan abzuweichen. Die Hoffnung, das Rennen doch irgendwie in einer schnellen Zeit durchzubringen, wird erfahrungsgemäß ungern aufgegeben.

Wer es schafft, langsamere Zeiten mit seinem Ego in Einklang zu bringen und dies nicht als Versagen, sondern einfach als höhere Gewalt zu interpretieren, wird erfolgreich sein.

11.7.2 Unwissenheit

Leider gibt es immer noch Athleten, die sich nicht bewusst mit den Problemstellungen rund um das Thema Hitze auseinandersetzen. Begriffe wie Schweißflussrate, Thermoregulation, Hyponatriämie etc. rufen bei solchen Athleten Fragezeichen hervor.

11.7.3 Fehlendes Troubleshooting

Athleten, die bei Verlust ihrer eigenen Wettkampfernährung und/oder Natriumpräparate Strategien zum Troubleshooting kennen, erreichen mit hoher Wahrscheinlichkeit die Ziellinie eher als Sportler, die sich im Vorfeld nicht mit den etwaigen Eventualitäten gedanklich auseinandergesetzt haben.

11.7.4 Anpassung der aufzunehmenden Kohlenhydratmenge

Die Hitze wirkt sich negativ auf die Kohlenhydratspeicher aus, was zur Folge hat, dass bei gleicher Intensität mehr Kohlenhydrate verstoffwechselt werden. Entweder reduziert man die Intensität, um mit der gleichen Menge an Kohlenhydraten das Rennen zu bestreiten oder man versucht, die Intensität beizubehalten und steigert die Kohlenhydratmenge in seiner Verpflegungsstrategie. Athleten mit einer gewissen Anfälligkeit gegenüber Magen-Darm-Problematiken sind besser beraten, eher die Intensität zu reduzieren, als die Menge der aufgenommenen Energie zu steigern.

11.7.5 Flüssigkeitsmenge begrenzen

Viele Sportler neigen zu einer zu großen Menge an aufgenommener Flüssigkeit und laufen dabei Gefahr, eine Hyponatriämie zu erleiden. Die Trinkmenge pro Stunde sollte auch bei großer Hitze im Rahmen bleiben. 1.000 bis maximal 1.200 ml Wasser pro Stunde betrachte ich als vollkommen ausreichend. Ich empfehle bei großer Hitze eher, die Kühlung von außen penibel durchzuführen und die Trinkmenge pro Stunde zu deckeln.

FAZIT

Cool bleiben!

12 DER WETTKAMPF

Ein erfolgreiches Langdistanzrennen beginnt schon deutlich vor dem Startschuss und hängt ganz entscheidend von der Wahl des richtigen Rennens ab. Mittlerweile gibt es unzählige Rennen auf jedem bewohnten Kontinent dieser Erde und diese auch noch ganzjährig.

War es in den 1990er-Jahren nur eine geringe Anzahl an Rennen, so hat sich das heute mit weltweit über 100 Veranstaltungen mit den Streckenlängen 3,8-180-42 km massiv verändert. Neben den Rennen der Ironman®- und Challenge®-Rennserie gibt es noch jede Menge kleinere Veranstaltungen und auch seit einigen Jahren immer mehr Rennen mit Adventurecharakter, also Strecken abseits der Städte, stattdessen in teilweise rauer Wildnis mit besonderen klimatischen und topografischen Herausforderungen.

Da auf viele Rennen ein wahrer Hype entstanden ist, gilt es, frühzeitig mit den Wettkampfplanungen zu starten und die Öffnung der Anmeldemöglichkeit im Blick zu behalten, denn einige Rennen, wie z. B. Challenge Roth, sind innerhalb von Sekunden oder Minuten ausgebucht.

Die Wahl des passenden Rennens ist einer der größten Faktoren in Sachen Erfolg oder Misserfolg. Nicht jeder Sportler bringt die geeigneten Fähigkeiten für das jeweilige Rennen mit.

12.1 Auswahl des Rennens

Als Trainer sollte man daher seinen betreuten Sportlern eine Entscheidungshilfe in Sachen Rennauswahl mit an die Hand geben können.

FRAGENKATALOG/ENTSCHEIDUNGSHILFE BZGL DER RENNAUSWAHL FÜR SPORTLER

Die Wahl des richtigen Rennens ist ein entscheidender Faktor in Sachen Erfolg oder Misserfolg. Untenstehende Tabelle soll dir eine Entscheidungshilfe hierzu sein. Bewerte die Frage analog zum Schulnotensystem, also 1 ist sehr gut und 6 ist ungenügend.

Brainstorming	1	2	3	4	5	6
Hast du bereits Erfahrung auf der Langdistanz?						
Ironman?						
Challenge?						
No-Logo-Rennen?						
Bist du bereit, für das Rennen per Flugzeug anzureisen und bist im Besitz eines passenden Radkoffers?						

Der Wettkampf

Frage					
Verfolgst du eine bestimmte Form der Ernährung und bist bereit, dich autark im Ausland entsprechend zu versorgen?					
Hast du Erfahrungen mit Jetlaganpassungen im Vorfeld einer Reise sammeln können?					
Hast du Ambitionen bzgl. eines Kona-Slots?					
Bist du auf der Jagd nach einer neuen Bestzeit?					
Ziehst du Energie durch Zuschauermassen?					
Bist du lieber „alleine" unterwegs?					
Frühes Rennen bedeutet viel Rollentraining. Bist du bereit dazu?					
Frühes Rennen bedeutet frühes Trainingslager. Ist das möglich?					
Frühes Rennen bedeutet viel Training in Dunkelheit. Bist du bereit dazu?					
Spätes Rennen bedeutet, dass du länger als Vereinskollegen etc. trainieren musst. Bist du bereit dazu?					
Spätes Rennen bedeutet, dass du im Frühjahr/Sommer u. U. unfitter als deine Vereinskollegen bist. Kannst du das ausblenden?					
Spätes Rennen bedeutet, dass du evtl. familiäre Sommerurlaubspläne beachten muss. Ist dein Partner mit im Boot?					
Fühlst du dich als sicherer Schwimmer?					
Hast du schon mal Panik im Massenstart bekommen?					
Fühlst du dich im Neopren wohler?					
Profitierst du durch Neo-Verbot?					
Bist du kälteempfindlich?					
Hast du Angst vor Fischen und anderen im Meer lebenden Tieren?					
Hast du schon mal Probleme durch Salzwasser bekommen?					
Fühlst du dich auf dem Rad im Flachen (sog. Roleur) stärker? Hast du das entsprechende Trainingsgebiet/Equipment dazu?					
Fühlst du dich auf dem Rad im Welligen stärker? Hast du das entsprechende Trainingsgebiet/Equipment dazu?					
Fühlst du dich auf dem Rad im Bergigen stärker? Hast du das entsprechende Trainingsgebiet/Equipment dazu?					
Bist du ein guter Techniker und kommst gut um die Kurven und bist bergab sicher?					
Bist du bei heftigen Windverhältnissen mental stark?					
Bist du bei schlechten Witterungsbedingungen mental stark?					
Kommst du mit extremer Hitze auf dem Rad zurecht?					
Fühlst du dich beim Laufen im Flachen stärker? Hast du das entsprechende Trainingsgebiet dazu?					
Fühlst du dich beim Laufen im Welligen stärker? Hast du das entsprechende Trainingsgebiet dazu?					
Fühlst du dich beim Laufen im Bergigen stärker? Hast du das entsprechende Trainingsgebiet dazu?					
Fühlst du dich auf unebenem Untergrund sicher?					
Bist du hitzeresistent?					
Hast du schon mal Magenprobleme beim Laufen bekommen?					
Kommst du mit der Verpflegung von Veranstalterseite zurecht?					
Verpflegst du dich autark?					

Abb. 113: Fragenkatalog zur Rennauswahl

Dieser Katalog hilft Sportlern, aber auch Trainern, einen Überblick über die Fähigkeiten, wenn auch rein subjektiv, aus Sicht des Athleten zu bekommen. Dabei steht 1 für sehr gut oder trifft zu und 6 für schlecht oder trifft nicht zu.

Diese Tabelle bildet die häufigsten Fragen zur Rennauswahl ab. Vom Schwimmen mit oder ohne Neo über Höhenprofil der Radstrecke bis hin zu Temperaturvorlieben wird der Athlet beim Ausfüllen zum Nachdenken angeregt. Basierend auf diesen Eintragungen, kann dann ein Rennen entsprechend den Vorlieben und Fähigkeiten des Athleten ausgewählt werden.

12.1.1 Jahreszeitpunkt des Rennens

Mittlerweile finden nahezu ganzjährig Rennen über die Langdistanz weltweit statt. Als Sportler sollte man sich darüber im Klaren sein, was das jeweilige Renndatum an Besonderheiten mit sich bringt.

Wenn der Termin sehr früh im Jahr liegt, sollte man die im Vorjahr stattfindende Saisonpause bzw. Übergangsperiode auch entsprechend anpassen. Ein Herbstmarathon oder ein spätes Langdistanzrennen mit der nachfolgenden Phase der Regeneration kann unter Umständen kontraproduktiv sein, weil die Zeit der Vorbereitung für die frühe Langdistanz dann zu kurz sein könnte. Im Winter oder Frühjahr angesiedelte Rennen sind aufgrund der in Mitteleuropa vorherrschenden klimatischen Verhältnisse und geringerer Tageslichtdauer mit mehr Umfang indoor verbunden.

Eventuell sollte ein Trainingslager eingeplant werden, um die notwendigen Radumfänge auf der Straße umgesetzt zu bekommen. Ein spät in der Triathlonsaison platziertes Rennen bietet die Möglichkeit, den Sommer mit den angenehmeren Temperaturen und den besseren Lichtverhältnissen auszunutzen. Allerdings bedeutet das aber auch, dass man mental gefestigt sein sollte, wenn man im Gegensatz zu Vereinskollegen und Trainingspartnern auch im Herbst noch trainieren muss, also dann, wenn die meisten Athleten bereits ihre Saison ausklingen lassen.

Die Zeitumstellung von Sommer- auf Winterzeit und das einsetzende Herbstwetter kann sich ebenfalls negativ auf die Psyche und Motivation auswirken. Ein spätes Rennen bedeutet auch, dass man wegen des zeitlich versetzten Saisonaufbaus nur bedingt mit anderen Sportlern trainieren kann, denn deren Rennhöhepunkte liegen häufig im Sommer der nördlichen Hemisphäre.

Etwaige Urlaubsplanungen in den Schulsommerferien sollten von Sportlern mit Kindern ebenfalls berücksichtigt werden.

12.1.2 Wettkampfformat

Wie bereits oben bemerkt, gibt es Rennen der Ironman®- oder Challenge®-Serie oder auch Wettkämpfe ohne Serienzugehörigkeit. Es liegt in der Natur der Sache, dass ein Sportler mit dem Wunsch einer Ironman®-Hawaii-Qualifikation nicht ein Rennen ohne das sogenannte *M-Dot-Logo* von Ironman® bestreiten sollte.

Die Rennen der Ironman®-Serie bieten einen weltweit fast identischen Organisationsstandard. Für Sportler, die in der Rennwoche sehr aufgewühlt sind, kann dieser standardisierte Ablauf im Vorfeld des Rennens zu einer gewissen Sicherheit führen, sofern der Athlet bereits Erfahrungen mit Rennen aus dieser Serie sammeln konnte. Kleinere Rennen weisen manchmal Mängel in ihrer Organisation auf.

Als wichtigste Punkte sollte hierbei auf Streckensperrungen und Wettkampfverpflegungen hingewiesen werden. Vermeintlich „größere" Rennen bringen oftmals mehr Zuschauer an die Rennstrecke. Athleten, die eher die Einsamkeit auf der Strecke bevorzugen und keine Energie aus den Anfeuerungsrufen ziehen können, sollten daher eher „kleinere" Rennen wählen.

12.1.3 Qualifikation für die Ironman®-Weltmeisterschaften Hawaii

Die Teilnahme am legendären Ironman® Hawaii kann sicherlich als das Wimbledon des Triathlons bezeichnet werden. Für viele Sportler bedeutet es die Erfüllung ihres Lebenstraums, wenn sie zum erlauchten Kreis derer gehören, die sich einen der begehrten Plätze sichern konnten. Allerdings ist die Leistungsdichte bei den Qualifikationsrennen mittlerweile so groß, dass man sich ganz bewusst Gedanken machen muss, wann und wo dieser Kona-Slot eingefahren werden soll.

Diese Gedanken sollten beinhalten, ob man eine möglichst frühe Qualifikation oder sie zu einem späteren Zeitpunkt anstrebt. Von einem früh erreichten Slot spricht man, wenn das Qualifikationsrennen im Zeitraum Ende August bis Ende April terminiert wird. Der Vorteil liegt hierbei, dass der Zeitraum zwischen Qualifikationsrennen und Hawaii entsprechend lang ist, die „Pflicht" somit lange mit ausreichender Regenerationszeit nachbereitet werden und man mit einer gewissen Frische in die „Kür" nach Kona gehen kann. Ein weiterer Pluspunkt wäre, dass bei nicht erfolgreichem Qualifikationsrennen noch ausreichend Zeit besteht, einen zweiten Versuch zu wagen.

Wird ein Slot im Herbst des Vorjahres angestrebt, so empfiehlt es sich, kein weiteres Langdistanzrennen im Vorfeld zu planen, um frisch in das Qualifikationsrennen gehen zu können. Sportler mit solchen Ambitionen sollten Vorsicht im Training mit Trainingspartnern walten lassen, denn wenn diese deutlich frühere Saisonhöhepunkte im Visier haben, besteht die Gefahr, dass man zu früh in Form kommt, wenn Trainingsinhalte und Volumina sich angleichen.

TRIATHLON ERFOLG AUF DER LANGDISTANZ

Ein spätes Rennen in der zweiten Saisonhälfte hat den Vorteil, dass im vorangehenden Winter und Frühjahr ganz dezidiert und ohne zeitlichen Stress definierte Schwächen im Training bearbeitet werden können. Das Verbessern der Motorik, Bewegungstechnik, Beweglichkeit und Kraft kann somit in den Fokus treten, da die Phase mit großen Volumina erst etwas zeitversetzter stattfindet. Die großen Grundlagenblöcke (insbesondere auf dem Rad) können bei sommerlichem Wetter absolviert werden, ein Frühjahrstrainingslager oder Klimalehrgang ist daher für ein spätes Rennen mit Slotambitionen nicht zwingend notwendig.

Aus mentaler oder motivatorischer Sicht ist es notwendig, das Training etwas später aufzunehmen, um sicherzustellen, dass der Athlet es überhaupt bis in die zweite Saisonhälfte schafft, nicht zu früh seinen Höhepunkt erzielt und in den entscheidenden 6-8 Wochen vor dem geplanten Qualifikationsrennen noch über den viel zitierten „Biss" im Training verfügt. Gerade dann, wenn Vereinskollegen, Freunde und/oder Trainingspartner ihre Saisonhöhepunkte in den Monaten Juni und Juli hatten und es danach oft etwas ruhiger angehen lassen, fallen Sportler, die das Training zu früh schon zu intensiv gestalten, in eine Art Lethargie.

Wurde das Qualifikationsrennen erfolgreich beendet, kann die bereits beschriebene Strategie im Vorfeld des Rennens auf Hawaii erneut angewendet werden. Rennen, die im November oder Dezember stattfinden, sind daran gebunden, dass einige wichtige Trainingsstunden bei herbstlichen Witterungsbedingungen und fehlendem Tageslicht absolviert werden müssen.

Ein Trainingslager im Süden bietet sich als Vorbereitung für ein Rennen wie Ironman® Mar del Plata, Arizona, Cozumel oder Busselton auf jeden Fall an. Kann ein solches Camp nicht stattfinden, sollten Maßnahmen zur Hitzeadaptation durchgeführt werden. Der ideale Zeitpunkt für ein solches Trainingslager liegt in der dritt- oder viertletzten Woche vor dem Tag X.

Findet der Wettkampf im Frühjahr statt, also auch noch nach obiger Definition in einem frühen Zeitraum, so sollte das Training entsprechend früher aufgenommen werden. Wenn beispielsweise eine Qualifikation beim Ironman® Südafrika angepeilt wird, so sollte die Saisonpause der vorangegangenen Saison deutlich früher als normal gestaltet werden.

Eine Trainingsaufnahme Anfang Oktober bietet ausreichend Zeit, um dieses Rennen qualitativ und quantitativ vorzubereiten. Schwierigkeit hierbei ist jedoch, dass der Löwenanteil des Trainings bei mitteleuropäischem Winterwetter indoor auf dem Rollentrainer absolviert werden muss. Ein Trainingslager/Klimalehrgang mit Fokus auf dem Sammeln von Grundlagenkilometern auf dem Rad bietet sich an.

Der Wettkampf

Trainingspartner mit gleichem Wettkampfziel lassen das Training gemäß dem Prinzip „geteiltes Leid ist halbes Leid" leichter realisieren. Sofern das familiäre Umfeld mitspielt, können zur Weihnachtszeit bzw. „zwischen den Jahren" schon erste größere Trainingsblöcke eingebaut werden. Challenges, wie z. B. Rapha Festive 500, helfen dabei, größere Umfänge zu dieser Zeit zu realisieren.

Die Möglichkeiten, einen Testwettkampf im Vorfeld einer Langdistanz im Frühjahr zu absolvieren, sind rar gesät bzw. kaum umsetzbar. Gerade Sportler ohne bisherige Erfahrung auf der Langdistanz sollten daher eher auf einen solch frühen Hauptwettkampf verzichten. Einen Vorteil bietet die Tatsache, dass Reisemodalitäten und Buchungen rund um den Ironman® Hawaii früher und oft auch deutlich kostengünstiger angegangen werden können.

Der größte Nachteil einer nah am Wettkampftermin des Ironman® Hawaii gelegenen Qualifikation ist die deutlich kürzere Zeit zur Regeneration und des vorbereitenden Trainings für die Weltmeisterschaft. Auf der anderen Seite sind Rennen im europäischen Sommer deutlich leichter vorzubereiten. Das Training kann klassisch im November oder Dezember aufgenommen und ein Trainingslager im Frühjahr eingeplant werden.

Bei der Vielzahl der Rennen in Europa im Sommer kann man entsprechend seinen Fähigkeiten das richtige Rennen auswählen. Die Logistik und die Kosten eines solchen Rennens sind dabei meistens leichter zu bewerkstelligen als bei Rennen in Übersee oder generell im nicht europäischen Ausland.

Auf der anderen Seite bedeutet ein Rennen im Juni oder Juli aber auch, dass bei nicht erfolgreichem Ausgang des Qualifikationsrennens nur sehr bedingt eine zweite Chance besteht, es für das gleiche Kalenderjahr nochmals anzugehen. Die Rennen sind oft bereits komplett ausgebucht und die kurze Abfolge von zwei Langdistanzen ist nicht einfach unterzubekommen. Musste der Athlet zwei Rennen in kurzer Abfolge zum Sloterhalt absolvieren, so schmälert dies die Erfolgsaussichten für den Ironman® Hawaii recht deutlich.

Ein weiterer Nachteil besteht in den gestiegenen Reisekosten, da Hotels, Unterkünfte und Flüge sich zum Oktober hin deutlich verteuern. Eine Möglichkeit, Kosten zu minimieren, wäre bereits länger vor erfolgter Qualifikation Unterkunft und Flug mit einer Stornooption zu buchen. Holt sich ein Sportler bspw. im August den Slot beim Ironman® Copenhagen, so hat er weniger als acht Wochen Zeit, die Reise zu buchen, zu regenerieren bzw. wieder das Training aufzunehmen.

Ein weiterer Punkt ist, dass im europäischen Sommer die Leistungsdichte in den Altersklassen sehr oft sehr dicht ist. Die europäischen Altersklassenathleten gelten weltweit als die leistungsstärkste Fraktion. Soll heißen, dass eine Qualifikation zu „Randzeiten" außerhalb von Europa oftmals wahrscheinlicher zu realisieren ist als beispielsweise beim sehr stark besetzten Ironman® Frankfurt.

Wer über entsprechende finanzielle Mittel verfügt, ist gut beraten, es bei einem Rennen in der zweiten Saisonhälfte zu probieren, sollte aber dann als Back-up ein weiteres Rennen im europäischen Sommer anpeilen.

Abschließend sollte erwähnt werden, dass Rennen, die rein aus Vernunftgründen mit potenziell besten Chancen zur erfolgreichen Qualifikation gewählt werden, am Ende des Tages nicht immer die richtige Wahl darstellen. Ein Sportler muss beim Öffnen der Wettkampfausschreibung Emotionen für solch ein Rennen entwickeln.

Bleiben diese Emotionen und die Lust weg, wird sich nur schwerlich Motivation für dieses Wettkampfziel entwickeln lassen. Man kann die Rahmenbedingungen rational definieren, am Ende sollte dann meistens doch eher das Gefühl oder der Bauch entscheiden.

12.1.4 Reiselogistik

Ein nicht zu unterschätzender Faktor ist die Art der Anreise. Ist ein Sportler weniger fingerfertig und nicht in der Lage, sein Rad auseinanderzubauen, in einem Flugkoffer zu verstauen und am Wettkampfort wieder voll funktionstüchtig zusammenzubauen, dann sollte eine Anreise mit dem Flugzeug durchaus nochmals überdacht werden.

MERKE

Hier ein Tipp für alle Flugreisenden mit Fahrrad. Ich empfehle, sofern der Rahmen ein austauschbares Schaltauge aufweist, ein solches als Ersatz mitzunehmen. Insbesondere bei nicht alltäglichen Rädern ist es oft nicht möglich, vor Ort ein passendes Schaltauge aufzutreiben. Stress, Trainingsausfall oder gar die Absage eines lange geplanten Wettkampfs können somit vermieden werden.

Wenn mehrere Zeitzonen während der Anreise durchkreuzt werden, empfiehlt es sich, im Vorfeld des Rennens entsprechende Vorlaufzeit zur Jetlaganpassung einzuplanen. Als Faustregel sollte pro Stunde Zeitverschiebung ein Tag vor dem Wettkampftag angereist werden.

Pro fünf Grad Celsius zu erwartender Temperaturdifferenz sollte ein weiterer Tag eingerechnet werden. Bei Rennen in einer anderen Zeitzone mit mehr als vier Stunden Differenz zum Heimatort sollte man ca. zwei Wochen vor Tag X mit einem modifizierten Schlaf-Wach-Essen-Zyklus beginnen, um die Umstellung nach Ankunft am WK-Ort geringer zu halten.

Der Wettkampf

Die Trainingszeit sollte in den letzten 2-3 Wochen vor dem Rennen zur Tageszeit des Rennstarts erfolgen, sofern das die Lebensumstände (Job, Familie etc.) zulassen. Erfolgt der Start beispielsweise um 7.00 Uhr Ortszeit, was zur mitteleuropäischen Sommerzeit dann 19.00 Uhr für das Beispiel Kona wäre, sollte man versuchen, möglichst große Anteile des Trainings eben in die Abendstunden zu schieben.

Hier einige Tipps, die das Reisen zum Wettkampf weniger stressig werden lassen.

12.1.4.1 Vor Reiseantritt

- **Kein zu spätes Abendessen:** Es sollte sichergestellt werden, dass mindestens zwei Stunden vor der Bettruhe die letzte Mahlzeit eingenommen wird, um eine erholsame letzte Nacht im eigenen Bett zu gewährleisten.
- **Kohlenhydrate ja, aber richtig:** Möglichst wenig Einfachzucker konsumieren, dafür eher auf eine ballaststoffreiche Mahlzeit mit Gemüse zugreifen, wenn die Anreise früher als 48 Stunden zum Wettkampftag stattfindet.
- **Ein leichtes Frühstück am Reisetag:** Ich empfehle, eine kohlenhydratreduzierte, protein- und fettreiche Mahlzeit aufzunehmen. Ein Omelett mit Gemüse und Käse ist für mich am Reisetag das Essen erster Wahl.
- **Eigenverpflegung gewährleisten:** Aus meiner Zeit als Profiathlet mit vielen Reisetagen weiß ich recht gut, dass Tankstellen- und Airlineessen nicht wirklich immer optimal ist. Stattdessen sollten man eher im Voraus planen, eigene Mahlzeiten kochen und verpacken und/oder auf Nüsse und Mandeln zurückgreifen. Diese sind leicht zu transportieren, bekömmlich und liefern eine hohe Energiedichte.
- **Reiseplanung:** Nichts ist schlimmer als zu viel Stress in einer eh schon angespannten Situation. Man sollte daher ausreichend Zeit zur Anreise zum Flughafen einplanen und im Vorfeld recherchieren, ob es auf dem Anfahrtsweg etwaige Baustellen oder ähnliche Unwägbarkeiten gibt.

12.1.4.2 Während der Reise

- **Kompressionssocken:** Hier machen diese Strümpfe im Gegensatz zum Tragen während der Belastung uneingeschränkt Sinn. Sie verhindern das Anschwellen der Beine und minimieren die Wassereinlagerungen radikal. Ansonsten eher lockere und luftige Kleidung bevorzugt tragen. Komfort schlägt Aussehen!
- **Flüssigkeitsaufnahme:** Bei Flugreisen unbedingt eine eigene Wasserversorgung sicherstellen und nach Passieren der Sicherheitskontrollen am Flughafen (wenn auch völlig übertreuertes) Wasser kaufen, um sicherzustellen, dass man in der trockenen Kabinenluft nicht austrocknet.

- **Essen:** Auf Interkontinentalflügen wird Essen serviert. Die erste Mahlzeit eher proteinreich und Low Carb wählen, denn die Kohlenhydrate sorgen für eine vermehrte Wassereinlagerung im Gewebe. Die Mahlzeit vor der Landung kann dann durchaus wieder kohlenhydratlastiger sein.
- **Bewegung:** Während des Flugs alle 45-60 Minuten kurz aufstehen und auf dem Gang auf- und abgehen. Bei Autofahrten spätestens alle 90-120 Minuten eine Pause einlegen und dabei auf dem Rastplatz herumgehen. Kurze, leichte Dehnübungen für Waden, Hüftbeuger, Oberschenkelvorderseite und Schultern sollten ebenfalls eingebaut werden.
- **Alkohol und zuckerhaltige Getränke vermeiden:** Alkohol sorgt für eine fortschreitende Hypohydration und gezuckerte Getränke lassen den Blutzuckerspiegel durch die Decke gehen.
- **Das Immunsystem schützen:** Im Flugzeug unbedingt einen Mund-Nasen-Schutz (galt auch schon vor der Corona-Pandemie als sehr empfehlenswert) tragen, regelmäßig die Hände waschen oder ein Desinfektionsmittel mitführen. Ein Halstuch oder Schal sowie eine Mütze sollte ebenfalls im Handgepäck nicht fehlen, denn teilweise wird es auf manchen Flügen klimaanlagenbedingt empfindlich kalt.

12.1.4.3 Allgemeine Tipps

- Wenn das finanzielle Budget ausreichend groß ist, sollte man (wenigstens) für den Hinflug zum Wettkampf über ein Upgrade in die Business Class oder auf einen Eco-XXL-Seat nachdenken. Bei langen Flügen ist die Beinfreiheit ein deutlicher Pluspunkt, der Sportler kommt weniger „gefaltet" am Wettkampfort an.
- Möglichst Direktflüge oder nur wenige Umsteigeaktionen buchen. Umsteigen bedeutet Stress und es besteht ein gewisses Risiko, Anschlussflüge zu verpassen oder Koffer und/oder Radkoffer nicht weitertransportiert zu bekommen.
- Möglichst alle individuellen Dinge ins Handgepäck packen, die man für ein erfolgreiches Rennen braucht. Dazu zählen Radschuhe und Pedale, Wettkampfanzug, Laufschuhe, Schwimmbrille. Alles andere kann man notfalls bei Verlust des Koffers/ Radkoffers durch die Fluggesellschaft am Wettkampfort organisieren.
- Wenn man nach dem Wettkampf noch weiterreisen möchte, sollte man sich im Vorfeld informieren, ob das Rad als Paket nach Hause geschickt oder während der Weiterreise irgendwo deponiert werden kann.

12.1.4.4 Reisedokumente

- Frühzeitig die Gültigkeit des Reisepasses checken und die Einreisemodalitäten für das Reiseziel überprüfen.
- Impfungen sollten mit mindestens 6-8 Wochen Vorlauf erfolgen.
- Den Auslandskrankenschutz überprüfen.

12.1.4.5 Weiterführende Autofahrt

Nicht jeder Wettkampfort ist direkt mit dem Flugzeug erreichbar, oft müssen noch längere Strecken mit einem Mietwagen zurückgelegt werden.

Pro drei Stunden Fahrtdauer mit dem PKW sollte ein weiterer Tag Vorlauf einkalkuliert werden.

12.1.5 Witterungsbedingungen

Triathlon ist eine Outdoorsportart und unterliegt daher den unterschiedlichsten Witterungseinflüssen. Triathleten reagieren unterschiedlich auf die einzelnen Reize. Manche Athleten sind besser hitzeadaptiert als andere Sportler.

Oft sind große und schwerere Athleten bei heißen und/oder schwülen Umgebungsbedingungen benachteiligt, da das Herz-Kreislauf-System einen größeren Aufwand zur Kühlung des Körpers betreiben muss als bei kleineren Athleten mit weniger Skelettmuskulatur.

Leichte Sportler haben bei sehr windanfälligen Radstrecken mit geringer Anzahl an zu überwindenden Höhenmetern Nachteile als schwerere Athleten. Athleten mit geringem Körperfettanteil bieten bei geringen Temperaturen weniger Isolationsschicht und fangen oft früher an zu frieren.

Bei der Auswahl eines Rennens sollte man daher auf Klimadatenbanken zurückgreifen, um zumindest eine Tendenz des Wetters zu antizipieren, wobei das Wetter immer ein Faktor mit einigen Fragezeichen bleiben wird.

Als Beispiel soll hierzu der Ironman® Frankfurt 2011 mit 12 Grad Celsius Temperatur und Dauerregen und die Austragung aus dem Jahr 2019 mit Temperaturen jenseits der 40-Grad-Celsius-Marke angeführt werden. Rennen, die eine hohe Regenwahrscheinlichkeit aufweisen, wären für Athleten mit defizitärer Radbeherrschung eher zu meiden.

12.1.5.1 Schwimmen

Schlechtere Schwimmer profitieren oftmals stärker vom Tragen eines Neoprenanzugs als ehemalige Leistungsschwimmer. Daher sollte man bei der Rennauswahl die zu erwartende Wassertemperatur im Blick haben, Informationen hierzu liefern die Rennveranstalter.

Die Strömungsverhältnisse und der Wellengang sollten ebenfalls berücksichtigt werden. Für viele Athleten stellt der Schwimmstart ein großes Stressmoment dar. Beim Aussuchen des Rennens sollte daher der Startmodus (Massen-, Wellen- oder Rolling Start) näher betrachtet werden.

12.1.5.2 Radfahren

Die größten Unterschiede im Anforderungsprofil liegen wohl beim Radfahren. Das Radfahren nimmt im Langdistanztriathlon den, zeitlich gesehen, größten Anteil ein und hat zudem einen sehr starken Einfluss auf die nachfolgende Laufleistung. Daher sollte die Auswahl des Rennens präzise in Einklang mit den radfahrerischen Fähigkeiten des Athleten gebracht werden.

Bei der Planung müssen daher die zu überwindenden Höhenmeter, Windeinflüsse und der Streckenverlauf beachtet werden. Strecken, die mit vielen Richtungswechseln und daraus resultierenden Phasen der Beschleunigung nach einer Kurve versehen sind, sollten eher von Athleten ausgewählt werden, die über eine sichere Radbeherrschung und Kurventechnik verfügen.

Im vorgeschalteten Training wird die Entwicklung dieser Antritte ebenfalls Berücksichtigung finden. Besonders bergige Strecken brauchen eine spezielle Wahl des Equipments. Übersetzung, Laufräder und Helmwahl sind dabei vordergründig zu erwähnen.

Bei besonders draftinganfälligen Strecken sollte der Sportler im Vorfeld bewusst dieses unsportliche Verhalten mancher Mitstreiter im Hinterkopf behalten und sich gedanklich auf solche Betrugsszenarien einstellen, damit er sich im Wettkampf nicht zu sehr davon aus seiner eigenen Konzentration bringen lässt.

12.1.5.3 Laufen

Das Höhenprofil spielt beim Laufen ebenfalls eine entscheidende Rolle, allerdings hat das Wetter einen meist größeren Einfluss auf die Lauf- bzw. Gesamtleistung eines Athleten. Unterschiede in Sachen Bodenbeschaffenheit, Richtungswechsel, Anzahl der Verpflegungsstellen etc. sollten ebenfalls berücksichtigt werden.

12.1.6 Rennen in Asien

Langdistanzrennen in Asien stellen den Athleten vor eine ganze Reihe von Besonderheiten, die man beachten sollte. Zum einen sind die Witterungsbedingungen in der Regel nicht ganz leicht, zur großen Hitze kommt sehr oft eine extrem hohe Luftfeuchtigkeit hinzu, was die Kühlung über das Verdunsten des Schweißes auf der Haut nicht so wirklich zulässt. Die zum Teil extremen Witterungsbedingungen lassen im Vorfeld des Rennens kein optimales Training mehr zu, man sitzt da etwas in der Zwickmühle.

Zum einen ist der zu erwartende Jetlag in Reiserichtung Osten etwas heftiger, sodass ein Training zum Wiederfinden des eigenen Rhythmus sinnvoll wäre, aber auf der anderen Seite ist das Training vor Ort nur bedingt durchführbar. Je nach Destination ist kein sicheres Radtraining auf den Straßen möglich, sodass man über die Mitnahme eines Rollentrainers nachdenken sollte.

Ich habe es immer wieder erlebt, dass Athleten bereits vor dem Rennen über Magen-Darm-Probleme berichtet haben. Gründe hierfür könnten ungewohntes Essen oder auch eine schlechte Wasserqualität im Freiwasser sein. Von daher sollte man möglichst auf mitgebrachte Eigenverpflegung zurückgreifen und tendenziell eher im Pool und nicht auf der Wettkampfstrecke schwimmen.

Des Weiteren können Magen-Darm-Probleme durch regelmäßiges Händewaschen und durch Verzicht auf Leitungswasser umgangen werden.

Bei der Entscheidungsfindung für ein asiatisches Rennen sollten nicht die Zeiten in der Ergebnisliste aus dem Vorjahr ein Kriterium darstellen. Man darf sich von den zum Teil deutlich langsameren Endzeiten nicht irritieren lassen, die vorherrschenden klimatischen Bedingungen lassen meistens keine schnelleren Zeiten zu.

Generell würde ich nicht zwingend an Premierenveranstaltungen in Asien teilnehmen, da der Organisationsstandard nicht dem von europäischen oder nordamerikanischen Rennen entspricht. Ich habe mehrfach von Athleten zum Teil abenteuerliche Rennberichte nach Erstveranstaltungen rückgemeldet bekommen.

Schwimmer, die sehr stark vom Einsatz des Neoprenanzugs profitieren, sollten eher keine asiatischen Rennen wählen, denn in der Regel wird aufgrund der hohen Wassertemperaturen dort eher ohne Neopren geschwommen. Nichtsdestotrotz ist eine Reise nach Asien sehr reizvoll und wenn man die genannten Punkte beachtet, kann einem erfolgreichen Langdistanzerlebnis in Asien nichts mehr im Wege stehen.

12.2   Die letzten vier Wochen vor der Langdistanz

Nachdem wir uns nun mit der Auswahl und den Anreisemodalitäten befasst haben, möchte ich hier die letzten vier Wochen vor der Langdistanz skizzieren. Folgendes Phänomen kann ich seit Jahren beobachten.

4-5 Wochen vor dem Tag X häufen sich die E-Mails an mich, dass die Athleten unsicher ob ihres Leistungsstands sind und ihr aktuelles Training hinterfragen. Zu diesem Zeitpunkt sind keine signifikanten Leistungszuwächse in Sachen Kraft und Geschwindigkeit bis zum Tag X mehr möglich.

Es lässt sich „lediglich" die Ausdauer und der Stoffwechsel aufrechterhalten, beides sind wichtige Faktoren für ein erfolgreiches Langdistanzfinish. Auf der anderen Seite kann in den letzten vier Wochen die harte Arbeit der zurückliegenden Wochen und Monate durch ein Zuviel an Training kaputt gemacht werden.

12.2.1 Das Tapering

Ironman® stellt eine extreme Form in Sachen Langzeitausdauerbelastung dar. Ich denke, dass das allgemein gültige Taperingschema nicht für die Teilnahme an einem Langdistanztriathlon passt. Dieses Tapering wurde von Sportarten übernommen, deren Charakter eher anaerob und die mit deutlich kürzerer Dauer bedacht sind, also z. B. Mittelstreckenlauf oder Schwimmen. Außer der gleichen Fortbewegungsart hat das jedoch recht wenig mit dem Anforderungsprofil einer Langdistanz zu tun.

Wir sollten uns daher eher am Radsport orientieren. Dort gibt es kein wirkliches Tapering, es wird mehr oder weniger ohne Belastungsrückgang bis zum Tag X hintrainiert. Triathleten, die mit dem herkömmlichen Taperingschema von drei Wochen Dauer agieren, also die Umfänge von Woche zu Woche runterschrauben, werden am Tag X mit deutlich verschlechterter Fitness an der Startlinie stehen.

Auf der anderen Seite gibt es die „wilden Hühner", die in den letzten 3-4 Wochen Panik ob ihrer Leistungsfähigkeit bekommen und sich auf die Suche nach der Last-Minute-Form begeben. Solche Athleten müssen dann unbedingt noch einen Lauf über 30 km oder nochmals sechs Stunden mit 4 x 40 Minuten im Ironman®-Tempo absolvieren, ruinieren sich dabei leider sehr oft mit einer einzigen solchen Einheit die Form und sind am Renntag frustriert, weil sie trotz des letzten Trainingseinsatzes im Wettkampf hinter ihren Zielen zurückbleiben.

Doch wie kann es denn nun richtig gehen? Der Mensch ist ein Gewohnheitstier, welches meistens mit Unsicherheit und Panik nicht gut umgehen kann. Diese gewünschte Routine sollte auch im Training weitergeführt werden. Soll heißen, dass das gleiche Trainingsregime wie in den Wochen und Monaten zuvor beibehalten werden sollte. Wer im Vorfeld mittwochs seinen langen Lauf gemacht und am Sonntag lange auf dem Rad gesessen hat, sollte das im letzten Monat auch so beibehalten, auch wenn das Trainingsvolumen zum Wettkampf hin langsam abnimmt.

Wir wollen also das Trainingsprinzip beibehalten, aber gleichzeitig etwas mehr Ruhe und Erholung einbauen. Die notwendigen Zeiten der Ruhe sind sehr individuell zu verstehen und sollten im Kontext zur Alltagsbelastung des Sportlers sowie zu seiner Leistungsfähigkeit betrachtet werden.

Athleten, die mit sehr viel Kontinuität und wenigen Trainingsausfällen die vergangenen Monate absolviert haben, sind oftmals 4-5 Wochen vor dem Rennen mental ausgebrannt und würden von mehr Ruhephasen profitieren. Auf der anderen Seite sind das jedoch Sportler, die sehr stark abhängig von der gewonnenen Routine sind. Sie verlieren recht schnell an Selbstbewusstsein und denken, dass das Tapering ihnen nicht wirklich zum Vorteil gereicht.

Solche Athleten würde ich als Coach etwa vier Wochen vor dem Hauptrennen für 5-8 Tage mit deutlich reduziertem Training „aus dem Verkehr ziehen". Nach dieser Phase fühlen sich die meisten sehr frisch und leiden weniger unter einem Verlust des Vertrauens in die eigene Leistung, weil sie sich noch eben vier Wochen vor dem Rennen befinden. Diese Ruhewoche dient dann dazu, die Zeit bis zum Rennen wieder mit mehr oder weniger normalen Umfängen und Inhalten zu bestücken.

Athleten, die (aus welchen Gründen auch immer) in der Vorbereitung ab und zu Trainingstage ausfallen lassen mussten, werden 1-2 Ruhetage in den letzten 10 Tagen sowohl körperlich als auch mental besser verkraften, da sie es gewohnt sind, eben solche Tage ohne Training in der Vorbereitung erlebt zu haben.

Die Sportler sollten wissen, dass in dieser finalen Phase Ruhe nicht unbedingt dazu beiträgt, dass man sich fit und frisch fühlt. Oftmals ist es so, dass die Ruhezeiten die Athleten noch müder oder träger machen. Viele reagieren auf diesen Zustand dann panisch und sehen ihre Felle, sprich ihre Leistungsfähigkeit, davonschwimmen. Als Resultat gehen sie dann doch wieder raus, trainieren zu lang und zu hart, müssten aber stattdessen eigentlich weiter Ruhe halten.

Ein korrektes Tapering sollte alle diese Aspekte berücksichtigen und die jeweiligen individuellen Besonderheiten der Sportler abdecken. Meine Erfahrungen haben gezeigt, dass ein Tapering von 7-10 Tagen vollkommen ausreichend ist. Manche Athleten verlieren durch zu lange Ruhephasen zu viel Ausdauervermögen, solche Athleten fahren unter Umständen am Montag der Rennwoche noch bis zu drei Stunden mit ruhigem Tempo.

Andere Athleten müssen sich orthopädisch erholen, diese werden Läufe bis maximal 40 Minuten Dauer absolvieren, um sich muskulär zu erholen. Das klassische Drei-Wochen-Muster funktioniert wahrscheinlich nur bei 3-5 % aller Athleten, ich habe im Coaching von über 1.000 Langdistanzrennen damit keine guten Erfahrungen gemacht. Die Athleten sollten wissen, dass sie sich in den letzten 10 Tagen bis 2-3 Tage vor dem Rennen schlecht fühlen und trotzdem Ruhe bewahren und sich ganz sicher nicht auf die Suche nach der Last-Minute-Form begeben.

Ein Bild, das das korrekte Tapering gut beschreibt, ist das eines Rennpferdes. Das Pferd wird eingesperrt und brennt darauf, auf die Piste gelassen zu werden, wenn es einige Zeit im Stall stehen muss. Athleten, die das Tapering und die Ruhe richtig timen, brennen auf das Rennen und können den Startschuss kaum erwarten. Athleten, die ein gestörtes Zusammenspiel von Be- und Entlastung haben, werden meistens ausgebrannt in der Rennwoche agieren und im Wettkampf hinter ihren Erwartungen zurückbleiben.

Da das Tapering sehr individuell ist, kann ich nur empfehlen, die letzten 3-4 Wochen vor dem Hauptwettkampf genau zu dokumentieren. Neben den routinemäßigen Einträgen sollten Angaben zum Alltagsstress, Schlaf, Wetter und Ernährung gemacht werden. Im Fall einer erfolgreichen Wettkampfteilnahme kann dann dieses Taperingschema bei einer nächsten Wettkampfteilnahme wieder aus der Schublade geholt werden.

Sollte das Rennen nicht optimal gelaufen sein, so gilt es, das Schema zu analysieren und, daraus resultierend, an den diversen Stellschrauben zu drehen. Generell sollte man sich die Frage selbst stellen, ob man für das Training trainiert oder das Training eine Wettkampfleistung hervorrufen soll.

12.2.2 To-do-Liste für die letzten vier Wochen vor der Langdistanz

Organisatorisch oder logistisch gesehen, gibt es eine Reihe von Dingen, die es in den letzten vier Wochen zu erledigen gilt.

12.2.2.1 Massage

Eine regelmäßige Muskelpflege in Form einer Massage oder physiotherapeutischen Behandlung sollte eigentlich in keiner Langdistanzvorbereitung fehlen. Myogelosen, also Verklebungen in der Muskulatur und auch im faszialen Gewebe, hemmen die Funktion dieser Strukturen. Werden diese muskulären Begleiterscheinungen, die zwangsläufig durch das zugespitzte große Trainingsvolumen anfallen, frühzeitig und regelmäßig durch einen Therapeuten behandelt, so stellt man sicher, dass die Muskulatur auch am Wettkampftag optimal arbeiten kann.

Es bringt jedoch nichts, wenn man in der Rennwoche einmalig zur Massage geht und nicht schon vorher regelmäßig Muskelpflege betrieben hat. Denn dann wird der Therapeut relativ intensiv diese Strukturen bearbeiten müssen, um alles Verklebte zu lösen, was zu Muskelkater und dem Gefühl der Kraftlosigkeit führen kann und sich in der Rennwoche negativ auf die Psyche auswirken kann.

Von daher sollte man frühzeitig damit beginnen und die letzte Behandlung idealerweise nicht nach Dienstag in der Rennwoche über sich ergehen lassen, um nachfolgend wieder ausreichend Tonus in die Muskulatur zu bekommen. Die finanzielle Investition ist nicht wegzudiskutieren, macht aber in meinen Augen weitaus mehr Sinn als die Anschaffung eines Carbon-Flaschenhalters!

12.2.2.2 Pediküre

Neben der Muskelpflege sollte man sich auch besonders seinen Füßen widmen und diese einer besonderen Pflege unterziehen. Einige Sportler klagen über Blasen, eingewachsene Zehennägel oder ein entzündetes Nagelbett. Um diese Probleme zu umgehen, würde ich in den letzten vier Wochen zwei Termine bei einer medizinischen Fußpflege vereinbaren, damit die Nägel optimal geschnitten sind und sich keinerlei Probleme dahin gehend entwickeln.

Kosmetik- oder Nailstudios sind in diesem Fall zu umgehen, es sollte sich schon jemand der Sache annehmen, der auf eine medizinische Ausbildung in diesem Bereich zurückgreifen kann. Die Chance, die Zehennägel nach dem Wettkampf nicht zu verlieren, sind dadurch signifikant verbessert.

12.2.2.3 Bike-Check-up

Es empfiehlt sich, in der vorletzten Woche einen Termin für einen professionellen Bike-Check-up beim Händler des Vertrauens zu vereinbaren. Dazu sollte man rechtzeitig, also mit einigen Wochen Vorlauf, einen entsprechenden Termin zu vereinbaren.

HINWEIS

Dieser Check-up sollte folgende Maßnahmen beinhalten:

- Das Innenlager auf Leichtlauf kontrollieren.
- Alle Schraubverbindungen auf korrektes Drehmoment überprüfen.
- Tausch der Kette und gegebenenfalls des Ritzelpakets.
- Kontrolle der Schaltröllchen im Schaltwerk.
- Präparation der Wettkampflaufräder (Reifen, Schlauch, Dichtmilch).

TRIATHLON ERFOLG AUF DER LANGDISTANZ

Ich empfehle, nach diesem Check-up nochmals in Summe 150-200 km bis zum Renntag auf dem Rad gefahren zu sein, um eventuell anfallende Probleme nochmals beheben zu können. Nachfolgender Zeitstrahl soll die zu erledigenden Dinge in den letzten vier Wochen zusammenfassen. Das dort gezeigte Muster zielt auf ein Rennen mit Anreise mittels PKW ab und müsste bei Flugreisen entsprechend modifiziert werden.

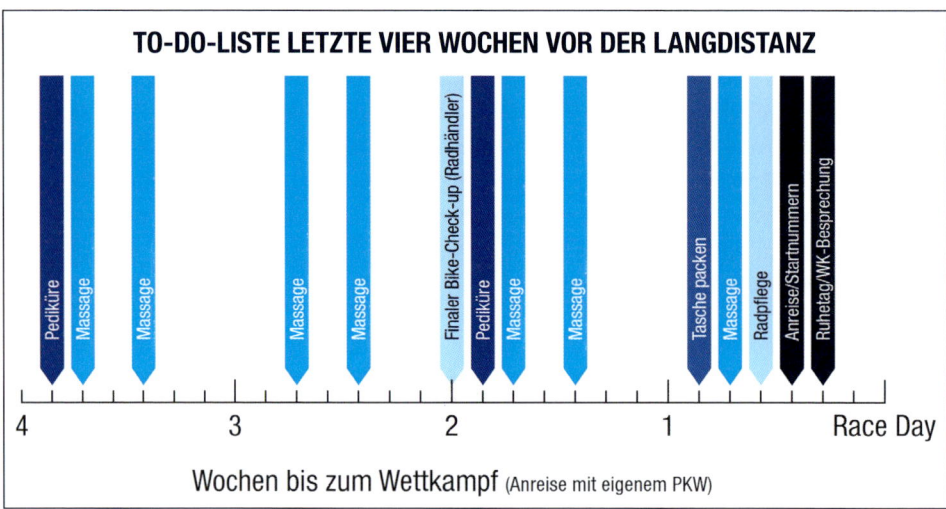

Abb. 114: Logistik der letzten vier Wochen vor der Langdistanz

12.3 Die Rennwoche

Die letzten Tage vor der Langdistanz sind erfahrungsgemäß sehr geprägt durch Anspannung, Logistik, Anreise und Stress. Um zumindest den letzten Teil zu entzerren, empfiehlt es sich, Checklisten zu führen. Klingt spießig, macht aber durchaus Sinn.

Insbesondere Langdistanzdebütanten können über das Abhaken der Checklisten eine ganze Menge an Unsicherheit und Nervosität abbauen. Das Zusammenpacken aller notwendigen Dinge für den Wettkampf sorgt dabei eher für einen reibungslosen Renntag.

12.3.1 Allgemeine Verhaltensregeln

- Auf ausreichende Schlafdauer achten und nicht zu spät ins Bett gehen.
- Möglichst jede Form von additivem Stress vermeiden.
- Am Wettkampfort weitestgehend Menschenansammlungen zur Infektprophylaxe meiden. Dazu regelmäßig die Hände waschen und unter Umständen einen Mund-Nase-Schutz tragen.

- Keine zusätzlichen Last-Minute-Trainingseinheiten mehr einplanen.
- Nur bekannte Mobility-Übungen durchführen, alles Neue gilt es zu vermeiden!
- Die Triathlonmesse nur kurz besuchen und nicht stundenlang von Stand zu Stand tingeln.
- Sonnenexposition weitestgehend meiden und eher in den kühleren Stunden trainieren.
- Keine Last-Minute-Nahrungsergänzungsmittel konsumieren, alles Neue gilt es zu vermeiden!
- Jede Trainingseinheit umgehend mit Flüssigkeit, Kohlenhydraten, Natrium und Proteinen nachbereiten.
- Nie Hungergefühl aufkommen lassen.
- Nie Durstgefühl aufkommen lassen, aber auch kein exzessives Wassertrinken durchführen!
- Alkohol in Maßen konsumieren.
- Sich möglichst frühzeitig registrieren und die Startunterlagen abholen.
- Den Wetterbericht täglich prüfen und die Materialauswahl entsprechend anpassen.
- Ansammlungen von Triathleten weitestgehend meiden, denn fit aussehende Sportler, futuristische Fahrräder etc. lassen manche Sportler in Ehrfurcht erstarren und an Selbstbewusstsein verlieren.

Die Athleten sollten sich auf keinen Fall von den Algorithmen ihrer Sportuhren beeinflussen lassen. Durch das Tapering in den letzten Tagen vor dem Wettkampf ändert sich auch der Input, den die Uhr normalerweise über das Training bekommt.

Teilweise wird dann eine sinkende VO_2max, ein unproduktiver Zustand oder ein Abfall der möglichen Marathonzeit angezeigt. Diesen Werten und Angaben sollte man auf keinen Fall in der Rennwoche auch nicht den kleinsten Hauch von Aufmerksamkeit schenken.

12.4 Die letzten 48 Stunden vor dem Startschuss

So langsam wird es spannend und der Countdown läuft. Gedanklich haben die letzten 48 Stunden angefangen, für die ich hiermit eine Art Leitfaden ausgeben möchte, um etwaige Fehler zu umgehen.

Mit der Startnummernausgabe erhält man die drei Wechselbeutel, die es zu bestücken gilt.

- Swim-to-Bike
- Bike-to-Run
- After Race
- Optional: Special Needs (Eigenverpflegung im Rennen)

Falls es am Rennwochenende regnen sollte, dann empfiehlt es sich, den Inhalt des Wechselbeutels Bike-to-Run in eine weitere Plastiktüte zu packen und diese dann in den Wechselbeutel zu stecken, um sicherzugehen, dass der Inhalt weitestgehend trocken bleibt.

12.4.1   Zwei Tage vor Check-in bzw. Radabgabe

- Alle Schraubverbindungen am Rad kontrollieren, eventuell mit einem Drehmomentschlüssel nachziehen. Auf keinen Fall mit sinnloser Gewalt an die Sache rangehen.
- Die Position der Bremsen kontrollieren.
- Den Schnellspanner der Laufräder sicher zudrücken und den Hebel so positionieren, dass man das Laufrad im Fall einer Panne auch ausgebaut bekommt.
- Die elektronische Schaltung vollständig aufladen.
- Den Radcomputer anschalten, damit dieser die Satellitenposition am Wettkampfort schneller am Renntag findet. Alle Verbindungen zum Powermeter, Herzfrequenzmesser, Trittfrequenzmesser kontrollieren, richtiges Profil auf dem Display einstellen und Powermeter kalibrieren.
- Die Rahmennummer am Rad befestigen, hierzu unter Umständen mit einer Nagelschere die Ecken zuschneiden, damit die Nummer gut und aerodynamisch sitzt und nicht wie ein Fähnchen im Wind flattert. Cave: Sponsoren des Wettkampfs müssen auf der Startnummer sichtbar bleiben, sonst droht im schlimmsten Fall eine Disqualifikation.
- Trinksystem im Lenker befestigen, den Flaschenhalter etwas „zudrücken" für einen verlässlicheren Halt der Flaschen im Rennen. Insbesondere dann, wenn Kopfsteinpflasterpassagen (z. B. Ironman® Frankfurt) oder schlechter Straßenbelag zu erwarten sind.
- Das Pannenset, bestehend aus 1-2 Schläuchen, Ventilverlängerungen für Aerofelgen bzw. für Scheibenrad, Reifenheber, Multi-Tool, Pumpe oder CO_2-Kartusche, montieren.

HINWEIS

Zusatz für Schlauchreifenfelgen: Die Pannenmilch sicher montieren, eventuell einen kleinen Cutter mitführen (um den kaputten Reifen notfalls aufzuschneiden). Ersatzschlauchreifen (sollte schon mal auf einer Felge aufgezogen worden sein, um eine gewisse Länge zu besitzen).

MERKE

Es empfiehlt sich, alle im Wettkampf genutzten Dinge mit einem wasserfesten Stift mit Namen oder Initialen zu markieren, um diese im Verlustfall evtl. wieder aus der Kiste mit den Fundsachen zurückzubekommen.

12.4.2 Beutel Swim-to-Bike

Der Beutel sollte möglichst wenige Dinge beinhalten. Für einen schnellen ersten Wechsel sollte man im Rahmen der Wettkampfregeln möglichst viele Dinge bereits am Rad befestigen, um nicht zu viel Zeit in der Wechselzone 1 (T1) zu verlieren.

INHALT DES BEUTELS

- Helm mit aufgeklebter Startnummer.
- Radschuhe (die Schraubverbindung der Cleats sollte gecheckt werden).
- Sonnenbrille.
- Für Sehgeschwächte: Ersatzkontaktlinsen oder Brille.
- Startnummernband (Startnummer mit vier statt den üblichen zwei Sicherheitsnadeln befestigen).

Die Wettkampfbekleidung sollte insbesondere beim Radfahren den jeweiligen Witterungsbedingungen angepasst werden. Nachfolgende Tabelle soll die unterschiedlichen Varianten hierzu aufzeigen.

RADBEKLEIDUNG WETTKAMPF

Variante „normal"	Variante „Komfort"	Variante „Regen und Kälte"	Variante „Hitze"
Einteiler	Radhose	Einteiler	Einteiler
Socken optional	Radtrikot	Windweste oder eng anliegendes Windstoppertrikot	Arm-Coolers
	Optional Unterhemd	Armlinge	Helm-Cooling-Inlay
	Socken	Evtl. Knielinge	
	Radhandschuhe	Helm-Unterziehmütze	
		Socken	
		Überschuhe	
		Gummi-Putzhandschuhe, die bei steigenden Temperaturen in Aid Station entsorgt werden können	
		Evtl. reicht auch nur eine Tageszeitung als Windblocker, die dann in Aid Station bei steigenden Temperaturen entsorgt werden kann	
		Radbrille mit transparentem Glas	

Abb. 115: Radbekleidung für den Wettkampf

12.4.3 Beutel Bike-to-Run

Genau wie beim Beutel Swim-to-Bike sollte man den Inhalt möglichst „schmal" halten.

Empfehlenswert ist, alle Einzelteile wie Gels, Salztabletten etc. in einen Zip-Loc-Beutel zu packen und diesen in den Wechselbeutel zu stecken. Diesen kann man schnell greifen, hat alle Dinge wasserdicht beisammen und kann dann nach Verlassen der zweiten Wechselzone (T2) diesen entsprechend leeren und in der Laufbekleidung oder im Einteiler verstauen.

Die Zeitersparnis durch einen schnellen Wechsel kann schnell bei 2-3 Minuten liegen. Diese Zeit läuferisch aufzuholen, wird schätzungsweise deutlich mehr wehtun.

INHALT DES BEUTELS

- Laufschuhe (die Schnürung ist geöffnet; ich empfehle keine Gummischnürsenkel, denn diese geben dem Fuß schlichtweg zu wenig Halt und Führung!!
- Laufsocken (aufgerollt und je eine Socke in einen Laufschuh verstauen und links/rechts beachten).
- Vaseline oder ein vergleichbarer Schmierstoff, um Scheuerstellen zu vermeiden.

INHALT DES ANGESPROCHENEN ZIP-LOC-BEUTELS

- GPS-Uhr, falls zum Radfahren eine andere Uhr genutzt wurde. Es empfiehlt sich, diese vor dem Wettkampf schon mal angeschaltet zu haben, damit der Satellitenempfang schneller stattfinden kann.
- Energygels
- Salztabletten

LAUFBEKLEIDUNG WETTKAMPF			
Variante „normal"	Variante „Komfort"	Variante „Regen und Kälte"	Variante „Hitze"
Visor oder Cap	Visor oder Cap	Mütze	Visor oder Cap
Socken	Frische Socken	Frische Socken	Socken
	Ggf. Compression-Socks	Windweste	Ggf. Cooling Cap/ Head Band
	Laufhose	Armlinge	Ggf. Wrist Cooler
	Singlet		Ggf. Neck Cooler

Abb. 116: Laufbekleidung für den Wettkampf

12.5 Vorwettkampftag

Der Tag vor dem Rennen sieht in der Regel folgenden Zeitplan vor. Da die Nacht vor dem Rennen normalerweise sehr unruhiger Schlaf bedeutet, sollte man darauf achten, in der vorletzten Nacht eine gute Mütze Schlaf abzubekommen. Je nach Zeitplan ergibt sich dann die restliche Tagesplanung.

> **Variante 1**
>
> Ist der Check-in in der Wechselzone früh möglich, sollte nach dem Frühstücken eine ca. 30-minütige Radvorbelastung absolviert werden. Dabei sollten alle Gänge durchgeschaltet werden, um einen Last-Minute-Check-up durchzuführen. Entweder fährt man mit dem Rad von zu Hause oder Hotel zum Check-in und lässt sich dort abholen oder fährt mit dem Shuttlebus zurück oder man fährt die Vorbelastung und dann später mit dem Auto zur T1.
>
> In jedem Fall sollte nach Abschluss dieser Radeinheit mit einem Lappen der letzte Staub und Schmutz abgewischt werden. Nach dem Check-in erfolgt die Rückfahrt ins Hotel oder nach Hause und der Rest des Tages sollte bei sommerlichen Temperaturen im Schatten oder abgedunkelten Raum und möglichst liegend verbracht werden.

> **Variante 2**
>
> Wenn der Check-in erst nachmittags oder am frühen Abend möglich ist, sollte auch nach dem Frühstück die Vorbelastung mit anschließender letzter Radpflege absolviert werden, danach dann aber auf das Sofa oder ins Bett gekrochen werden und zum Einchecken mit dem Auto gefahren werden.

MERKE

Sollte es am Vortag sehr heiß sein, auf ausreichende Flüssigkeitsversorgung achten und eine Kopfbedeckung tragen. Oftmals muss in einer Schlange gewartet werden und es besteht keine Möglichkeit, sich dabei im Schatten vor direkter Sonneneinstrahlung zu schützen.

Der Wettkampf

Ist man dann an der Reihe und darf die Wechselzone nach der Sicherheitsüberprüfung des Rades und Helms sowie der Handgelenk-ID/Teilnehmerbändchen die Wechselzone betreten, empfiehlt es sich, den Wechselplatz einzurichten. Dazu sollte das Rad mit dem Sattel in den Ständer einhängt und etwas Luft aus den Reifen gelassen werden. Besonders bei heißen Temperaturen und direkter Sonneneinstrahlung vermeidet man damit ein Ausdehnen der Luft im Reifen und ein Reifenplatzer vor dem Wettkampf wird umgangen.

Trinkflaschen, Verpflegung, Radschuhe, Sonnenbrille, Helm und Tacho sollte man noch nicht bereits am Vortag am Rad deponieren, denn zum einen gibt es auch unter den Sportlern immer wieder Langfinger und zum anderen können nächtliche Winde das Material wegwehen.

Um sich den Wechselplatz in der teilweise engen und großen T1 zu merken, kann man sich diesen durch Fotografieren als Erinnerungsstütze notieren. Anschließend empfiehlt es sich, den Streckenverlauf beim Schwimmen zu sichten. Manche Sportler schwimmen nach dem Check-in für 10-20 Minuten auf der Wettkampfstrecke, sofern das erlaubt oder möglich ist.

Vor einigen Jahren habe ich das auch so immer wieder als Empfehlung ausgesprochen, denke aber mittlerweile, dass die Vorbelastung auf dem Rad und das Einchecken schon Stress genug für die meisten Sportler bedeuten, eine Vorbelastung im Wasser also nicht immer zwingend notwendig ist. Der Wasserausstieg und der Weg zur Wechselzone kann ebenfalls nochmals fotografiert werden.

Nachdem die „Arbeit" erledigt wurde, sollte dann zügig der Rückweg nach Hause oder Hotel mit Ziel Sofa oder Bett angetreten werden. Oftmals trifft man Bekannte oder befreundete Sportler und vergeudet wertvolle Zeit durch ein Schwätzchen hier und da.

Im Hotel oder zu Hause angekommen, sollten die letzten Dinge für das Rennen gepackt werden. Um sicherzustellen, nichts zu vergessen, empfehle ich immer wieder, alle notwendigen Dinge von innen vor die Zimmer- oder Haustür zu legen, sodass man am Wettkampfmorgen auf jeden Fall, hoffentlich nur bildlich gesprochen, darüber stolpern wird. Dazu zählen der Timing-Chip, Radschuhe, Helm, Bike-Computer und Wettkampfverpflegung.

12.6 Der Rucksack am Wettkampfmorgen

Dieser Rucksack sollte alle Dinge, die man vor dem Rennen, im Rennen selbst bzw. auch danach braucht, aufnehmen können. Dabei wäre sicherzustellen, dass er von seiner Größe auch in den sogenannten *After-Race-Beutel* passt, denn nur somit ist gewährleistet, dass man diesen nach Überqueren der Finish Line auch als Inhalt des After-Race-Beutels zurückbekommt.

Da es nicht erlaubt ist, Standpumpen in den After-Race-Beutel zu packen, sollte man mit einem Supporter einen sicheren Treffpunkt ausmachen, um nach dem Aufpumpen am Wettkampfmorgen diese Pumpe auch wieder loszuwerden.

INHALT DES BEUTELS

- Wettkampfbekleidung
- Radschuhe
- Offizielle Badekappe des Veranstalters und/oder eine zweite Badekappe zum Darunterziehen bei kalten Wassertemperaturen (bei sehr kalten Wassertemperaturen Neoprenhaube)
- Schwimmbrille(n), verspiegelt oder klares Glas, je nach Lichtverhältnissen ausgewählt
- Neopren oder Swimsuit bei Neoprenverbot
- Plastiktüte zum leichteren Einsteigen in den Neoprenanzug
- Schmiermittel zum Einreiben des Halses zur Prävention von Scheuerstellen am Hals durch den Neoprenanzug
- Gegebenenfalls Ohrstöpsel/Nasenklammer
- After-Race-Beutel, um den Rucksack dann vor dem Start darin zu verstauen
- Timing-Chip
- Flip-Flops oder Einwegpantoffeln aus dem Hotel, die man direkt vor dem Startschuss ausziehen kann, um kalte Füße zu vermeiden
- Eventuell Stirnlampe, um ausreichend Licht beim „Einrichten" der Wechselzone zu haben
- Radcomputer, mit geladenenem Akku!
- Radflaschen, gefüllt
- Gels, Riegel etc.
- Race-Morning-Verpflegung (Gel, Riegel, Banane etc. für die Zeit vor dem Startschuss)

MERKE

In einen separaten Beutel können Notfallgegenstände einpackt werden, falls über Nacht Schäden am Rad entstanden sein sollten.

- Schlauch
- CO_2-Kartusche
- „Crack-Pipe"-Pumpenadapter zum Aufpumpen der Hinterradscheibe
- Multi-Tool
- Kleines Handtuch zum Trocknen des Rads, falls es nachts geregnet haben sollte
- Tape
- Kabelbinder

INHALT DES AFTER-RACE-BEUTELS

- Duschgel
- Handtuch
- Frische Kleidung
- Möglichst bequeme Schuhe
- Telefon, um sich mit seiner Support-Crew telefonisch zu verabreden
- Eventuell Attest oder TUE (Therapeutical Use Exemption) für eine Dopingkontrolle, falls man bestimmte Medikamente oder ein Asthmaspray nutzen muss und eine Ausnahmegenehmigung dafür besitzt

12.7 Checkliste am Wettkampfmorgen (noch im Hotel oder zu Hause)

Planung ist alles! Wenn man den Wettkampfmorgen ordentlich mit Weitsicht plant, wird man stressfrei an der Startlinie stehen. Eine ausreichende Anfahrtszeit sollte einkalkuliert werden, die Zubringer zur Wechselzone 1 bzw. zum Start sind in der Regel eher kleinere Straßen und neben zahlreichen Teilnehmern möchten noch jede Menge Zuschauer und Supporter anreisen.

Pflicht sollte es sein, zu Hause wenigstens einmal das WC aufgesucht zu haben, denn die Anzahl der WCs am Wettkampfort ist erfahrungsgemäß sehr stark limitiert und ihr Zustand ist nach einer gewissen Zeit alles andere als appetitlich.

MERKE

Lieber zu früh als zu spät ankommen. Stress in jeglicher Form gilt es zu vermeiden.

- Den Wecker drei Stunden vor dem Rennstart stellen.
- Warm duschen, das regt den Kreislauf an und sorgt für Appetit, den manche nervöse Sportler am Wettkampfmorgen nicht haben.
- Anlegen des Timing-Chips (Klettverschluss mit Sicherheitsnadel sichern).
- Die Brustwarzen gegen Wundscheuern abkleben.
- Die Gesäßcreme, Sonnencreme etc. auftragen.
- Den Brustgurt des HF-Messers anlegen.
- Toilette aufsuchen.
- Die Rennbekleidung anziehen.
- Warme Bekleidung darüberziehen und bei kühlen Temperaturen eine Mütze tragen.

12.7.1 Zeitlicher Ablauf nach Eintreffen in der Wechselzone 1 (T1)

Nach möglichst stressfreiem und frühem Eintreffen an der T1 sollte man möglichst direkt erneut ein Dixie-WC aufsuchen. Danach dann den Radcomputer befestigen, anschalten und sicherstellen, dass die GPS-Satelliten gefunden wurden, um später im Rennen auch vernünftige Angaben zur Geschwindigkeit und zur zurückgelegten Kilometerdistanz zu erhalten.

In der Zeit, in der der Radcomputer den Satellitenempfang herstellt, kann man den Reifendruck überprüfen und bei Bedarf aufpumpen. Danach wird die Kette auf das richtige

Ritzel gelegt. Man sieht am Wechselbalken oft Sportler, die einen viel zu schweren Gang gekettet haben und das Rad nicht wirklich geschickt beschleunigt bekommen, Schlangenlinien fahren und andere Sportler dadurch gefährden.

Nach der richtigen Gangwahl sollten die Radschuhe in die Pedale eingeklickt und mit einem Gummi am vorderen Umwerfer und hinteren Schnellspanner befestigt werden.

MERKE

Das Losfahren mit den Füßen auf den bereits befestigten Pedalen muss im Vorfeld zwingend geübt worden sein, denn eine Langdistanz ist wirklich kein guter Zeitpunkt, um sich damit erstmals auseinanderzusetzen.

Danach werden die Radflaschen in die Flaschenhalter gesteckt, das Trinksystem (sofern genutzt) mit Flüssigkeit oder Gel-/Wasser-Gemisch bestückt und die weiteren notwendigen Dinge wie Energieriegel oder Salztabletten in der Oberrohrtasche verstaut. Anschließend wird der Helm mit der Unterseite nach oben auf den Aerolenker gelegt, die Helmriemen geöffnet und nach außen weggeklappt. In den Helm wird die Sonnenbrille gelegt (sofern der Helm kein integriertes Visier aufweist) und abschließend nochmals der Weg durch die Wechselzone hin zum eigenen Rad und zum Ausgang der T1 und zum Wechselbalken eingeprägt.

Da es in der Wechselzone meistens sehr eng ist und wie in einem Taubenschlag zugeht, empfiehlt es sich, möglichst schnell diese wieder zu verlassen. Danach gibt man beim Verlassen der T1 den After-Race-Beutel ab oder übergibt alle Dinge, die man nach dem Rennen braucht, seiner Support-Crew.

Nach Übergabe der Standpumpe an den Supporter sollte ein kurzes Warm-up stattfinden. Dazu reichen 3-5 Minuten lockeres Traben mit Hopserlaufen und Anfersen, gefolgt von Übungen aus dem Bereich Dynamic Mobility. Insgesamt sollte dieses Aufwärmprozedere höchstens 10 Minuten dauern.

Danach bei Bedarf ein weiteres Mal auf das WC gehen und im Anschluss den Wettkampfanzug und Neoprenanzug oder Swimsuit anziehen. Zum Anziehen des Neoprenanzugs kleine Plastiktüten oder Gefrierbeutel nutzen und mit Fuß oder Hand hineinschlüpfen, denn dadurch flutscht der Anzug leichter über die Haut.

Anschließend sollte ein Schmiermittel z. B. Vaseline auf den Hals aufgetragen werden. Diese gibt es in Form eines Deorollers, sodass die Hände nicht in Kontakt mit dem Schmiermittel geraten. Wenn die Handinnenfläche Kontakt mit Vaseline hatte, muss diese auf jeden Fall noch gründlich gereinigt werden, denn ansonsten „rutscht" die Hand eher durch das Wasser und es kann deutlich schlechter Druck auf das Wasser beim Schwimmen ausgeübt werden.

Nun begibt man sich in die Startaufstellung oder in das ausgewiesene Areal zum Einschwimmen und wartet sehnsüchtig auf den Startschuss. Ein Einschwimmen ist nicht immer möglich, bei einigen Rennen gibt es dazu keinen Platz oder einfach keine Möglichkeit. Man sollte sich aber in der Startaufstellung durch Lockerungsübungen, leichtes Auf- und Abspringen auf Betriebstemperatur bringen.

Ist ein Einschwimmen möglich, so gilt es, dies mit Vorsicht zu genießen, denn meistens wird in diesem Areal kreuz und quer geschwommen, Kollisionen zwischen Schwimmern gehören zum Wettkampfalltag und sind sicherlich nicht immer förderlich für die Vorstartnervosität.

12.8 Die Wettkampfstrategie

Es ist schwer, eine pauschale Empfehlung hinsichtlich einer allgemeingültigen Rennstrategie auszugeben. Die Streckenprofile, Witterungsbedingungen und die Wettkampfziele der Sportler sind zu unterschiedlich, um diese sicher auf einen Nenner herunterzubrechen.

Daher hier eher ein Versuch, für ein Rennen bei normalen Sommertemperaturen und moderatem Schwierigkeitsgrad und keinen besonderen Ansprüchen (Kona-Slot, Altersklassen- oder Gesamtsieg) eine Empfehlung abzugeben. Die Grafiken sollen den normalen Geschwindigkeitsverlauf und auch die „Stressverlaufskurve" zeigen.

Anschließend möchte ich drei Begriffe, die auf Englisch einfach viel cooler als auf Deutsch klingen, näher erklären.

12.8.1 Body-Inventory-Phase

Diese Phase findet sich in allen drei Disziplinen wieder. Sie beschreibt den Moment, in dem es keine besonderen Stressmomente gibt und in denen der Sportler mit sich alleine ist. In dieser Phase gilt es, mit möglichst hoher Bewegungsqualität unterwegs zu sein.

Ich stelle mir dabei immer vor, wie man sich als Athlet selbst aus der Vogelperspektive sieht und beurteilt, was man da eigentlich gerade so veranstaltet. Für das Schwimmen sind das konkret die folgenden Fragestellungen, die sich der Sportler permanent selbst beantworten muss:

- Schwimme ich auf der Ideallinie?
- Wo kann ich Wasserschatten bekommen, um Kraft zu sparen?

Der Wettkampf

- Wie sieht meine Zugfrequenz aus?
- Ist mein Kopf in korrekter Position?
- Wie sieht das Anstellen meines Unterarms und Ellbogens aus?
- Habe ich genug Zuglänge und Streckung?
- Atme ich effektiv ein und aus?

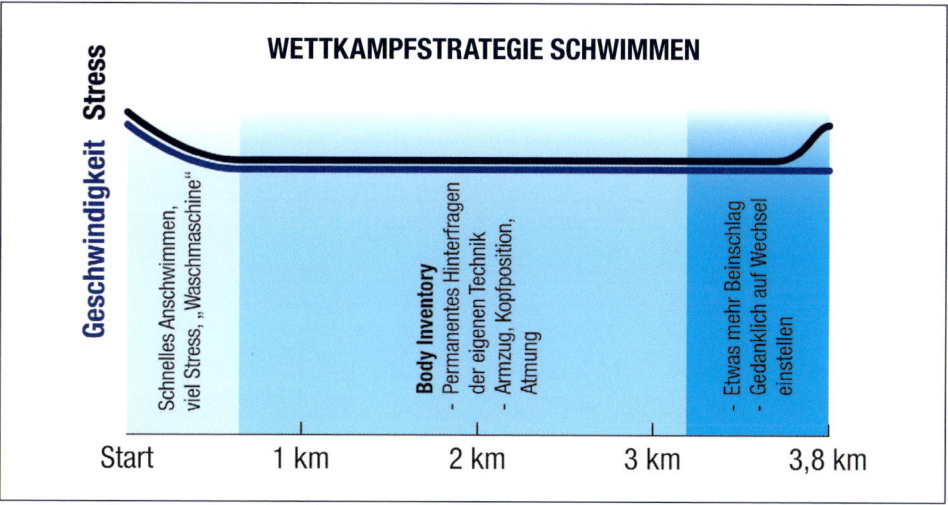

Abb. 117: Wettkampfstrategie während des Schwimmens

Beim Radfahren ergibt sich eine ganze Reihe anderer Fragestellungen:

- Fahre ich auf der Ideallinie?
- Kann ich die Kurve enger nehmen?
- Sitze ich korrekt?
- Wie steht es um meine Kopfposition? Bin ich im Shoulder Shrug?
- Passt der Gang zur Topografie?
- Passen Watt, Trittfrequenz, Geschwindigkeit, Variabilitätsindex?
- Passen die Zahlen auf dem Bike-Computer zu meinem Körpergefühl oder muss ich das anpassen?
- Bin ich noch außerhalb der Windschattenbox?
- Habe ich meine Ernährungsstrategie im Griff?
- Wann kommt die nächste Verpflegung?
- Muss ich mich von außen kühlen?
- Welche Zeit kann ich erzielen, wenn ich so weiterfahre? Ist das realistisch?

TRIATHLON ERFOLG AUF DER LANGDISTANZ

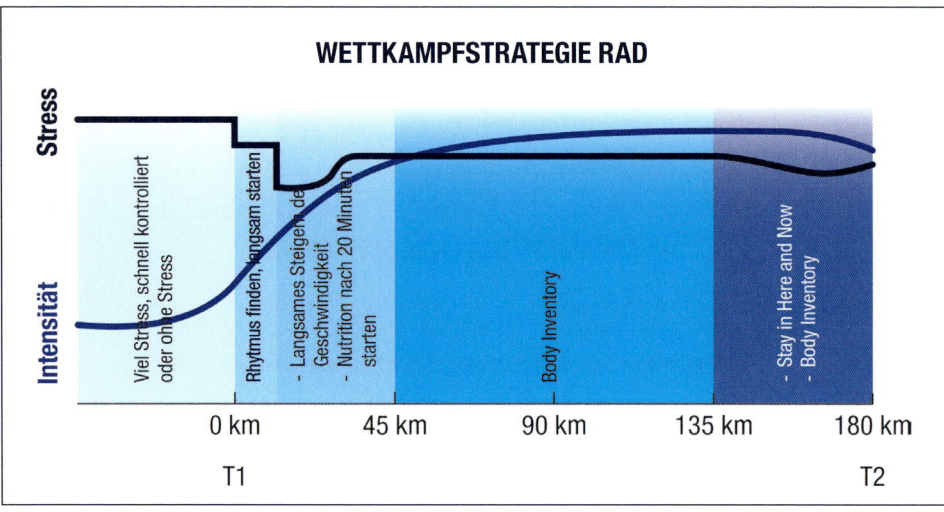

Abb. 118: Wettkampfstrategie während des Radfahrens

Für die abschließende Disziplin des Laufens warten bezüglich der Selbstkontrolle auch einige Punkte, die es permanent zu kontrollieren und gegebenenfalls anzupassen oder abzustellen gilt:

- Laufe ich auf der Ideallinie?
- Ist meine Gesichtsmuskulatur locker oder muss ich schon beißen?
- Sind meine Schultern möglichst locker nach unten hängend?
- Sind meine Arme und Hände locker?
- Ist meine Hüfte „hoch" genug?
- Wie sieht meine Schrittfrequenz aus?
- Passt die Pace?
- Wo kann ich Windschatten bekommen?
- Passt die Pace meiner Mitläufer, sodass ich mich gedanklich an ihnen festbeißen kann?
- Wo gibt es Schatten?
- Passt meine Ernährungsstrategie weiterhin?
- Wann kommt die nächste Verpflegung?
- Wo stehen meine Supporter?

Der Wettkampf

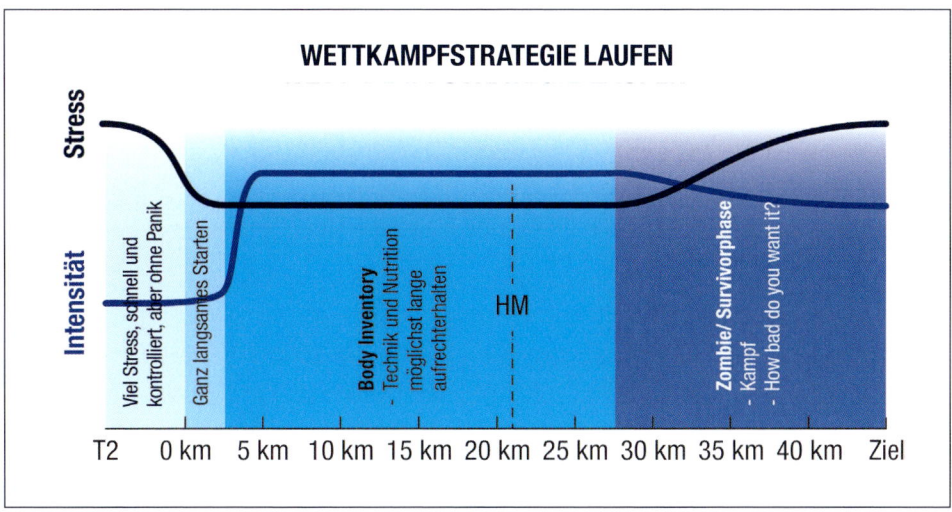

Abb. 119: Wettkampfstrategie während des Laufens

12.8.2 Stay-in-Here-and-Now-Phase

Schafft ein Sportler es, möglichst dauerhaft konzentriert zu sein und das Abhaken der Body-Inventory-Liste permanent umzusetzen, so ist er beschäftigt und bleibt im jeweiligen Moment. Nur so wird er selten gedanklich abdriften und in der jeweiligen Situation das Beste aus sich rausholen können. Ein wichtiger Rat besagt, dass man eben genau in diesem Jetzt bleibt und nicht anfängt, darüber nachzudenken, welche Distanz, welche Steigung usw. noch zurückzulegen sind.

Wer bereits bei km 30 auf dem Rad darüber nachdenkt, dass noch weitere 150 km zu fahren sind und dann noch die Kleinigkeit in Form eines 42-km-Marathons auf ihn wartet, wird unter Umständen gedanklich bereits früh daran verzweifeln. Das impliziert auch, dass man sein eigenes Rennen nicht schon währenddessen beurteilen sollte, sondern erst nach Überqueren der Ziellinie in die eigene Klasur geht und das Rennen anschließend bewertet.

Wer frühzeitig Zwischenzeiten und Splits bzw. Platzierungen in der Altersklasse oder in der Gesamtwertung bewertet, läuft Gefahr, das Rennen unter Umständen zu früh verloren zu geben.

Gerade das Schwimmen stellt oft eine Art Wundertüte dar, man weiß nicht, wie genau die Strecke vermessen wurde, wie viel Strömung geherrscht hat und unterwegs hat man auch keine Kontrolle, ob man schnell oder langsam unterwegs ist. Man soll bekanntermaßen nicht den Tag vor dem Abend loben und genauso verhält es sich auch im Rennen.

12.8.3 Zombiephase

Diese Phase beschreibt den Moment im Rennen, in dem der Spaß eigentlich erst richtig loszugehen scheint. Der Punkt, an dem das Rennen eher nur noch über den Willen und die mentale Einstellung verläuft, ist abhängig vom Leistungsniveau oder von Pacing- und Ernährungsfehlern. Als Mittelwert würde ich mal grob Laufkilometer 20-28 als Beginn der Zombiephase beziffern, ab diesem Punkt trennt sich die Spreu vom Weizen.

Die Sportler, die am ehesten akzeptieren, dass es ab hier und jetzt wehtut, werden eher ohne Hängepartien das Ziel erreichen. Sportler, die sich nicht der Tatsache bewusst sind, dass ein Ironman® kein Sonntagsspaziergang ist, werden plötzlich überrascht sein, wie anstrengend und unangenehm so ein Rennen auf einmal sein kann. In dieser Phase entscheidet die Frage: „How bad do you want it?", über Erfolg oder Misserfolg.

Athletentypen aus den Gruppen Graf Zahl, Alphatier und Social-Media-Athlet haben erfahrungsgemäß in dieser Phase ihre größten Probleme. Doch nicht nur die mentale Komponente spielt in dieser kritischen Schlussphase des Rennens eine entscheidende Rolle, sondern auch das Training im Vorfeld.

Wenn ein Athlet permanent über sich im Training hinausgewachsen ist, epische Trainingseinheiten absolviert hat und sich damit selbst Druck auferlegt hat, kann es passieren, dass diese Aktionen im Vorfeld sowohl physisch als auch psychisch zu viel Energie gekostet haben. Energie, die jetzt dringend notwendig wäre. Diese Rennphase steht wie keine andere für meinen seit Jahren geprägten Leitsatz: Stark sein, wenn es darauf ankommt!

12.8.4 Realistisches Powermeterpacing im Ironman®

Viele Athleten kennen das Problem, dass sie ihre Pacingstrategie auf dem Rad nicht richtig einschätzen können oder die Vorteile eines Wattmessers nur bedingt verstanden haben.

Das objektive Messen der erbrachten Leistung in Watt bringt direktes Feedback zum Training und ermöglicht ein objektives Vergleichen der Trainings bzw. des Leistungsfortschritts. Darüber hinaus kann der Powermeter eine effektive Hilfe zur Tempogestaltung im Wettkampf sein, doch hierzu bedarf es eines gewissen Verständnisses darüber, wie die Leistung in unterschiedlichen Rennsituationen zu bewerten ist.

In der Literatur bzw. im Internet gibt es jede Menge Formeln, die eine Pacingvorgabe in Abhängigkeit von der Functional Threshold Power (FTP) berechnen. Für ein Rennen über die Ironman®-Distanz sollen demnach ca. 75-81 % dieser FTP aufgebracht werden. Bei Rennen über die 70.3-Distanz ergeben sich nach diesen Formeln Werte zwischen 81 und 89 % des zuvor im 20-minütigen Critical Power Test ermittelten Wertes.

Jedoch ist es nicht ganz mit dem sturen Einhalten dieser Bandbreite an Werten getan, man sollte die Umgebungsbedingungen auf jeden Fall miteinbeziehen.

Nehmen wir mal als Beispiel einen Kurs mit einem 3-5%igen Anstieg und einer ebensolchen Bergabpassage. Wenn man in diesem Segment versucht, die Leistung möglichst konstant zu halten, also im ausgewerteten File eine Nulllinie, die einem Herzstillstand im EKG gleicht, zu erzwingen, so wird das nicht die schnellste Möglichkeit sein, diesen Abschnitt zu absolvieren. Nun liegt es in der Natur der Physik, dass das Erzielen größerer Wattwerte bergauf leichter zu erzielen ist als im Flachen, was gleichbedeutend mit einer größeren Geschwindigkeit bei vergleichbar kleinerem Mehraufwand ist.

Wenn man sich jetzt mit aller Gewalt dazu zwingt, die vorgegebenen Wattwerte bergab ebenfalls zu realisieren, muss man hierzu einen enormen metabolischen Stress in Kauf nehmen, um minimal höhere Geschwindigkeiten zu erzielen. Der Powermeter ist ein hervorragendes Feedbacktool, aber keine Fußfessel, an die ein Athlet gnadenlos gebunden ist.

Nachfolgend einige Beispiele für einen sinnvollen Einsatz des Powermeters.

12.8.4.1 Unterschiedliche Steigungen

Jeder Sportler hat eine „Wohlfühlsteigung", also einen Steigungsgrad, der es ihm leichter macht, hohe Wattzahlen zu generieren. Wenn man nun diese Wattwerte im Flachen ebenfalls erzielen möchte, schaut man meist etwas sparsam aus der Wäsche, denn das Realisieren fällt deutlich schwerer. Von daher sollte man nicht die gleichen Werte im Flachen wie an den Anstiegen fahren!

12.8.4.2 Gegen- und Rückenwind

Auf flachen Abschnitten mit starkem Rückenwind ist das Einhalten der zuvor bestimmten Werte extrem fordernd, ganz im Gegensatz zum Fahren bei starkem Gegenwind. Bei starkem Rückenwind steht die Geschwindigkeitssteigerung um 1 km/h in keiner Relation zur aufgebrachten Leistung.

Wenn man jetzt stur an seiner Wattvorgabe festhält, kann es passieren, dass man einen immensen Kraftaufwand bei Rückenwind für minimalen Ertrag leistet, dann aber in den Abschnitten mit Gegenwind unter Umständen zu stark ermüdet, um eben diese Abschnitte schnell und solide fahren zu können. Am Ende zählt immer noch, wer am schnellsten fährt und am Ende am schnellsten laufen kann und nicht, wer am Ende die meisten Watt produziert hat.

12.8.4.3 Rolling Hills

Im Trainingslager auf Mallorca bzw. im Training auf hügeligem oder welligem Terrain kann man sehr oft beobachten, dass viele Athleten bei jeder kleinen Schippe Sand auf der Straße die Kette weit nach links legen, um den Power Output möglichst konstant zu halten. Der Geschwindigkeitsverlust ist hierbei immens. Schlauer und schneller wäre es, die Welle leicht schneller, als die Vorgabe hergibt, „wegzudrücken", also über die Kuppe die Leistung aufrecht halten und dann mit etwas weniger Leistung auf dem Pedal bergab zu fahren.

Das heißt jetzt nicht, dass man nach der „Burning-Matches-Strategie" über jede Welle/ jeden Anstieg mit vollem Einsatz fährt, sondern eben mit Bedacht nur etwas schneller. Ich mache daher seit Jahren in den Pacingvorgaben konkrete Unterscheidungen für flache und wellige/bergige Abschnitte. Der Körper verträgt leichte Variationen meist besser als eine zu konstant erbrachte Leistung.

Ein Powermeter ist ein geniales Werkzeug, aber auch nicht mehr. Ein erfolgreiches Nutzen dieses Werkzeugs braucht ein Verständnis dafür, wie unterschiedliche natürliche Begebenheiten den Power Output des Athleten beeinflussen können. Pacingvorgaben sind entsprechend nur ein Richtwert, der durch externe Faktoren beeinflussbar ist.

12.8.4.4 Praxisbeispiel zum Powermeterpacing

Die durchschnittlich getretene Leistung kann ein interessanter Gradmesser sein, gibt aber nur einen sehr oberflächlichen Einblick in Sachen Effektivität und daraus resultierender Geschwindigkeit. Als Beispiel nehmen wir einen Zwei-Runden-Kurs wie beim Ironman® Frankfurt mit klassischem Wind aus südwestlicher Richtung, also zu Beginn jeder Runde Rückenwind und auf dem Weg zurück nach Frankfurt-Downtown Gegenwind.

Wir wählen jetzt zwei Athleten mit gleicher Physis, gleichem Systemgewicht, gleichem Material und gleicher Sitzposition und mit identisch funktionierendem Powermeter und schauen uns nach dem Rennen deren Files an.

Athlet A hat 250 durchschnittliche Watt realisiert, Athlet B 235 Watt. Man würde ziemlich sicher davon ausgehen, dass Athlet A am Ende schneller gewesen ist als Athlet B, oder? Doch Athlet B war am Ende einige Minuten schneller. Wie kann das sein? Wir schauen uns die einzelnen Sektionen des Kurses an.

Die erste Hälfte der Runde

Athlet A wurde dazu angehalten, 250 Watt konstant, also auch bei Rückenwind, zu halten. Der Energieaufwand und die motorisch-neurologische Last ist hierbei immens, bei kaum sichtbarem Zuwachs an Geschwindigkeit.

Athlet B hat die Geschwindigkeit langsam aufgebaut und sich an der zu erwartenden Durchschnittsgeschwindigkeit (der Trainer hat 4 h 55 ausgegeben, also ca. 37 km/h) orientiert und ist ca. 38-40 km/h gefahren, aber mit deutlich geringerer Wattzahl auf dem Pedal.

Die zweite Hälfte der Runde

Athlet A wurde dazu angehalten, auch bei Gegenwind, 250 Watt bei gleicher Trittfrequenz konstant zu halten. In der zweiten Radrunde konnte Athlet A diese 250 Watt nicht mehr aufrechterhalten, da er zu viel Energie auf dem bereits erwähnten Rückenwindabschnitt vergeudet hat.

Athlet B konnte mehr Watt mit größerer Übersetzung umsetzen, der Zeitgewinn gegenüber Athlet A auf diesem Abschnitt war immens.

Unterm Strich war Athlet B deutlich schneller als Athlet A in der T2, ein gewisses Abweichen nach unten UND oben vom vorab ermittelten Durchschnittswert führt zum Erfolg. Das bedeutet nicht, dass man jede kleine Welle im Stehen mit einer Riesenübersetzung und höchstem Krafteinsatz nimmt oder bergab nur rollen lässt, sondern eben die äußeren Gegebenheiten im Kontext sieht und die Wattzahlen situativ anpasst. Diese kleinen Variationen werden vom Körper oft deutlich besser toleriert als eine möglichst konstant gefahrene Leistung.

Der Wattmesser ist ein sehr hilfreiches Tool, doch leider machen sich viele Athleten viel zu abhängig von dieser Technik. Im Vorfeld eines Ironmans® legt der durchschnittliche Athlet ca. 4.000 km im Training zurück, sollte also in dieser Zeit ein gutes Gefühl für die jeweilige Belastung entwickelt haben. Ich habe als Trainer bereits oft die Erfahrung machen müssen, dass Sportler ihr wahres Potenzial nicht im Wettkampf abrufen konnten, weil sie durch den Powermeter in ihrem Handeln zu stark limitiert wurden. Ich kenne mehrere Athleten, die ihre besten Radsplits erzielt haben, weil der Bike-Computer oder Powermeter im Rennen ausgefallen ist.

12.8.5 Pacing im Laufen

Der „gefährlichste" Moment beim Laufen liegt ganz klar auf den ersten beiden Laufkilometern. Der Sportler ist 180 km mit deutlich höherer Geschwindigkeit auf dem Rad unterwegs gewesen, als es die Laufgeschwindigkeit hergibt. Das Realisieren der unterschiedlichen Geschwindigkeiten braucht etwas Zeit. Die Stimmung ist durch die im engen Spalier stehenden Zuschauermassen am Ausgang der T2 ebenfalls aufgeheizt, sodass die Gefahr einer viel zu schnellen Anlaufgeschwindigkeit gegeben ist.

Der Athlet braucht aber 10-15 Minuten, bis er die Motorik vom Radfahren auf das Laufen umgestellt bekommt. Diese Umstellung stellt eine ziemliche Kraftanstrengung dar. Wenn man jetzt noch obendrauf zu schnell losläuft, so potenziert sich dieser Energieaufwand.

Von daher empfehle ich, auf den ersten beiden Kilometern ganz bewusst langsam loszulaufen. Als Faustformel sollte der erste Kilometer 40-45 Sekunden langsamer als das antizipierte Durchschnittstempo, der zweite Kilometer mit 25-30 Sekunden langsamer angegangen werden. Dazu braucht es relativ viel Selbstvertrauen, denn 99 % aller Athleten laufen zu schnell los, also auch an einem langsam startenden Athleten vorbei.

Die auf diesen ersten beiden Kilometern vermeintlich verlorene Zeit holt sich der Langsamstarter aber zu einem späteren Zeitpunkt des Rennens wieder zurück. Interessanterweise haben die Sportler, die zu schnell starten, fast immer einen Einbruch zwischen km 8 und 12.

Der energetische Aufwand in Form eines sehr hohen Kohlenhydratverbrauchs in dieser Phase kann sich dann zu einem späteren Zeitpunkt ebenfalls rächen. Eine weitere Beobachtung meinerseits hat gezeigt, dass Athleten mit einem zu hohen Anfangstempo eher eine Tendenz dazu haben, in der Hamstringregion Krämpfe zu bekommen. Gerade bei Veranstaltungen, bei denen zu Beginn der dritten Disziplin leicht bergab gelaufen wird, manifestiert sich diese Beobachtung weiter. Also langsam starten.

12.8.6   Troubleshooting im Wettkampf

In der Analyse von über 1.000 gecoachten Langdistanzrennen und den Gesprächen im Nachgang habe ich von unzähligen Geschichten und Unwägbarkeiten während des Rennens Berichte bekommen. Eigentlich denke ich immer, dass ich alles an Dingen gehört habe, die so passieren können, aber ich werde immer wieder auf das Neue überrascht.

Schlägereien, gebrochene Vorbauten und ein Ermüdungsbruch während des Rennens sind mit Sicherheit nicht an der Tagesordnung, aber auch hier gilt wohl der Marketingspruch des Ironmans®, nämlich: „Anything is possible!"

Die „gängigsten" Fehler habe ich mal in einen Zeitstrahl gebracht und einige Lösungsansätze gegenübergestellt.

Der Wettkampf

TROUBLESHOOTING

	Issue	Solution
-3:00	Müdigkeit, zu wenig Schlaf	Kaffee
-2:30	Probleme mit Nahrungsaufnahme	Energie über Flüssignahrung
-1:30	Nervosität, Zweifel	Vertrauen in absolviertes Training
-1:00	Probleme Darmentleerung	Ggf. mit Mikroklist abführen
-0:30	Zweifel, Motivationsprobleme	Visualisieren, Musik
-0:10	Letzte Energieaufnahme/ Gel	Einwegflasche mit 200 ml Wasser mitführen
0:03	Atemlosigkeit, Laktat in Armen	Simulation d. schnellen Anschwimmens im Training
0:10	Rhythmus Schwimmen	Fokus auf kontrollierte Atmung und Technik
0:35-1:15	Schlechte Bewegungsausführung, mangelnde Konzentration	Body Inventory (Kopfposition, Atemrhythmus etc.)
0:48-2:00	Wasserausstieg	Begehen des Wettkampfareals
T1	Zu chaotisch	Simulation im Training bzw. Visualisieren d. Wechsels auf den letzten Schwimmmetern
Km 0-15	Rhythmus finden	Bewusst defensiv losfahren, Powermeter/ Watt ideal zum Selbstbremsen
Km 15-35	Tempo aufbauen, Ernährungsstrategie starten	Uhr/Tacho mit Countdown (z. B. alle 20-25 min als Reminder) einstellen
Km 35-130	Tempo aufbauen, optimale Bewegungsausführung und Sitzposition	Body Inventory, bewusstes Kontrollieren der Leistung (ideal via Parameter Watt)
Km 130-180	Krämpfe	KH-Zufuhr zu niedrig, zentrale Ermüdung, Trittfrequenz auf über 78 U/min halten
Km 130-180	Probleme, Aeroposition zu halten	Anpassung der Trittfrequenz (nicht < 80 U/min)
Km 20-180	Magen-Darm-Probleme	Zu frühe Aufnahme von hochkalorischen Energieträgern vermeiden (erst nach 20 min nach dem Schwimmen damit beginnen), Reduktion der KH-Zufuhr, ggf. Verdünnen durch vermehrtes Trinken von Wasser, Tempo rausnehmen, Coke
Km 170-180	Beine und Rücken lockern	Wiegetritt zum Lockern Low Back/ Glutes
T2	Zu chaotisch	Simulation im Training, Visualisieren auf den letzten Rad-km
Km 0-2	Low-Back-Issues	Mobilisation
Km 0-4	Zu schnelles Anlaufen	Kardinalfehler!!! Homöostase stark gefährdet! Bewusst kontrolliert (GPS) anlaufen, subjektiv zu langsam starten
Km 0-42	Optimale Bewegungsausführung	Body Inventory, Kopfposition, Hip Extension, Armpendel nach hinten, lockere Hände, gerader Fußaufsatz
Km 0-42	Krämpfe	
Km 0-42	Magen-Darm-Issues	Reduktion der KH-Zufuhr, ggf. Verdünnen durch vermehrtes Trinken von Wasser, Tempo rausnehmen, Coke
Km 20-42	Konzentrationsmangel	Mund mit kh-reichen Getränken mind. 30 sec ausspülen, das regt zentral an
Km 20-42	Blasen an Füßen	Augen zu und durch
Km 20-42	Knieprobleme	Hüftbeuger stretchen, Tensor Fasciae Latae massieren

Abb. 120: Troubleshooting während der Langdistanz

12.8.7 Verhalten in der Verpflegungsstelle auf dem Rad

Bevor wir uns dem wichtigen Thema der Wettkampfverpflegung widmen, hier schon mal weitere Tipps zum Verhalten in der Verpflegungsstelle.

Am Wettkampftag stellt das Durchfahren der Verpflegungsstellen (VP) mit die größte Sturzgefahr innerhalb des gesamten Rennens dar. Man trifft dort auf andere Mitstreiter, freiwillige Helfer, herabfallende Flaschen, nasse Straßen etc.

Ein weiteres größeres Problem besteht jedoch darin, wenn man seine im Vorfeld kalkulierte Menge an Flüssigkeit und/oder Energie nicht innerhalb der Aid Station zu greifen bekommt. Eine Langdistanz stellt eine besondere Herausforderung in Sachen Energie- und Flüssigkeitsmanagement dar. Wenn man an einem heißen Tag eine Verpflegungsstation ausfallen lassen musste, kann das unter Umständen durchaus zu einem nicht mehr zu kompensierenden Defizit werden, Leistungsabfall bedeuten oder sogar zum Rennabbruch (DNF) führen.

Von daher sollte man sich bewusst mit dem Verhalten in der Verpflegungsstelle auseinandersetzen. Hierzu sollte man sich mittels Wettkampfausschreibung darüber informieren, an welchen Orten und Kilometerangaben verpflegt wird. Wer sich diese Angaben nur schwer merken kann, kann diese niederschreiben und den Zettel mit transparentem Tape am Lenker oder Oberrohr befestigen, damit man diesen immer im Blick hat.

Sobald das Hinweisschild am Straßenrand steht, dass die VP in Reichweite ist, sollte man die am Rad befindliche Wasserflasche leer trinken. Die geleerte Wasserflasche dann ins Auffangnetz zu Beginn der Verpflegung und auch nur dort abwerfen, denn ansonsten droht eine Zeitstrafe oder sogar eine Disqualifikation (DSQ) wegen sogenanntem *Littering*.

Die Geschwindigkeit beim Einfahren in die Aid Station so weit reduzieren, dass man in der Lage ist, mit den Helfern zu kommunizieren und das dort Angebotene sicher greifen kann. Die Hände sollten dazu am Unterlenker, jederzeit bremsbereit, positioniert sein. Mit der rechten Hand wird dann den Helfern signalisiert, dass man etwas von dem Angepriesenen entgegennehmen möchte. Nachfolgende Sportler können dadurch rechtzeitig erkennen, dass gleich ein Aufnehmen von Flaschen, Riegel oder Gel stattfindet.

Bei den „großen" Rennen gibt es in der Regel zu Beginn und am Ende der Verpflegung jeweils Wasserstände, man hat also immer zweimal die Chance, Flüssigkeit aufzunehmen. Es empfiehlt sich, bei der ersten Möglichkeit Wasser zu bekommen und zuzugreifen. Fällt diese Flasche runter oder man kann sie nicht richtig greifen, so hat man am Ende noch eine zweite Chance, Wasser zu tanken. Die Flasche sollte dann nach Möglichkeit schnell und sicher im Flaschenhalter verstaut werden, ohne dabei den Blick von der nicht ganz ungefährlichen Situation der Verpflegung an der Straße abwenden zu müssen.

Die Konzentration gilt es, auf die Straße zu lenken, Blickkontakt mit den Helfern aufzunehmen und mit diesen verbal zu kommunizieren. An der Stelle möchte ich nochmals daran erinnern, dass die Helfer freiwillig den Tag an der Rennstrecke verbringen, ein Dankeschön aus dem Athletenmund ist hier im Gegensatz zum Beleidigen, falls mal eine Flasche runterfallen sollte, auf jeden Fall angebracht. Nachdem man die erste Flasche gegriffen hat, kann man diesen Vorgang nochmals wiederholen, um Iso-Getränk, Cola oder eine weitere Wasserflasche aufzunehmen.

Aus dieser Flasche sollte dann ein weiterer großer Schluck wie vor dem Beginn der Verpflegungsstelle genommen werden. Dieser kann 200-400 ml groß sein. Danach wird die Flasche halbvoll noch innerhalb der Verpflegung in der entsprechenden Littering Zone abgeworfen.

Wenn man die Verpflegung so plant, braucht man auch keine vier Flaschenhalter am Rad, die die Aerodynamik und das Gewicht und somit auch das Handling des Rads signifikant verschlechtern, zumal diese auch die Ästhetik eines Zeitfahrrades nicht wirklich aufwerten. Es reichen somit zwei Halter aus, eine Flasche mit der vorab berechneten Menge an Gels und ein Flaschenhalter für Wasser.

Wenn man, wie oben beschrieben, verfährt und sicherstellt, dass man nach Verlassen der Verpflegung ausreichend hydriert ist und eine volle Flasche an Bord hat, sollte man bezüglich des Flüssigkeitsstatus keinen Schiffbruch erleiden.

Wenn man bedenkt, dass jedes Greifen nach der Flasche die Aerodynamik verschlechtert, weil man die Aeroposition aufgeben muss, wird diese Strategie noch sinnvoller. Wenn man in der Aid Station langsam fährt und sich verpflegt, verliert man nach dem obigen Schema nur wenige Sekunden gegenüber der normalen Geschwindigkeit. Man stellt aber damit sicher, dass man in den schnelleren Passagen außerhalb der VP, die, auf dem Aerolenker liegend, absolviert werden können, nicht mehr so häufig die Aerodynamik zerstören muss, um sich zum Trinken aufzurichten.

MERKE

Wichtige Faustformel: Vor der Verpflegung muss die Wasserflasche leer getrunken und am Ende der Aid Station wieder ein großer Schluck genommen werden. Damit stellt man sicher, dass man selbst beim Verlieren der Flasche zwischen den Verpflegungskontrollen ausreichend hydriert ist und damit kein Waterloo erleben wird.

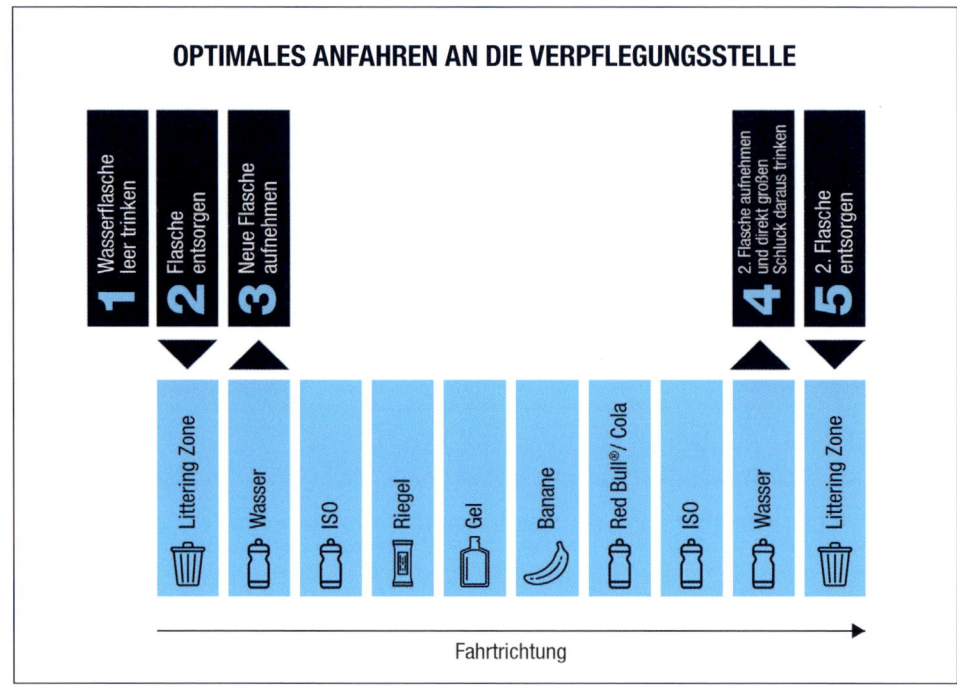

Abb. 121: Verhalten in der Verpflegungsstation

12.9 Die Verpflegung auf der Langdistanz

Der Wettkampf auf der Langdistanz stellt ein permanentes Abwägen dar, man kann das ganze Rennen eigentlich als einen einzigen Kompromiss bezeichnen. Es geht dabei um eine ausgewogene Balance zwischen Energieaufwand und Ertrag, sprich Geschwindigkeit. Durch die bereits kennengelernten Möglichkeiten der Stoffwechselmodulation im Training (Steigerung der VO_2max, Senkung der Laktatbildungsrate), aber auch der Optimierung des Materials und der Aerodynamik, haben wir schon das Gros der Einflussfaktoren in diesem Buch abgehandelt.

Ein weiterer, sehr wichtiger Bereich stellt die Versorgung mit Energie in Form von Kohlenhydraten im Wettkampf dar. Ich muss es leider immer wieder erleben, dass Sportler in diesem Bereich nicht so gewissenhaft agieren wie bei Training und Material. Die Kohlenhydrataufnahme spielt aber eine zentrale Rolle im Wettkampf und hat einen immensen Einfluss auf Erfolg oder Misserfolg.

In keinem anderen Wettkampfformat werden Fehler bezüglich der Energieaufnahme und des Pacings sichtbarer, als im Ironman®. Die zu bewältigenden 226 km sind als ein „energetischer Ritt auf der Rasierklinge" zu sehen. Man könnte das Ganze auch als Fehlerver-

Der Wettkampf

meidungssportart beschreiben, denn Athleten, die losgelöst vom Training, im Wettkampf die wenigsten Fehler machen, werden in fast allen Fällen auch am Ende schneller und komplikationsfreier die Ziellinie sehen und diese auch noch in vertikaler Körperhaltung und mit halbwegs würdigem Aussehen überqueren können.

Ich habe es leider unzählige Male als Coach erleben müssen, dass Sportler exzellente Trainingsarbeit und große Opfer (Zeit, soziale Kontakte und Geld) im Vorfeld aufgebracht haben, dann im Wettkampf aber alles durch Verpflegungsfehler zunichtegemacht haben.

Viele bezeichnen den Wechsel als vierte Disziplin des Triathlons, für mich ist das aber eher, zumindest auf der Langdistanz, als fünfte Disziplin im Triathlon zu verstehen und spielt eher eine untergeordnete Rolle. Die Nummer vier ist ganz klar eine funktionierende Ernährungsstrategie.

Abb. 122: Prioritäten auf der Langdistanz

12.9.1 Wettkampfwoche und Carboloading

Die langdistanzspezifische Versorgung beginnt bereits schon Tage vor dem eigentlichen Startschuss. Wer in der Wettkampfwoche Fehler hinsichtlich der Ernährung macht, kann unter Umständen seinen Erfolg schon vor dem Ertönen des Startschusses in diesen Tagen gefährden. Ziel in der Wettkampfwoche sollte es sein, den Körper ausreichend mit Energie und Flüssigkeit zu versorgen, sodass „der Motor gut geölt und ausreichend betankt ist".

Kohlenhydrate werden in Form von Glykogen in der Muskulatur gespeichert. Man weiß, dass die maximale Speicherkapazität bei etwa 20 g Kohlenhydrate pro Kilogramm Muskulatur liegt. Je nach Körperzusammensetzung, Größe und Geschlecht sind demnach 300-450 g Kohlenhydrate in Form von Glykogen als Energiemenge vorhanden.

In diesem Zusammenhang hat sich jahrelang ziemlich hartnäckig der Mythos etabliert, man könne die Speicherkapazität erhöhen, indem man diese Speicher erst einmal durch Training entleert, um sie dann mit einer größeren Kohlenhydratmenge wieder aufzufüllen. Dabei sollte in der Rennwoche normal trainiert werden, aber weitestgehend auf Kohlenhydrate verzichtet werden. Diese Form der Wettkampfvorbereitung ist weitläufig als *Saltin-Diät* bekannt.

Die Glykogenspeicher können aber niemals vollständig entleert werden, da unser Gehirn sehr sensibel auf nicht vorhandenen Zucker reagiert. Das menschliche Gehirn ist auf diesen Treibstoff angewiesen, sodass immer eine gewisse Menge als Sicherheitsreserve vorhanden sein wird. Der Verzicht auf Kohlenhydrate im Rahmen einer Saltin-Diät führt meistens zu schlechteren Trainingsleistungen, die sich dann wiederum negativ im Kopf des Athleten breit machen können. Als Folge schwindet oftmals das Vertrauen in das eigene Können und erste Zweifel keimen auf.

Diese negativen Gedanken gilt es aber in der Wettkampfwoche weitestgehend zu vermeiden, denn der Sportler sollte eher mit breiter Brust und mit Wissen um die eigene Stärke an der Startlinie stehen. Ein weiterer negativer Aspekt dieser Form des Carboloadings besteht darin, dass die überschüssigen Kohlenhydrate nicht verbrannt und somit in Fett umgewandelt werden, was als Folge das Körpergewicht ansteigen und das Aussehen des Athleten verändert. Letzterer Punkt wirkt sich dabei auch oft negativ auf die Psyche des Athleten aus, wenn er findet, er sähe unsportlich, aufgequollen und nicht wettkampfgeeignet aus.

Ich bevorzuge eher ein sanftes Steigern der Menge an Kohlenhydraten von Tag zu Tag in der Wettkampfwoche. Radikale Veränderungen und dogmatischer Verzicht in der Rennwoche schlagen eher negativ zu Buche und setzen sich in den Gedanken des Athleten fest.

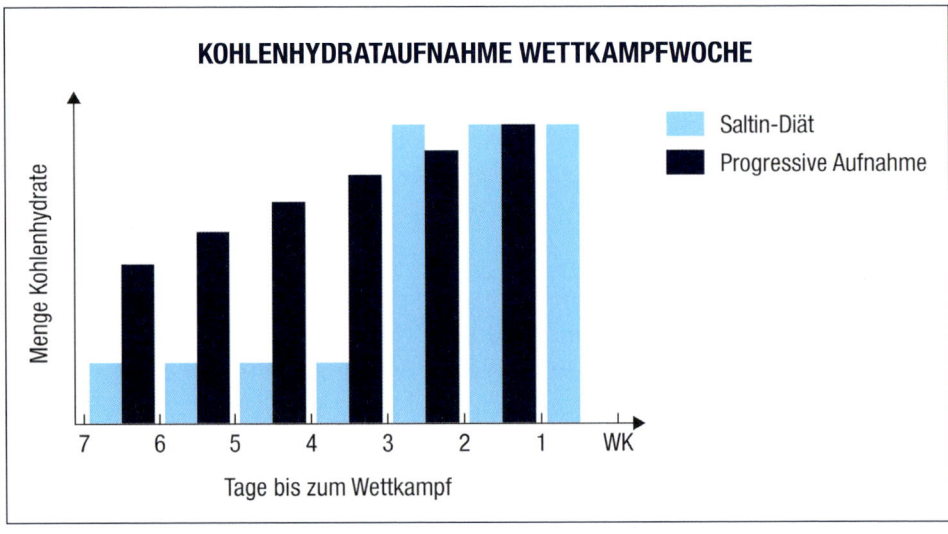

Abb. 123: Saltin-Diät vs. progressiv gesteigerte Kohlenhydrataufnahme

12.9.2 Ballaststoffe und Natrium

Neben der korrekten Menge an Kohlenhydraten möchte ich noch zwei weitere Aspekte anführen. Zum einen sind das die Ballaststoffe und das Elektrolyt Natrium. Die Ballaststoffe sollten fester Bestandteil einer gesunden Ernährung sein, in der Rennwoche jedoch eher ausgeschlichen werden.

Faserreiches Gemüse und Müsli sollten weitestgehend vermieden bzw. zum Wettkampftag ausgeschlichen werden, denn sie führen verstärkt zu Blähungen und Magen-Darm-Problemen im Wettkampf. Konträr dazu sollte auf eine gesteigerte Natriumaufnahme zum Tag X hin geachtet werden, um das Blutplasmavolumen zu erhöhen.

Als kleine Anekdote hierzu möchte ich das Beispiel einer von mir betreuten Sportlerin anführen, die sich vor einigen Jahren für den Ironman® Hawaii qualifizieren konnte. 3-4 Tage vor dem Weltmeisterschaftsrennen haben wir einen finalen Videoanruf getätigt und ich war beim ersten Anblick regelrecht geschockt, denn ihr ganzes Gesicht war aufgequollen und ödematös.

Im ersten Moment habe ich an eine allergische Reaktion gedacht, was sich nicht bestätigt hat. Grund für diese massiven Wassereinlagerungen war die Tatsache, dass sie exzessiv viel Wasser getrunken hatte. Klar, es ist warm auf Hawaii, aber sie dachte, sie müsse mehr Wasser trinken, um ihre Speicher zu füllen. Ich habe mir die Nährwerttabelle des Wassers von ihr in die Kamera halten lassen und habe den Übeltäter ausgemacht.

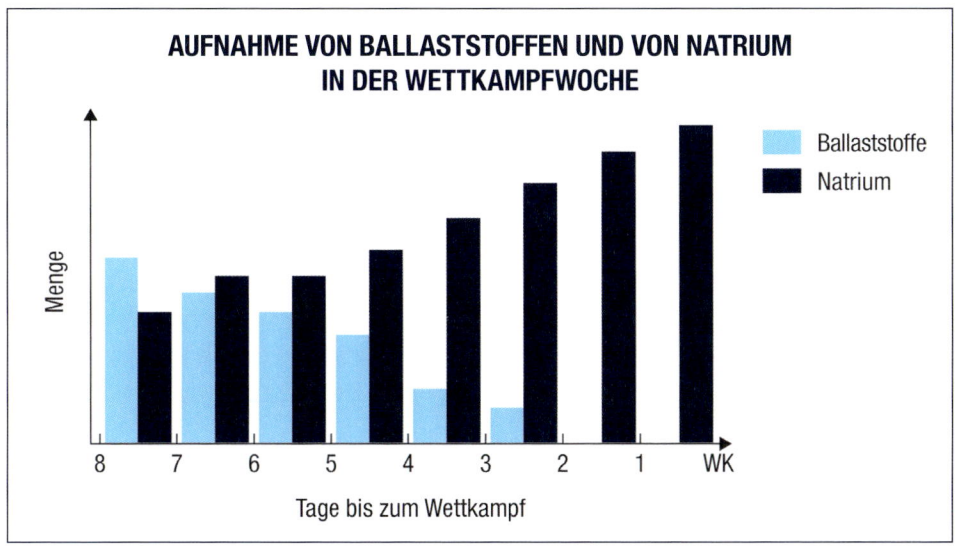

Abb. 124: Aufnahme von Ballaststoffen und von Natrium in der Wettkampfwoche

Das Wasser hatte einen geradezu lächerlich niedrigen Natriumgehalt von 65 mg pro Liter. Die Sportlerin hat sich durch exzessives Aufnehmen eines fast natriumfreien Wassers das Symptom einer Hyponatriämie „angetrunken". Wir konnten durch eine gesteigerte Natriumaufnahme und eine reduzierte Menge an Wasser den Zustand verbessern, sodass sie am Tag vor dem Wettkampf wieder ein normales Antlitz ohne Wassereinlagerung hatte und ein erfolgreiches Rennen mit Daylight-Finish erzielen konnte.

12.9.3   Tipps für die Wettkampfwoche

- Jede Trainingseinheit in ausreichend hydriertem Zustand beginnen und im Nachgang mit ausreichender Flüssigkeit nachbereiten. Zur schnelleren Regeneration sollte die Trinkmenge mit mindestens 500-750 mg Natrium pro Liter angereichert werden.
- Um eine schnellstmögliche Regeneration nach den Trainingseinheiten zu gewährleisten, sollten direkt im Anschluss schnell verfügbare Kohlenhydrate aufgenommen werden. Als ballaststoffarme Variante bieten sich hierbei Gummibärchen an.
- Hunger sollte vermieden werden.
- Keine Experimente, also keine bisher unbekannten Speisen verzehren.
- Auf Alkohol weitestgehend verzichten.

12.9.4   „Henkersmahlzeit" am Vorabend des Wettkampfs

Hinsichtlich der Mahlzeit am Abend vor dem Rennen gibt es durchaus unterschiedliche Ansätze, die mit Sicherheit auch durch die geschmacklichen Vorlieben des Sportlers mitbestimmt werden. Um eine sichere Darmpassage zu erzielen, sollte auf Ballaststoffe, Fleisch und eine allgemein allzu große Portion verzichtet werden. Ich habe sehr gute Erfahrungen mit Speiseeis als letzter Mahlzeit gemacht. Vorteil hierbei ist zum einen, dass man dieses bequem im ortsansässigen Supermarkt einkaufen kann. Restaurantbesuche oder zeitaufwendiges Kochen entfallen dabei.

Der große Vorteil jedoch liegt in der sehr hohen Energiedichte, sprich, es enthält viele Kohlenhydrate (aber auch Fett) für eine relativ überschaubare Menge oder Volumen. Im Gegensatz zu einer herkömmlichen Mahlzeit hat man am Wettkampfmorgen nicht den Stress, den Darm mehrfach entleeren zu müssen oder auch nicht das Gefühl eines geblähten Bauchs, was die Atmung beim Schwimmen negativ beeinflussen würde.

Als Alternative zu Pasta oder Pizza sollten dann aber 800-1.000 ml Eis weggelöffelt werden. Um sicherzustellen, dass diese Form der Energieaufnahme auch wirklich gut vertragen wird, kann man diese Form des Carboloadings im Training vor langen und intensiven Einheiten oder vor einem Testwettkampf ausprobieren. Wie das Abendessen auch aussehen mag, zur Erhöhung des Blutplasmavolumens sollten 500 ml Wasser mit 750 mg Natrium zum Abendessen getrunken werden.

12.9.5 Wettkampfmorgen

Nicht umsonst wird der Wettkampftag oftmals als längster Tag des Jahres bezeichnet. Der Wecker muss mindestens drei Stunden vor dem Startschuss seinen Dienst verrichten, damit der Kreislauf auf Touren kommt und der Sportler nicht im totalen Logistikstress zur Startlinie anreisen muss. Einige Sportler verspüren keinen Hunger oder haben das Gefühl, wegen der großen Anspannung und Nervosität keinen Bissen runterzubekommen.

Eine kurze warme Dusche kann hierbei Abhilfe schaffen und den Appetit anregen. Ähnlich wie bei der „Henkersmahlzeit" unterscheiden sich die geschmacklichen Vorlieben recht deutlich. Manche Athleten bevorzugen einen leicht verdaulichen Porridge, andere wiederum greifen auf 2-3 Scheiben Toastbrot mit Marmelade zurück.

Wie in den letzten Tagen zuvor sollte auf Ballaststoffe weitestgehend verzichtet werden. Ein Kaffee zum Frühstück regt die Darmaktivität an und sorgt dafür, dass ein erster Toilettengang zu Haus oder im Hotel sicher stattfindet.

In den letzten 90 Minuten vor dem Start empfiehlt es sich, genau wie am Vorabend auch, nochmals 500 ml Wasser mit darin aufgelösten 750 mg Natrium aufzunehmen. Unmittelbar vor dem Gang ins Wasser sollte eine erste kleine Dosis Kohlenhydrate in Form eines Energiegels mit weiteren 200 ml Wasser aufgenommen werden.

12.9.6 In-Competition-Strategie

Eine individuell kalkulierte und im Training ausprobierte Versorgungsstrategie kann über Sieg oder Niederlage entscheiden. Leider wird sich im Vorfeld zu wenig mit diesem so wichtigen Thema auseinandergesetzt, sondern blauäugig und naiv an die Startlinie herangetreten.

12.9.6.1 Planung der Strategie

Zur Planung einer solchen Strategie gehört auf jeden Fall, dass man sich per Wettkampfausschreibung informiert, welche Produkte von Veranstalterseite im Rennen angereicht werden. Um sicherzustellen, dass die Nutzung dieser Produkte auch im wahrsten Sinne des Wortes nicht in die Hose geht, sollte man einige Trainingseinheiten damit im Vorfeld absolviert haben.

Selbst wenn man plant, den Wettkampf autark, also mit eigens mitgeführten Riegeln oder Gels zu gestalten, so kann es durchaus passieren, dass man diese durch Schlaglöcher, Fahrbahnunebenheiten oder Unachtsamkeit verliert.

Genau für solch einen Fall sollte man im Vorfeld die offizielle Wettkampfverpflegung getestet haben. Ich empfehle immer wieder, die Eigenverpflegung im Blickfeld des Sportlers zu positionieren, also die Trinkflasche mit Gel/Wasser-Gemisch nicht im Flaschenhalter hinter dem Sattel mitzuführen, denn da würde man einen solchen Verlust nicht mitbekommen.

Verliert man seine Eigenverpflegung dennoch, so muss man situativ entscheiden, ob sich ein Anhalten lohnt, um die Flasche wieder aufzuheben oder weiterzufahren wäre. Beim Aufheben bitte unbedingt auf nachfolgende Sportler achten und auf keinen Fall entgegengesetzt der Fahrtrichtung fahren, sondern das Rad abstellen und zu Fuß die Wegstrecke zurücklaufen. Andernfalls droht unter Umständen eine sofortige Disqualifikation durch einen sogenannten *Race Marshal*.

Bei der Planung im Vorfeld sollte man sich darüber im Klaren sein, wie man seine Verpflegung transportiert. Es gibt Athleten, die im Wettkampf Beschäftigung in Form von Öffnen von Gel- oder Riegelverpackungen brauchen. Andere wiederum pressen die gesamte Menge Gels für die zu fahrenden 180 km vorab in eine Trinkflasche, sodass das Öffnen wegfällt und klebrige Finger eher ausbleiben. Letztere Variante würde bedeuten, dass man nur Wasser von Veranstalterseite bräuchte.

Um die gesamte Menge zu verdeutlichen, empfiehlt es sich, die Gels und Riegel vor dem Rennen mal auf einen Haufen zu legen. Es wird relativ schnell ersichtlich, wie groß diese Menge alleine schon wegen der Verpackungen ist und dass die „Laderaumkapazitäten" auf dem Rad schnell erreicht sind und dass manche Athleten erfinderisch werden müssen. Bilder von Oberrohren, auf die unzählige Gels mittels Tape geklebt wurden, sieht man immer wieder und diese lassen bei mir die Frage offen, warum man dann eigentlich Tausende von Euro für möglichst aerodynamische Fahrräder ausgibt.

12.9.6.2   Die Verpflegung per se

Nachdem wir uns jetzt mit den Transportbedingungen beschäftigt haben, widmen wir uns wieder der Verpflegung. Oberste Zielsetzung bei der Strategie der Verpflegung sollte in der möglichst dauerhaften und kontinuierlichen Aufnahme liegen, insbesondere auch noch nach 5-6 Stunden im Rennen. Ähnlich wie bei der Versorgung mit Flüssigkeit und Natrium sollte das Radfahren möglichst diszipliniert ablaufen, sodass der Sportler ohne ein Energiedefizit auf die Laufstrecke gehen kann.

Ein weiteres Beispiel aus der Praxis möchte ich an der Stelle gerne anführen, um zu zeigen, wie Sportler zum Teil um die Ecke denken und vor lauter Bäumen den Wald nicht mehr sehen. Vor einigen Jahren ist ein von mir betreuter Sportler beim Ironman 70.3® Kraichgau geschlagene 20 Minuten langsamer gelaufen, als ich ursprünglich geplant habe.

Am Abend nach dem Rennen habe ich eine Mail von ihm bekommen, er müsse bis zum vier Wochen später stattfindenden Ironman® Frankfurt, seinem Hauptwettkampf in dieser Saison, noch dringend einen Laufblock im Training einbauen, da ja ganz offensichtlich seine Laufform nicht stimme.

Auf Rückfrage meinerseits, wie er sich denn auf dem Rad verpflegt habe, kam als Antwort, dass er zwei Gels, also in Summe ca. 55 g Kohlenhydrate während der gesamten 90 km aufgenommen haben. Der Sportler wog damals 82 kg und hatte einen per Leistungsdiagnostik ermittelten Kohlenhydratverbrauch von 138 g pro Stunde bei der vorgegebenen Pace.

Als ich den Taschenrechner gezückt und ihm aufgezeigt habe, dass er rein energetisch gar nicht aufgrund seines Energiedefizits schnell laufen konnte, wurde er ganz kleinlaut. Wenn man jetzt bedenkt, dass er nur einen halben Ironman® im Kraichgau absolvieren musste, kann man sich durchaus ausmalen, dass die Langdistanz ein ziemliches Desaster geworden wäre.

Er hat stattdessen die Zeit zwischen den Rennen genutzt, um sich intensiv mit dem Thema Ernährung auseinanderzusetzen. Als Lohn dafür durfte er ein Ticket für den Ironman® Kona mit nach Hause nehmen.

12.9.6.2.1 Riegel oder Gel

In welcher Form die Kohlenhydrate aufgenommen werden, hängt ganz alleine von den Vorlieben des Athleten ab. Manche Sportler brauchen feste Nahrung und greifen dabei auf Riegel oder Bananen zurück, anderen fällt es hingegen schwer, unter Belastung kauen zu können. Daher fällt es auch schwer, eine pauschale Empfehlung zu einer Produktgruppe (Gel, Riegel, Energy Chips etc.) abzugeben oder gar ein besonderes Produkt anzupreisen.

Die Verträglichkeit ist einfach zu individuell, als dass man ein Raster über alle Sportler legen könnte. Vor einigen Jahren kursierte die Empfehlung, man sollte 1 g Kohlenhydrate pro Kilogramm Körpergewicht pro Stunde aufnehmen. Mittlerweile ist bekannt, dass die Aufnahme nicht über das Körpergewicht des Athleten zu bestimmen ist, sondern eher abhängig von den Aufnahmemöglichkeiten des Magen-Darm-Trakts ist.

Man geht aktuell eher davon aus, dass 90 g Kohlenhydrate über einen Mix von Fruktose und Glukose dauerhaft realisiert werden können. Neuere Untersuchungen aus dem Bereich des Ultrarunnings sprechen bereits von 120 g pro Stunde.

In meiner Arbeit als Trainer habe ich bisher noch nie eine größere Menge als 100 g pro Stunde gesehen bzw. rückgemeldet bekommen. Beim Radfahren lässt sich die Aufnahme leichter steuern, denn zum einen kann man die Menge leichter als beim Laufen transportieren und zum anderen bedeutet das Laufen etwas mehr Stress für den Magen durch die laufbedingt vermehrten Erschütterungen. Sportler, die eher auf festere Nahrung in Form von Riegeln zurückgreifen, sollten die Bissen mindestens 15 Sekunden kauen, um nicht zu große Stücke zu schlucken, da zu große Stücke durchaus eine Disposition für Magenprobleme mit sich bringen.

Gels weisen eine deutlich homogenere Durchmischung auf und werden leichter aufgenommen. Ich habe gute Erfahrungen gemacht, wenn Sportler bei kälteren Temperaturen auf Riegel zurückgreifen, bei hohen Gradzahlen eher zum Einsatz von Gels tendieren.

Wie man seine Energie aufnimmt, spielt keine Rolle, solange man dies dauerhaft schafft. Ich würde ganz klar unterschreiben, dass es zwischen Erfolg oder schnellen Endzeiten und der Menge an aufgenommenen Kohlenhydraten eine ganz klare Korrelation gibt. Ziel sollte es sein, besonders auf dem Rad, die Differenz zwischen Kohlenhydratverbrauch und Kohlenhydrataufnahme möglichst gering zu halten, um die Glykogenspeicher weitestgehend zu schonen, da sich die Aufnahme beim Laufen etwas schwieriger gestaltet.

Hierzu gibt es zwei Stellschrauben. Zum einen gilt es, den Verbrauch durch das Training des Fettstoffwechsels nach unten zu drücken (also ein weiteres Plädoyer für das Grundlagenausdauertraining) und zum anderen die Aufnahmemenge an Kohlenhydraten über die Verpflegung zu steigern.

12.9.6.2.2 Training the Gut

Man kann den Magen durchaus als „trainierbares" Organ bezeichnen. Man weiß mittlerweile, dass die Aktivität der SGLT1-Transporter und somit auch die Aufnahmemenge durch regelmäßige Aufnahme von großen Kohlenhydratmengen gesteigert werden kann. Von Zeit zu Zeit sollte der Athlet sich aber bewusst auch zum Training des Magen-Darm-Trakts aus seiner eigenen Komfortzone bewegen.

Hierzu bieten sich folgende Trainingsinterventionen an:

- Unmittelbar nach einer großen Mahlzeit trainieren.
- Während des Trainings große Mengen an Kohlenhydraten aufnehmen, also mal bewusst die bereits genannten 90 g pro Stunde oder auch noch mehr aufnehmen.
- Große Flüssigkeitsmengen während des Trainings aufnehmen.
- Stark zuckerhaltige Getränke (z. B. Eistee) in großen Mengen während des Trainings aufnehmen.
- Unterschiedliche Gelprodukte testen.
- Last, not least: Die angedachte Wettkampfstrategie testen.

Nachfolgende Übersicht soll exemplarisch vier unterschiedliche Strategien zur Versorgung im Wettkampf aufzeigen.

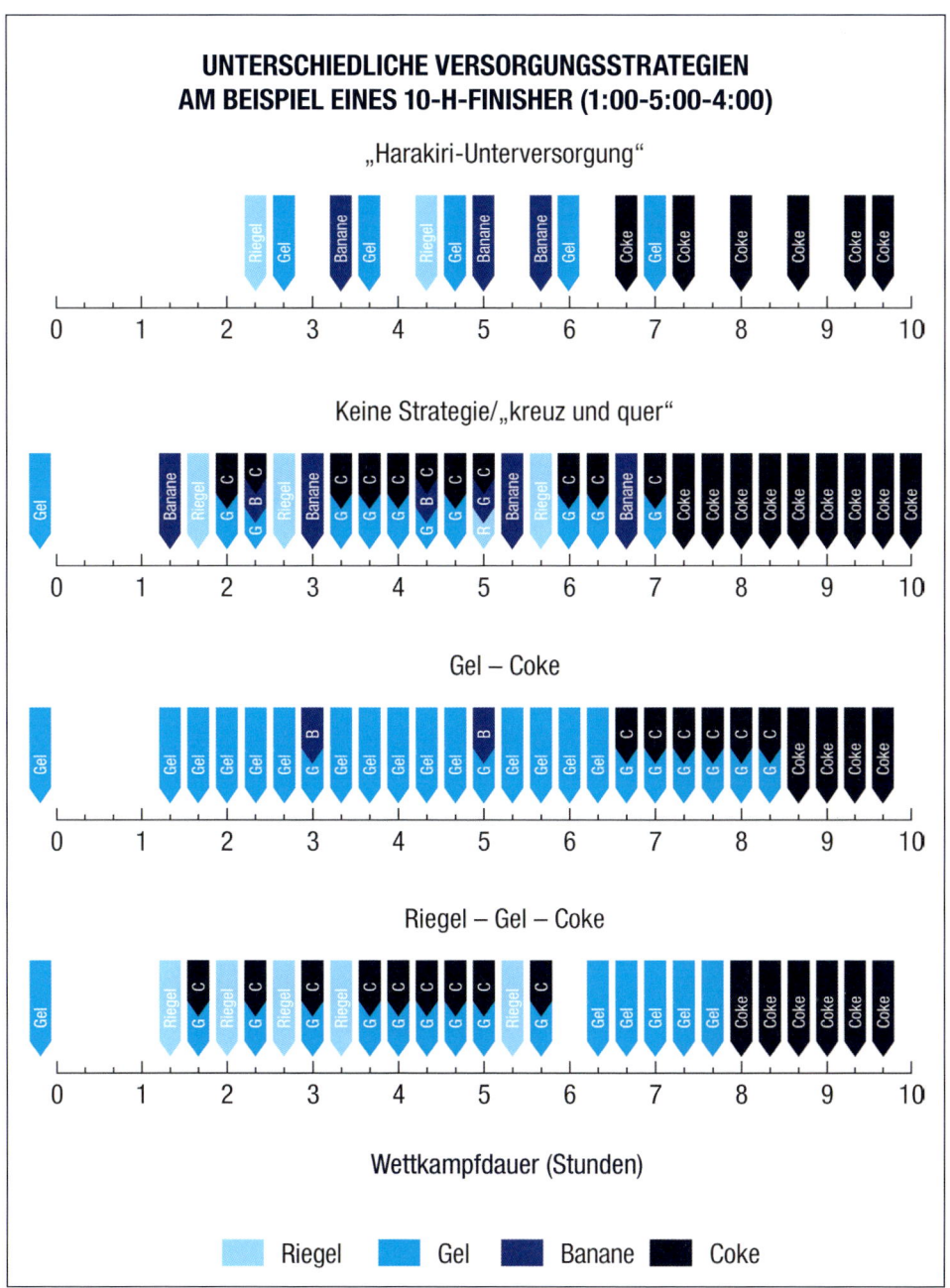

Abb. 125: Unterschiedliche Versorgungsstrategien im Wettkampf

12.9.6.2.3 Magen-Darm-Probleme im Wettkampf

Ich habe vor einigen Jahren begonnen, nach Wettkämpfen Feedback der Sportler über einen Fragebogen einzuholen. Mittlerweile habe ich einen Datensatz von über 500 Sportler-Feedback-Bögen. Fast 80 % aller Sportler haben im Zeitraum von fünf Jahren schon mal über Magen-Darm-Probleme im Wettkampf geklagt. Als häufigste Ursachen haben sich folgende Punkte herauskristallisiert:

- nicht ausreichendes Testen der Wettkampfverpflegung;
- zu niedrige Menge aufgenommener Flüssigkeit in Relation zur Kohlenhydratmenge;
- zu unregelmäßige Aufnahme der Kohlenhydrate;
- zu geringe Menge an aufgenommenem Natrium;
- zu geringe Menge an Kohlenhydrate.

Gerade der letzte Punkt sollte einige Leser stutzig machen, denn bisher dachte man eher, dass nur eine zu große Menge dafür verantwortlich sei. Hierzu ein kurzer Exkurs.

MAGEN-DARM-PROBLEME IM TRIATHLON UND IHRE POTENZIELLEN URSACHEN

Symptom	Ursachen
Übelkeit und Erbrechen	• Dehydration • Hyponatriämie • Hypoglykämie „Hungerast" • Zu hohe Dosis Koffein • Zu fettreiches Essen unmittelbar vor dem Training oder Wettkampf • Zu große Trink- und Essensmenge • Große Menge hypertoner Getränke
Völlegefühl und Blähungen	• Dehydration • Hyponatriämie • Zu große Menge an Kohlenhydraten während des Sports • Zu große Trink- und Essensmenge • Große Menge hypertoner Getränke
Magen-Darm-Krämpfe	• Große Menge hypertoner Getränke • Zu große Menge an Kohlenhydraten während des Sports • NSAID (Ibuprofen, Diclofenac etc.)
Durchfall	• Große Menge hypertoner Getränke • Zu große Menge an Kohlenhydraten während des Sports • Zu hohe Dosis Koffein • Bestehende Magen-Darm-Probleme im Vorfeld • „Läufermagen", also durch Stoßbelastung ausgelöst

Abb. 126: Magen-Darm-Probleme im Wettkampf

Der Wettkampf

Das Blut befindet sich im Wettkampf primär in der Antriebsmuskulatur bzw. in der Peripherie, denn aus dem Blutplasmavolumen wird der Schweiß gewonnen, der dann über Evaporation an der Hautoberfläche für Kühlung sorgt.

Kommt es im Wettkampf zu einer Unterversorgung von Kohlenhydraten, so verringert sich die Durchblutung des Magens noch weiter und die Magenschleimhaut wird empfänglicher für sogenannte *Endotoxine*. Man spricht in diesem Zusammenhang auch vom *Leaky-Gut-Syndrom*.

Kohlenhydrate und Flüssigkeit im Magen sorgen für eine verbesserte Durchblutung der Schleimhaut und können die Entstehung dieser Problematik minimieren.

Die Übersichtstabelle zeigt die häufigsten Probleme und deren Ursachen. Ich kann nur insistieren, sich diese Tabelle sicher einzuprägen, um im Wettkampf Wege aus dem Problem zu finden, denn wenn man weiß, woran es liegen könnte, kann man die Probleme auch beseitigen. Sollte die Energieaufnahme wegen bestehender Magen-Darm-Probleme nicht mehr gewährleistet sein, so bietet sich das Mouth Rinsing als Möglichkeit zur Überbrückung einer solchen Phase an.

Hierbei werden flüssige Kohlenhydrate für ca. 10 Sekunden in der Mundhöhle behalten und gegurgelt, aber ohne diese Flüssigkeit dann runterzuschlucken, sondern sie wieder auszuspucken. Es wird dabei vorgetäuscht, dass Kohlenhydrate vorhanden sind. Die im Gehirn für das Anzeigen von Ermüdung verantwortlichen Areale werden dabei ausgetrickst, sodass mit dem Mouth Rinsing über einen Zeitraum von 30-60 Minuten die Leistung ohne wirkliche Aufnahme von Kohlenhydraten aufrechterhalten werden kann.

Besonders beim Thema Koffein sollte man Vorsicht walten lassen. Sportler, die von Beginn an auf koffeinhaltige Gels zugreifen, laufen Gefahr, eine unter Umständen zu hohe Menge dieser leistungssteigernden Substanz aufzunehmen. Jeder kennt die Wirkweise des Koffeins, es macht wach und kurbelt den Fettstoffwechsel an, aber auf der anderen Seite wirkt es dehydrierend und lässt den Blutdruck ansteigen.

Einige Hersteller spendieren ihren Gels teilweise bis zu 150 mg Koffein pro Packung. Nimmt ein Sportler von solch einem Gel drei Packungen pro Rennstunde zu sich, um damit seinen Energiebedarf zu decken, so nimmt er gleichzeitig auch 450 mg Koffein zu sich. Diese Menge entspricht 2-3 Tassen Espresso. Wenn man jetzt noch den Faktor Zeit einbezieht, also mehrere Stunden lang diese Menge aufnimmt, wird relativ schnell klar, dass das oftmals zu viel des Guten ist.

Ich empfehle daher eher, erst ab der Kilometermarke 130-140, also wenn die Müdigkeit kumuliert, Koffein einzusetzen und diese Menge auf den letzten 40-50 km auf dem Rad zu steigern, um eventuell durch eine zu hohe Dosis an Koffein hervorgerufene Durchfallprobleme weitestgehend zu vermeiden.

Sportler, die ihre gesamte Menge Gels vor dem Rennen in eine Radflasche drücken, können unterwegs nicht differenzieren, ob sie mit dem Schluck ein Gel mit oder ohne Koffein aufgenommen haben. Daher würde ich dabei eher auf Koffeintabletten bauen, um eine gewisse kalkulatorische Sicherheit zu gewährleisten, denn mit jeder Tablette weiß man genau, welche Menge aufgenommen wurde.

Anfang der 2000er-Jahre gab es in manchen Sportarten einen zulässigen Grenzwert an Koffein. Wurde dieser überschritten und man musste eine Dopingprobe abgeben, so wurde man positiv getestet. Sportler, die das ganze Rennen über Koffeingels nutzen, wären damals ganz sicher als gedopt getestet worden. Diesen Grenzwert gibt es heute nicht mehr, ich möchte aber mit diesem Rückblick dennoch dafür sensibilisieren, dass Koffein als leistungssteigernde Substanz nicht zu inflationär eingesetzt werden sollte.

Ich habe sehr gute Erfahrungen mit Guarana als Wachmacher im Wettkampf gemacht. Die Wirkung des Guaranas ist unterschwelliger, hält aber länger an. Die Firma Biestmilch bietet einen sogenannten *Booster* mit darin enthaltenen 4 g Guarana und Kolostralmilch an. Untersuchungen haben gezeigt, dass diese Kolostralmilch die Entstehung des Leaky-Gut-Syndroms signifikant verringern konnte.

Wenn nun alle aufgezeigten Fehler vermieden wurden, so wartet als Belohnung für die stundenlangen Strapazen der Zielkanal auf den Athleten. An der Stelle ein kurzer Appell an alle männlichen Sportler: In meinen Augen gehört es sich nicht, Athletinnen auf den letzten Metern noch zu überholen. Stattdessen sollten eher Gentlemanmanieren gezeigt und den Sportlerinnen der Vortritt gelassen werden.

12.9.7 Die Finish Line

Es mag durchaus etwas pathetisch klingen, aber das Überlaufen der Ziellinie verändert die Menschen nachhaltig. Ich bekomme immer wieder rückgemeldet, dass die erste Langdistanz einen ganz besonderen Eindruck bei den meisten Sportlern hinterlassen hat. Die Schmerzen sind groß, aber die Freude überwiegt.

Hat man die Ziellinie nun erreicht, so sollte man sich im Zielbereich, dem Athlete's Garden, ausreichend verpflegen.

Das Verlangen nach salzigen oder deftigen Speisen ist oft sehr groß nach all der Zuckerorgie während des Rennens. Sollte der gesundheitliche Allgemeinzustand im Ziel schlecht sein und man sich übergeben müssen oder musste das sogar während des Rennens, so empfiehlt es sich, dies beim medizinischen Personal anzeigen, um eventuell eine Kochsalzlösung verabreicht zu bekommen, um wieder schneller auf die Füße zu kommen.

Nach der Dusche sollten warme Klamotten angezogen werden, denn nach dem Rennen ist das Immunsystem sehr geschwächt, dass aus dem viel zitierten *Open Window* wohl eher ein Open Scheunentor wird. Alkohol sollte daher auch eher in Maßen getrunken werden und auch nur erst dann, wenn vorher ordentlich gegessen und getrunken wurde. Ich rate eher vom Angebot der Massage ab, da die Muskulatur ziemlich gereizt ist und viele Sportler Druck auf die Muskulatur von außen in dieser Situation nicht wirklich gut tolerieren.

12.9.8 The Day After – wie geht es weiter?

Die Nacht nach dem Wettkampf ist eine Mischung aus völlig im Eimer und aufgekratzt sein. Der Körper ist noch so voller Adrenalin, dass ein Runterfahren nicht immer möglich ist. Alkohol oder sogar Schlafmittel sollten nicht eingesetzt werden, beides bedeutet weiteren Stress für den eh schon strapazierten Körper. Für mich stellt die Siegerehrung am Tag nach dem Rennen immer mit den schönsten Moment des ganzen Jahres dar. Der Anblick müder, aber glücklicher Krieger lässt mich immer daran denken, welche Leistung diese Sportler am Tag zuvor erbracht haben.

Wer sich in den Tagen nach dem Rennen im Spiegel anschaut oder den Blick auf die Waage lenkt, wird feststellen, dass er ziemlich zugenommen hat oder sogar etwas zugequollen im Gesicht aussieht. Diese Ödeme sind die Folge eines erhöhten Creatinkinase-Werts (CK). Der Normbereich liegt bei Männern < 170 U/l und für Frauen bei < 145 U/l. Nach einem Langdistanzrennen kann dieser Wert aber durchaus bei > 2.000 U/l liegen.

Dieser Parameter spiegelt wider, wie sehr der Grad der Muskelzerstörung fortgeschritten ist. Dummerweise ist dieser Marker auch extrem erhöht, wenn man einen Herzinfarkt erleidet. Wer also in den Tagen nach dem Wettkampf ein Blutbild beim Arzt erstellen lässt, sollte diesen darauf hinweisen, dass man erst vor Kurzem eine Langdistanz beendet hat.

12.9.8.1 Wiederaufnahme des Trainings

Abhängig von der weiteren Saisonplanung sollte auch das Training wieder aufgenommen werden, doch mit Bedacht und nach den folgenden Regeln:

- **Frequenz schlägt Dauer.**
  Will sagen, dass eher kürzer (20-30 Minuten) und dafür öfters 1-3-mal pro Tag als mit einer Einheit von 60-90 Minuten Dauer wieder ins Training eingestiegen werden sollte.

- **Energie schlägt FatMax.**
  Die Zeit nach einer Langdistanz ist nicht dazu geeignet, Einheiten kohlenhydratreduziert im FatMax-Bereich zu absolvieren. Jede Einheit sollte mit vollen Energiespeichern erfolgen.

- **Intensität ist Gift.**
  Das Training in der Woche nach dem Rennen steht ganz klar im Zeichen der aktiven Erholung. Wer Verlangen nach intensiven Einheiten hat, der hat im Hauptwettkampf offensichtlich nicht alles gezeigt.

- **KEIN Laufen in der ersten Woche nach dem Wettkampf.**

Wie die weitere Rennplanung auch immer aussieht, auf das Laufen nach der Langdistanz sollte mindestens eine Woche verzichtet werden. Es gibt kein regeneratives Laufen! Laufen hat aufgrund der Stoßbelastungen definitiv keinen erholenden Charakter.

12.9.8.2 Regenerationsprotokoll nach einer Langdistanz

Die Euphorie über das zuvor Geschaffte überlagert in der Woche 1 nach dem Rennen oftmals die körperlichen Symptome, doch in der folgenden Woche werden die Sportler regelmäßig von einer generalisierten Müdigkeit übermannt. Hier der „normale" Verlauf der Regeneration nach einem Ironman®.

12.9.8.2.1 Tag 1-4

Die ersten Tage sind in der Regel von Muskelkater geprägt und verhindern geschmeidige Aktivitäten. Muskelkater wird durch eine Art Zerstörung von Muskelgewebe hervorgerufen. Der Körper reagiert dann oft mit vermehrtem Einlagern von Wasser, um die entzündlichen Prozesse auszuschwemmen. Nicht selten legen Sportler mehrere Kilos nach dem Rennen zu, primär durch Ödeme. Kein Grund also, Diäten oder Fasten in der ersten Woche nach dem Rennen einzuleiten!!

Ich habe sehr gute Erfahrungen damit gemacht, in den ersten Tagen leichte Non-Impact-Sportarten (Schwimmen, Radfahren, Aquajogging oder Ellipsentrainer) durchführen zu lassen, als jegliche Form von Aktivität einzustellen. Hierbei empfehle ich Umfänge von 20 Minuten im Wasser und 30-40 Minuten auf dem Rad. Die Intensität sollte hierbei nicht aus dem unteren GA-1-Bereich hinaustreten.

Laufen ist absolut kontraindiziert, denn durch die exzentrischen Stoßbelastungen im Moment des Fußaufsatzes wird die eh schon gestresste Muskulatur weiter gereizt. Nach Überqueren der Finish Line besteht oftmals großes Verlangen nach Junk Food und einem kalten Bier. Diese Belohnung darf durchaus stattfinden, allerdings sollte nach 2-3 Tagen wieder auf eine gesunde Ernährung Wert gelegt werden.

Junk Food fördert weitere Entzündungsprozesse, die der Organismus gerade dabei ist, abzubauen. Um die Regeneration zu fördern, empfehle ich, in den ersten vier Tagen auf Faszientraining und Massage zu verzichten, um die Muskulatur nicht weiterhin zu stressen.

Stattdessen bieten sich Kalt- oder Eisbäder an, um die Entzündungsreaktionen im Körper zu senken. Saunagänge sind auch eher als kontraproduktiv einzuordnen, da der Flüssigkeitshaushalt, insbesondere nach Hitzerennen, noch nicht wieder vollständig ausgeglichen ist.

12.9.8.2.2 Tag 5-7

Der Muskelkater schwindet, aber die allgemeine Müdigkeit nimmt weiter zu. Die Motivation und die Lust auf Training kehrt zurück. In dieser Phase sollte dennoch immer noch kein Laufen stattfinden, die Dauer der Trainingseinheiten (ohne jegliche Intensität) kann auf dem Rad auf 60 Minuten und im Wasser auf 40 Minuten ausgedehnt werden.

Kälteanwendungen sollten weiterhin durchgeführt werden, Massagen und/oder Faszientraining können individuell eingebaut werden.

Manche Athleten berichten auch in diesen Tagen, dass sie lieber noch darauf verzichten möchten, da der Muskelschmerz noch zu groß ist. Um sicherzugehen, würde ich auch noch in dieser Zeit eher darauf verzichten.

12.9.8.2.3 Tag 8-12

In dieser Phase kommt die Müdigkeit mit Siebenmeilenstiefeln, jegliche Form von Bewegung fällt schwer. Einige Sportler interpretieren das jedoch falsch und glauben, sie müssen wieder deutlich mehr trainieren, weil ihre Form schwindet. Die Müdigkeit und Atemlosigkeit sind jedoch Zeichen immer noch stattfindender Regeneration.

Wer in dieser Phase zu viel trainiert, läuft Gefahr, die Regenerationszeit deutlich zu verlängern und/oder „keinen Fuß mehr auf den Boden" in der laufenden Saison zu bekommen. In dieser Phase kann das Laufen wieder aufgenommen werden, jedoch ohne Intensität und initial mit maximal 20-25 Minuten Dauer.

12.9.8.2.4 Tag 13-18

In dieser Zeit ist die Erholung meistens abgeschlossen, dennoch sollten Sportler reflektiert bleiben und sich 2-3 Stunden nach dem Training selbst auf den Prüfstand stellen. Fühlt man sich weiterhin gut nach dem Training, so scheint die Regeneration abgeschlossen. Kommen Schwere und Lethargie nach dem Training zum Vorschein, dann sollte das Trainingsprogramm angepasst und nach unten korrigiert werden.

12.9.8.3 Wann kann das nächste Rennen stattfinden?

Wenn man die oben beschriebenen Phasen korrekt durchlaufen hat, sollte die Regeneration so weit fortgeschritten sein, dass ein Rennen drei Wochen nach der Langdistanz erneut möglich ist. Wenn man dem System Mensch die Chance gibt, den immensen Reiz einer Langdistanz zu verarbeiten, wird man gestärkt und frisch in weitere Rennen gehen können.

Die bereits erwähnten drei, aber auch fünf oder sieben Wochen Abstand zwischen zwei Langdistanzen hat sich, empirisch beobachtet, als bester zeitlicher Abstand herausgestellt. Diese engen Abstände lassen sich jedoch nur dann realisieren, wenn sowohl im Training vor der ersten Langdistanz und im Erholungsprotokoll keine Fehler gemacht wurden.

Die unten stehende Grafik soll zeigen, wann mit welcher Sportart das Training wieder aufgenommen werden kann und sollte. Man sollte hierbei unterscheiden, ob nach der erfolgreichen Langdistanz in kurzer Abfolge (3-8 Wochen) erneut ein weiterer Wettkampf über die 70.3®-Distanz oder sogar eine weitere Langdistanz in Angriff genommen wird.

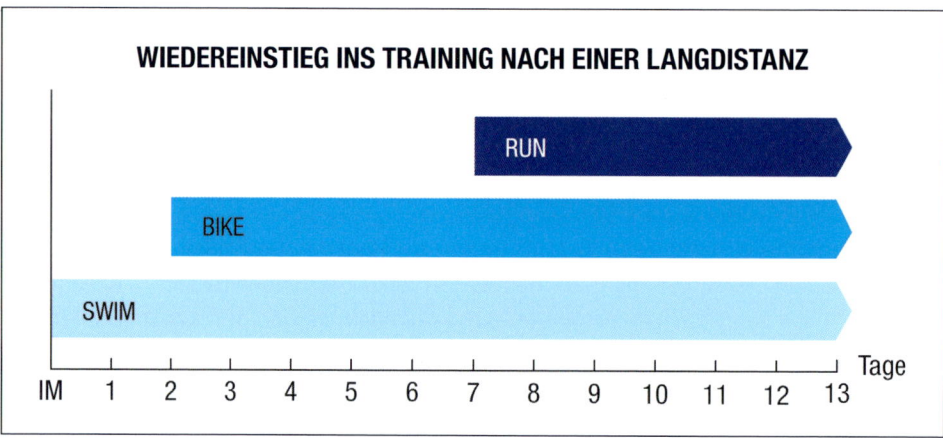

Abb. 127: Wiedereinstieg ins Training nach einer Langdistanz

Der Wettkampf

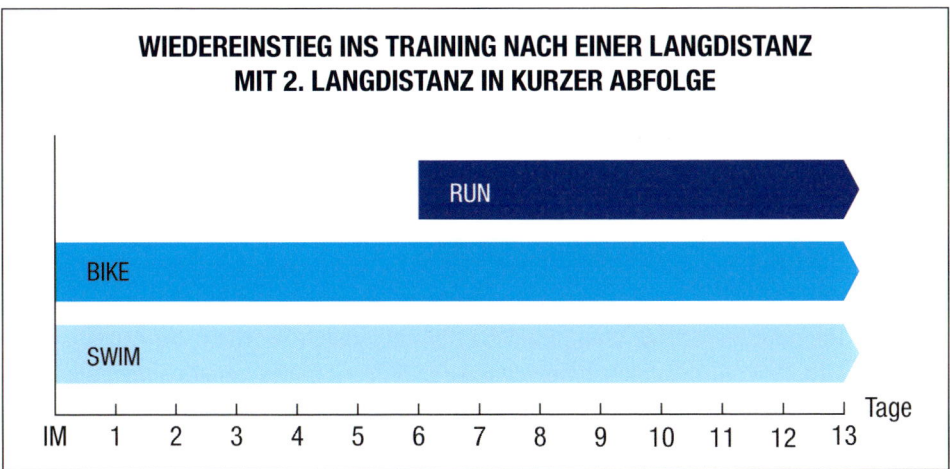

Abb. 128: Wiedereinstieg ins Training nach einer Langdistanz mit der Zielsetzung, ein weiteres Rennen in kurzer Abfolge zu bestreiten

SCHLUSSWORT, DANKSAGUNG UND WIDMUNG

Ich hoffe sehr, mit meinem Wissen und der Erfahrung vielen Sportlern die Angst vor der Mammutaufgabe Langdistanz nehmen zu können. Wie eingangs bereits angemerkt, gibt es mit Sicherheit auch andere Ansätze, die ebenfalls zum Erfolg führen können. Daher kann dieses Buch nie den Anspruch für sich vereinnahmen, als allein richtiges Konzept zu gelten.

Es stellt meinen aktuellen Wissens- und Erfahrungsstand dar, der weit über 1.000 erfolgreiche Langdistanzrennen ermöglicht hat. Besonderer Dank gilt dem Meyer & Meyer Verlag, der mir damit einen lang gehegten Traum mit dem Schreiben eines eigenen Buchs erfüllt hat.

Ich möchte mich an dieser Stelle bei einigen mir sehr wichtigen Menschen bedanken, die mich während meiner Zeit als Trainer sehr stark beeinflusst haben und meine Art des Coachings tiefer gehend geprägt haben. Stellvertretend möchte ich einige hervorheben.

Dennis Sandig war und ist mein größter Mentor und zugleich „brother from a different mother". Wir kennen uns schon seit dem alten Jahrtausend und unsere Wege haben sich immer wieder gekreuzt. Er hat mir immer dabei geholfen, meine Sinne zu schärfen, aufmerksam zu sein, eine eigene Meinung zum Triathlon zu entwickeln und mich mit Literatur und Wissen gefüttert. Danke für das immer offene Ohr und für das Ertragen mancher Selbstzweifel. Für mich ist Dennis der personifizierte Transfer von Sportwissenschaft in die Praxis.

Lothar Leder ist der „real record breaker". Er ist der erste Mensch, der eine Langdistanz in weniger als acht Stunden 1996 im Rahmen des damaligen Ironman® Europe absolvieren konnte. Sein Erfahrungsschatz aus unzähligen Toperfolgen und seine Einschätzungen zum aktuellen Triathlon, teilweise aus dem Bauch heraus, haben Hand und Fuß und beeindrucken mich auch noch bis heute.

Danke auch an *Claudia Klasing Pandolfi* von thelimedrop.com für die, wie ich finde, sehr gelungene grafische Umsetzung meiner hieroglyphenartigen Skizzen und Dustin Nicolai für die Illustrationen.

Schlusswort, Danksagung und Widmung

Danke auch an alle Sportler, die ich seit 2004 auf ihrem Weg zur Langdistanz beraten, führen und coachen durfte. Jeder Einzelne hat meine Handschrift als Trainer mitgeprägt. Danke für den Vertrauensvorschuss und die Möglichkeit, meinen Traum als Triathloncoach leben zu dürfen.

Last, not least möchte ich mich bei meiner Frau *Therese* bedanken, denn ohne sie hätte ich nie die Möglichkeit bekommen, mich in meiner beruflichen Tätigkeit entfalten zu können. Sie holt mich immer wieder auf den Boden der Tatsachen zurück, wäscht mir den Kopf und hilft mir, meine Gedanken zu sortieren. Ohne sie gäbe es wohl auch nicht unsere vier großartigen Töchter *Luise, Mathilda, Paula und Käthe*. Ein großer Dank gilt auch meinen *Eltern*, die mich in meiner Entwicklung und meinen Träumen immer unterstützt und an mich geglaubt haben.

Ich möchte dieses Buch Julia Mai widmen. Sie war langjährige Wegbegleiterin, von mir betreute Profiathletin und zuletzt Mitarbeiterin und ist am 7. 10. 2018 nach sehr kurzer Krankheit im Alter von 38 Jahren viel zu früh und tragisch verstorben.

Abb. 129: In memoriam Julia Mai

TRIATHLON ERFOLG AUF DER LANGDISTANZ

ANHANG

1 Exemplarischer Trainingsplan für 16 Wochen

LEGENDE

Abkürzung	Erklärung
WK-Tempo	Wettkampftempo Langdistanz
70.3-Tempo	Wettkampftempo Mitteldistanz
OD-Tempo	Wettkampftempo olympische Distanz
P	Pause (in Minuten)
m	Meter
TF	Trittfrequenz (U/min)
SF	Schrittfrequenz (Schritte/min)
ZF	Zugfrequenz
Ein	Einschwimmen, einfahren, einlaufen
Aus	Ausschwimmen, ausfahren, auslaufen
Pbo	Pullbuoy only oder „Arme schwimmen"
Pd/Pb	Paddles, Pullbuoy
Pd/Pb/As	Paddles, Pullbuoy, Ankle Strap (Knöchelband)
Kr	Kraul
Br	Brust
Rü	Rücken
A	Arme
B	Beine
re	Rechts
li	Links
KH	Kohlenhydrate
RR	Rennrad
TT	Zeitfahrrad
KA	Kraftausdauer/ Ausdauerkraft
Easy	Lockeres Tempo
All out	Sprint

Wie bereits eingangs erwähnt, möchte ich einen exemplarischen Trainingsplan zur Vorbereitung einer Langdistanz in den letzten 16 Wochen aufzeigen. Dieser Rahmenplan soll jedoch bitte nur als sehr grobe Orientierung und eine Möglichkeit verstanden werden, wie man sich auf einen solchen Wettkampf vorbereiten kann. Auf individuelle Stärken und Schwächen, sportliche Historie des Athleten, Geschlecht und begleitende Lebensumstände kann ein solch pauschal erstellter Plan nicht eingehen. Das Leistungsniveau des fiktiven männlichen Sportlers aus diesem Rahmenplan würde ich zwischen 9:30 h und 10:10 h zu erwartender Wettkampfdauer definieren.

WOCHE 1

	Montag	Dienstag	Mittwoch	Donnerstag	Freitag	Samstag	Sonntag
1. Einheit	**Schwimmen** 12 x 50 m jeder 6. schnell P 0:10, 8 x 50 m jeder 4. schnell P 0:10 6 x 50 m jeder 3. schnell P 0:10 4 x 50 m jeder 2. schnell P 0:10 4 x 100 m (25 m Abschlagen, 75 m Kr schnell) P 0:15, 100 m Kraul easy 3 x 100 m (50 m einarmig, 50 m Kr schnell) P 0:10, 100 m Kr easy, 2 x 100m Kr schnell, P 0:05 400m Pbo aus	**Lauf** 10 min ein, 8 x Yasso 800 m + 200 m Trabpause, 5 min aus	**Schwimmen** 200 m ein, 15 x 100 m mittleres Tempo P 0:20, 200 m aus	**Lauf 40 min** GA 1 mit Fokus hoher SF, am Ende 5-10 min Lauf- ABC	**Lauf 100 min** Lockerer Dauerlauf mit 100 m Steigerungslauf alle 5 min	**Rad 180 min** Flach/welliges Terrain, GA 1, TF 80-100	**Rad 210 min** Flach/welliges Terrain, GA 1, TF 80-100
2. Einheit	**Core-Stability** 20 min	**Mobility 20 min**	**Rad 50 min** 10 min ein, 4 x 3 min KA, P je 3 min, restliche Zeit GA 1 aus	**Schwimmen** 800 m Kr easy, P 1:00 600 m Kr easy, P 0:45 400 m Kr easy, P 0:45 200 m Kr easy, P 0:30 2 x 100 m Kr, P 0:20 8 x 50 m Kr mittleres Tempo, P 0:15 100 m aus	**Core-Stability** 20 min		
3. Einheit	**Mobility 10 min**		**Mobility 10 min**	**Mobility 10 min**	**Mobility 10 min**	**Mobility 10 min**	**Mobility 10 min**

TRIATHLON ERFOLG AUF DER LANGDISTANZ

WOCHE 2

	Montag	Dienstag	Mittwoch	Donnerstag	Freitag	Samstag	Sonntag
1. Einheit	**Schwimmen** 200 m ein, 4 x 700 m wie folgt: 50 m Abschlagen P 0:15 50 m Br A Kr B P 0:10 300 m Pbo P 0:30 200 m Pd/Pb P 0:20 100 m All out P 0:45 200 m aus	**Lauf** 10 min ein, 10 x Yasso 800 m + 200 m Trabpause, 5 min aus	**Schwimmen** 200 m ein, 20 x 100 m mittleres Tempo P 0:20, 200 m aus	**Lauf 40 min** GA 1 mit Fokus hoher SF, am Ende 5-10 min Lauf-ABC	**Lauf 100 min** Lockerer Dauerlauf mit 100 m Steigerungslauf alle 5 min	**Rad 180 min** 90 min GA 1 mit T F 90-100, 3 x 8 min WK-Tempo, dazwischen je 10 min GA 1, restliche Zeit aus	**Rad 240 min** Flach/welliges Terrain, GA 1, TF 80-100
2. Einheit	**Core-Stability** 20 min		**Rad 50 min** 10 min ein, 5 x 3 min KA, P je 3 min, restliche Zeit GA 1 aus	**Schwimmen** 800 m Kr easy, P 1:00 600 m Kr easy, P 0.45 400 m Kr easy, P 0:45 200 m Kr easy, P 0:30 2 x 100 m Kr, P 0:20 8 x 50 m Kr mittleres Tempo, P 0:15 100 m aus	**Core-Stability** 20 min		
3. Einheit	Mobility 10 min	Mobility 20 min	Mobility 10 min	Mobility 10 min	Mobility 10 min	Mobility 10 min	Mobility 10 min

WOCHE 3

	Montag	Dienstag	Mittwoch	Donnerstag	Freitag	Samstag	Sonntag
1. Einheit	**Schwimmen** 10 x 50 m jeder 5. schnell P 0:10, 6 x 50 m jeder 3. schnell P 0:10, 3 x 200 m Pbo P 0:30, 6 x 50 m jeder 3. schnell P 0:10, 4 x 50 m jeder 2. schnell P 0:10, 3 x 200 m Pbo, P 0:30 6 x 50 m jeder 3. schnell P 0:10, 10 x 50 m Pd/Pb jeder 2. schnell P 0:10 200 m aus	**Lauf** 10 min ein, 10 x Yasso 800 m + 200 m Trabpause, 5 min aus	**Schwimmen** 300 m ein 6 x 50 m Br A Kr B, P 0:20 40 x 50 m Kr, Pause 0:10 200 m aus	**Lauf 40 min** GA 1 mit Fokus hoher SF, am Ende 5-10 min Lauf-ABC	**Lauf 120 min** Lockerer Dauerlauf mit 100 m Steigerungslauf alle 10 min	**Rad 180 min** 90 min GA 1 mit TF 90-100, 3 x 10 min WK-Tempo, dazwischen je 10 min GA 1, 20 min aus	**Rad 240 min** Flach/welliges Terrain, GA 1, TF 80-100
2. Einheit	**Core-Stability** 20 min		**Rad 55 min** 10 min ein, 6 x 3 min KA, P je 3 min, restliche Zeit GA 1 aus	**Schwimmen** 800 m Kr easy, P 1:00 600 m Kr easy, P 0:45 400 m Kr easy, P 0:45 200 m Kr easy, P 0:30 2 x 100 m Kr, P 0:20 8 x 50 m Kr mittleres Tempo, P 0:15 100 m aus	**Core-Stability** 20 min		
3. Einheit	Mobility 10 min	Mobility 20 min	Mobility 10 min	Mobility 10 min	Mobility 10 min	Mobility 10 min	Mobility 10 min

TRIATHLON ERFOLG AUF DER LANGDISTANZ

WOCHE 4

	Montag	Dienstag	Mittwoch	Donnerstag	Freitag	Samstag	Sonntag
1. Einheit	**Schwimmen** 400 ein, 10 x 50 m (10 m hart/40 m locker) P 0:10, 10 x 50 m (15 m hart/35 m locker) P 0:10, 10 x 50 m (20 m hart/30 m locker) P 0:10, 10 x 50 m (25 m hart/25 m locker) P 0:10, 3 x 400 m Pbo P 0:45, 100 m aus	**Lauf** 10 min ein, 10 min Lauf-ABC, 15 x 100 m zügigen Tempo (bitte KEIN Sprint!), Pause 100 m lockeres Traben 10 min aus	**Schwimmen** 300 m ein 6 x 50 m Br A Kr B, P 0:20 40 x 50 m Kraul, Pause 0:10 200 m aus	**Lauf 60 min** GA 1 mit Fokus auf hoher SF und sauberer Technik	**Lauf 80 min** GA 1 mit Fokus auf hoher SF und sauberer Technik	**Rad 180 min** Flach/welliges Terrain, GA 1, TF 80-100	**Rad 240 min** Flach/welliges Terrain, GA 1, TF 80-100
2. Einheit			**Core-Stability** 20 min	**Schwimmen** 200 m ein, 15 x 200 m mittleres Tempo P 0:30, 200 m aus	**Schwimmen** 200 m ein 5 x 500 m Pbo P 1:00 100-200 m aus	**Core-Stability** 20 min	
3. Einheit		Mobility 10 min		Mobility 10 min	Mobility 10 min	Mobility 10 min	Mobility 10 min

WOCHE 5

	Montag	Dienstag	Mittwoch	Donnerstag	Freitag	Samstag	Sonntag
1. Einheit	**Schwimmen** 300 m ein 6 x 50 m Br A Kr B, P 0:20 40 x 50 m Kraul, Pause 0:10 200 m aus	**Lauf** 10 min ein, 12 x Yasso 800 m + 200 m Trabpause, 5 min aus	**Schwimmen** 10 x 50 m jeder 5. schnell P 0:10, 6 x 50 m jeder 3. schnell P 0:10, 3 x 200 m Pbo P 0:30, 6 x 50 m jeder 3. schnell P 0:10, 4 x 50 m jeder 2. schnell P 0:10, 3 x 200 m Pbo, P 0:30 6 x 50 m jeder 3. schnell P 0:10, 1 x 50 m Pd/Pb jeder 2. schnell P 0:10 200 m aus	**Lauf 40 min** GA 1 mit Fokus hoher SF, am Ende 5-10 min Lauf- ABC	**Lauf 120 min** Lockerer Dauerlauf mit 100 m Steigerungslauf alle 10 min	**Rad 120 min** 160 min GA 1 mit TF 90- 100, 20 min WK-Tempo, 10 min 70.3-Tempo, 20 min aus	**Lauf** Nüchternlauf, lockeres Tempo im GA 1
2. Einheit	**Core-Stability** 20 min		**Rad 90 min** 20 min ein, 60 min lang im Wechsel 2 min bei TF 80 und 1 min bei TF 110 im GA 1, 10 min aus	**Schwimmen** 200 m ein 5 x 500 m Pbo P 1:00 100–200 m aus	**Core-Stability** 20 min		**Rad 240 min** Flach/welliges Terrain, GA 1, TF 80-100
3. Einheit	**Mobility 10 min**	**Mobility 20 min**	**Mobility 10 min**	**Mobility 10 min**	**Mobility 20 min**	**Mobility 10 min**	**Mobility 10 min**

Anhang

TRIATHLON ERFOLG AUF DER LANGDISTANZ

WOCHE 6

	Montag	Dienstag	Mittwoch	Donnerstag	Freitag	Samstag	Sonntag
1. Einheit	**Schwimmen** 300 m ein 8 x 100 m (25 m Wasserball/25 m Abschlagen/50 m Kr) P 0:20, 8 x 100 m (25 m Br A Kr B/50 m Kr/25 m Rü B) P 0:20, 8 x 100 m Pbo (25 m Faust li/25 m Faust re/25 m beide Faust/25 m Kr) P 0:20, 10 x 50 m Pd/Pb/As mittleres Tempo, P 0:10 100 m aus	**Lauf** 10 min ein, 15 x Yasso 800 m + 200 m Trabpause, 5 min aus	**Schwimmen** 10 x 50 m jeder 5. schnell P 0:10, 6 x 50 m jeder 3. schnell P 0:10, 3 x 200 m Pbo P 0:30, 6 x 50 m jeder 3. schnell P 0:10, 4 x 50 m jeder 2. schnell P 0:10, 3 x 200 m Pbo, P 0:30 6 x 50 m jeder 3. schnell P 0:10, 10 x 50 m Pd/Pb jeder 2. schnell P 0:10 200 m aus	**Lauf 40 min** GA 1 mit Fokus hoher SF, am Ende 5-10 min Lauf-ABC	**Lauf 100 min** Lockerer Dauerlauf mit 100 m Steigerungslauf alle 10 min	**Rad 210 min** 140 min GA 1 mit TF 90-100, 30 min WK-Tempo, 20 min 70.3-Tempo, 20 min aus	**Lauf** Nüchternlauf, lockeres Tempo im GA 1
2. Einheit	**Core-Stability** 20 min		**Rad 90 min** 10 min Kickstart, also ohne Warmfahren mit OD-Pace, 80 min GA 1 zu Ende fahren	**Schwimmen** 200 m ein 5 x 600 m Pbo P 1:00 100-200 m aus	**Core-Stability** 20 min		**Rad 240 min** Flach/welliges Terrain, GA 1, TF 80-100
3. Einheit	Mobility 10 min	Mobility 20 min	Mobility 10 min	Mobility 10 min	Mobility 20 min	Mobility 10 min	Mobility 10 min

376

WOCHE 7

	Montag	Dienstag	Mittwoch	Donnerstag	Freitag	Samstag	Sonntag
1. Einheit	**Schwimmen** 200 m ein 5 x 700 m wie folgt: 50 m Abschlagen P 0:15 50 m Br A Kr B P 0:10 300 m Pbo P 0:30 200 m Pd/Pb P 0:20 100 m all out P 0:45 200 m aus	**Lauf** 10 min ein, 18 x Yasso 800 m + 200 m Trabpause, 5 min aus	**Schwimmen** 200 m ein 8 x 100 m (25 m all out/75 m easy) P 0:15, 8 x 50 m (25 m Abschlag/25 m Kr), P 0:15, 400 m im Wechsel 25 m 5er- oder 6er-Zug/25 m 2er oder 3er-Zug, 12 x 50 m Pullbuoy+Band, P 0:10 4 x 200 m Pd/PdAs P 0:30, 100 m aus	**Lauf 40 min** GA 1 mit Fokus hoher SF, am Ende 5-10 min Lauf- ABC	**Lauf 110 min** Lockerer Dauerlauf mit 100 m Steigerungslauf alle 10 min	**Rad 210 min** 120 min GA 1 mit TF 90-100, 40 min WK-Tempo, 30 min 70.3.-Tempo, 20 min aus	**Lauf 40 min** Nüchternlauf, lockeres Tempo im GA 1
2. Einheit	**Core-Stability** 20 min		**Rad 90 min** 15 min Kickstart, also ohne Warmfahren mit OD- Pace, 75 min GA 1 zu Ende fahren	**Schwimmen** 200 m ein 5 x 600 m Pbo P 1:00 100-200 m aus	**Core-Stability** 20 min		**Rad 240 min** Flach/welliges Terrain, GA 1, TF 80-100
3. Einheit	Mobility 10 min	Mobility 20 min	Mobility 10 min	Mobility 10 min	Mobility 10 min	Mobility 20 min	Mobility 10 min

TRIATHLON ERFOLG AUF DER LANGDISTANZ

WOCHE 8

	Montag	Dienstag	Mittwoch	Donnerstag	Freitag	Samstag	Sonntag
1. Einheit	**Ruhetag**	**Lauf** 10 min ein, 10 min Lauf-ABC, 15 x 100 m im zügigen Tempo (bitte KEIN Sprint!), Pause 100 m lockeres Traben 10 min aus	**Schwimmen** 200 m ein, 15 x 200 m mittleres Tempo P 0:30, 200 m aus	**Lauf 60 min** 50 min GA 1, in den letzten 10 min werden 6–8 x 50 m Steigerungslauf eingebaut	**Schwimmen** 200 m ein, 10 x 100 m (25 m Abschlagen/75 m Kr) P 0:20, 10 x 100 m (15 m hart anschwimmen/ 85 m easy) P 0:20, 10 x 100 m Pbo, P 0:10, 200 m aus	**Lauf 50 min** 5 min ein, 10 min lang im Wechsel 15 s Schrittfrequenz erhöhen/Schrittlänge verkürzen + 15 sek locker traben, 5 min normal GA 1, 10 min lang im Wechsel 15 s Schrittfrequenz erhöhen/ Schrittlänge verkürzen + 15 s locker traben, 5 min normal GA 1, 10 min lang im Wechsel 15 s Schrittfrequenz erhöhen/ Schrittlänge verkürzen + 15 s locker traben, 5 min aus	**Rad 180 min** 30 min ein, 3 x 10 min GA 2 mit TF 55–65 im Sitzen am Berg, dazwischen dann je 10 min als aktive Pause, restliche Zeit aus
2. Einheit			**Core-Stability** 20 min		**Core-Stability** 20 min	**Rad 120 min** 30 min ein, 60 min lang im Wechsel 2 min bei TF 80 und 1 min bei TF 110 im GA 1 30 min aus	
3. Einheit		Mobility 20 min	Mobility 10 min	Mobility 10 min	Mobility 20 min	Mobility 10 min	Mobility 10 min

WOCHE 9

	Montag	Dienstag	Mittwoch	Donnerstag	Freitag	Samstag	Sonntag
1. Einheit	**Schwimmen** 400 m ein, 10 x 50 m (10 m hart/40 m locker) P 0:10, 10 x 50 m (15 m hart/35 m locker) P 0:10, 10 x 50 m (20 m hart/30 m locker) P 0:10, 10 x 50 m (25 m hart/25 m locker) P 0:10, 3 x 400 m Pbo P 0:45, 100 m aus	**Lauf 100 min** 35 min GA 1 ein, 3 x 20 min, ohne Pause durchlaufend (5 min GA1 12 min 70.3®-Tempo, 3 min OD-Tempo), 5 min aus	**Schwimmen** (Pool) 200 m ein, 8 x 400 m ruhiges Tempo, saubere Technik P 1:00, 100-200 m aus	**Lauf 60 min** GA 1 mit Fokus auf hoher SF und sauberer Technik	**Schwimmen** (Pool) 400 m locker ein, 4 x 100 m (25 m einarmig li/ 25 m einarmig re/ 25 m Abschlagen/25 m Kr) P 0:20, 20 x 100 m mittleres Tempo, P 0:20, 10 x 100 m Pd/ Pb, P 0:20 200 m aus	**Rad 240 min** 20-30 min locker einfahren, 3 x 15 min WK-Tempo, dazwischen je 10 min easy, restliche Zeit im GA 1 zu Ende fahren	**Rad 300 min** GA 1 mit möglichst vielen Anteilen in Aero-Position. Auf ausreichende KH- Versorgung achten
2. Einheit	**Core-Stability** 20 min			**Core-Stability** 20 min	**Lauf 70 min** GA 1 mit Fokus auf hoher SF und sauberer Technik		**Koppellauf 10 min** GA 1, nur locker anlaufen
3. Einheit	Mobility 20 min	Mobility 10 min	Mobility 10 min	Mobility 10 min	Mobility 20 min	Mobility 10 min	Mobility 10 min

WOCHE 10

	Montag	Dienstag	Mittwoch	Donnerstag	Freitag	Samstag	Sonntag
1. Einheit	**Schwimmen** (Pool) 300 m ein, 6 x 50 m Br A/Kr B P 0:20, 50 x 50 m Kr P 0:10, 200 m aus	**Lauf 100 min** 10 min ein, 20 x Yasso 800 m + 200 m Trabpause, 5 min aus	**Schwimmen** (Pool) 200 m ein, 6 x 500 m ruhiges Tempo, saubere Technik P 1:00, 100-200 m aus	**Lauf 40 min** GA 1 mit Fokus hoher SF, am Ende 5-10 min Lauf-ABC	**Schwimmen** (Pool) 600 m ein, 20 x 50 m (40 m locker/10 m hart) P 0:15, 10 x 50 m Pd/Pb (30 m locker/20 m hart) P 0:20, 10 x 50 m Pb/As (25 m locker/25 m hart) P 0:20, 100 m easy, 3 x 400 m aus, P 1:00	**Rad 240 min** 20-30 min locker einfahren, 3 x 20 min WK-Tempo, dazwischen je 10 min easy, restliche Zeit im GA 1 zu Ende fahren	**Rad 360 min** GA 1 mit möglichst vielen Anteilen in Aero-Position. Auf ausreichende KH-Versorgung achten
2. Einheit	**Core-Stability** 20 min		**Rad 60 min** Unteres GA 1 mit rein regenerativem Charakter, ideal auf RR und nicht TT	**Core-Stability** 20 min	**Lauf 60 min** 50 min GA 1, in den letzten 10 min werden 6-8 x 50 m Steigerungslauf eingebaut		**Koppellauf 10 min** GA 1, nur locker anlaufen
3. Einheit	Mobility 20 min	Mobility 10 min	Mobility 10 min	Mobility 10 min	Mobility 20 min	Mobility 10 min	Mobility 10 min

WOCHE 11

	Montag	Dienstag	Mittwoch	Donnerstag	Freitag	Samstag	Sonntag
1. Einheit	**Ruhetag**	**Lauf 100 min** 35 min GA 1 ein, 3 x 20 min, ohne Pause durchlaufend (5 min GA 1 10 min 70.3®-Tempo, 5 min OD-Tempo), 5 min aus	**Schwimmen** 300 m ein, 6 x 50 m Br A/Kr B P 0:20, 30 x 50 m Pd/ Pb/As, P 0:20 200 m aus	**Lauf 90 min** GA 1 mit Fokus auf hoher SF und sauberer Technik	**Schwimmen** (Pool) 400 m locker ein, 4 x 100 m (25 m einarmig rechts/ 25 m einarmig links/ 25 m Abschlagen/ 25 m Kr) P 0:20, 20 x 100 m mittleres Tempo, P 0:20, 15 x 100 m Pd/Pb, P 0:20 200 m aus	**Schwimmen** (Freiwasser) KEIN Einschwimmen 3 x 20 min (4 min hart anschwimmen, 15 min easy, 1 min All out) P 1:30	**Rad 300 min** 30 min mit TF mind. 95 ein, 4 x 40 min, ohne Pause durchlaufend (10 min GA 1 TF 100 25 min GA 1/GA 2 Übergangsbereich TF 80 5min GA 2 TF 90), restliche Zeit GA 1 aus
2. Einheit			**Rad 60 min** unteres GA 1 mit rein regenerativem Charakter, ideal auf RR und nicht TT	**Lauf 30 min** „Double Run Day" GA 1 mit Fokus auf hoher SF und sauberer Technik	**Core-Stability** 20 min	**Rad 210 min** GA 1 mit möglichst vielen Anteilen in Aero- Position. Auf ausreichende KH-Versorgung achten	**Koppellauf 20 min** GA 1 mit Fokus auf hoher SF und sauberer Technik
3. Einheit	Mobility 20 min	Mobility 10 min	Mobility 10 min	Mobility 10 min	Mobility 20 min	Mobility 10 min	Mobility 20 min

TRIATHLON ERFOLG AUF DER LANGDISTANZ

WOCHE 12

	Montag	Dienstag	Mittwoch	Donnerstag	Freitag	Samstag	Sonntag
1. Einheit	**Schwimmen (Pool)** 1.000 m Kr; P 1:30 800 m Kr; P 1:00 600 m Kr; P 0.45 400 m Kr; P 0.45 200 m Kr; P 0.30 2 x 100 m Kr; P 0:20 8 x 50 m Kr; P 0:15 100 m aus	**Lauf** 10 min ein, 25 x Yasso 800 m + 200 m Trabpause, 5 min aus	**Rad 90–120 min** unteres GA 1 mit eher regenerativem Charakter	**Lauf 40 min** GA 1 mit Fokus hoher SF, am Ende 5-10 min Lauf-ABC	**Schwimmen** 400 m ein, 400 m Pbo, 6 x 50 m Kr schnell P 0:10, 6 x 150 m (100 m Kr schnell/50 m Kr locker) P 0:30, 6 x 50 m Kr B locker, P 0:15, 400 m Pbo, 400 m aus	**Schwimmen (Freiwasser)** KEIN Einschwimmen 3 x 20 min (4 min hart anschwimmen, 15 min easy, 1 min All out) P 1:30	**Rad 240 min** 30 min mit TF mind. 95 ein, 4 x 40 min, ohne Pause durchlaufend (5 min GA 1 TF 100 25 min GA 1/GA 2 (Übergangsbereich TF 80 10 min GA 2 TF 90) 10 min aus
2. Einheit		Mobility 10 min	Mobility 20 min	**Core-Stability** 20 min	**Lauf 60 min** 50 min GA 1, in den letzten 10 min werden 6-8 x 50 m Minderungslauf eingebaut	**Rad 180 min** GA 1 mit möglichst vielen Anteilen in Aero-Position. Auf ausreichende KH-ersorgung achten	**Koppellauf 20 min** KEIN Einlaufen! 8 x 200 m OD-Tempo, P je 200 m lockeres Traben, restliche Zeit mit Fokus sauberer Technik im GA 1 aus
3. Einheit					Mobility 10 min	Mobility 10 min	Mobility 10 min

WOCHE 13

	Montag	Dienstag	Mittwoch	Donnerstag	Freitag	Samstag	Sonntag
1. Einheit	**Schwimmen** (Freiwasser) 4 x 10 min easy mit Fokus Orientierung, Neoprengewöhnung, und hohe ZF; P 1 min	**Schwimmen** (Pool) 800 m ein (im Wechsel 75 m Kr/ 25 m Br A Kr B) 12 x 50 m (jeder 4. All out) P 0:15, 8 x 50 m (jeder 4. All out) P 0:20, 4 x 50 m (jeder 2. All out) P 0:25, 2 x 50 m (beide All out) P 0:30, 200 m Kraul easy 200 m Kraul Pbo easy, 200 aus	**Rad 90 min** 20 min ein, 2 x 5-8 min im WK-Tempo mit 8-10 min aktiver Pause, Rest im GA1 aus	**Schwimmen** (Pool) 300 m ein, 10 x 100 m Pullbuoy only locker, P 0:10 min, 10 x 50 m hart, P 0:30 min, 300 m aus	**Lauf 25 min** 10 min ein, 3 x 1 min 70.3®-Tempo, P 1:00 Traben, 10 min locker aus	**Rad 60 min** 10 min ein, 3 x 1:30 min WK-Tempo, P dazwischen je 2-3 min, restliche Zeit lockeres aus	**70.3®-Wettkampf**
2. Einheit		**Lauf 40 min** 15 min ein, 3 x 1000 m in 70.3®-Tempo minus 15 sek/km, P 3 min passiv, 5 min aus	**Koppellauf 20 min** in bewusst lockerem Tempo, Fokus hohe SF			**Schwimmen** (Freiwasser) 5 min locker ein, 3 x 1:00 WK-Tempo, P 1:00 easy, 5 min aus	
3. Einheit	Mobility 10 min	Mobility 10 min	Mobility 20 min		Mobility 10 min	Mobility 10 min	

Anhang

383

TRIATHLON ERFOLG AUF DER LANGDISTANZ

WOCHE 14

	Montag	Dienstag	Mittwoch	Donnerstag	Freitag	Samstag	Sonntag
1. Einheit	**Schwimmen** (Pool) 30 x 50 m Pbo, P 0:20 mit regenerativem Charakter	**Ruhetag**	**Schwimmen** (Pool) 200 m ein, 10 x 50 m (25 m Abschlagen/25 m Kraul ganze Lage), P 0:20 10 x 50 m (15 m ultrahart anschwimmen/ 35 m easy), P 0:20, 10 x 50 m Pbo, P 0:05 10 x 50 m Pd/Pb 4er- oder 5er-Zug, P 0:10, 200 m aus	**Schwimmen** (Freiwasser) 5 min ein, 3 x 15 min (2 min hart anschwimmen, 12 min easy mit Fokus hoher Zf, 1 min hart), P 2 min, 5 min aus	**Lauf 40 min** lockeres Tempo im GA 1 mit Fokus sauberer Technik und hoher SF	**Rad 240 min** Flach/welliges Terrain mit adäquater KH-Versorgung, ideal mit RR statt TT, unteres GA 1	**Rad 330 min** Flach/welliges Terrain mit adäquater KH-Versorgung, ideal mit RR statt TT, unteres GA 1
2. Einheit			**Rad 90 min** unteres GA 1 mit TF > 90	**Core-Stability** 20 min	**Rad 150 min** GA 1 mit TF > 85		**Koppellauf 20 min** GA 1
3. Einheit			Mobility 10 min	Mobility 20 min	Mobility 10 min	Mobility 10 min	Mobility 10 min

384

WOCHE 15

	Montag	Dienstag	Mittwoch	Donnerstag	Freitag	Samstag	Sonntag
1. Einheit	**Schwimmen (Pool)** 12 x 50 m, P 0:10, jeder 4. Sprint 2 x 1.000 m, jeden vierten 25er schnell, P 1min 12 x 50 m, P 0:10, jeden 4. Sprint	**Lauf** 10 min ein, 20 x Yasso 800 m + 200 m Trabpause, 5 min aus	**Rad 90 min** 40 min GA 1, 30 min WK-Tempo, 20 min 70.3®-Tempo	**Schwimmen (Pool)** 200 m ein 15 x 200 m WK-Tempo, P 0:30, 200 m aus	**Lauf 90 min** 70 min im GA 1, 10 min GA 1/GA 2-Übergangsbereich, 10 min aus	**Schwimmen** (Freiwasser) 5 min ein, 8-10 x 2 min im WK-Tempo, P 0:30 min, 5 min aus	**Rad 150 min** GA 1 mit Fokus auf möglichst gleichmäßiger Leistung
2. Einheit	**Core-Stability** 20 min		**Koppellauf 20 min** GA 1	**Core-Stability** 20 min		**Rad 120 min** 30 min GA 1 ein, 2 x (15 min WK-Tempo, 10 min 70.3®-Tempo, 5 min OD-Tempo), dazwischen 10 min easy, 20 min locker aus	**Koppellauf 15 min** erste 10 min mit 70.3®-Tempo, dann 5 min locker aus
3. Einheit		**Mobility 20 min**	**Mobility 10 min**	**Mobility 10 min**	**Mobility 20 min**	**Mobility 10 min**	**Mobility 10 min**

TRIATHLON ERFOLG AUF DER LANGDISTANZ

WOCHE 16

	Montag	Dienstag	Mittwoch	Donnerstag	Freitag	Samstag	Sonntag
1. Einheit	Ruhetag	**Schwimmen** (Pool) 300 m ein, 10 x 100 m Pullbuoy only locker, P 0:10 min, 10 x 50 m hart, P 0:30 min, 300 m aus	**Rad 75 min** 20 min ein , 2 x 5-8 min im WK-Tempo mit 8-10 min aktiver Pause, Rest im GA1 aus	**Lauf 30-45 min** Lockeres Tempo mit 5 x 100 m Steigerungslauf	Ruhetag	**Rad 45 min** 10 min ein, 3 x 1:30 min WK-Tempo, P dazwischen je 2-3 min, restliche Zeit lockeres aus	**Langdistanz Wettkampf**
2. Einheit		**Lauf 40 min** 15 min ein, 3 x 1.000 m in WK-Tempo minus 15 sek/km, P 3 min passiv, 5 min aus	**Koppellauf 10 min** in bewusst lockerem Tempo, Fokus hohe SF	**Schwimmen** (Freiwasser) 5-10 min locker ein, 3 x 1:30 min WK-Tempo, dazwischen je 0:30 min locker, 5-10 min aus		Mobility 10 min	
3. Einheit		Mobility 10 min	Mobility 10 min	Mobility 10 min			

2 Literaturverzeichnis

Wissenschaft und Praxis gehören fest zusammen. Hier eine Auswahl an interessanten weiterführenden Quellen, die ich in der tagtäglichen Arbeit als Trainer anwende und deren Inhalt dieses Buch mitgeprägt haben. Ich würde mich sehr freuen, wenn ich einige Leser zum Schmökern und somit auch für die Trainingswissenschaft begeistern könnte.

Allen, H., Coggan, A. & McGregor, S. (2020). *Wattmessung im Radsport und Triathlon* (8., aktualisierte Auflage 2020 Aufl.). Delius Klasing.

Amann, M., Wan, H. Y., Thurston, T. S., Georgescu, V. P. & Weavil, J. C. (2020). On the influence of group III/IV muscle afferent feedback on endurance exercise performance. *Exercise and Sport Sciences Reviews, 48* (4), 209-216. https://doi.org/10.1249/jes.0000000000000233

Arellano, R., Terrés-Nicoli, J. & Redondo, J. (2006). Fundamental hydrodynamics of swimming propulsion. *Portuguese Journal of Sport Science – Suppl. Biomechanics and Medicine in Swimming X, 6*, 15-20.

Armstrong, L. E. [L. E.], Curtis, W. C., Hubbard, R. W., Francesconi, R. P., Moore, R. & Askew, E. W. (1993). Symptomatic hyponatremia during prolonged exercise in heat. *Medicine & Science in Sports & Exercise, 25* (5), 543-549.

Armstrong, L. E. [Lawrence E.], Casa, D. J., Maresh, C. M. & Ganio, M. S. (2007). Caffeine, fluid-electrolyte balance, temperature regulation, and exercise-heat tolerance. *Exercise and Sport Sciences Reviews, 35* (3), 135-140. https://doi.org/10.1097/jes.0b013e3180a02cc1

Arnal, P. J., Lapole, T., Erblang, M., Guillard, M., Bourrilhon, C., Léger, D., Chennaoui, M. & Millet, G. Y. (2016). Sleep extension before sleep loss: Effects on performance and neuromuscular function. *Medicine and Science in Sports and Exercise, 48* (8), 1595-1603. https://doi.org/10.1249/mss.0000000000000925

Bachl, N. (Hrsg.). (1991). *Advances in ergometry: With 85 tables*. Springer. https://doi.org/10.1007/978-3-642-76442-4.

Baker, L. B., Chavez, P. J. D. de, Ungaro, C. T., Sopeña, B. C., Nuccio, R. P., Reimel, A. J. & Barnes, K. A. (2019). Exercise intensity effects on total sweat electrolyte losses and regional vs. whole-body sweat Na+, Cl-, and K+. *European Journal of Applied Physiology, 119* (2), 361-375. https://doi.org/10.1007/s00421-018-4048-z

Baker, L. B. & Jeukendrup, A. E. (2014). Optimal composition of fluid-replacement beverages. *Comprehensive Physiology, 4* (2), 575-620. https://doi.org/10.1002/cphy.c130014

Baker, L. B., Stofan, J. R., Hamilton, A. A. & Horswill, C. A. (2009). Comparison of regional patch collection vs. whole body washdown for measuring sweat sodium and potassium loss during exercise. *Journal of Applied Physiology (Bethesda, Md.: 1985), 107* (3), 887-895. https://doi.org/10.1152/japplphysiol.00197.2009

Barber, J. F. P., Thomas, J., Narang, B., Hengist, A., Betts, J. A., Wallis, G. A. & Gonzalez, J. T. (2020). Pectin-alginate does not further enhance exogenous carbohydrate oxidation in running. *Medicine and Science in Sports and Exercise, 52* (6), 1376-1384. https://doi.org/10.1249/MSS.0000000000002262

Barnes, K. A., Anderson, M. L., Stofan, J. R., Dalrymple, K. J., Reimel, A. J., Roberts, T. J., Randell, R. K., Ungaro, C. T. & Baker, L. B. (2019). Normative data for sweating rate, sweat sodium concentration, and sweat sodium loss in athletes: An update and analysis by sport. *Journal of Sports Sciences, 37* (20), 2356-2366. https://doi.org/10.1080/02640414.2019.1633159

Barnes, K. R. & Kilding, A. E. (2019). A randomized crossover study investigating the running economy of highly-trained male and female distance runners in marathon racing shoes versus track spikes. *Sports Medicine (Auckland, N.Z.), 49* (2), 331-342. https://doi.org/10.1007/s40279-018-1012-3

Barry, N., Burton, D., Sheridan, J., Thompson, M. & Brown, N. A. T. (2015). Aerodynamic performance and riding posture in road cycling and triathlon. *Proceedings of the Institution of Mechanical Engineers, Part P: Journal of Sports Engineering and Technology, 229* (1), 28-38. https://doi.org/10.1177/1754337114549876

Barwood, M. J., Gibson, O. R., Gillis, D. J., Jeffries, O., Morris, N. B., Pearce, J., Ross, M. L, Stevens, C., Rinaldi, K., Kounalakis, S. N., Riera, F., Mündel, T., Waldron, M. & Best, R. (2020). Menthol as an ergogenic aid for the Tokyo 2021 Olympic Games: An expert-led consensus statement using the modified Delphi method. *Sports Medicine (Auckland, N.Z.), 50* (10), 1709-1727. https://doi.org/10.1007/s40279-020-01313-9

Bates, D., Mächler, M., Bolker, B. & Walker, S. (2015). Fitting linear mixed-effects models using lme4. *Journal of Statistical Software, 67* (1). https://doi.org/10.18637/jss.v067.i01

Bellinger, P., Desbrow, B., Derave, W., Lievens, E., Irwin, C., Sabapathy, S., Kennedy, B., Craven, J., Pennell, E., Rice, H. & Minahan, C. (2020). Muscle fiber typology is associated with the incidence of overreaching in response to overload training. *Journal of Applied Physiology (Bethesda, Md.: 1985), 129* (4), 823-836. https://doi.org/10.1152/japplphysiol.00314.2020

Bentley, D. J., Millet, G. P., Vleck, V. E. & McNaughton, L. R. (2002). Specific aspects of contemporary triathlon: Implications for physiological analysis and performance. *Sports Medicine (Auckland, N.Z.), 32* (6), 345-359. https://doi.org/10.2165/00007256-200232060-00001

Berger, M. A., Hollander, A. P. & Groot, G. de (1999). Determining propulsive force in front crawl swimming: A comparison of two methods. *Journal of Sports Sciences, 17* (2), 97-105. https://doi.org/10.1080/026404199366190.

Bernard, T. (2003). Effect of cycling cadence on subsequent 3 km running performance in well trained triathletes * Commentary. *British Journal of Sports Medicine – BRIT J SPORT MED, 37*, 154-159. https://doi.org/10.1136/bjsm.37.2.154

Best, R., Payton, S., Spears, I., Riera, F. & Berger, N. (2018). Topical and ingested cooling methodologies for endurance exercise performance in the heat. *Sports (Basel, Switzerland), 6* (1). https://doi.org/10.3390/sports6010011

Billat, L. V. (2001). Interval training for performance: A scientific and empirical practice. Special recommendations for middle- and long-distance running. Part I: aerobic interval training. *Sports Medicine (Auckland, N.Z.), 31* (1), 13-31. https://doi.org/10.2165/00007256-200131010-00002

Björklund, G., Pettersson, S. & Schagatay, E. (2007). Performance predicting factors in prolonged exhausting exercise of varying intensity. *European Journal of Applied Physiology, 99*, 423-429. https://doi.org/10.1007/s00421-006-0352-0

Bonacci, J., Saunders, P. U., Alexander, M., Blanch, P. & Vicenzino, B. (2011). Neuromuscular control and running economy is preserved in elite international triathletes after cycling. *Sports Biomechanics, 10* (1), 59-71. https://doi.org/10.1080/14763141.2010.547593

Bongers, C. C. W. G., Hopman, M. T. E. & Eijsvogels, T. M. H. (2017). Cooling interventions for athletes: An overview of effectiveness, physiological mechanisms, and practical considerations. *Temperature (Austin, Tex.), 4* (1), 60-78. https://doi.org/10.1080/23328940.2016.1277003

Bouchama, A. & Knochel, J. P. (2002). Heat stroke. *The New England Journal of Medicine, 346* (25), 1978-1988. https://doi.org/10.1056/NEJMra011089

Bramble, D. M. & Lieberman, D. E. (2004). Endurance running and the evolution of Homo. *Nature, 432* (7015), 345-352. https://doi.org/10.1038/nature03052

Brisswalter, J., Hausswirth, C., Smith, D., Vercruyssen, F. & Vallier, J. M. (2000). Energetically optimal cadence vs. freely-chosen cadence during cycling: effect of exercise duration. *International Journal of Sports Medicine, 21* (1), 60-64. https://doi.org/10.1055/s-2000-8857

Brodie, M., Walmsley, A. & Page, W. (2008). Comments on "Runners do not push off but fall forward via a gravitational torque" (vol. 6, pp. 434-452). *Sports Biomechanics, 7* (3), 403-5; author reply 406-11. https://doi.org/10.1080/14763140802255804

Brown, M. B., Haack, K. K. V., Pollack, B. P., Millard-Stafford, M. & McCarty, N. A. (2011). Low abundance of sweat duct Cl − channel CFTR in both healthy and cystic fibrosis athletes with exceptionally salty sweat during exercise. *American Journal of Physiology. Regulatory, Integrative and Comparative Physiology, 300* (3), R605-15. https://doi.org/10.1152/ajpregu.00660.2010

Buchheit, M., Laursen, P. B. & Ahmaidi, S. (2007). Parasympathetic reactivation after repeated sprint exercise. *American Journal of Physiology. Heart and Circulatory Physiology, 293* (1), H133-41. https://doi.org/10.1152/ajpheart.00062.2007

Burke, L. M., Hawley, J. A., Jeukendrup, A., Morton, J. P., Stellingwerff, T. & Maughan, R. J. (2018). Toward a common understanding of diet-exercise strategies to manipulate fuel availability for training and competition preparation in endurance sport. *International Journal of Sport Nutrition and Exercise Metabolism, 28* (5), 451-463. https://doi.org/10.1123/ijsnem.2018-0289

Burke, L. M., Hawley, J. A., Wong, S. H. S. & Jeukendrup, A. E. (2011). Carbohydrates for training and competition. *Journal of Sports Sciences, 29 Suppl 1*, S. 17-27. https://doi.org/10.1080/02640414.2011.585473

Burke, L. M., Ross, M. L., Garvican-Lewis, L. A., Welvaert, M., Heikura, I. A., Forbes, S. G., Mirtschin, J. G., Cato, L. E., Strobel, N., Sharma, A. P. & Hawley, J. A. (2017). Low carbohydrate, high fat diet impairs exercise economy and negates the performance benefit from intensified training in elite race walkers. *The Journal of Physiology, 595* (9), 2785-2807. https://doi.org/10.1113/JP273230

Burke, L. M., Whitfield, J., Heikura, I. A., Ross, M. L. R., Tee, N., Forbes, S. F., Hall, R., McKay, A. K. A., Wallett, A. M. & Sharma, A. P. (2021). Adaptation to a low carbohydrate high fat diet is rapid but impairs endurance exercise metabolism and performance despite enhanced glycogen availability. *The Journal of Physiology, 599* (3), 771-790. https://doi.org/10.1113/JP280221

Burrows, M. & Bird, S. (2000). The physiology of the highly trained female endurance runner. *Sports Medicine (Auckland, N.Z.), 30* (4), 281-300. https://doi.org/10.2165/00007256-200030040-00004

Campbell, J. P. & Turner, J. E. (2018). Debunking the myth of exercise-induced immune suppression: Redefining the impact of exercise on immunological health across the lifespan. *Frontiers in Immunology, 9*, 648. https://doi.org/10.3389/fimmu.2018.00648

Carmigniani, R., Seifert, L., Chollet, D. & Clanet, C. (2020). Coordination changes in front-crawl swimming. *Proceedings of the Royal Society A: Mathematical, Physical and Engineering Sciences, 476* (2237), 20200071. https://doi.org/10.1098/rspa.2020.0071

Carr, A. J., Sharma, A. P., Ross, M. L., Welvaert, M., Slater, G. J. & Burke, L. M. (2018). Chronic ketogenic low carbohydrate high fat diet has minimal effects on acid-base status in elite athletes. *Nutrients, 10* (2). https://doi.org/10.3390/nu10020236

Carrard, J., Kloucek, P. & Gojanovic, B. (2020). Modelling training adaptation in swimming using artificial neural network geometric optimisation. *Sports (Basel, Switzerland), 8* (1). https://doi.org/10.3390/sports8010008

Carter, J., Jeukendrup, A. E., Mundel, T. & Jones, D. A. (2003). Carbohydrate supplementation improves moderate and high-intensity exercise in the heat. *Pflugers Archiv: European Journal of Physiology, 446* (2), 211-219. https://doi.org/10.1007/s00424-003-1020-4

Carter, J. M., Jeukendrup, A. E. & Jones, D. A. (2004). The effect of carbohydrate mouth rinse on 1-h cycle time trial performance. *Medicine & Science in Sports & Exercise, 36* (12), 2107-2111. https://doi.org/10.1249/01.mss.0000147585.65709.6f

Casadio, J. R., Kilding, A. E., Cotter, J. D. & Laursen, P. B. (2017). From lab to real world: Heat acclimation considerations for elite athletes. *Sports Medicine (Auckland, N.Z.), 47* (8), 1467-1476. https://doi.org/10.1007/s40279-016-0668-9

Casado, A., Hanley, B., Jiménez-Reyes, P. & Renfree, A. (2020). Pacing profiles and tactical behaviors of elite runners. *Journal of Sport and Health Science.* Vorab-Onlinepublikation. https://doi.org/10.1016/j.jshs.2020.06.011

Castell, L. M., Nieman, D. C., Bermon, S. & Peeling, P. (2019). Exercise-induced illness and inflammation: Can immunonutrition and iron help? *International Journal of Sport Nutrition and Exercise Metabolism, 29* (2), 181-188. https://doi.org/10.1123/ijsnem.2018-0288

Cejuela, R. & Esteve-Lanao, J. (2020). Quantifying the training load in triathlon. In S. Migliorini (Ed.), *Triathlon medicine* (pp. 291-316). Springer International Publishing. https://doi.org/10.1007/978-3-030-22357-1_18

Chang, Y. H., Huang, H. W., Hamerski, C. M. & Kram, R. (2000). The independent effects of gravity and inertia on running mechanics. *The Journal of Experimental Biology, 203* (Pt 2), 229-238.

Cheung, S. S., McGarr, G. W., Mallette, M. M., Wallace, P. J., Watson, C. L., Kim, I. M. & Greenway, M. J. (2015). Separate and combined effects of dehydration and thirst sensation on exercise performance in the heat. *Scandinavian Journal of Medicine & Science in Sports, 25, Suppl 1*, 104-111. https://doi.org/10.1111/sms.12343

Cheuvront, S. N., Carter, R. & Sawka, M. N. (2003). Fluid balance and endurance exercise performance. *Current Sports Medicine Reports, 2* (4), 202-208. https://doi.org/10.1249/00149619-200308000-00006

Chidi-Ogbolu, N. & Baar, K. (2018). Effect of estrogen on musculoskeletal performance and injury risk. *Frontiers in Physiology, 9*, 1834. https://doi.org/10.3389/fphys.2018.01834

Chorley, A. & Lamb, K. L. (2020). The application of critical power, the work capacity above critical power (W'), and its reconstitution: A narrative review of current evidence and implications for cycling training prescription. *Sports (Basel, Switzerland), 8* (9). https://doi.org/10.3390/sports8090123

Chrzanowski-Smith, O. J., Edinburgh, R. M., Thomas, M. P., Haralabidis, N., Williams, S., Betts, J. A. & Gonzalez, J. T. (2020). The day-to-day reliability of peak fat oxidation and FATMAX. *European Journal of Applied Physiology, 120* (8), 1745-1759. https://doi.org/10.1007/s00421-020-04397-3

Cipryan, L., Plews, D. J., Ferretti, A., Maffetone, P. B. & Laursen, P. B. (2018). Effects of a 4-week very low-carbohydrate diet on high-intensity interval training responses. *Journal of Sports Science & Medicine, 17* (2), 259-268.

Close, G. L., Kasper, A. M. & Morton, J. P. (2019). From paper to podium: Quantifying the translational potential of performance nutrition research. *Sports Medicine (Auckland, N.Z.), 49* (Suppl 1), 25-37. https://doi.org/10.1007/s40279-018-1005-2

Collie, J. T. B., Massie, R. J., Jones, O. A. H., LeGrys, V. A. & Greaves, R. F. (2014). Sixty-five years since the New York heat wave: Advances in sweat testing for cystic fibrosis. *Pediatric Pulmonology, 49* (2), 106-117. https://doi.org/10.1002/ppul.22945

Costa, R. J. S., Gaskell, S. K., McCubbin, A. J. & Snipe, R. M. J. (2020). Exertional-heat stress-associated gastrointestinal perturbations during Olympic sports: Management strategies for athletes preparing and competing in the 2020 Tokyo Olympic Games. *Temperature (Austin, Tex.), 7* (1), 58-88. https://doi.org/10.1080/23328940.2019.1597676

Couto, J. G. M. D., Franken, M. & Castro, F. A. d. S. (2015). Influência de diferentes padrões respiratórios na cinemática do nado crawl. *Revista Brasileira de Cineantropometria e Desempenho Humano, 17* (1), 82. https://doi.org/10.5007/1980-0037.2015v17n1p82

Crewe, H., Tucker, R. & Noakes, T. D. (2008). The rate of increase in rating of perceived exertion predicts the duration of exercise to fatigue at a fixed power output in different environmental conditions. *European Journal of Applied Physiology, 103* (5), 569-577. https://doi.org/10.1007/s00421-008-0741-7

Crowcroft, S., Duffield, R., McCleave, E., Slattery, K., Wallace, L. K. & Coutts, A. J. (2015). Monitoring training to assess changes in fitness and fatigue: The effects of training in heat and hypoxia. *Scandinavian Journal of Medicine & Science in Sports, 25, Suppl 1*, 287-295. https://doi.org/10.1111/sms.12364

Da Rosa, R. G., Oliveira, H. B., Gomeñuka, N. A., Masiero, M. P. B., Da Silva, E. S., Zanardi, A. P. J., Carvalho, A. R. de, Schons, P. & Peyré-Tartaruga, L. A. (2019). Landing-takeoff asymmetries applied to running mechanics: A new perspective for performance. *Frontiers in Physiology, 10*, 415. https://doi.org/10.3389/fphys.2019.00415

Da Rosa, R. G., Oliveira, H. B. de, Ardigò, L. P., Gomeñuka, N. A., Fischer, G. & Peyré-Tartaruga, L. A. (2019). Running stride length and rate are changed and mechanical efficiency is preserved after cycling in middle-level triathletes. *Scientific Reports, 9* (1), 18422. https://doi.org/10.1038/s41598-019-54912-6

Daanen, H. A. M., Racinais, S. & Périard, J. D. (2018). Heat acclimation decay and re-induction: A systematic review and meta-analysis. *Sports Medicine (Auckland, N.Z.), 48* (2), 409-430. https://doi.org/10.1007/s40279-017-0808-x

Dickhuth, H. H., Huonker, M., Münzel, T., Drexler, H., Berg, A. & Keul, J. (1991). Individual anaerobic threshold for evaluation of competitive athletes and patients with left ventricular dysfunction. In N. Bachl (Ed.), *Advances in ergometry: With 85 tables* (pp. 173-179). Springer. https://doi.org/10.1007/978-3-642-76442-4_26

Doherty, C., Keogh, A., Davenport, J., Lawlor, A., Smyth, B. & Caulfield, B. (2020). An evaluation of the training determinants of marathon performance: A meta-analysis with meta-regression. *Journal of Science and Medicine in Sport, 23* (2), 182-188. https://doi.org/10.1016/j.jsams.2019.09.013

Downs, N. J., Axelsen, T., Parisi, A. V., Schouten, P. W. & Dexter, B. R. (2020). Measured UV exposures of ironman, sprint and olympic-distance triathlon competitors. *Atmosphere, 11* (5), 440. https://doi.org/10.3390/atmos11050440

Du Plessis, C., Blazevich, A. J., Abbiss, C. & Wilkie, J. C. (2020). Running economy and effort after cycling: Effect of methodological choices. *Journal of Sports Sciences, 38* (10), 1105-1114. https://doi.org/10.1080/02640414.2020.1742962

Düking, P., Giessing, L., Frenkel, M. O., Koehler, K., Holmberg, H. C. & Sperlich, B. (2020). Wrist-worn wearables for monitoring heart rate and energy expenditure while sitting or performing light-to-vigorous physical activity: Validation study. *JMIR Health and Health, 8* (5), e16716. https://doi.org/10.2196/16716

Düking, P., Zinner, C., Reed, J. L., Holmberg, H. C. & Sperlich, B. (2020). Predefined vs data-guided training prescription based on autonomic nervous system variation: A systematic review. *Scandinavian Journal of Medicine & Science in Sports, 30* (12), 2291-2304. https://doi.org/10.1111/sms.13802

Earhart, E. L., Weiss, E. P., Rahman, R. & Kelly, P. V. (2015). Effects of oral sodium supplementation on indices of thermoregulation in trained, endurance athletes. *Journal of Sports Science & Medicine, 14* (1), 172-178.

Egan, B. & Zierath, J. R. (2013). Exercise metabolism and the molecular regulation of skeletal muscle adaptation. *Cell Metabolism, 17* (2), 162-184. https://doi.org/10.1016/j.cmet.2012.12.012

Egan-Shuttler, J. D., Edmonds, R. & Ives, S. J. (2020). The efficacy of heart rate variability in tracking travel and training stress in youth female rowers: A preliminary study. *Journal of Strength and Conditioning Research, 34* (11), 3293-3300. https://doi.org/10.1519/jsc.0000000000002499

Ehlert, A. M., Twiddy, H. M. & Wilson, P. B. (2020). The effects of caffeine mouth rinsing on exercise performance: A systematic review. *International Journal of Sport Nutrition and Exercise Metabolism*, 1-12. https://doi.org/10.1123/ijsnem.2020-0083

Elliott-Sale, K. J., McNulty, K. L., Ansdell, P., Goodall, S., Hicks, K. M., Thomas, K., Swinton, P. A. & Dolan, E. (2020). The effects of oral contraceptives on exercise performance in women: A systematic review and meta-analysis. *Sports Medicine (Auckland, N.Z.), 50* (10), 1785-1812. https://doi.org/10.1007/s40279-020-01317-5

Emmonds, S., Heyward, O. & Jones, B. (2019). The challenge of applying and undertaking research in female sport. *Sports Medicine – Open, 5* (1), 51. https://doi.org/10.1186/s40798-019-0224-x

Etxebarria, N., Anson, J. M., Pyne, D. B. & Ferguson, R. A. (2014). High-intensity cycle interval training improves cycling and running performance in triathletes. *European Journal of Sport Science, 14* (6), 521-529. https://doi.org/10.1080/17461391.2013.853841

Farley, C. T. & González, O. (1996). Leg stiffness and stride frequency in human running. *Journal of Biomechanics, 29* (2), 181-186. https://doi.org/10.1016/0021-9290(95)00029-1

Festa, L., Tarperi, C., Skroce, K., La Torre, A. & Schena, F. (2019). Effects of different training intensity distribution in recreational runners. *Frontiers in Sports and Active Living, 1*, 70. https://doi.org/10.3389/fspor.2019.00070

Figueiredo, P., Zamparo, P., Sousa, A., Vilas-Boas, J. P. & Fernandes, R. J. (2011). An energy balance of the 200 m front crawl race. *European Journal of Applied Physiology, 111* (5), 767-777. https://doi.org/10.1007/s00421-010-1696-z

Filipas, L., Gallo, G., Pollastri, L. & La Torre, A. (2019). Mental fatigue impairs time trial performance in sub-elite under 23 cyclists. *PloS one, 14* (6), e0218405. https://doi.org/10.1371/journal.pone.0218405

Fiorenza, M., Gunnarsson, T. P., Hostrup, M., Iaia, F. M., Schena, F., Pilegaard, H. & Bangsbo, J. (2018). Metabolic stress-dependent regulation of the mitochondrial biogenic molecular response to high-intensity exercise in human skeletal muscle. *The Journal of Physiology, 596* (14), 2823-2840. https://doi.org/10.1113/JP275972

Fletcher, G., Bartlett, R., Romanov, N. & Fotouhi, A. (2008). Pose® method technique improves running performance without economy changes. *International Journal of Sports Science & Coaching, 3* (3), 365-380. https://doi.org/10.1260/174795408786238506

Flood, T. R. (2018). Menthol use for performance in hot environments. *Current Sports Medicine Reports, 17* (4), 135-139. https://doi.org/10.1249/JSR.0000000000000474

Forbes, S. C., Candow, D. G., Smith-Ryan, A. E., Hirsch, K. R., Roberts, M. D., Van Dusseldorp, T. A., Stratton, M. T., Kaviani, M. & Little, J. P. (2020). Supplements and nutritional interventions to augment high-intensity interval training physiological and performance adaptations – a narrative review. *Nutrients, 12* (2). https://doi.org/10.3390/nu12020390

Fuchs, C. J., Gonzalez, J. T. & van Loon, L. J. C. (2019). Fructose co-ingestion to increase carbohydrate availability in athletes. *The Journal of Physiology, 597* (14), 3549-3560. https://doi.org/10.1113/JP277116

Garcia, A. M. C., Lacerda, M. G., Fonseca, I. A. T., Reis, F. M., Rodrigues, L. O. C. & Silami-Garcia, E. (2006). Luteal phase of the menstrual cycle increases sweating rate during exercise. *Brazilian Journal of Medical and Biological Research = Revista brasileira de pesquisas medicas e biologicas, 39* (9), 1255-1261. https://doi.org/10.1590/s0100-879x2006005000007

García-Pinillos, F., Roche-Seruendo, L. E., Marcén-Cinca, N., Marco-Contreras, L. A. & Latorre-Román, P. A. (2021). Absolute reliability and concurrent validity of the Stryd system for the assessment of running stride kinematics at different velocities. *Journal of Strength and Conditioning Research, 35* (1), 78-84. https://doi.org/10.1519/JSC.0000000000002595

García-Pinillos, F., Soto-Hermoso, V. M., Latorre-Román, P. Á., Párraga-Montilla, J. A. & Roche-Seruendo, L. E. (2019). How does power during running change when measured at different time intervals? *International Journal of Sports Medicine, 40* (9), 609-613. https://doi.org/10.1055/a-0946-2159

Garvican-Lewis, L. A., Clark, B., Martin, D. T., Schumacher, Y. O., McDonald, S., Stephens, B., Ma, F., Thompson, K. G., Gore, C. J. & Menaspà, P. (2015). Impact of altitude on power output during cycling stage racing. *PloS one, 10* (12), e0143028. https://doi.org/10.1371/journal.pone.0143028

Gibson, O. R., James, C. A., Mee, J. A., Willmott, A. G. B., Turner, G., Hayes, M. & Maxwell, N. S. (2020). Heat alleviation strategies for athletic performance: A review and practitioner guidelines. *Temperature (Austin, Tex.), 7* (1), 3-36. https://doi.org/10.1080/23328940.2019.1666624

Gibson, O. R., Willmott, A. G. B., James, C. A., Hayes, M. & Maxwell, N. S. (2017). Power relative to body mass best predicts change in core temperature during exercise-heat stress. *Journal of Strength and Conditioning Research, 31* (2), 403-414. https://doi.org/10.1519/JSC.0000000000001521

Gil, J. M., Moreno, L.M. G., Mahiques, J. B. & Muñoz, V. T. (2012). Analysis on the time and frequency domains of the acceleration in front crawl stroke. *Journal of Human Kinetics, 32*, 109-120. https://doi.org/10.2478/v10078-012-0028-2

Gilgen-Ammann, R., Buller, M., Bitterle, J. L., Delves, S. K., Veenstra, B. J., Roos, L., Beeler, N. & Wyss, T. (2018). Evaluation of pulse rate measurement with a wrist worn device during different tasks and physical activity. *Current Issues in Sport Science (CISS)*. Vorab-Onlinepublikation. https://doi.org/10.15203/CISS_2018.011

Giorgi, A., Sanders, D., Vicini, M., Lukaski, H. & Gatterer, H. (2018). Body fluid status, plasma volume change and its relationship to physical effort during a multistage professional road cycling race. *International Journal of Performance Analysis in Sport, 18* (5), 679-685. https://doi.org/10.1080/24748668.2018.1514564

Girard, O., Brocherie, F., Goods, P. S. R. & Millet, G. P. (2020). An updated panorama of "living low – training high" altitude/hypoxic methods. *Frontiers in Sports and Active Living*, 2, 26. https://doi.org/10.3389/fspor.2020.00026

Gonzalez, R. R., Cheuvront, S. N., Ely, B. R., Moran, D. S., Hadid, A., Endrusick, T. L. & Sawka, M. N. (2012). Sweat rate prediction equations for outdoor exercise with transient solar radiation. *Journal of Applied Physiology (Bethesda, Md.: 1985), 112* (8), 1300-1310. https://doi.org/10.1152/japplphysiol.01056.2011

González Parra, G. C. (2009). Optimization of swimming performance in triathlon. *Journal of Human Sport and Exercise, 4* (1), 69-71. https://doi.org/10.4100/jhse.2009.41.08

González-Alonso, J., Crandall, C. G. & Johnson, J. M. (2008). The cardiovascular challenge of exercising in the heat. *The Journal of Physiology, 586* (1), 45-53. https://doi.org/10.1113/jphysiol.2007.142158

Gottschall, J. & Palmer, B. M. (2002). The acute effects of prior cycling cadence on running performance and kinematics. *Medicine & Science in Sports & Exercise, 34*, 1518-1522. https://doi.org/10.1249/01.MSS.000002771.03976.B6

Gourgoulis, V., Aggeloussis, N., Vezos, N. & Mavromatis, G. (2006). Effect of two different sized hand paddles on the front crawl stroke kinematics. *The Journal of Sports Medicine and Physical Fitness, 46* (2), 232-237.

Griffiths, A., Shannon, O. M., Matu, J., King, R., Deighton, K. & O'Hara, J. P. (2019). The effects of environmental hypoxia on substrate utilisation during exercise: A meta-analysis. *Journal of the International Society of Sports Nutrition, 16* (1), 10. https://doi.org/10.1186/s12970-019-0277-8

Guezennec, C. Y., Vallier, J. M., Bigard, A. X. & Durey, A. (1996). Increase in energy cost of running at the end of a triathlon. *European Journal of Applied Physiology and Occupational Physiology, 73* (5), 440-445. https://doi.org/10.1007/bf00334421

Guy, J. H., Deakin, G. B., Edwards, A. M., Miller, C. M. & Pyne, D. B. (2015). Adaptation to hot environmental conditions: An exploration of the performance basis, procedures and future directions to optimise opportunities for elite athletes. *Sports Medicine (Auckland, N.Z.), 45* (3), 303-311. https://doi.org/10.1007/s40279-014-0277-4

Halsey, L. G. & Bryce, C. M. (2021). Are humans evolved specialists for running in the heat? Man vs. horse races provide empirical insights. *Experimental Physiology, 106* (1), 258-268. https://doi.org/10.1113/ep088502

Halson, S. (2013). Sleep and the elite athlete. *Sports Sci, 26*, 1-4.

Halson, S. L., Burke, L. M. & Pearce, J. (2019). Nutrition for travel: From jet lag to catering. *International Journal of Sport Nutrition and Exercise Metabolism, 29* (2), 228-235. https://doi.org/10.1123/ijsnem.2018-0278

Halvorsen, F. A., Lyng, J., Glomsaker, T. & Ritland, S. (1990). Gastrointestinal disturbances in marathon runners. *British Journal of Sports Medicine, 24* (4), 266-268. https://doi.org/10.1136/bjsm.24.4.266

Halvorsen, F. A. & Ritland, S. (1992). Gastrointestinal problems related to endurance event training. *Sports Medicine (Auckland, N.Z.), 14* (3), 157-163. https://doi.org/10.2165/00007256-199214030-00002

Hansen, E. A., Emanuelsen, A., Gertsen, R. M. & Sørensen S, S. R. (2014). Improved marathon performance by in-race nutritional strategy intervention. *International Journal of Sport Nutrition and Exercise Metabolism, 24* (6), 645-655. https://doi.org/10.1123/ijsnem.2013-0130

Hanstock, H. G., Ainegren, M. & Stenfors, N. (2020). Exercise in sub-zero temperatures and airway health: Implications for athletes with special focus on heat-and-moisture-exchanging breathing devices. *Frontiers in Sports and Active Living, 2*, 34. https://doi.org/10.3389/fspor.2020.00034

Hausswirth, C., Bigard, A. X., Berthelot, M., Thomaïdis, M. & Guezennec, C. Y. (1996). Variability in energy cost of running at the end of a triathlon and a marathon. *International Journal of Sports Medicine, 17* (8), 572-579. https://doi.org/10.1055/s-2007-972897

Heikura, I. A., Burke, L. M., Hawley, J. A., Ross, M. L., Garvican-Lewis, L., Sharma, A. P., McKay, A. K. A., Leckey, J. J., Welvaert, M., McCall, L. & Ackerman, K. E. (2019). A short-term ketogenic diet impairs markers of bone health in response to exercise. *Frontiers in Endocrinology, 10*, 880. https://doi.org/10.3389/fendo.2019.00880

Hew-Butler, T., Ayus, J. C., Kipps, C., Maughan, R. J., Mettler, S., Meeuwisse, W. H., Page, A. J., Reid, S. A., Rehrer, N. J., Roberts, W. O., Rogers, I. R., Rosner, M. H., Siegel, A. J., Speedy, D. B., Stuempfle, K. J., Verbalis, J. G., Weschler, L. B. & Wharam, P. (2008). Statement of the Second International Exercise-Associated Hyponatremia Consensus Development Conference, New Zealand, 2007. *Clinical Journal of Sport Medicine: Official Journal of the Canadian Academy of Sport Medicine, 18* (2), 111-121. https://doi.org/10.1097/JSM.0b013e318168ff31

Hew-Butler, T. D., Eskin, C., Bickham, J., Rusnak, M. & VanderMeulen, M. (2018). Dehydration is how you define it: Comparison of 318 blood and urine athlete spot checks. *BMJ Open Sport & Exercise Medicine, 4* (1), e000297. https://doi.org/10.1136/ bmjsem-2017-000297

Hill, D. W., Riojas, A. E., McFarlin, B. K. & Vingren, J. L. (2020). An alternative to oxygen deficit as a way to quantify anaerobic contributions in running. *Journal of Human Sport and Exercise, 15* (4). https://doi.org/10.14198/jhse.2020.154.11

Hodson-Tole, E. F., Blake, O. M. & Wakeling, J. M. (2020). During cycling what limits maximum mechanical power output at cadences above 120 rpm? *Medicine and Science in Sports and Exercise, 52* (1), 214-224. https://doi.org/10.1249/MSS.0000000000002096

Hoffman, M. D. & Stuempfle, K. J. (2016). Is sodium supplementation necessary to avoid dehydration during prolonged exercise in the heat? *Journal of Strength and Conditioning Research, 30* (3), 615-620. https://doi.org/10.1519/JSC.0000000000001138

Hoogkamer, W., Kipp, S., Frank, J. H., Farina, E. M., Luo, G. & Kram, R. (2018). A comparison of the energetic cost of running in marathon racing shoes. *Sports Medicine (Auckland, N.Z.), 48* (4), 1009-1019. https://doi.org/10.1007/s40279-017-0811-2

Hosokawa, Y., Johnson, E. N., Jardine, J. F., Stearns, R. L. & Casa, D. J. (2019). Knowledge and belief toward heat safety and hydration strategies among runners: A preliminary evaluation. *Journal of Athletic Training, 54* (5), 541-549. https://doi.org/10.4085/1062-6050-520-17

Hue, O., Le Gallais, D., Chollet, D., Boussana, A. & Préfaut, C. (1998). The influence of prior cycling on biomechanical and cardiorespiratory response profiles during running in triathletes. *European Journal of Applied Physiology and Occupational Physiology, 77* (1-2), 98-105. https://doi.org/10.1007/s004210050306

Hue, O., Chabert, C., Collado, A. & Hermand, E. (2019). Menthol as an adjuvant to help athletes cope with a tropical climate: Tracks from heat experiments with special focus on Guadeloupe Investigations. *Frontiers in Physiology, 10*, 1360. https://doi.org/10.3389/fphys.2019.01360

Hulme, A., Thompson, J., Nielsen, R. O., Read, G. J. M. & Salmon, P. M. (2019). Towards a complex systems approach in sports injury research: Simulating running-related injury development with agent-based modelling. *British Journal of Sports Medicine, 53* (9), 560. https://doi.org/10.1136/bjsports-2017-098871

Hulston, C. J. & Jeukendrup, A. E. (2008). Substrate metabolism and exercise performance with caffeine and carbohydrate intake. *Medicine and Science in Sports and Exercise, 40* (12), 2096-2104. https://doi.org/10.1249/MSS.0b013e318182a9c7

Hulston, C. J. & Jeukendrup, A. E. (2009). No placebo effect from carbohydrate intake during prolonged exercise. *International Journal of Sport Nutrition and Exercise Metabolism, 19* (3), 275-284. https://doi.org/10.1123/ijsnem.19.3.275

Hulston, C. J., Wallis, G. A. & Jeukendrup, A. E. (2009). Exogenous CHO oxidation with glucose plus fructose intake during exercise. *Medicine and Science in Sports and Exercise, 41* (2), 357-363. https://doi.org/10.1249/MSS.0b013e3181857ee6

Hunter, I. & Smith, G. A. (2007). Preferred and optimal stride frequency, stiffness and economy: Changes with fatigue during a 1-h high-intensity run. *European Journal of Applied Physiology, 100* (6), 653-661. https://doi.org/10.1007/s00421-007-0456-1

Hyldahl, R. D. & Peake, J. M. (2020). Combining cooling or heating applications with exercise training to enhance performance and muscle adaptations. *Journal of Applied Physiology (Bethesda, Md.: 1985), 129* (2), 353-365. https://doi.org/10.1152/japplphysiol.00322.2020.

Ichinose-Kuwahara, T., Inoue, Y., Iseki, Y., Hara, S., Ogura, Y. & Kondo, N. (2010). Sex differences in the effects of physical training on sweat gland responses during a graded exercise. *Experimental Physiology, 95* (10), 1026-1032. https://doi.org/10.1113/expphysiol.2010.053710

Jay, O. & Morris, N. B. (2018). Does cold water or ice slurry ingestion during exercise elicit a net body cooling effect in the heat? *Sports Medicine (Auckland, N.Z.), 48* (Suppl 1), 17-29. https://doi.org/10.1007/s40279-017-0842-8

Jeffries, O., Goldsmith, M. & Waldron, M. (2018). L-menthol mouth rinse or ice slurry ingestion during the latter stages of exercise in the heat provide a novel stimulus to enhance performance despite elevation in mean body temperature. *European Journal of Applied Physiology, 118* (11), 2435-2442. https://doi.org/10.1007/s00421-018-3970-4

Jeffries, O., Waldron, M., Patterson, S. D. & Galna, B. (2019). An analysis of variability in power output during indoor and outdoor cycling time trials. *International Journal of Sports Physiology and Performance*, 1273-1279. https://doi.org/10.1123/ijspp.2018-0539

Jentjens, R. L. P. G., Achten, J. & Jeukendrup, A. E. (2004). High oxidation rates from combined carbohydrates ingested during exercise. *Medicine & Science in Sports & Exercise, 36* (9), 1551-1558. https://doi.org/10.1249/01.mss.0000139796.07843.1d

Jentjens, R. L. P. G. & Jeukendrup, A. E. (2005). High rates of exogenous carbohydrate oxidation from a mixture of glucose and fructose ingested during prolonged cycling exercise. *The British Journal of Nutrition, 93* (4), 485-492. https://doi.org/10.1079/bjn20041368

Jentjens, R. L. P. G., Venables, M. C. & Jeukendrup, A. E. (2004). Oxidation of exogenous glucose, sucrose, and maltose during prolonged cycling exercise. *Journal of Applied Physiology (Bethesda, Md.: 1985), 96* (4), 1285-1291. https://doi.org/10.1152/japplphysiol.01023.2003

Jeukendrup, A. E. & Moseley, L. (2010). Multiple transportable carbohydrates enhance gastric emptying and fluid delivery. *Scandinavian Journal of Medicine & Science in Sports, 20* (1), 112-121. https://doi.org/10.1111/j.1600-0838.2008.00862.x

Jeukendrup, A. (2013). The new carbohydrate intake recommendations. *Nestle Nutrition Institute Workshop Series, 75*, 63-71. https://doi.org/10.1159/000345820

Jeukendrup, A., Rollo, I. & Carter, J. (2013). Carbohydrate mouth rinse: Performance effects and mechanisms. In W. M. Adams & J. F. Jardine (2020), *Exertional heat illness*. Springer International Publishing. https://doi.org/10.1007/978-3-030-27805-2

Jeukendrup, A. (2014). A step towards personalized sports nutrition: Carbohydrate intake during exercise. *Sports Medicine (Auckland, N.Z.), 44*, Suppl 1, S25-33. https://doi.org/10.1007/s40279-014-0148-z

Jeukendrup, A. E. (2010). Carbohydrate and exercise performance: The role of multiple transportable carbohydrates. *Current Opinion in Clinical Nutrition and Metabolic Care, 13* (4), 452-457. https://doi.org/10.1097/MCO.0b013e328339de9f

Jeukendrup, A. E. (2011). Nutrition for endurance sports: Marathon, triathlon, and road cycling. *Journal of Sports Sciences, 29 Suppl 1*, S91-9. https://doi.org/10.1080/02640414.2011.610348

Jeukendrup, A. E. (2013). Oral carbohydrate rinse: placebo or beneficial? *Current Sports Medicine Reports, 12* (4), 222-227. https://doi.org/10.1249/JSR.0b013e31829a6caa

Jeukendrup, A. E. (2017). Periodized nutrition for athletes. *Sports Medicine (Auckland, N.Z.), 47, (Suppl 1)*, 51-63. https://doi.org/10.1007/s40279-017-0694-2

Jeukendrup, A. E. (2017). Training the gut for athletes. *Sports Medicine (Auckland, N.Z.), 47, (Suppl 1)*, 101-110. https://doi.org/10.1007/s40279-017-0690-6

Jeukendrup, A. E., Currell, K., Clarke, J., Cole, J. & Blannin, A. K. (2009). Effect of beverage glucose and sodium content on fluid delivery. *Nutrition & Metabolism, 6*, 9. https://doi.org/10.1186/1743-7075-6-9

Julian, R., Hecksteden, A., Fullagar, H. H. K. & Meyer, T. (2017). The effects of menstrual cycle phase on physical performance in female soccer players. *PloS One, 12* (3), e0173951. https://doi.org/10.1371/journal.pone.0173951

Keller, S., Kohne, S., Bloch, W. & Schumann, M. (2021). Comparison of two different cooling systems in alleviating thermal and physiological strain during prolonged exercise in the heat. *Ergonomics, 64* (1), 129-138. https://doi.org/10.1080/00140139.2020.1818835

Kenefick, R. W. (2018). Drinking strategies: Planned drinking versus drinking to thirst. *Sports Medicine (Auckland, N.Z.), 48, (Suppl 1)*, 31-37. https://doi.org/10.1007/s40279-017-0844-6

Kipp, S., Kram, R. & Hoogkamer, W. (2019). Extrapolating metabolic savings in running: Implications for performance predictions. *Frontiers in Physiology, 10*, 79. https://doi.org/10.3389/fphys.2019.00079

Knechtle, B., Nikolaidis, P. T., Rosemann, T. & Rüst, C. A. (2016). Der Ironman-Triathlon [Ironman Triathlon]. *Praxis, 105* (13), 761-773. https://doi.org/10.1024/1661-8157/a002369

Koehler, K. (2020). Energy deficiency and nutrition in endurance sports – focus on rowing. *Deutsche Zeitschrift für Sportmedizin, 71* (1), 5-10. https://doi.org/10.5960/dzsm.2019.409

Kopetschny, H., Rowlands, D., Popovich, D. & Thomson, J. (2018). Long-distance triathletes' intentions to manipulate energy and macronutrient intake over a training macrocycle. *International Journal of Sport Nutrition and Exercise Metabolism, 28* (5), 515-521. https://doi.org/10.1123/ijsnem.2017-0135

Kreider, R. B., Boone, T., Thompson, W. R., Burkes, S. & Cortes, C. W. (1988). Cardiovascular and thermal responses of triathlon performance. *Medicine & Science in Sports & Exercise, 20* (4), 385-390. https://doi.org/10.1249/00005768-198808000-00010

Krüger, R. L., Aboodarda, S. J., Jaimes, L. M., MacIntosh, B. R., Samozino, P. & Millet, G. Y. (2019). Fatigue and recovery measured with dynamic properties versus isometric force: Effects of exercise intensity. *The Journal of Experimental Biology, 222* (Pt 9). https://doi.org/10.1242/jeb.197483

Kumstát, M., Hlinský, T., Struhár, I. & Thomas, A. (2018). Does sodium citrate cause the same ergogenic effect as sodium bicarbonate on swimming performance? *Journal of Human Kinetics, 65*, 89-98. https://doi.org/10.2478/hukin-2018-0022

Kunz, D. (2016). Schlaf, circadiane Rhythmen und Olympische Spiele in Rio 2016. *Leistungssport, 46* (4), 5-8. https://www.iat.uni-leipzig.de/datenbanken/iks/open_archive/ls/lsp16_04_5_8.pdf

Lamberts, R. P. (2014). Predicting cycling performance in trained to elite male and female cyclists. *International Journal of Sports Physiology and Performance, 9* (4), 610614. https://doi.org/10.1123/ijspp.2013-0040a

Landers, G. J., Blanksby, B. A., Ackland, T. R. & Monson, R. (2008). Swim positioning and its influence on triathlon outcome. *International Journal of Exercise Science, 1* (3), 96-105.

Larsen, E. L., Poulsen, H. E., Michaelsen, C., Kjær, L. K., Lyngbæk, M., Andersen, E. S., Petersen-Bønding, C., Lemoine, C., Gillum, M., Jørgensen, N. R., Ploug, T., Vilsbøll, T., Knop, F. K. & Karstoft, K. (2020). Differential time responses in inflammatory and oxidative stress markers after a marathon: An observational study. *Journal of Sports Sciences, 38* (18), 2080-2091. https://doi.org/10.1080/02640414.2020.1770918

Laursen, P. B. (2016). From science to practice: Development of a thermally-insulated ice slushy dispensing bottle that helps athletes "keep their cool" in hot temperatures. *Temperature (Austin, Tex.), 3* (2), 187-190. https://doi.org/10.1080/23328940.2016.1165786

Laursen, P. B. & Jenkins, D. G. (2002). The scientific basis for high-intensity interval training: Optimising training programmes and maximising performance in highly trained endurance athletes. *Sports Medicine (Auckland, N.Z.), 32* (1), 53-73. https://doi.org/10.2165/00007256-200232010-00003

Lee, J. K. W., Koh, A. C. H., Koh, S. X. T., Liu, G. J. X., Nio, A. Q. X. & Fan, P. W. P. (2014). Neck cooling and cognitive performance following exercise-induced hyperthermia. *European Journal of Applied Physiology, 114* (2), 375-384. https://doi.org/10.1007/s00421-013-2774-9

Lee, J. F., Brown, S. R., Lange, A. P. & Brothers, R. M. (2013). Effect of an aerodynamic helmet on head temperature, core temperature, and cycling power compared with a traditional helmet. *Journal of Strength and Conditioning Research, 27* (12), 3402-3411. https://doi.org/10.1519/JSC.0b013e318291b29f

Legerlotz, K. & Hansen, M. (2020). Editorial: Female hormones: Effect on musculoskeletal adaptation and injury risk. *Frontiers in Physiology, 11*, 628. https://doi.org/10.3389/fphys.2020.00628

Leong, C. (2014). The influence of noncircular chainrings on maximal and submaximal cycling performance. In.

Levels, K., Koning, J. de, Broekhuijzen, I., Zwaan, T., Foster, C. & Daanen, H. (2014). Effects of radiant heat exposure on pacing pattern during a 15-km cycling time trial. *Journal of Sports Sciences, 32* (9), 845-852. https://doi.org/10.1080/02640414.2013.862843

Lieberman, D. E. & Bramble, D. M. (2007). The evolution of marathon running: Capabilities in humans. *Sports Medicine (Auckland, N.Z.), 37* (4-5), 288-290. https://doi.org/10.2165/00007256-200737040-00004

Lievens, E., Bellinger, P., van Vossel, K., Vancompernolle, J., Bex, T., Minahan, C. & Derave, W. (2020). Muscle typology of world-class cyclists across various disciplines and events. *Medicine and Science in Sports and Exercise*. Vorab-Onlinepublikation. https://doi.org/10.1249/MSS.0000000000002518

Lievens, E., Klass, M., Bex, T. & Derave, W. (2020). Muscle fiber typology substantially influences time to recover from high-intensity exercise. *Journal of Applied Physiology (Bethesda, Md.: 1985), 128* (3), 648-659. https://doi.org/10.1152/japplphysiol.00636.2019

Logan-Sprenger, H. M., Heigenhauser, G. J. F., Killian, K. J. & Spriet, L. L. (2012). Effects of dehydration during cycling on skeletal muscle metabolism in females. *Medicine and Science in Sports and Exercise, 44* (10), 1949-1957. https://doi.org/10.1249/MSS.0b013e31825abc7c

Lorenzo, S., Halliwill, J. R., Sawka, M. N. & Minson, C. T. (2010). Heat acclimation improves exercise performance. *Journal of Applied Physiology (Bethesda, Md.: 1985), 109* (4), 1140-1147. https://doi.org/10.1152/japplphysiol.00495.2010.

Lowdon, B. J., McKenzie, D. & Ridge, B. R. (1992). Effects of clothing and water temperature on swim performance [Auswirkungen der Bekleidung und der Wassertemperatur auf die Schwimmleistung]. *Australian Journal of Science & Medicine in Sport, 24* (2), 33-38.

Ludyga, S., Hottenrott, K. & Gronwald, T. (2017). Four weeks of high cadence training alter brain cortical activity in cyclists. *Journal of Sports Sciences, 35* (14), 1377-1382. https://doi.org/10.1080/02640414.2016.1198045

Luna, N. M., Alonso, A. C., Brech, G. C., Mochizuki, L., Nakano, E. Y. & Greve, J. M. (2012). Isokinetic analysis of ankle and ground reaction forces in runners and triathletes. *Clinics, 67* (9), 1023-1028. https://doi.org/10.6061/clinics/2012(09)07

MacInnis, M. J. & Gibala, M. J. (2017). Physiological adaptations to interval training and the role of exercise intensity. *The Journal of Physiology, 595* (9), 2915-2930. https://doi.org/10.1113/JP273196

Main, L. & Grove, J. R. (2009). A multi-component assessment model for monitoring training distress among athletes. *European Journal of Sport Science, 9* (4), 195-202. https://doi.org/10.1080/17461390902818260

Martin, K., Staiano, W., Menaspà, P., Hennessey, T., Marcora, S., Keegan, R., Thompson, K. G., Martin, D., Halson, S. & Rattray, B. (2016). Superior inhibitory control and resistance to mental fatigue in professional road cyclists. *PloS One, 11* (7), e0159907. https://doi.org/10.1371/journal.pone.0159907

Maughan, R. J., Shirreffs, S. M. & Watson, P. (2007). Exercise, heat, hydration and the brain. *Journal of the American College of Nutrition, 26*, (5 Suppl), 604S-612S. https://doi.org/10.1080/07315724.2007.10719666

Maughan, R. J., Merson, S. J., Broad, N. P. & Shirreffs, S. M. (2004). Fluid and electrolyte intake and loss in elite soccer players during training. International *Journal of Sport Nutrition and Exercise Metabolism, 14* (3), 333-346. https://doi.org/10.1123/ijsnem.14.3.333

Maughan, R. J. & Shirreffs, S. M. (2019). Muscle cramping during exercise: Causes, solutions, and questions remaining. *Sports Medicine (Auckland, N.Z.), 49, (Suppl 2)*, 115-124. https://doi.org/10.1007/s40279-019-01162-1

Maughan, R. J., Shirreffs, S. M. & Leiper, J. B. (2007). Errors in the estimation of hydration status from changes in body mass. *Journal of Sports Sciences, 25* (7), 797-804. https://doi.org/10.1080/02640410600875143

Maunder, E., Plews, D. J., Merien, F. & Kilding, A. E. (2020). Exercise intensity regulates the effect of heat stress on substrate oxidation rates during exercise. *European Journal of Sport Science, 20* (7), 935-943. https://doi.org/10.1080/17461391.2019.1674928

Maunder, E., Laursen, P. B. & Kilding, A. E. (2017). Effect of ad libitum ice-slurry and cold-fluid ingestion on cycling time-trial performance in the heat. *International Journal of Sports Physiology and Performance, 12* (1), 99-105. https://doi.org/10.1123/ijspp.2015-0764

McBride, J. M., Davis, J. A., Alley, J. R., Knorr, D. P., Goodman, C. L., Snyder, J. G. & Battista, R. A. (2015). Index of mechanical efficiency in competitive and recreational long distance runners. *Journal of Sports Sciences, 33* (13), 1388-1395. https://doi.org/10.1080/02640414.2014.990487

McCartney, D., Desbrow, B. & Irwin, C. (2017). The effect of fluid intake following dehydration on subsequent athletic and cognitive performance: A systematic review and meta-analysis. *Sports Medicine – Open, 3* (1), 13. https://doi.org/10.1186/s40798-017-0079-y

McCubbin, A. J., Allanson, B. A., Caldwell Odgers, J. N., Cort, M. M., Costa, R. J. S., Cox, G. R., Crawshay, S. T., Desbrow, B., Freney, E. G., Gaskell, S. K., Hughes, D., Irwin, C., Jay, O., Lalor, B. J., Ross, M. L. R., Shaw, G., Périard, J. D. & Burke, L. M. (2020). Sports dietitians Australia position statement: Nutrition for exercise in hot environments. *International Journal of Sport Nutrition and Exercise Metabolism*, 1-16. https://doi.org/10.1123/ijsnem.2019-0300

McCubbin, A. J., Cox, G. R. & Costa, R. J. S. (2019). Sodium intake beliefs, information sources, and intended practices of endurance athletes before and during exercise. *International Journal of Sport Nutrition and Exercise Metabolism, 29* (4), 371-381. https://doi.org/10.1123/ijsnem.2018-0270

McCubbin, A. J., Zhu, A., Gaskell, S. K. & Costa, R. J. S. (2019). Hydrogel carbohydrate-electrolyte beverage does not improve glucose availability, substrate oxidation, gastrointestinal symptoms or exercise performance, compared with a concentration and nutrient-matched placebo. *International Journal of Sport Nutrition and Exercise Metabolism*, 1-9. https://doi.org/10.1123/ijsnem.2019-0090

McNulty, K. L., Elliott-Sale, K. J., Dolan, E., Swinton, P. A., Ansdell, P., Goodall, S., Thomas, K. & Hicks, K. M. (2020). The effects of menstrual cycle phase on exercise performance in eumenorrheic women: A systematic review and meta-analysis. *Sports Medicine (Auckland, N.Z.), 50* (10), 1813-1827. https://doi.org/10.1007/s40279-020-01319-3

McWhorter, J., Wallmann, H., Landers, M., Altenburger, B., LaPorta-Krum, L. & Altenburger, P. (2003). The effects of walking, running, and shoe size on foot volumetrics. *Physical Therapy in Sport, 4* (2), 87-92. https://doi.org/10.1016/S1466-853X(03)00031-2

Mears, S. A., Boxer, B., Sheldon, D., Wardley, H., Tarnowski, C. A., James, L. J. & Hulston, C. J. (2020). Sports drink intake pattern affects exogenous carbohydrate oxidation during running. *Medicine and Science in Sports and Exercise, 52* (9), 1976-1982. https://doi.org/10.1249/mss.0000000000002334

Michaelson, J., Brilla, L., Suprak, D., Mclaughlin, W. & Dahlquist, D. (2019). Effects of two different recovery postures during high-intensity interval training, *Translational Journal of the ACSM, 4* (4), 23-27. https://doi.org/10.1249/TJX.0000000000000079

Migliorini, S. (Ed.). (2020). *Triathlon medicine.* Springer International Publishing. https://doi.org/10.1007/978-3-030-22357-1

Millet, G. P., Chollet, D., Chalies, S. & Chatard, J. C. (2002). Coordination in front crawl in elite triathletes and elite swimmers. *International Journal of Sports Medicine, 23* (2), 99-104. https://doi.org/10.1055/s-2002-20126

Millet, G. P., Millet, G. Y., Hofmann, M. D. & Candau, R. B. (2000). Alterations in running economy and mechanics after maximal cycling in triathletes: Influence of performance level. *International Journal of Sports Medicine, 21* (2), 127-132. https://doi.org/10.1055/s-2000-8866

Montain, S. J. & Coyle, E. F. (1992). Influence of graded dehydration on hyperthermia and cardiovascular drift during exercise. *Journal of Applied Physiology (Bethesda, Md.: 1985), 73* (4), 1340-1350. https://doi.org/10.1152/jappl.1992.73.4.1340

Moore, I. S., Ashford, K. J., Cross, C., Hope, J., Jones, H. S. R. & McCarthy-Ryan, M. (2019). Humans optimize ground contact time and leg stiffness to minimize the metabolic cost of running. *Frontiers in Sports and Active Living, 1*, 53. https://doi.org/10.3389/fspor.2019.00053

Mora-Rodriguez, R. & Hamouti, N. (2012). Salt and fluid loading: Effects on blood volume and exercise performance. *Medicine and Sport Science, 59*, 113-119. https://doi.org/10.1159/000341945

Morgan, P. T., Black, M. I., Bailey, S. J., Jones, A. M. & Vanhatalo, A. (2019). Road cycle TT performance: Relationship to the power-duration model and association with FTP. *Journal of Sports Sciences, 37* (8), 902-910. https://doi.org/10.1080/02640414.2018.1535772

Morris, N. B., Coombs, G. & Jay, O. (2016). Ice slurry ingestion leads to a lower net heat loss during exercise in the heat. *Medicine and Science in Sports and Exercise, 48* (1), 114-122. https://doi.org/10.1249/MSS.0000000000000746

Moscicki, B., Burrus, B., Matthews, T. & Paolone, V. (2016). Triathlon cycling with shorter crank lengths at same VO_2 leads to increased power output. *Medicine & Science in Sports & Exercise, 48*, 703. https://doi.org/10.1249/01.mss.0000487113.47010.33

Mujika, I., Sharma, A. P. & Stellingwerff, T. (2019). Contemporary periodization of altitude training for elite endurance athletes: A narrative review. *Sports Medicine (Auckland, N.Z.), 49* (11), 1651-1669. https://doi.org/10.1007/s40279-019-01165-y

Müller, B., Wolf, S. I., Brueggemann, G. P., Deng, Z., McIntosh, A., Miller, F. & Selbie, W. S. (Eds.). (2017). *Handbook of human motion.* Springer International Publishing. https://doi.org/10.1007/978-3-319-30808-1

Mündel, T. & Jones, D. A. (2010). The effects of swilling an L(-)-menthol solution during exercise in the heat. *European Journal of Applied Physiology, 109* (1), 59-65. https://doi.org/10.1007/s00421-009-1180-9

Mündel, T., King, J., Collacott, E. & Jones, D. A. (2006). Drink temperature influences fluid intake and endurance capacity in men during exercise in a hot, dry environment. *Experimental Physiology, 91* (5), 925-933. https://doi.org/10.1113/expphysiol.2006.034223

Murakami, I., Sakuragi, T., Uemura, H., Menda, H., Shindo, M. & Tanaka, H. (2012). Significant effect of a pre-exercise high-fat meal after a 3-day high-carbohydrate diet on endurance performance. *Nutrients, 4* (7), 625-637. https://doi.org/10.3390/nu4070625

Naito, T. & Ogaki, T. (2017). Comparison of the effects of cold water and ice ingestion on endurance cycling capacity in the heat. *Journal of Sport and Health Science, 6* (1), 111-117. https://doi.org/10.1016/j.jshs.2015.12.002

Nakamura, M., Yoda, T., Crawshaw, L. I., Yasuhara, S., Saito, Y., Kasuga, M., Nagashima, K. & Kanosue, K. (2008). Regional differences in temperature sensation and thermal comfort in humans. *Journal of Applied Physiology (Bethesda, Md.: 1985), 105* (6), 1897-1906. https://doi.org/10.1152/japplphysiol.90466.2008

Neufer, P. D., Young, A. J. & Sawka, M. N. (1989). Gastric emptying during exercise: Effects of heat stress and hypohydration. *European Journal of Applied Physiology and Occupational Physiology, 58* (4), 433-439. https://doi.org/10.1007/BF00643521

Nieman, D. C. & Wentz, L. M. (2019). The compelling link between physical activity and the body's defense system. *Journal of Sport and Health Science, 8* (3), 201-217. https://doi.org/10.1016/j.jshs.2018.09.009

Nordin, A. D. & Dufek, J. S. (2020). Footwear and footstrike change loading patterns in running. *Journal of Sports Sciences, 38* (16), 1869-1876. https://doi.org/10.1080/02640414.2020.1761767

Nugent, F., Comyns, T., Kearney, P. & Warrington, G. (2019). Ultra-short race-pace training (US-RPT) in swimming: Current perspectives. *Open Access Journal of Sports Medicine, 10*, 133-144. https://doi.org/10.2147/OAJSM.S180598

Nummela, A. T., Paavolainen, L. M., Sharwood, K. A., Lambert, M. I. [Mike I.], Noakes, T. D. [Timothy D.] & Rusko, H. K. (2006). Neuromuscular factors determining 5 km running performance and running economy in well-trained athletes. *European Journal of Applied Physiology, 97* (1), 1-8. https://doi.org/10.1007/s00421-006-0147-3

Nybo, L., Rasmussen, P. & Sawka, M. N. (2014). Performance in the heat-physiological factors of importance for hyperthermia-induced fatigue. *Comprehensive Physiology, 4* (2), 657-689. https://doi.org/10.1002/cphy.c130012

Nyein, H. Y. Y., Bariya, M., Kivimäki, L., Uusitalo, S., Liaw, T. S., Jansson, E., Ahn, C. H., Hangasky, J. A., Zhao, J., Lin, Y., Happonen, T., Chao, M., Liedert, C., Zhao, Y., Tai, L. C., Hiltunen, J. & Javey, A. (2019). Regional and correlative sweat analysis using high-throughput microfluidic sensing patches toward decoding sweat. *Science Advances, 5* (8), eaaw9906. https://doi.org/10.1126/sciadv.aaw9906

Olbrecht, J. (2011). Triathlon: Swimming for winning. *Journal of Human Sport and Exercise, 6*, (2 (Suppl.)), 233-246. https://doi.org/10.4100/jhse.2011.62.04

Oliveira, E. P. de & Burini, R. C. (2011). Food-dependent, exercise-induced gastrointestinal distress. *Journal of the International Society of Sports Nutrition, 8*, 12. https://doi.org/10.1186/1550-2783-8-12

Pacheco, A. G., Leite, G. D. S., Lucas, R. D. de & Guglielmo, L. G. A. (2012). A influência da natação no desempenho do triathlon: implicações para o treinamento e competição. DOI: 10.5007/1980-0037.2012v14n2p232. *Revista Brasileira de Cineantropometria e Desempenho Humano, 14* (2). https://doi.org/10.5007/1980-0037.2012v14n2p232

Paton, C. D. & Jardine, T. (2012). The effects of cycling cleat position on subsequent running performance in a simulated duathlon. *Journal of Science and Cycling, 1* (1), 15-20. http://www.jsc-journal.com/ojs/index.php?journal=JSC&page=article&op=view&path%5B%5D=14

Payton, C. J. & Lauder, M. A. (1995). The influence of hand paddles on the kinematics of front crawl swimming [Der Einfluss von Handpaddeln auf die Kinematik des Kraulschwimmens]. *Journal of Human Movement Studies, 28* (4), 175-192.

Peake, J. M., Neubauer, O., Walsh, N. P. & Simpson, R. J. (2017). Recovery of the immune system after exercise. *Journal of Applied Physiology (Bethesda, Md.: 1985), 122* (5), 1077-1087. https://doi.org/10.1152/japplphysiol.00622.2016

Pérez, S., Fernández-Sáez, J. & Cejuela, R. (2019). Pyramidal training intensity distribution: Relationship with a half-ironman distance triathlon competition. *Journal of Sports Science & Medicine, 18*, 708-715.

Périard, J. D., Racinais, S. & Sawka, M. N . (2015). Adaptations and mechanisms of human heat acclimation: Applications for competitive athletes and sports. *Scandinavian Journal of Medicine & Science in Sports, 25, Suppl 1*, 20-38. https://doi.org/10.1111/sms.12408

Périard, J. D., Eijsvogels, T., Daanen, H. A. M. & Racinais, S. (2020). Hydration for the Tokyo Olympics: To thirst or not to thirst? *British Journal of Sports Medicine.* Vorab-Onlinepublikation. https://doi.org/10.1136/bjsports-2020-102803

Pfeiffer, B., Stellingwerff, T., Hodgson, A. B., Randell, R., Pöttgen, K., Res, P. & Jeukendrup, A. E. (2012). Nutritional intake and gastrointestinal problems during competitive endurance events. *Medicine and Science in Sports and Exercise, 44* (2), 344-351. https://doi.org/10.1249/MSS.0b013e31822dc809

Pfeiffer, B., Stellingwerff, T., Zaltas, E. & Jeukendrup, A. E. (2010). CHO oxidation from a CHO gel compared with a drink during exercise. *Medicine and Science in Sports and Exercise, 42* (11), 2038-2045. https://doi.org/10.1249/MSS.0b013e3181e0efe6

Pfeiffer, B., Stellingwerff, T., Zaltas, E. & Jeukendrup, A. E. (2010). Oxidation of solid versus liquid CHO sources during exercise. *Medicine and Science in Sports and Exercise, 42* (11), 2030-2037. https://doi.org/10.1249/MSS.0b013e3181e0efc9

Piacentini, M. F., Vleck, V. & Lepers, R. (2019). Effect of age on the sex difference in Ironman triathlon performance. *Movement & Sport Sciences – Science & Motricité (104)*, 21-27. https://doi.org/10.1051/sm/2019030

Poffé, C., Ramaekers, M., Bogaerts, S. & Hespel, P. (2021). Bicarbonate unlocks the ergogenic action of ketone monoester intake in endurance exercise. *Medicine and Science in Sports and Exercise, 53* (2), 431-441. https://doi.org/10.1249/MSS.0000000000002467

Poole, D. C., Burnley, M., Vanhatalo, A., Rossiter, H. B. & Jones, A. M. (2016). Critical power: An important fatigue threshold in exercise physiology. *Medicine and Science in Sports and Exercise, 48* (11), 2320-2334. https://doi.org/10.1249/MSS.0000000000000939.

Poole, D. C., Rossiter, H. B., Brooks, G. A. & Gladden, L. B. (2021). The anaerobic threshold: 50+ years of controversy. *The Journal of Physiology, 599* (3), 737-767. https://doi.org/10.1113/jp279963

Potdevin, F., Bril, B., Sidney, M. & Pelayo, P. (2006). Stroke frequency and arm coordination in front crawl swimming. *International Journal of Sports Medicine, 27* (3), 193-198. https://doi.org/10.1055/s-2005-837545

Racinais, S. [Sebastien], Moussay, S., Nichols, D., Travers, G., Belfekih, T., Schumacher, Y. O. & Periard, J. D. (2019). Core temperature up to 41.5°C during the UCI Road Cycling World Championships in the heat. *British Journal of Sports Medicine, 53* (7), 426-429. https://doi.org/10.1136/ bjsports-2018-099881

Racinais, S., Alonso, J. M., Coutts, A. J., Flouris, A. D., Girard, O., González-Alonso, J., Hausswirth, C., Jay, O., Lee, J. K. W., Mitchell, N., Nassis, G. P., Nybo, L., Pluim, B. M., Roelands, B., Sawka, M. N., Wingo, J. & Périard, J. D. (2015). Consensus recommendations on training and competing in the heat. *Sports Medicine (Auckland, N.Z.), 45* (7), 925-938. https://doi.org/10.1007/s40279-015-0343-6

Ramos-Álvarez, J. J., Lorenzo-Capellá, I. & Calderón-Montero, F. J. (2020). Disadvantages of automated respiratory gas exchange analyzers. *Frontiers in Physiology, 11*, 19. https://doi.org/10.3389/fphys.2020.00019

Rapoport, B. I. (2010). Metabolic factors limiting performance in marathon runners. *PLoS Computational Biology, 6* (10), e1000960. https://doi.org/10.1371/journal.pcbi.1000960

Reeve, T., Gordon, R., Laursen, P. B., Lee, J. K. W. & Tyler, C. J. (2019). Impairment of cycling capacity in the heat in well-trained endurance athletes after high-intensity short-term heat acclimation. *International Journal of Sports Physiology and Performance, 14* (8), 1058-1065. https://doi.org/10.1123/ijspp.2018-0537

Rehrer, N. J., Beckers, E. J., Brouns, F., Hoor, F. ten & Saris, W. H. (1990). Effects of dehydration on gastric emptying and gastrointestinal distress while running. *Medicine & Science in Sports & Exercise, 22* (6), 790-795. https://doi.org/10.1249/00005768-199012000-00010

Rehrer, N. J., Brouns, F., Beckers, E. J., Frey, W. O., Villiger, B., Riddoch, C. J., Menheere, P. P. & Saris, W. H. (1992). Physiological changes and gastro-intestinal symptoms as a result of ultra-endurance running. *European Journal of Applied Physiology and Occupational Physiology, 64* (1), 1-8. https://doi.org/10.1007/BF00376431

Rehrer, N. J., Janssen, G. M., Brouns, F. & Saris, W. H. (1989). Fluid intake and gastrointestinal problems in runners competing in a 25-km race and a marathon. *International Journal of Sports Medicine, 10, Suppl 1*, S22-5. https://doi.org/10.1055/s-2007-1024950

Rehrer, N. J., van Kemenade, M., Meester, W., Brouns, F. & Saris, W. H. (1992). Gastrointestinal complaints in relation to dietary intake in triathletes. *International Journal of Sport Nutrition, 2* (1), 48-59. https://doi.org/10.1123/ijsn.2.1.48

Reilly, T. (2009). How can travelling athletes deal with jet-lag? *Kinesiology (kinesiology.office@kif.hr), Vol. 41, No. 2, 41*.

Richards, C. E., Magin, P. J. & Callister, R. (2009). Is your prescription of distance running shoes evidence-based? *British Journal of Sports Medicine, 43* (3), 159-162. https://doi.org/10.1136/bjsm.2008.046680

Roach, G. D. & Sargent, C. (2019). Interventions to minimize jet lag after westward and eastward flight. *Frontiers in Physiology, 10*, 927. https://doi.org/10.3389/fphys.2019.00927

Robbins, S., Waked, E., Allard, P., McClaran, J. & Krouglicof, N. (1997). Foot position awareness in younger and older men: The influence of footwear sole properties. *Journal of the American Geriatrics Society, 45* (1), 61-66. https://doi.org/10.1111/j.1532-5415.1997.tb00979.x

Robbins, S., Waked, E. & McClaran, J. (1995). Proprioception and stability: Foot position awareness as a function of age and footwear. *Age and Ageing, 24* (1), 67-72. https://doi.org/10.1093/ageing/24.1.67

Robinson, M. E., Plasschaert, J. & Kisaalita, N. R. (2011). Effects of high intensity training by heart rate or power in recreational cyclists. *Journal of Sports Science & Medicine, 10* (3), 498-501.

Rodríguez-Marroyo, J. A., Villa, J. G., Pernía, R. & Foster, C. (2017). Decrement in professional cyclists' performance after a grand tour. *International Journal of Sports Physiology and Performance, 12* (10), 1348-1355. https://doi.org/10.1123/ijspp.2016-0294

Romanov, N. & Fletcher, G. (2007). Runners do not push off the ground but fall forwards via a gravitational torque. *Sports Biomechanics, 6* (3), 434-452. https://doi.org/10.1080/14763140701491625

Romanov, N. S. & Robson, J. (2014). *The pose method of triathlon techniques: A new paradigm in triathlon. Dr. Romanov's sport education series.* Pose Tech Press.

Roos, L., Taube, W., Beeler, N. & Wyss, T. (2017). Validity of sports watches when estimating energy expenditure during running. *BMC Sports Science, Medicine and Rehabilitation, 9*. https://doi.org/10.1186/s13102-017-0089-6

Rosen, P. von, Frohm, A., Kottorp, A., Fridén, C. & Heijne, A. (2017). Too little sleep and an unhealthy diet could increase the risk of sustaining a new injury in adolescent elite athletes. *Scandinavian Journal of Medicine & Science in Sports, 27* (11), 1364-1371. https://doi.org/10.1111/sms.12735

Rothschild, J. A., Kilding, A. E. & Plews, D. J. (2020). Prevalence and determinants of fasted training in endurance athletes: A survey analysis. *International Journal of Sport Nutrition and Exercise Metabolism*, 1-12. https://doi.org/10.1123/ijsnem.2020-0109

Rowlands, D. S. & Houltham, S. D. (2017). Multiple-transportable carbohydrate effect on long-distance triathlon performance. *Medicine and Science in Sports and Exercise, 49* (8), 1734-1744. https://doi.org/10.1249/MSS.0000000000001278

Ryan, A. J., Lambert, G. P., Shi, X., Chang, R. T., Summers, R. W. & Gisolfi, C. V. (1998). Effect of hypohydration on gastric emptying and intestinal absorption during exercise. *Journal of Applied Physiology (Bethesda, Md.: 1985), 84* (5), 1581-1588. https://doi.org/10.1152/jappl.1998.84.5.1581

Samson, M., Bernard, A., Monnet, T., Lacouture, P. & David, L. (2017). Unsteady computational fluid dynamics in front crawl swimming. *Computer Methods in Biomechanics and Biomedical Engineering, 20* (7), 783-793. https://doi.org/10.1080/10255842.2017.1302434.

Sanders, R. H., Andersen, J. T. & Takagi, H. (2017). The segmental movements in front crawl swimming. In B. Müller, S. I. Wolf, G.-P. Brueggemann, Z. Deng, A. McIntosh, F. Miller & W. S. Selbie (Eds.), *Handbook of human motion* (pp. 1-15). Springer International Publishing. https://doi.org/10.1007/978-3-319-30808-1_132-1

Sandig, D. (2014). Menstruation und Ausdauer: Zyklusgesteuertes Training als Leistungsreserve für Frauen. *trainingsworld.* https://www.trainingsworld.com/sportexperten/menstruations-zyklusgesteuertes-ausdauertraining-eine-leistungsreserve-frauen-3364415

Saunders, A. G., Dugas, J. P., Tucker, R., Lambert, M. I. & Noakes, T. D. (2005). The effects of different air velocities on heat storage and body temperature in humans cycling in a hot, humid environment. *Acta Physiologica Scandinavica, 183* (3), 241-255. https://doi.org/10.1111/j.1365-201X.2004.01400.x

Saunders, P. U., Garvican-Lewis, L. A., Chapman, R. F. & Périard, J. D. (2019). Special environments: Altitude and heat. *International Journal of Sport Nutrition and Exercise Metabolism, 29* (2), 210-219. https://doi.org/10.1123/ijsnem.2018-0256

Saunders, P. U., Pyne, D. B., Telford, R. D. & Hawley, J. A. (2004). Factors affecting running economy in trained distance runners. *Sports Medicine (Auckland, N.Z.), 34* (7), 465-485. https://doi.org/10.2165/00007256-200434070-00005

Saw, A. E., Main, L. C. & Gastin, P. B. (2016). Monitoring the athlete training response: Subjective self-reported measures trump commonly used objective measures: a systematic review. *British Journal of Sports Medicine, 50* (5), 281-291. https://doi.org/10.1136/bjsports-2015-094758

Sawka, M. N. (1992). Physiological consequences of hypohydration: exercise performance and thermoregulation. *Medicine & Science in Sports & Exercise, 24* (6), 657-670.

Sawka, M. N. & Greenleaf, J. E. (1992). Current concepts concerning thirst, dehydration, and fluid replacement: Overview. *Medicine & Science in Sports & Exercise, 24* (6), 643-644.

Schofield, K. L., Thorpe, H. & Sims, S. T. (2020). Where are all the men? Low energy availability in male cyclists: A review. *European Journal of Sport Science*, 1-12. https://doi.org/10.1080/17461391.2020.1842510

Schubert, A. G., Kempf, J. & Heiderscheit, B. C. (2014). Influence of stride frequency and length on running mechanics: A systematic review. *Sports Health, 6* (3), 210-217. https://doi.org/10.1177/1941738113508544

Schwellnus, M., Soligard, T., Alonso, J. M., Bahr, R., Clarsen, B., Dijkstra, H. P., Gabbett, T. J., Gleeson, M., Hägglund, M., Hutchinson, M. R., van Janse Rensburg, C., Meeusen, R., Orchard, J. W., Pluim, B. M., Raftery, M., Budgett, R. & Engebretsen, L. (2016). How much is too much? (Part 2) International Olympic Committee consensus statement on load in sport and risk of illness. *British Journal of Sports Medicine, 50* (17), 1043-1052. https://doi.org/10.1136/bjsports-2016-096572

Seifert, L., Chollet, D. & Allard, P. (2005). Arm coordination symmetry and breathing effect in front crawl. *Human Movement Science, 24* (2), 234-256. https://doi.org/10.1016/j.humov.2005.05.003

Seiler, S. & Hetlelid, K. J. (2005). The impact of rest duration on work intensity and RPE during interval training. *Medicine & Science in Sports & Exercise, 37* (9), 1601-1607. https://doi.org/10.1249/01.mss.0000177560.18014.d8

Sharma, A. P. & Périard, J. D. (2020). Physiological requirements of the different distances of triathlon. In S. Migliorini (Ed.), *Triathlon medicine* (pp. 5-17). Springer International Publishing. https://doi.org/10.1007/978-3-030-22357-1_2

Sharma, A. P., Saunders, P. U., Garvican – Lewis, L. A., Périard, J. D., Clark, B., Gore, C. J., Raysmith, B. P., Stanley, J., Robertson, E. Y. & Thompson, K. G. (2018). Training quantification and periodization during live high train high at 2100 M in elite runners: An observational cohort case study. *Journal of Sports Science & Medicine, 17* (4), 607-616.

Shirreffs, S. M., Armstrong, L. E. & Cheuvront, S. N. (2004). Fluid and electrolyte needs for preparation and recovery from training and competition. *Journal of Sports Sciences, 22* (1), 57-63. https://doi.org/10.1080/0264041031000140572

Simpson, N. S., Gibbs, E. L. & Matheson, G. O. (2017). Optimizing sleep to maximize performance: Implications and recommendations for elite athletes. *Scandinavian Journal of Medicine & Science in Sports, 27* (3), 266-274. https://doi.org/10.1111/sms.12703

Sims, S. T., Rehrer, N. J., Bell, M. L. & Cotter, J. D. (2007). Preexercise sodium loading aids fluid balance and endurance for women exercising in the heat. *Journal of Applied Physiology (Bethesda, Md.: 1985), 103* (2), 534-541. https://doi.org/10.1152/japplphysiol.01203.2006

Sims, S. T., Rehrer, N. J., Bell, M. L. & Cotter, J. D. (2008). Endogenous and exogenous female sex hormones and renal electrolyte handling: Effects of an acute sodium load on plasma volume at rest. *Journal of Applied Physiology (Bethesda, Md.: 1985), 105* (1), 121-127. https://doi.org/10.1152/japplphysiol.01331.2007

Soligard, T., Schwellnus, M., Alonso, J. M., Bahr, R., Clarsen, B., Dijkstra, H. P., Gabbett, T., Gleeson, M., Hägglund, M., Hutchinson, M. R., van Janse Rensburg, C., Khan, K. M., Meeusen, R., Orchard, J. W., Pluim, B. M., Raftery, M., Budgett, R. & Engebretsen, L. (2016). How much is too much? (Part 1) International Olympic Committee consensus statement on load in sport and risk of injury. *British Journal of Sports Medicine, 50* (17), 1030-1041. https://doi.org/10.1136/bjsports-2016-096581

Souza, M. J. de, Williams, N. I., Nattiv, A., Joy, E., Misra, M., Loucks, A. B., Matheson, G., Olmsted, M. P., Barrack, M., Mallinson, R. J., Gibbs, J. C., Goolsby, M., Nichols, J. F., Drinkwater, B., Sanborn, C., Agostini, R., Otis, C. L., Johnson, M. D., Hoch, A. Z., . . . McComb, J. (2014). Misunderstanding the female athlete triad: Refuting the IOC consensus statement on relative energy deficiency in sport (RED-S). *British Journal of Sports Medicine, 48* (20), 1461-1465. https://doi.org/10.1136/bjsports-2014-093958

Speedy, D. B., Noakes, T. D., Rogers, I. R., Thompson, J. M., Campbell, R. G., Kuttner, J. A., Boswell, D. R., Wright, S. & Hamlin, M. (1999). Hyponatremia in ultradistance triathletes. *Medicine & Science in Sports & Exercise, 31* (6), 809-815. https://doi.org/10.1097/00005768-199906000-00008

Speedy, D. B., Rogers, I. R., Noakes, T. D., Thompson, J. M., Guirey, J., Safih, S. & Boswell, D. R. (2000). Diagnosis and prevention of hyponatremia at an ultradistance triathlon. *Clinical Journal of Sport Medicine: Official Journal of the Canadian Academy of Sport Medicine, 10* (1), 52-58. https://doi.org/10.1097/00042752-200001000-00010

Sperlich, B., Aminian, K., Düking, P. & Holmberg, H.C. (2019). Editorial: Wearable sensor technology for monitoring training load and health in the athletic population. *Frontiers in Physiology, 10*, 1520. https://doi.org/10.3389/fphys.2019.01520

Stanley, J., Halliday, A., D'Auria, S., Buchheit, M. & Leicht, A. S. (2015). Effect of sauna-based heat acclimation on plasma volume and heart rate variability. *European Journal of Applied Physiology, 115* (4), 785-794. https://doi.org/10.1007/s00421-014-3060-1

Steege, R. W. F. ter, Geelkerken, R. H., Huisman, A. B. & Kolkman, J. J. (2012). Abdominal symptoms during physical exercise and the role of gastrointestinal ischaemia: A study in 12 symptomatic athletes. *British Journal of Sports Medicine, 46* (13), 931-935. https://doi.org/10.1136/bjsports-2011-090277

Stellingwerff, T., Bovim, I. M. & Whitfield, J. (2019). Contemporary nutrition interventions to optimize performance in middle-distance runners. *International Journal of Sport Nutrition and Exercise Metabolism, 29* (2), 106-116. https://doi.org/10.1123/ijsnem.2018-0241

Stellingwerff, T., Morton, J. P. & Burke, L. M. (2019). A framework for periodized nutrition for athletics. *International Journal of Sport Nutrition and Exercise Metabolism, 29* (2), 141-151. https://doi.org/10.1123/ijsnem.2018-0305

Stellingwerff, T., Peeling, P., Garvican-Lewis, L. A., Hall, R., Koivisto, A. E., Heikura, I. A. & Burke, L. M. (2019). Nutrition and altitude: Strategies to enhance adaptation, improve performance and maintain health: A narrative review. *Sports Medicine (Auckland, N.Z.), 49*, (Suppl 2), 169-184. https://doi.org/10.1007/s40279-019-01159-w

Stellingwerff, T., Spriet, L. L., Watt, M. J., Kimber, N. E., Hargreaves, M., Hawley, J. A. & Burke, L. M. (2006). Decreased PDH activation and glycogenolysis during exercise following fat adaptation with carbohydrate restoration. *American Journal of Physiology, Endocrinology and Metabolism, 290* (2), E380-8. https://doi.org/10.1152/ajpendo.00268.2005

Stevens, C. J., Thoseby, B., Sculley, D. V., Callister, R., Taylor, L. & Dascombe, B. J. (2016). Running performance and thermal sensation in the heat are improved with menthol mouth rinse but not ice slurry ingestion. *Scandinavian Journal of Medicine & Science in Sports, 26* (10), 1209-1216. https://doi.org/10.1111/sms.12555

Stevens, C. J. & Best, R. (2017). Menthol: A fresh ergogenic aid for athletic performance. *Sports Medicine (Auckland, N.Z.), 47* (6), 1035-1042. https://doi.org/10.1007/s40279-016-0652-4

Stevens, C. J., Kittel, A., Sculley, D. V., Callister, R., Taylor, L. & Dascombe, B. J. (2017). Running performance in the heat is improved by similar magnitude with pre-exercise cold-water immersion and mid-exercise facial water spray. *Journal of Sports Sciences, 35* (8), 798-805. https://doi.org/10.1080/02640414.2016.1192294

Stevens, C. J., Dascombe, B., Boyko, A., Sculley, D. & Callister, R. (2013). Ice slurry ingestion during cycling improves Olympic distance triathlon performance in the heat. *Journal of Sports Sciences, 31* (12), 1271-1279. https://doi.org/10.1080/02640414.2013.779740

Stevens, C. J., Ross, M. L., Périard, J. D., Vallance, B. S. & Burke, L. M. (2020). Core temperature responses to elite racewalking competition. *International Journal of Sports Physiology and Pperformance, 15* (6), 892-895. https://doi.org/10.1123/ijspp.2019-0397

Suito, H., Nunome, H. & Ikegami, Y. (2017). A quantitative evaluation of the high elbow technique in front crawl. *Journal of Sports Sciences, 35* (13), 1264-1269. https://doi.org/10.1080/02640414.2016.1221517

Suriano, R. & Bishop, D. (2010). Combined cycle and run performance is maximised when the cycle is completed at the highest sustainable intensity. *European Journal of applied Physiology, 110* (4), 753-760. https://doi.org/10.1007/s00421-010-1547-y

Sutehall, S., Galloway, S. D. R., Bosch, A. & Pitsiladis, Y. (2020). Addition of an alginate hydrogel to a carbohydrate beverage enhances gastric emptying. *Medicine and Science in Sports and Exercise, 52* (8), 1785-1792. https://doi.org/10.1249/mss.0000000000002301

Sylta, O., Tønnessen, E. & Seiler, S. (2014). From heart-rate data to training quantification: A comparison of 3 methods of training-intensity analysis. *International Journal of Sports Physiology and Performance, 9* (1), 100-107. https://doi.org/10.1123/IJSPP.2013-0298

Tartaruga, M. P., Brisswalter, J., Peyré-Tartaruga, L. A., Avila, A. O. V., Alberton, C. L., Coertjens, M., Cadore, E. L., Tiggemann, C. L., Silva, E. M. & Kruel, L. F. M. (2012). The relationship between running economy and biomechanical variables in distance runners. *Research Quarterly for Exercise and Sport, 83* (3), 367-375. https://doi.org/10.1080/02701367.2012.10599870

Terrados, N., Melichna, J., Sylvén, C., Jansson, E. & Kaijser, L. (1988). Effects of training at simulated altitude on performance and muscle metabolic capacity in competitive road cyclists. *European Journal of Applied Physiology and Occupational Physiology, 57* (2), 203-209. https://doi.org/10.1007/BF00640664

Toussaint, H. M. & Beek, P. J. (1992). Biomechanics of competitive front crawl swimming. *Sports Medicine (Auckland, N.Z.), 13* (1), 8-24. https://doi.org/10.2165/00007256-199213010-00002

Tran Trong, T., Riera, F., Rinaldi, K., Briki, W. & Hue, O. (2015). Ingestion of a cold temperature/menthol beverage increases outdoor exercise performance in a hot, humid environment. *PloS One, 10* (4), e0123815. https://doi.org/10.1371/journal.pone.0123815

Tucker, R., Marle, T., Lambert, E. V. & Noakes, T. D. (2006). The rate of heat storage mediates an anticipatory reduction in exercise intensity during cycling at a fixed rating of perceived exertion. *The Journal of Physiology, 574* (Pt 3), 905-915. https://doi.org/10.1113/jphysiol.2005.101733

Tyler, C. J. & Sunderland, C. (2011). Cooling the neck region during exercise in the heat. *Journal of Athletic Training, 46* (1), 61-68. https://doi.org/10.4085/1062-6050-46.1.61

Tyler, C. J. & Sunderland, C. (2011). Neck cooling and running performance in the heat: Single versus repeated application. *Medicine and Science in Sports and Exercise, 43* (12), 2388-2395. https://doi.org/10.1249/MSS.0b013e318222ef72

Tyler, C. J., Wild, P. & Sunderland, C. (2010). Practical neck cooling and time-trial running performance in a hot environment. *European Journal of Applied Physiology, 110* (5), 1063-1074. https://doi.org/10.1007/s00421-010-1567-7

Ueberschär, O., Fleckenstein, D., Warschun, F., Walter, N., Wüstenfeld, J. C., Wolfarth, B. & Hoppe, M. W. (2019). Energy cost of running under hypogravity in well-trained runners and triathletes: A biomechanical perspective. *International Journal of Computer Science in Sport, 18* (2), 60-80. https://doi.org/10.2478/ijcss-2019-0014

Ueberschär, O., Fleckenstein, D., Wüstenfeld, J. C., Warschun, F., Falz, R. & Wolfarth, B. (2019). Running on the hypogravity treadmill AlterG® does not reduce the magnitude of peak tibial impact accelerations. *Sports Orthopaedics and Traumatology, 35* (4), 423-434. https://doi.org/10.1016/j.orthtr.2019.10.001

van Gent, R. N., Siem, D., van Middelkoop, M., van Os, A. G., Bierma-Zeinstra, S. M. A. & Koes, B. W. (2007). Incidence and determinants of lower extremity running injuries in long distance runners: A systematic review. *British Journal of Sports Medicine, 41* (8), 469-80; discussion 480. https://doi.org/10.1136/bjsm.2006.033548

van Hooren, B., Fuller, J. T., Buckley, J. D., Miller, J. R., Sewell, K., Rao, G., Barton, C., Bishop, C. & Willy, R. W. (2020). Is motorized treadmill running biomechanically comparable to overground running? A systematic review and meta-analysis of cross-over studies. *Sports Medicine (Auckland, N.Z.), 50* (4), 785-813. https://doi.org/10.1007/s40279-019-01237-z

van Hooren, B., Goudsmit, J., Restrepo, J. & Vos, S. (2020). Real-time feedback by wearables in running: Current approaches, challenges and suggestions for improvements. *Journal of Sports Sciences, 38* (2), 214-230. https://doi.org/10.1080/02640414.2019.1690960

van Janse Rensburg, D. C. C., Fowler, P. & Racinais, S. (2020). Practical tips to manage travel fatigue and jet lag in athletes. *British Journal of Sports Medicine*. Vorab-Onlinepublikation. https://doi.org/10.1136/bjsports-2020-103163

van Nieuwenhoven, M. A., Brouns, F. & Kovacs, E. M. R. (2005). The effect of two sports drinks and water on GI complaints and performance during an 18-km run. *International Journal of Sports Medicine, 26* (4), 281-285. https://doi.org/10.1055/s-2004-820931

van Nieuwenhoven, M. A., Brummer, R. M. & Brouns, F. (2000). Gastrointestinal function during exercise: Comparison of water, sports drink, and sports drink with caffeine. *Journal of Applied Physiology (Bethesda, Md.: 1985), 89* (3), 1079-1085. https://doi.org/10.1152/jappl.2000.89.3.1079

Vialleron, T., Delafontaine, A., Ditcharles, S., Fourcade, P. & Yiou, E. (2020). Effects of stretching exercises on human gait: A systematic review and meta-analysis. *F1000Research, 9*, 984. https://doi.org/10.12688/f1000research.25570.1

Viker, T. & Richardson, M. X. (2013). Shoe cleat position during cycling and its effect on subsequent running performance in triathletes. *Journal of Sports Sciences, 31* (9), 1007-1014. https://doi.org/10.1080/02640414.2012.760748.

Wallis, G. A., Dawson, R., Achten, J., Webber, J. & Jeukendrup, A. E. (2006). Metabolic response to carbohydrate ingestion during exercise in males and females. *American Journal of Physiology, Endocrinology and Metabolism, 290* (4), E708-15. https://doi.org/10.1152/ajpendo.00357.2005

Wallis, G. A., Yeo, S. E., Blannin, A. K. & Jeukendrup, A. E. (2007). Dose-response effects of ingested carbohydrate on exercise metabolism in women. *Medicine & Science in Sports & Exercise, 39* (1), 131-138. https://doi.org/10.1249/01.mss.0000241645.28467.d3

Walsh, N. P. (2018). Recommendations to maintain immune health in athletes. *European Journal of Sport Science, 18* (6), 820-831. https://doi.org/10.1080/17461391.2018.1449895

Wanner, S. P., Prímola-Gomes, T. N., Pires, W., Guimarães, J. B., Hudson, A. S. R., Kunstetter, A. C., Fonseca, C. G., Drummond, L. R., Damasceno, W. C. & Teixeira-Coelho, F. (2015). Thermoregulatory responses in exercising rats: Methodological aspects and relevance to human physiology. *Temperature (Austin, Tex.), 2* (4), 457-475. https://doi.org/10.1080/23328940.2015.1119615

Webster, C. C., Swart, J., Noakes, T. D. & Smith, J. A. (2018). A carbohydrate ingestion intervention in an elite athlete who follows a low-carbohydrate high-fat diet. *International Journal of Sports Physiology and Performance, 13* (7), 957-960. https://doi.org/10.1123/ijspp.2017-0392

Wei, C., Yu, L., Duncan, B. & Renfree, A. (2020). A plyometric warm-up protocol improves running economy in recreational endurance athletes. *Frontiers in Physiology, 11*, 197. https://doi.org/10.3389/fphys.2020.00197

Wickwire, P. J., Buresh, R. J., Tis, L. L., Collins, M. A., Jacobs, R. D. & Bell, M. M. (2012). Comparison of an in-helmet temperature monitor system to rectal temperature during exercise. *Journal of Strength and Conditioning Research, 26* (1), 1-8. https://doi.org/10.1519/JSC.0b013e31823b0a5a

Wu, S. S. X., Peiffer, J. J., Brisswalter, J., Nosaka, K., Lau, W. Y. & Abbiss, C. R. (2015). Pacing strategies during the swim, cycle and run disciplines of sprint, Olympic and half-Ironman triathlons. *European Journal of Applied Physiology, 115* (5), 1147-1154. https://doi.org/10.1007/s00421-014-3096-2

Yamanaka, Y. & Waterhouse, J. (2016). Phase-adjustment of human circadian rhythms by light and physical exercise. *The Journal of Physical Fitness and Sports Medicine, 5* (4), 287-299. https://doi.org/10.7600/jpfsm.5.287

Yang, H., Cao, B., Ju, Y. & Zhu, Y. (2019). The effects of local cooling at different torso parts in improving body thermal comfort in hot indoor environments. *Energy and Buildings, 198*, 528-541. https://doi.org/10.1016/j.enbuild.2019.06.004

Zurawlew, M. J., Walsh, N. P., Fortes, M. B. & Potter, C. (2016). Post-exercise hot water immersion induces heat acclimation and improves endurance exercise performance in the heat. *Scandinavian Journal of Medicine & Science in Sports, 26* (7), 745-754. https://doi.org/10.1111/sms.12638

3   Über den Autor

Mario Schmidt-Wendling hat Sportwissenschaften studiert und ist A-Lizenz-Inhaber der Deutschen Triathlon Union. Er arbeitet seit 2004 als professioneller Coach im Triathlon und konnte in all den Jahren über 1.000 erfolgreiche Langdistanzrennen coachen und das von ihm gegründete Unternehmen sisu-training gilt als eines der weltweit erfolgreichsten Institute zur Betreuung von Triathleten. Dabei sind einige Welt-, Europa- und nationale Meistertitel entstanden. Seine sportlichen Wurzeln liegen im Mittelstreckenlauf, bevor er in den Triathlon Anfang der 1990er-Jahre gekommen ist. In den Jahren 1999-2005 war er als Radfahrer, u. a. als Profi im Straßenradsport, zu Hause, ehe er sich voll und ganz in seine Passion des Coachings begeben hat und Triathlon nun eher als Ausgleich zum Alltag betreibt. Er lebt mit seiner Frau und den vier Kindern in Frankfurt am Main.

4   Bildnachweis

Covermotiv und Covergestaltung:	Claudia Klasing Pandolfi, https://www.thelimedrop.com
Innenlayout:	Katerina Georgieva
Satz:	www.satzstudio-hilger.de
Lektorat:	Meyer & Meyer Verlag
Abbildungen Innenteil:	Claudia Klasing Pandolfi
Umschlagfoto Autor:	Isaak Papadopoulos, https://www.weitsprung.de